经以除七
甜很闹丰
贺教方印
知文问项目
必圣王然

季羡林

教育部哲学社会科学研究重大课题攻关项目

"十三五"国家重点出版物出版规划项目

我国建设用地总量控制与差别化管理政策研究

RESEARCH ON CONSTRUCTION LAND TOTAL AMOUNT CONTROL AND DIFFERENTIAL GOVERN POLICY IN CHINA

欧名豪 等著

中国财经出版传媒集团
经济科学出版社
Economic Science Press

图书在版编目（CIP）数据

我国建设用地总量控制与差别化管理政策研究/欧名豪等著．—北京：经济科学出版社，2016.6
教育部哲学社会科学研究重大课题攻关项目
ISBN 978-7-5141-7037-5

Ⅰ.①我… Ⅱ.①欧… Ⅲ.①城市建设-土地利用-研究-中国 Ⅳ.①F299.232

中国版本图书馆 CIP 数据核字（2016）第 146764 号

责任编辑：刘　莎
责任校对：刘　昕
责任印制：邱　天

我国建设用地总量控制与差别化管理政策研究
欧名豪　等著
经济科学出版社出版、发行　新华书店经销
社址：北京市海淀区阜成路甲 28 号　邮编：100142
总编部电话：010-88191217　发行部电话：010-88191522
网址：www.esp.com.cn
电子邮件：esp@esp.com.cn
天猫网店：经济科学出版社旗舰店
网址：http://jjkxcbs.tmall.com
北京季蜂印刷有限公司印装
787×1092　16 开　32 印张　600000 字
2016 年 6 月第 1 版　2016 年 6 月第 1 次印刷
ISBN 978-7-5141-7037-5　定价：79.00 元
(图书出现印装问题，本社负责调换。电话：010-88191502)
(版权所有　侵权必究　举报电话：010-88191586
电子邮箱：dbts@esp.com.cn）

课题组主要成员

（按姓氏笔画排序）

龙开胜　冯淑怡　刘　琼　陈利根　陈会广
欧名豪　郭　杰　郭贯成　姜　海　诸培新

编审委员会成员

主　任　周法兴
委　员　郭兆旭　吕　萍　唐俊南　刘明晖
　　　　刘　茜　樊曙华　解　丹

总　序

哲学社会科学是人们认识世界、改造世界的重要工具，是推动历史发展和社会进步的重要力量。哲学社会科学的研究能力和成果，是综合国力的重要组成部分，哲学社会科学的发展水平，体现着一个国家和民族的思维能力、精神状态和文明素质。一个民族要屹立于世界民族之林，不能没有哲学社会科学的熏陶和滋养；一个国家要在国际综合国力竞争中赢得优势，不能没有包括哲学社会科学在内的"软实力"的强大和支撑。

近年来，党和国家高度重视哲学社会科学的繁荣发展。江泽民同志多次强调哲学社会科学在建设中国特色社会主义事业中的重要作用，提出哲学社会科学与自然科学"四个同样重要"、"五个高度重视"、"两个不可替代"等重要思想论断。党的十六大以来，以胡锦涛同志为总书记的党中央始终坚持把哲学社会科学放在十分重要的战略位置，就繁荣发展哲学社会科学做出了一系列重大部署，采取了一系列重大举措。2004年，中共中央下发《关于进一步繁荣发展哲学社会科学的意见》，明确了新世纪繁荣发展哲学社会科学的指导方针、总体目标和主要任务。党的十七大报告明确指出："繁荣发展哲学社会科学，推进学科体系、学术观点、科研方法创新，鼓励哲学社会科学界为党和人民事业发挥思想库作用，推动我国哲学社会科学优秀成果和优秀人才走向世界。"这是党中央在新的历史时期、新的历史阶段为全面建设小康社会，加快推进社会主义现代化建设，实现中华民族伟大复兴提出的重大战略目标和任务，为进一步繁荣发展哲学社会科学指明了方向，提供了根本保证和强大动力。

高校是我国哲学社会科学事业的主力军。改革开放以来，在党中央的坚强领导下，高校哲学社会科学抓住前所未有的发展机遇，紧紧围绕党和国家工作大局，坚持正确的政治方向，贯彻"双百"方针，以发展为主题，以改革为动力，以理论创新为主导，以方法创新为突破口，发扬理论联系实际学风，弘扬求真务实精神，立足创新、提高质量，高校哲学社会科学事业实现了跨越式发展，呈现空前繁荣的发展局面。广大高校哲学社会科学工作者以饱满的热情积极参与马克思主义理论研究和建设工程，大力推进具有中国特色、中国风格、中国气派的哲学社会科学学科体系和教材体系建设，为推进马克思主义中国化，推动理论创新，服务党和国家的政策决策，为弘扬优秀传统文化，培育民族精神，为培养社会主义合格建设者和可靠接班人，做出了不可磨灭的重要贡献。

自2003年始，教育部正式启动了哲学社会科学研究重大课题攻关项目计划。这是教育部促进高校哲学社会科学繁荣发展的一项重大举措，也是教育部实施"高校哲学社会科学繁荣计划"的一项重要内容。重大攻关项目采取招投标的组织方式，按照"公平竞争，择优立项，严格管理，铸造精品"的要求进行，每年评审立项约40个项目，每个项目资助30万～80万元。项目研究实行首席专家负责制，鼓励跨学科、跨学校、跨地区的联合研究，鼓励吸收国内外专家共同参加课题组研究工作。几年来，重大攻关项目以解决国家经济建设和社会发展过程中具有前瞻性、战略性、全局性的重大理论和实际问题为主攻方向，以提升为党和政府咨询决策服务能力和推动哲学社会科学发展为战略目标，集合高校优秀研究团队和顶尖人才，团结协作，联合攻关，产出了一批标志性研究成果，壮大了科研人才队伍，有效提升了高校哲学社会科学整体实力。国务委员刘延东同志为此做出重要批示，指出重大攻关项目有效调动各方面的积极性，产生了一批重要成果，影响广泛，成效显著；要总结经验，再接再厉，紧密服务国家需求，更好地优化资源，突出重点，多出精品，多出人才，为经济社会发展做出新的贡献。这个重要批示，既充分肯定了重大攻关项目取得的优异成绩，又对重大攻关项目提出了明确的指导意见和殷切希望。

作为教育部社科研究项目的重中之重，我们始终秉持以管理创新服务学术创新的理念，坚持科学管理、民主管理、依法管理，切实增强服务意识，不断创新管理模式，健全管理制度，加强对重大攻关项目的选题遴选、评审立项、组织开题、中期检查到最终成果鉴定的全过程管理，逐渐探索并形成一套成熟的、符合学术研究规律的管理办法，努力将重大攻关项目打造成学术精品工程。我们将项目最终成果汇编成"教育部哲学社会科学研究重大课题攻关项目成果文库"统一组织出版。经济科学出版社倾全社之力，精心组织编辑力量，努力铸造出版精品。国学大师季羡林先生欣然题词："经时济世　继往开来——贺教育部重大攻关项目成果出版"；欧阳中石先生题写了"教育部哲学社会科学研究重大课题攻关项目"的书名，充分体现了他们对繁荣发展高校哲学社会科学的深切勉励和由衷期望。

创新是哲学社会科学研究的灵魂，是推动高校哲学社会科学研究不断深化的不竭动力。我们正处在一个伟大的时代，建设有中国特色的哲学社会科学是历史的呼唤，时代的强音，是推进中国特色社会主义事业的迫切要求。我们要不断增强使命感和责任感，立足新实践，适应新要求，始终坚持以马克思主义为指导，深入贯彻落实科学发展观，以构建具有中国特色社会主义哲学社会科学为己任，振奋精神，开拓进取，以改革创新精神，大力推进高校哲学社会科学繁荣发展，为全面建设小康社会，构建社会主义和谐社会，促进社会主义文化大发展大繁荣贡献更大的力量。

教育部社会科学司

前 言

改革开放以来，我国工业化、城镇化进程快速推进，经济总量得到了长足提高。但是经济总量的持续快速增长，是以资源环境的大量消耗为代价的。土地资源作为最重要的自然资源，正日益面临着经济社会巨大需求和建设用地供给空间有限之间的突出矛盾。鉴于此，党的十八大提出了转变经济增长方式的战略要求，同时也指出要坚持节约资源和保护环境的基本国策，要推动资源利用方式根本转变，加强全过程节约集约管理，全面促进资源节约与高效利用。据此，探寻有效的土地政策引导土地资源节约与高效利用，并以此为工具开展土地宏观调控倒逼经济发展方式的转变，是土地资源管理和研究的现实需求。我国正面临建设用地总量快速增长、区域差异日益加大等问题，现行以增量管理为主、"一刀切"的用地管理方式难以实现对建设用地的有效管理，亟需通过用地管理理念创新和方式的转变来加以调适。

特定的经济发展阶段特征和人多地少的特殊资源国情决定了我国未来的用地形势将更加严峻，建设用地规模扩张必须设定总量"上限"并实行管理上的"总量控制"，以倒逼经济增长方式的转变。同时，针对区域、城乡发展的差异性、产业结构的同质性以及民生保障的不足等问题，需要实施"分类指导、有保有压"的差别化建设用地管理政策，以促进建设用地的节约集约利用，实现区域协调、城乡统筹、产业升级及民生保障等发展目标。

纵观当前国内外研究，众多学者针对建设用地的合理规模及其实现途径等问题做了大量研究，探讨了建设用地总量控制及指标分配方法，并开展了建设用地差别化管理的相关研究，探讨了建设用地调控的发展方向。但建设用地总量控制与差别化管理分析框架和逻辑思路、建设用地总量控制方法及管理政策、差别化管理的政策目标与实现途径的系统性设计以及系统的土地调控政策保障体系构建等方面仍有待深入和完善。

教育部哲学社会科学研究重大课题攻关项目《我国建设用地总量控制与差别化管理政策研究》（项目批准号：11JZD031），以中国资源环境紧约束与经济发展刚性需求之间的矛盾为背景，从经济发展、粮食安全、生态建设和社会公平等多目标出发，在综合考察建设用地变化与经济增长一般规律的基础上，以建设用地管理方式转变为目标，提出了我国建设用地中长期的总量控制目标，结合典型国家（地区）建设用地总量控制与差别化管理的经验借鉴，从区域协调、统筹城乡、产业转型、民生保障等方面构建了建设用地差别化管理的政策创新路径。

作为这一重大课题研究的最终成果，本书将总量控制作为建设用地管理的政策目标，将差别化管理作为实现途径，主要探索了八大问题。

一是经济社会发展与建设用地调控的关系研究。以经济增长与资源环境脱钩理论为指导，分析我国经济增长与建设用地的脱钩进程及其影响因素；诊断我国建设用地管控政策体系存在的问题，重点评价现行政策的管控绩效，在此基础上提出我国建设用地要实行总量控制和差别化管理的总体思路。

二是建设用地总量控制与差别化管理的国际比较与经验借鉴。在介绍典型国家（地区）建设用地管理思路的基础上，从建设用地优化布局和总量控制战略、区域协调发展和差别化管理、节约集约利用管理等方面归纳总结其制度政策和实践经验，探讨其中值得我国借鉴的建设用地总量控制和差别化管理方法。

三是我国中长期建设用地总量控制战略研究。综合考虑粮食安全、经济发展和生态安全三大目标，在国家工业化、城镇化发展进程及趋势分析的基础上，确定不同情境下我国建设用地中长期的总量控制目标，并提出建设用地总量控制的管控思路及实现路径。

四是促进区域协调发展的差别化建设用地管理政策研究。结合管理现状及问题剖析，明确我国建设用地区域差别化管理的政策需求与目标，构建符合经济发展和资源禀赋区域特征的建设用地管控分区体系，在此基础上研究区域差别化的建设用地总量与增量指标分配和城乡置换比例，并从总量控制、增量供给、城乡置换等方面提出区域差别化的管理政策。

五是统筹城乡的建设用地优化配置与差别化管理政策研究。在对我国城乡建设用地总量控制及结构优化机理分析的基础上，结合各类城乡改革试验区的实践经验，以城乡建设用地增减挂钩为例，探索建设用地在城乡间优化配置的利益协调机制，提出统筹城乡的建设用地总量控制和差别化管理政策。

六是产业转型与建设用地差别化管理政策研究。在分析产业转型升级与建设用地管理之间关系的基础上，从准入政策、规划管制、弹性出让和租赁、供应价格等方面探讨产业用地供应环节管理政策，并从产业用地绩效评估、低效退出和供后监管三个角度研究差别化的用地供后管理路径。

七是民生保障与房地产开发用地分类供应差别化管理政策研究。在对我国当前房地产开发利用结构存在问题进行分析的基础上，提出房地产合理开发与结构优化的总体路径；基于地价和房价的相互关系及传导机制研究商品性房地产用地供应，并提出商品性与保障性房地产用地供应差别化政策。

八是宏观调控下的建设用地总量控制与差别化管理政策保障体系研究。围绕总量控制这一建设用地管理政策目标，构建建设用地总量控制与差别化管理政策保障体系的基本框架，并从政策组合、宏观政策、配套政策以及监测评估等方面提出具体的保障措施。

本书的创新之处主要体现在对耦合经济发展需求和资源禀赋供给的建设用地区域差别化总量与增量配置和置换比例测算、城乡建设用地增减挂钩的利益协调、供前门槛和供后退出的产业用地全过程差别化管理路径、保障性与商品性住房用地分类供应政策等方面的系统研究。此外，以资源配置效率提升为目标，研究"建设用地总量控制和差别化管理"这一理论命题及其破解途径，以"增量调控"向"总量控制"的管理方式转变为核心,从区域、城乡和产业三位一体的角度构建建设用地差别化管理政策体系和调控机制框架,其研究视角和内容体系都是创新点。

本书在研究过程中综合运用经济学、管理学、地理学、社会学、法学等多学科的理论方法系统分析了现阶段我国建设用地管理问题,构建了多学科相容的建设用地管理研究方法论。计量分析、典型调查、案例分析和比较研究等方法的联合运用,使得对建设用地管理问题研究更加深入、全面,得出的研究结论更加科学、合理,最终提出的建设用地总量控制与差别化管理政策及其保障体系对国家建设用地管理和宏观调控政策的制定有很好的指导和借鉴意义。

工业化、城镇化进程是一个十分庞大的系统工程,而我国目前所处的发展阶段还具有一些不容忽视的特殊性,其中的建设用地管理问题尤为复杂。虽然本书对未来我国建设用地管理的总量控制目标、实现路径及保障体系等进行了比较系统、独特的综合性研究,但所涉及部分问题的深度、广度等有待于进一步深入探索和强化研究,书中的内容仅仅是一个阶段性成果。

本书为集体创作的综合性研究成果,全书共分十章,具体写作分工如下:第一章欧名豪、郭杰,第二章刘琼、欧名豪、盛业旭、王博,第三章刘琼、欧名豪、伍玥蓉、李成瑞,第四章冯淑怡、吕沛璐,第五章姜海、王博,第六章郭杰、欧名豪,第七章诸培新、刘向南、王敏,第八章郭贯成、吴群、汪勋杰、熊强、温具玉、李金景,第九章陈会广、张耀宇,第十章龙开胜、陈利根、李宁。

感谢教育部社会科学司张东刚副司长,教育部高校社会科学研究评价中心李建平主任对本书出版给予的关心和支持。在课题开题论证过程中,华中农业大学张安录教授、中国人民大学严金明教授、南京大学黄贤金教授、东北大学雷国平教授、江西农业大学赵小敏教授、中国土地勘测规划院姚丽研究员等专家对课题的研究思路、总体方向等给予了很多宝贵的建议;课题中期检查与最终成果鉴定的匿名评审专家对完善成果提出了许多建设性的意见与建议;课题在调研过程中得到了国土资源部,国家土地督察南京局、成都局,江苏、广东、四川等省国土资源系统的大力支持;课题组全体成员为完成课题研究付出了大量的辛勤劳动。本书在经济科学出版社领导和编辑同志的支持下完成出版。谨向对本书的完成与出版作出贡献的所有人员致以诚挚的谢意！

南京农业大学中国土地问题研究中心

摘　要

土地是人类社会赖以生存和发展的重要基础，而建设用地则是承载人类非农生产活动的主要场所，建设用地的供应为我国社会经济发展做出了巨大贡献。在工业化、城镇化快速推进的背景下，粗放型经济增长方式没有得到根本转变，导致了我国资源、环境问题越来越严重，保护土地资源与保障经济发展之间的矛盾日益尖锐。许多地区土地开发强度已接近，甚至突破国际警戒线，土地资源的高度稀缺已然成为社会经济发展的"瓶颈"。如何转变经济增长方式，提高建设用地利用和管理效率已成为我国未来发展亟待解决的重要命题，也是理论研究的热点、土地管理政策选择的核心。

本书以新型城镇化、工业化进程为背景，运用经济学、管理学和统计学等多学科的理论方法，在准确把握中国社会经济发展阶段特征、建设用地利用及管理政策问题的基础上，以实现建设用地高效管控为目标，探讨了我国建设用地总量情景分析及控制目标选择，构建了区域协调、城乡统筹、产业优化和民生保障的建设用地总量控制与差别化管理调控机制框架，并提出了相关的政策保障体系。

第一，本书在判断现阶段我国经济社会发展阶段性特征的基础上，揭示经济社会发展与建设用地利用的一般规律；并在总结反思我国现有建设用地利用与管理经验与教训的基础上，提出建设用地总量控制和差别化管理的理论命题和破解途径。研究发现，随着我国社会经济持续快速增长，工业化、城镇化水平显著提升，建设用地外延式无序扩张与低效利用并存，导致建设用地需求的刚性增长与耕地保护红线下的建设用地增量供应接近极限之间的矛盾加剧。同时，建设用地同质化的管理模式与区域协调、城乡统筹、产业升级的差异化用地需求的不适应性日益突出。人多地少的基本国情和经济社会发展阶段特征决定了我国未来用地形势更加严峻，过度消耗和低效利用土地资源的粗放型发展方式已难以为继。建设用地管理必须实行供需双向调节，在加强和改进供给的同时根据区域功能定位、粮食安全保障、生态环境容量等确定建设用地总量，实行建设用地总量控制下的用地供给倒逼机制。

第二，在对比分析典型国家（地区）不同经济发展阶段建设用地管理政策与经验的基础上，总结其在建设用地总量控制和差别化管理方面值得我国借鉴的管理手段和方法。研究发现，尽管不同国家（地区）在社会制度环境、土地资源禀赋等方面存在一定的差异，但在工业化和城镇化进程以及社会经济发展的转型时期，都曾面临着资源保护和经济发展的压力，并进行了一系列的建设用地管理制度和利用方式的变革。从总量控制和差别化管理的角度，典型国家（地区）建设用地管理的做法可以在用地布局优化、区域协调发展、集约节约管理、土地征收和民生保障等几个方面为我国建设用地管理政策改革提供借鉴。

第三，从粮食安全和生态安全需求角度分析我国建设用地的供给约束，从工业化、城镇化进程角度分析建设用地的需求趋势，结合国家经济社会发展阶段与战略目标，预测分析中国建设用地总量未来的供需矛盾，构建多情景分析框架确定全国不同层面中长期的建设用地总量控制目标，并从区域协调、城乡统筹、产业优化、民生保障等方面提出了总量控制的实现路径。对于加强和完善中国建设用地总量管理，促进土地节约集约利用和经济增长方式转变具有重要意义。

第四，本书建立了区域间、城乡间、产业间三位一体的建设用地差别化管理政策体系，并提出了完善市场、保障民生为导向的房地产用地分类供应差别化管理政策。以社会经济发展、建设用地特征、资源禀赋条件等为依据划分建设用地管控区域类型，并基于各区域特征的差异从增量供给、用地门槛、存量挖潜等方面提出了差别化的用地管理政策。结合我国各类城乡改革试验区建设用地管理的实践经验，从政策工具选择、城乡建设用地增减挂钩、土地收益分配等方面开展研究，据此提出了城乡建设用地总量控制下的用地差别化管理政策。根据产业转型的要求和不同产业用地特征，从供地准入门槛、用地绩效评估及低效用地退出等方面构建了产业用地全过程差别化管理政策，并提出了概念性退出和实体性退出两种差别化的退出方式。以保障民生为出发点，提出可以通过优化住房结构来提高房地产及其用地供给的质量，进而建立商品性住房与保障性住房用地分类供应的差别化管理政策。

第五，围绕本书研究的逻辑框架，以加强政府以土地参与宏观调控的能力为导向，构建了系统的建设用地总量控制与差别化管理的政策保障体系。从宏观保障体系的角度出发，在关注建设用地管理政策改革所处外部环境及面临障碍的基础上，提出了促进建设用地总量控制与差别化管理的"产权—管制"、"规划—市场"、"产业—税收"、"准入—退出"等政策工具组合，强调要改善宏观政策环境，完善基础及配套制度，并建立完善监测评估体系，以保证建设用地总量控制和差别化管理政策能够得到切实有效的执行。

基于以上内容体系，以"目标—路径—机制—保障"的逻辑关系为研究主线，以解决新型城镇化、工业化进程中建设用地管理问题为导向，以建设用地总量控制、土地资源高效配置为政策目标，从区域、城乡、产业、民生等不同层次提出建设用地差别化管理的政策设计，并形成了宏观调控下的建设用地总量控制与差别化管理的政策保障体系。综合以上研究结果，课题组认为，随着工业化、城镇化进程的推进，城镇建设用地的扩张是一个必然的过程，但是外在的政策制度可能加速或约束用地扩张的强度。我国长期的城乡二元分割、资源配置"双轨制"、建设用地增量化管理及区域同质化发展，已成为制约建设用地保障发展能力的重要原因。以总量控制和差别化管理为核心路径，转变建设用地利用和管理方式，增强建设用地利用管理政策对经济社会发展的调控功能，已经成为转变经济发展方式、实现包容性增长的必然要求。

Abstract

Land is the significant keystone of human survival and social development. And construction land plays a leading role in carrying the human's Non – Farm production activities. The supply of construction land makes enormous contribution to national social and economic development. Although the rate of industrialization and urbanization increases rapidly, there is no fundamental progress in the extensive economic development mode. This phenomenon results in severe resource and environment issues. The contradiction between land resource preserve and economic development is much more apparent than any time before. Regional land use intensity has closed to, even break through environmental limitation which is formulated by international community. The scarcity of land resources constrain social and economic development. How to transform the mode of economic development and improve the efficiency of construction land use and management has become an important issue which is urgent to be solved in the future. Also, it becomes a hot spot of land management theory and policy study.

Under the background of new-type urbanization and industrialization, we apply transdisciplinary theories and methods, including economy, management and statistics to achieve the target of efficient construction land management, based on the recognition of characteristics of China's economic development and matters in construction land management policy. Following the framework above, we discuss construction land total amount situational analysis and total amount control goal selection. Moreover, we establish a construction land total amount control and differential management framework combined with regional coordination, Urban-rural integration, industry optimization and people's livelihood promotion. We make relevant policy to ensure the effect as well.

Firstly, we reveal the general relationships among economic, social development and construction land use based on judging characteristics of China's current economic and social development. According to the review of matter in construction land use and management policy, we suggest thesis and realization route of construction land total amount control and differential management as well. The study found that, with the rapid economic and social development, the rate of industrialization and urbanization improved significantly. But due to excessive construction land sprawl and inefficient use, the conflict between increasing construction land demand and narrow construction land increment supply under the restriction of cultivated land protection red line becomes more severe. Meanwhile, the discord between similar construction land management mode and differential construction land demand based on regional coordination, urban-rural integration and industry optimization is increasingly apparent. since the dilemma of more people and fewer land resource and economy and social development period characteristic of our country, extensive development mode which over-consume and inefficiently use land resources has been unsustainable. Construction land must balance the multi-regulation between supply and demand. It is necessary to strengthen the supply and determine construction land total amount according to regional functions, crop security and ecological capacity, and let the construction land total amount control determine supply.

Secondly, compared with construction land management policy during the different periods of economic development over majority of typical countries, we summarized the policy and method which can be used for reference in terms of construction land total amount control and differential management. The study found that, although each country has its typical social system and land resources endowment, they all face the similar challenge of resource conservation and economic development in the process of industrialization, urbanization and the period of socio-economic transition. And most of countries make big change in construction land management system and using mode. From the view of total amount control and differential management, the way of construction land management in typical countries, including land use optimization, regional coordination, Intensive management, land expropriation and people's livelihood promotion, can make sense to China's construction land management transformation.

Thirdly, we analyze the constraint of construction land supply from the perspective of grain and ecological security, and forecast the trend of construction land demand based on industrialization, urbanization. Also, considering national socio-economic development period and strategy, we predict and analyze the contradictions of China's construction land total amount in future. Multi-scene analysis framework is built to determine national mid-long term construction land total amount control target at different levels.

Additionally, we induce realization route of construction land total amount control from regional coordination, urban-rural integration, industry optimization and people's livelihood promotion. It is significant to improve the level of construction land total amount control and promote land intensive use and economic development mode.

Fourthly, we establish a diversified policy system of construction land management among regions, urban and rural areas, industries. And in order to perfect the market and promote people's livelihood, the diversified policy of real estate land supply is offered. Socio-economic development, construction land characteristics and resource endowment are considered to divide construction land regulation zone. And then, according to differences among regional characteristics, we propose diversified land use management policy, including incremental supply, land-use threshold and existing land use potential taping. We start the research of policy tools choice, city construction land increase and rural residential land decrease and land income distribution, after learning from the experience of urban-rural transform experiment zone, . Since then, diversified management policy is built under the supervision of total amount control of urban and rural construction land. What's more, we propose diversified industrial land management policy during the whole periods based on access threshold of land supply, land use performance evaluation and inefficient land withdrawal. We separate the conceptual withdrawal from substantial withdrawal of industrial land. To promote people's livelihood, we suggest that optimizing housing structure to improve quality of real estate supply. In that we separate commercial housing land supply from indemnificatory housing land supply and make diversified policy.

Finally, around logical framework of study, we build construction land total amount control and diversified management policy security system to enhance government's land involved macro-control ability. From the view of macro-security system, we focus on the background and barrier of construction management policy transformation, and summarize policy tool combinations, including 'property-supervision', 'planning-marketing', 'industry-tax' and 'access-exit' can promote construction land total amount control and diversified management. Meanwhile, we emphasize that it is important to improve macro policy environment, perfect fundamental facilities and established a good monitoring assessment system to guarantee construction land total amount control and diversified management policy being executed effectively.

Based on the above content system, following the research line of 'target – Route – Mechanism – Security', we establish a theoretical framework to analyze construction land management issues during new-type urbanization and industrialization process. Also, the research takes "construction land total amount control and efficient allocation of land resources" as the policy target. at the different levels of regional, urban and rural, industry and livelihood, we put forward the policy designed for diversified allocation of construction land. Also a policy system for total amount control and diversified allocation of construction land under the macro-control is formed. Based on the above research results, we suggested that with the promotion of industrialization and Urbanization, the expansion of urban construction land is an inevitable process. But the external policy system may accelerate or restrain land expansion intensity. China's urban-rural split, unfair resource allocation, construction land increment management and homogeneous region development have been dominating reasons for blocking development energy from construction land. Centers on construction land total amount control and diversified management, changes the mode of land use and management, and strengthens the regulation of construction land management policy's on economic and social development have been essential requirement for changing the mode of economic development and inclusive growth.

目录

第一章 绪论　1

第一节　研究背景　1

第二节　问题提出　3

第三节　国内外现有建设用地管理相关研究　6

第四节　总体研究框架　13

第二章 经济社会发展与建设用地利用的关系研究　18

第一节　我国经济社会发展与建设用地利用现状分析　18

第二节　经济增长与资源环境脱钩理论及其再审视　30

第三节　我国经济增长与建设用地脱钩的实证检验　46

第四节　我国经济增长与建设用地脱钩的影响因素分析　60

本章小结　76

第三章 我国建设用地管控政策体系分析及绩效评价　79

第一节　我国建设用地管控政策演变及阶段划分　79

第二节　我国建设用地管控政策体系及模式特征　92

第三节　建设用地管控的问题剖析　109

第四节　我国建设用地管控绩效评价　117

本章小结　130

第四章 典型国家（地区）建设用地管理政策与经验借鉴　132

第一节　典型国家（地区）建设用地管理思路　132

第二节　典型国家（地区）建设用地管理政策　135

第三节　典型国家（地区）建设用地管理对我国的启示　164
本章小结　169

第五章 我国建设用地总量控制目标与路径选择　171

第一节　我国经济社会发展阶段与目标　171
第二节　我国建设用地总量情景分析及控制目标选择　178
第三节　我国建设用地管控思路创新与路径选择　194
本章小结　211

第六章 区域协调发展的差别化建设用地管理政策研究　213

第一节　建设用地区域差别化管理理论与路径选择　213
第二节　区域协调发展的建设用地分区管控策略　220
第三节　我国建设用地区域差别化配置政策设计　244
本章小结　268

第七章 统筹城乡的建设用地优化配置与差别化管理政策研究　269

第一节　我国城乡建设用地利用现状及其管理制度分析　269
第二节　城乡建设用地总量控制及结构优化机理分析　282
第三节　我国城乡统筹改革试验区的建设用地管控实践　291
第四节　城乡建设用地增减挂钩完善——基于政府与
　　　　农户利益协调视角　297
第五节　城乡建设用地总量控制与结构优化下的用地差别化管理　306
本章小结　312

第八章 产业转型与建设用地差别化管理政策研究　314

第一节　产业转型与建设用地管理的关系分析　315
第二节　产业用地差别化供应政策研究　327
第三节　产业用地供后政策研究　338
本章小结　360

第九章 商品性与保障性房地产开发用地分类供应差别化管理政策研究　362

第一节　商品性房地产与保障性房地产的关系　362
第二节　基于健康城镇化的房地产开发结构优化　368

第三节　基于民生改善的房地产用地供应多元化与差别化　376
第四节　土地招拍挂出让制度改革　386
第五节　促进健康城镇化的房地产开发用地供后监管　397
本章小结　402

第十章 ▶ 建设用地总量控制与差别化管理政策建议及保障体系研究　404

第一节　政策改革的体系框架　405
第二节　促进建设用地总量控制与差别化管理的政策组合　408
第三节　建设用地总量控制与差别化管理的宏观政策　413
第四节　建设用地总量控制与差别化管理的基础及配套制度　421
第五节　建设用地总量控制与差别化管理的监测评估　429
本章小结　433

附录　常州市工业用地准入门槛　435
参考文献　441

Contents

Chapter 1 Introduction   1

    1.1   Research Background   1

    1.2   Problem Statement   3

    1.3   The Domestic and Foreign Research on Construction Land Management   6

    1.4   Overall Research Frame   13

Chapter 2 Analysis on Relationship between Construction Land and the Development of Economy and Society   18

    2.1   Current Situation of Construction Land and the Development of Economy and Society in China   18

    2.2   Decoupling theory and Review between Economic Growth and the Resource Environment   30

    2.3   Empirical Study of the Decoupling between Economic Growth and the Construction Land in China   46

    2.4   Influence Factors Analysis of the Decoupling between Economic Growth and the Construction Land in China   60

    2.5   Concluding Remarks   76

Chapter 3　Construction Land Control Policy System, Problem Diagnosis and Performance Evaluation in China　79

　　3.1　Construction Land Control Policy Evolution and Stage Division in China　79

　　3.2　Construction Land Govern Policy System and feature of pattern in China　92

　　3.3　The analysis of Construction Land Governance　109

　　3.4　Construction Land Control Policy Performance Evaluation in China　117

　　3.5　Concluding Remarks　130

Chapter 4　Construction Land Management Policies in Typical Countries or Areas and the Implications to China　132

　　4.1　Construction Land Management Ideas in Typical Countries or Areas　132

　　4.2　Construction Land Management Policies in Typical Countries or Areas　135

　　4.3　Construction Land Management in Typical Countries or Areas: Implications to China　164

　　4.4　Concluding Remarks　169

Chapter 5　Options for the Quantity Control and Paths of Construction Land Expansion　171

　　5.1　Stages and Goals of Chinese Economical and Social Development　171

　　5.2　Scenario Analysis and Options for the Quantity Controls of Construction Land Expansion　178

　　5.3　Innovative Thoughts and Options for Paths of Construction Land Management　194

　　5.4　Conclusions and Policy Suggestions　211

Chapter 6　Study on the Differential Policy of Construction Land Management Based on Region-coordinated Development　213

　　6.1　Theory and Realization Route of Region – Differential Construction Land Management　213

6.2 The Construction Land Zoning Regulation Strategy Based on Region-coordinated Development　220

6.3 Design of Region-differential Construction Land Allocation policy in China　244

6.4 Concluding Remarks　268

Chapter 7　Unified Configuration and Differentiated Management of Urban and Rural Construction Land　269

7.1 Status and Management Systems Analysis of Urban and Rural Construction Land　269

7.2 Mechanism Analysis of Total Amount Control and Structural Optimization of Urban and Rural Construction Land　282

7.3 Urban and Rural Construction Land Management Practices of Reform Pilot Area　291

7.4 Interests Coordination Mechanism Research between Government and Farmers in 'Increase and Decrease Hook' of Urban and Rural Construction Land　297

7.5 Differentiated Management of Urban and Rural Construction Land under the Goal of Total Amount Control and Structural Optimization　306

7.6 Concluding Remarks　312

Chapter 8　Study on Industrial Restructuring and Differentiated Management Policy of Industry Construction Land　314

8.1 An Analysis on Relationship between Industrial Restructuring and Management of Industry Construction Land　315

8.2 Study on Differentiated Supply Policy of Industrial Land　327

8.3 Study on Post-supply Policy of Industrial Land　338

8.4 Conclusions and Policy Implications　360

Chapter 9　The Differentiated Management Policies Research on Land Use and Supply between Commercial Residential Houses and Security Welfare Houses　362

9.1 The Relationship between Commercial Residential Houses and Security Welfare Houses　362

9.2 Structure Optimization of Real Estate Development Based on Healthy Urbanization　368

9.3 Diversification and Differentiation of Real Estate Supply for Improving the Livelihood of the People　376

9.4 The Land Auction System Reform　386

9.5 Promoting the Control System of Real Estate　397

9.6 Concluding Remarks　402

Chapter 10　The Policy and Supporting System to Improve Construction Land Quantity Governance and Differential Management　404

10.1 Framework of Supporting System　405

10.2 Policy Combinations to Improve Construction Land Quantity Control and Differential Management　408

10.3 Macro Policies to Improve Construction Land Quantity Control and Differential Management　413

10.4 Other Necessary Systems to Improve Construction Land Quantity Control and Differential Management　421

10.5 Monitoring and Assessment to Improve Construction Land Quantity Control and Differential Management　429

10.6 Concluding Remarks　433

Attachments　435

References　441

第一章

绪　论

　　土地是人类社会赖以生存和发展的重要基础，而建设用地则是承载人类非农经济生产活动的主要场所，建设用地的供应为我国社会经济发展做出了巨大贡献。在工业化、城镇化快速推进，社会经济快速发展的背景下，我国建设用地管理问题始终是理论研究的热点、公共政策的难点和土地管理的核心。

第一节　研究背景

　　现阶段，我国社会经济快速发展对建设用地的刚性需求与资源供给的高度稀缺之间形成了尖锐的矛盾，如何提高建设用地利用和管理效率是我国未来发展亟待解决的重要命题。

一、我国工业化、城镇化进程的快速推进

　　工业化、城镇化进程是我国建设用地管理问题产生和演变的宏观背景，工业化和城镇化的发展都不可避免地对建设用地的利用和管理产生诸多直接和间接的影响。因此，工业化、城镇化所处的发展阶段及其特征很大程度上决定了我国建设用地利用与管理问题的特点。

　　工业化发展是社会经济发展过程中的重要阶段，也是产业结构迅速转变的重

要时期。我国的城镇化进程自从新中国成立初期就开始了,改革开放以前为传统的社会主义工业化道路时期,这一时期的工业化进程经历了多次的波动与调整,最终在"文化大革命"结束后的 1977~1978 年间,经过了短暂的恢复发展期;改革开放以后便进入了工业化快速推进阶段,伴随着我国经济体制的转轨,工业化发展也取得了前所未有的成就;直到 20 世纪末,我国工业化进程开始进入结构调整和优化发展阶段,并逐步开始探索新型工业化模式,推动产业结构优化升级。2012 年底,我国第一、第二和第三产业比重分别为 10.1%、45.3% 和 44.6%,工业化进程已进入中后期发展阶段[①]。

我国城镇化发展已经历了 60 年的风雨历程,也取得了巨大的成就,尤其是近三十年来城镇化进程快速推进。改革开放以来,我国城镇化水平明显提高,城乡发展协调性显著增强,城镇化率从 1987 年的 25.32% 上升到 2012 年的 52.57%。党的十八大提出,要坚持走中国特色新型城镇化道路,推动工业化和城镇化良性互动、城镇化和农业现代化相互协调,促进工业化、信息化、城镇化、农业现代化同步发展。党的十八届三中全会强调,要"完善城镇化健康发展体制机制,坚持走中国特色新型城镇化道路,推进以人为核心的城镇化,推动大中小城市和小城镇协调发展、产业和城镇融合发展,促进城镇化和新农村建设协调推进。"未来一段时期内,我国城镇化发展道路十分明确,要以人为本,坚持以人为核心的新型城镇化,不断推进农业转移人口市民化,提高城镇人口素质和居民生活质量;要优化布局,根据资源环境承载能力构建科学合理的城镇化宏观布局,促进大中小城市和小城镇合理分工、功能互补、协同发展;要坚持生态文明,节约集约利用土地、水等资源。

未来很长一段时期内,我国工业化、城镇化进程仍将持续推进,与之相伴的经济结构、城乡结构的变动最终会作用于对土地资源的开发利用,主要反映为建设用地规模的扩张和土地利用结构的调整,提出对土地资源的配置要求。

二、资源环境对社会经济发展的紧约束

土地资源是重要的生产要素,是经济社会快速发展的重要支撑。当前,我国总体仍处于工业化中后期阶段,工业化、城镇化快速发展对土地的旺盛需求在一定时间内仍难以改变,而资源环境紧约束下土地供给存在客观极限,直接导致土地资源供需矛盾日益突出。

随着社会经济的快速发展,我国建设用地规模不断扩张,由 1999 年的 3 005.35

---

① 数据源自《中国统计年鉴(2013)》。

万 hm² 增加到 2008 年的 3 305.78 万 hm²，年均增加 33.38 万 hm²，同期耕地面积由 12 920.55 万 hm² 减少到 12 171.59 万 hm²，年均减少 83.22 万 hm²，已逼近 18 亿亩耕地保护红线[①]。我国耕地总体质量不高、耕地后备资源不足，未来耕地保护的形势十分严峻，粮食安全保障压力巨大。

作为完全不可再生的资源，对于一个人口规模巨大、可供利用国土面积极为有限、又处于高速发展阶段的大国来说，土地资源的高度稀缺毫无疑问地成了社会经济发展的"瓶颈"。目前，我国许多地区土地开发强度已接近，甚至突破国际警戒线，社会经济发展的资源环境紧约束日益凸显，未来必须转变经济增长方式，走集约型发展道路；完善土地管理方式，合理配置土地资源，优化土地利用结构，充分为工业化、城镇化的健康发展提供必要的资源保障。

第二节　问题提出

改革开放以来，我国社会经济持续快速增长，工业化、城镇化水平显著提升。但是由于粗放型经济增长方式没有得到根本转变，在满足工业化、城镇化用地需求的同时，建设用地规模持续扩张，导致了我国日益严峻的资源环境问题，保护土地资源与保障经济发展之间的矛盾日益尖锐。未来亟须转变经济增长方式，完善建设用地管理模式，缓解经济发展与资源环境之间的冲突，实现我国社会经济的可持续发展。

一、现阶段我国建设用地管理的问题

第一，建设用地外延式无序扩张与低效利用，导致建设用地需求的刚性增长与耕地保护红线下的建设用地增量供应接近极限之间的矛盾加剧。我国人多地少，各类土地资源供给不足，人均耕地不到世界平均水平的 40%，同时土地资源特别是建设用地低效粗放利用严重。1999～2008 年，我国居民点及工矿用地由 24.57 万 km² 扩大到近 26.92 万 km²，八年间用地总规模增加了近 10%。城市用地规模弹性系数从 2.13 增加为 2.28，已大大高于 1.12 的合理水准，工业用地容积率仅为 0.3～0.6，城镇化、工业化低密度、分散化扩张态

---

① 数据源自历年土地利用变更调查结果。

势明显，而与此同时，城市保障性住房的供应又严重不足。农村地区空心村、闲置废弃地普遍存在，空闲用地占村庄用地比重达10%~15%，人均村庄用地218m^2，高出国家定额最高值（150m^2/人）45.3%。从我国土地资源供需形势看，建设用地供需矛盾突出，长期无序、粗放的土地开发模式已经威胁到了耕地保护红线。随着工业化、城镇化和农业现代化加快推进，建设用地需求刚性上升，土地资源供应的刚性约束将进一步显现。人多地少的基本国情和经济社会发展阶段决定了我国未来用地形势更加严峻，耕地保护面临极限压力，过度消耗和低效利用土地资源的粗放型发展方式已难以为继。建设用地管理必须实行供需双向调节，在加强和改进供给的同时根据区域功能定位、粮食安全保障、生态环境容量等确定全国以及不同区域的建设用地总量，实行建设用地总量控制下的用地需求倒逼机制。

第二，区域间建设用地蔓延式扩张的雷同与区域间经济社会发展对各类用地需求、管理的内在差异性之间存在严重不一致。我国地域辽阔，区域间资源禀赋千差万别，为了促进区域协调发展，必须发挥土地政策在区际利益协调中的作用。针对我国当前已经形成的区域发展格局和不同地区自然条件、资源禀赋的相似性与差异性，需要制定与之配套的区域土地利用战略和策略，实行差别化的区域土地利用和用地绩效考核政策，引导区域土地开发利用，加强区域发展的协调互动，实现国土空间高效利用、人与自然和谐相处的区域发展格局。2010年通过的《全国主体功能区规划》在国家层面将国土空间划分为优化开发、重点开发、限制开发和禁止开发四类区域，并强调要实行分类管理的区域政策。十七届五中全会通过的"十二五"规划建议将建设主体功能区提升到国家战略高度，而且明确提出要对资源实行总量控制、提高资源产出效率、实行供给与需求双向调节、实行差别化管理等。基于主体功能区差别化管理需要的土地管理差别化政策的提出正是对我国国情的正确判断和对过去"一刀切"的土地管理政策反思的结果。

第三，产业间用地供给与管理的无差异性与产业结构升级、民生用地优先、经济发展方式转变等对建设用地需求、管理的内在差异性之间存在严重的不一致。改革开放以来我国经济保持了持续高速增长，但其发展呈现出明显的以粗放式增长所表征的较低级发展阶段的特征。进行经济发展方式转变和经济发展结构战略性调整是我国资源环境紧约束下经济发展的客观要求和必然趋势。产业发展是国家和区域经济发展的实质内涵和主要体现，加强产业发展调控则成为经济结构调整的重要内容。当前则因抵御金融危机而采取的"扩内需"措施而使得这方面需求更为迫切。土地政策作为参与宏观调控的重要手段，必须完善差别化土地管理政策，统筹各业各类用地，对不同产业实行"有保有压、区别对待"的用地管理政策，引导土地利用结构和城乡用地布局优化，促进产业结构优化升级，民生用地保障有力，增强土地政策参与宏观调控的针对性和有效性，并统筹好城乡发展。

第四，现行的建设用地"增量控制"管理模式与区域内建设用地总量客观上存在"上限"所要求的"总量控制"之间存在严重不一致。现行的建设用地"增量控制"主要是对不同区域的建设用地扩展速度进行年度计划调控，缺乏根据不同区域的发展功能定位、土地开发强度和生态环境容量等方面的差异进行建设用地"零增长"或"负增长"的调控机制，造成了一些区域即使建设用地总量已经达到或接近理论上的"上限"，但仍按照一定的增量计划不断增加建设用地面积，甚至由于用地惯性的作用，越是建设用地规模和开发强度大的地方，增量计划指标越大。按照这种"增量控制"的管理模式，建设用地总量的"上限"必然要被突破，耕地保护与生态保护也难以实现。

二、发展阶段与资源环境约束下我国建设用地管理的要求

经济社会发展的阶段性特征和特殊的资源国情，决定了我国过度消耗和低效利用土地资源的粗放型发展方式已难以为继。未来的工业化和城镇化进程中，我国建设用地的扩张必须设定总量"上限"并实行管理上的"总量控制"，从而通过建设用地管理方式转变倒逼经济发展方式的转变。而区域城乡发展的差异性，以及产业结构同质重复和民生保障不足则要求对不同区域、城乡及产业实施"分类指导、有保有压"的差别化土地管理政策，通过建设用地在区域、城乡及产业间的优化配置引导区域协调、城乡统筹和产业结构优化。这构成了本课题研究的主要社会经济发展和国土资源管理背景。

我国资源环境紧约束下的经济发展方式转变与区域协调发展客观上对土地资源管理提出了更高的要求，在建设用地管理理论与方法上提出了如下重大的理论命题，即如何转变建设用地利用与管理方式，耦合政府干预与市场的基础性配置作用，构建建设用地优化配置的政策调控机制，促进建设用地的节约集约利用，实现区域协调、城乡统筹、产业优化及民生保障。

围绕这一理论命题，本课题将重点回答以下几个方面的问题：

第一，总结和判断现阶段我国经济社会发展的阶段性特征与变化趋势，揭示经济社会发展与建设用地需求互动变化的一般规律，在此基础上回答我国经济社会发展引致的建设用地需求的规模、布局、时序、结构及其变动趋势。

第二，评价我国存量建设用地节约、集约利用潜力与空间布局，粮食和生态安全战略目标下的耕地非农化转用的潜力与空间布局，在此基础上结合问题

（1）的答案回答全国和不同功能区建设用地总量控制目标和建设用地供给规模、布局、时序和结构。

第三，总结和反思我国现有建设用地利用与管理中的经验与教训，回答在耕地红线保护下，如何转变现行建设用地管理单一的"增量指标控制"思路为"土地开发强度控制基础上的总量控制"思路，保障经济社会发展对建设用地的需求。

第四，分析不同功能区域、不同产业以及城市和乡村、民生保障等对建设用地的需求特点及其变化规律，回答在上述规律下如何建立"总量控制"约束下的有针对性的差别化建设用地配置与管理政策体系，以促进区域协调、产业优化、城乡统筹和民生保障的实现。

三、课题研究的理论意义和实践价值

本研究的理论价值在于：研究将明晰土地资源配置与社会经济发展之间的互动作用机理，揭示建设用地供给与管理对区域协调发展、产业优化升级和城乡统筹发展的影响，从而完善土地政策参与宏观调控的作用机制与实现方式，拓展政府调控土地资源配置的目标、方式和手段，促进政府与市场在土地资源配置中的作用协同与融合。

本研究的实践价值在于：研究成果将直接服务于我国经济社会转型和资源环境紧约束时期土地资源管理"保耕地、保发展、惠民生"的历史使命，在建设用地利用与管理实践上将为缓解资源紧约束、实现区域经济社会协调发展和民生保障提供新的土地保障路径；同时该研究成果也为促进资源利用方式和经济发展方式转变以及产业结构优化升级建立起土地利用的倒逼机制和相应的政策支撑，促进"资源节约型、环境友好型"社会建设。

此外，研究成果也将有力地促进我国土地资源管理特别是建设用地管理中的"增量控制"向"总量控制"理念的转变，及其相应的管理理论与方法的完善。

第三节　国内外现有建设用地管理相关研究

土地作为最基本的物质资源和生产要素，与经济社会发展具有重要联系。从总体上来看，建设用地扩张支撑了我国工业化、城市化进程的快速推进。但是，由于管理理念滞后、管理政策与工具不健全，建设用地过度扩张与低效利用问题严重，制约了经济发展方式转变和经济发展质量的提升。因此，在土地资源和生态环境紧约束下，探讨如何通过建设用地总量控制与管理方式的转变，促进土地节约集约利用，进而推进经济发展方式转变，是具有重要现实意义的研究主题。纵观当前国内外研究，主要围绕以下几个方面展开。

一、土地调控和建设用地总量控制研究

（一）总量控制与指标分解

国内外学者围绕城市合理规模进行了大量的研究。最佳规模的研究主要从城市效益和内部生产成本视角，比较单位建设用地上的生产效益来确定合理的城市建设用地规模（Henderson，1974；Arnott，1980；曹永卿，2005）。美国的G·格拉尼提出用密度、功能、健康、费用四项标准来确定城市的最优规模。建设用地总量控制是通过土地供应的硬性约束实现耕地保护和土地节约集约利用，也是进行生态保护和建设的有效途径（宫龙，2009）。我国实行了世界上最严格的土地管理制度，通过计划手段进行资源配置的导向性调节，有效地校正土地利用活动的外部性（王成艳，2008）。但我国地区差异明显，统一的用地标准、用地定额难以满足差别化管理需要（张雁，2008），需要体现区域、城乡及产业差异，探索建设用地总量确定和分解方法（陆张维，2010；洪建国，2008）。然而，层层分解的建设用地指标，由于政府干预、经济社会发展宏观背景改变，建设用地调控方案难以适应不同区域、产业发展对建设用地需求的变化，建设用地总量控制及分解目标往往难以实现（朱红波，2005）。

（二）建设用地总量控制实现途径

为了控制建设用地规模无限增加，美国和加拿大运用用途管制理论控制城市用地的蔓延（Chapin，1965；Colenutt，1970；Berry，1977；Einsele，1995），提出了理性增长的城市土地利用思想（Brown，2005），强调控制城市蔓延并引导其合理增长，通过划定城市增长边界（Sybert，1991；Porter，1997）将城市增长限制到某个特定的区域。美国俄勒冈州于1973年立法要求州内各城镇建立"城镇发展边界"，将城市增长边界作为规划工具来调节土地利用（张雯，2005）。我国进行城市建设用地总量控制的目的更多是为了土地节约集约利用以及耕地保护。我国学者普遍认同建设用地有一个合理规模（谭术魁，1999；

段小梅，2001），随着城市建设用地的规模扩张与耕地资源不断减少的矛盾日趋激烈，应该把握住城市用地规模发展态势，挖掘其合理用地规模，从而为保护耕地提供可靠依据（游细斌，2004），城市增长边界的设定和配套政策的实施可以作为我国控制城市土地利用的有效实施工具（吴次芳，2009）。通过对非城市建设用地的划分与"强制性控制"，合理控制规划期内的土地开发总量与质量，建立区域生态基础设施，严格加以限制和保护，遏制蔓延（冯雨峰，2003）。从管理角度出发，可以运用"反规划"理念，采用"逆向思维"方法，通过控制非城市建设用地进而达到管理城市土地的目的（俞孔坚，2005）。

在实践层面上，虽然2009年国土资源部提出划定城乡建设用地规模边界、城乡建设用地扩展边界和禁止建设用地边界，将"边界"这一土地管制要素正式纳入土地利用规划中，但是，在国内各大城市的规划中，实际上没有完全引入城市增长边界的概念，研究内容也仍停留在蓝线、绿线的划定和非建设用地概念性规划层面，缺乏综合性（冯科，2008）。在实证研究方面，苏建忠（2005）针对广州市的蔓延现状提出了要划定明确的城市增长边界，并以法律的形式加以确认，而且在城市增长边界的划定过程中要注意与原有生态廊道的结合，严格保护已有农业用地。龙瀛（2009）提出一种基于约束性元胞自动机来制定城市增长边界的方法，并以北京市域为例制订了中心城、新城和乡镇三个层次的城市增长边界。

已有研究主要集中于建设用地总量目标确定、指标分解及增量指标的计划管理，需要探讨建设用地管理由"增量调控"向"总量控制"转变，探讨城市理性增长边界及差别化的管制措施。

二、区域协调与建设用地管理研究

面对区域发展的差异性，瑞典经济学家缪尔达尔（1957）提出，在经济发展过程中，当某些地区已累积起发展优势时，政府应当采用不平衡发展战略，通过发展计划和重点投资，优先发展这些有较强增长势头的地区，以求得较好的投资效率和较快的增长速度，并通过这些地区的发展及其扩散效应来带动其他地区的发展。对此，通过划定功能分区，引导建设用地的分区管制。如美国、日本、德国、欧盟等都非常重视在国土开发中对空间进行管制，划定功能分区，根据各个不同功能分区发展方向实行不同的区域政策。德国巴伐利亚州按照经济发展水平，将城乡区域划分为都市区、经济结构较好乡村地区和经济结构欠协调乡村地区三类，政府按照三类地区不同的发展矛盾和诉求，分别制定政策措施，促进公共资源在城乡之间均衡配置,生产要素在城乡之间自由流动,保障城乡等值化发展(Schuettemayer,2006)。

我国区域间经济发展水平和资源禀赋的差异较大,不同区域土地利用效率上具有较大差异性,需要按照比较优势配置资源(陈江龙,2004)。必须针对不同区域经济社会发展的不平衡性和自然条件、资源禀赋的相似性与差异性,制定与之配套的区域土地利用战略和策略(王国强,2006)。《全国主体功能区规划》从建设用地差别化管理实践,在国家层面将国土空间划分为优化开发、重点开发、限制开发和禁止开发四类区域,并明确了各自的范围、发展目标、发展方向和开发原则(胡存智,2010)。通过对各地区主体功能的定位,可以对我国未来国土利用、产业布局、经济开发、人口分布进行引导和约束,并且使区域政策更加具有针对性。部分学者对不同类型主体功能区差别化土地政策进行了探讨,主要包括土地政策目标、优先用地标准、耕地占补平衡标准、新增建设用地来源与供给、土地征用补偿标准等不同方面(何光汗,2010;蔡玉梅,2011;许根林等,2008)。孟祥旭等基于土地利用与社会经济发展耦合关系原理探讨新形势下土地利用功能分区思路,通过建立土地开发利用与保护的评价指标体系,得到土地开发利用指数和土地保护指数在空间上的组合,并据此确定土地利用功能分区,为区域土地利用调控提供依据(孟祥旭,2010)。

已有研究主要集中在区域差异识别及以此为基础的主体功能区划分上,缺乏对建设用地差别化管理及具体实现途径的研究。

三、城乡统筹与建设用地管理研究

城乡统筹发展是我国经济社会发展的一项重大战略,实现城乡统筹发展的关键是协调城乡土地利用,国内学者从城乡建设用地增减挂钩与集体建设用地流转等方面开展了大量研究。

欧名豪(2000)指出土地资源利用与管理过程中,不能割裂城镇与乡村联系,需建立起区域城乡建设用地整体控制战略。针对现行城乡土地利用不均衡现象作了具体研究,认为通过土地要素的合理流动与有效配置,如实施建设用地增减挂钩等可推进城乡一体化进程,从而根本解决"三农"问题(顾益、康邵峰,2003;谭荣、曲福田,2006;蒋明等,2007;郭苦成,2010)。叶剑平(2009)认为城乡统筹发展的核心问题是土地利用,应建立城乡统一的土地市场,从而促进城乡土地要素合理配置,达到城乡统筹发展。北京大学国家发展研究院综合课题组(2010)对成都土地制度改革进行调查,通过增加现存征地制度弹性,探索在非征地模式下配置土地资源,实现了城乡统筹目标。

关于城乡建设用地增减挂钩研究。国内学者分析了城乡建设用地增减挂钩政策意义(张定宇,2010;郭苦成,2007),提出现阶段城乡二元结构、土地产权、忽视耕地质量提高与资金不足是影响其顺利实施的主要障碍(李旺君,2009;张宇、欧名豪,2006)。有关学者在系统分析城乡建设用地增减挂钩的驱动力、潜力面积与经济效益的基础上,探讨城乡建设用地增减挂钩的区位选择(买晓森,2008)。

关于农村集体建设用地流转研究。目前分割的城乡建设用地市场造成一定效率损失,在地方政府与农民不断重复博弈中,城乡建设用地市场会走向均衡,实现城乡土地市场融合(马凯,2008;钱忠好,2007)。农民以土地权利参与工业化可分享工业化进程中的土地级差收益,农村集体建设用地直接入市可促进城乡一体化进程(蒋省三,2004)。为保证我国经济高速持续发展,应让农民直接参与农村集体建设用地流转(刘守英,2007)。刘小玲(2005)分析了我国城乡土地市场的结构现状,探索了城乡土地市场体系建立的路径选择,并提出建立统一的城乡土地市场体系的基本原则和框架模式。张合林等(2007)从土地使用权能对等和土地市场的本质统一性视角,提出了深化土地产权、市场制度本身的改革,配套建设税收、法律、社保体系和搞好土地市场宏观调控的城乡统一土地市场制度创新的政策建议。

现有文献集中在挂钩及农村建设用地流转的障碍因素及制度保障的理论探讨上,在城乡增减挂钩与农村土地整治、挂钩与农村建设用地流转的政策衔接方面,研究仍有待深入。

四、产业优化与建设用地管理研究

由于不同产业土地生产率不同,不同产业发展与该产业的土地占用并不是呈现同比例变化速率(马东生,2007)。产业和经济发展程度不同,其对用地的需求是不一致的,难以用统一的标准进行衡量,需要政府对产业用地实行差别化管理,合理地在各种竞争性用途之间分配土地资源(王万茂,1994)。一种普遍的观点认为,产业结构调整与土地集约利用是两个相互联系的整体,产业布局的调整必然导致土地利用结构的变化,从而引发土地用途和利用方式的改变(李秉仁,2000)。产业结构的高层次调整有利于土地集约利用水平的提升(顾湘,2007)。产业发展水平和产业结构决定着土地利用方式与结构(夏显力,2001),在第一产业占最大比重的前工业化阶段,农用地比重最大;随着工业化加速发展,农用地不断向第二、第三产业转移,建设用地面积不断扩大,并且不同产业占用土地比重不同，导致不同产业结构条件下土地利用结构和集约水平各异（王万茂，2000）。产业结构调整是空间结构演进的直接动力，空间结构反映产业的分布特征和生产效率（张秋娈，2000），土地利用结构调整和合理集约利用必须以产业结构优化为前提（刘运通，2002）。

1994年分税制改革以来，土地出让收入成为地方政府主要财源之一，产业用地供给以外延扩张为主、市场准入门槛较低，造成产业同构、重复建设。亟须加强土地宏观调控，结合国家产业结构调整目录制定供地目录，加强产业用地供地管理，防止地方政府片面追求地租收入最大化，促进产业用地结构优化（唐在富，2007）。国家出台了一系列土地宏观调控政策，将土地定位为宏观经济管理手段，2004年提出对经营性土地使用权实行"招、拍、挂"政策，产业用地配置逐渐由政府配置向市场配置进行转变，配合规划管制制定了《国家产业用地供地目录》。运用经济手段迫使那些土地收益不高的工业企业主动放弃土地等级较高的市区而向土地等级较低的城市边缘地区甚至郊区转移，促进土地资源的集约利用（曲福田，2001），避免土地市场出现大幅波动，稳定地方政府的土地预期收益，加强土地市场建设，是加强产业用地管理的重要手段（吴群，2010）。产业用地的供后管理可从供应总量、供给结构和空间布局三方面，与相应的产业政策相结合，运用节地技术和集约用地政策，分别对产业规模、产业组织、产业结构、产业技术和产业空间布局进行规制和影响（杨雪峰，2010）。完善土地市场，探讨产业用地年租制，进而盘活存量用地，通过城市CBD建设、旧城改造和"退二进三"等产业政策来实现（金笠铭，1996）。

目前产业用地初始土地供给方式较为粗放，与产业结构调整及升级未能形成良好配套，供地后续管理不足，大量存量建设用地利用空间未能释放，研究产业用地供地门槛、供地顺序、低效用地退出机制对促进产业优化升级具有重要意义。

五、房地产开发与建设用地管理研究

土地供应是土地管理和房地产开发的联接环节，更是土地市场和房地产市场的协调、有序、健康发展的基础与关键。波拉考沃斯基（Pollakowski，1990）通过对美国华盛顿地区蒙哥马利郡的实证研究发现土地供给限制对土地价格、住宅价格产生了溢出效应，土地利用限制越严格，住宅价格和开发土地价格上升的就越快。土地供给限制会引起更高的住房价格，但不会减少住房供给（Peng，1994）。土地政策是宏观调控的重要手段，通过土地政策参与宏观调控可以优化房地产开发用地结构保障民生用地的需求等（甘藏春，2008）。我国现阶段房地产发展所面临的总量不足和结构失衡主要由现行的土地供给方式引起的（娄文龙，2004），运用土地供应手段可以调控房地产市场，促进其健康发展（马欣，2007）。土地参与宏观调控必将影响到土地的交易价格、房地产开发投资及其增长速度、土地开发面积、商品房空置率等指标（卢新海，2006）；随着我国城市土地制度改革的逐步深入和土地市场的发展与完善，我国的土地供给政策已经对房地产市场产生明显影响，土地供应政策对房地产市场的影响主要表现在土地供应量和土地供应的市场化程度（张洪，2007）；土地的有效供应量不足和供应结构不合理造成了房价不合理上涨，通过市场、行政、法律的手段，增加土地有效供应，完善土地供应结构，可以有效缓解住房供需矛盾，使房价逐渐回归理性（张庆佳，2008）。

我国实施住房改革制度以来，住房被划分成两种，一是完全市场化的商品房，二是需要政府政策支持并提供保障的经济适用房、公租房和廉租房。国际经验表明，解决住房问题不能全靠市场，市场调节必然导致一部分中低收入阶层的房地产消费需求不能得到满足。所以，解决住房问题也要靠政府，住房保障是市场经济条件下政府的重要职能（高波，2010）。目前，我国存在住房供需极不平衡，住房结构极不合理现象（吴群，2007）。研究保障性住房供应，有利于合理安排建设用地布局，提高住房保障能力（康健森，2010）。建立社会保障性住房建设、供应机制，政府应该采取必要的扶持政策和措施，可以通过行政划拨方式安排社会保障性住房建设用地（顾国兴，1999）。尽管我国积极推行保障性住房的建设，但是由于我国房地产调控政策缺乏一套完整的制度保障，往往阻滞了保障性住房制度的发展。

已有研究大多集中在对土地供应以及住房保障制度的理论研究方面，缺乏对房地产用地供地结构及其配套管理政策的探讨，研究基于民生保障实现房地产用地分类供给及供后监管具有重要的现实意义。

六、综合述评

现有文献针对建设用地的合理规模及其实现途径等问题都做了大量研究，探讨了现行建设用地总量控制及指标分配方法，并从区域协调、城乡统筹、产业优化和房地产等方面开展了相关研究，探讨了建设用地调控的发展方向。但在以下方面仍有待深入研究：

第一，在分析框架和逻辑思路上，需要进一步探讨经济社会发展与建设用地调控以及建设用地总量控制与差别化管理的逻辑关系及理论内涵。

第二，对于建设用地总量控制问题，现有研究大多受制于增量管理的思路，对如何改进建设用地总量控制方法及管理政策,推动建设用地利用与管理方式由"增量调控"向"总量控制"转变仍需深入探讨。

第三,对于建设用地差别化管理问题,现有研究较为零散,且大多停留在技术性层面,缺乏差别化管理的政策目标、实现途径的系统性设计。

第四,对如何构建系统的土地调控政策保障体系,并将主体功能区、城乡统筹改革等实践发展与建设用地总量控制和差别化管理相结合,以充分发挥建设用地政策在国家经济社会发展中的调控功能的研究仍有待深入和完善。

第四节 总体研究框架

随着我国工业化、城镇化进程的推进,发展中的资源环境约束日益突出,国家从战略层面提出了转变经济发展方式的要求。土地作为国家重要的调控工具,实现建设用地调控与经济社会的协同发展就成为国家战略的重要选择。

在工业化、城镇化进程中,城镇建设用地的扩张是一个必然的过程。这种扩张有其内在的规律性,外在的用地制度可能加速或约束用地扩张的强度。同时,我国长期的城乡二元分割、资源配置"双轨制"、建设用地增量化管理及区域同质化发展,已成为制约建设用地保障发展能力的重要原因。而我国区域之间、城乡之间存在较大的差异,在多目标的发展约束下,不同区域的建设发展模式和用地管理要求差异化的政策管理体系,以实现整体层面土地资源的合理配置。产业内部的差异性和产业结构优化升级,以及城市商品性房地产和民生保障用地不同的政策取向,同样要求差异化的建设用地政策保障。以总量控制和差别化管理为核心路径,转变建设用地利用和管理方式,增强建设用地利用管理政策对经济社会发展的调控功能,已经成为转变经济发展方式、实现包容性增长的必然要求。

一、总体框架

根据以上逻辑,本课题按照"研究背景—理论命题—问题剖析—解决途径"的主线提出如下的总体研究框架(见图1-1):

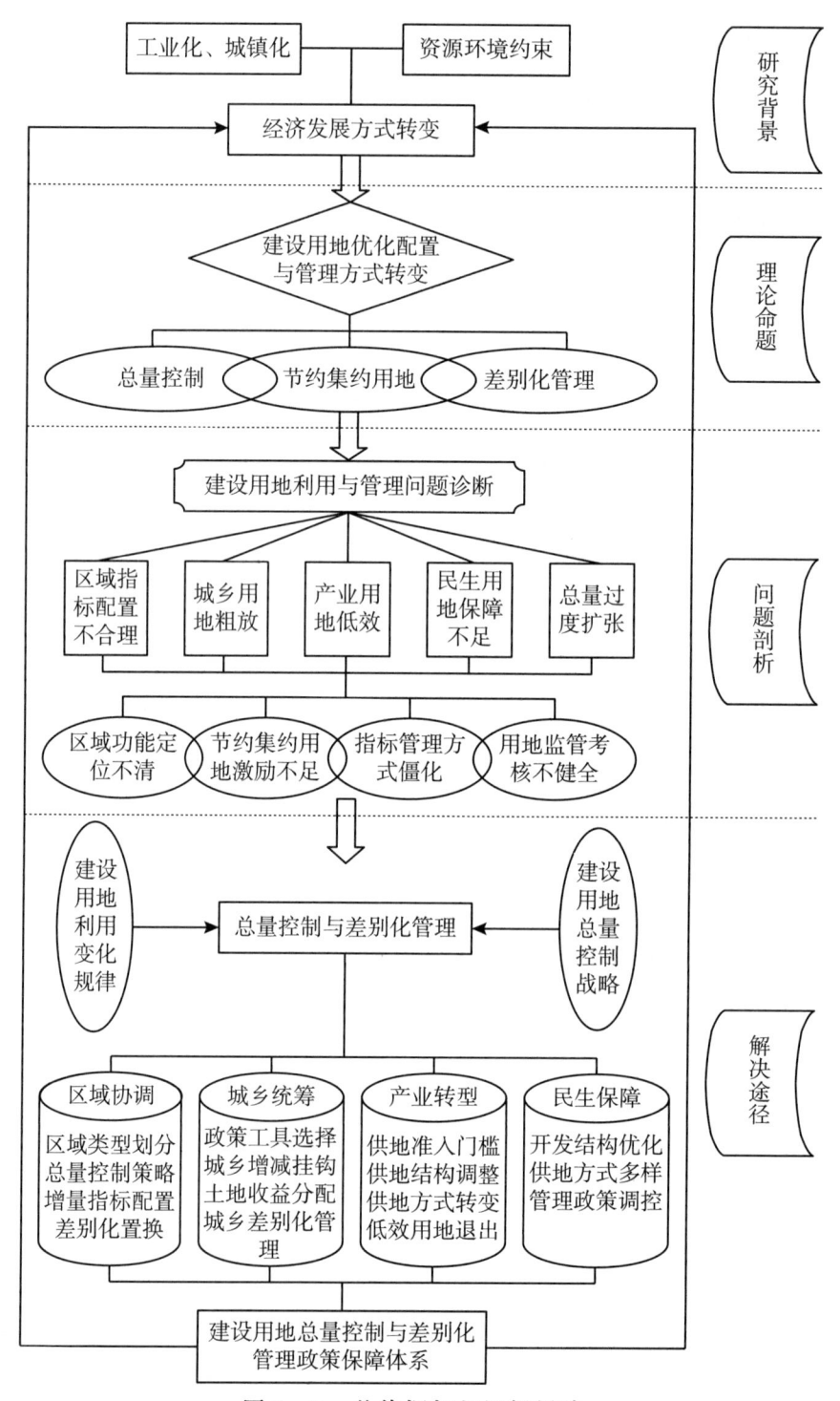

图 1-1 总体框架与逻辑思路

二、研究目标

本课题研究的主要目标是立足经济发展方式转变的战略目标,揭示我国当前建设用地利用与管理中的主要问题及其深层动因,明确我国中长期建设用地的总量控制战略,从区域、城乡、产业、民生等不同层次提出建设用地差别化管理的政策设计,并形成宏观调控下的建设用地总量控制与差别化管理的政策保障体系。具体可细分为以下几个方面:

第一,建立协同我国经济社会发展与建设用地调控的分析框架,系统分析我国当前主要的建设用地利用与管理问题及其深层动因;

第二,揭示经济社会发展与建设用地利用变化的一般规律,构建我国建设用地中长期的总量控制战略,确定建设用地总量控制目标,提出相应的管理方式转变的途径;

第三,提出不同区域、城乡之间、不同产业及城市房地产开发中建设用地总量控制和差别化管理的主要内容和政策设计;

第四,建立以加强政府宏观调控能力为导向,涵盖政绩考核、财税改革、规划管理和土地监察等方面的建设用地总量控制与差别化管理的政策保障体系。

三、研究内容

围绕以上研究目标,课题组认为我国建设用地总量控制与差别化管理政策研究应着重从以下几个方面具体开展:

(一)经济社会发展与建设用地管控的关系研究

以经济增长与资源环境脱钩理论为指导,分析脱钩的管控意义、对比不同脱钩方法的优劣,采用kuznets模型测度全国及东、中、西部经济增长与建设用地的脱钩进程,分析不同区域脱钩的影响因素;系统梳理我国建设用地管控政策及体系,分析建设用地利用现状问题,评价现有管控政策的绩效,最终提出建设用地总量控制和差别化管理的思路。

(二)国外建设用地总量控制与差别化管理比较与借鉴

总结典型国家(地区)不同经济发展阶段建设用地总量变化的特征与规律,比较、分析典型国家(地区)在建设用地总量控制和差别化管理方面的手段与方法，探讨其中值得我国借鉴的建设用地总量控制和差别化管理经验和教训。

（三）我国中长期建设用地总量控制战略研究

综合考虑粮食安全、经济建设和生态安全三类基本用地需求，构建国家、地区层面的建设用地总量控制目标情景分析框架与方法，并结合国家工业化、城镇化发展进程及趋势，构建不同情景确定我国建设用地中长期的总量控制目标。针对"增量控制"模式在建设用地管控中的不足，提出建设用地总量控制的管理思路及实现路径。

（四）促进区域协调发展的差别化建设用地管理政策研究

以经济发展水平、主体功能定位、土地资源禀赋等为依据划分不同的建设用地管控区域类型，分类诊断其建设用地利用的主要特征及趋势，进而就不同区域总量控制策略、增量指标配置、差别化置换等提出差别化管理的政策设计。

（五）统筹城乡的建设用地优化配置与差别化管理政策研究

深入剖析城乡二元体制对城乡建设用地利用的影响，结合我国各类城乡改革试验区建设用地总量控制与差别化管理的实践经验，就政策工具选择、土地收益分配、城乡土地差别化管理等问题开展系统的研究，在此基础上提出统筹城乡的总量控制与差别化管理政策设计。

（六）产业转型与建设用地差别化管理政策研究

根据产业转型的要求和不同产业的用地特征，从资源、能耗、环保及财富增长等方面研究产业用地供应准入门槛，并就用地准入门槛、供地结构调整、供地方式转变及低效用地退出等方面提出具体的政策设计。

（七）民生保障与房地产开发用地分类供应差别化管理政策研究

揭示当前房地产开发利用结构存在的问题，探讨新型城镇化中房地产合理开发与结构优化的总体路径；基于地价和房价的相互关系及传导机制研究商品性房地产用地供应，总结房地产用地出让模式的经验，提出商品性房地产与保障性房地产用地供应差别化政策，创新房地产用地出让方式，改革招拍挂出让制度，加强房地产开发用地供后监管。

（八）宏观调控下的建设用地总量控制与差别化管理政策的保障体系研究

系统总结上述研究结论，围绕区域协调、城乡统筹、产业优化、民生保障的建设用地政策目标，从基本制度的完善，辅以相应宏观政策的配套组合，以及建设用地管理的政策监测评估，构建建设用地总量控制与差别化管理政策保障体系的基本框架，并进一步从政策组合、宏观政策、配套政策以及监测评估等方面提出相应的保障措施。

第二章

经济社会发展与建设用地利用的关系研究

建设用地是国民经济各部门进行经济活动不可缺少的载体。伴随着经济社会的快速发展，工业化、城镇化水平不断提高，建设用地快速扩张不可避免。但与此同时也带来了耕地快速流失、生态环境恶化和社会矛盾加剧等一系列问题。对此，我国政府一直强调要实现土地资源的高效集约利用，"以较少的土地资源消耗支撑更大规模的经济增长"，进而促进资源节约型、环境友好型社会的建设。可见，实现经济发展与建设用地利用的协调、可持续发展已成为我国经济社会发展进程中亟待解决的重大问题。而正确认识经济发展与建设用地利用的关系是促进二者协调发展的前提和关键。因此，首先应开展不同阶段下经济社会发展与建设用地利用关系研究，分析经济社会发展与建设用地扩张的规律，对比我国经济社会发展过程中建设用地扩张的态势，从而为合理有效管控建设用地服务。

第一节 我国经济社会发展与建设用地利用现状分析

一、我国经济社会发展历程回顾及阶段判断

社会经济发展从来不是一个同质、等速的过程，而是一个不断地从量变到质变、呈现阶段性的过程。经济发展阶段划分的目的在于揭示各个时期社会经济发

展的特征,探寻发达经济发展历程中所显示的一般发展规律及发展方式。阶段的划分及其特征的认识,是一国制定科学的经济发展战略、促进经济发展的重要前提。改革开放30多年来,我国经济取得了高速的发展,但我国经济社会发展到底处于一个什么样的阶段,也是近年来国内讨论的热点话题。

(一) 钱纳里经济发展阶段理论

关于经济社会发展阶段的判断标准有很多,究其理论性和权威性综合考虑,其中三个标准最具影响力,分别是人均国民收入与发展指标,工业化进程指标,经济增长阶段理论。其中人均国民收入与发展指标,是世界银行力推的标准;工业化进程,是多数经济学家尤其是经济史学家分析的重要范式;经济增长阶段论,是美国经济史学家罗斯托教授提出的一个得到实证支持的理论范式(杨宇等,2012)。

为了能够对我国经济发展提供更为有效的借鉴作用,中国经济发展阶段的划分应当对照发达国家的历史经验,从广阔的历史角度观察并在国际比较的背景下进行。从这个角度来讲,我们需要一种准确且便于比较的阶段划分理论与标准,相比众多学者较为模糊的发展阶段判断,钱纳里等人通过对100多个国家20余年的经济发展的研究,得出的阶段划分标准具有非常强的实用性(杨宇等,2012)。因此,本书以钱纳里经济发展阶段理论为依据判断我国经济发展阶段。

钱纳里利用34个准工业国家1950~1970年间的数据资料,根据产业结构、经济增长的要素贡献率、人均GDP,将不发达经济到成熟工业经济整个变化过程划分为三个阶段六个时期,从任何一个发展阶段向更高一个阶段的跃进都是通过产业结构转化来推动的(见表2-1)。

表2-1　　　　　　　　钱纳里经济发展阶段

经济发展阶段	初级产品生产阶段	工业化阶段			发达经济阶段	
		初级阶段	中级阶段	高级阶段	初级阶段	高级阶段
产业结构	农业为主	轻工业为主导	重工业迅速增长	第三产业快速增长	技术进步推动工业增长	技术进步推动服务业增长

资料来源:霍利斯·B·钱纳里、吴奇泽:《工业化和经济增长的比较研究》,上海人民出版社1995年版。

人均经济总量一定程度上反映了一个国家或者地区的财富水平和总量水平,测度了一个国家或者地区的资本积累边界,基本反映了一个经济体的购买能力和需求结构,是国际上最通用的判断经济发展阶段的指标。国内对钱纳里标准的应用主要存在两方面的问题,一是忽略标准的时间性,将现期美元计的人均GDP

直接与以 1970 年美元给出的标准比较，高估经济发展水平；二是将人民币计的人均 GDP 转化为美元时采用汇率，低估经济发展水平。钱纳里本人也在《工业化和经济增长的比较研究》中强调了美元平减指数在人均 GDP 临界标准值的制定中不能被忽略。为此，根据钱纳里阶段划分，以 1970 年美元为基准通过购买力平价转换因子，将 1970 年美元的阶段划分推演至部分主要年份（1980 年、1990 年、2000 年和 2010 年）美元划分标准（见表 2-2）。

表 2-2　　　　　　人均经济总量与经济增长阶段的关系

美元	初级产品	工业化			发达经济	
		初级	中级	高级	初级	高级
人均 GDP（1970 年）	140～280	280～560	560～1 120	1 120～2 100	2 100～3 360	3 360～5 040
人均 GDP（1980 年）	300～600	600～1 200	1 200～2 400	2 400～4 500	4 500～7 200	7 200～10 800
人均 GDP（1990 年）	470～940	940～1 890	1 890～3 770	3 770～7 070	7 070～11 310	11 310～16 970
人均 GDP（2000 年）	620～1 240	1 240～2 490	2 490～4 970	4 970～9 320	9 320～14 910	14 910～22 380
人均 GDP（2010 年）	790～1 570	1 570～3 150	3 150～6 300	6 300～11 810	11 810～18 900	18 900～28 350

资料来源：杨宁、刘毅、齐元静：《基于不同区域尺度的中国经济发展阶段判断》，载于《经济问题探索》2012 年第 12 期，第 1～6 页。

（二）我国经济发展阶段判断

改革开放以来，我国经济保持了长期稳定的快速增长，《中国统计年鉴》显示 1978～2010 年间，我国 GDP 共增长 397 556.8 亿元，年均增长约 12 423.7 亿元，人均 GDP 共增长 29 610.6 元，年均增长约 925.3 元。依据《国民经济和社会发展"十二五"规划》，到 2015 年以前我国经济总量年均增长目标为 7%。截至 2010 年，我国第一产业占 GDP 比重约为 10%，三大产业就业人口占总就业人口的比重分别为 36.7%∶28.7%∶34.6%。

本节选取全国层面上 1978～2010 年的人均 GDP 数据，来源于《中国统计年鉴 2011》。据此绘出折线图，对我国经济发展阶段进行判断（见图 2-1）。

依据钱纳里经济发展阶段理论，先对该数据进行平减，换算成 1970 年不变价格的数据，然后依据当年的汇率（1970 年人民币对美元汇率约为 2.46）转换为 1970 年的美元人均 GDP，从而对我国经济发展阶段进行判断。从全国层面看，目前我国经济发展处在工业化中期阶段。改革开放以来我国经济发展可以分为四个阶段，其中 1978～1994 年为初级产品生产阶段Ⅰ，该阶段是不发达经济阶段，产业结构以农业为主，没有或极少有现代工业，生产力水平很低。1995～2003 年为初级产品生产阶段Ⅱ，该阶段虽仍然是不发达经济阶段，产业结构也仍然以农业为主，但已经开始向工业化阶段过渡，二、第三产业比例开始上升，人均 GDP

上升也较为明显。2004～2007年我国进入了工业化初期阶段，产业结构由以农业为主的传统结构逐步向以现代化工业为主的工业化结构转变，工业中则以食品、烟草、采掘、建材等初级产品的生产为主，这一时期的产业主要是以劳动密集型产业为主。2007年之后进入工业化中期阶段，制造业内部由轻型工业的迅速增长转向重型工业的迅速增长，非农业劳动力开始占主体，第三产业开始迅速发展，也就是所谓的重化工业阶段，重化工业的大规模发展是支持区域经济高速增长的关键因素，这一阶段产业大部分属于资本密集型产业。

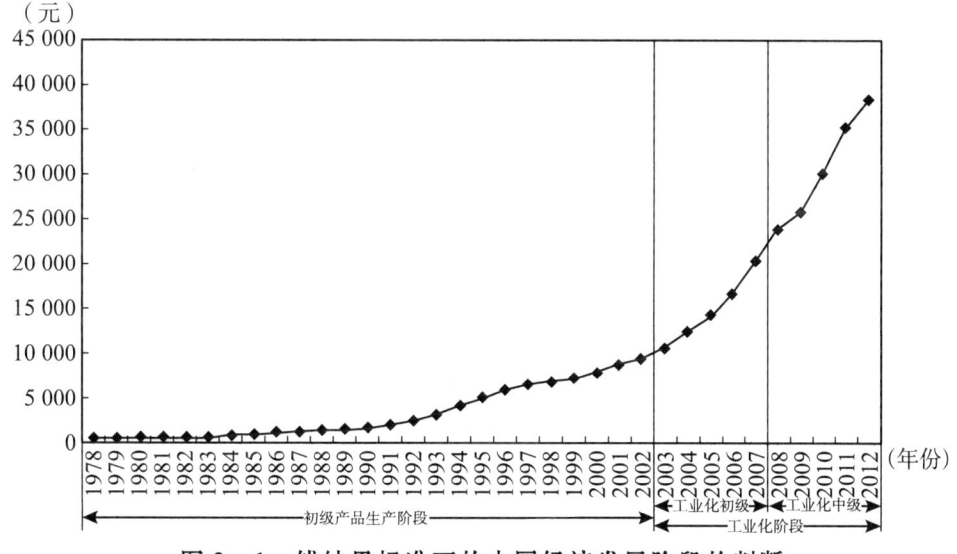

图 2-1 钱纳里标准下的中国经济发展阶段的判断

资料来源：中国统计年鉴.

从图2-1可以明显看出，自1978年以来跨越四个阶段的时间呈现递减的趋势。在"文革"之后经济进入恢复发展时期，用16年的时间完成了初级产品生产阶段Ⅰ，经济发展相对较为平稳。自1995年开始，我国经济呈现出较快的态势，用8年的时间完成了初级产品生产阶段Ⅱ，至此我国工业化前期的准备阶段才真正意义的完成。自2003年我国进入工业化时期之后，经济出现了迅速的发展，仅用4年的时间，就完成了工业化初期阶段。2007年之后，我国进入工业化中期3年的时间，人均GDP达到了29 992元人民币，位于钱纳里标准的工业化中期的前半阶段。由此可以预计，现在及未来一段时间内工业化进程仍将保持高速发展势头。

二、我国建设用地总量及结构变化分析

随着工业化的稳步推进，我国城镇化发展也越来越快，二者都需要大量的建

设用地作为基础。建设用地是经济活动最活跃的用地类型，对其总量及结构的分析，不仅可以作为工业化、城镇化发展状况的判断依据，而且能很好地预示我国社会经济发展的潜力。因此，下面将对我国建设用地总量及结构进行一些描述性分析，并试图挖掘一些深层次的信息。

（一）我国建设用地总量变化情况

本部分选取全国层面 1999~2010 年的建设用地数据，来源于《中国国土资源统计年鉴》。由于数据统计口径不一致以及数据可获性问题，对数据进行如下处理：1999~2008 年建设用地数据来源于《中国国土资源年鉴》（2000~2009年）土地利用状况一表，为居民点及工矿用地、交通用地及水利设施用地之和，因 2002 年采用新的土地统计分类标准，故对 1999~2001 年交通用地及水利设施用地作如下调整，2001 年的数据用 2002 年统计值除以 2002 年的增长率（根据 2001 年和 2003 年的增长率采用内插法计算）计算，2000 年和 1999 年数据分别依据 2001 年和 2000 年的统计值和年增长率倒退计算，2009~2010 年建设用地数据根据 1999~2008 年建设用地年增长率推算得到。据此绘出折线图，对我国建设用地总量变化情况进行分析。

从图 2-2、图 2-3 可知，1999~2010 年间，我国建设用地总量增长了 368.31 万公顷，年均增长 33.48 万公顷，共增长约 12.24%；建设用地变化率最高为 1.57%，最低为 0.52%，平均变化率为 1.06%。建设用地总量一直呈现增长态势，但变化率却呈现波动变化，根据变化率的波动，可以将建设用地总量变化情况分为三个阶段：第一阶段是 1999~2004 年，这一阶段建设用地变化率持续上升，从 2000 年的 0.52% 增加到 2004 年的 1.57%，增幅 1.05%，建设用地总量增长越来越快，该阶段对应上文中的初级产品生产阶段Ⅱ，为我国进入工业化阶段奠定基础，为城镇化的快速发展提供动力；第二阶段是 2004~2008 年，这一阶段建设用地变化率波动性下降，建设用地总量虽然一直在增长，但速度时快时慢，而且增长速度总体呈现下降态势，该阶段对应上文中的工业化初期阶段，工业化虽然一直在发展，但是既要面对农业社会的遗留问题，又要开始从劳动密集型慢慢向资本密集型转变，工业化发展波动性较大；第三阶段是 2008~2010 年，这一阶段建设用地变化率趋于平稳，基本在平均增长率 1.06% 的附近波动，建设用地总量基本是保持匀速增长，该阶段对应上文中的工业化中期阶段，工业化发展开始进行内部的结构调整，从而实现工业化的良性发展。

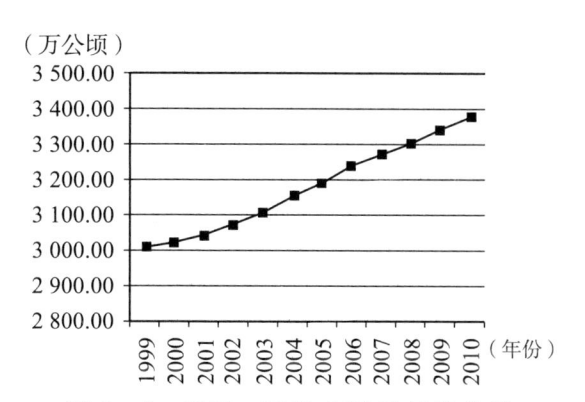

图 2-2　1999~2010 年建设用地总量

资料来源：中国国土资源统计年鉴.

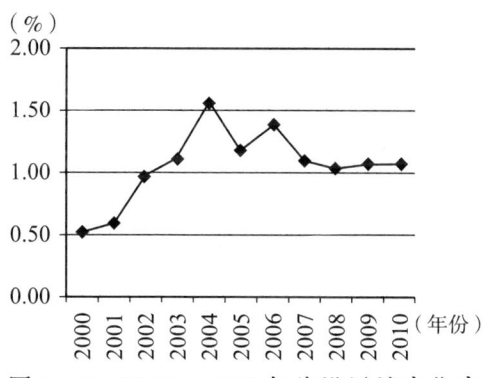

图 2-3　1999~2010 年建设用地变化率

资料来源：同图 2-2.

（二）我国建设用地的结构变化情况

根据历年《中国国土资源统计年鉴》得到 1999~2010 年的城镇工矿、村庄、交通水利和其他四类建设用地数量。由于 2001 年后交通运输用地和水利设施用地的统计口径发生变化（根据 2001 年《全国土地分类（试行）》，从 2002 年起农村道路不再纳入交通运输用地、沟渠不再纳入水利设施用地），需要对 2001 年及以前的交通运输用地和水利设施用地数据进行修正：依据 2002 年交通运输用地面积，扣除 2002 年交通运输用地新增量可以得到 2001 年交通运输用地修正值；在此基础上，再扣除 2001 年交通运输用地新增量、加上农村道路新增量，可以得到 2000 年交通运输用地修正值；依此类推，可以得到 1999 年交通运输用地修正值；采用同样的方法，可以得到 1999~2001 年水利设施用地修正值；2002 年及以前各类建设用地新增量来源于《中国国土资源统计年鉴》和国土资源部地籍司相关统计。根据四类建设用地的数量绘出它们所占比重图，对我国建设用地的结构变化情况进行分析。

由图2-4、图2-5可知,1999~2010年间,四类建设用地所占比重差异较大,村庄面积所占比重一直居于首位,基本都超过了建设用地的50%,直到2010年才略低于50%;其次是城镇工矿用地,占建设用地的20%~25%;再其次是交通水利用地,约占建设用地的18%;最后是其他用地,约占建设用地的7%。由此可以看出,我国大部分建设用地聚集在农村,农村建设用地存在很大的挖掘潜力。

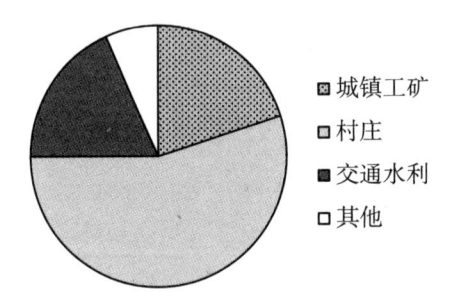

图2-4　1999年各类建设用地比重

资料来源:中国国土资源统计年鉴.

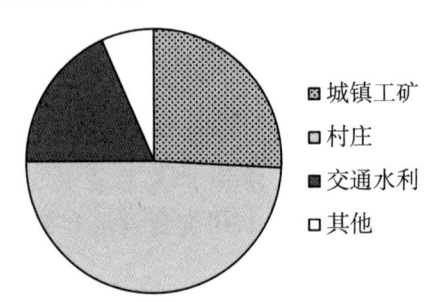

图2-5　2010年各类建设用地比重

资料来源:中国国土资源统计年鉴.

通过1999年和2010年各类建设用地比重图的对比可以看出,四类建设用地所占比重也呈现一定变化态势。其中,交通水利和其他用地所占比重变化不大,基本保持平稳。而村庄和城镇工矿用地所占比重变化较大,且变化方向相反,村庄所占比重从55%减少到49%,减幅6%,城镇工矿用地所占比重从20%增加到26%,增幅6%。这也符合工业化城镇化的发展规律,农地资源逐渐向市地资源转化,为经济社会发展提供基础保障,通过建设用地内部结构调整,实现建设用地的优化利用。

三、我国建设用地扩张的空间格局分析

对于正处于城市化、工业化快速发展时期的中国,资本、劳动力、土地都是

经济增长不可或缺的基本生产要素。持续的经济发展需要不同生产要素在空间、结构上合理组合，研究资本、劳动力和土地在空间配置上的关系有助于理解经济发展的区域差异。作为近年我国经济增长的主要源泉，土地（尤其是建设用地）空间配置格局对区域发展、生态环境保护等有重要影响，并且具有相对特殊的配置机制。揭示建设用地扩张的空间特征、成因及影响，对于完善土地资源配置机制，促进经济发展具有重要意义。

（一）分析方法与数据来源

1. 数据来源

本研究的研究范围为我国大陆 31 个省（市、区）。以历年统计数据为基础，计算整理得到 1999~2008 年分省（市、区）固定资本存量、第二、第三产业就业人数和建设用地的增长率。建设用地面积根据历年《国土资源综合统计年报》、《中国国土资源年鉴》整理而来。从经济增长与土地利用关系出发，本研究考察的建设用地包括城镇村建设用地、工矿用地和交通用地[①]。第二、第三产业就业人数、当年固定资本形成总额等数据来自历年《中国统计年鉴》。固定资本存量（1998 年可比价）采用永续盘存法估算。

2. 分析方法

（1）空间自相关分析

安瑟林（Anselin，1988）等学者发现空间数据间并非完全独立，而是存在某种空间联系和关联性，指出经济增长研究应采用改进后的统计分析方法来考虑与地理位置相关的空间数据关联和依耐性的影响。这里，应用 Geoda 软件，采用全局空间自相关检验和局部空间自相关检验对不同地区资本、劳动力、建设用地的增长率进行空间自相关性分析。

全局空间自相关检验。全局 Moran's I 指数由莫兰（Moran，1948）提出，它反映空间邻接或邻近的区域单元属性值的相似程度，其计算公式为：

$$\text{Moran's } I = \frac{n \sum_{i=1}^{n} \sum_{j \neq i}^{n} W_{ij}(x_i - \bar{x})(x_j - \bar{x})}{\sum_{i=1}^{n} \sum_{j \neq i}^{n} W_{ij} \sum_{i=1}^{n} (x_i - \bar{x})^2}$$

[①] 根据 2001 年《全国土地分类（试行）》，2001 年以后农村道路不再统计为建设用地，需要对 1999~2001 年交通用地统计数据进行修正，以消除研究时期内建设用地面积统计口径变化带来的影响。本研究采用以下步骤修正以上数据：首先，假设 2002 年交通用地（不含农村道路）增长率等于 2002~2005 年平均增长率，结合 2002 年末交通用地（不含农村道路）面积，估计得到 2001 年末交通用地（不含农村道路）面积；其次，结合 2001 年交通用地（包含农村道路）面积统计数据，估计 2001 年农村道路面积；最后，假设 1999~2001 年历年农村道路增长率与当年交通用地（含农村道路）增长率相等，估算出历年农村道路和交通用地（不含农村道路）面积。

$$\bar{x} = \frac{1}{n} \sum_{i=1}^{n} x_i$$

式中，x_i 为区域 i 的属性值（如建设用地增长率），n 为区域总数，W_{ij} 为空间权重矩阵，W_{ij} 代表空间单元 i 和 j 之间的影响程度。

局部空间自相关检验。Moran's I 指数对空间自相关的全局评估忽略了空间过程的潜在不稳定性，有必要进行局部空间自相关分析。一般包含三种分析方法：空间联系的局部指标（LISA）、G 统计、Moran's I 散点图。本研究采用 LISA 中的局部 Moran's I 指数和 Moran's I 散点图检验各地区资本、劳动力、土地（建设用地）三种要素增长率的局部空间自相关性。局部 Moran's I 指数定义为：

$$I_i = \frac{(x_i - \bar{x})}{S^2} \sum_{j \neq i}^{n} W_{ij} (x_j - \bar{x})$$

$$S^2 = \frac{1}{n} \sum_{i=1}^{n} (x_i - \bar{x})^2$$

如果 I_i 值为正，表示该区域单元周围聚集相似值（高值或低值），I_i 值为负则表示周围聚集非相似值。

Moran's I 散点图是对空间相关关系系数可视化的二维图示，四个象限分别对应区域单元与其相邻单元的局部空间联系形式：第 I 象限——高值区域单元被同是高值的区域所包围（高—高）；第 II 象限——低值区域单元被高值区域所包围（低—高）；第 III 象限——低值区域单元被低值区域所包围（低—低）；第 IV 象限——高值区域单元被低值区域所包围（高—低）。I、III 象限为正的空间自相关关系，II、IV 象限为负的空间自相关关系。

（2）聚类分析

本研究依据资本、劳动力、建设用地 2000~2008 年增长率，采用 K-Means 聚类算法对各省（市、区）进行聚类分析，并与空间自相关分析结果进行比较，以验证空间分析结果。

（二）建设用地扩张的空间自相关性分析

1. 全局空间自相关性检验

采用全局 Moran's I 指数分别对 2000~2008 年 31 个省（市、区）[1] 三类生产要素的增长率进行全局空间自相关性检验（见表 2-3）。

---

[1] 由于海南省仅与广东省相邻，空间自相关分析时将其与广东省作为一个样本。下同。

表2-3　　2000~2008年不同生产要素增长率全局Moran's I指数

年份	固定资本	第二、第三产业就业人数	建设用地
2000	0.1179*	0.1796**	0.1987**
2001	0.1156*	-0.0297	0.1790**
2002	-0.001	-0.1733*	0.1885**
2003	-0.1637	0.2802**	-0.0904
2004	-0.2003**	0.1426*	0.1327*
2005	-0.2035**	0.3782***	0.1529*
2006	-0.0259	0.0152	0.2047**
2007	0.0911	0.0582	0.325***
2008	0.232**	-0.0735	0.4514***
2000~2008	-0.118	0.2165**	0.3023***

注：*、**、***分别表示在10%、5%、1%水平下显著。

2000~2008年固定资本增长率全局Moran's I指数为负，不显著。2000~2001年、2008年表现出较强的正空间自相关，2004~2005年表现出较强的负空间自相关，其他年份不存在显著空间自相关性。说明资本增长率的空间自相关性随时间推移波动较大，没有明显的空间集聚或空间分散状态。

2000~2008年第二、第三产业就业人数增长率全局Moran's I指数为正，在5%的水平上通过显著性检验，说明总体上趋于空间聚集。但研究时期内近1/2的年份第二、第三产业就业人数的空间自相关检验不显著，正、负全局Moran's I指数交替出现，说明劳动力空间集聚状态并不十分明显。

2000~2008年建设用地增长率的全局Moran's I指数为正，在1%的水平上通过显著性检验。除了2003年，其他年份均表现出显著的空间自相关性，且2004年以来全局Moran's I指数逐渐增大。与资本、劳动力比较，建设用地扩张呈现明显的空间集群状态，表现出不同的空间动态发展特征。

2. 局部空间自相关性检验

空间自相关的全局评估往往会掩盖反常的局部状况或小范围的局部不稳定性，本研究采用局部Moran's I指数和Moran's I散点图来探测局部的空间聚集程度。总体上来看，2000~2008年不同生产要素Moran's I散点图表现出与全局Moran's I指数相同的特征。省（市、区）固定资本增长率的观测值主要分布在第二、四象限，说明以不同类型观测值之间的空间关联为主（高—低、低—高）；第二、第三产业就业人数和建设用地增长率的观测值主要分布在第一、三象限，说明以相似观测值之间的空间关联为主（高—高、低—低），表现出一定的空间集聚特征（见图2-6）。

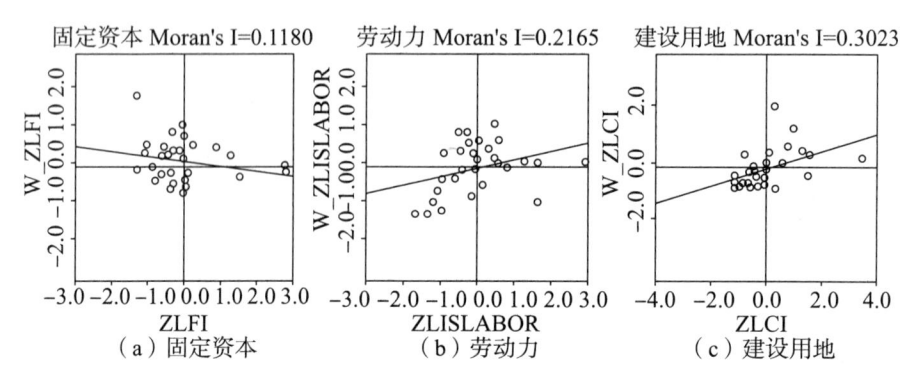

图2-6 2000~2008年不同生产要素增长率Moran's I散点图

同时，分别计算2000年、2002年、2004年、2006年、2008年、2000~2008年建设用地增长率局部Moran's I指数，绘制相应的Moran's I空间分布图，进一步分析建设用地增长率局部空间聚集程度。

结果显示，2000年建设用地增长率存在由内蒙古、山西、陕西、宁夏、青海组成的低—低集群，由江苏、浙江、福建组成的高—高集群。2002年东部地区建设用地增长率保持高—高集群特征（统计上不显著），同时出现了由新疆、西藏组成的高—高集群，而内蒙古、山西、陕西等仍表现出低—低集群特征。2004年建设用地增长率全局Moran's I指数减弱，以山西、河南、湖北组成的低—低集群为主，但东部地区仍表现出高—高集群特征（统计上不显著）。2006年，建设用地增长率高—高集群省份有所增加，北部地区处于低—低集群状态。2008年建设用地增长率高—高集群的范围缩小，低—低集群的范围有所扩大。可见，除西藏以外，北部、中部、西部大部分地区建设用地增长率长期处于低—低空间自相关集群，东部沿海大部分地区处于高—高集群，建设用地增长率的东西差别十分显著，东部沿海地区和西部地区建设用地规模差异呈持续扩大趋势。

（三）建设用地、固定资本与劳动力增长空间特征比较

聚类分析结果表明，2000~2008年我国大部分省（市、区）固定资本增长率处于220.79%~305.93%之间，西南地区和东北地区部分省（市、区）固定资本增长率较高，其中内蒙古、重庆固定资本增长率分别达到571.35%和568.91%，固定资本增长在空间上未表现出明显的集聚现象。2000~2008年二三产业就业人数增长率呈现较为明显的南北分异特征，北部地区增长率普遍较低，

但空间上未出现高增长率集群地区。与固定资本、劳动力空间格局变化比较，建设用地增长率呈现出较明显的"东西高、中北低"的空间集聚特征，东部沿海地区和西藏、新疆建设用地增长率明显高于中部和北部地区。

对各省（市、区）建设用地增长率进行比较发现，2000~2008年全国建设用地平均增长率为10.84%。其中，中部和北部地区16个省（市、区）建设用地增长率较低，控制在2%~11%。京津地区和江浙地区建设用地扩张速度最快，平均增长率达到25%。此外，西部地区的西藏、新疆和东部沿海地区其他省份（包括福建、广东、上海、山东、广西等）建设用地扩张速度也较快，平均增长率达到15%（见表2-4）。

表2-4　　　　　　2000~2008年建设用地增长率聚类分析结果

组别	省（市、区）	建设用地增长率/%	组别	省（市、区）	建设用地增长率/%
Ⅰ	浙江	45.80		内蒙古	10.27
Ⅱ	天津	27.99		贵州	9.33
	西藏	27.31		青海	9.10
	北京	25.71		河北	8.78
	福建	22.51		湖南	8.06
	江苏	20.93		山西	7.92
	组内平均	24.89		四川	7.25
Ⅲ	广东	18.96	Ⅳ	辽宁	7.10
	上海	16.39		湖北	6.97
	宁夏	16.20		安徽	6.01
	江西	14.31		陕西	5.51
	云南	13.37		吉林	3.52
	广西	13.15		海南	3.31
	山东	13.05		黑龙江	2.77
	新疆	12.90		河南	2.63
	重庆	12.54		甘肃	2.43
	组内平均	14.54		组内平均	6.31

近十年我国建设用地扩张存在显著的空间自相关性，表现为中部地区低—低集群和东部沿海地区高—高集群，导致区域间建设用地规模差异持续扩大。从形成原因来看，这一现象可能是不同区域土地利用比较优势差异与土地发展权计划配置方式共同作用的结果。按照区域之间土地利用的比较优势来配置土地，可以

使各个区域获得比较利益，从总体上提高区域的土地利用的总福利。东部地区建设用地的利用效率显著高于中西部地区。因此，无论是在市场机制还是计划体系下，经济发达地区都更容易获取更多的建设用地指标。同时，为了加强对地方政府土地配置行为的引导与控制，国家实行土地发展权计划管理。长期以来，土地利用计划指标分配的主要依据是经济总量与增长速度和基于中长期管理的土地利用总体规划，具有明显的路径依赖特征。因此，即使固定资本和劳动力的空间配置格局已经开始发生变化，在改革开放初期获取较多建设用地指标的东部沿海地区仍旧能够保持较多的土地发展权，导致建设用地扩张的空间格局与资本和劳动力出现分化。

第二节 经济增长与资源环境脱钩理论及其再审视

一、脱钩概念

长期以来，经济发展与资源环境消耗总是处于"挂钩"的状态，尤其是20世纪后期以来，经济增长极大地依赖资源环境消耗，这种"挂钩"关系更加紧密。然而，随着西方发达国家的技术进步和工业体系的逐渐完备，在20世纪70~80年代出现了大量的经济发展与资源环境消耗相背离的事实，并引起了广泛的关注。西方学术界对此做了大量研究工作，并用"脱钩"一词对这种现象进行描述。但截至目前，学术界对"脱钩"的概念尚未形成统一、公认的认识。

其相同的是，"脱钩"被看作是一种打破经济增长与资源环境消耗之间关系的过程，需要从时间的角度去考察。例如，在被广泛引用的经济合作与发展组织（OECD）所提出的"脱钩"概念中，脱钩被描述为"打破环境危害与经济财富之间的联系，或是打破环境压力与经济绩效之间的联系"（OECD, 2003）。世界银行（WBG）则提出脱钩包括去物质化和去污染化两方面内容，是指经济活动的环境冲击逐步减少的过程（De Bruyn SM, 1997）。

其不同的是，有的学者认为只要资源环境消耗速度慢于经济增长的速度，就可以认定二者的关系被打破了，即"脱钩"发生了。世界银行（WBG）将它所提出的"去物质化"分为弱去物质化和强去物质化两种类型（De Bruyn SM, 1997），相应的，脱钩也就有弱脱钩和强脱钩之分。其中，弱脱钩是指物质使用密度（物质使用量/GDP）减小的速度慢于经济增速；强脱钩是指随着经济的增长，物质消耗量在不断减少。与此类似，经济合作与发展组织（OECD）将其所提出的"脱钩"也划分为相对脱钩和绝对脱钩两种类型（OECD，2003）。其中，相对脱钩是指环境压力增长率小于它的经济驱动增长率；绝对脱钩是指在经济增长的同时环境压力保持不变或下降。从这些定义可以看出，绝对脱钩、相对脱钩与强脱钩、弱脱钩事实上没有区别，只是研究人员的词语使用偏好不同，但无论是哪一类都将"脱钩"发生的底线划为二者速度的背离，因此我们将这一类脱钩概念定义为"速度脱钩"。另有学者认为，环境负荷或资源消耗与 GDP 增长"脱钩"就是指无论经济怎样增长，环境负荷或资源消耗也不会上升。该脱钩概念与前面提到的强脱钩或者说绝对脱钩的概念是一致的。但该脱钩概念更为严格，认为环境负荷或资源消耗不增长才算脱钩，尽管严格意义上的脱钩要比相对脱钩困难，但有关报道表明在 1990～2002 年期间捷克经历了严格意义上的脱钩。

二、脱钩的测度方法

由前文可知，脱钩的概念并不统一，受此影响，脱钩的测度方法也是多种多样。与脱钩概念的类型划分相对应，脱钩的测度方法大致可以分为基于"速度标准"的脱钩测度方法和基于"数量标准"的脱钩测度方法两类。

（一）基于"速度标准"的脱钩测度方法

这类测度方法，或是直接将同一时间段内资源环境消耗速度与经济增长速度的比值作为测度指标；或是通过分析基期与末期资源消耗量与经济增长量的比例，间接利用二者的速度变化，测度脱钩是否发生。基于"速度标准"的脱钩测度方法除了早期的 IU 曲线法（Cleveland，Ruth，1998），还有经合组织（OECD）提出的脱钩指数法（OECD，2002）、芬兰未来研究中心塔皮奥（Petri Tapio）教授提出的弹性系数法（Petri Tapio，2005），以及由脱钩指数法进化而来的完全分解技术脱钩分析。其中以脱钩指数法和 Tapio 弹性系数法最具代表性。

1. 脱钩指数法

2002 年，经济合作与发展组织（OECD）在其出版的《衡量经济增长与环境压力脱钩的指标》报告中提出了先计算脱钩率，后据此计算脱钩指数的分析方法（OECD，2002），随后被西方学者广泛应用于温室气体排放与 GDP 增长的脱钩、土壤退化与人类活动的脱钩、粮食生产与水资源消耗的脱钩等研究中（钟太洋，2010）。其计算公式如下：

$$D = \frac{\Delta L}{\Delta K}$$

式中，D 为脱钩指标，ΔL 为资源环境压力变化指标，ΔK 为经济增长动力因子变化指标。评价某项驱动因素实施前后或其他过程中，经济增长对资源环境影响程度的变化，可以应用脱钩指标的变化率表示：

$$D_v = \frac{D_C}{D_m}$$

式中，D_v 为脱钩指标的变化率，D_C 末期脱钩指标，D_m 初期脱钩指标。如果 $D_v > 1$，表明经济的增长依然消耗资源环境，反之，如果 $D_v < 1$，则说明区域脱钩现象发生，D_v 值越小，经济增长与资源环境的脱钩现象越显著。国际上往往利用脱耦指数 ID 来进行更加直观地判读。

$$ID = 1 - D_C$$

ID 的取值范围为 [0, 1]，如果 $ID > 0$，表明区域脱钩现象发生，值越大脱钩现象越显著，ID 为 1 时，说明区域经济增长已经完全脱离了资源环境的束缚；反之说明，区域脱钩现象不明显，经济发展还处于依靠耕地资源消耗的初级阶段。

2. Tapio 弹性系数法

2005 年，芬兰未来研究中心的塔皮奥教授在一项关于交通容量与 GDP 增长脱钩的分析首先提出了以塔皮奥（Tapio）模型为代表的脱钩弹性分析法，并借鉴了维赫马斯（Vehmas）等人提出的脱钩判断准则，受到了学术界的广泛重视，具体测度方法如下（Petri Tapio，2005）：

$$T = \frac{\%\Delta L/L}{\%\Delta K/K} = \frac{(L_n - L_{n'})/L_{n'}}{(K_n - K_{n'})/K_{n'}}$$

其中，T 为脱钩系数；L 为资源环境消耗数量（或水平）；K 为经济增长；n 为末期年；n' 为基期年。依据 ΔK 与 ΔL 之间的大小关系以及 t 的取值范围，脱钩程度可以分为以下状态（见图 2-7）：

连接状态。此时，$\Delta K \approx \Delta L$ 且 $0.8 < t < 1.2$，表明经济总量与资源环境消耗的变动大致相同。若 ΔK、ΔL 均大于 0，二者之间呈现扩张连接，说明经济总量与资源环境消耗基本实现同步增长；若 ΔK、ΔL 均小于 0，二者之间呈现衰退连接，说明经济总量与资源环境消耗出现了同步衰减。

正脱钩状态。此时，$\Delta K > \Delta L$。若 ΔK、ΔL 均大于 0 且 $0 < t < 0.8$，二者之间呈现弱正脱钩，说明经济增长的同时资源环境也在消耗，但经济增长速度稍快于资源环境消耗；若 $\Delta K > 0$、$\Delta L < 0$ 且 $t < 0$，二者之间呈现强正脱钩，说明经济不断增长的同时资源环境消耗量（水平）正在缩减；若 ΔK、ΔL 均小于 0 且 $t > 1.2$，二者之间呈现衰退正脱钩，说明经济衰退的同时资源环境消耗量（水平)也在缩减,但经济衰退的速度明显慢于资源环境消耗量(水平)的缩减。

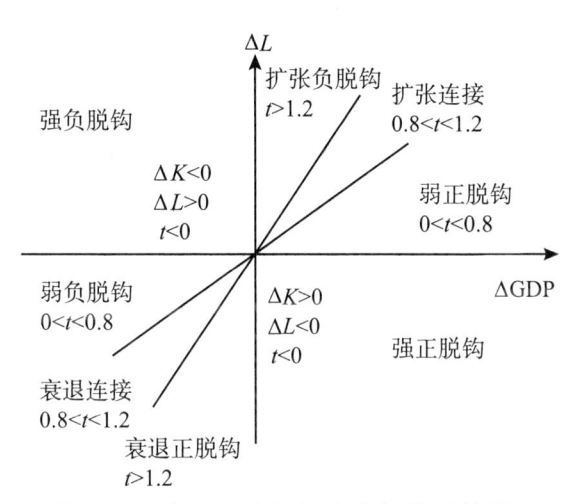

图2-7 建设用地与经济增长的脱钩关系

负脱钩状态。此时,$\Delta K < \Delta L$。若 ΔK、ΔL 均大于 0 且 $t > 1.2$,二者之间呈现扩张负脱钩,说明经济不断增长的同时建设用地也在扩张,且经济增长速度明显慢于建设用地扩张;若 $\Delta K < 0$、$\Delta L > 0$ 且 $t < 0$,二者之间呈现强负脱钩,说明经济衰退的同时建设用地却在扩张;若 ΔK、ΔL 均小于 0 且 $0 < t < 0.8$,二者之间呈现弱负脱钩,说明经济衰退的同时建设用地也在缩减,但经济衰退的速度稍快于建设用地缩减。

(二)基于"数量标准"的脱钩测度方法

这类测度方法均是将资源环境消耗量随经济增长的变化情况作为测度指标,基于"数量标准"的脱钩测度方法主要有 EKC 曲线模型(Panayoto T,1993)、IPAT 方程(诸大建,2007),以及我国学者陆钟武在 IPAT 方程基础上推导出的 IGT 方程(陆钟武,2011)。其中,EKC 曲线模型测算了较长一段时间内资源环境消耗量随经济增长的变化情况,而 IPAT 方程和 IGT 方程多是以一年为时间单位进行测算。

1. EKC 曲线模型

1919 年,格罗斯曼和克鲁格(Grossman & Krueger)研究发现 SO_2、微尘和悬浮颗粒物三种污染物排放量指标与收入之间的关系呈 Kuznets 倒 U 形关系。之后,阿罗(Arrow)基于 1995 年库兹涅茨(Kuznets S)界定的人均收入与收入不均等之间的倒 U 形曲线提出了环境压力与经济增长的 EKC 假说,Kuznets 曲线模型随之成为脱钩的一种主要评价方法而被学术界所接受。由于采用了计量分析方法，Kuznets 曲线模型除了能客观描述考察期内资源环境消耗随经济增长的变化情况，还能短期预测其未来发展趋势，其具体测算方法如下：

$$L_{it} = \beta_1 + \beta_2 K_{it} + \beta_3 K_{it}^2 + \varepsilon_{it}$$

公式中，L 为资源环境消耗量（水平）；K 为经济增长；ε 为随机误差干扰项。β_1、β_2、β_3 为待定参数，i、t 为区域及年份；其中 β_2 和 β_3 取值可以反映经济增长与资源环境消耗之间是否发生脱钩以及资源环境消耗曲线的具体类型（见表 2-5），若存在脱钩，可进一步通过 $-\beta_2/2\beta_3$ 求出经济增长与城市建设用地扩张脱钩的临界点。

表 2-5　　　　　　　　经济增长与资源环境的脱钩关系

类型	β_2	β_3	是否出现脱钩	曲线类型
1	>0	=0	是	斜直线
	<0	=0	否	斜直线
2	>0	<0	是	倒 U 形
	<0	>0	否	U 形

2. IGT 方程

IGT 方程是我国学者陆钟武在 IPAT 方程的基础上推演而来的（陆钟武，2011），其具体测算方法如下：

假设基准年资源环境消耗量 L_0 为：

$$L_0 = K_0 \times T_0$$

则第 n 年后资源环境消耗量 L_n 为：

$$L_n = K_n \times T_n \times [(1+k) \times (1+l)]^n$$

其中，K 为经济总量；T 为单位经济增长对应的资源环境消耗量；k 为 K 的增长率；l 为 T 的增长率。由式（2）、式（3）可以得到 n 年里资源环境随经济增长的消耗量为 $(L_n - L_0)$，则其增长率 g 为：

$$g = (L_n - L_0)/L_0 = (L_n/L_0) - 1$$

将式（2）和式（3）代入到式（4）中，并假设 $n=1$，可以得到：

$$g = (1+k) \times (1+l) - 1$$

不难推断，如果发生了脱钩，$t \leq 0$，且 g 的取值越小，说明资源环境随经济增长新增的消耗也就越少，脱钩程度也就越高，反之也就越低。通过测算、对比每一年 g 的取值，就可以了解考察期内资源环境消耗与经济增长的脱钩程度及其走向。

三、脱钩的一般机理

从可持续发展的角度看，资源环境领域脱钩现象的频繁出现其实是在表明人类对资源环境的利用越来越趋向于代际的公平，即将更多的资源环境留给后代人使用，不损害其满足自身发展需求的能力。因此，部分学者在观察、测度资源环境领域脱钩现象的同时，也在不断地探寻其背后的原因，以便在现实中对其进行合理的把控，从而促进社会经济可持续发展。不可否认，如果从微观的角度，特别是从生产的过程中，分门别类地分析经济增长与资源环境消耗脱钩的原因，现实指导意义会更加明显。但由于资源环境系统过于庞杂，现有研究多是将资源环境看作一个整体，尽可能地从宏观层面探求经济增长与资源环境消耗脱钩的一般性原因。

由于对资源环境缺乏足够的重视，宏观经济增长理论认为"在某种意义上，经济增长有利于保护资源环境，资源环境改善是经济增长的副产品"。例如贝克尔曼曾在其研究中提出："收入水平越高，环境保护涵盖的范围也就越广泛，因此最有把握的环境保护措施便是让我们变得更富有"（Beckerman，1992）；潘纳约托曾认为："在发展中国家，促进经济增长是一种强有力地提高环境质量的方法"（Panayoto，1993）；关税及贸易总协定（GATT）曾宣称："收入水平的提高与环境污染减少之间的关系十分密切"（GATT，1999）。甚至有的学者进一步提出应取消对资源环境利用的管控，例如巴特利特曾认为："现有的环境管制措施势必会阻碍经济的增长，从而对环境质量的提高产生负面影响"（Bartlett，1994）。可见，宏观经济增长理论将资源环境领域内的脱钩现象解释为经济增长的必然结果，只要经济还在正常增长，脱钩就必然会出现并不断深化。

但在20世纪的后30年间，部分国家和地区的经济增长与资源环境消耗在经历一段时间的脱钩后，又出现了复钩的情况，而此时的经济并无明显衰退。对此，部分学者一方面开始质疑以上理论解释，例如德布鲁因认为："只有当价格能够反映资源环境的全部价值，并且市场能对此能做出足够灵敏的反应时，脱钩才可能被经济增长内生化，但现实中的市场体系显然过于僵硬"；格罗斯曼和克鲁格认为："即便经济增长与环境质量改善有联系，我们也不能为二者的联系是必然的"。另一方面，继续从宏观层面积极探寻资源环境领域脱钩的一般原因，其观点主要集中在：（1）纯技术进步[①]和产业结构优化。代表人物如格罗斯曼（1991）、德布鲁因（1997）以及加里奥提（2003）等人，他们认为纯技术进步

---

① 纯技术进步既包含生产加工等硬技术的进步，也包含组织管理等软技术的提升。

和产业结构优化可以通过提高资源环境的使用效率来缓解经济增长对资源环境的冲击。（2）政府部门对资源环境利用的管控，这既包括行政手段，也包括市场手段。代表人物如施坦格尔（1999）、史密斯（2010）等人，他们认为政府的管控措施能有效克服市场、机构以及信息失灵，从而在保障经济增长的同时缓解资源环境压力。

这些研究成果使我们对资源环境领域的脱钩有了更加深入、正确的理解，但仍需要进一步讨论和完善。其中：（1）资源环境使用效率的提高是经济增长方式优化的重要表现，新增长理论的内生增长模型表明这不仅来源于纯技术进步和产业结构优化，还得益于人力资本的积累，它们共同提供了有形投入以外的生产效率的增长（左大培，2007）。因此，如果用整个经济增长方式的优化来代替纯技术进步和产业结构优化显然会更全面，一般指导意义也更明显。（2）施坦格尔和史密斯等人虽然将政府管控视为资源环境领域脱钩的一般原因，但其研究多是强调了政府管控的重要性以及不同国家和地区在实施管控时所面临的障碍性因素，并未明确说明政府管控如何会导致脱钩。鉴于此，此处拟在现有研究的基础上，围绕"经济增长方式的优化"和"资源环境利用的管控"进一步对经济增长与资源环境消耗脱钩的一般机理进行阐述和讨论。

（一）经济增长方式的优化

经济增长方式，可以被理解为推动经济增长的各种生产要素投入及其组合作用的方式。从要素配置状况出发，它可以衍生出两种不同的方式，一是以增加投入和扩大规模为基础、强调增长速度的粗放型增长方式；二是以提高效率为基础、强调增长质量的集约型增长方式。

这种从粗放型向集约型转变的过程，可以被视为经济增长方式的优化。按照转变的主导力量不同，可以将经济增长方式的优化分为市场自发演进型和政府主导强制型两类。市场自发演进型主要是指市场自发力量主导所引致的经济增长方式优化，例如美国、英国等西方发达国家和地区。由于这些国家和地区的经济增长方式优化多是一种无意识状态下的自发转变，因此在这些国家和地区并无增长方式优化的概念，故市场自发演进型优化又可看作经济增长的过程。政府主导强制型主要是指发展中国家和地区依据西方先进国家和地区的经济增长方式演进的经验，采取一系列措施推动增长方式的优化，相比于市场自发演进型优化，该类型优化具有非常明显的目的导向性。

由经济增长的阶段性演变不难发现，无论是哪一种力量在起主导作用，经济增长方式优化的最终的结果都是经济增长会逐渐由依靠资源环境投入数量的增加，转为依靠其使用效率的提高，资源环境消耗对经济增长的影响力逐渐由强转弱。当这种影响力减弱到一定程度时，经济增长与资源环境消耗之间便开始出现脱钩，直至资源环境少消耗，甚至不消耗也会保持经济的持续增长。可见，通过优化经济增长方式，可以实现经济增长与资源环境消耗的脱钩。对此，还可以通过构建以下经济增长模型来进一步佐证。假设研究期内经济体的规模报酬不变，然后将拓展后的索罗经济增长模型变形为：

$$TPF = \frac{GDP}{K^{\alpha} P^{\beta} L^{1-\alpha-\beta}}$$

式中，GDP 为经济的增长；K 为经济增长过程中的资本投入；P 为经济增长过程中的劳动力投入，假设这里的劳动力只能进行一些简单的、重复性的生产动作，因此 P 主要表示劳动力数量的投入；L 表示经济增长过程中的资源环境消耗数量；TPF 为全要素生产率，表示除要素投入以外的生产效率提高的部分，即经济增长的质量。可见，TPF 水平越高，经济增长越侧重于质量的提高，经济增长方式也就越优化。由上述公式可以看出，在资本及劳动力数量投入保持不变的前提下，全要素生产率 TPF 的水平与经济增长 GDP 呈现正相关，与资源环境消耗 L 呈现负相关。可见，经济增长方式的优化有利于在保证经济增长的同时降低资源环境消耗数量，即实现二者的脱钩。依据新增长理论和结构主义发展理论，这一脱钩过程可具体分解为：

1. 技术效应

技术进步是经济增长方式优化的重要根源及表现形式。它首先指纯技术进步，这既包含生产加工等硬技术的进步，例如一些资本设备的新设计；也包含组织管理等软技术的提升，例如一些组织管理的新方案。当这些新设计和新方案被生产部门所掌握并投入生产时，便会形成技术力量，从而推动生产效率的提高以及经济增长方式的优化（杨立岩，2007）。由于在正常的生产过程中，这种技术力量往往需要以人为载体来发挥作用，因此除了纯技术进步外，技术进步的范畴还应涉及人力资本的积累。所谓人力资本是相对于物化资本而言的，从经济生产的角度看，它主要指劳动力所具有的知识、技能和经验等，反映了劳动力的质量水平（侯亚飞，2001）。人力资本积累越显著，劳动力的质量水平越高，也就越容易接受新技术、实施新方案，纯技术进步就越容易转化为现实的生产效率，经济增长方式优化的步伐也就越快。除了与纯技术进步相配合外，人力资本的积累还会提高劳动力自身的劳动效率，并对其他劳动力的劳动效率产生正面影响，由于劳动力直接从事最终产品的生产，因此这样也有利于生产效率的提高以及经济增长方式的优化。

可见，技术进步下的经济增长方式优化多是纯技术进步和人力资本积累相互配合、共同作用的结果。相应地，技术效应主要表现为：在经济增长的过程中，通过纯技术进步和人力资本积累的组合作用，资源环境（包含存量和增量）的使用效率会不断提升，即"用相对较少的资源环境投入收获相对较多的经济产出"，长期积累的结果便是资源环境消耗对经济增长的影响力不断下降，即二者之间发生了脱钩，这一过程可具体分为以下两种情形：

技术效应Ⅰ：贴近生产可能性边界。如图 2-8 所示，纵轴表示经济产出，横轴表示资源环境投入，A 表示生产可能性边界，其斜率曲线为资源环境投入的边际产出曲线，符合边际报酬递减规律。假设当技术还处于较低水平时，生产效率也较低，资源环境投入量 OC 对应的经济产出只能落在生产可能性边界以下的 E 点上。随着技术的进步，特别是组织管理等软技术的提升以及劳动力自身劳动效率的提高，生产效率也会上升，此时资源环境投入量 OC 对应的经济产出会逐渐贴近生产可能性边界，向 F 点和 G 点靠近。当落到 F 点附近时，对应的资源环境投入量为 OD，由图中不难发现 $OC<OD$，但经济产出却未减少。当落到 G 点附近时，由图中不难发现产出 G 高于产出 E，但资源环境投入量却没有增多。可见，通过贴近生产可能性边界，可以在维持经济正常产出的情况下减少资源环境投入量，或是资源环境投入不增加的情况下实现经济产出的持续增长。

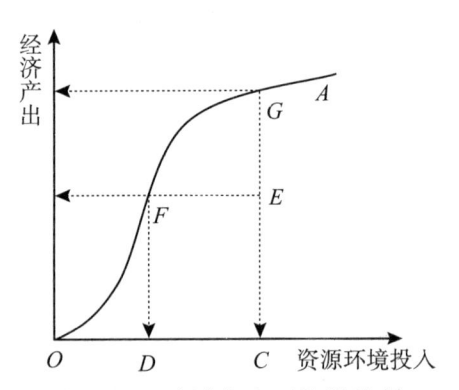

图 2-8 贴近生产可能性边界

技术效应Ⅱ：提升生产可能性边界的上限。如图 2-9 所示，B 为高于 A 的另一个生产可能性边界，它代表的技术水平高于 A，其曲线走向同样符合边际报酬递减规律。这里假设生产效率已经达到较高的水平，已经贴近生产可能性边界 A，对应的资源环境投入量为 OD，经济产出为 F。随着技术的进步，特别是生产加工、产品创新等硬技术的进步，生产可能性边界会由 A 进一步向上移动到 B，资源环境投入量 OD 对应的经济产出也会相应地进一步向 I 点和 H 点移动。当移动到当落到 I 点附近时，对应的资源环境投入量会进一步减少为 OG，但经济产出却未减少。当落到 H 点附近时，经济产出会进一步提升至 H，但资源环境投入量却没有增多。可见，通过提升生产可能性边界的上限，可以进一步在维持经济正常产出的情况下减少资源环境投入量,或是进一步在资源环境投入不增加的情况下实现经济产出的持续增长。

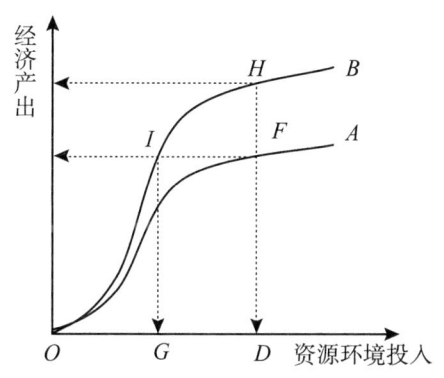

图 2-9 提高生产可能性边界的上限

需要注意的是,尽管技术效应Ⅰ与技术效应Ⅱ的动力源泉有所差异,但二者相互之间并不排斥,在不同时期和不同产业发展中二者经常同时出现、相互叠加,只不过主导地位有所不同。

2. 结构效应

除了技术进步外,产业结构优化也是经济增长方式优化的重要原因及表现形式。一般认为,产业结构优化包含合理化和高级化两个过程(薛白,2009),前者主要指各产业之间相互协调,能够适应市场需求变化并带来最佳效益,后者又称为产业结构升级,主要指产业结构从低层次向高层次转换的过程,例如:①从第一、二、三次产业在结构中所占比重来看,第一、二产业所占比重逐渐下降,第三产业所占比重逐渐提高;②从传统产业和新兴产业在结构中所占比重来看,传统产业所占比重逐渐下降,新兴产业所占比重逐渐提高;③从资源、资金和技术密集型产业在结构中所占比重来看,资源密集型产业所占比重逐渐下降,资金、技术密集型产业所占比重逐渐提高。其中,产业结构合理化仅仅是经济增长方式优化的基础,而产业结构高级化则伴随了经济增长方式质的转变。相应地,结构效应主要表现为在经济增长的过程中,随着产业结构的优化,特别是合理化基础上的高级化,资源环境(包含存量和增量)会逐渐从使用效率较低的产业部门流向使用效率较高的产业部门,此时即便技术水平保持恒定,资源环境的整体使用效率也会得到提升,即"用相对较少的资源环境投入收获相对较多的经济产出",这样也有利于实现经济增长与资源环境消耗之间的脱钩。

需要注意的是,结构效应和技术效应相互之间并不排斥,当资源环境(包含存量和增量)沿着提高使用效率的方向在各产业间流动时,各产业部门内部的资源环境使用效率也在不断地提升。可见,经济增长方式优化下的资源环境领域脱钩往往是二者相互交织、共同作用的结果,只不过在不同时期和不同区域,二者的主导地位有所不同。

(二) 资源环境利用的管控

受市场、信息失灵等因素的影响,资源环境在被开发利用的同时,难免会带来资源枯竭、环境污染以及生态破坏等一系列负外部性问题。当这些负外部性问题及其引发的社会压力积累到一定程度时,政府部门作为社会公众利益的代表,通常会对资源环境开发利用的速度和规模进行适当地管理和控制。此时的管理和控制多是一些"纯环境措施",即以限制资源环境开发利用的速度和规模为首要目的,不对经济效益做过多考虑(郑易生,2000)。以能源消耗为例,为应对其带来的能源枯竭和温室效应等问题,世界10大经济体从本世纪初开始陆续针对能源利用及温室气体排放提出了强制性的目标及要求。

这些管控的实施,一方面能够有效遏制资源环境开发利用的速度和规模;另一方面会改变原有经济活动的约束条件,迫使资源环境成本内部化,从而使原有的经济增长受到压抑。由于这些管控和约束多是为了解决眼前的突发性环境问题,因此其预留的反应时间较短,很难通过技术进步来加以应对。对此,生产者必然会为了继续追求某种经济目的而寻求其他可替代性资源,从而维持正常的生产运作和经济产出。这样看来,也可以实现经济增长与资源环境消耗的脱钩,但这种替代性的应对行为并非随心所欲,需要视不同资源环境的功能属性而定,其大致可以分为以下两种情况:

1. 用资金、劳动力等非资源环境要素替代资源环境要素

这种替代需要被管控的资源环境具备一定的空间承载功能,如土地、水域等。只有具备了空间承载功能,才能在短时间内吸收更多的资金、劳动力等非资源环境要素,实现生产要素间的替代。如图2-10所示,纵轴表示非资源环境投入(如资本、劳动力等),横轴表示资源环境投入,A表示等产量线,B和C表示两条不同的等成本线。假设未对资源环境的利用进行管控时,等成本线为B,生产组合落在D点上,对应的资源环境投入量为OF。对资源环境的利用进行管控后,相比于资金、劳动力等非资源环境要素,资源环境要素的价格会上升。为避免成本上升、利润下降,生产者必然要用更多的非资源环境投入替代资源环境投入,等成本线B便会沿着等产量线A不断向上移动,当其移动到C时,生产组合会落到E点上,对应的资源环境投入量为OG。由图中不难看出$OG < OF$,但产出却未减少。可见,用资金、劳动力等非资源环境要素替代资源环境要素可以在减少资源环境投入数量的情况下维持经济的正常增长。

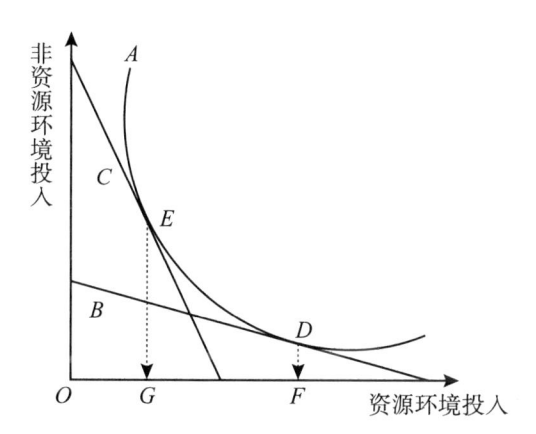

图 2-10　生产要素间的替代效应

2. 用游离于管控之外的资源环境替代被管控的资源环境

这种替代适用于那些不具备空间承载功能的资源环境，如能源、金属等。由于缺乏可承载空间，无法在短时间内吸收更多的资金、劳动力等非资源环境要素，生产者只能用游离于管控之外的资源环境替代被管控的资源环境。例如，在矿物燃料开采以及碳排放受到限制的情况下，火电生产企业可以转而开发水电、太阳能光电等新能源，从而维持自身的经济规模及产出；汽车运输业可以转而利用酒精、氢气等新型清洁燃料来维持日常的经营活动。需要注意的是，这种替代需要具备一个条件，那便是选取的可替代性资源的使用不能产生新的负外部性问题，否则这种替代行为就是在单纯地转移资源环境成本，其引发的脱钩也无任何现实意义。例如，在煤炭开采受到限制的情况下，火电生产企业不去开发水电、太阳能光电等新能源，而是简单的用燃气甚至木材来替代煤炭，虽然会使经济增长与煤炭消耗脱钩，但却又引发了燃气枯竭、森林覆盖率减少等新的环境问题，经济增长与资源环境消耗之间的矛盾依然在加剧。

（三）机理间的联系与区别

虽然将资源环境领域脱钩的一般机理分为"经济增长方式的优化"和"资源环境利用的管控"两方面，但这并不意味着二者是排斥对立的，相反，二者之间的联系非常密切，这主要表现在以下几方面：

从时间上看，二者往往是同时发挥作用的，这在经济增长方式相对落后且资源环境问题比较严重的发展中国家和地区表现得尤为突出。受限于技术进步和产业结构优化的长期性，经济增长方式优化无法在短期内有效缓解日益严重的资源环境问题，发展中国家和地区的政府部门不得不在大力推动经济增长方式转型的同时，采取严格的资源环境管控措施，以求将经济增长与资源环境消耗的关系维持在一个适度均衡的状态。另外在发达国家和地区，二者也常常同时出现。在美国、日本、英国以及法国等发达国家和地区，尽管经济增长方式相对优化且能源利用效率较高，但其政府部门还是对能源利用及温室气体排放提出了强制性的目标及要求。

从内容上看，二者之间存在交集。经济增长方式优化的过程中也伴随着大量的替代现象，特别是资金、劳动力等非资源环境要素对资源环境要素的替代。以土地资源为例，随着科学技术，特别是土地利用技术的不断进步，土地的空间利用集约强度也必然会不断提升，随之而来的便是单位土地面积所承载的资金、劳动力越来越多。这在产业结构优化的过程中同样会出现，由于产业结构调整是资金、劳动力以及土地等生产要素联合作用的过程，因此产业结构重心转移的前提条件便是允许各生产要素间能相互替代。只不过相比于资源环境利用的管控，经济增长优化过程中的替代现象多是长期的，且自发性相对较强。

从作用关系上看，首先，经济增长方式优化需要资源环境利用的管控作为保障。以结构效应为例，格罗斯曼和克鲁格在分析产业结构变动对墨西哥资源环境的影响时曾指出，只有当墨西哥政府采取了较为严格的资源环境管控、逼迫生产者将资源环境成本内部化时，结构效应才会发挥作用，否则在生产者"成本—收益预期"的影响下，产业结构短期内还是会以资源密集型产业为主，经济增长必然会造成资源环境短期内的快速退化（Grossman, 1991）。其次，资源环境利用的管控在一定条件下可以催生经济增长方式的优化。关于这一点，迈克尔·波特曾于1991年提出过著名的"波特假说"，即生产企业为了应对环境管制所带来的压力，会通过积极的环境管理，推进技术创新，实现产品或工艺的创新，从而在降低对环境的破坏同时收获经济效益（Porter, 1991）。但现有研究表明，这一催生过程不但需要接受经济暂时衰退的事实，还要面临很大的不确定性。对此，往往需要合理的环境管制设计和来自政府部门的经济激励手段相配合。

可以看出，资源环境领域内的脱钩现象往往是"经济增长方式的优化"和"资源环境利用的管控"相互交织、共同作用的结果。尽管二者之间关系密切，但还存在一定的差别，这主要表现在：

从时间上看，经济增长方式优化及其引发的脱钩耗费时间较长，因为前文提到无论是技术进步，还是产业结构优化都是一个长期、渐进的历史发展过程。虽然技术引进可以在较短时间内提高某一国家或地区的技术水平，但这仅仅是经济增长方式优化的必要条件，还要面临技术消化吸收的问题，这一问题的解决也需要较长时间。相比之下，资源环境利用的管控及其引发的脱钩耗费时间较短，因为资源环境利用管控多是为了解决眼前日益严重的资源环境问题，这要求管控政策的制定、执行和收效都要具备较短的时效性，这其中虽然存在一定的时滞，但也多是几年的时间。因此，相比经济增长方式的优化，资源环境利用的管控更像是一种应急脱钩手段。

从效果上看，由于有技术进步，特别是生产加工、产品创新等硬技术的进步作为支撑，经济增长路径的优化可以实现经济持续的周期性增长，因此由它引发的资源环境领域内的脱钩现象具有较强的持续性。反观资源环境利用的管控，如果是用游离于管控之外的新能源、新材料替代被管控的资源环境，其引发的资源环境领域内的脱钩现象也具有一定的持续性。但如果是单纯地用资金、劳动力等要素来替代资源环境要素，则可能在经济增长的某些阶段因资源环境要素供给不足，且技术水平尚不发达，而对区域的经济增长产生不利影响，因此有它引发的资源环境领域内的脱钩现象的持续性较差。

四、管控视角下的脱钩理论再审视

（一）脱钩的管控意义——破解"环境高山"

脱钩的测度是资源环境领域脱钩理论的核心内容，也是开展资源环境脱钩分析的前提和关键。除了能够简单、直观地反映资源环境使用进程外，脱钩的测度还可以服务于资源环境利用的管控，指导我们更科学、合理地处理经济增长与资源环境消耗之间的关系，这一点在联合国环境规划署（UNEP，2011）、欧盟环境总署（DG Environment，2005）以及经合组织（OECD，2002）的研究中体现得尤为明显。联合国环境规划署（UNEP）在用脱钩理论评估德国、南非、中国和日本等国家的资源环境使用进程之前，先分析了这些国家面临的主要环境问题及相应的管控政策，最后以评估结果为标杆衡量了这些政策的实施效果，并简单地指出其未来强化的方向；与之相类似，欧盟环境总署（DG Environment）先用脱钩理论评估了欧盟各成员国的资源环境使用进程，后分析了评估结果与相应的管控政策之间的相关性，最后对这些政策是否起到了应有的管控作用进行了初步的判断。经合组织（OECD）虽然没有直接利用脱钩测度结果对相关管控政策的实施效果进行评价，但却通过对脱钩测度指标的逐步分解，间接地指出经合组织各成员国在资源环境利用管控上的不足及未来需要进一步强化的方向。

不难发现，虽然脱钩的测度能够指导资源环境利用的管控，但在现有研究中，这种指导作用更多地体现为一种"事后评价"，这样虽然有利于弥补资源环境利用管控的不足，但却很难为其提供事先的策略指导。管控策略的选择是资源环境利用管控的前提的关键，如果能从这一层面提出有益的建议或指导，无疑会显著提高脱钩测度对资源环境利用管控的现实指导意义，但这需要进一步挖掘脱钩测度背后所蕴藏的更深层次的政策含义。

西方发达国家近百年来的实践经验表明，以经济增长为横轴，以资源环境消耗数量（或水平）为纵轴，二者的关系一般会呈现出一条先向上弯曲后又向下弯曲的曲线，这便是所谓的"环境高山"（陆钟武，2003）（见图2-11）。从曲线峰值 A 点向横轴画一条垂线，可以将"环境高山"划分为两个区间：直线左侧，资源环境消耗数量（或水平）随经济的增长而越来越多，我们称之为"两难区间"，因为在其中资源环境改善与经济增长此消彼长、难以兼顾；直线右侧，资源环境消耗数量（或水平）随经济的增长而越来越少，我们称之为"双赢区间"，因为在其中我们可以兼顾资源环境改善与经济增长，或者至少没有一方受损（郑易生，2000）。

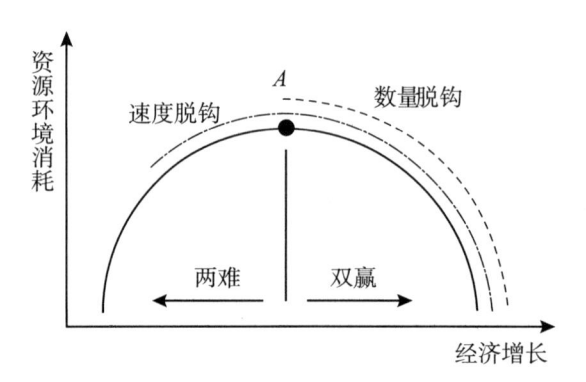

图 2-11 "环境高山"与脱钩关系示意图

在不同的区间，资源环境的管控策略也会有所差异。在"两难区间"，由于难以兼顾资源环境保护与经济增长，资源环境管控通常是一种摇摆于宽松与严格之间的适度管控，目的是在资源环境和经济增长之间权衡取舍，维持二者的动态均衡。权衡取舍、相互掣肘的结果往往是二者都无法实现效益的最大化。而在"双赢区间"，由于能够兼顾资源环境改善与经济增长，可以对资源环境实施较为严格的管控，在保护资源环境的同时收获经济效益，并最终实现二者的共赢。不难理解，我们总是愿意遇到"双赢区间"，并选择其中的管控策略，但问题是"双赢区间"何时到来？我们何时才能变"适度管控"为"严格管控"？

"脱钩"无疑解答了这一问题。"脱钩"意味着资源环境消耗与经济增长的关系开始发生背离，资源环境少消耗甚至不消耗，经济也可以正常增长，这无疑为兼顾资源环境改善与经济增长提供了可能性。因此，可以将发生"脱钩"视为从"两难"到"双赢"的拐点，即图2-11中的 A 点：如果脱钩发生了，说明我们已经步入"双赢区间"，可以通过严格管控来寻求共赢；如果脱钩还未发生，说明我们还在"两难区间"，只能继续通过适度管控来权衡取舍。可见，从资源环境管控的角度出发，脱钩的意义是告诉我们"双赢区间"是否已经到来，是否该变"适度管控"为"严格管控"。因此，准确地体现资源环境与经济增长从"两难"到"双赢"，是当前脱钩研究应该关注的重要问题。

(二) 基于管控意义的脱钩概念界定及方法比较

依据脱钩的"数量标准"，不难发现"数量脱钩"与"环境高山"的后半段——"双赢区间"所描绘的情形基本一致，都是立足于资源环境消耗数量（或水平）不会随经济增长而增加。由此推断，"数量脱钩"的临界点应该与图 2-11 中的 A 点大致重合，只要发生了"数量脱钩"，就基本迎来了"双赢区间"，可以尝试变适度管控为严格管控。因此，基于"数量标准"的脱钩测度方法能够客观、准确地告知我们资源环境与经济增长是否已经从"两难"到"双赢"。

而在脱钩的"速度标准"下，若用 L 表示资源环境消耗数量（或水平），设其增速为 $\%\Delta L$，用 K 表示经济总量，设其增速为 $\%\Delta K$。假设 t 为二者的增速之比，则 $t = \%\Delta L / \%\Delta K$。若 $t<1$，说明二者已经脱钩。在假设 $\%\Delta K > 0$ 的前提下，$t<1$ 又可以分为以下两种情况：

当 $0 < (\%\Delta L / \%\Delta K) < 1$，且 $\%\Delta L > 0$ 时。此时，虽然已经脱钩，但资源环境消耗数量（或水平）还在随经济增长而持续增多，我们仍处于"两难区间"，资源环境改善与经济增长仍然难以兼顾。此时如果坚持依据"已脱钩"的结果实施严格管控，很可能会造成"牺牲经济增长换取资源环境改善"的不良后果。

当 $(\%\Delta L / \%\Delta K) \leq 0$，且 $\%\Delta L \leq 0$ 时。此时资源环境消耗数量（或水平）开始随经济增长出现平稳或减少，我们已步入"双赢区间"，此时能够兼顾资源环境改善与经济增长，可以尝试变适度管控为严格管控。

可见，"速度脱钩"所描绘的情形超出了"双赢区间"的范畴，其脱钩临界点应该出现在 A 点之前，即便发生了"速度脱钩"，也不一定会迎来"双赢区间"。因此，基于"速度标准"的脱钩测度方法可能会提前误判资源环境与经济增长已经从"两难"到"双赢"。

(三) 基于管控意义的脱钩一般机理再审视

本研究借助"环境高山"提出的脱钩测度的管控意义，回答了在"两难区间"和"双赢区间"该采取何种管控策略，但是尚不能回答在管控策略既定的情况下该从哪些路径入手进行管控，更不能回答在管控的同时如何兼顾经济增长，这需要视脱钩的具体原因来定。前文虽然从"经济增长路径的优化"和"资源环境利用的管控"两方面阐述了资源环境领域脱钩的一般机理，但这仅仅是一种一般意义上的全面总结，具体到某一区域及某一资源环境分支领域，究竟是哪些因素支撑了脱钩、哪些因素阻碍了脱钩的发生？

对此，还需要以资源环境领域脱钩的一般机理为指导，先探明某一区域在某一资源环境分支领域内具备哪些具体的脱钩条件，再据此开展脱钩影响因素的定量分析，从而指导在资源环境管控策略既定的情况下该选择什么样的行动路径。在这一过程中，还需要注意以下问题：第一，在衡量经济增长方式的优化时不能一概而论，应具体结合某一区域所处的经济增长阶段进行综合判断。以技术进步和产业结构优化为例，在后发展国家和地区，技术进步并非只得益于国内的技术投资，国外先进技术的引进也对其技术进步起到了重要的推动作用。另外在工业化阶段，制造业，特别是高新技术产业的生产率明显高于服务业，因此在这一阶段的产业结构优化不能只看第三产业的占比，还要考虑高新技术产业在国民经济中的比重。第二，在讨论政府对资源环境利用的管控时，不能只关注具体的管控措施，还要考察这些管控措施在实施时所面临的障碍性因素。例如，史密斯等人在其著作中虽然承认政府的管控是资源环境领域脱钩发生的重要原因，但也面临着诸多的障碍性因素，这在不同的国家和地区有着不同的表现，因此仅考虑政府所采取的具体管控措施，容易夸大它们在现实中的影响。

第三节 我国经济增长与建设用地脱钩的实证检验

土地作为资源环境系统的子系统，其数量和质量变化都与资源环境利用的整体状况紧密相连。前文提到，自20世纪90年代末开始，随着经济的增长，我国建设用地的扩张速度已经开始趋缓，并且建设用地扩张与资本、劳动力的增长开始出现空间上的不匹配。那么从资源环境领域脱钩的角度看，二者之间是否发生脱钩？基于此，本节以资源环境领域的脱钩概念及测度方法为参考，利用1999年以来我国建设用地和城市建设用地的数据，分别对经济增长与建设用地扩张、城市建设用地扩张之间的脱钩关系进行定量测度。

一、我国经济增长与建设用地扩张的脱钩检验

作为人类生产生活活动的主要载体，建设用地是经济发展必须依赖的基本生产要素。改革开放以来，伴随着经济的持续快速增长，我国建设用地也在快速扩张。一方面，建设用地扩张对支撑经济的持续快速增长做出了重要贡献（毛振

强,2007;姜海,2009);另一方面,建设用地的快速增长也带来了包括粮食安全受到威胁(闫梅,2011)、社会冲突加剧(谭术魁,2010)、生态环境压力增大(李晓文,2003;Streutker D. R.,2002;侯兰功,2012)等一系列问题。因此,必须在遵循经济发展与建设用地扩张规律的基础上,制定合理的建设用地管控目标并实施有效管控,减少经济增长对建设用地资源的依赖,从而将经济发展的建设用地资源代价降到合理水平。

(一) 模型构建及数据来源

Tapio 弹性系数法是目前最典型的基于"速度标准"的脱钩测度方法,因此选择这一方法对我国经济增长与建设用地扩张脱钩效应进行检验,采用 Tapio 脱钩模型分析建设用地与经济增长脱钩的公式如下:

$$t = \frac{\%\Delta BL/BL}{\%\Delta GDP/GDP} = \frac{(BL_n - BL_{n-1})/BL_{n-1}}{(GDP_n - GDP_{n-1})/GDP_{n-1}}$$

其中,t 为脱钩系数,BL_n、BL_{n-1} 分别指第 n 年、第 $n-1$ 年的建设用地总量,代表建设用地资源消耗量;GDP_n、GDP_{n-1} 分别指第 n 年、第 $n-1$ 年的国内生产总值,代表经济增长状况。依据 ΔGDP 与 ΔBL 之间的大小关系以及 t 的取值范围,脱钩程度可以分为以下状态(毛振强等,2007)(见图 2-12):

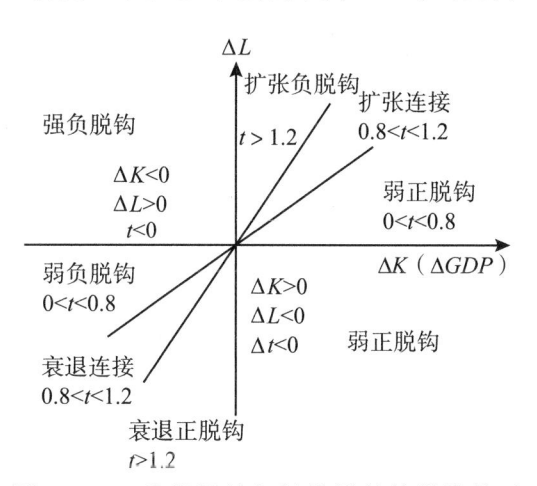

图 2-12 建设用地与经济增长的脱钩关系

根据历年《中国国土资源统计年鉴》可以得到 1999~2008 年建设用地总量数据,为居民点及工矿用地、交通运输用地、水利设施用地之和。由于 2001 年后交通运输用地和水利设施用地的统计口径发生变化(根据 2001 年《全国土地分类(试行)》,从 2002 年起农村道路不再纳入交通运输用地、沟渠不再纳入水利设施用地),需要对 2001 年及以前的交通运输用地和水利设施用地数据进行修正①。

根据历年《中国统计年鉴》可以得到相应年份 GDP 数据，为消除价格因素影响，各年 GDP 均折算为 1978 年可比价。此外，为了消除建设用地资源投入的滞后效应，将建设用地资源投入的滞后期设定为 1 年，即使用 2000~2009 年的经济数据与 1999~2008 年建设用地总量数据进行脱钩分析（见表 2-6）。

表 2-6 我国建设用地与经济增长脱钩状况

年份	建设用地总量（万公顷）	变化率（%）	年份	GDP 1978 年可比价（亿元）	变化率（%）	脱钩系数
1999	2 939.22	—	2000	27 702	—	—
2000	2 978.52	1.34	2001	30 001	8.30	0.161
2001	3 013.87	1.19	2002	32 726	9.08	0.131
2002	3 072.38	1.94	2003	36 007	10.03	0.194
2003	3 106.47	1.11	2004	39 638	10.09	0.110
2004	3 155.00	1.56	2005	44 121	11.31	0.138
2005	3 193.00	1.20	2006	49 714	12.68	0.095
2006	3 237.00	1.38	2007	56 755	14.16	0.097
2007	3 272.00	1.08	2008	62 223	9.63	0.112
2008	3 305.70	1.03	2009	67 956	9.21	0.112

（二）我国建设用地扩张和经济增长的脱钩系数及状态

依据以上方法和数据，可以计算 2001~2009 年我国建设用地扩张与经济增长的脱钩系数并判定其脱钩程度。

从图 2-13 可以看出，2001~2009 年我国建设用地总量与 GDP 的脱钩系数基本在 0.2 以下波动，一直处于弱脱钩状态，说明相对于经济的快速增长，建设用地扩张速度处于相对较低的水平。这是经济增长方式改变、结构效应和建设用地管控政策共同作用的结果：首先，随着资本、劳动力、技术等要素投入的增多，经济增长对土地资源的依赖会有所降低。资本投入的增加、二三产业劳动投

---

① 交通运输用地修正思路如下：依据 2002 年交通运输用地面积，扣除 2002 年交通运输用地新增量可以得到 2001 年交通运输用地修正值；在此基础上，再扣除 2001 年交通运输用地新增量、加上农村道路新增量，可以得到 2000 年交通运输用地修正值；依此类推，可以得到 1999 年交通运输用地修正值。采用同样的方法，可以得到 1999~2001 年水利设施用地修正值。2002 年及以前各类建设用地新增量来源于《中国国土资源统计年鉴》和国土资源部地籍司相关统计。

入的加大以及科学技术的进步，使得经济增长对建设用地的依赖有所降低。其次，我国经济结构也在不断优化，主要表现为三次产业结构优化。2001~2009年间，我国第三产业占GDP比重从41.0%上升到43.5%。而相对于其他产业而言，第三产业往往具有更高的地均产出，因此第三产业占GDP比重的上升也会对建设用地总量与经济增长脱钩产生正面效应。最后，自1998年新《土地管理法》实施以来我国建设用地管控力度不断加强，通过改革土地管理行政体制，依托以指标控制、用途管制、项目审批等手段为主的管控体系，在一定程度上遏制了建设用地扩张冲动。

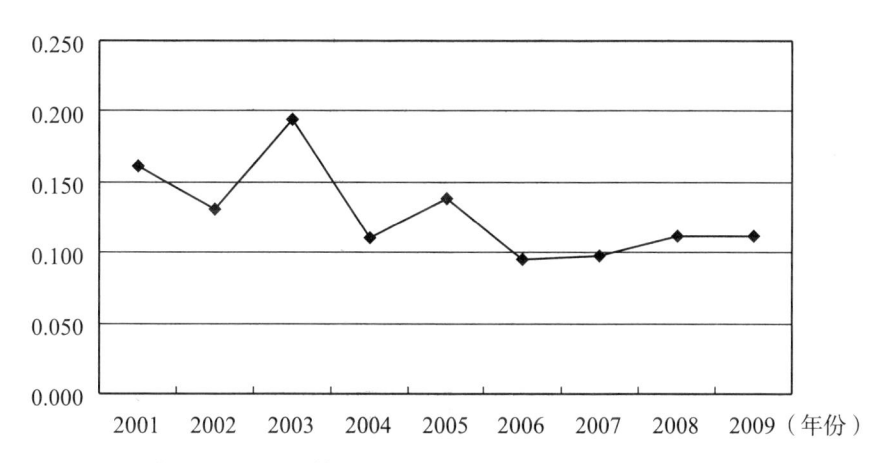

图2-13 我国建设用地扩张与经济增长的脱钩系数变化（2001~2009）

（三）我国建设用地扩张和经济增长脱钩阶段划分

根据历年脱钩系数的变动特征，可以将其分为两个阶段：

2001~2005年，脱钩系数波动阶段。新世纪初，随着国际经济形式的好转和我国加入WTO，经济增长连续保持10%以上的速度，有过热趋势。建设用地扩张压力明显加大，"开发区热"开始显现，许多地方出现了土地利用总体规划指标提前用完的情况（闫梅等，2011），在这一形势下中央通过清理整顿开发区（2003年）、暂停农用地转用审批（2004年）等多项措施控制地方的建设用地扩张冲动。但这些运动式管控手段的效果往往具有一定时限性，被暂时遏制的建设用地扩张冲动往往会在其后反弹，直接体现为建设用地扩张速度的年际差异较大。这就导致该阶段的脱钩系数呈现出典型的"M"形起伏，但总体来说脱钩系数在起伏中趋于下降。

2006~2009年，脱钩系数平稳阶段。受国际金融危机影响，我国开始调整经济结构、促进经济增长方式转变，经济增长速度从高位回调，到2009年GDP增速已回落到10%以内。同时，建设用地管控力度并未放松，依托土地督察制度，开展了查处违规违法用地（2007）、加强土地卫片执法检查（2009）、实施城乡建设用地增减挂钩试点（2008）等工作有效遏制了建设用地扩张冲动。尤其是2006年起许多地方开始推进城镇建设用地增加与农村建设用地减少相挂钩工作，对维持建设用地增速的放缓起到了重要的作用。经济增速和建设用地增速的回落导致该阶段的脱钩系数基本上保持稳定。

二、我国经济增长与城市建设用地脱钩检验

改革开放以来，我国城市建设用地在经济增长驱动下迅速扩张。但二者的关系并非一成不变，随着经济增长阶段的演进，特别是20世纪末以来，城市建设用地扩张对经济增长的贡献逐渐缩小，经济增长对城市建设用地扩张的驱动作用也开始减弱（张占录，2007；田光进，2003；赵可，2012）。部分学者采用单一脱钩测度方法证明二者已经产生"脱钩效应"（童鹏飞，2012；郭瑞敏，2013）。可见，选择我国的城市建设用地扩张与经济增长为例进行实证研究是可行的。

考虑到数据的可获得性和研究的可行性，用城市建成区新增面积代表城市建设用地扩张规模，由前后两年的城市建成区总面积相减得到，数据来源于历年《中国城市统计年鉴》；用与城市建成区契合性较强的"城市经济"代表经济增长状况，由地级市的市辖区二、三产业GDP和县级市的地区二、三产业GDP加总得到，数据来源于历年《中国城市统计年鉴》，为消除价格因素对研究的影响，以1998年为基期，运用价格指数平减得到历年实际GDP。

（一）基于Tapio弹性系数法（速度标准）的脱钩测度

依据Tapio弹性系数法对我国城市建设用地扩张与经济增长的脱钩状况进行测度。由于资源环境从消耗到产生经济效益需要一定时间，因此塔皮奥（Petri Tapio）教授在创立这一方法时曾建议将测算的时间跨度设定为5~10年（Petri Tapio，2005）。据此，此处将时间跨度设定为7年，从1999~2005、2006~2012年两个时段出发进行测算，结果显示（见表2-7）：1999~2005年，城市建设用地扩张与经济增长的脱钩系数为1.701，远高于0.8的脱钩临界值，二者未脱钩，城市建设用地还在随经济增长而加速扩张；2006~2012年，经济增长与城市建设用地扩张的脱钩系数仅为0.14，远低于0.8这一脱钩临界值，二者已经脱钩。

表 2 – 7　　　　　　　　Tapio 弹性系数法测算结果

Period	%ΔK	%ΔL	T	State
1999~2005	1.393	2.369	1.701	未脱钩
2006~2012	1.053	0.148	0.140	已脱钩

注：%ΔK 为经济增长速度，%ΔL 为城市建设用地扩张规模的增速，二者单位均为%。

（二）基于 EKC 曲线模型（数量标准）的脱钩测度

依据 Kuznets 曲线模型对我国城市建设用地扩张与经济增长的脱钩状况进行测度，为使测算结果具有可比性，测算的时间跨度同样设定为 7 年。由于 7 年的时间跨度可能无法满足时间序列回归的要求，因此此处运用广义最小二乘法（GLS）对 1999~2005 年、2006~2012 年的全国省际面板数据进行回归。考虑到我国不同区域在经济发展水平、资源禀赋以及发展策略等方面差异明显，因此回归时选择个体固定效应模型，结果显示（见表 2 – 8）：1999~2005 年的一次项系数显著为正，但二次项系数并未通过显著性检验，剔除二次项系数后的回归结果（见表 2 – 9）显示其城市建设用地扩张与经济增长呈现单调递增的关系，二者既未脱钩，也无脱钩的趋势；2006~2012 年的一次项系数显著为正，二次项系数显著为负，将在经济总量达到 25 830.51 亿元时迎来脱钩的临界点。截至 2012 年，全国"城市经济"的平均水平仅为 11 100.01 亿元，未达到脱钩临界点，因此其经济增长与城市建设用地扩张之间仅有脱钩的趋势，但还未脱钩。

表 2 – 8　　　　　　　　固定效应 GLS 回归结果

Period	Variable	Coefficient	t-Statistic	Prob-t	Adjusted – R²	F-statistic	Prob – F
1999~2005	β_0	11.587*	1.745	0.083	0.747	20.908	0.000
	β_1	0.015***	4.366	0.000			
	β_2	−5.380E−08	−0.160	0.873			
2006~2012	β_0	29.292***	3.721	0.000	0.852	33.146	0.000
	β_1	0.006***	4.108	0.000			
	β_2	−1.180E−07***	−2.738	0.007			

注：*、**、***分别表示估计系数在 10%、5% 和 1% 水平下显著；E 表示科学计数法，下同。

表 2-9　　　　　1999~2005 年剔除二次项后的回归结果

Period	Variable	Coefficient	t-Statistic	Prob-t	Adjusted-R^2	F-statistic	Prob-F
1999~2005	β_0	12.437*	1.945	0.053	0.748	21.669	0.000
	β_1	0.014***	6.764	0.000			

(三) 两种方法的测度结果比较

可见,在相同的时间跨度下,不同的脱钩测度方法会得出不同的结果,差异主要集中在 2006~2012 年这一时间段。依据 Tapio 弹性系数法的测度结果,2006~2012 年我国的经济增长与城市建设用地扩张已经步入"双赢区间",可以尝试严格管控城市建设用地扩张,以寻求经济增长与耕地保护的共赢。而 Kuznets 曲线模型的测度结果则表明,2006~2012 年我国的经济增长与城市建设用地扩张其实还在"两难区间",仅仅是出现了向"双赢"转换的趋势,当前应该继续对城市建设用地扩张予以适度管控。究竟谁的结果与现实更相符?由表 2-7 不难发现,2006~2012 年我国的经济增长速度%ΔK 和城市建设用地扩张规模的增速%ΔL 均为正值,这说明现实中,我国的经济增长还需要越来越多的城市土地投入,二者其实仍停留在"两难区间",此时如果对城市建设用地扩张实施严格管控,很可能会因为土地要素投入不足,且技术水平尚不发达而对经济增长产生不利影响。

可见,Tapio 弹性系数法提前误判了 2006~2012 年我国的经济增长与城市建设用地扩张已经从"两难"到"双赢",相比之下,Kuznets 曲线模型的判断与现实情况更相符。

三、东、中、西部经济增长与城市土地脱钩测度

(一) 研究区域

本研究以我国全国层面以及东、中、西部为例进行研究。我国官方对于东、中、西三大区域的划分最早见于 1986 年全国人大六届四次会议通过的"七五"计划,其中东部地区包括北京、天津、河北、辽宁、上海、江苏、浙江、福建、山东、广东和海南 11 个省 (直辖市);中部地区包括山西、内蒙古、吉林、黑龙江、安徽、江西、河南、湖北、湖南、广西 10 个省 (自治区);西部地区包括重庆、四川、贵州、云南、陕西、甘肃、青海、宁夏、新疆 9 个省 (自治区、直辖市)。2001 年,由财政部、国家税务总局和海关总署联合发布的《关

于西部大开发税收优惠政策问题的通知》又提出了不同的划分版本，区别主要在于将内蒙古和广西两省（自治区）归入西部地区，理由是西部大开发的税收优惠政策同样适用于这两省（自治区），近年来，部分学者也曾基于这一划分版本做过相关研究（赵可，2011；刘琼，2014）。但由其他相关政策，例如国务院办公厅发布的《关于中部六省比照实施振兴东北地区等老工业基地和西部大开发有关政策范围的通知》，不难发现享有类似优惠政策的还有其他中部省份。可见将内蒙古和广西归入西部的做法比较片面，因此本书拟沿用"七五"计划所提出的划分版本。

（二）模型构建及数据来源

由前文可知，采用脱钩判定的"数量标准"可以较为准确地反映经济增长与资源环境消耗从"两难"向"双赢"的转化，从而有利于资源环境管控策略的制定和实施。对此，有多种测度方法可供选择，既可以选择库兹涅茨曲线模型，也可以选择由 IPAT 方程派生而来的 IGT 方程。但通过比较二者的优势特点不难发现，相比于 IGT 方程，库兹涅茨曲线模型不但可以直接测算出脱钩的临界点，还能短期预测脱钩未来的发展变化趋势，更便于我们对资源环境领域脱钩现象的认识和判断，因此，本节拟选用库兹涅茨曲线模型作为具体的测度方法。采用库兹涅茨曲线模型测度经济增长与城市建设用地扩张脱钩关系的公式具体如下：

$$L_{it} = \beta_0 + \beta_1 K_{it} + \beta_2 K_{it}^2 + \beta_3 P_{it} + \beta_4 R_{it} + \varepsilon_{it}$$

其中，L 为城市建设用地扩张规模；K 为经济增长情况；P 为城市化水平，即城市人口占总人口的比例；R 为土地财政依赖度，即土地出让金占财政总收入的比重；β_0、β_1、β_2、β_3 和 β_4 为待定参数，ε 为随机误差干扰项，i、t 为区域及年份。依据待定参数 β_1 和 β_2 的取值可以判定经济增长与城市建设用地扩张之间是否发生了脱钩：（1）当 $\beta_1 > 0$ 且 $\beta_2 < 0$ 时，城市建设用地扩张规模会随经济增长呈现先上升、后下降的倒"U"形变化趋势，其顶点便是 $K = -\beta_1/2\beta_2$。此时，如果 $K \geqslant -\beta_1/2\beta_2$，城市建设用地扩张规模已经越过倒"U"形曲线的顶点、到达其右侧的下降区，经济增长与城市建设用地扩张之间已经脱钩。反之，城市建设用地扩张规模还未越过倒"U"形的顶点、仍位于其左侧的上升区，经济增长与城市建设用地扩张之间仅有脱钩的趋势。另外，当 $\beta_1 < 0$ 且 $\beta_2 = 0$ 时，城市建设用地扩张规模随经济增长直线下降，二者也已经脱钩了，但这一情况在当前我国出现的几率较小。

模型中的城市化水平 P 和土地财政依赖度 R 是作为控制变量出现的，目的是检验模型及测度结果的稳健性。现有研究表明，从宏观层面看，城市人口的增长和地方政府对土地财政的追逐和依赖是除经济增长外，影响城市建设用地扩张最重要的两个因素。例如，谈明洪等分析了1984~2000年我国城市土地扩张的驱动因素，结果显示除国内生产总值外，城市人口的增长是影响城市土地扩张最显著的社会因素（谈明洪，2003）；梁建设等对我国40个大城市1984~1997年的城市建成区面积和市区非农人口之间的关系进行了回归分析，结果表明城市建设用地增长率和人口增长率之比是一个不变的常数（梁建设，2002）；王春杨等研究后提出人口的增长及其收入水平的提高汇合成了强大的需求合力，从而导致城市建设用地迅速向外扩张（王春杨，2008）。除了从经济社会发展角度全面探寻城市土地扩张的影响因素和驱动机制外，近年来越来越多的学者开始审视土地财政对城市土地扩张的影响，并发现财政分权下地方政府对土地财政的追求对城市土地扩张有明显的推动作用，是我国城市土地急剧扩张的根源（李永乐，2013；踪家峰，2012；周昕皓，2010）。可见，选择城市化水平P和土地财政依赖度R作为控制变量具有一定的可行性。为了使模型分析更有意义，并尽可能地消除异方差，对城市建设用地扩张规模、城市经济及其二次方项进行了对数化处理，将L_{it}、K_{it}、K_{it}^2对数处理后分别设定为$\ln L_{it}$、$\ln K_{it}$以及$\ln K_{it}^2$，调整后的模型为：

$$\ln L_{it} = \beta_0 + \beta_1 \ln K_{it} + \beta_2 \ln K_{it}^2 + \beta_3 P_{it} + \beta_4 R_{it} + \varepsilon_{it}$$

考虑到数据的可得性和研究的可行性，本节拟采用的数据为我国1999~2012年30个省份（自治区、直辖市，但港、澳、台及西藏除外）的省际面板数据。(1) 用城市建成区新增面积代表城市建设用地扩张规模，由前后两年的城市建成区总面积相减得到，数据来源于历年《中国城市统计年鉴》。需要注意的是，部分省（自治区、直辖市）个别年份的城市建成区总面积比前一年要少，这显然与城市土地利用的刚性特征相悖，究其原因主要是由于地方政府和城市规划行政主管部门在制定城市规划时的自主性和随意性。为消除这一影响，本节拟采用内插法来对上海、海南、山西、黑龙江、安徽、江西、湖北、重庆、四川、贵州、陕西、甘肃、青海以及新疆个别年份的城市建成区总面积进行修正。(2) 为进一步提高研究的精确度，用与城市建成区契合性较强的"城市经济"代表经济增长状况，由地级市的市辖区二、三产业GDP和县级市的地区二、三产业GDP加总得到，数据来源于历年《中国城市统计年鉴》，为消除价格因素对研究的影响，以1998年为基期，运用价格指数平减得到历年实际GDP。

（三）实证分析

1. 全国层面经济增长与城市土地扩张的脱钩测度

对全国层面经济增长与城市建设用地扩张之间的脱钩关系进行回归分析。计量分析软件采用Eviews8.0，回归方法为广义最小二乘法（GLS）。在对面板数据模型进行回归前，首先要设定正确的模型回归形式。本研究主要考察面板数据模型中的个体影响是否与解释变量相关,即在随机效应模型与固定效应模型中进行选择。从实际情况来看,我国幅员辽阔,各地区以及各省在资源禀赋、政策环境以及经济发展水平等方面的诸多不同,在实际建模过程中可能会忽略一些重要变量,这使得我们不能将个体差异影响视为与解释变量不相关的随机影响,因此,选择固定效应模型更能与我国实际情况贴合。为检验模型及回归结果的稳定性,回归时将回归模型拆成不包含和包含控制变量的两个分模型,具体计量回归结果如表2-10所示。

表2-10　　　　　　全国层面的库兹涅茨曲线回归结果

Model	Variable	Coefficient	t-Statistic	Prob-t	Adjusted-R^2	F-statistic	Prob-F	D.W.
I	β_0	-3.581	-1.556	0.121	0.714	31.209	0.000	2.207
	β_1	1.519***	2.795	0.006				
	β_2	-0.077**	-2.413	0.016				
	AR(1)	0.204***	4.079	0.000				
II	β_0	-2.596	-0.969	0.333	0.716	29.756	0.000	2.180
	β_1	1.361**	2.322	0.021				
	β_2	-0.077**	-2.127	0.034				
	β_3	0.024	0.019	0.985				
	β_4	1.079**	2.556	0.011				
	AR(1)	0.171***	3.256	0.001				

表2-10显示,在不加入控制变量的情况下:①修正后的可决系数为0.714,说明各自变量对因变量的解释程度高达70%以上;F检验值为31.209,且通过了1%水平下的显著性检验;D-W检验值为2.207,基本消除了自相关的影响。可见,整体回归效果较为理想。②一次项系数在1%的水平上的显著为正,二次项系数在5%水平上显著为负,符合库兹涅茨倒"U"形曲线的特征,这表明城市建设用地扩张会随着经济的不断增长呈现"先快速扩张后缓慢扩张"的变化趋势,城市建设用地规模开始趋于稳定,经济增长与城市建设用地扩张之间存在脱钩的趋势。③依据$K=-\beta_1/2\beta_2$可以得到脱钩的临界点为9.852,折算为城市经济总量约为19 556亿元(1998年可比价),而2012年全国城市经济的平均水平仅为11 474.32亿元(1998年可比价),若城市经济以目前的速度持续增长,大约在2017年才会达到脱钩的临界点。这表明在全国层面,经济增长与城市建设用地扩张之间仅存在脱钩的趋势,还未发生实质性的脱钩,二者仍处于"两难区间",只能继续通过城市土地扩张的适度管控在经济增长与耕地保护、生态环境

改善之间权衡取舍。

此外,表2-10显示在加入控制变量的情况下:①整体回归效果仍然较为理想,修正后的可决系数、F检验值和D-W检验值与不加入控制变量时相比,基本一致;②在5%的水平上,一次项系数显著为正,二次项系数显著为负,这与不加入控制变量时的结果无本质差别,同样符合库兹涅茨倒"U"形曲线的特征,说明全国层面的测度结果是稳定有效的;虽然城市化水平的系数并未通过显著性检验,但它与土地财政依赖度对城市土地扩张的影响都是正向的,这与现有研究的结果也是一致的。

最后,将测度结果与现有相关研究进行比对:①李永乐等人曾利用全国省际面板数据对我国经济增长与耕地非农化之间的关系进行了测度,结果显示随着经济的不断增长,耕地非农化水平会呈现"先增大后减小"的倒"U"形变化趋势,并将于2018年左右到达倒"U"形曲线的顶点(李永乐,2008),这一结果与本研究的测度结果大致相同,从侧面验证了本研究的正确性;②黄砺等人的研究结果与本研究有较大的出入,其认为在全国范围内经济发展与建设用地扩张是单调递增的关系,不存在库兹涅茨曲线(黄砺,2012),本研究认为,产生如此差异的主要原因可能在于研究对象的选取上,黄砺等人研究的是我国建设用地,本研究则指向城市土地,两者无论是在范围界定还是在统计口径方面,都有很大的差别,这就导致了研究结果的截然不同。

2. 不同区域经济增长与城市土地扩张的脱钩测度

对东部、中部和西部地区经济增长与城市建设用地扩张之间的脱钩关系进行回归分析。计量分析软件采用 Eviews8.0,回归方法为广义最小二乘法(GLS)。考虑到东、中、西部地区各省在资源禀赋、政策环境以及经济发展水平等方面的诸多不同,在回归时同样选择固定效应模型。为检验模型及回归结果的稳健性,回归时同样将回归模型拆成不包含和包含控制变量的两个分模型。

(1) 东部地区

表2-11显示,在不加入控制变量的情况下:①修正后的可决系数为0.872,说明各自变量对因变量的解释程度高达80%以上;F检验值为87.018,且通过了1%水平上的显著性检验;D-W检验值为2.167,基本消除了自相关的影响。可见,整体回归效果较为理想。②在1%的水平上,一次项系数显著为正,二次项系数显著为负,符合库兹涅茨倒"U"形曲线的特征。这表明城市建设用地扩张会随着经济的不断增长呈现"先快速扩张后缓慢扩张"的变化趋势,经济增长与城市建设用地扩张之间存在脱钩的趋势。③依据 $K = -\beta_1/2\beta_2$ 可以得到脱钩的临界点为9.699,折算为城市经济总量约为16 111.52亿元(1998年可比价),早在2010年东部地区城市经济的平均水平就已经达到17 217.45亿元(1998

年可比价)。这表明在东部地区,经济增长与城市建设用地扩张之间已经发生了实质性的脱钩,且早在 2010 年就越过了脱钩的临界点,二者已经位于"双赢区间",可以变城市建设用地扩张的适度管控为严格管控,这与初步判断的结果是一致的。

表 2-11　　　　　　东部地区的库兹涅茨曲线回归结果

Model	Variable	Coefficient	t-Statistic	Prob-t	Adjusted-R^2	F-statistic	Prob-F	D.W.
I	β_0	-13.200***	-5.144	0.000	0.872	87.018	0.000	2.167
	β_1	3.608***	5.925	0.000				
	β_2	-0.186***	-5.142	0.000				
II	β_0	-21.928***	-5.313	0.000	0.896	93.496	0.000	2.179
	β_1	5.550***	6.277	0.000				
	β_2	-0.318***	-6.062	0.000				
	β_3	2.897***	3.022	0.003				
	β_4	1.140***	4.011	0.000				

由表 2-11 还可以看出,在加入控制变量的情况下:①整体回归效果仍然较为理想,修正后的可决系数、F 检验值和 D-W 检验值与不加入控制变量时相比,略有优化。②在 1% 的水平上,一次项系数显著为正,二次项系数显著为负,这与不加入控制变量时的结果无本质差别,说明东部地区的回归结果是稳定有效的。③东部地区城市化水平与土地财政依赖度均显著正向作用于对城市建设用地扩张。

(2) 中部地区

表 2-12 显示,在不加入控制变量的情况下:①修正后的可决系数仅为 0.630,但仍在可接受的范围内;F 检验值为 22.502,且通过了 1% 水平上的显著性检验;D-W 检验值为 2.072,基本消除了自相关的影响。可见,整体回归效果要差于东部地区,这可能与中部地区的样本量相对较少有关。②在 1% 的水平上,一次项系数显著为正,二次项系数显著为负,符合库兹涅茨倒"U"形曲线的特征。这表明城市建设用地扩张会随着经济的不断增长呈现"先快速扩张后缓慢扩张"的变化趋势,经济增长与城市建设用地扩张之间存在脱钩的趋势。③依据 $K=-\beta_1/2\beta_2$ 可以得到脱钩的临界点为 10.545,折算为城市经济总量约为 37 526.83 亿元(1998 年可比价),而 2012 年中部地区城市经济的平均水平仅为 7 924.24 亿元(1998 年可比价),若城市经济以目前的速度持续增长,大约在 2024 年才会达

到脱钩的临界点。这表明在中部地区,经济增长与城市建设用地扩张之间仅有脱钩的趋势,还未发生实质性的脱钩,二者仍处于"两难区间",只能继续通过城市建设用地扩张的适度管控在经济增长与耕地保护、生态环境改善之间权衡取舍。

表 2 – 12　　　　　　　　中部地区的库兹涅茨曲线回归结果

Model	Variable	Coefficient	t-Statistic	Prob-t	Adjusted – R^2	F-statistic	Prob – F	D. W.
I	β_0	– 10.369***	– 3.058	0.003	0.630	22.502	0.003	2.072
	β_1	2.813***	3.400	0.001				
	β_2	– 0.133***	– 2.651	0.009				
II	β_0	– 6.828***	– 2.687	0.008	0.800	43.666	0.003	2.022
	β_1	2.449***	4.237	0.000				
	β_2	– 0.087**	– 2.345	0.021				
	β_3	– 7.140***	– 7.654	0.000				
	β_4	– 1.187***	– 2.634	0.009				

由表 2 – 12 还可以看出,在加入控制变量的情况下:①整体回归效果大幅优化,特别是修正后的可决系数,由不加入控制变量时的 0.630 增长到了 0.800,说明各自变量对因变量的解释程度已超过 80%。②一次项系数在 1% 的水平上显著为正,二次项系数在 5% 的水平上显著为负,除了二次项系数的显著性略有降低外,这与不加入控制变量时的结果无本质差别,说明中部地区的回归结果也是稳定有效的。③与现有研究结果不同,中部地区城市化水平及土地财政依赖度对城市建设用地扩张的作用显著为负。这可能是由于自 2004 年 "中部崛起" 国家战略提出以来,中部地区通过承接产业转移吸纳了大量的资金和劳动力,但土地利用总体规划和年度计划给予的城市建设用地增量却相对较小,导致城市人口及土地价格的增长与城市建设用地扩张不同步。

(3) 西部地区

表 2 – 13 显示,在不加入控制变量的情况下:①修正后的可决系数为 0.828,说明各自变量对因变量的解释程度高达 80% 以上,在可接受的范围内;F 检验值为 61.135,且通过了 1% 水平上的显著性检验;D – W 检验值为 2.091,基本消除了自相关的影响。可见,整体回归效果较为理想。②一次项系数未通过显著性检验,二次项系数在 1% 的水平上显著为负。这说明经济增长与城市建设用地扩张之间既未发生脱钩,也无脱钩的趋势,结合西部地区实际情况可以判断二者之

间仍然呈现单调递增的趋势。可见，在西部地区，城市建设用地短期内还会随经济增长保持快速扩张的态势。

表 2-13　　　　　西部地区的库兹涅茨曲线回归结果

Model	Variable	Coefficient	t-Statistic	Prob-t	Adjusted – R^2	F-statistic	Prob – F	D. W.
I	β_0	1.624	1.062	0.290	0.828	61.135	0.000	2.091
	β_1	-0.596	-1.226	0.223				
	β_2	0.104***	2.650	0.009				
II	β_0	8.272***	3.019	0.003	0.801	42.949	0.000	2.101
	β_1	-1.793***	-2.812	0.006				
	β_2	0.189***	3.743	0.000				
	β_3	-5.229***	-2.671	0.009				
	β_4	0.730	1.414	0.160				

由表 2-13 还可以看出，在加入控制变量的情况下：整体回归效果同样较为理想，修正后的可决系数、F 检验值和 D-W 检验值与不加入控制变量时相比，基本一致。在 1% 的水平上，一次项系数显著为正，二次项系数显著为负，表明城市建设用地扩张会随着经济增长呈现"先减速扩张后加速扩张"的正"U"形变化趋势，这与不加入控制变量时的结果有显著差别。借鉴 $K = -\beta_1/2\beta_2$ 可以得到正"U"形曲线的顶点为 4.743，折合城市经济约为 114.14 亿元，而 1999 年西部地区城市经济的平均水平就已经超过 600 亿元，说明西部地区的城市建设用地扩张早在 1999 年就已经位于正"U"形曲线右侧的快速上升部分。这与不加入控制变量时的结果本质上是相同的，最终都表明经济增长与城市建设用地扩张之间正呈现单调递增的关系，因此西部地区的回归结果也是稳定有效的。直观判断，西部地区的土地财政依赖度对城市建设用地扩张无显著作用可能与西部地区社会经济发展水平整体偏低有关。另外，可能与中部地区相类似，自"西部大开发"国家战略实施以来大量劳动力向西部地区集聚，但西部地区却未获得相应的建设用地指标，从而导致其人口增长与城市建设用地扩张之间出现分化。

总的来看，我国经济增长与城市建设用地扩张的脱钩进度由西向东逐渐加深，且呈现明显的梯级变化趋势，如表 2-14 所示：东部地区已于 2010 年越过了脱钩的临界点，已位于"双赢区间"，可以变城市建设用地扩张的适度管控为严格管控；中部地区仅有脱钩的趋势，若城市经济以目前的速度持续增长，大约会在2024年迎来脱钩的临界点，这比东部地区迟了约14年，因此其尚在"两难区间"，仍需要城市建设用地扩张的适度管控来继续权衡取舍；西部地区既未脱钩也无脱钩的趋势，未来短期内城市建设用地还会随经济增长快速扩张，应该在保证耕地保有量的前提下给予其较大的城市建设用地扩张空间。

表2-14　　　各地区经济增长与城市建设用地扩张脱钩的进度

区域划分	脱钩进度	无趋势	仅有趋势	已经脱钩
		无临界点	2024年	2010年
东部地区				■
中部地区			■	
西部地区		■		

注：年份表示脱钩的临界点，填充的颜色深浅与脱钩进度成正比。

第四节　我国经济增长与建设用地脱钩的影响因素分析

一、我国经济增长与建设用地脱钩的条件分析

（一）我国经济增长路径优化

我国改革开放以来的经济增长之所以被誉为"经济增长史上的奇迹"，不仅仅因为它远超过世界平均水平的增长速度，还由于它在保持长期、强劲增长的同时，全要素生产率却一直停留在低位。这主要是由于在改革开放初期，为了尽快赶超发达国家的经济脚步，我国经济增长强调的是"有水快流"，即通过各种手段增加资本投入和利用资源来为经济增长作贡献（翁媛媛，2009）。为此，我们一方面在国内不断扩大资本投入，实行高储蓄、高投资和高消耗的经济增长模式；另一方面我们开始越来越多地依赖产品及服务出口，通过国际的贸易顺差进一步加快从资源到经济效益的转化（尼古拉斯·拉迪，2007）。在改革开放的后30多年间，这种赶超型的经济增长思路几乎左右了我国的经济走向。

对于一个后发展国家来说，采取"有水快流"的经济增长赶超策略本身并无错误，但其成功的关键是必须与我国资源禀赋的比较优势相一致。由于在改革开放初期，资源紧缺和环境承载上限的问题并不突出，这种通过增加资本和资源投入的粗放型经济增长方式确实在一段时间内保障了我国经济的快速增长，但随着经济规模的扩大，特别是土地、能源等自然资源供给瓶颈的出现，我们发现这种粗放型的赶超策略已经开始由经济增长的捷径逐渐转变为长期依靠价格扭曲和国家保护政策的路径依赖，其不但无法满足我国经济长期增长的需求，反而成了阻碍我国经济进一步健康增长的桎梏。关于这一点，我国前任总理温家宝曾在2007年度全国人民代表大会的答记者问中提到："中国的经济增长不稳定、不平衡、不协调、不可持续"，尽管我国当年的经济增长速度刚刚创下11年来的最高纪录。

对此，我国政府于20世纪90年代开始逐渐调整经济增长思路，力争改变过去长久以来的粗放型的经济增长模式。现有研究表明，在这些政策的实施和影响下，我国经济增长虽然还在以资本、劳动力以及资源的投入为主要动力，但其增长方式却出现了转变的迹象，这集中体现为全要素生产率对经济增长的贡献逐渐上升。例如，王小鲁等人通过扩展的Lucas内生增长模型分析了近30年中国经济增长的要素贡献，结果表明虽然资本增长仍旧对经济增长起主要作用，但全要素生产率对经济增长的贡献在逐步上升，这主要得益于人力资本积累对简单劳动扩张的替代，以及技术进步和内源性效率的改善（王小鲁，2009）。

可见，在改革开放以来的近40年里，我国的经济增长方式确实像经济增长阶段性演变所描绘的那样，经历了由粗放型向集约型的转变，或至少已经出现了转变的迹象，尽管这主要得益于政府的政策主导。不难推断，在这一大背景下，我国经济增长过程中的建设用地使用效率会不断提高，建设用地扩张对经济增长的影响也会逐渐由强转弱。

（二）我国的建设用地管控

城市土地扩张管控一直是我国国土资源管理工作的重点，由不同阶段的管控政策可以发现，我国城市土地扩张管控的主要政策工具主要有五种：土地利用总体规划与用途管制、土地利用年度计划、建设用地行政审批、建设用地供应、集约利用管控，进而可以勾勒出我国城市土地扩张的管控体系。

如图2-14所示，上述5种政策工具的关系如下：土地利用总体规划与用途管制主要对全区域土地实行空间管制，其中重点对城市土地扩张的方向、地点实行管制；据此制定的土地利用年度计划主要对城市土地新增量及其占用耕地进行管制；二者又作为建设项目审批的依据，通过审批对城市建设项目实行准入管制；其后，由建设用地供应制度对新增城市土地的去向进行管制；同时，集约利用作为一项要求被贯彻到规划、计划、审批、供应4个环节中去，对建设用地发挥着强度管制的作用。可以看出，我国城市土地管控的现有政策工具多为强制性工具。这些强制性工具的运用，在一定阶段和范围内遏制了城市土地扩张，为经济增长和城市土地扩张脱钩提供了必要条件。

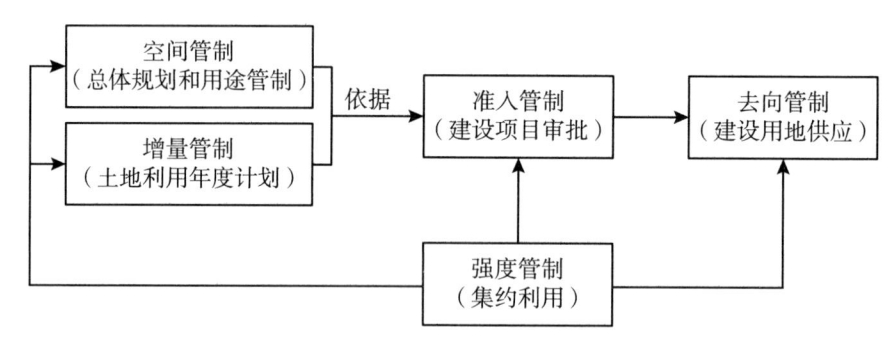

图 2-14 城市土地扩张管控政策体系关系图

尽管中央政府针对城市建设用地扩张实施了全面且严格的管控，但管控的绩效却不理想。据《中国房地产报》报道，《北京市土地利用总体规划（1997～2010)》中明确规定，到2010年，北京市主要用地指标规划为：农用地1 940.80万亩，建设用地445万亩。但是，根据2003年度土地利用现状调查，北京市实际建设用地面积已达462.75万亩，超过规划17万亩，而农用地面积则比规划预期少了260多万亩。北京的现象并非个例，自2000年开始的圈地热潮中，浙江、上海、江苏等沿海省市已全面突破规划。究其原因，主要是因为在管控的过程中仍存在许多障碍性因素。除了管控目标本身所面临的不确定性以及管控实施中的科层损耗外，地方政府对土地出让收入的过分追求和依赖正日渐成为我国城市建设用地扩张管控的重大障碍。

二、脱钩影响因素的指标体系及评价方法

（一）指标体系

指标体系。依据我国经济增长与城市建设用地扩张脱钩的条件，构建相应指标体系（见表2-15）。经济增长路径优化指标设置如下：

表 2-15　　我国经济增长与城市建设用地扩张脱钩的影响因素

目标层	准则层	指标层
经济增长路径优化（A）	技术投资效率	R&D 经费支出额（A1）
		实际利用外商和其他投资额（A2）
	人力资本积累	人力资本存量（A2）
	产业结构优化	第三产业占市辖区 GDP 比重（A3）
		高新技术产业占市辖区 GDP 比重（A4）
城市建设用地扩张管控（B）	土地市场建设	招拍挂面积占总出让面积比重（B1）
	行政管控力度	2000~2004:1；2005~2006:2；2007~2009:3；2010~2012:2（B2）
	行政管控接受程度	1—土地出让金占总财政收入比重（B3）

①用技术投资效率，即"单位技术投资所对应的经济产出"表示经济增长过程中的纯技术进步。技术投资由国内研究与试验发展（R&D）经费和实际利用外资两部分组成。

②用引入累积效应后的人力资本存量表示人力资本积累情况，计算公式如下：

$$H_t = \sum_{i=1}^{n} HE_{it} e^{\lambda h_i}$$

式中，H_t 为 t 年的人力资本存量；i 为各类教育水平，分为文盲及半文盲、小学、初中、高中、大专、本科及研究生 7 类；HE_{it} 为 t 年第 i 学历的就业人数，用 t 年第 i 学历就业人员比重与总就业人数的乘积来表示，h_i 为第 i 学历的平均受教育年限，取值分别为 1、6、9、12、14.5、16 及 19；λ 为受教育年限每增加 1 年所带来的边际人力资本增量，借鉴汤向俊等人的研究取值 0.1[①]。

③用第三产业 GDP 占经济的比重以及高新技术产业增加值占经济的比重来表示产业结构优化程度。根据 2002 年 7 月国家统计局印发的《高技术产业统计分类目录的通知》，二产中高新技术产业主要选择医药制造业、交通运输设备制造业、电子及通信设备制造业、仪器仪表及文化办公用机械制造业。

与经济发展路径变化已经有比较成熟的指标反映相比，城市建设用地扩张管控的指标设置及其度量难度较大。依据数据的代表性和可得性，将城市建设用地扩张管控的指标设置如下：①土地市场建设，采用招拍挂面积占总出让面积比重来体现市场发育程度与活跃度。②行政管控力度，采用离散数据来表示：1999~

[①] 比尔斯等（Bils et al., 2000）使用明塞尔方程计算了 52 个国家的平均 λ 值为 0.0956。该文也计算了中国的 λ 值为 0.045，但用的是中国 1985 年 145 个人的样本数据，缺乏代表性，因此汤向俊等（2005）选取 0.1 进行计算。

2003年数值为1，此阶段城市建设用地扩张管控依据《土地管理法》对用地审批的规定和第二轮土地利用总体规划以及土地利用年度计划，形成了自上而下的城市建设用地扩张管控体系；2004~2005年数值为2，此阶段管控力度加强，主要体现在通过土地垂直管理上收用地审批权以及修订《土地利用年度计划管理办法》强化年度计划指标约束力等；2006~2008年数值为3，此阶段管控力度进一步加强，主要体现在依托土地督察局成立，对城市建设用地扩张加强卫片检查、例行督察，以及再次修订《土地利用年度计划管理办法》进一步强化年度计划指标约束力等；2009~2012年数值为2，由于城乡建设用地增减挂钩的推行，给予城市建设用地扩张更多弹性空间，因此将其数值在前一阶段基础上减1。③行政管控接受度。现有研究表明，对土地出让收入的追逐和依赖已成为地方政府突破规划限制、违法扩地的重要根源（梁若冰，2009；龙开胜，2013），因此拟用"1—土地出让金占总财政收入的比重"来表示地方政府接受城市建设用地扩张管控的程度。

（二）数据来源

考虑到数据的可得性和研究的可行性，此处采用我国1999~2012年30个省份（自治区、直辖市）（港、澳、台及西藏除外）面板数据，数据说明见2-16。

表2-16　　　　　　　　数据来源及说明

数据	来　　源	说　　明
研究与实验发展（R&D）经费	《中国科技统计年鉴》：各地区研究与试验发展（R&D）经费内部支出总额	考虑到研究与试验发展（R&D）经费投资主体（研究与开发机构、大中型工业企业以及高等院校）多集中在城区
实际利用外资	《中国城市统计年鉴》：地级市市辖区实际使用外资金额+县级市实际使用外资金额	自2009年起，部分省（自治区）的县级市实际使用外资金额数据额缺失，用几何平均增长率法补齐
第三产业GDP	《中国城市统计年鉴》：地级市市辖区第三产业GDP+县级市第三产业GDP	2009年和2010年的县级市第三产业GDP数据来源于国研网统计数据库
高新技术产业GDP	各省（自治区、直辖市）统计年鉴：各地区医药制造业、交通运输设备制造业、电子及通信设备制造业、仪器仪表及文化办公用机械制造业的增加值	自2009年起天津、河北、内蒙古、辽宁、吉林、黑龙江、上海、浙江、湖北、海南、四川和甘肃的数据缺失，用几何平均增长率法补齐

续表

数据	来　源	说　明
就业人员总数	《中国人口和就业统计年鉴》及各省（自治区、直辖市）统计年鉴：各地区就业人员总数（或合计）	考虑到我国劳动力多是由农村流入城市，农村劳动力素质的高低也会对城市经济增长产生影响，同时兼顾数据的可得性，直接采用全社会就业人员总数
各学历就业人员比重	《中国人口和就业统计年鉴》：各地区就业人员受教育程度构成	2000年的各地区就业人员受教育程度构成数据缺失，采用内插法进行补齐
招拍挂面积	《中国国土资源年鉴》：2003～2012年各地区国有土地供应中的招标、拍卖及挂牌出让面积	考虑到招拍挂政策在2003年左右才全面铺开，因此设1999～2002年各地区招拍挂面积占总出让面积的比重为0.01
总出让面积	《中国国土资源年鉴》：2003～2012年各地区国有土地供应中的总出让面积	
土地出让收入	《中国国土资源年鉴》：各地区土地供应收益中的土地出让收入	财政总收入为土地出让收入与一般预算内收入的加总
预算内收入	各省（自治区、直辖市）统计年鉴：各地区一般预算内收入	

（三）评价方法

选用回归系数的标准化来分析经济增长与城市建设用地扩张脱钩的影响因素，其过程可分为两步：

首先，分析脱钩与各指标的相关性以确定影响脱钩的因素具体有哪些，及其作用方向。为此，需要构建多元回归模型进行回归分析。理论分析及描述统计的结果表明，经济增长与城市建设用地扩张的脱钩是各指标合力作用的结果，因此构建如多元回归模型下：

$$\ln T_{it} = \beta_0 + \beta_1 \ln A_{1it} + \beta_2 \ln A_{2i(t-1)} + \beta_3 A_{3it} + \beta_4 A_{4it} \\ + \beta_5 B_{1i(t-1)} + \beta_6 \ln B_{2i(t-1)} + \beta_7 B_{3i(t-1)} + \varepsilon_{it} it\varepsilon$$

式中，T 为脱钩程度；$A_1 \sim A_4$、$B_1 \sim B_3$ 为影响因素；i、t 为区域及年份；$\beta_1 \sim \beta_7$ 为各指标的回归系数；ε 为随机误差干扰项。由于回归系数标准化的前提是各回归系数必须无量纲化且具有弹性意义，因此对脱钩程度、技术投资效率、人力资本存量以及行政管控力度等非百分比变量取对数形式。考虑到劳动者从参加工作到高效工作、政策法规从颁布实施到发挥作用均需要一定的时限，同时兼顾研究的可行性，对人力资本存量、土地市场建设、行政管控力度和地方政府接受程度等指标设置一年滞后期。因为采用了库兹涅茨曲线模型来测度脱钩是否发生，因此如果发生脱钩（或有脱钩的趋势），城市建设用地随经济增长的扩张曲线会大致呈现倒"U"形，如图 2-15 所示。沿着图中倒"U"形曲线的行进方向任意选两点，两点与原点之间的直线分别为 C 和 D。不难发现，随着倒"U"形曲线的行进，直线 C 会不断向直线 D 靠拢，其与横坐标之间的角度会越来越小，这一角度对应的正切值，即单位经济增长消耗的城市建设用地扩张规模也会越来越小，这一数值变化可以反映脱钩的发生及逐步深入，因此用单位经济增长消耗的城市建设用地扩张规模来表示脱钩的程度 T。

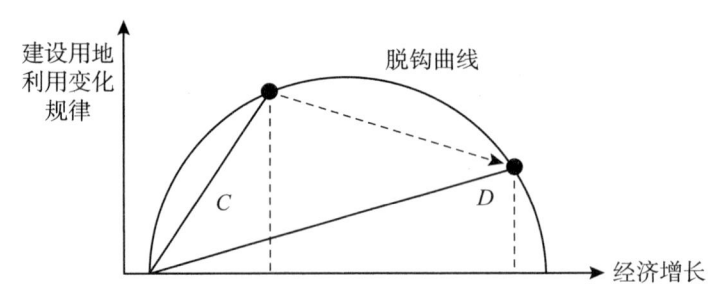

图 2-15　脱钩与城市建设用地消耗强度关系图

其次，测算各影响因素的标准化回归系数，并分析其贡献率，以确定脱钩过程中哪些因素在其主要作用，哪些因素是脱钩的主要障碍。简单地说，回归系数标准化是指利用各影响因素的离散程度对其回归系数赋权重，以判断哪一影响因素对脱钩的作用相对更大，具体测算方法如下：

$$SX_i = D_i \times X_i$$

$$G_{i_+} = \frac{SX_{i_+}}{\sum_{i_+=1}^{n} SX_{i_+}} ; \quad G_{i_-} = \frac{SX_{i_-}}{\sum_{i_-=1}^{n} SX_{i_-}}$$

式中，X 和 SX 分别为影响因素的回归系数和标准化回归系数；D 为影响因素的离散系数，用影响因素的标准差除以脱钩程度的标准差得到；i 为影响因素，i_+ 为正向影响因素，i_- 为负向影响因素；G_{i_+} 和 G_{i_-} 分别为正、负向影响因素的贡献率。不难发现，在回归系数一定的情况下，影响因素的离散程度越高，其贡献也就相对越大，回归系数标准化分析正是基于这一原理。但其测算出的贡献率高低是针对某一特定时期及特定环境的，并非绝对的，随着时间的推移以及周围情况的变化，各影响因素的作用大小及贡献率高低也会发生改变。另外需要说明的是，之所以将正、负向影响因素区分开来，主要是考虑到脱钩并不等于各项影响因素在数值上的简单相加，如果将它们放在一起进行分析，很可能会因为某项因素的"过快增长"而得出与现实相悖的结论。例如，假设行政管控接受程度的作用方向为负,如果其在 1999~2012 年的离散程度远高于其他影响因素,那将各因素放在一起进行分析很可能会得出总贡献率为负的结论,这在已经发生脱钩(或已出现脱钩趋势)的地区显然与现实不符。而且,在分析时将正、负向指标区分开来也可以到达预期的研究目的。

三、实证检验

(一)全国层面经济增长与城市建设用地扩张脱钩的影响因素

对全国层面经济增长与城市建设用地扩张脱钩的影响因素进行分析,分析过程分为两步:首先对脱钩与各指标之间的相关性进行回归分析,以确定究竟是哪些因素在影响经济增长与城市建设用地扩张之间的脱钩,及其作用方向。其次进一步测度这些影响因素对脱钩的贡献程度,以确定脱钩过程中哪些因素在起主要作用,哪些因素是脱钩的主要障碍。

1. 脱钩影响因素的确定

对脱钩与各指标之间的相关性进行回归分析。回归分析软件采用 Eviews8.0,回归方法为广义最小二乘法(GLS),考虑到全国各地区之间在经济发展水平、资源禀赋以及发展策略等方面差异明显,因此回归时选择个体固定效应模型。由于采用的面板数据为长面板,因此在回归时添加变量 AR(1)和 AR(2)以尽可能地消除自相关的影响,回归结果如表 2-17 所示。

表 2-17　　　全国层面脱钩与各指标相关性的回归结果

Variable	Coefficient	t-Statistic	Prob-t	Adjusted-R^2	F-statistic	Prob-F	D-W
A1	0.449***	3.619	0.000	0.556	11.771	0.000	2.091
A2(-1)	1.079**	1.769	0.078				
A3	2.899**	2.073	0.039				
A4	7.813***	3.200	0.001				
B1(-1)	-0.034	-0.159	0.873				
B2(-1)	0.345***	3.001	0.003				
B3(-1)	-1.090**	-2.443	0.015				
AR(1)	0.047	0.840	0.401				
AR(2)	0.001	0.026	0.980				

注:***、**、*分别表示估计系数在 1%、5% 和 10% 水平下显著;下同。

先看整体回归效果：修正后的可决系数为 0.556；F 检验值为 11.771，且通过了 1% 水平下的显著性检验；D-W 检验值为 2.091，基本消除自相关的影响；除土地市场建设外，其余指标的 t 值均通过了 5% 水平上的显著性检验。可见，全国层面的整体回归结果并非十分理想，修正后的可决系数较低，直观判断这可能是因为西部地区样本数据对整体回归结果的扰动。脱钩测度结果显示，西部地区的经济增长与城市建设用地扩张之间并无脱钩趋势，说明其脱钩机理尚未出现，或虽已出现但西部落后的社会经济发展水平尚不足以支撑其发挥作用，因此将其纳入分析范围势必会对整体回归结果产生干扰。

接下来对各指标的作用方向及显著性进行分析。

作用方向显著为正的指标：高新技术产业比重和第三产业比重对脱钩的正向推动作用最突出，其每变动 1%，脱钩程度分别提高 7.813% 和 2.899%。人力资本存量的正向推动作用仅次于产业结构优化，其每变动 1%，脱钩程度会提高 1.079%。技术投资效率对脱钩的正向推动作用比较轻微，其增长 1% 只会引起脱钩 0.449% 的正向变动。相比其他正向指标，行政管控力度对脱钩起的正向推动作用最微弱，其增长 1% 只会引起脱钩 0.345% 的正向变动，原因可能是行政管控力度是用离散数据来表示的，其变动趋势机械、单一且主观性较强，势必会对回归结果产生影响；加之城市建设用地扩张的行政管控在现实中是一种"增量调控"，地方政府每年都会得到新增用地指标，这使得地方政府和用地单位缺乏内涵挖潜的动力，容易造成城市土地的低效利用与粗放利用（李鑫，2011），从而削弱了行政管控对脱钩的作用效果。

作用方向显著为负的指标：行政管控接受程度，其每变动 1%，脱钩程度会下降 1.090%，直观判断这主要是由于各地方政府对土地财政和短期 GDP 增长的依赖程度在增加，为了增加财政收入、推动任期内的 GDP 增长，地方政府多是以"土地"换"经济"、尽量扩大城市建设用地规模，这无疑大大增加了经济增长过程中的城市建设用地投入、阻碍了经济增长与城市建设用地扩张的脱钩。

无显著影响的指标：土地市场建设的作用系数仅为 0.034 且不显著。可见，价格机制在促进城市土地高效集约利用方面是失灵的。考虑到近年来房地产市场的迅速膨胀以及城市建设用地是房地产发展必不可少的投入，因此直观判断这与来自房地产市场的引致需求有关。此外，由于土地财政多来源于国有土地出让，因此土地市场的失灵与地方政府过度追逐土地财政的行为也有很大关系。

由回归分析的结果可以看出，影响全国层面经济增长与城市建设用地扩张脱钩的因素主要有：高新技术产业所占比重、第三产业所占比重、人力资本积累、纯技术水平的进步、行政管控力度以及行政管控接受程度。其中，行政管控接受程度对脱钩的作用方向为负，其他因素的的作用方向为正。相比之下，土地市场建设则对二者的脱钩无显著影响。

2. 脱钩影响因素的贡献分析

进一步分析各影响因素对脱钩的贡献，具体结果见图2–16。

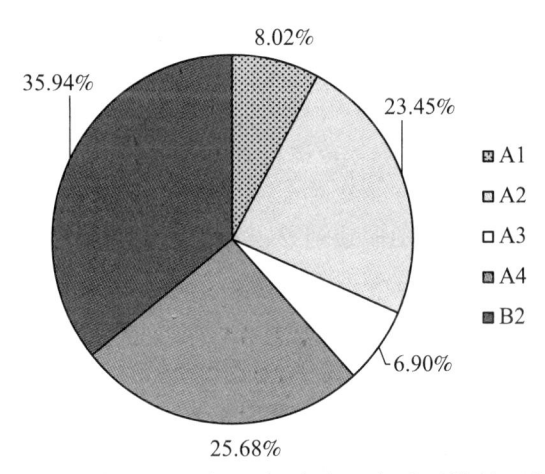

图2–16 全国层面各正向影响因素对脱钩的贡献率

正向影响因素中，行政管控力度的贡献最大，其贡献率约为35.94%。虽然行政管控力度对脱钩的正向作用系数较小，但其贡献却相对较高，直观判断，这应该与行政管控力度的增长较快有关。用离散数据来表示，行政管控力度在研究期内共增长了3倍，远高于其他影响因素，这在很大程度上弥补了行政管控力度在作用系数上的不足，从而造就了其在脱钩过程中的较大贡献。考虑到我国多年来实施的密集管控政策与付出的巨大管控成本，行政管控力度的快速提升及其高贡献应该与现实相符。高新技术产业所占比重的贡献仅次于行政管控力度，其贡献率约为25.68%。由描述统计的结果不难发现，除了较高的正向作用系数外，这还得益于高新技术产业占比在研究期内的较快提升，这与我国当前正处于工业化阶段是相对应的。人力资本积累的贡献也比较突出，其贡献率约为23.45%，由于人力资本积累的正向作用系数并不突出，因此这主要得益于人力资本积累在数量上的稳步提升。技术投资效率对脱钩的贡献较小，其贡献率仅为8.02%。由于其正向作用系数较小且描述统计结果显示其在1992~2012年仅出现了轻微了增长，因此这应该是一种"低效率、低增长"下的结果。第三产业占比对经济增长的贡献最小，其贡献率仅为6.90%。由于其正向作用系数较高，但描述统计结果显示其仅在2005年以后才出现了一定程度的增长，因此这应该是一种"高效率、低增长"下的结果。

由于仅有行政管控接受程度这一个负向影响因素，因此无法利用用同样的方法对其贡献率进行测度，只能笼统地认为地方政府对土地财政的追逐和依赖在很大程度上阻碍了经济增长与城市建设用地扩张的脱钩。

可见，1999~2012年间的全国层面：行政管控力度的加强、高新技术产业占比的提高以及人力资本积累为脱钩做出了主要贡献；地方政府对土地财政的追逐和依赖是脱钩的主要障碍。由于高新技术产业占比与人力资本积累的贡献率之和为59.13%，高于行政管控力度的35.49%，因此推断，全国层面经济增长与城市建设用地扩张之间的脱钩趋势，应该是经济增长方式优化与城市土地扩张管控两大机理合力作用的结果，但以经济增长方式为主。

尽管结论已经得出，但这是针对全国层面的宏观判断，普适性过强而特殊性不足，无法指导具体区域的脱钩调控。对此，还需针对全国不同区域进一步展开脱钩的影响因素分析，以便对经济增长与城市建设用地扩张的脱实施差别化调控。

（二）不同区域经济增长与城市土地扩张脱钩的影响因素

接下来，再对东、中部地区经济增长与城市土地扩张脱钩的影响因素进行分析。除了与全国层面一样采用"两步法"进行分析外，还特别针对东、中部地区的现实情况简要讨论了下一步努力的具体方向，以便为其城市建设用地扩张管控路径的选择提供参考和借鉴。

1. 东部地区脱钩影响因素及其贡献分析

（1）脱钩影响因素的确定

对脱钩与各指标之间的相关性进行回归分析。回归分析软件采用Eviews8.0，回归方法为广义最小二乘法（GLS），考虑到东部各省份之间在经济发展水平、资源禀赋以及发展策略等方面差异明显，因此回归时选择个体固定效应模型。由于采用的面板数据为长面板，因此在回归时添加变量AR（1）以尽可能地消除自相关的影响，回归结果如表2-18所示。

先看整体回归效果：修正后的可决系数为0.816，说明各项指标对因变量的解释程度高达80%以上；F检验值为32.021，通过了1%水平下的显著性检验；D-W检验值为2.183，基本消除自相关；除行政管控力度外，其余指标的t值均通过了5%水平上的显著性检验；可见，东部地区的整体回归结果较为理想。

接下来对各指标的作用方向及显著性进行分析。

表 2-18　　　东部地区脱钩与各指标相关性的回归结果

Variable	Coefficient	t-Statistic	Prob-t	Adjusted-R^2	F-statistic	Prob-F	D-W
A1	0.206**	2.489	0.014	0.816	32.021	0.000	2.183
A2（-1）	3.608***	7.153	0.000				
A3	5.161***	4.883	0.000				
A4	12.322***	8.754	0.000				
B1（-1）	-0.523***	-2.674	0.009				
B2（-1）	0.078	0.734	0.465				
B3（-1）	-0.834**	-2.525	0.013				
AR（1）	-0.023	-0.340	0.735				

作用方向显著为正的指标：高新技术产业占比和第三产业占比对脱钩的正向推动作用比较突出，其每变动1%，脱钩程度分别提高12.322%和5.161%。人力资本存量的正向推动作用仅次于产业结构优化，其每变动1%，脱钩程度会提高3.61%。相比其他正向作用指标，技术投资效率对脱钩的正向推动作用最轻微，其增长1%只会引起脱钩0.115%的正向变动，这说明虽然东部地区的技术投资额增长较快在全国占据绝对主导地位，但其距离转化为真正的生产力还是有较长的路要走。不难发现，东部地区各正向指标在作用系数大小上的排序与全国层面基本一致，且在绝对量上相对较高。由于这些正向指标均涉及经济增长方式的优化，因此这可能与东部地区的城市经济总量在全国占据绝对优势，且自身发展水平较高有关。

作用方向显著为负的指标：行政管控接受程度对脱钩的反向作用较大，其每变动1%，脱钩程度会下降0.834%。这应该还是与地方政府为增加财政收入、赢得任期内的"GDP"竞争有关土地市场的建设对脱钩的反向作用较小，其变动1%，脱钩程度会下降0.523%。虽然反向作用并非特别显著，但却反映出价格机制不但没有起到应有的调解作用，反而加速了经济增长过程中的城市土地消耗。直观判断，这可能与东部地区房地产市场的规模及其带来的引致需求较大有关。

无显著影响的指标：行政管控力度的作用系数仅为0.078且不显著。这说明来自中央政府的行政管控在促进东部地区经济增长与城市建设用地扩张脱钩方面并未起到应有的作用。对此，除了增量调控下的地方政府"惰性用地"外，我国当前以"经济效益"为导向的用地指标配置方法难辞其咎，凭借较大的经济总量和较快的经济增长速度，东部地区在指标分配过程中不但会得到更多的新增用地指标，还经常出现追加用地指标的情况，这无疑会进一步引发城市土地的低效、粗放利用,削弱城市建设用地扩张行政管控对脱钩的作用效果。

由以上分析可以看出,影响东部地区经济增长与城市建设用地扩张脱钩的因素主要有:高新技术产业所占比重、第三产业所占比重、人力资本积累、纯技术水平的进步、行政管控接受程度以及土地市场的建设。其中,行政管控接受程度以及土地市场建设对脱钩的作用方向为负,其他因素的作用方向为正。相比之下,行政管控力度则对二者的脱钩无显著影响。

(2)脱钩影响因素的贡献分析

进一步分析各影响因素对脱钩的贡献,具体结果见图 2-17、图 2-18。

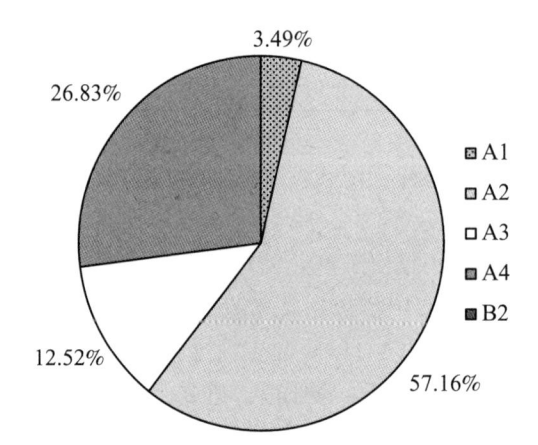

图 2-17 东部地区正向因素对脱钩的贡献

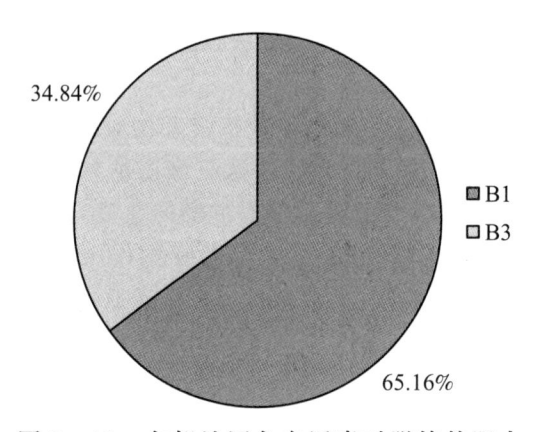

图 2-18 东部地区负向因素对脱钩的阻力

正向影响因素中(见图 2-17):人力资本积累的贡献率约为 57.16%。可见,人力资本积累对脱钩的贡献最大,由于其正向作用系数并非最高,因此这可能得益于其在研究期内的大幅提升。高新技术产业占比和第三产业占比的贡献率分别为 28.36% 和 12.52%。可见,虽然正向作用系数最高,但二者的贡献率却较小，这应该与二者在研究其内的提升幅度相对较小有关，特别是第三产业占比，仅在 2005 年之后才开始上升。因此东部地区应将产业结构优化作为重要挖潜方向，考虑到我国整体上正在向工业化后期迈进，而东部作为我国的经济发达地区，可能已经接近甚至达到了工业化后期阶段，这一阶段产业结构变化的特征是第三产业迅速增长，因此东部地区应顺应这一趋势将提高第三产业占比作为主要挖潜点。技术投资效率的贡献率仅为 3.49%。这主要是由于技术投资效率的"低效率、低增长"，考虑到技术从投资到转化为真正的生产力是一个较长期的过程，因此东部地区更应将"提高技术投资效率"视为促进经济增长与城市建设用地扩张脱钩的长期战略方针，而非眼前的应急策略。

负向影响因素中（见图 2-18）：土地市场建设产生了约 65.16% 的脱钩阻力。可见，土地市场的失灵是脱钩的主要障碍，由于其负向作用系数并非最高，因此这可能是源于房地产业的快速发展及其带来的土地市场的迅速膨胀，需要重点对其进行调控。行政管控接受程度产生了约 34.84 的脱钩阻力，仅为土地市场建设的一半。其负向作用系数较高，但对脱钩的阻碍却较小，这说明相对于房地产市场的膨胀，土地财政问题并不突出，但考虑到土地财政的恶化会助长房地产市场的膨胀，因此在调控房地产时仍需对土地财政问题进行防范。

可见，1999~2012 年间的东部地区：人力资本积累为脱钩做出了主要贡献，产业结构优化次之，纯技术水平进步的贡献最小；土地市场的失灵及膨胀是脱钩的主要障碍，地方政府对土地财政的追逐和依赖次之。由于城市土地扩张的行政管控对脱钩无显著影响，因此推断，东部地区经济增长与城市建设用地扩张的脱钩主要得益于经济增长方式的优化，这与东部地区较高的社会经济发展水平是相对应的。由于纯技术水平进步的贡献微弱，因此这一脱钩过程主要表现为技术效应 I 和结构效应，其可持续性还有待提高。

2. 中部地区脱钩影响因素及其贡献分析

（1）脱钩影响因素的确定

对脱钩与各指标之间的相关性进行回归分析。回归分析软件采用 Eviews8.0，回归方法为广义最小二乘法（GLS），考虑到东部各省份之间在经济发展水平、资源禀赋以及发展策略等方面差异明显，因此回归时选择个体固定效应模型。由于采用的面板数据为长面板，因此在回归时添加变量 AR（1）以尽可能地消除自相关的影响，回归结果如表 2-19 所示。

先看整体回归效果：修正后的可决系数为 0.971，说明各项指标对因变量的解释程度高达 97% 以上；F 检验值为 232.476，数值较大通过了 1% 水平下的显著性检验；D-W 检验值为 2.217，基本消除自相关；除了技术投资效率外，各项指标均通过了 1% 水平上的显著性检验，这说明中部地区的整体回归结果较为理想，且优于东部地区。

表 2-19　　中部地区脱钩与各指标相关性的回归结果

Variable	Coefficient	t – Statistic	Prob-t	Adjusted – R^2	F-statistic	Prob – F	D – W
A1	0.027	1.296	0.178				
A2（-1）	0.515***	9.904	0.000				
A3	2.054***	9.313	0.000				
A4	5.542***	10.865	0.000	0.971	232.476	0.000	2.217
B1（-1）	-0.481***	-13.183	0.009				
B2（-1）	0.297***	8.851	0.000				
B3（-1）	-1.651***	-2.525	0.000				
AR（1）	0.088***	2.771	0.007				

接下来对各指标的作用方向及显著性进行分析。

作用方向显著为正的指标：高新技术产业占比和第三产业占比对脱钩的正向推动作用比较突出，其每变动1%，脱钩程度分别提高5.542%和2.054%。人力资本存量的正向推动作用仅次于产业结构优化，其每变动1%，脱钩程度会提高0.515%。行政管控力度对脱钩也有正向推动作用，其每变动1%，脱钩程度会提高0.297%。与东部地区相比：首先，高新技术产业占比、第三产业占比与人力资本积累在作用系数大小上的排序完全一致，只是绝对量较低，这可能与中部地区城市经济的发展水平相对落后有关；其次，行政管控力度的正向推动作用十分显著，这可能与中部地区经济规模相对较小有关。因为经济规模较小，经济增长的预期偏低，在以"经济效益"为导向的指标分配过程中得到的新增用地指标就会变少，而行政管控的约束力则会相应变大。

作用方向显著为负的指标：行政管控接受程度对脱钩的反向作用较大，其每变动1%，脱钩程度会下降1.651%。这一作用力度大约是东部地区的两倍，直观推断可能与中部地区经济发展水平相对落后、地方财政总收入相对较少有关。因为财政总收入偏小会凸显土地财政所占比重，促使地方政府更加依赖土地财政、推行"以地生财"的经济增长模式。土地市场的建设对脱钩同样有着反向作用，其每变动1%，脱钩程度会下降0.481%。这一作用力度略低于东部地区，可能与来自房地产市场的引致需求相对较小有关。

无显著影响的指标：技术投资效率的作用系数仅为0.027且不显著。这与描述统计中"中部地区技术投资效率持续下降"是相对应的，说明其经济增长过程中的纯技术进步并不明显，这可能与中部地区相对落后的经济社会发展水平及其所处的经济增长阶段有关。

由上述分析可以看出，影响中部地区经济增长与城市建设用地扩张脱钩的因素主要有：高新技术产业占比、第三产业占比、人力资本积累、行政管控力度、行政管控接受程度以及土地市场建设。其中，行政管控接受程度以及土地市场建设对脱钩的作用方向为负，其他因素的作用方向为正。相比之下，纯技术进步则对二者的脱钩无显著影响。

（2）脱钩影响因素的贡献分析

进一步分析各影响因素对脱钩的贡献，具体结果见图2-19、图2-20。

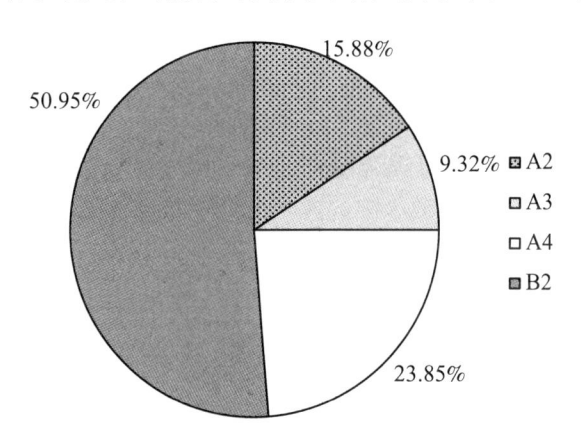

图2-19 中部地区正向因素对脱钩的贡献

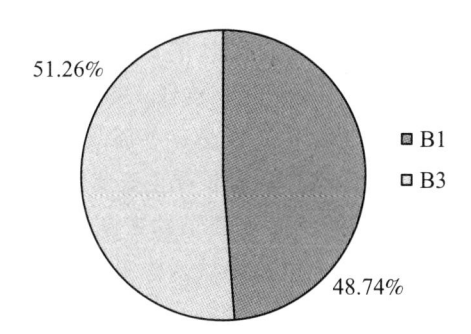

图2-20 中部地区负向因素对脱钩的阻力

正向影响因素中（见图2-19）：行政管控力度的贡献率约为50.95%。可见，来自中央政府的行政管控对脱钩的贡献最大。考虑到其正向作用系数较东部地区十分显著，因此除了离散数据本身增长较快以外，这还可能得益于中部地区城市建设用地扩张的高强度管控。高新技术产业占比和第三产业占比的贡献率分别为23.85%和9.32%。虽然正向作用系数最高，但二者的贡献率却较小，这应该与二者在研究其内的提升幅度相对较小有关，特别是第三产业占比，在2005年之后甚至出现下降的趋势。因此中部地区同样应将产业结构优化作为重要挖潜方向，考虑到其第三产业占比的下降是一种"双重挤压"下的正常现象，而在工业化中期及国家产业战略转移的双重助力下，其二产部门正处于一个快速增长期，因此中部地区更应将提高高新技术产业占比作为主要挖潜点，以便事半功倍。③人力资本积累对脱钩的贡献率仅为15.88%。由于中部地区的人力资本存量在研究期内增长稳定，因此这可能是由于其较弱的正向作用系数，对此，中部地区应将强化对劳动力的教育、培训以及高层次人才的引进当作脱钩的另一个突破口。

负向影响因素中（见图2-20）：行政管控接受程度产生了约51.26%的脱钩阻力。可见，土地财政及其引发的地方政府对行政管控可接受程度的下降是中部地区脱钩的主要障碍，对此应着重对土地财政问题进行防范。土地市场建设提供了约48.74%的脱钩阻力，这与前者几乎持平，由于其负向作用系数较小，因此这一较高阻力可能源于房地产市场的迅速膨胀。对此，在防范土地财政问题的同时，还应对房地产市场进行合理调控。

可见，1999~2012年间的中部地区：中央政府对城市土地扩张的行政管控为脱钩做出了主要贡献，产业结构优化次之，人力资本积累的贡献最小；地方政府对土地财政的追逐和依赖是脱钩的主要障碍，土地市场的失灵及膨胀次之。由于行政管控力度在正向贡献中占绝对优势，因此推断，中部地区经济增长与城市建设用地扩张的脱钩主要得益于城市建设用地扩张的管控。由于土地本身具备较强的空间承载功能，因此这一脱钩过程主要表现为资金、劳动力等非土地要素对城市建设用地投入的替代，其可持续性较弱。

将这一结果与现有相关研究进行比对，姜海等（2013）曾分析了2000~2008年我国固定资本存量积累、二三产业就业人数增长以及建设用地扩张的空间特征，发现建设用地扩张表现出"东西高、中部低"的空间集聚特征，而其余两项生产要素，特别是固定资本存量的增长则主要集中在中部。这一方面说明中部地区的建设用地在2000~2008年间承载了越来越多的资金及劳动力投入，另一方面也与本研究对中部地区脱钩过程的描述是相符的。

本 章 小 结

（一）我国建设用地扩张与资本、劳动力配置在空间上存在一定的不匹配

截止到2008年，我国的建设用地的增量主要集中在东部沿海地区，而部分中部、西部省份虽然有较强的资本集聚和劳动力吸纳能力，但并未得到相应的建

设用地增量配置。由于土地利用与经济增长、生态环境保护的关系，建设用地扩张继续向东部沿海地区集聚可能引发以下问题：一是进一步拉大中部地区与东部地区经济发展水平的差距，使地区间公平问题更加突出；二是东部沿海地区建设用地继续高速扩张，可能造成局部地区生态环境压力过大，破坏地区可持续发展的资源与环境基础，出现区域性生态危机。

（二）我国经济增长与建设用地扩张的脱钩效应开始显现

我国建设用地扩张与经济增长之间存在脱钩效应，主要表现在相对于经济的快速增长，建设用地扩张速度处于相对较低的水平。在我国经济增长的不同阶段，这一脱钩效应也表现出不同的趋势特征。2001~2005年，经济增长前景的利好和建设用地扩张管控力度的加强使二者的脱钩出现明显的上下波动，呈现出典型的"M"型起伏；2006~2009年，经济增长方式的转变和建设用地扩张管控的持续加强使二者的脱钩逐渐趋于平稳。

（三）我国东、中、西三大区域的脱钩进程差异明显

尽管在全国层面经济增长与建设用地扩张出现脱钩效应，但在东、中、西三大区域，二者的脱钩进程差异明显。以城市建设用地为例，在东部地区，二者的脱钩已经越过Kuznets曲线的拐点，随着经济增长，城市建设用地扩张已经开始趋于平稳；在中部地区，二者的脱钩还未越过Kuznets曲线的拐点，但存在脱钩的趋势，城市建设用地扩张速度开始逐渐减慢；而西部地区，二者既未越过脱钩的拐点，也不存在脱钩的趋势，城市建设用地扩张与经济增长还是单调递增的关系。

（四）产业结构优化对经济增长与城市建设用地扩张脱钩有显著贡献

由资源环境领域脱钩的一般机理可知，我国经济增长与城市建设用地扩张脱钩的两类条件，第一类是经济增长路径优化，可细化为技术投资效率、人力资本积累和产业结构优化等方向；第二类是城市建设用地扩张管控，可细化为土地市场建设、行政管控力度和行政管控接受程度等方面。实证研究表明，在东、中部地区，产业结构优化，特别是高新技术产业所占比重的提高，对经济增长与城市建设用地扩张脱钩的正向推动作用最显著，且远高于其他影响因素。

（五）各因素对经济增长与城市建设用地扩张脱钩的贡献存在区域差异

尽管在东、中部地区，产业结构优化对经济增长与城市建设用地扩张脱钩的

正向推动作用最显著。但由于各影响因素在研究期内的离散程度不同，因此其对经济增长与城市建设用地扩张脱钩的贡献仍然存在区域差异。在东部地区，人力资本积累为脱钩做出了主要贡献；土地市场的失灵及膨胀是脱钩的主要障碍，地方政府对土地财政的追逐和依赖次之。行政管控力度对脱钩无显著影响，此其脱钩主要得益于经济增长方式的优化，具体表现为技术效应Ⅰ和结构效应。在中部地区，行政管控力度的加强为脱钩做出了主要贡献；地方政府对土地财政的追逐和依赖是脱钩的主要障碍，土地市场的失灵及膨胀次之。由于行政管控力度在贡献中占绝对优势，因此其脱钩主要得益于城市建设用地扩张的管控，表现为资金、劳动力等非土地要素对城市土地投入的替代。

第三章

我国建设用地管控政策体系分析及绩效评价

建设用地通常是指建筑物和构筑物的建造所占用的土地。它主要由城乡住宅和公共设施用地、工矿用地、交通水利设施用地、旅游用地、军事设施用地等组成，是国民经济各部门进行经济活动不可缺少的载体。由于建设用地往往具有非生态性、稳定性和不可逆性等基本特征，因此需要在遵循经济社会发展与建设用地扩张规律的基础上，制定合理的建设用地管控目标，并据此对建设用地利用和扩张进行有效的管控，引导其有序扩张，尽量将经济社会发展的建设用地代价降到最低。

第一节 我国建设用地管控政策演变及阶段划分

建设用地管控作为土地管理工作的重要组成部分，对进一步加强土地管理，切实落实我国"十分珍惜和合理利用每寸土地，切实保护耕地"的基本国策和贯彻"一要吃饭，二要建设，三要保护生态环境"的方针具有重要的现实意义。新中国成立以来，我国建设用地管控政策是随着经济社会发展而不断变化的，经历了一个从无序到有序，从分散到集中，从宽松到不断收紧强化的过程。建设用地管控政策在经济社会发展和改革中作出了重要的贡献。

一、无序管控阶段

　　1949 年，中华人民共和国成立，开始逐步建立新中国的法律制度。1950 年 6 月 30 日颁布《中华人民共和国土地改革法》，开始实行城市土地社会主义公有制与农村土地私有制并存、土地市场开放的制度。《中华人民共和国土地改革法》主要规定了土地没收、土地征收和土地分配的问题。作为一个特定历史时期的产物，土地改革法对于瓦解封建土地制度、巩固政权、解放农村生产力、团结农民群体、发展国家工业化建设具有巨大的推进作用，同时也有一定的局限性。当时的土地划分仅仅从城市和乡村单一角度进行，并未涉及建设用地问题。1953 年 12 月国家颁布了《关于国家建设征用土地办法》，规定全国性的建设事业用地，由中央人民政府政务院批准；地方性建设项目根据用地面积和涉及人口数的不同分别由大行政区、省（市）和县人民政府批准，同时也明确了征用土地的补偿标准。然而经过两年的贯彻执行，建设用地征用过程中暴露出许多问题，如多征少用、早征迟用或征而不用等浪费土地的现象不断发生；对农民的补偿、安置政策得不到落实，引起农民的不满；征用手续不完备、未按有关规定程序批地、越权批地和违法批地等现象普遍存在。为此，1956 年初国务院下发了《关于纠正与防止国家建设征用土地中浪费现象的通知》，强调按实际需要节约用地。

　　"文化大革命"期间，中央下放并扩大建设用地管理权限，实行基本建设投资"大包干"，基建用地基本失去了控制，建设用地大幅度增加。1973 年，为认真抓好节约建设用地的工作，根据国家领导的相关指示，原国家计划革命委员会、国家基本建设委员会联合下发了《关于贯彻执行国务院有关在基本建设中节约用地的指示的通知》。

　　可见，在这一时期的工业发展、城镇及基础设施建设中存在着粗放利用，导致非农建设用地外延扩张。但并未有专门的法律法规对其进行约束，相关的政策多与土地征用有关，建设用地管理尚处于无序阶段。

二、分散管控阶段

　　20 世纪 80 年代初，在我国广大的农村地区率先启动了经济体制改革。在农村普遍推行的家庭联产承包责任制，极大程度地调动了农民的生产积极性。农村土地实行家庭经营，解放了生产力，解决了广大农民的吃饭问题，逐步由"温饱型"生活向"小康型"生活迈进，农村地区得到了前所未有的恢复和发展。随着改革开放的深入贯彻，全国各地掀起了建房、建厂的热潮，占用了大量的耕地。针对这一问题，1981年国务院下发了我国改革开放后第一个直接针对建设用地管理的重要文件《制止农村建房侵占耕地的紧急通知》。为进一步贯彻执行该文件，国务院于1982年2月13日公布了《村镇建房用地管理条例》，提出各省、市、自治区人民政府结合实际对村镇建房用地实行限额管理，同时对省、地、县三级具体审批权限等问题作出具体规定，并要求进行村镇规划。

与此同时，随着改革深入、经济社会快速发展，全国非农建设用地也在快速扩张，征地中浪费土地现象仍然不断发生。为此1982年5月，国务院公布了《国家建设征用土地条例》，第一次提出节约土地是我国的国策，要求对各项建设用地按照土地利用规划严格加以控制。同时明确了中央、省和县三级政府的土地审批权限，征用耕地、园地1 000亩以上，其他土地10 000亩以上需要上报国家，由国务院批准，条例中对征用土地的程序、补偿安置标准、安置补助标准、监督检查等都作了明确规定。1984年为完善《国家建设征用土地条例》，农牧渔业部、国家计划委员会、城乡建设环境保护部联合出台了《关于征用土地费实行包干使用暂行办法》，要求对依法批准征用的土地，实行由县、市人民政府统一负责组织征用，包干使用征地费。1984年1月颁发的《城市规划条例》，是新中国成立以来规划领域出台的第一部基本法规，首次在法律上规定了我国城市用地规划管理制度。该条例详细规定了城市建设使用土地的申请、建设用地许可证的发放及临时建设用地的管理，以及城市规划的编制和审批程序。虽然从制度建立的法律基础角度看，《城市规划条例》尚不足以提供全面的法律支持，但条例中有关城市规划技术体系、许可制度、管理体制等方面的规定，为之后的城乡用地规划管理制度体系化建设、制度构建奠定了法律基础，这标志着我国城市用地规划管理开始走向法制化的轨道。

此外，在20世纪80年代中期以前，虽然在对外资企业用地等方面我国土地使用已出现市场化趋向，但全国土地资源仍然以计划配置土地资源的模式为主，并未发生大的改变。

可见，改革开放初期农村建设用地和非农建设用地均存在着外延扩张问题，建设用地管控开始受到重视，管控的主要手段是分级审批制度。但在这一阶段，建设用地管理仍处于部门割裂状态，城乡建设用地分别由建设部门和农业部门负责，存在着部门分管、职责不清、政出多门的问题。

三、体系初定阶段

在分级审批制度建立后，建设用地实际审批中开始出现"化整为零"、"下放土地审批权"、"自批自用"等问题，建设用地扩张占用耕地的势头并未在城乡经济的快速发展中得到有效控制。1995年出现了新中国成立以来的用地高峰，全国耕地减少高达1 500多万亩，是新中国成立以来的用地高峰，其中非农业建设占用耕地达480多万亩，也是历史上最多的一年。

在这种耕地大量被占用的形势下，中共中央、国务院于1986年3月下发了《关于加强土地管理、制止乱占耕地的通知》（中发（1986）7号文件，以下简称《通知》），提出要采取综合措施强化土地管理，主要包括：第一，征收不同用途、不同等级、不同数量的土地税和土地使用费；第二，必须严格按照用地计划和用地标准审批土地；第三，为了加强对全国土地的统一管理，建立健全土地管理机构，决定成立国家土地管理局；第四，建立和完善土地管理法规，强化土地管理；第五，清查违法用地。《通知》成为我国建设用地统一、规范管理的开端。

（一）管控基础

1. 建立统一管控机构

依据《通知》要求，1986年成立国家土地管理局，其作为国务院的直属机构，统一管理全国土地的相关工作，加强了对全国土地统一的行政管理，结束了过去建设部门管理城市土地、农业部门管理农村土地的多头分散管理的局面，标志着我国国土资源进入统一管控阶段。

2. 制定《土地管理法》

我国土地管理的第一部大法是国务院1986年6月颁布的《中华人民共和国土地管理法》，其对土地权属、耕地保护、建设用地管理等进行了明确规定，为土地管理提供了基本的法律依据，标志着我国土地管理进入了法治轨道。时隔两年，国家对《土地管理法》进行了修改，明确规定了"国家依法实行国有土地有偿使用制度"。

3. 制定《城市规划法》和《房地产管理法》

我国有关城市建设用地规划与管理最完整的一部法律是1990年4月颁布实施的《中华人民共和国城市规划法》。该法明确规定了城市规划的性质、规划编制的基本原则、城市规划区、城市建设用地等，同时在法律上明确了城市土地开发利用实施包括建设用地选址意见书、建设用地规划许可证、建设工程规划许可证的"一书两证"规划许可制度，规划许可制度目前依然是规范建设用地行为最有效的规划管理制度。1993年《村庄和集镇规划建设管理条例》颁布，规定通过制订和实施村庄、集镇规划对乡村土地建设行为实施规划管理，本条例为城市规划区之外的村庄、集镇（非建制镇）和建制镇的建设用地规划管理提供了法律依据。

1994年7月，八届全国人大常委会通过了《中华人民共和国城市房地产管理法》，并于1995年1月1日起实行，为城市房地产开发和交易提供了依据，为房地产市场规范提供了保障。

（二）管控手段

1. 严格分级审批制度

《土地管理法》明确规定了建设用地分级审批制度：①限定了土地征用的范围，规定"只有按国家规定列入国家固定资产投资计划的或者准许建设的国家建设项目，建设单位才能申请用地"；②缩减了审批权限，规定"国家建设征用耕地1 000亩以上，其他土地2 000亩以上的，由国务院批准"，并对地方的审批权限作了更加严格的限制。

1988年11月原国家土地管理局出台了《关于国家建设用地审批工作的暂行规定》，明确规定了建设单位申请用地的条件、征（拨）用地程序、必须具备的文件、资料图纸等具体要求，并提出建设项目用地实行计划指标控制，必须首先保证国家重点建设项目用地，同时建设项目用地审批要符合当地年度用地计划，不得超指标审批。

1992年7月，原国家土地管理局下发了《关于严格依法审批土地的紧急通知》，要求必须严格依法审批土地，同时提出加强成片土地开发和地价管理。

2. 实施计划和指标管理

在国务院领导"要控制建设用地，一是经济手段，二是控制指标"的指示下和《通知》中提出的"今后必须严格按照用地计划和用地标准审批土地"的要求下，1987年3月原国家土地管理局和原国家计划委员会联合下达了当年非农业建设占用耕地的计划，由此开始实行土地利用计划管理，对全国年度非农业建设用地及其占用耕地计划的编制、下达纳入了国民经济和社会发展计划，其中非农业建设用地占用耕地的指标属于指令性计划。

原国家土地管理局和原国家计划委员会于1987年2月联合出台了《关于编制建设项目用地定额指标的几点意见》，意见中要求制定一整套用地定额指标体系和严格科学的管理制度，对20个主要行业的用地标准编制用地定额指标，为审批建设项目用地规模提供了依据。

1987年国务院办公厅下发《关于开展土地利用总体规划的通知》，在过去所做的农业生产合作社、人民公社土地规划的经验、城市规划的经验以及部分地区的区域规划经验的基础上第一次尝试编制全国土地利用总体规划，提出了建设用地管控的长期目标：1991~2000年，我国建设用地总规模要控制在3 000万亩。以上计划、指标和规划也在建设用地管理实践中得到应用，成为建设用地管理的目标、审批的依据。

1996年5月,国务院发布了《关于加强城市规划工作的通知》,强调各级人民政府在审批城市总体规划时,城市的建设用地和人口规模须报建设部门和土地行政主管部门核定,主要是针对一些地方不顾当地实际情况,随意调整城市规划、盲目扩大城市规模、擅自设立开发区、乱占滥用土地等问题。这些制度和政策的出台和实施,对于加强我国城镇建设用地管理、防止城市用地规模盲目无序扩张、引导城市建设用地节约集约发展,均具有重要的促进作用。

3. 建立建设用地有偿使用制度

长期以来,无偿使用是导致建设用地低效利用、外延扩张的重要因素。20世纪80年代末,这一局面得到转变。

1989年2月,为了提高地方征收耕地占用税的积极性,国务院下发了《关于切实做好耕地占用税征收工作的通知》,要求从当年起提高地方耕地占用税收入比例,由原来50%增加到70%。同时要求各地从严控制耕地占用税减免范围。

1990年5月,国务院以总理令的形式颁布了《中华人民共和国城镇国有土地使用权出让和转让暂行条例》(以下简称55号令),对我国城镇国有土地使用权出让、转让、出租、抵押、终止和划拨土地使用权发生转让、出租、抵押行为等有关问题作出了严格规定。同年9月,又下发了《关于加强城镇国有土地使用权出让和转让管理的通知》,对土地出让和转让行为作出了进一步详细的规范。1991年11月又下发了《关于划拨土地使用权补办出让手续及办理土地登记程序的通知》,对划拨土地使用权进入市场的相关问题作了明确规定。1994年全国人大常委会通过的《城市房地产管理法》,确定了国有土地采用有偿使用和划拨两种供应方式的基本架构。此后,城市土地市场进入快速发展时期。

针对55号令在实施中的问题,1995年6月,原国家土地管理局以局长令形式,下发了《协议出让国有土地使用权最低价确定办法》,对最低价进行了限定。从1995年初开始,逐步制定和发布了石油天然气、民航、铁路、交通、水利、电力等行业的《划拨用地项目目录》(以下简称《目录》),规定对凡未列入《目录》的用地都要逐步采取出让或其他有偿使用的形式。

(三)管控特征及管控效果

原国家土地管理局的成立实现了建设用地的统一管控,《土地管理法》的颁布和实施使建设用地管控有了明确的法律依据,而计划及指标、分级审批制度以及有偿使用制度等管控手段的建立和完善使我国建设用地管控体系得到了初步建立。其中,"审批+指标"的管控模式为建设用地管控提出了明确的规模限制。

管控体系的初步建立对建设用地占用耕地起到了有效的控制作用,直接表现为非农业建设占用耕地面积的缩减。1985 年非农建设占用耕地 480 万亩,1986 年下降到 378 万亩,1987 年下降到 290 万亩,以后几年持续下降。但 1992 年以后,随着改革开放深入和市场经济的发展,各地出现的"开发区热"、"房地产热",建设用地扩张又呈现出失控态势,耕地被大量侵占。

四、体系完善阶段

在 20 世纪 90 年代建设用地迅速增长、耕地总量持续下降的背景下,1997 年党中央、国务院在《关于进一步加强土地管理切实保护耕地的通知》中,提出实行世界上最严格的土地管理措施,要求加强土地宏观管理和实行土地用途管制,把土地利用总体规划作为土地宏观管理的关键措施和土地用途管制的基本依据。据此,国家对土地管理的机构进行了改革,对《土地管理法》进行了修改。

(一) 管控基础

1. 成立国土资源部,实现国土资源的集中管理

1998 年召开的第九届全国人民代表大会上批准了国务院机构改革方案,决定合并地质矿产部、国家土地管理局、国家海洋局和国家测绘局,成立国土资源部。从国家土地管理局到国土资源部,建设用地管理的机构级别进一步提升、权限进一步集中,标志着我国土地管理将更加严格。

2. 修订《土地管理法》,实行最严格的土地管理制度

1999 年 1 月 1 日起修订后的《中华人民共和国土地管理法》(以下简称"新《土地管理法》")开始实施。新《土地管理法》首次在法律上确定了"十分珍惜、合理利用每寸土地,切实保护耕地"是我国的基本国策,并把耕地保护放在突出位置。其中关于建设用地管理的规定有以下突破:①把土地用途管制制度以法律形式确定下来,同时为适应实行土地用途管制制度的需要,增加了"土地利用总体规划"一章;②强调城乡建设用地统一管理,合并原有第四章"国家建设用地"与第五章"乡(镇)、村建设用地"内容,作为新《土地管理法》中的第五章"建设用地";③提出"非农业建设经批准占用耕地的,按照'占多少、补多少'的原则,由占用耕地的单位负责开垦与所占用耕地数量和质量相当的耕地";④提出"各级人民政府应当采取措施,全面规划,严格管理,保护、开发土地资源,制止非法占用土地的行为",明确了各级政府在建设用地管控中的职责。

此后,国土资源部依据新《土地管理法》在建设用地审批、计划指标管理、用途管制、建设用地供应管理等方面进行了进一步的完善。

（二）管控手段

1. 编制第二轮土地利用总体规划，突出规划管控的地位

土地利用总体规划是确定各项用地指标的依据，也是实施用途管制的载体。新《土地管理法》确立了土地利用总体规划的法律地位，强化了土地利用总体规划对建设用地管控的整体调控作用。此后，在全国范围内开展了第二轮土地利用总体规划的修编工作。此轮规划以1996年为基期年，2010年为规划目标年，其建设用地管控主要是通过以下途径实现：①建立了自上而下的包含国家、省、市、县和乡（镇）五级的土地利用规划体系，为建设用地管理实现自上而下、从宏观到微观的控制服务；②下达了建设用地占用耕地指标及相应的土地开发整理补充耕地指标，以及耕地保有量、基本农田保护面积等控制性指标，并自上而下层层分解，改变了以往"按需定供"的做法，以遏制建设用地扩张；③划分土地用途区，县级和乡（镇）级土地利用总体规划按照土地主导用途的不同划分为11种用途分区，并制定相应的管制规则。通过划定城镇建设用地区、村镇建设用地区、工矿用地区控制建设用地的空间规模，避免过去单纯依靠项目审批而造成建设用地不断扩张的局面。

2. 建立土地利用年度计划制度，强化指标管理

1999年3月，国土资源部下发《土地利用年度计划管理办法》，作为新《土地管理法》的配套法规之一，原本仅在国民经济和社会发展计划中的非农建设用地占用耕地指令性计划，增加为计划指标体系中的农用地转用计划指标、耕地保有量计划指标和土地开发整理计划指标，形成相对完善的指标体系，提出控制建设用地总量，以土地供应引导需求，合理、有效利用土地。

2004年修订后的《土地利用年度计划管理办法》，强调农用地转用计划的法律效力，要求对其实行指令性管理，同时将农用地转用指标划分为城镇村建设占用农用地指标和独立选址的重点建设项目占用农用地指标两类。明确了对指标计划执行情况进行考核，考核结果作为编制下一年度计划的依据。

3. 严格建设用地项目审批管理

新《土地管理法》将原有的农用地转为建设用地审批体系从中央、省、市（县）3级改为中央、省2级。严格了审批权限，规定占用基本农田、基本农田以外的耕地超过35公顷的、其他土地超过70公顷的情况均要报国务院审批。同时，为了使土地利用规划和计划在建设用地审批中得到更好的落实，建立了建设用地项目预审制度。

2001年7月，国土资源部7号令《建设项目用地预审管理办法》颁布，首次提出了建设项目用地预审管理。预审内容包括：建设项目用地选址是否符合土地利用总体规划、是否符合国家供地政策、是否符合地质灾害防治规划、补充耕地资金是否落实及计列费用是否合理。2004年11月1日又颁布了修订后的《建设项目用地预审管理办法》（部颁27号令），对预审原则、分级预审、提交预审材料、专家预审主要内容等都作出了较详细的要求。

4. 进一步规范建设用地供应

首先，对建设用地的供应方式进行了严格规定。《关于进一步推行招标拍卖出让国有土地使用权的通知》（1999）、《关于建立土地有形市场促进土地使用权规范交易的通知》（2001）、《招标拍卖挂牌出让国有土地使用权规定》（2002）、《协议出让国有土地使用权规定》（2003）、《关于停止经营性项目国有土地使用权协议出让的补充规定》（2004）等一系列文件的下发，要求"一个渠道进水，一个池子蓄水，一个口子供水"，对各种出让方式的适用范围、价格形成做了进一步规范。2001年4月30日，国务院颁布《关于加强国有土地资产管理的通知》，提出为适应市场经济发展，确保土地使用权交易的公开、公平和公正，要求"有条件的地方政府对建设用地试行收购储备制度"，大力推行土地使用权招标、拍卖。

其次，针对工业用地低效利用问题，国土资源部发布《工业项目建设用地控制指标（试行）》，要求不符合其中要求的工业项目，不予供地或减少项目用地面积。

最后，在供地对象上也进行了限制。1999年国土资源部、原国家经贸委制定了《限制供地项目目录》、《禁止供地项目目录》规定：凡列入《禁止供地项目目录》的建设项目，在禁止期限内，土地行政主管部门不得受理其建设项目用地报件，各级人民政府不得批准提供建设用地；凡列入《限制供地项目目录》的，需要取得国土资源部许可再履行批准手续。在有效制止盲目、低水平重复建设、浪费土地资源等方面起到了显著的成效。

（三）管控特征及管控效果

该阶段的建设用地管控主要是在前一阶段确定的管控体系下，对其进行补充和完善。主要是强化了计划指标管理、严格了审批权限及审批程序、明确了供地方式、供地标准及范围，此外依托第二轮土地利用总体规划的编制和实施引入了用途管制这一管控手段，以期在空间上对城镇建设用地的总规模进行引导和限制。这一时期的管控最具特征的就是提出了"占一补一"的要求，即在用指标对建设用地扩张规模进行约束的同时，还要求建设用地扩张必须付出补充质量、数量相等耕地的代价，加大了建设用地扩张的成本。

这些管控手段在一定程度上遏制了建设用地快速扩张的势头。随着我国外向型经济的快速发展，21世纪初期全国兴起了第二轮"开发区热"、"房地产热"，各地违法用地大量涌现，建设用地仍然呈加快扩张态势。截止到2002年，有20多个省的耕地保有量指标低于2010年规划目标。针对这一问题，国务院办公厅于2004年下发了《关于深入开展土地市场治理整顿严格土地管理的紧急通知》，要求对2003年以来的建设用地审批、占用、征收补偿、税费征收、招拍挂状况进行清理检查。随后暂停农用地转用审批半年。我国建设用地管控仍需要进一步加强。

五、强化阶段

在新一轮"开发区热"、"房地产热"的背景下，原有的建设用地管控体系难以抵御地方建设用地扩张的冲动，耕地保护形势十分严峻。因此，国家开始对现有管理手段进一步补充、强化的同时改革土地管理体制，以加强对地方建设用地的管控。2004年，国务院发布了《关于深化改革严格土地管理的决定》，从严格执行土地管理法律法规、加强规划实施管理、完善征地补偿和安置制度、健全土地节约利用和收益分配机制、建立耕地保护和土地管理的责任制度等几个方面，指出了我国土地资源管理的重点和改革方向。该文件指出了我国土地管理尤其是建设用地管控的改革方向。根据该文件，国务院和国土资源部相继出台了多部文件和通知进行贯彻落实。

（一）管控基础

改革土地管理体制，建立土地督察制度，明确地方管控责任：

2004年国务院下发《关于做好省级以下国土资源管理体制改革有关问题的通知》，要求强化省级人民政府及其国土资源主管部门的执法监察职能，同时理顺省级以下国土资源行政管理体制，上收市辖区和乡镇国土资源管理机构的行政编制。

2005年国务院办公厅下发《省级政府耕地保护责任目标考核办法》，明确规定："各省、自治区、直辖市人民政府对《全国土地利用总体规划纲要》确定的本行政区域内的耕地保有量和基本农田保护面积负责，省长、主席、市长为第一责任人。"

2006年国务院办公厅下发《关于建立国家土地督察制度有关问题的通知》，建立国家土地督察制度，加强土地监管，落实最严格的土地管理制度。国家土地督察机构的设立，标志着中央政府对地方政府土地管控行为的监管进一步完善。

2007年监察部、人力资源和社会保障部、国土资源部联合发布《违反土地管理规定行为处分办法》，明确规定了有违反土地管理规定行为的单位，其负有责任的领导人员和直接责任人员，以及有违反土地管理规定行为的个人的行政处分。

（二）管控手段

1. 建立建设用地节约集约制度

2006年，国务院下发《关于加强土地宏观调控有关问题的通知》，提高新增建设用地土地有偿使用费缴纳标准，建立工业用地出让最低价标准统一公布制度，旨在促进建设用地的节约和集约利用。同年，《关于坚持依法依规管理节约集约用地支持社会主义新农村建设的通知》、《全国工业用地出让最低价标准》、《城镇土地使用税暂行条例》等文件的出台，分别对农村建设用地、工业用地、城镇土地的节约集约利用指明了方向。

2008年，国务院再次发出《关于促进节约集约用地的通知》，对各类相关规划和用地标准进行了审查和调整。同年，针对开发区土地外延扩张的问题，国土资源部相继发布《工业项目建设用地控制指标》、《开发区土地集约利用评价规程》，并于当年下发《关于开展开发区土地集约利用评价工作的通知》，要求要求各省（区、市）根据《开发区土地集约利用评价规程》开展开发区土地集约利用评价工作，评价结果经审核公示后，作为国家级开发区扩区审核依据。

2009年国土资源部又发布《单位GDP和固定资产投资规模增长的新增建设用地消耗考核办法》，对行政区新增建设用地的集约利用水平进行评价与考核，考核主体是中央政府，考核的对象是省级政府。由国土资源部会同发展改革委、统计局组成评价考核领导小组进行具体的考核工作，并组建评价考核工作组负责。同时要求各省（自治区、直辖市）据此制定省内考核标准。

2. 加强土地利用总体规划规划实施管理，落实空间管制

2007年国务院办公厅下发《关于严格执行有关农村集体建设用地法律和政策的通知》，进一步强调"土地用途管制制度是最严格土地管理制度的核心"，提出严格控制农村集体建设用地规模。2008年10月，国务院发布实施的《全国土地利用总体规划纲要（2006~2020年）》明确提出耕地保有量到2010年和2020年分别保持在12 086.67万公顷（18.13亿亩）和12 000.00万公顷（18.00亿亩），严格控制建设用地总规模，控制城镇工矿用地过快增长、稳步推进农村建设用地整治，到2020年完成农村建设用地整理90万公顷（1 350万亩）。同时，提出强化土地利用总体规划和年度计划对新增建设用地规模、用地结构和用地时序安排的调控。落实城乡建设用地空间管制制度，综合运用经济、行政和法律手段，控制城乡建设用地无序扩张。

从2009年度开始，国土资源部加强了土地卫片执法检查工作，卫片执法检查首次覆盖全国31个省（区、市）、2859个县，对违反土地利用总体规划的责任人将按照《违反土地管理规定行为处分办法》进行问责。

2012年国土资源部发布《关于严格土地利用总体规划实施管理的通知》，要求强化建设用地空间管制，强调建设用地扩展边界的重要性。

3. 完善计划指标管理

2006年第二次修订《土地利用年度计划管理办法》，主要目标是增强土地利用计划的整体调控功能。在计划指标体系方面将新增建设用地纳入计划指标控制，主要包括新增建设用地总量、新增建设占用农用地及耕地指标，改变以往只控制用地审批的局面，将所有实际发生用地进行指标控制。同时加强实际用地考核，通过计划台账和跟踪监管两种制度，强化对计划执行的管理，形成严密的管控体系。

同时，建设用地总量控制逐渐被纳入指标管理中，通过城乡建设用地增减挂钩实现建设用地总量稳定成为计划指标管理的热点。2004年，国务院《关于深化改革严格土地管理的决定》中第一次提出了"鼓励农村建设用地整理，城镇建设用地增加要与农村建设用地减少相挂钩"。2005年国土资源部发布《关于印发〈关于规范城镇建设用地增加与农村建设用地减少相挂钩试点工作的意见〉的通知》（国土资发〔2005〕207号），规定天津、浙江、江苏、安徽、山东、湖北、广东、四川8省（市）作为试点可开展增减挂钩工作，随后又扩展至17个试点省（市）。2008年，国土资源部发布《城乡建设用地增减挂钩试点管理办法》，对试点工作进行规范。2010年3月，国土资源部出台《关于进一步完善宅基地管理制度切实维护农民权益的通知》，重点明确了加强规划计划控制引导，合理确定农村居民点用地布局和规模，将新增农村宅基地建设用地纳入土地利用年度计划。严控总量盘活存量，因地制宜推进"空心村"治理和旧村改造，提高村庄建设用地利用效率，落实节约集约用地制度。建立宅基地管理动态巡查和责任追究制度。

4. 加强建设用地批后管理

2006年，国土资源部发布《关于改进报国务院批准城市建设用地审批方式有关问题的通知》，明确了中央政府、省级政府、市（县）级政府在城市建设用地审批和管理中的分工。明确规定，国务院批准农用地转用和土地征收，省级人民政府组织实施农用地转用和土地征收，城市人民政府具体实施征地和供地。

2008年国土资源部第13次部务会议对《建设项目用地预审管理办法》进行了修订，遵循"既优化审批程序、方便原地单位，又可以减少违法用地现象的发生"的原则，对预审程序和内容进行了调整。

2009年，国土资源部下发的《关于严格建设用地管理促进批而未用地利用通知》，要求省级国土资源管理部门加强督促、跟踪管理城市建设用地批后实施情况，针对部分城市存在"批而未供"、"征而未用"的问题，对用地单位提出整改，以期提高建设用地利用效率。2010年国土资源部在《关于改进报国务院批准城市建设用地申报与实施工作的通知》对城市土地的征收率和土地供应率进行了明确限定。

5. 建设用地供应

针对房地产市场快速发展，2010年国务院发布《关于促进房地产市场平稳健康发展的通知》，要求城市人民政府抓紧编制住房建设规划，明确保障性住房的规模，并落实到地块。为落实以上精神，国土资源部发布《关于加强房地产用地供应和监管有关问题的通知》，要求市、县国土资源管理部门科学编制住房特别是保障性住房用地供应计划，合理确定住房用地供应总量和结构，其中保障性住房、棚户改造和自住性中小套型商品房建房用地不低于住房建设用地供应总量的70%。

（三）管控特征及管控效果

该阶段建设用地管控对上一阶段的各种管控手段做了进一步的完善和补充，如增加集约利用手段，强化了用途管制和指标管理，加强了建设用地批后管理，要求一定比例的民生用地供应等，形成了针对建设用地的"组合拳"。该阶段建设用地管控最重要的特征在于强调中央政府对地方政府建设用地利用行为的监督审查。依托土地督查机构和省内垂直管理体系，中央政府对地方政府在建设用地集约利用、用途管制、指标执行、审批及供地做了更严格的要求，并开展监测和考核，最终对地方行政长官和国土资源管理责任人进行相应的奖惩。这一阶段建设用地管控的最大特点是提出了"城乡建设用地增减挂钩"的试点政策，从原来的单纯约束建设用地向农用地、未利用地扩张的规模转向通过城乡建设用地增减挂钩，实现建设用地总规模的稳定，从而达到减少建设用地对耕地及生态用地的侵占。

国家土地督查局建立后，在违法用地查处、耕地保护、土地审批及供地等方面开展了大量工作，取得了明显的管控效果。到2008年上半年全国发现土地违法案件数和涉及土地面积同比分别下降10.17%和48.17%。

第二节　我国建设用地管控政策体系及模式特征

根据建设用地管控的政策回顾和阶段划分，可以看到，在中央政府及国土资源部的领导下，依据《土地管理法》，我国建设用地管理重点是对建设用地利用和扩张进行有效的管控，引导其有序扩张。管控手段主要包括土地利用规划和用途管制、土地利用年度计划、建设用地行政审批、建设用地供应、建设用地集约利用等，围绕这五方面的现行法律法规构成了我国建设用地管控的政策体系。

一、土地利用规划制度与用途管制

土地利用总体规划是土地利用管理的"龙头"，通过编制土地利用总体规划，在宏观层面把握本地区较长时期内的土地利用方向和目标，在微观层面确定各部门用地数量和布局，合理分配和高效利用有限的土地资源。

我国的土地利用总体规划分为国家、省（自治区、直辖市）、市（地）、县（市）、乡（镇）五级。全国和省级土地利用总体规划属宏观控制性规划，主要任务是在确保耕地总量动态平衡和严格控制城市、集镇、村庄用地规模的前提下，统筹安排各类用地，并通过规划指标和规划分区，对下级土地利用总体规划和专项用地规划进行指导和控制。县、乡级土地利用总体规划属实施性规划，主要是按照上级土地利用总体规划的指标和布局要求，划分土地利用区，明确各土地利用区的土地主要用途和区内土地使用条件，为单位和个人合理使用土地，进行土地开发、整理提供依据，为政府审批农地转用、划定基本农田保护区提供依据。针对我国土地管理的实际状况，各层次的土地利用总体规划的内容见表3-1。

表3-1　　　　　　　各级土地利用总体规划内容

层级	重点内容	示例
全国	提出全国土地利用的战略目标；确定土地开发、利用、整治和保护的重点项目和重点地区；协调全局性的重大基础设施建设的用地关系；提出不同类型地区土地利用方向、目标、重点和土地利用政策。	全国耕地保有量指标，城乡建设用地总规模指标。

续表

层级	重点内容	示例
省	对全省分区，明确土地利用政策的区域差异；根据各地域的土地利用方向、土地适宜性分类、社会经济发展需要等进行土地利用分区，并进一步划分二等土地利用区；提出城市用地规模控制目标；制定全省土地利用调整指标。	土地利用区可分为农业用地区、建设用地区、人文及自然景观保护区、土地整理区、暂不利用区。
市（地）	提出土地供应的总量控制指标和确定本市（地）区域土地开发、利用、整治和保护的重点地区和范围；进行土地利用分区。	分析土地供需关系时，重点从本地区工农业发展、城市化水平与进程、区域城市体系和各城市的中心职能与分工等方面研究，合理确定用地规模以及区域性骨干基础设施的用地关系。
县（市）	作为总量控制的最基本层次，控制指标应简化并落实到位；土地开发、整治、保护要具体确定重点项目的类型、时序、规模和范围；土地用途定位控制以土地利用大类的用途区域范围的控制为主。	控制指标可只保留耕地保有量指标，建设用地总量控制指标，各城镇建设用地控制指标，土地资源开发复垦指标和生态性、公益性的用地指标。
乡（镇）	在县级规划总量控制与用地分区控制的基础上进行详细的土地用途编定，同时避免用途划分过细，为市场调节留足空间；提出需要进行土地整理的具体区段、方式和范围以及实施的时间。	用途编定需把各类用地定量、定位落实到具体地段，并确定每类用途土地的具体要求和限制条件，为土地的用途管制提供直接的依据。

各级土地利用总体规划对建设用地的管控主要是通过"指标+分区"来实现的。其中，土地利用总体规划各项指标直接限定了本区域建设用地扩张及其占用地耕地数量；而通过划定土地用途区和建设用地管制分区则可以将指标"落地"，从空间上限制建设用地扩张方向及底线。

因此，土地利用总体规划在建设用地管控手段中起到基础性的调控作用，它是确定土地利用年度计划的依据，同时也是建设用地审批的依据。

（一）土地利用总体规划指标

目前，我国土地利用总体规划的主要调控指标如表3-2所示。按照指标内容，可以分为总量指标、增量指标和效率性指标；按照指标属性，又可以分为约束性指标和预期性指标。约束性指标是为实现规划目标，在规划期内不得突破或必须实现的指标；预期性指标是指按照经济社会发展预期，规划期内要努力实现或不突破的指标，具有指导性。

表 3-2　　　　　　　　土地利用总体规划主要调控指标

指标名称	指标属性
总量指标	
耕地保有量	约束性
基本农田面积	约束性
园地面积	预期性
林地面积	预期性
牧草地面积	预期性
建设用地总规模	预期性
城乡建设用地规模	约束性
城镇工矿用地规模	预期性
交通、水利及其他用地规模	预期性
增量指标	
新增建设用地规模	预期性
建设占用农用地规模	预期性
建设占用耕地规模	约束性
整理复垦开发补充耕地义务量	约束性
整理复垦开发重大工程计划补充耕地规模	预期性
效率指标	
人均城镇工矿用地	约束性
工矿废弃地复垦率	预期性
农村建设用地整治挖潜（挂钩）规模	预期性

　　与建设用地有关的指标有：总量指标中的建设用地总规模、城乡建设用地规模、城镇工矿用地规模、交通水利及其他用地规模；增量指标中的新增建设用地规模、建设占用农用地规模、建设占用耕地规模；效率性指标中的人均城镇工矿用地、工矿废弃地复垦率、农村建设用地整治挖潜（挂钩）规模。

　　这些指标在规划近期和规划远期有明确的规定，尤其是城乡建设用地规模、新增建设用地占用耕地规模、人均城镇工矿用地 3 项约束性指标对建设用地的管控提出了明确的目标，也是土地利用年度计划制定的直接依据。

（二）土地用途分区及管制规则

为了在空间上落实土地指标，县、乡镇两级土地利用总体规划中划定了土地用途区。土地用途区是以土地利用现状和土地资源的适宜性为基础，结合国民经济、社会发展和环境保护的需要，按照土地的主导用途的不同来划分。一般而言，划分为基本农田保护区、一般农地区、城镇村建设用地区、独立工矿用地区、风景旅游用地区、生态环境安全控制区、自然与文化遗产保护区、林业用地区、牧业用地区等。建设用地用途管控主要集中在城镇村建设用地区和独立工矿用地区。

1. 城镇村建设用地区

城镇村建设用地区是将现有的城市、建制镇、集镇和中心村建设用地；规划预留城市、建制镇、集镇和中心村建设用地；开发区（工业园区）等现状及规划预留的建设用地划入区内。分区要求规划期间应整理、复垦的城镇、村庄和集镇用地；划入城镇村建设用地区的面积要与城镇、农村居民点建设用地总规模协调一致。

土地用途管制规则：区内土地主要用于城镇、农村居民点建设，与经批准的城市、建制镇、村庄和集镇规划相衔接；区内城镇村建设应优先利用现有低效建设用地、闲置地和废弃地；区内农用地在批准改变用途之前，应当按现用途使用，不得荒芜。

2. 独立工矿用地区

独立工矿用地区是将独立于城镇村建设用地区之外、规划期间不改变用途的采矿、能源、化工、环保等建设用地（已划入其他土地用途区的除外）；独立于城镇村建设用地区之外，规划期间已列入规划的采矿、能源、化工、环保等建设用地（已划入其他土地用途区的除外）划入区内。分区要求已列入城镇范围内的开发区（工业园区）不得划入独立工矿用地区。应整理、复垦为非建设用地的，不得划入独立工矿用地区。区内建设用地应满足建筑、交通、防护、环保等建设条件，与居民点的安全距离应符合相关规定。划入独立工矿用地区的面积要与采矿用地和其他独立建设用地规模相协调。

土地用途管制规则：区内土地主要用于采矿业以及其他不宜在居民点内安排的工业用地；区内土地使用应符合经批准的工矿建设规划；③区内因生产建设挖损、塌陷、压占的土地应及时复垦；区内建设应优先利用现有低效建设用地、闲置地和废弃地；区内农用地在批准改变用途之前，应当按现用途使用，不得荒芜。

城镇村建设用地区和独立工矿用地区突出了对建设用地规模布局管控，是实行建设用地空间管制的基础。

（三）建设用地管制分区

建设用地管制分区是为引导土地利用方向、管制城乡用地建设活动所划定的空间地域。在市、县两级土地利用总体规划中，通过划分建设用地管制边界，确定相应的建设用地管制区，即市、县两级土地利用总体规划中要明确建设用地的"三界四区"：城乡建设用地规模边界、城乡建设用地扩展边界和禁止建设用地边界，3个建设用地边界划定形成允许建设区、有条件建设区、限制建设区和禁止建设区4个区域。建设用地管制边界和建设用地管制区之间存在对应关系，具体见图3-1。

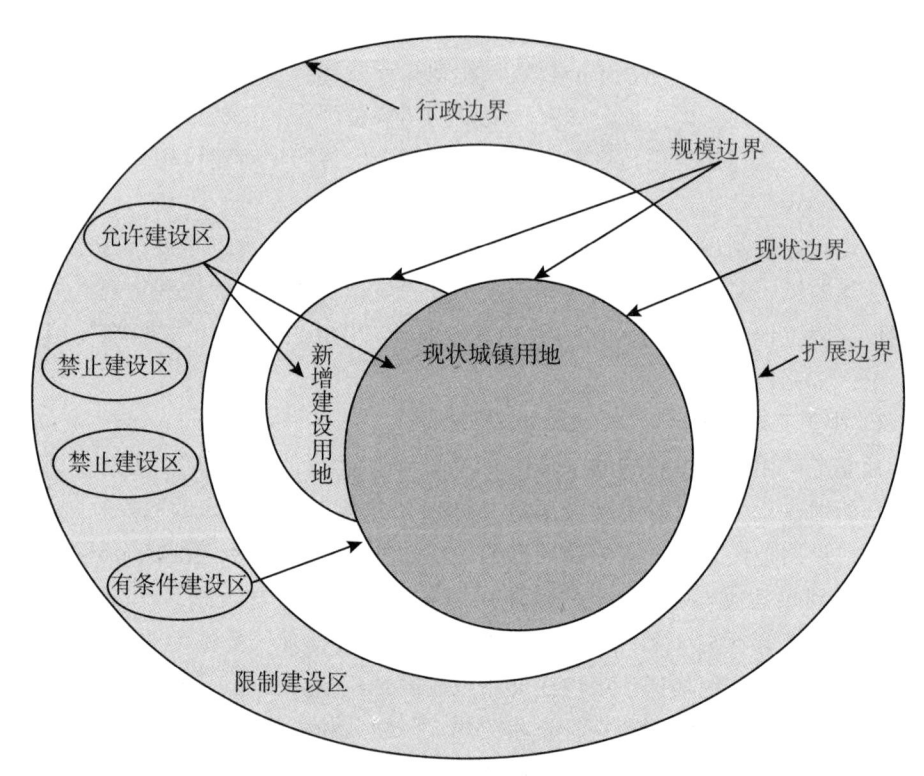

图3-1 建设用地管制边界和建设用地管制分区

建设用地空间边界与管制区划定要求：中心城区建设用地规模边界和扩展边界，以及相应的允许建设区和有条件建设区；县级市的城区和县城建设用地规模边界和扩展边界，以及相应的允许建设区和有条件建设区；大中型工矿的建设用地规模边界，以及相应的允许建设区；禁建边界，以及相应的禁止建设区；结合实际，可对其他具有重要功能的镇村，划定建设用地规模边界和扩展边界，以及相应的允许建设区和有条件建设区。

二、土地利用年度计划管理制度

土地利用总体规划规定了规划近期和规划远期的指标，是一个较长时期的关于土地利用的总体安排，而指标具体使用则是通过土地利用年度计划来控制的。土地利用年度计划是以1年为期，根据国民经济和社会发展计划、国家产业政策、土地利用总体规划以及建设用地和土地利用的实际状况编制的。它是实现土地利用总体规划的重要措施，是农用地转用审批，建设项目立项审查和用地审批、土地开发和整理审批的依据。

土地利用总体规划与土地利用年度计划不能相互替代。土地利用年度计划并非是对规划指标的机械分段，而是在不断总结经验的基础上，充分考虑当年的实际情况，对土地利用计划进行必要的调整和补充，以土地供应引导需求，合理、有效利用土地。

（一）土地利用年度计划指标体系

土地利用年度计划指标，可分为农业生产用地、农业建设用地、非农业建设用地和土地开发整理指标四类。当前，我国土地利用年度计划的内容主要包括：新增建设用地计划指标，包括新增建设用地总量和新增建设占用农用地及耕地指标；土地开发整理计划指标，包括土地开发补充耕地指标和土地整理复垦补充耕地指标；耕地保有量计划指标。其中，新增建设用地计划指标实行指令性管理，不得突破。

（二）土地利用年度计划的执行和考核

1. 用地计划的执行

土地利用年度计划一经批准下达，必须严格执行。新增建设用地计划中城镇村建设用地指标和能源、交通、水利、矿山、军事设施等独立选址的重点项目建设用地指标不得混用。没有新增建设用地计划指标擅自批准用地的，或者没有新增建设占用农用地计划指标擅自批准农用地转用的，按非法批准用地追究法律责任。因特殊情况需要增加新增建设用地年度计划的，按规定程序报国务院审定。

2. 用地计划的考核

县级以上地方人民政府国土资源管理部门建立土地利用计划管理信息系统，实行土地利用年度计划台账管理，在建设用地审批的规划审查过程中确认并根据批准情况及时核销计划，对计划执行情况进行登记和统计，并按月上报，作为计划执行跟踪和监督的依据。

省、自治区、直辖市国土资源管理部门加强对土地利用年度计划执行情况的跟踪检查，于每年9月对计划执行情况进行中期检查，并形成报告报国土资源部。

上级国土资源管理部门对下级国土资源管理部门土地利用年度计划的执行情况进行年度评估和考核。年度评估和考核，以土地利用变更调查和监测数据为依据。土地利用年度计划以每年1月1日至12月31日为考核年度。

土地利用年度计划执行情况年度评估和考核结果，作为下一年度计划编制和管理的依据。对实际新增建设用地面积超过当年下达计划指标的，扣减下一年度相应的计划指标。

省、自治区、直辖市及计划单列市、新疆生产建设兵团节余的新增建设用地计划指标，经国土资源部审核同意后，允许在规划期内按要求结转下一年度使用。

三、建设用地行政审批制度（含征收征用）

建设用地的逆转相对困难性要求必须严格建设用地审批制度，在项目审批时，一定要严格把关。具体来讲，一是把好选址关，能用非耕地则不用耕地，能用劣地则不用好地；二是把好用地标准关，严格按照建设用地定额标准审批土地，节约用地；三是坚持按计划审批土地，用地指标不落实不批地，突破指标的不批地。新《土地管理法》中设定了农用地转用、土地征收和建设用地供地三项审批内容。

（一）农用地转用审批

新《土地管理法》明确规定涉及农用地转为建设用地的，应当农用地转用审批手续。农用地转用的审批权限，是依据建设项目的性质、是否使用土地利用总体规划确定的城市和村庄、集镇建设用地范围内的土地来具体划分的。

1. 审批权限

国务院审批国家、省（区、市）的单独选址项目和在土地利用总体规划确定的直辖市、计划单列市和省、自治区人民政府所在地的城市以及人口在50万人以上的，按照土地利用年度计划申请城市分批次建设占用耕地的批次用地。省（区、市）人民政府审批除国务院审批权限以外的建设项目占用土地，涉及农用地转为建设用地的。

2. 审批程序

第一，由组织实施土地利用总体规划的县、市人民政府提出申请，其土地行政主管部门负责编制《农用地转用方案》、《补充耕地方案》等报批材料。第二，由县、市人民政府逐级上报至省人民政府或国务院,省级人民政府或国务院土地行政主管部门根据土地利用总体规划、土地利用年度计划、国家产业政策及补充耕地等情况进行审查。审查后由有批准权的人民政府批准。第三,农用地转用批准后,由实施土地利用总体规划的地方人民政府及其土地行政主管部门具体组织农用地转用的事项。如果占用耕地,必须履行补充耕地的义务和责任。

(二) 土地征收审批

国家建设征收农民集体土地的审批权,是指在征收土地过程中,主管机关所享有的批准用地规模等的具体权限。这种审批权不属于某个个人,也不属于某个机关独自享有,而且依法属于县级以上的各级人民政府。各级土地管理部门只是办理征地事宜、进行初步审查、签署征地意见,但不享有审批权。

1. 审批权限

新《土地管理法》规定国务院关于批准征收土地的权限为:"基本农田;基本农田以外的耕地超过35公顷的;其他土地超过70公顷的。"征收除国务院审批权限以外土地的,由省级人民政府批准,并报国务院备案。

新《土地管理法》严格限制了县级人民政府对征用农用地的批准权限,将原来的"征用耕地3亩以下(不含3亩)其他土地10亩以下的由县级人民政府批准"改为"在已批准的农用地转用范围内,具体建设项目用地可以由县级人民政府批准。"

2. 土地征收程序

根据现行相关法律法规的规定,征收集体土地一般需要经过申请、拟订方案、征地审查、补偿安置等程序。我国土地征收的具体程序见图3-2。

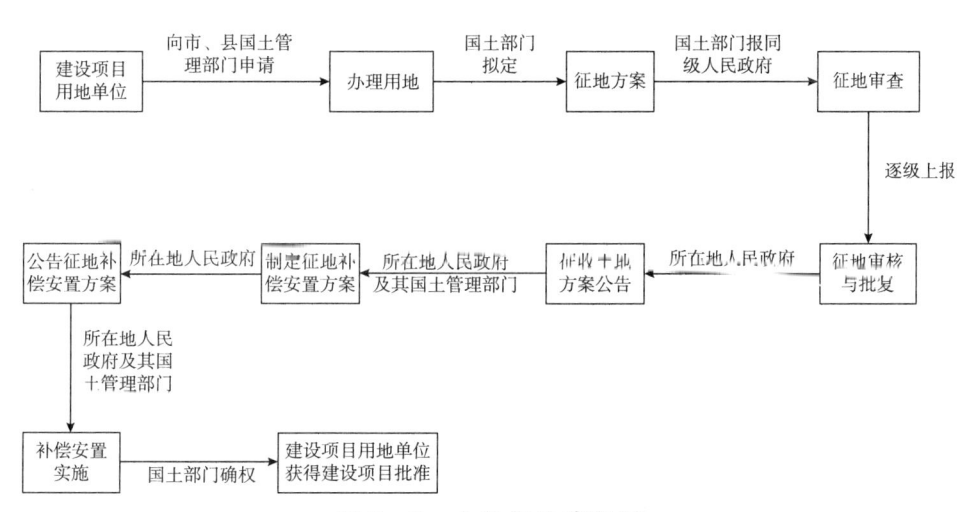

图3-2 土地征收流程图

(三) 建设项目用地预审制度

为了使土地利用规划和计划在建设用地审批中得到更好的落实，国土资源管理部门在建设项目审批、核准、备案阶段，依法对建设项目涉及的土地利用事项进行的审查，形成了建设用地项目预审体系。建设项目用地预审是土地管理从源头上控制和引导建设项目用地、充分发挥土地供应宏观调控作用、控制建设用地总量的重要手段，是实施土地利用总体规划、落实土地用途管制的重要措施，也是土地利用管理的关键环节。

1. 预审原则

建设项目用地预审应当遵循下列原则：第一，符合土地利用总体规划；第二，保护耕地，特别是基本农田；第三，合理和集约利用土地；第四，符合国家供地政策。

2. 预审机关

建设项目用地实行分级预审。需人民政府或有批准权的人民政府发展和改革等部门审批的建设项目，由该人民政府的国土资源管理部门预审。需核准和备案的建设项目，由与核准、备案机关同级的国土资源管理部门预审。

3. 预审程序

第一，提出预审申请。需审批的建设项目在可行性研究阶段，由建设用地单位提出预审申请。需核准、备案的建设项目在申请核准、备案前，由建设用地单位提出预审申请。

第二，受理申请应当由国土资源部预审的建设项目，国土资源部委托项目所在地的省级国土资源管理部门受理，但建设项目占用规划确定的城市建设用地范围内土地的，委托市级国土资源管理部门受理。受理后，提出初审意见，转报国土资源部。涉密军事项目和国务院批准的特殊建设项目用地，建设用地单位可直接向国土资源部提出预审申请。应当由国土资源部负责预审的输电线塔基、钻探井位、通讯基站等小面积零星分散建设项目用地，由省级国土资源管理部门预审，并报国土资源部备案。符合规定的预审申请和国土资源部门委托的初审转报件，国土资源管理部门应当受理和接收；不符合的，应当场或在五日内书面通知申请人和转报人，逾期不通知的，视为受理和接收。受国土资源部委托负责初审的国土资源管理部门应当自受理之日起二十日内完成初审工作，并转报国土资源部。

第三，预审审查，出具预审意见。国土资源管理部门应当自受理预审申请或者收到转报材料之日起二十日内，完成审查工作，并出具预审意见。二十日内不能出具预审意见的，经负责预审的国土资源管理部门负责人批准，可以延长十日。

四、建设用地供应制度

建设用地是国民经济各部门进行经济活动不可缺少的载体，严格规范建设用地供应管理是土地利用管理的重要内容。建设用地供应简称"供地"，是指土地行政主管部门依据国家法律法规与政策，将土地提供给建设用地单位使用的过程。

从以上概念可以得出，土地行政主管部门代表国家行使土地所有权，是供地的主体；供地的客体则是建设用地，不论该土地原用途如何，供地后其用途都是作为建设用地；供地的对象是各建设用地单位。针对国有建设用地供应，依据供应的对象不同，分别通过划拨和有偿使用的方式向各用地主体供应国有建设用地；针对农村集体建设用地，主要是依据相关法律法规，向农民、农村工业企业等用地主体实行用地许可管理。

在土地行政主管部门向建设用地单位提供国有土地的过程中，需要确定供地条件、供地方式、供地数量以及供地区位等问题。

（一）建设用地供应方式

建设用地供应是在建设用地供应计划（简称"供地计划"）的指导下完成的。建设用地供应计划是土地行政管理部门依据土地利用总体规划和土地利用年度计划，考虑本行政区域的社会经济发展需求，所拟定的本年度各类建设用地（工业用地、住宅用地、基础设施用地等）供应的面积、具体用途及供应方式。

在现行的土地管理制度下，按照供地对象的差异，可以将建设用地供应的方式分为以下几种（见图3-3）：

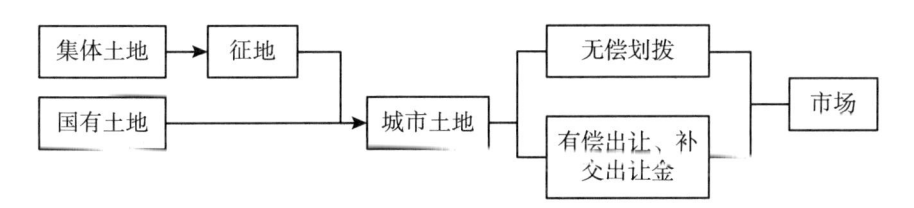

图3-3 建设用地供应来源及供应方式

1. 划拨供地

划拨供地是一种建设单位无偿取得国有建设用地的方式。新《土地管理法》规定：国家机关用地和军事用地；城市基础设施用地和公益事业用地；国家重点扶持的能源、交通、水利等基础设施用地；法律、行政法规规定的其他用地四类用地可采用划拨方式供地。同时国土资源部编制了具体的《划拨供地项目目录》，凡符合要求的可按划拨方式提供建设用地。

2. 有偿使用供地

除可以划拨方式供应建设用地以外的所有建设项目可按有偿方式提供国有建设用地的。有偿使用的形式又可以分为国有土地使用权出让、出租、作价出资或者入股等形式。

3. 集体建设用地国家许可

严格地说这不是国家供应土地，而是国家对这种用地方式的许可，即许可土地所有者（农村集体和农民）使用自己的土地。可以使用集体土地的建设项目包括：农民个人建住宅，乡（镇）村公共设施、公益事业建设，乡（镇）企业。

（二）建设用地供应去向限制

建设用地供地政策是政府控制建设用地方向的主要手段，通过制定合理的建设用地供应政策，不但有利于控制建设用地总量，防止大量占用农用地，同时还可以优化经济结构，防止重复建设，促进国民经济的协调发展。在建设用地供应去向上，各级国土资源部门依照国家规定的产业政策，对淘汰类、限制类项目分部实行限制和禁止供地。国土资源部、国家发展和改革委员会根据国家产业政策制定了《限制用地项目目录》和《禁止用地项目目录》，具体明确了建设用地的三类供应政策：

限制供地政策。对在全国范围内统一规划布点、生产能力过剩需总量控制和涉及国防安全、重要国家利益，并被列入国土资源部《限制供地项目目录》的建设项目，实行限制供地政策。凡列入《限制供地项目目录》的建设项目，地方人民政府批准提供建设用地前，须先经国土资源部许可，再履行批准手续；属于大量损毁土地资源或以土壤为生产料的，需要低于国家规定地价出让、出租土地的，按照法律法规限制的其他建设项目，各省、自治区、直辖市人民政府土地行政主管部门应采取有效措施，对其供地进行严格的监督管理和指导。

禁止供地政策。属于危害国家安全或者损害社会公共利益，国家产业政策明令淘汰的生产方式、产品和工艺所涉及，国家产业政策规定禁止投资，以及按照法律法规规定明令禁止，并被列入国土资源部《禁止供地项目目录》的建设项目，实行禁止供地政策。凡列入《禁止供地项目目录》的建设用地，在禁止期限内，土地行政主管部门不得受理其建设项目用地报件，各级人民政府不得批准提供建设用地。

允许供地政策。对于符合鼓励类政策和允许类政策、不属于《限制供地项目目录》和《禁止供地项目目录》范围的建设项目，各地根据土地供应年度计划、市场供求情况等及时组织建设用地供应。其中对于鼓励类建设项目，要积极供地。

（三）建设用地供应标准

长期以来，在工业化优先战略的影响下，工业已成为我国大多数城市的主导产业，造成工业用地比例过高、土地市场程度较低的现象较为普遍。为促进节约集约用地，规范建设用地使用，国土资源部发布《工业项目建设用地控制指标》和《全国工业用地出让最低价标准》，从工业项目用地单位面积投资强度、容积率、建筑系数、非生产性用地比例、土地出让价格等方面实行的最低标准控制，达不到最低"门槛"要求的，不能供地或对项目用地面积予以核减。

1. 现行工业项目建设用地控制指标

2008年，国土资源部修订发布了《工业项目建设用地控制指标》。该控制指标规定，工业项目的建筑系数应不低于30%，工业项目所需行政办公及生活服务设施用地面积不得超过工业项目总用地面积的7%。严禁在工业项目用地范围内建造成套住宅、专家楼、宾馆、招待所和培训中心等非生产性配套设施。工业企业内部原则上不得安排绿地。但因生产工艺等有特殊要求需要安排一定比例绿地的，绿地率不得超过20%。

2. 现行工业用地出让最低价标准

2007年1月1日实施的《全国工业用地出让最低价标准》（见表3-3），规定市、县人民政府出让工业用地必须采用招标拍卖挂牌方式出让，其出让底价和成交价格均不得低于所在地土地等别相对应的最低价标准。各地国土资源管理部门在办理土地出让手续时必须严格执行最低价标准，出让底价和成交价格均不得低于所在地土地等别相对应的最低价格控制标准，不得以土地取得来源不同、土地开发程度不同等各种理由对规定的最低价标准进行减价修正。

表3-3　　　　全国工业用地出让最低价标准　　　单位：元/平方米

土地等别	一等	二等	三等	四等	五等	六等	七等	八等
最低价标准	840	720	600	480	384	336	288	252
土地等别	九等	十等	十一等	十二等	十三等	十四等	十五等	
最低价标准	204	168	144	120	96	84	60	

五、建设用地集约利用政策

土地集约利用是土地参与宏观调控、促进经济结构调整和增长方式转变的重要手段。土地集约利用的对象包括一切已经被人类利用的土地，但是，从地类上看，土地集约利用的重点在建设用地。"控制增量"、"挖掘存量"是提高建设用地集约利用水平的两条主要途径。

（一）新增建设用地集约利用

建设用地通过提高新增建设用地的集约利用水平，在同样的社会经济发展目标下，减少新增建设用地的需求量，尽量少占用耕地。主要是在城乡建设用地扩张时，对单位新增建设用地的产出和投入进行考核，从而达到防止建设用地低水平外延扩张的目的。

2009年国土资源部、国家发展和改革委员会、国家统计局联合发布《单位GDP和固定资产投资规模增长的新增建设用地消耗考核办法》，对行政区新增建设用地的集约利用水平进行评价与考核，考核主体是中央政府，考核的对象是省级政府。具体的考核工作由国土资源部会同发展改革委、统计局组成评价考核领导小组，并组建评价考核工作组负责。同时要求各省（自治区、直辖市）据此制定省内考核标准。

考核结果作为分解下达年度土地利用计划指标和干部主管部门对省级人民政府领导干部进行综合考核评价的依据。对连续三年考核等级为优秀的省（区、市），结合全国节地表彰等活动进行表彰奖励。连续三年考核等级为不合格的省（区、市），应在评价考核结果公告后一个月内，向国务院作出书面报告，提出节约集约用地措施，并抄送国土资源部、发展改革委和统计局。

（二）存量建设用地集约利用

建设用地通过内涵挖潜，可以释放出一些闲置空闲以及低效用地，从而抵消部分新增建设用地需求，起到缓解供需矛盾的作用。主要是对现有的城乡建设用地，通过增加清理、改造，提高单位建设用地上的劳动力、资本和技术的集聚水平。

按照管理对象的差异，存量建设用地的集约管理可以分为针对地方政府和土地使用者的管理。针对地方政府的存量建设用地集约管理主要包括两方面：批而未用土地和开发区用地管理；针对土地使用者的存量建设用地集约管理，主要是打击囤地行为，清理闲置、空闲土地。

1. 批而未用土地的处置

批而未用土地包括"批而未征"和"征而未供"两类土地。前者是指已经由国务院或省级人民政府批准的城市建设用地中，已经批准农用地转用、但尚未实施征地的土地；后者是指由国务院或省级人民政府批准的城市建设用地中，已经完成土地征收、但未实施供地的土地。二者统称批而未用土地。

2009年国土资源部发布的《关于改进报国务院批准城市建设用地申报与实施工作的通知》，对城市土地的征收率和土地供应率进行了明确限定：

第一，在提前开展征地报批前期工作和简化征地批后实施程序的基础上，城市要加快征地实施工作。城市申报下一年度用地时，征地率（完成征地面积与国务院批准用地面积的比率）应达到60%。

第二，对非招拍挂方式供地的项目，征地完成后原则上1个月内完成供地。城市申报下一年度用地时，供地率（完成供地面积与国务院批准用地面积的比率）应达到40%。

2. 开发区集约利用管理

近年来，我国各地开发区建设用地粗放利用问题十分突显。因此，开发区建设用地集约利用管理工作尤为紧迫。开发区土地集约利用管理主要是根据开发区土地集约利用现状评价的结果，测算其集约利用潜力，从而在确定开发区的扩张用地数量、审批区内项目用地时提供参考。开发区土地集约利用评价常用指标见表3-4。

表3-4　　开发区土地集约利用程度评价指标体系

目标	子目标	指标
土地利用状况（A）	土地开发程度（A_1）	土地开发率（A_{11}）
		土地供应率（A_{12}）
		土地建成率（A_{13}）
	用地结构状况（A_2）	工业用地率（A_{21}）
		高新技术产业用地率（A_{22}）
	土地利用强度（A_3）	综合容积率（A_{31}）
		建筑密度（A_{32}）
		工业用地综合容积率（A_{33}）
		工业用地建筑密度（A_{34}）
用地效益（B）	产业用地投入产出效益（B_1）	工业用地固定资产投入强度（B_{11}）
		工业用地产出强度（B_{12}）
		高新技术产业用地产出强度（B_{13}）
管理绩效（C）	土地利用监管绩效（C_1）	到期项目用地处置率（C_{11}）
		闲置土地处置率（C_{12}）
	土地供应市场化程度（C_2）	土地有偿使用率（C_{21}）
		土地招拍挂率（C_{22}）

目前，全国各级各类开发区（包括国家级和省级经济技术开发区、高新技术产业开发区和海关特殊监管区域等，旅游度假区除外）均纳入了集约利用管理的范围。

各级各类开发区扩区、升级的用地审核必须以土地集约利用评价结果为依据。国家级开发区土地集约利用评价结果经部审核后，统一向社会公示，并作为国家级开发区扩区审核依据。省级开发区评价结果，由各省（区、市）国土资源行政主管部门进行审核和公示，并作为省级开发区扩区和升级审核的依据。市、县国土资源行政主管部门应依据评价结果研究确定推进开发区土地集约利用的方向和政策措施。经评价符合"布局集中、产业集聚、用地集约"要求的国家级开发区，由相关省（区、市）优先安排年度建设用地计划指标。

3. 闲置空闲土地处置

近年来，随着城市经济的快速发展，城镇建设用地中出现大量的闲置、空闲土地的数量有所增加。闲置土地指土地使用者依法取得土地使用权之后，未经原批准用地的人民政府同意，超过规定的期限未动工开发建设的建设用地。空闲土地是指城乡建设用地中处于空闲状态的土地，主要包括无主地，废弃地，因单位撤销、迁移和破产等原因停止使用的土地。

闲置土地和空闲土地的区别主要在于前者有明确的开发规划，但尚未实施或实施严重滞后于原规划；后者无开发规划，处于未利用或低效利用的状态。

1999年国土资源部发布的《闲置土地处置办法》规定，市、县人民政府土地行政主管部门对其认定的闲置土地，应当通知土地使用者，拟订该宗闲置土地处置方案，闲置土地上依法设立抵押权的，还应通知抵押权人参与处置方案的拟订工作。处置方案经原批准用地的人民政府批准后，由市、县人民政府土地行政主管部门组织实施。

土地闲置满两年、依法应当无偿收回的，坚决无偿收回，重新安排使用；不符合法定收回条件的，应采取改变用途、等价置换、安排临时使用、纳入政府储备等途径及时处置、充分利用；土地闲置满一年不满两年的，按出让或划拨土地价款的20%征收土地闲置费；对闲置土地特别是闲置房地产用地征缴增值地价。

2006年12月28日，国家税务总局发布《关于房地产开发企业土地增值税清算管理有关问题的通知》，要求从2007年2月1日起，对全国房地产企业按30%～60%的税率进行土地增值税清算。土地增值税的清算将有效遏制开发商的囤地行为。一方面，土地增值税征收周期的缩短使得开发企业资金紧张，无力大规模囤积土地，为了尽快回笼资金，开发企业必须加快开发和销售速度，缩短周期以节约成本；另一方面，由于"囤地"带来的超额利润被土地增值税抽走，"囤地"

对于开发商的意义也会大大削弱。

以上5个方面的政策，具有以下关系（见图3-4）：土地利用总体规划与用途管制主要对建设用地实行空间管制，即对建设用地扩张的方向、地点实行管制；据此制定的土地利用年度计划主要对建设用地增量进行管制，即明确每年的新增建设用地规模、新增建设用地占用耕地的数量；二者又作为建设项目审批的依据，由建设项目审批对建设用地项目实行准入管制；其后，由建设用地供应制度对新增建设用地的去向进行管制；同时，集约利用作为一项要求被贯彻到规划、计划、审批、供应4个环节中去，对建设用地发挥着强度管制的作用。

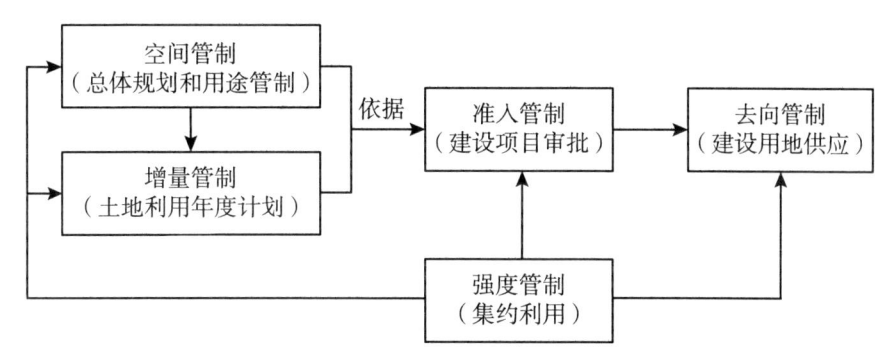

图3-4 建设用地管控政策体系关系

六、我国建设用地管控的模式特征

从以上政策体系可以看出，我国现行建设用地管控以"增量控制"为特征，实行"统一分配、层层分解、指令性管理"模式（靳相木，2009），即中央政府通过土地利用总体规划与土地利用年度计划对地方政府的建设用地进行计划控制。它是一种自上而下、高度集权的土地管理制度。

在以"增量控制"为特征的建设用地管控模式实施的初期，由于全国土地开发强度普遍较低，后备土地资源相对丰富，加上经济总量较低，每年新增建设用地需求相对有限，该管理模式对统筹安排各业用地、维护粮食安全与生态安全、支撑社会经济更快发展起到了一定作用。但是，随着我国工业化、城镇化进入中期快速发展阶段，社会经济步入以提升质量为主的转型时期，加上部分地区土地开发强度已经很高，建设用地"增量控制"管理模式的弊端开始显现，难以保证我国经济社会的可持续发展。

（一）政策过程重视制定环节、忽视执行环节

现有管理模式重数量指标控制，轻执行效果和效益管理。现有管理模式侧

重于通过制定计划对新增建设用地等指标的数量规模进行控制，但是对计划执行过程对土地利用、土地资源管理本身的影响及其产生的经济、社会和生态效益重视不够。近年来开发区土地集约利用评价和产业用地投资标准的实施，表明国家高度重视土地利用质量管理。由于计划考核本身难以对其执行"质量"进行评估，土地利用计划管理显然滞后于这一发展趋势，仍然主要侧重于指标数量的控制。

（二）政策工具以强制性为主

规划目标和干部考核机制结合形成目标责任制是我国政府实施最广泛的绩效管控模式，将政治经济任务进行量化分解、按照行政隶属关系向下层层发包、逐级落实，并以此对政府官员进行绩效考核。目标责任制考核制度成为政策执行的主要工具，这一工具内含"压制"和"控制"的含义，通过"硬性指标"下达和"一票否决"的惩处措施强制性提高中央政府的社会动员能力和政策执行力。《土地管理法》规定，"下级土地利用总体规划应当依据上一级土地利用总体规划编制。地方各级人民政府编制的土地利用总体规划中的建设用地总量不得超过上一级土地利用总体规划确定的控制指标，耕地保有量不得低于上一级土地利用总体规划确定的控制指标。"土地利用年度计划是指国家对计划年度内新增建设用地量、土地开发整理补充耕地量和耕地保有量的具体安排。根据《土地利用年度计划管理办法》，国家每年下达给地方的土地控制指标包括：新增建设用地计划指标、土地开发整理计划指标、耕地保有量计划指标。土地利用年度计划的编制审批程序与土地利用总体规划的编制审批程序相同，国土资源部每年上报国务院确定土地利用年度计划指标，再层层分解到省（直辖市、自治区）、市、县国土资源部门，并且新增建设用地计划指标实行指令性管理，不得突破。土地利用计划指标可以看作是国家每年采用计划方式预算安排给地方政府用于工业化、城镇化的土地发展权。

（三）政策内容重增量管理，轻结构及总量管理

从土地利用总体规划指标体系和土地利用年度计划指标体系来看，我国建设用地管控的约束性指标主要是建设占用耕地面积，这种只重视建设用地增量的管控方式造成近年来我国建设用地虽然在建设用地增长的同时实现了耕地总量动态平衡、尽量降低了其对粮食安全的威胁，但是导致了建设用地总量的快速攀升以及建设用地结构的不合理。数据显示，在1999~2010年期间，全国城市建成区面积增长近100%，城市面积急速膨胀，而同比的城镇人口数量增长只有50%左右。城镇建成区面积的增长速度明显快于城市化的速度。根据国土资源部的统

计，1997～2008年，全国建设用地总面积从2 863.8万公顷增长到3 305.8万公顷，年平均增速为1.3%，同期耕地总量虽然实现了占补平衡，但我们要看到仍有大量的开发区、工矿用地占用耕地以外的农用地或未利用地。这主要是许多地方为了摆脱"新增建设用地占用耕地"指标的约束，将开发区、工矿用地直接设在滩涂、荒草地或位于低坡缓丘的林地、园地上，从而规避"占一补一"的职责，减低建设用地扩张的成本，如2008年新增建设用地中就有14.8%来源于未利用地；同期，农村居民点用地从1 593.5万公顷增长到1 653.2万公顷，农村人口从84 177万持续缩减到70 399万，可见农村建设用地并未随着城镇化水平的提高、人口向城镇迁移而缩减，第二轮土地利用总体规划中确定的农村居民点缩减要求并未实现。

（四）政策决策的主观性较强，参与性不高

现有管理模式下土地利用年度计划的制定主观影响性较强，与地方实际需求不匹配。近年来土地利用年度计划编制方法有所改进，综合考虑了GDP、固定投资、人口、城市化水平等对计划指标的影响，但是主观经验决策的特征仍然十分明显。由于计划编制人员知识与信息的有限性，高度集中的计划编制模式导致计划指标与实际需求存在较大差距，土地利用计划与区域资源禀赋和经济发展水平衔接不够，导致一些地区土地计划与实际用地需求差距过大。

第三节 建设用地管控的问题剖析

一、现行土地行政体制下建设用地管控失灵的表现

在我国现有土地产权制度体系下，地方政府承担着耕地保护和城镇土地资产经营双重职能。土地行政中公共利益与地方政府利益的冲突会影响建设用地管控效果。

（一）建设用地规模增长较快，部分地区规划剩余空间不足

随着改革开放的不断深化，我国城市化水平高速增长、工业化进程不断加快，必然促使建设用地规模快速扩张。截至2014年末，全国城乡建设用地规模

已突破规划目标,建设用地总规模、新增建设用地指标使用比例均已超过80%,实施进度明显快于规划安排。其中,有12个省建设用地总规模突破了2020年规划目标、18个省城乡建设用地规模突破2020年规划目标;102个报国务院审批土地利用总体规划的城市中,有50个城市建设用地总规模突破2020年规划目标、61个城市城乡建设用地规模突破2020年规划目标。到县乡层面,建设用地规模突破2020年规划目标的情况更为普遍。即使是建设用地规模未突破规划目标的地区,剩余规划指标使用年限也非常有限。

(二) 建设用地粗放利用严重,城乡土地利用失衡

近年来,各级政府及国土资源管理部门扎实推进节约集约用地,取得了一定的成效,但建设用地利用粗放态势尚未得到根本扭转。2006~2014年,全国城镇工矿用地,以年均4.3%的速度扩张,明显高于全国城镇人口年均3%的增速。除东部地区城镇工矿用地扩张速度略低于城镇人口增长速度外,中部、西部和东北地区城镇用地扩张速度均高于城镇人口增长速度,特别是西部地区和东北地区,城镇用地年均增速分别为7.4%和3.5%,而人口增速仅为4%和1.4%。2014年末,全国人均城镇工矿用地面积达149平方米,比2005年增加13平方米,远高于2020年人均127平方米的规划目标。其中,18个省人均城镇工矿用地面积呈增长趋势,仅有13个省呈下降趋势。另外全国存在大量批而未用土地,据统计,2011~2014年全国有年均650万亩土地已审批但尚未使用。

城乡用地结构有所优化,但农村居民点用地总量仍在增加。2006~2020年规划全国应整治农村居民点用地90万公顷,但2006~2014年期间实际仅整治13万公顷,实施进度不到15%。从人地关系看,农村建设用地规模变化与人口变化明显不匹配,2006~2014年,农村人口向城市转移了1.6亿人,农村建设用地不但没有相应建设,反而增加了40万公顷。农村人口进城后留下的空置宅基地缺乏流转再利用或退出机制,导致空心化加剧。

(三) 违法违规用地现象屡禁不止

违法违规用地一直是我国经济社会转型期土地利用面临的严峻问题,为遏制土地违法违规的势头,我国土地管理等部门利用卫星遥感监测开展土地执法检查、成立土地督察机构等一系列严格的措施,但违法违规用地现象并没有得到根本转变。据统计,近年来土地违法的案件数量虽然有所下降,但土地违法涉案面积除了在少数年份有所减少外,总体上仍呈现增加趋势。2014年土地违法案件数、涉案土地面积分别为81 420件、40 919公顷,均接近于1999~2014年的均值,土地违法违规形势仍较为严峻。

二、政治集权、财政分权下的建设用地管控失灵原因

分析建设用地管控制度失灵,不能仅仅停留在土地管理制度中分析,需要结合我国的政治经济管理体制和实际情况,通观全局来对管控模式进行深刻而科学的认识和较为彻底的反省。

(一) 政治集权、财政分权的制度背景

我国作为一个单一制中央集权型的国家,政治体制是一种以自上而下的"条状任命"和同级政府的"块状竞争"为特征的"M"形组织结构(Qian et al.,1993),在这种组织结构下,公共政策执行总体上处于一种"压力型体制"中,通过自上而下考核压力方式得到贯彻和落实。与欧美国家自下而上的标尺竞争不同(Baicker,2005),中国政府形成的组织治理结构是对上负责制,内在动力的基础是上级政府对下级政府的权威(何智美,2007),上级政府采用以 GDP、财政收入、招商引资等经济指标为主的评价体系对地方官员进行政绩考核,以此作为地方政府官员升迁的重要标准(蒋震,2011),并且在金字塔式的行政层级结构中,地方官员向上晋升的机会越来越少,一个官员的晋升直接降低另一个官员的晋升机会,政治晋升变成了零和博弈,最终形成一种基于上级政府评价的"自上而下的标尺竞争"(张晏等,2005;王永钦等,2006)。在这种情况下,作为经济理性人的地方官员,为了保证自己的利益最大化,其最优的决策是按照政绩考核的标准尽可能地提升治理区域中的各项经济指标。

1994 年的分税制改革实现了经济上的分权,但仅仅明确了中央与省之间的财政收入关系,对各级政府之间的事权划分却没有加以明确规范(程瑶,2009),随着向公共服务型政府的转型,地方政府的事权逐步层层下移,范围有增无减,与此相对的是在此过程中并没有配套建立起完善的具有财力均等化作用的财政支付转移制度。这种"财权上移"、"事权留置"的模式,使得各级地方政府的财权与事权不对等,造成地方财政收入和支出间出现巨大缺口(楼成武等,2013),而土地出让金及房地产业建筑业的营业税按照分税制规定,属于地方政府预算内财政收支体系外的自有支配收入(骆祖春,2012),在发展压力、政绩考核等因素的驱使下,地方政府"理性经济人"行为特征暴露无遗(袁冰,2007),因而会选择忽视全社会边际成本,采取尽可能扩张建设用地的措施,通过获取以土地性财税收益为主的预算外收入解决其财政问题,保证治理区域内各项经济数据达标,使得自我利益最大化。

（二）政治集权、财政分权对地方政府建设用地利用的影响

可见，分税制财政和垂直政治治理体制促使地方政府竞争，而土地资源作为地方政府掌控的关键自然资源，成为竞争重要手段。从产权的角度来看，我国土地管理制度具有特殊性。首先，农村土地产权由于所有权主体缺位、集体经济组织的虚置和农户土地承包权的残缺及其债权性质（曲福田，2005），使得其相对于城市国有土地产权属于弱势地位，这就为土地过度征用埋下了伏笔；其次，现行征收制度存在着征收条件（公共利益）模糊性、征收补偿标准偏低和征收手段强制性（李平，2004），导致地方政府很容易实现农村集体土地向城市国有土地的转变，并获取土地的剩余索取权；最后，地方政府通过土地出让及储备制度，将城市土地所有权和使用权剥离，对城市国有土地使用权交易实现了"一个渠道进水，一个池子蓄水，一个口子供水"，使城市政府完全垄断土地一级市场。可见，分税制财政和垂直整治治理体制为地方政府追求土地财政提供了制度激励；而土地管理制度的特殊性为地方政府追求土地财政提供了可能性。

在以上制度背景下，地方政府往往会利用其在土地征收中的强势地位和土地出让中的绝对垄断地位，通过卖地来获取土地出让金。土地出让金是土地所有者一次性收取的若干年的地租之和，具有金额高的特点，可以在短期内有效填补财政缺口。因此，为追求高额土地出让金，地方政府需要获得更多可供出让的土地，其来源主要包括两种方式：①征收城市外围的农民集体所有的土地；②收回城市内部已被原土地使用者占用着的土地。在现行的土地管理制度下，无论是土地数量还是开发成本，前一种方式显然更具优势（赵力，2013）。因此，地方政府对土地出让金的追求有可能会使其大量征收土地，从而推动建设用地总量快速扩张。

中央政府为落实国家利益，纠正地方政府土地配置失灵，期望通过建立世界上最严格的土地管理制度，实行高度集权的土地计划审批机制，辅之以政党纪律、行政处分和刑罚处罚等措施来保证所有的土地利用处于有效的控制之中（程雪阳，2013）。但如前面所述，这种带有强烈计划色彩、自上而下的"增量控制"管理模式不仅没有缓和、纠正中央与地方政府的非合作状态，反而因为信息不对称、主观影响较大等原因使得从上到下制定的用地计划缺乏科学性，加之实行过程中缺乏相应的指标弹性修正机制，造成中央政府的计划管控与地方实际不匹配，加剧了中央与地方政府在土地配置上的关系扭曲，使得地方政府在这种制度环境下，不再关注如何科学利用土地，而是想方设法地跑"部"争取更多指标，或者通过违法、隐瞒等手段，与中央政府之间展开一系列关于用地指标的博弈。由于中央与地方政府在土地配置方式与城镇用地规模控制上的非合作博弈，

使得现有土地调控措施严重失效。

（三）实证分析

根据以上分析，我们提出以下研究假说：在现行财政和土地制度安排下，土地出让金的增长会推动城市土地扩张。

1. 数据来源及研究方法

采用 1999~2011 年全国 30 个省、直辖市和自治区（除港澳台及西藏自治区）的数据对以上研究假说进行验证，设 L 为城市建成区面积，代表城市土地扩张状况，数据来源于历年《中国城市统计年鉴》；R 为土地出让金，数据来源于历年《中国国土资源年鉴》。

根据数据特点，本节选用面板协整作为研究方法。简单地说，面板协整就是将针对单个体的协整分析用于面板数据环境，前提是非平稳变量之间必须具备以"必然影响、同步变动"为特征的长期均衡关系。因此，面板协整分析大致可分为两步：首先是协整关系检验，以判断非平稳变量间是否长期均衡，包含基于同阶单整的单位根检验和在此基础上的协整检验；其次是协整系数估计，以分析非平稳变量之间的作用方向和作用大小问题。

（1）面板单位根及协整检验方法

目前，有代表性的面板单位根检验方法主要有：假定所有面板单位存在共同单位根的 LLC 检验、Breitung 检验；允许一阶自回归系数在不同面板单位中自由变化的 IPS 检验、Fisher 类型检验（包含 ADF - Fisher 检验和 PP - Fisher 检验）。为保证结论的稳健性，本节分别利用这五种方法对变量进行面板单位根检验。

目前，应用较为广泛的面板协整检验方法主要有：考（Kao）等人利用推广的 DF 和 ADF 检验提出的面板协整检验方法；Pedroni 以协整方程的残差回归为基础构造出的包含联合组内尺度描述（Panel - ρ、Pane - ρ、Panel - PP、Panel - ADF）和组间尺度描述（Group - ρ、Group - PP、Group - ADF）的 7 个统计量（在小样本检测中更注重 Panel - ADF 和 Group - ADF 的显著性）；拉尔森（Larsson）等人提出的基于 Johansen 向量自回归的似然检验的面板协整检验方法。本文综合运用这三种方法对变量间的协整关系进行检验。

（2）协整估计模型和方法

依据理论阐述的结果，土地出让金和土地税的性质、特点存在明显差异，与城市土地扩张的关系也有可能不同，因此在模型中将土地出让金和土地税作为两个独立的变量。考虑到土地出让金和土地税与经济、产业之间联系密切，为避免多重共线性对估计结果的影响，本节没有纳入经济发展等其他控制变量。估计模

型设定如下:

$$L_{it} = \beta_0 + \beta_1 R_{it} + \varepsilon_{it} \tag{1}$$

式（1）中，β_0、β_1 分别表示待估参数；ε 表示随机误差项；i 和 t 分别表示地区和年份。一般情况下，对于具有长期均衡关系的面板数据，不适宜直接使用普通最小二乘法（OLS）进行估计，因为在面板数据环境下，回归变量间的潜在内生性和序列自相关会使回归量出现明显的偏误。对此，本研究选用动态最小二乘法（DOLS）对实现长期协整的非平稳变量间的作用系数进行估计，它通过引入解释变量的领先与滞后形式的差分变量，可以在很大程度上克服可能存在的序列相关以及回归变量内生性问题，提高结论的稳健性。

2. 计量结果与分析

运用 Eviews8.0 软件，对全国及其各区域的建成区面积 L、土地出让金 R 和土地税收 S 进行面板单位根检验，结果显示（见表3-5）：

（1）对水平值进行检验时，绝大多数相伴概率都高于5%，这说明 L、R 均为非平稳序列。(2) 对差分值进行检验时，全国及东、西部地区的 R 在一阶差分的情况下实现了平稳，与 L 实现了同阶单整。这说明在全国层面以及东、西部地区，土地出让金与城市土地扩张具备长期均衡的可能，需要进一步的协整检验。而中部地区的 R 是在二次差分后才平稳，无法与 L 同阶单整。究其原因，主要是自2004"中部崛起"国家战略提出以来，中部地区通过承接产业转移实现了经济快速增长，城市土地需求急剧增加，而土地利用总体规划和计划给予的城市土地增量相对较小，导致城市土地价格快速上升、土地出让金 R 单边增长过快。

在面板单位根检验的基础上，对全国及东、西部地区建成区面积 L 和土地出让金 R 进行面板协整检验，结果显示（见表3-6）：①全国和西部地区，无论是 KAO 检验，还是 Pedroni 检验中的 Group-ADF、Panel-ADF 统计量，相伴概率都低于5%，说明在全国层面和西部地区，土地出让金与城市土地扩张在长期均衡关系，提高土地出让金会引起城市土地规模的同步变动，至于变动的方向和大小还需要通过协整估计来进一步分析。②东部地区，虽然 KAO 检验的相伴概率低于5%，但 Pedroni 检验中的 Group-ADF、Panel-ADF 统计量却显示其相伴概率高于5%，需要借助 Johansen 检验进一步分析。Johansen 检验在5%显著水平上拒绝了"无协整关系"的原假设，并认为 R 和 L 之间最多有一个协整关系（见表3-7）。综合以上三类检验结果，可以判断东部地区的土地出让金与城市土地扩张也存在长期均衡关系，可以用于进一步的协整估计。

表 3-5　面板单位根检验结果

区域 region	变量 variable	包含趋势项 Contains the trend item	检验方法 test method				
			$L-L-C$	$B\ t\text{-}stat$	$P-S-W$	$A-F-C$	$PP-F-C$
全国	L	是	(-3.41, 0.00)	(2.30, 0.98)	(0.88, 0.81)	(58.86, 0.52)	(86.71, 0.01)
	ΔL	否	(-13.37, 0.00)	—	(-8.70, 0.00)	(177.12, 0.00)	(220.26, 0.00)
	R	是	(4.10, 1.00)	(8.67, 1.00)	(6.28, 1.00)	(50.61, 0.80)	(37.52, 0.99)
	ΔR	否	(-6.44, 0.00)	—	(-4.12, 0.00)	(146.35, 0.00)	(153.59, 0.00)
东部	L	是	(-1.84, 0.03)	(-0.00, 0.50)	(0.07, 0.53)	(26.85, 0.31)	(32.66, 0.11)
	ΔL	否	(-8.60, 0.00)	—	(-5.86, 0.00)	(73.59, 0.00)	(86.02, 0.00)
	R	是	(-1.36, 0.00)	(2.42, 0.99)	(1.82, 0.97)	(18.46, 0.78)	(14.24, 0.94)
	ΔR	否	(-7.96, 0.00)	—	(-4.96, 0.00)	(71.10, 0.00)	(88.66, 0.00)
中部	L	是	(-1.83, 0.03)	(1.73, 0.96)	(1.00, 0.84)	(17.15, 0.51)	(31.83, 0.02)
	ΔL	否	(-7.08, 0.00)	—	(-4.35, 0.00)	(50.41, 0.00)	(67.09, 0.00)
	R	是	(7.00, 1.00)	(7.45, 1.00)	(5.75, 1.00)	(9.79, 0.94)	(0.03, 1.00)
	ΔR	否	(0.47, 0.68)	—	(-0.11, 0.46)	(28.98, 0.05)	(11.02, 0.89)
	$\Delta\Delta R$	否	(-9.64, 0.00)	—	(-6.44, 0.00)	(77.64, 0.00)	(64.70, 0.00)
西部	L	是	(-2.44, 0.00)	(2.69, 1.00)	(0.54, 0.71)	(14.87, 0.67)	(22.22, 0.22)
	ΔL	否	(-7.37, 0.00)	—	(-4.76, 0.00)	(53.12, 0.00)	(67.16, 0.00)
	R	是	(1.30, 0.90)	(4.78, 1.00)	(3.54, 1.00)	(22.36, 0.22)	(23.25, 0.18)
	ΔR	否	(-3.74, 0.00)	—	(-1.80, 0.04)	(46.27, 0.00)	(53.91, 0.00)

注：数据水平值检验形式为包含截距项和趋势项，数据差分值检验形式为只带截距项；Δ 表示一阶差分，$\Delta\Delta$ 表示二阶差分；括号内左侧为 T 统计量，右侧为相伴概率，以下各表与此相同。

表 3-6　　　　　　　　　　　面板协整检验结果

检验方法 test method		检验结果 Test Results		
		全国 China	东部地区 Eastern China	西部地区 Western China
KAO		(-2.98, 0.00)	(-1.64, 0.05)	(-2.45, 0.01)
Pedroni	Panel - ρ	(0.42, 0.34)	(0.26, 0.40)	(1.19, 0.12)
	Pane - ρ	(0.01, 0.51)	(-0.09, 0.47)	(-0.20, 0.42)
	Panel - PP	(-3.11, 0.00)	(-2.20, 0.01)	(-2.18, 0.01)
	Panel - ADF	(-2.83, 0.00)	(-1.68, 0.05)	(-2.82, 0.00)
	Group - ρ	(2.33, 0.99)	(0.980.84)	(1.01, 0.84)
	Group - PP	(-2.74, 0.00)	(-2.56, 0.01)	(-2.63, 0.00)
	Group - ADF	(-2.76, 0.00)	(-1.29, 1.00)	(-2.24, 0.01)

表 3-7　　　　　　东部地区 Johansen 面板协整检验结果

原假设 null hypothesis	迹检验 Trace Statistic		最大特征值检验 Maximun Eigenvalue Test	
	T 统计量	相伴概率	T 统计量	相伴概率
无协整关系	51.86*	0.00	49.60*	0.00
至多一个协整关系	31.97	0.13	31.97	0.13

注：*表示在 5%的显著水平下拒绝了原假设。

据此，选用个体固定效应模型对全国及东、西部地区建成区面积 L 和土地出让金 R 进行 DOLS 面板协整估计，结果显示（见表 3-8）：①相伴系数均通过了 1% 的显著性检验，说明整体估计效果较好；②无论在全国层面还是东、西部地区，R 对 L 的作用系数高度显著，均在 0.7 以上。③修正后的可决系数表明，R 对 L 的解释力度均在 96% 以上。可见，在全国层面以及东部、西部地区，土地出让金的增长都会显著推动城市土地扩张，验证了研究假说。

表 3-8　　　　城市扩张与土地出让金的 DOLS 面板协整估计结果

区域 region	变量 variable	Coefficient	t - Statistic	Prob.	Adj. R2
全国	R	0.79	29.38	0.00	0.98
东部	R	0.74	21.54	0.00	0.98
西部	R	0.71	5.56	0.00	0.97

第四节　我国建设用地管控绩效评价

绩效（performance）指行为所达到的状态及其与事前保证或预期状态的联系，最早应用于工业管理心理学在实验室对人类认知加工效果的测度（Landy F. J., Farr J., 1980），后来在人力资源管理、社会经济管理和公共财政等方面得到广泛应用。"绩"是成绩、成果，"效"是效率、效益。普里姆查德（Premchand. A）认为，绩效包含了效率、产品与服务质量及数量、机构所做的贡献与质量，包含了节约、效益和效率。本研究从我国土地利用计划管理绩效和城市建设用地利用绩效两方面进行建设用地管控绩效评价。

一、我国土地利用计划管理绩效分析

土地利用计划管理是我国特定的土地产权制度和政府管理体制下的制度选择，在现行建设用地管控体系中占据不可替代的地位。对土地利用计划管理的研究有助于理解我国土地资源管理实际，为土地治理结构的深层次改革与制度设计提供帮助。本研究运用威廉姆森（Williamson）制度体系四层次分析框架（Williamson O. E., 2000），解释国家实行土地利用计划管理的原因，分析该制度内在的效率难题，并实证检验计划管理对经济增长土地代价水平的影响，进而提出制度改革建议，为进一步完善国家土地调控体系提供参考。

（一）土地利用计划管理的现实需求与文化制度环境

分析资源治理结构和配置机制应注意社会基础和制度环境的影响。威廉姆森认为，由风俗、传统、宗教等被广泛接受的非正式制度形成的社会基础（embeddedness），以及产权、政治体制、司法体系、官僚体制等正式制度组成的制度环境（institutional environment）处于制度分析的较高层次。作为土地非农化的治理工具之一，土地利用计划管理与我国国家至上文化传统和土地制度环境有着内在联系。市、县政府作为城市国有土地代理人（沈守愚等，1996），是农地向工业、城市土地转化过程中最具影响力的主体。但是，地方政府的参与加剧了土地过度非农化，与国家耕地保护战略及根本利益冲突：第一，地方政府具有排他性利益（王章留等，2003），忽视国家粮食安全等公共物品的供给；第二，地方政府具有行政性，不完全按照市场规则行动，压低土地价格以吸引投资成为地区间竞争的

普遍策略，价格扭曲导致建设用地需求偏离合理规模；第三，地方政府具有权力（暴力潜能）优势（钱忠好，2004），农民（集体）难以与之平等对话，土地非农化引发的社会公平问题突出。可见，土地非农化中存在国家利益与地方利益的分歧。在我国，儒家文化忠孝思想衍生出的国家至上文化理念（钱穆，2005），以及无产阶级世界观中的集体主义，融合形成了国家利益至上原则。对于人多地少的中国，粮食安全问题关乎国家命运，任何资源配置都应首先服从耕地红线保护。由于20世纪80年代正处于发育完善时期的市场体系无法有效控制地方政府行为，同时缺乏自下而上的政治与产权约束机制，纠正地方政府土地配置失灵的职能自然落到了中央政府非常熟悉的计划管理方式上。可见，土地利用计划管理是转型初期国家至上文化理念、政府管理体制、土地产权与市场体系下的现实选择。

（二）土地利用计划管理的实质与效率难题

土地利用计划是指国家对计划年度内新增建设用地量、土地开发整理补充耕地量和耕地保有量的具体安排，土地利用计划指标可以看作是国家每年采用计划方式预算安排给地方政府用于工业化、城镇化的土地发展权。作为中央政府对地方政府土地非农化行为进行宏观调控的重要工具，土地利用计划管理的实质是一种"自上而下"的土地发展权时序配置方式。土地利用计划管理的现实价值不言而喻，但是其内含的契约规则并未减少交易费用，阻碍其提升土地非农化效率作用的发挥。

1. 信息不完全

计划管理最大的问题是决策者信息知识与科学决策的要求差距过大（Friedrich von Hayek，2007）。不同地区土地类型和利用价值的差异性、粮食安全与生态价值信息缺失等导致现实中不可能有"完全科学"的土地利用计划。中央与地方信息不对称，难以及时查处超计划、无计划用地行为，进一步削弱计划管理的权威性。

2. 预算软约束

计划经济体制下国有企业预算约束偏软（Kornal J.，1986），对价格敏感度下降、缺乏追求经济效益的动力、投资需求得不到限制。土地利用计划管理与此相似，作为"企业"的地方政府用土地投入和固定资本投入来"生产"经济增长。当以经济增长作为政府绩效考核的主要依据时，中央与地方的根本利益一致。因此，地方政府习惯于预期国家帮助解决"必要的"超计划用地指标，计划的约束能力下降。

3. 棘轮效应

计划体制下业绩良好的企业生产任务和标准将不断上升，导致企业因为效率提升变相地受到惩罚（曾令会等，2010）。如果地方政府通过挖掘存量建设用地潜力、提高土地节约集约利用水平，降低经济增长的土地代价水平，将面临次年土地利用计划指标被削减的风险。理性的地方政府都会用完当年的预算——用地计划指标，并在特定情形下表现为"年底集中突击供地"、"批而未供"等现象。当土地计划指标"饥饿"成为常态，建设用地扩张速度难以降低。

4. 管制俘获

规制总是对那些组织良好的利益集团有利，并导致立法者和执法者被产业俘获（George J. Stigler, 1971）。土地利用计划管理的实行强化了地方政府在城镇土地供应中的垄断地位，将农民和农村集体彻底排除在"合法"土地市场之外，这必然延缓土地市场的发育，影响土地配置效率提升。

（三）土地利用计划管理绩效评价

土地利用计划管理的初衷是通过年度计划向地方政府传递土地资源稀缺性压力，用合理的土地资源成本换取经济发展。从地方政府的行动反应来看，地方发改、国土、建设等部门每年都要对建设工程（项目）重要性进行排序以确定供地的优先顺序，土地利用计划确实传递了土地资源稀缺性信号。但是在信息不完全、预算软约束、棘轮效应等因素影响下，土地利用计划管理的实际效果可能被明显削弱。本项目通过考察土地利用计划对经济增长土地代价水平的影响来检验其绩效。

1. 数据来源与说明

基于以下考虑，此处使用"建设用地净增量"来衡量地区经济增长的土地代价：一是建设用地净增量比建设占用耕地等更能全面反映地区土地利用变化；二是建设用地净增量内化了存量建设用地挖潜（例如城乡建设用地增减挂钩），公平地对待土地集约利用较好的地区。建设用地包括城镇村居民点用地、工矿用地和交通用地，数据来自历年《国土资源综合统计年报》、《中国国土资源年鉴》。为了统一口径，对1999~2001年交通用地面积进行了修正[①]。2009年、2010年建设用地面积结合前两年建设用地净增量与新增建设占用耕地面积、供应新增建设用地面积的关系进行推算。地区生产总值（GDP）、二三产业增加值、总人口等数据整理自历年《中国统计年鉴》，GDP按照2010年价格计算。

2. 计量模型选择

借鉴环境库兹涅茨曲线模型，将经济发展水平（人均GDP）作为影响土地代价

[①] 根据2001年《全国土地分类（试行）》，2001年以后农村道路不再统计为建设用地，需要对1999~2001年交通用地统计数据进行修正，以消除研究时期内建设用地面积统计口径变化带来的影响。采用以下步骤修正以上数据：首先，假设2002年交通用地（不含农村道路）增长率等于2002~2005年平均增长率，结合2002年末交通用地（不含农村道路）面积，估计得到2001年末交通用地（不含农村道路）面积；其次，结合2001年交通用地（包含农村道路）面积统计数据，估计2001年农村道路面积；最后，假设1999~2001年历年农村道路增长率与当年交通用地（含农村道路）增长率相等，估算出历年农村道路和交通用地（不含农村道路）面积。

水平最主要的因素，同时考虑土地利用计划管理与违法用地的影响，模型设定为：

$$LLL_{ij} = e^c \cdot GPC_{ij}^{\alpha_1} \cdot e^{\alpha_2 IL_{ij-1} + \alpha_3 LUP_{ij}}$$

式中，LLL_{ij} 表示第 i 个地区第 j 年经济增长的土地代价水平；GPC_{ij} 表示第 i 个地区第 j 年人均 GDP；IL_{ij-1} 表示第 i 个地区第 $j-1$ 年违法用地情况；LUP_{ij} 表示第 i 个地区第 j 年土地利用计划管理政策严格程度。对上述公式两边取对数，得到：

$$\ln LLL_{ij} = c + \alpha_1 \ln GPC_{ij} + \alpha_2 IL_{ij-1} + \alpha_3 LUP_{ij}$$

为去除 LLL_{ij} 该项的随机噪声，采用平均值法对其进行时间序列平滑处理。IL_{ij-1} 选取当年土地违法案件涉及土地面积变化率、当年发现土地违法案件立案率、当年立案及历年未结土地违法案件结案率 3 项指标，以各地区 1999 年实际值为基础进行标准化处理后，通过最大值法和差值法等打分并加权求和获得。由于全国土地利用计划管理所依据的政策法规相同，不同地区同一年度土地利用计划管理政策 LUP_{ij} 取值相同。自 1999 年《土地利用年度计划管理办法》出台以来，2004 年、2006 年《土地利用年度计划管理办法》先后两次修订，2008 年《土地利用年度计划执行情况考核办法》颁布。这里，将 2000~2004 年土地利用计划管理政策虚拟变量的值设定 1，2005~2007 年设定为 2，2008~2010 年设定为 4，以反映期间土地利用计划管理力度的变化。

3. 模型估计结果

由于不同地区存在自然条件等方面的差异，采用固定效用模型；为避免个体间异方差的影响，采用 WLS 估计。回归分析结果表明，经济增长的土地代价水平与人均 GDP 存在显著的负相关关系：2000~2010 年人均 GDP 提高 1%，经济增长的土地代价水平下降约 0.41%（见表 3-9）。土地利用计划管理力度的上升使期间经济增长土地代价水平下降约 0.216%，一方面说明土地利用计划管理起到积极作用，另一方面说明土地利用计划管理对土地代价水平的影响相对有限。总体上，由于经济增长土地代价水平下降速度慢于人均 GDP 上升速度，建设用地扩张的压力在短期内仍将十分巨大，通过制度改革改进现有制度体系，提高国家土地非农化调控绩效十分必要。

表 3-9　　　　2000~2010 年土地利用计划对经济
增长土地代价水平影响分析结果

解释变量	C	lnGPC	IL	LUP	Adj. R²	F	DW
估计值	8.074 *** (3.976)	-0.408 ** (-2.240)	0.006 * (1.804)	-0.072 ** (-1.983)	0.686	24.042	1.909

注：括号内为 T 检验值，***、**、* 分别表示在 1%、5% 和 10% 的水平上显著。

二、我国城市建设用地利用绩效评价及空间特征研究

城市建设用地是国民经济二三产业发展的重要载体和资源资产（强真等，2007），是城市存在和发展的物质基础。近年来随着我国进入快速城镇化、工业化的发展阶段，城市建设用地扩张速度极快。据《中国城市建设统计年鉴》，全国城市建成区面积由1999年2.2万km^2增加到2011年4.4万km^2，短短12年增长了一倍。由此引发了优质耕地被占用，城市建设用地利用粗放，生活生态环境压力日趋增加等一系列问题（张俊凤等，2013；王成新等，2012；张健等，2008）。因而，有必要对城市建设用地利用绩效进行评价，以便制定合理的城市建设用地扩张管控政策，降低城市建设用地扩张代价。

（一）城市建设用地利用绩效概念界定及指标体系

据此，可以将城市建设用地利用绩效定义为，城市建设用地作为主要生产要素，其配置结构、利用水平、利用方式产生的对城市建设用地资源本身、经济社会及生态环境可持续发展影响的综合测度。运用"绩效"概念衡量城市建设用地利用，不仅可以客观反映城市建设用地利用管理的成效，而且可以有针对性地提出未来城市建设用地利用管理的政策建议。

依据以上概念，城市建设用地利用绩效评价需要采用包含城市建设用地自身、社会、经济、环境多维度的综合评价方法，故选用绩效评价中常见的"4E"绩效评价法来建立指标体系。20世纪60年代，英国会计总署率先建立了以经济性、效率性、效益性为主体的"3E"评价方法用以控制政府财政支出，由于过度偏向经济性等硬性指标，后又加入了公平性（Equity）指标，发展为"4E"绩效评价法（范柏乃等，2005）。依据"4E"的内涵和城市建设用地利用特征，选取了13项评价指标（见表3-10）构建城市建设用地利用绩效评价体系：

第一，经济性指代投入方面，表征城市建设用地作为生产要素的投入量或被其他要素的替代程度，用以考核其是否经济或节约。包括建成区面积比例X_1、地均固定资产投资X_2、地均二三产业劳动力X_3和地均能源消耗量X_4，其中X_4为负向指标，其余均为正向指标。

第二，效率性指实际投入与实际产出比，表征城市建设用地的经济密度，即单位面积城市建设用地的实际产出量，认为最低的土地投入成本实现最大的经济效益就是有效率的。包括地均GDP X_5、地均工业总产值X_6、地均财政收入X_7，均为正向指标。

表 3-10　　城市建设用地利用绩效评价体系

目标层	准则层	指标	计算公式	功效
城市建设用地利用绩效	经济性 E_1	建成区面积比例 X_1	建成区面积/城市面积	+
		地均固定资产投资 X_2	市辖区全社会固定资产投资总额/建成区面积	+
		地均二三产业劳动力 X_3	市辖区二三产业劳动力数/建成区面积	+
		地均能源消耗量 X_4	能源消耗总量/建成区面积	−
	效率性 E_2	地均 GDP X_5	市辖区 GDP/建成区面积	+
		地均工业总产值 X_6	市辖区工业总产值/建成区面积	+
		地均财政收入 X_7	市辖区财政收入/建成区面积	+
	效益性 E_3	居住用地比例 X_8	居住用地面积/城市建设用地面积	适度
		工业用地比例 X_9	工业用地面积/城市建设用地面积	适度
		用地结构多样化指数 X_{10}	*	+
	公平性 E_4	人均建成区面积 X_{11}	建成区面积/各地区市非农业人口数	适度
		人均绿地面积 X_{12}	绿地面积/各地区市非农业人口数	+
		人均公共设施用地面积 X_{13}	公共设施用地面积/各地区市非农业人口数	+

注：*用地结构多样化指数采用 Gibbs – Mirtin 的多样化指数来度量，其模型为 $GM = 1 - \sum f_i^2 / \left(\sum f_i \right)^2$，式中，$GM$ 为多样化指数，f_i 为第 i 种土地利用类型的面积，其值越大表明土地利用的类型越多样（杨杰等，2008）。此处 i 主要选取《中国城市建设统计年鉴》中居住、公共设施、工业、仓储、对外交通、道路广场、市政公用设施、绿地、特殊用地 9 种用地。

第三，效益性是用来衡量城市建设用地利用的效果性，即土地利用是否合理有序。城市建设用地中居住用地和工业用地所占比重大，故选取居住用地比例 X_8、工业用地比例 X_9 表征其结构特征，根据《城市用地分类与规划建设用地标准（GB50137—2011）》分别取适度值为 32.5%、22.5%；另外选择用地结构多样化指数 X_{10} 表征城市建设用地类型的完整性，为正向指标。

第四，公平性是指公众得到公平利用城市建设用地或享受城市建设用地提供的公共服务的分配程度，包含人均建成区面积 X_{11}、人均绿地面积 X_{12}、人均公共设施用地面积 X_{13}。其中 X_{11} 为适度指标，根据《城市用地分类与规划建设用地标准（GB50137—2011）》，结合城市规划和管理的实际情况，适度值取为 100m²/人（易晓峰等，2012）；X_{12}、X_{13} 为正向指标。

（二）评价方法

采用功效函数对不同功效的指标值进行标准化，运用突变级数法计算历年各省城市建设用地利用的绩效值,通过空间自相关分析其空间演变特征。

1. 功效函数

由于指标功效存在差异性,有必要对指标值进行同向转化。因而指标值 X_i 对系统功效为(刘琼等,2013):

$$u_i = \begin{cases} (X_i - \beta_i)/(\alpha_i - \beta_i) & u_i \text{ 具有正功效} \\ (\alpha_i - X_i)/(\alpha_i - \beta_i) & u_i \text{ 具有负功效} \\ (X_{适} - |X_i - X_{适}|)/X_{适} & u_i \text{ 具有适度功效} \end{cases}$$

其中 u_i 为贡献值,X_i 为实际指标值,X 适为指标参考适度值,α_i、β_i 分别为 X_i 的上、下限值。

2. 突变级数法

突变级数法是对系统评价总目标进行多层次矛盾分解,利用突变理论与模糊数学相结合产生的突变模糊隶属函数,通过归一公式进行综合量化运算,最终归一为一个参数,即总的隶属函数值,从而进行评价(黄奕龙,2001)。

突变级数法要求单一评价目标的控制变量不超过四个,根据控制变量的个数采用不同的突变系统模型(见表3-11)。同时当控制变量之间是互补关系时,取各控制变量对应突变级数数值的平均数为评价值;当控制变量之间是非互补关系时,则按照"大中取小"原则,取各控制变量对应突变级数数值的最小数为评价值(李艳等,2007)。表3-11中各准则层及指标已按照其重要程度从上到下进行排序,且认为它们之间是相互互补的关系。

表3-11   常见的突变系统模型

类型	控制变量	势函数	归一公式
尖点模型	2	$f(x) = x^4 + ax^2 + bx$	$x_a = a^{\frac{1}{2}}, \ x_b = b^{\frac{1}{3}}$
燕尾模型	3	$f(x) = \frac{1}{5}x^5 + \frac{1}{3}ax^3 + \frac{1}{2}bx^2 + cx$	$x_a = a^{\frac{1}{2}}, \ x_b = b^{\frac{1}{3}}, \ x_c = c^{\frac{1}{4}}$
蝴蝶模型	4	$f(x) = \frac{1}{6}x^6 + \frac{1}{4}ax^4 + \frac{1}{3}bx^3 + \frac{1}{2}cx^2 + dx$	$x_a = a^{\frac{1}{2}}, \ x_b = b^{\frac{1}{3}}$ $x_c = c^{\frac{1}{4}}, \ x_d = d^{\frac{1}{5}}$

与传统的综合评价法相比,突变级数法不需要对评价指标赋予权重,只需将指标按其重要程度进行排序计算,因定性与定量相结合,减少主观性又不失科学性、合理性,所以评价的结果客观、准确。

3. 空间自相关分析

ESDA(Exploratory Spatial Data Analysis)是常用的一种空间分析方法,主要是通过可视化技术揭示空间数据特性;识别异常点或区域;探测数据空间联系的格局、积聚或热点区；进行空间区划或识别空间异质性。空间自相关（Spatial Autocorrelation）是 ESDA 研究中的重要方法之一，它是检验区域空间单元上某种地理现象或某一属性与其相邻空间单元上同一现象或属性相关程度的重要指标（李鑫等，2011）。通过空间数据拓扑属性中的邻接性来构造衡量相关程度的空间权重矩阵。文章用 Geoda 软件建立基于 Rook 方式的空间邻接矩阵，对于邻接矩阵，其定义如下：

$$W(i, j) = \begin{cases} 1 & i 与 j 有公共边 \\ 0 & i 与 j 没有公共边 \end{cases}$$

在此基础上，应用 Geoda 软件，通过全局空间自相关和局部空间自相关分析空间演变特征。

（1）全局空间自相关

全局空间自相关是对属性值在整个区域的空间联系程度的描述，判断空间上是否存在集聚特性。常采用的是 Moran's I 指数，其值介于 -1 到 1 之间，大于 0 为正相关，小于 0 为负相关，且绝对值越大表示空间分布的关联性越大，即空间上有强聚集性或强相异性。计算得出 Moran's I 之后，还需对其结果进行统计检验，一般采用 z 检验（孟斌等，2005）。若 $|z| > 1.96$（$P = 0.05$）时，可认为存在自相关，处在显著空间集聚状态。

（2）局部空间自相关

Moran's I 指数对空间自相关的全局评估忽略了空间过程的潜在不稳定性，且不能够确切示意出集聚的具体位置，因而有必要进行局部空间相关分析。一般有三种分析方法：LISA 聚集图、G 统计、Moran's I 散点图。本节采用 LISA 聚集图来度量局部空间自相关，LISA 是空间联系的局部指标，用以揭示局部直至每个空间单元的空间自相关性质，得到 HH、LL、HL、LH 四种空间集聚类型。

（三）全国及东中西部城市建设用地利用绩效变化

以我国大陆 30 个[①]省（市、区）为评价对象，数据来源于 1999~2011 年《中国城市建设统计年鉴》、《中国城市统计年鉴》、《中国能源统计年鉴》、《中国人口和就业统计年鉴》以及中国经济统计数据库。其中，北京、上海两市 2005 年以后部分年份土地数据缺失，运用 SPSS 软件中 linear trend at point 确定缺失数据替代值。

根据以上方法和数据，计算 1999~2011 年全国及 30 个省（市、区）城市建设用地利用绩效水平（见表 3-12）。

---

① 由于西藏部分数据存在多年缺失，故不列入评价范围。

表 3-12　1999~2011 年我国城市建设用地利用绩效水平

年份 区域	1999	2000	2001	2002	2003	2004	2005	2006	2007	2008	2009	2010	2011
全国	0.8857	0.8830	0.8913	0.8918	0.8839	0.8986	0.8924	0.8995	0.8967	0.9018	0.9053	0.9072	0.9034
北京	0.9323	0.9347	0.9520	0.9390	0.9272	0.9381	0.9273	0.9462	0.9439	0.9425	0.9487	0.9491	0.9497
天津	0.9165	0.9136	0.9188	0.9157	0.9138	0.9319	0.9313	0.9527	0.9507	0.9531	0.9596	0.9624	0.9599
河北	0.8861	0.8803	0.8834	0.8841	0.8758	0.8870	0.8773	0.8790	0.8742	0.8837	0.8912	0.8912	0.8917
山西	0.8514	0.8524	0.8520	0.8167	0.8416	0.8710	0.8396	0.8467	0.8436	0.8700	0.8732	0.8823	0.8824
内蒙古	0.8205	0.8187	0.8278	0.7985	0.8457	0.8619	0.8505	0.8520	0.8499	0.8635	0.8673	0.8709	0.8755
辽宁	0.8882	0.8780	0.8852	0.8840	0.8794	0.8907	0.8924	0.9033	0.9026	0.9098	0.9102	0.9104	0.9096
吉林	0.8590	0.8560	0.8385	0.8605	0.8506	0.8588	0.8523	0.8532	0.8462	0.8603	0.8764	0.8730	0.8571
黑龙江	0.8479	0.8487	0.8551	0.8487	0.8360	0.8504	0.8409	0.8560	0.8470	0.8630	0.8637	0.8720	0.8706
上海	0.9196	0.9232	0.9286	0.9161	0.9105	0.9324	0.9172	0.9376	0.9372	0.9374	0.9352	0.9329	0.9360
江苏	0.8990	0.8952	0.9031	0.8986	0.8937	0.9040	0.8993	0.9066	0.9050	0.9069	0.9126	0.9170	0.9132
浙江	0.8941	0.8957	0.9029	0.9005	0.9013	0.9119	0.9040	0.9066	0.9024	0.9019	0.9075	0.9090	0.9068
安徽	0.8739	0.8734	0.8793	0.8730	0.8695	0.8797	0.8700	0.8910	0.8904	0.8955	0.9039	0.9037	0.8962
福建	0.9185	0.9108	0.9122	0.9009	0.9040	0.9156	0.9105	0.9129	0.9111	0.9090	0.9082	0.9114	0.9077
江西	0.8366	0.8367	0.8739	0.8698	0.8758	0.8849	0.8836	0.8726	0.8700	0.8832	0.8829	0.8912	0.8836
山东	0.8808	0.8813	0.8911	0.8862	0.8799	0.8954	0.8898	0.8986	0.8931	0.8974	0.8927	0.9022	0.9019

续表

年份区域	1999	2000	2001	2002	2003	2004	2005	2006	2007	2008	2009	2010	2011
河南	0.8714	0.8716	0.8756	0.8681	0.8808	0.8932	0.8871	0.8764	0.8721	0.8772	0.8869	0.8854	0.8856
湖北	0.8668	0.8628	0.8683	0.8657	0.8577	0.8669	0.8620	0.8608	0.8732	0.8804	0.8857	0.8937	0.8915
湖南	0.8791	0.8726	0.8801	0.8732	0.8659	0.8792	0.8730	0.8814	0.8795	0.8871	0.8996	0.9005	0.8952
广东	0.9259	0.9203	0.9220	0.9263	0.9132	0.9024	0.9081	0.9221	0.9146	0.9192	0.9183	0.9184	0.9194
广西	0.8549	0.8485	0.8603	0.8627	0.8563	0.8704	0.8646	0.8813	0.8730	0.8826	0.8893	0.8916	0.8851
海南	0.8172	0.8144	0.8941	0.8852	0.8428	0.8771	0.8670	0.8682	0.8455	0.8478	0.8499	0.8586	0.8519
重庆	0.8792	0.8671	0.8706	0.8892	0.8698	0.8990	0.8871	0.9026	0.8958	0.8991	0.9077	0.9110	0.9016
四川	0.8676	0.8580	0.8670	0.8585	0.8439	0.8595	0.8536	0.8834	0.8807	0.8899	0.8956	0.8978	0.8918
贵州	0.8012	0.8054	0.8162	0.8416	0.8163	0.8384	0.8555	0.8545	0.8499	0.8579	0.8634	0.8634	0.8620
云南	0.8464	0.8650	0.8738	0.8661	0.8557	0.8693	0.8619	0.8664	0.8458	0.8391	0.8273	0.8429	0.8400
陕西	0.8851	0.8783	0.8889	0.8894	0.8868	0.9039	0.8961	0.8957	0.8933	0.9026	0.9100	0.9116	0.9062
甘肃	0.8416	0.8340	0.8467	0.8418	0.8761	0.8905	0.8743	0.8413	0.8519	0.8605	0.8682	0.8679	0.8672
青海	0.8152	0.7636	0.7732	0.7612	0.6358	0.6346	0.6945	0.7190	0.7293	0.7336	0.7515	0.7531	0.7568
宁夏	0.8598	0.8532	0.8448	0.8344	0.8089	0.8203	0.7995	0.8198	0.7979	0.8236	0.8500	0.8347	0.8319
新疆	0.7935	0.8023	0.8082	0.8015	0.7722	0.7873	0.7772	0.7731	0.7728	0.7817	0.7886	0.7795	0.7723

1. 全国城市建设用地利用绩效水平变化

由图3-5可见，1999~2011年间全国城市建设用地利用绩效水平基本稳定在0.9左右。就各项绩效而言，效益性最高且最稳定，说明城市建设用地利用类型完整，各类城市建设用地比重符合标准；公平性次之且呈现出先提升后下降的态势，主要是前期城市建设用地提供公共服务能力的提高和后期人均建成区面积超出适度值导致的；再次是经济性绩效，但其近年来有一定程度的提升，主要是由其他要素对土地要素的替代程度逐渐加大导致的；最后是效率性绩效，说明现有城市建设用地投入的产出水平偏低，土地利用集约度总体偏低。

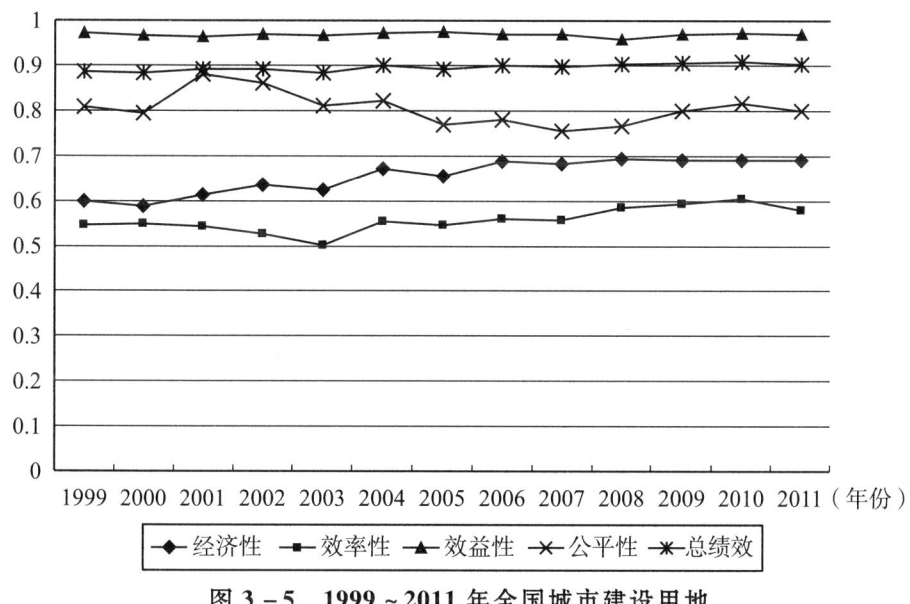

图3-5 1999~2011年全国城市建设用地
利用绩效及各子绩效水平

2. 分省城市建设用地利用绩效水平变化分析

图3-6中将30个省（市、区）1999~2011年的城市建设用地利用绩效水平的平均值，由大到小排列，并标注出历年最值。其中，北京、天津、上海、广东、福建、江苏、浙江7省平均绩效值高于0.9，内蒙古、贵州、宁夏、新疆、青海5省平均绩效值低于0.85，其余省份介于0.85和0.9之间。相对而言，绩效排名靠后的省份，最大值与最小值之间的差距显著高于排名靠前的省份，说明其绩效波动幅度更大。

3. 东中西部城市建设用地利用绩效水平变化分析

此外，计算东部、中部、西部城市的土地利用绩效平均值（见图3-7）可知，1999~2011年三大区域的城市建设用地利用绩效均呈上升态势，但相互之间仍有较

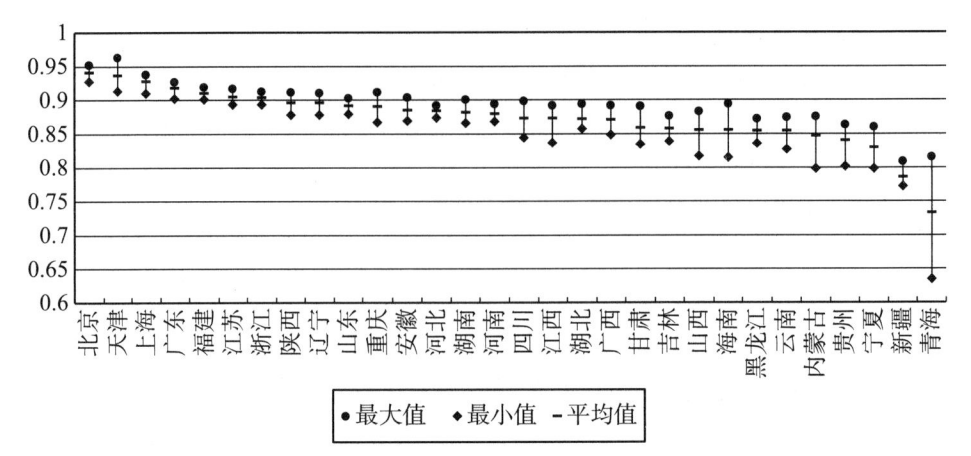

图 3-6　1999~2011 年各省城市建设用地利用绩效及变动范围

大差距。东部地区绩效水平最高，增幅平稳；中部地区绩效水平次之，但其前期与西部差异较小，后期与东部地区差异较小，说明其增长速度是三大区域中最快的；西部地区绩效水平最低，与东部、中部之间的差距仍然较大。三大区域绩效水平差异主要是由于东部地区城市经济起步较早、经济发展水平较高，城市的集聚、辐射效应明显，经济发展的规模效应、集聚效应及产业升级减少了对土地投入的依赖，使得城市建设用地利用的经济性、效率性相对较高；中部地区近年来处于国家发展战略重点区域，承担着东部地区的产业转移，经济发展速度很快，导致城市建设用地扩展迅速且效率不断提高；西部地区经济水平落后，生态承载压力大，缺少产业集群支撑，城市建设用地利用的经济性、效率性相对较低。

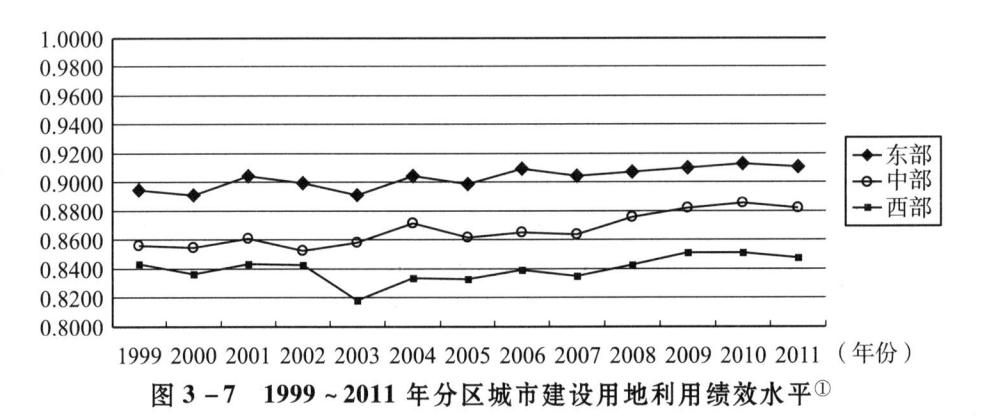

图 3-7　1999~2011 年分区城市建设用地利用绩效水平[①]

---

①　东部地区包括北京、天津、河北、辽宁、上海、江苏、浙江、福建、广东、山东、广西和海南 12 个省区；中部地区包括山西、内蒙古、吉林、黑龙江、安徽、江西、河南、湖南和湖北 9 个省区；西部地区包括重庆、四川、贵州、云南、陕西、甘肃、青海、宁夏和新疆 9 个省区。

(四) 城市建设用地利用绩效水平的空间演变特征

通过 Arcgis 9.3 将评价结果赋予到全国矢量图属性表后，在 Geoda 软件中基于 Rook 方式的邻接矩阵①生成空间权重文件，对 1999~2011 年我国城市建设用地利用绩效水平进行空间自相关分析。

1. 全局空间自相关分析

Geoda 软件计算得到的 Moran's I 值表明（见图 3-8），1999~2011 年 Moran's I 值全部为正且通过 z 检验，说明城市建设用地利用绩效的省域空间集聚特征（高高或低低）明显。

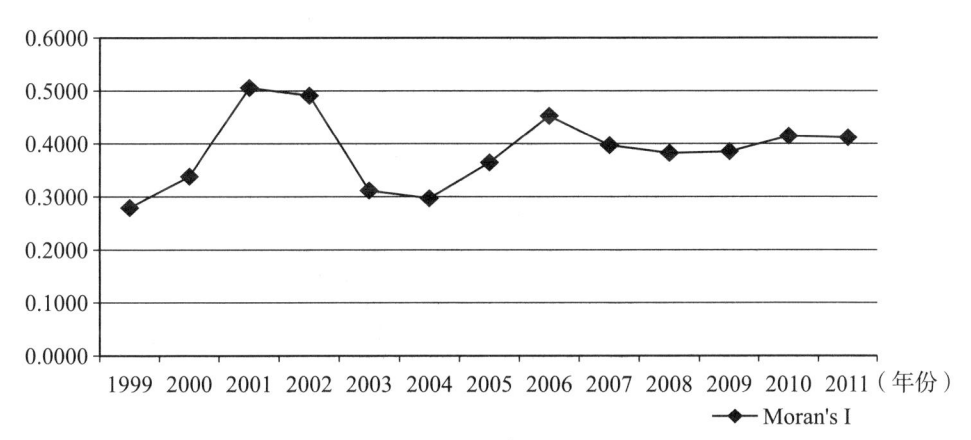

图 3-8　1999~2011 年我国城市建设用地利用绩效水平的 Moran's I 值

注：各年 Moran's I 值均为正值，且通过 z 检验（p = 0.05）。

2. 局部空间自相关分析

比较 1999 和 2011 年 Moran 散点图（见图 3-9）可知，绝大部分省份集中分布在一、三象限，说明城市建设用地利用绩效具有集聚性，这与图 3-8 中 Moran's I 值大于 0 相吻合；位于第一象限的省份从 10 个增加到 15 个，但是位于一、三象限的省份总数基本不变，说明城市建设用地利用绩效的空间集聚性保持稳定，这也与图 3-8 中 Moran's I 值的走势相吻合。

局部 Moran's I 指数计算得到的 LISA 集聚图表明，HH 区主要在天津、北京、河北和浙江 4 省内变化，这些省份是我国经济发展水平较高的省份，工业化和城镇化进程较快，其中京津冀、长三角城市群是当前我国城市群中发展水平较高的，对区域经济发展有明显的主导和拉动作用；LH 区分布不显著，仅 1999 年出

---

① 邻接矩阵会出现"孤岛"现象，解决此问题有两种办法：一是将"孤岛"排除在研究范围之外，二是人为定义其相邻。此处采用第二种方法，将海南定义与广东相邻。

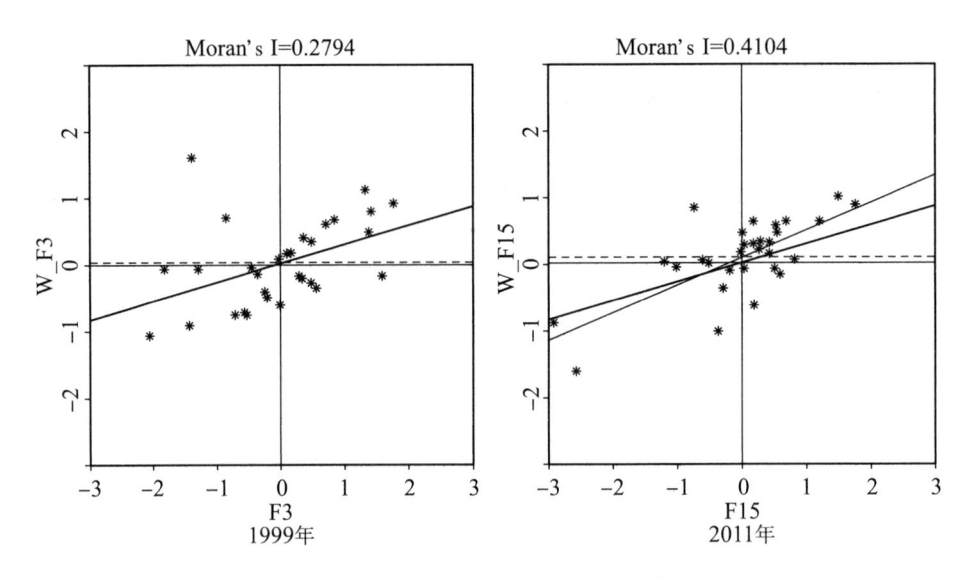

图 3-9　1999 年、2011 年 Moran 散点图

现在江西、海南两省。主要是由于京九铁路、粤海铁路等交通基础设施使其区位条件显著改善，城市承接产业转移的能力提高，土地利用绩效也随经济社会快速发展而提高，缩小了与周边地区的差异；HL 区分布同样不显著，仅 2002 年出现在陕西、2005 年出现在甘肃、2008 年以后出现在四川，主要是由于西部大开发战略实施、灾后重建等政策因素推动经济快速增长，城市基础设施建设完善，但其城市建设用地利用水平的提升可能不具有持续性；LL 区基本稳定在西北地区的新疆、青海、甘肃 3 省，主要受经济发展水平较低、城镇化速度较慢、生态环境约束明显的影响，城市建设用地利用尚处于较低水平，与外部差距较大。

根据以上内容，可以得到以下结论：(1) 1999~2011 年我国城市建设用地利用绩效水平基本稳定，且效益性绩效最高，公平性次之，经济性第三，效率性绩效最低；(2) 东部、中部、西部地区绩效水平依次递减，其中中部地区绩效增长速度最快，但三大区域之间仍存在明显差距；(3) 1999~2011 年城市建设用地利用绩效总体呈现出稳定的空间集聚性，具体 HH 集聚区主要分布在东部的北京、天津、河北和浙江 4 省，LL 集聚主要分布在西部的新疆、青海、甘肃 3 省。

本 章 小 结

根据以上分析，可以得到以下研究结论：

(一) 建设用地管控政策体系已经建立，主要以强制性管控手段为主

随着经济社会发展，我国建设用地管控政策不断变化，经历了一个从无序到有序，从分散到集中，从宽松到不断收紧的过程。在规划和用途管制、土地利用年度计划、建设项目审批、建设用地供应、集约利用等强制性管控手段作用下，我国建设用地逐步由无序扩张向集约节约利用转变。但由于强制性管控成本高、管控方式"重增量，轻结构与总量"、行政考核"一刀切"、经济激励和其他配套政策不完善等，管控效果的持久性难以保证。

(二) 管控内容以增量管理为重点，存量建设用地管控有待加强

从规划和计划体系来看，我国建设用地管控主要以增量管理为重点，建设占用耕地、城乡建设用地规模等约束性指标对实现耕地总量动态平衡、限制建设用地扩张方面有着一定的作用。与此同时，受粗放型经济增长方式影响，我国存量建设用地长期存在无序、低效、粗放利用的现象，未来应加强推进"三旧"改造、棚户区改造、农村居民点整理、城乡建设用地增减挂钩等管理模式，完善对存量建设用地管控。

(三) 我国城市土地利用绩效基本稳定，东、中、西三大区域差距明显

通过对1999～2011年我国大陆30个省（市、区）的城市土地利用绩效测算及其空间相关分析，我国城市土地利用绩效基本稳定，且效益性绩效最高，公平性次之，经济性第三，效率性绩效最低；东部、中部、西部地区绩效依次递减，其中中部地区绩效增长速度最快，但三大区域之间仍存在明显差距；1999～2011年城市土地利用绩效总体呈现出稳定的空间集聚性，具体 HH 集聚区主要分布在东部的北京、天津、河北和浙江4省，LL 集聚主要分布在西部的新疆、青海、甘肃3省。

(四) 以计划管理为代表的强制性工具发挥了一定效果，但低于预期

土地利用计划管理是通过下达计划指标，限制建设用地规模，属于典型的强制性管控工具。尽管受经济发展阶段、经济增长方式等外部因素与信息不完全、预算软约束、棘轮效应、管制俘获等内在缺陷的限制，土地利用计划在降低经济增长土地代价水平上具有一定的管控效果，但仍低于预期效果。可见，单纯依靠规划、计划等强制性工具可能无法实现有效管控。随着经济社会发展，应加快经济转型、行政体制改革、完善市场机制，引入自愿性管控工具，强化建设用地管控成效。

第四章

典型国家（地区）建设用地
管理政策与经验借鉴

尽管不同国家（地区）在社会制度环境、土地资源禀赋等方面存在一定的差异，对建设用地资源的管理政策和配置方式也各不相同；但在工业化和城镇化进程中以及社会经济发展的转型时期，都曾面临着资源保护和经济发展的双重压力，并进行了一系列的建设用地管理制度和利用方式的变革。不同国家（地区）在先期发展过程中积累的经验和教训对于引导我国转变建设用地管理思路和调整建设用地管理政策，具有一定的借鉴意义。因此，本章通过介绍典型国家（地区）的建设用地管理思路和管理政策，来探求解决目前我国建设用地管控问题的有效方法，从而引导未来我国建设用地集约高效利用。

第一节 典型国家（地区）建设用地管理思路

要保障建设用地管理政策的有效实施，实现国民经济的可持续发展，必须有合理的建设用地管理思路作为基本原则和前提指导。鉴于此，本节归纳与总结了典型国家（地区）的建设用地管理思路，主要包括注重整体规划和过程管理、协调行政手段与市场调控、倡导政府决策和公众参与三个方面。

一、注重整体规划和过程管理

现阶段，我国建设用地的管控重点为建设用地的有序布局和高效利用，主要管控手段包括土地利用规划和用途管制、土地利用年度计划、建设用地行政审批、建设用地供应、集约利用五个方面。世界其他国家和地区也同样运用规划、集约利用等管控手段规范土地的利用；并且，在建设用地管控中十分注重整体规划和过程管理的协调配合。

整体规划是指长远目标与短期计划相结合、上级规划与下级规划相协调、跨区域规划相互配合的综合规划体系。如，新加坡的土地规划体系包含了战略性的概念规划（Concept Plan）和实施性的开发指导规划（Development Guide Plan），其中，概念规划制定了城市未来40～50年的发展情景以及相应的土地利用策略，开发指导规划则在上级规划发展战略的基础上对建设用地的区划、容积率等各项指标进行了详细控制（周静等，2012；陈晓东，2010）。法国的多层次空间规划体系中，一方面规定上层规划对下层规划具有强制性的指导作用，另一方面要求整合国家和各级政府的发展意愿、尊重各个层面的发展权益（刘健，2011）。德国在空间规划体系中设置了区域规划，其规划范围介于城镇规划和州规划之间，以跨地方行政区划的规划协调城镇与城镇之间的建设用地利用，减少规划带来的区域内部不良竞争问题（李远，2008）。

过程管理是指对建设用地利用的各个环节进行管理，以较低的成本实现政策目标。过程管理包含对管控政策实施前的评估、实施中的规范以及实施后的监管。在实践中，重视对建设用地利用全过程管理的思路能够更好地协调多项管控手段和相关配套政策的共同作用。如，我国香港地区的公共租住房屋制度体系中，设置了严格的准入程序以保障公共资源得到合理的分配，政府采取远低于市价甚至免费方式提供房屋建设用地并且给予公屋建设一定的财政支持，定期跟踪住户的变动情况并建立有序的退出机制（赵进，2010；刘祖云等，2014）。美国在城市增长管理的不同实施阶段均设有相应的管理手段，采用规划调控设置城市增长边界，运用政府税收和各类行政收费政策等诱导和调控不同的土地开发行为，强制性的规划手段和各种控制城市扩张的管理工具同步运行得到了较好的实践效果（王海卉等，2013）。

二、协调行政手段与市场调控

建设用地利用管理较为成功的国家（地区）大多具有一致的管控思路，即在建立严密的建设用地行政管理体系的同时，充分利用市场调控的手段调节土地需求、供给等，发挥其在土地资源配置方面的优势。

一些国家（地区）在建设用地管控过程中采用了政府行政管理为主、市场管理为辅的运行模式，在提高建设用地利用效率的同时，有效避免了收益分配中的不公平问题。如，法国为推进城市更新改造而设置的协议开发区制度（ZAC：Zone d'Aménagement Concerté）采取的就是政府主导下的市场化运行方式，包含了项目成立、土地开发和项目建设三个阶段（刘健，2013）。协议开发区前期的项目成立和土地开发主要由地方政府负责，包括确定成立协议开发区、完成规划的编制和管理、充分协调各方利益、委托具有开发权限的公共机构承担土地一级开发等职责；协议开发区进入到项目建设阶段后，通常采取市场手段，委托建造商完成项目建设。政府主导和市场运作的配合一方面保持了地方政府对项目建设全过程的监督和协调，另一方面也充分发挥了公共机构的工商企业属性，使得开发过程更加灵活。同样，我国台湾地区的市地重划和区段征收由台湾当局主导推动和实施的同时，也采取了市场手段纠正行政手段的外部性。一方面，政府运用行政手段以土地利用规划管制确保公共设施用地的需求；另一方面，遵循"涨价归公"的原则进行土地增值的分配，充分尊重了私人的土地财产权，避免了相关群体的利益冲突（黄卓等，2014）。

部分国家（地区）采取了市场化调控和配置为主导的管控手段，并借助行政手段弥补土地市场失灵的弊端，将建设用地利用尽可能地调整到理想状态。荷兰是运用这一管控思路的典型国家，其土地资源配置的重要手段是市场交易。荷兰政府根据不同的土地政策目标选择一定的干预手段，包括积极型土地政策、公私合作模式以及促进型土地政策，以实现建设用地利用的理想空间结构和质量水平，并从土地开发中获取收益（赫尔曼·德沃尔夫，2011）。

三、倡导政府决策和公众参与

大部分国家（地区）在建设用地管理的各个方面、各个环节都会倡导社会各方人士积极参与和监督，以提高政府部门行政决策的透明度、公众参与度和社会认可度。

许多国家（地区）倡导民众全程参与土地利用规划编制过程。尽管这样的做法可能会延长土地利用规划编制的时间，但公众的广泛参与为规划的顺利实施奠定了良好的基础。如，英国在土地利用规划制定之前向民众公开征集意见和建议；规划完成后向公众进行公示，公示期间个人、团体或其他任何相关者均有权对规划方案发表自己的意见；在规划进入审批阶段时实行公开审问制，继续接受公众的质询（赵伟，2009）。英国政府还提出规划编制中必须包括一份"社区参与申明"（Statement of Community Involvement），以证明社会公众和相关利益者已参与（Mark Baker et al. , 2007）。加拿大也强调公众参与土地利用规划整个过程的重要性，制定了《公众参与指南》，将土地利用规划的公众参与细分为准备工作、规划构思、资料分析、方案设计、规划协商、规划审批和规划实施、监督与修改7个阶段，并对每个阶段中公众参与的具体内容、参与形式、要求及成果做出了详细的规定（陈美球等，2007）。

一些国家（地区）在开展建设用地开发利用的管理工作时，依赖不同利益团体的互动合作。目前，社会的进步和发展对建设用地利用管理的要求也越来越高，土地政策的制定已不能由政府单方面进行，需要多个利益团体的相互协商。如，荷兰在对城市开发过程的管理中，除公共行政部门的介入之外，私营开发商、社会公民等都占有着十分重要的地位（陈雅薇等，2011）。

第二节 典型国家（地区）建设用地管理政策

建设用地管理政策既要有理论基础，也要符合现实需求。典型国家（地区）建设用地管理政策在实践过程中积累的宝贵经验对我国解决现阶段的建设用地管理问题，制定科学的建设用地管理策略具有重要的借鉴意义。

一、建设用地优化布局管理和总量控制战略

（一）美国"城市增长边界"

美国是最大的发达经济体，工业化和城市化发展较早。在美国国内因无计划开发造成的城市蔓延不仅曾发生在大都市地区，也曾普遍发生在周边小城市、郊区城市等地区。城市的无限制成长和蔓延，引发了交通拥挤和环境恶化，造成了市政设施利用效率低下、旧城区衰落，并且出现了大量农田和生态用地被侵蚀等问题。针对上述现象，自20世纪60年代开始，美国城市体系演化过程中出现了城市郊区化、旧城区改造、农地保护等内容。为解决城市低密度蔓延带来的问题，美国在城市增长管理方面进行了不断地摸索和实践，一方面表现为若干城市发展理念和思潮的出现，如精明增长（Smart Growth）、填充式发展（In fill Development）以及新城市主义（New Urbanism）等；另一方面也体现在多元化法规

政策的制定和推行，如开发延期补偿（Development Moratoria）、临时发展条例（Interim Development Regulations，简称 IDO）、增长率控制（Rate of Growth Controls）、增长阶段法规（Growth-phasing Regulations）、充足公共设施条例（Adequate Public Facility Ordinances，简称 APFO）、提升用途分区或小地块分区（Upzoning or Small-lot Zoning）、最低密度分区（Minimum Density Zoning）、绿带（Greenbelts）、城市增长边界（Urban Growth Boundaries，简称 UGB）、城市服务边界（Urban Service Boundaries）和规划指令（Planning Mandates）等（David N. Bengston et al. 2004；郭湘闽，2009）。其中，城市增长边界（UGB）被认为是一项能够严格控制建设用地总量、有效抑制城市蔓延并且合理引导城市发展的政策措施。这对尚处于快速工业化和城市化进程中的国家在管理和引导城市健康发展方面具有一定的借鉴意义。

1. 城市增长边界政策

城市增长边界不是一个物理空间概念，而是城市土地和农村土地的分界线。UGB 最早由美国的俄勒冈州（Oregon）提出，起因是塞勒姆市（Salem）与 Marlon 和 Polk 两个县在对塞勒姆都市发展管理过程中发生了冲突（冯科等，2008；张润朋等，2010）。UGB 将城市的发展限定在一个区域内，允许将城市增长边界以内的土地开发为城市用地，不鼓励或不允许城市增长边界以外的土地进行城市建设；通过限制城市土地供应，实现减缓城市蔓延和提高城市内部土地利用强度和效率的目的。

城市增长边界的划定或调整，首先，需要充分预测区域内的人口增长和就业情况，人口增长的预测与住宅用地规划相结合，就业情况预测与产业部门发展和用地相结合；其次，建立区域内的公共设施密度目标或者最少数量的标准，包括学校、医院、绿地等；最后，根据规划期限内人口的增长数量、人口密度和公共设施供给能力等，估计未来城市增长所需的居住用地和非居住用地。城市增长边界的划定不是一成不变的，这一政策手段的作用不是限制城市发展，而是通过依据城市发展的趋势和需求不断更新和修正，进而对发展的过程进行管理和协调（吴冬青等，2007）。

2. 俄勒冈州城市增长边界实践

俄勒冈州在 1973 年通过的土地保护和发展法案（The Oregon Land Conservation and Development Act，简称 LCDA）要求，全州所有城市和波特兰都市区周边都必须界定城市增长边界，在城市增长边界线划定的范围内应包含现已开发利用的土地、闲置土地以及足以容纳 20 年规划期限内城市成长需求的未开发土地，地方政府必须对土地供应情况进行监督并定期考察是否有必要对现有的增长边界线进行调整（吕斌等，2005；郭湘闽，2009）。作为美国实施理性增长的示范城市之一的俄勒冈州波特兰市,其城市开发必须在划定的城市增长边界内进行,如果超出划定的边界,开发者将会受到相应的处罚(吴冬青等,2007;杨一帆等,2013)。有研究发现,1980~2000年间,俄勒冈州波兰特大都市区的城市化人口数量增加了54.3%,而城市化土地面积仅增加了35.8%;同期,波兰特大都市区的城市就业、住房、汽车数量等也均有较大幅度增长(Myung - Jin Jun,2004)。可见,城市增长边界的设定有效控制了城市用地扩张态势,该项政策工具在分阶段增长控制、公共设施同步规定等管理工具的配合下,能够限定在一定年限内城市发展既定的建设用地开发量,起到了保护基本农田和林地、阻止农用地城市化的作用,具备稳定而长期有效的特点(王海卉等,2013)。

美国城市增长边界政策的成功运作还得益于法规和制度的有力保障、州政府的权利和影响力以及州政府和地方政府的协调配合(张润朋等,2010)。1973年,俄勒冈州建立了土地保护和发展委员会(LCDC),并通过了《俄勒冈州土地利用法》,确立了具有强制力的19项总体规划目标,明确了城市增长边界的批复和修改都受到严格的法律约束。1993年,俄勒冈州选民通过了俄勒冈州宪法修正案,波特兰大都市区政府被授予了自治权,拥有了制定和监督实施综合规划、规划实施细则等各项增长管理政策的权力,得到了制度层面的有力保证(孙群郎等,2013)。此外,该项政策有效运行的关键还得益于公众的积极参与、当地居民的环境意识和公民责任感。

(二)英国"绿带政策"

英国政府历来重视城市建用地利用在国家经济社会发展中的重要作用,是率先实施"绿带政策"的国家。早期大规模城市化导致的一系列不可避免的社会和环境问题是"绿带政策"产生的重要诱因。作为英国城乡规划政策的核心元素之一,"绿带政策"(Green Belt Policy)的根本目标在于通过保证土地的永久开敞性来阻止城市规模扩大、为城市居民提供休闲娱乐场所、保护环境、保障农业用地等(杨小鹏,2010)。半个多世纪以来,英国"绿带政策"的实施在控制城市增长、保护乡村景观等方面起到了积极的作用,但在实践中也出现了若干的问题和弊端。英国实施绿带政策的经验和教训可以为我国推进保护生态环境和控制城市蔓延等提供很好的参考。

1. "绿带政策"的演变

1909年,莱奇沃思花园城市(Letchworth Garden City)设立了第一条绿带(Green Belt),即在Hitchin和Baldock之间设置了500公顷的农业用地作为缓冲区(Amati and Yokohar,2006)。经过若干年反复的实践和论证,至1935年,大伦敦区域规划委员会发布了第一份有关修建绿带的政府文件,首次正式提出"绿带政策"的概念。此后,英国政府一直致力于绿带法律体系和规划结构的完善和合理化。1938 年,英国议会通过了《绿带法》(Green Belt Act),规定地方政府有权力为征用土地设置绿化带,或者发布政府条令将围绕人类主要的定居和活动地的土地定性为绿化带(谢欣梅和丁成日,2012)。1947 年《城乡规划法》(Town and Country Planning Act)国有化了土地所有权,赋予了中央政府在绿带政策规划管理中的重要作用,使得绿带能够更有效的实施。此后,为实现控制城市蔓延和保护农地等目标,政府颁布了一系列的通告和规划政策。

英国住房部和地方政府(Ministry of Housing and Local Government,简称 MHLG)在 1955 年和 1957 年发布了 42/55 号通告(Circular 42/45)和 50/57 号通告(Circular 50/57),在通告中正式划定了绿带,并明确了划定绿带的三个目标为:控制城市蔓延、阻止相邻城镇合并,以及保护乡村特征(Gant et al.,2011)。此后,英国政府于 1988 年颁布了《规划政策纲要通告》(Plan Policy Guidance notes),并在 1995 年修订完成了《规划政策纲要 2:绿带政策》(Plan Policy Guidance 2:Green Belts),进一步详细规定了绿带的作用、土地用途、边界划分以及开发控制要求等内容,成为各级政府日常规划管理的重要参考依据。

21 世纪后,英国已经处于后工业化时期,但经济的发展依旧离不开建设用地的增加。英国政府、社会各界对城市规划不断进行探讨,并通过了若干的法令和通告,试图解决绿带政策长期僵化的问题。其中,2004 年通过的《规划政策声明 7:农村地区的可持续发展》(Planning Policy Statement 7:Sustainable Development in Rural Areas),在《规划政策纲要 2:绿带政策》的基础上,更加注重城市周边农村的发展机会,提高土地的使用效率。2006 年英国重新修订了《规划政策纲要 2:绿带政策》,强调了绿化带为城市居民提供优美的城市环境和娱乐用地的主要目标(黄雨薇,2012)。

2. "绿带政策"的实践

英国政府的"绿带政策"规定绿化带内严格控制新项目的开发,"绿带政策"持续多年的实施有效控制了城市的蔓延。然而,该政策也产生了一定的负面影响,比如,过于刚性的绿带边界划定脱离了经济发展的实际情况,阻碍了部分城市的经济增长,也造成了城市边缘的绿带区域经济发展的巨大压力。

紧邻大伦敦区域的斯佩尔索恩区(Spelthorne Borough)位于伦敦中心区西南部,2006 年,土地面积为 5 116 公顷,人口为 92 315 人,自 20 世纪 50 年代开始被设置为伦敦绿化带范围内(Gant et al.,2011)。在严格的"绿带政策"下,斯佩尔索恩区的农用土地受到了严格的保护,城市化程度远远低于伦敦地区(谈明洪等,2012)。然而,斯佩尔索恩区临近大都市,承受城市发展、工业增长以及住房对土地需求的多重压力,当地农民对自己土地价值具有较高的期望,这些因素增加了实施"绿带政策"的难度。由此，我们需要正视"绿带政策"存在的缺陷，反思其对城市经济发展造成的消极影响。在借鉴"绿带政策"控制城市无序蔓延和保护优质农田过程中，既要强调绿带划定的合法性，又要注重绿带设置与城市发展的协调。

（三）我国台湾地区都市计划体制

1963年，我国台湾地区的工业生产净值首次超过农业，此后，台湾地区开始进入工业化快速发展时期，农地非农化速度不断加快。据统计，1972~1996年间，台湾地区的耕地数量减少了2.7万公顷（曲福田等，2001）。在耕地保护与经济发展的矛盾与压力下，台湾地区采取了严格的都市计划体制，通过实施土地使用计划分区对都市土地进行管制，即先将都市土地划分为各种使用分区，然后确定各种使用分区的用地性质、建筑强度等内容，并借助建筑管制、工商管理等手段最终实现都市土地使用的整体目标（陆冠尧等，2005）。台湾地区都市计划体制的实施有效地促进了城市土地的高效利用。此外，在实践中为了防止都市土地使用管制过于僵化，抑制经济发展的活力，台湾地区又逐步创造了弹性管理的管制模式。

1. 都市计划体制的变迁

早在1936年，台湾地区便颁布实行《台湾都市计划令》及其实施细则，利用规划管制台湾地区的城市发展，但并未形成区域土地的整体规划利用体制。1964年，台湾地区首次修订颁布《都市计划法》，明确都市计划体制包括市镇计划、乡街计划、特定区计划，增订区域计划为都市计划的一种，用于管制城市发展、控制都市无序蔓延。为了更好地管理非都市土地的利用、缓解区域间的发展差距，台湾地区于1974年单独制定了《区域计划法》，并于1977年发布了《区域计划法实施细则》，对非都市土地使用和规划进行全面管制。此后，为缓解经济社会发展和资源环境保护的矛盾，台湾地区相继发布了《台湾地区综合开发计划（1979年）》《县市综合发展计划实施要点（1981年）》等。在这期间，台湾地区对土地利用采取了比较严格的管制方式，规定了建筑物高度、建蔽率、建筑容积率、基地面积，以及后侧院的深度与宽度等内容（辛晚教等，2000）。

20世纪90年代中期以来，生态环境恶化、土地资源配置扭曲等问题导致人们的生活水平未能随着社会经济的发展得到同步提升。为此，台湾地区于1996年完成了《国土综合开发计划》，在1997年制定了《国土综合发展计划法（草案）》，重新划定了国土规划体系，将区域计划转变成为特定目的制定和实施的功能性计划，试图将都市与非都市土地纳入同一个管制体系中。2004年台湾地区通过了《非都市土地新订或扩大都市计划作业要点》,规定扩大都市计划区的前提条件为居住人口达到计划人口的80%以上,并且需要通过承载力与财务计划可行性评估等。此外,按照规定,政府需要每3~5年通盘检查一次都市计划,考察其合理性,也接受民众的私有土地变更申请;根据实际情况的需求,如有重大建设等,进行个案变更(许坚,2006;戴雄赐,2013)。

2. 都市计划体制的运行

经过五十多年的发展,中国台湾的都市计划区包括住宅区、商业区、工业区、公共设施、农业区、保护区、风景区、其他共八大类分区,2011年都市计划区面积达到为4759平方公里,人口为1843万人(戴雄赐,2013)。整体上,台湾地区的土地利用受到了严格管制,城市内住宅区、商业区和工业区等建设用地占都市计划区面积不足20%,住宅区和商业区的土地利用呈现出了高容积率和混合使用的状态。都市计划体制遏制了城市无序扩张,也在一定程度上阻碍了都市的发展。在实践中,都市计划体制不断变革,逐渐从静态管制向动态管制转变,更加强调都市计划编制与社会经济发展的匹配,注重城市的永续发展。同时,随着民众的参与意识不断增强,都市计划的编制也更为重视和强调民众参与。

此外,台湾地区都市计划区变更和扩大的实现,主要依靠"一般征收"、"区段征收"与"市地重划"等管理手段的配合,本章下面会对这几项内容进行详细介绍。

二、建设用地区域协调发展和差别化管理

(一)美国土地分区规划管制

美国是联邦制国家,联邦政府和州政府分权而治,建设用地管理通常由州政府和地方政府负责,大部分的城市规划管制权力由州政府授权给了地方政府。其中,土地分区规划作为地方规制的主要内容之一,是规范私有土地合理利用的一种法律手段(彭飞飞,2009)。19世纪末至20世纪初期,美国城市化的深入发展引发了城市过度拥挤、居住环境恶化、社会问题丛生等若干问题,美国开始倡导对城市土地的合理规划,并意识到对私有土地进行管理的重要性。由此,美国土地分区规划管制得到了迅速的发展,并成为美国土地利用控制最重要的手段。

1. 土地分区规划管制的发展历程

1913年,纽约市建筑物高度评审委员会(Heights of Buildings Committee)发

布报告，提出了建筑的任意性损害了投资者利益和社会福利，实施严格的建筑管制政策是十分必要的。1916 年，纽约市建筑分区域限制委员会（Committee on Building Districts and Restrictions）发布了最终报告，论证了对城市建设进行规划的必要性，介绍了分区规划的各项内容。经过讨论和修改，1916 年，纽约市颁布了《综合分区规划法》（*Building Zone Resolution*），被认为是美国第一部对城市土地进行综合性分区管理的法律文本，由区划文本（包括定义、用途分区、高度分区、区划分区、管理实施五部分）和区划地图（包括用途分区地图、高度分区地图和区划分区地图三部分）组成。纽约的分区规划方案将城市土地依用途划分为居住区、商业区和非限制区三个区，严禁控制建筑物的高度和形态等内容（罗思东，2007）。自 1916~1920 年，有 25 个城市先后颁布了区划法令（杨雁等，2009）。

为了确保地方政府推行分区规划的法律效力，1922 年，美国商务部（Department of Commerce）首次提交了《州标准分区授权法》（*Standard State Zoning Enabling Act*）的初步草案，经多次修订后，于 1926 年形成最终版发行。根据《州标准分区授权法》，美国各州可以授予地方政府制定区划条例的权力，按照建筑的用途、高度、体量等，将城市划分为不同分区，并采取不同的规定限制不同分区建筑物的建筑方式（徐旭，2009）。地方政府所拥有的分区权具体包括规划和控制建筑物的高度、层数以及建筑结构；住宅庭院的大小以及住宅空地的大小，人口的密度，建筑物的位置和用途等。

为了进一步推动分区制的发展，1926 年美国商务部还颁布了《城市标准规划法》（*Standard City Planning Act*），各州政府也根据本州需求编制了土地立法和规划。至 1930 年，美国有 981 个城市先后制定了分区规划法（李鸿有，2009）。

2. 纽约市土地分区规划管制的实践

纽约市位于美国纽约州，2012 年，约有 834 万人居住在 784 平方千米的土地上。作为美国第一个制定了区划法案的城市，纽约市根据现实的需求对区划法案进行了修订和补充，于 1961 年制订了新的区划法案（*Zoning Resolution*），并不断完善使用至今（王珺，2009）。在 1961 年的法案中，纽约市逐步增加了激励性区划、开发权转让、规划单元开发等管理工具，使得区划更加灵活。1993 年，纽约市再次修订了区划法案，将土地用途、开发强度的区划与建设标准及相关规定相结合，从而便于规划的编制、实施和执行。经过长期实践和不断修改，纽约市土地使用分区规划更加详尽，覆盖整个城市范围内的全部土地，并按照限制性用地号、区划图号、街区号和地块号组成编号系列，区别对待不同地理位置和不同开发状况的土地（孙骅声等，1998）。纽约土地区划有效控制了城市用地的无序开发问题，规范了城市的建设。纽约区划法案中对城市用地建筑强度进行严格控制、实行的容积率奖励和开发区转让制度等内容均值得借鉴。

3. 法院判例对土地分区规划管制的影响

在美国土地分区规划管制的发展过程中，完善的法律基础和法院的判决为土地分区规划管制的推广实施产生了重要的作用。在美国城市分区规划发展初期，阿姆伯勒房产公司（Ambler Realty Company）准备将其在俄亥俄州克利夫兰市郊区的欧几里得村（Village of Euclid）拥有的27.5公顷土地进行工业开发，而当地政府在1922年制定并通过的综合区划条例中规定这些土地不能用于工业目的。当地政府根据分区制土地管理法否决了安博房产公司的开发计划。在这一起土地使用纠纷案中，美国联邦最高法院最终于1926年裁定地方政府分区规划合法，此后该分区方案被称为Euclidean分区（Edward H., 2005；高新军，2012）。

这一裁定结果反映了美国法院普遍支持以区域法规为依据，对城市土地使用的位置、面积、用途等多项指标进行统筹安排和控制。法院认为，分区规划管制在有效地控制土地使用密度与容积、优化产业用地布局和发展配套服务业等方面发挥了积极的作用。但另一方面，从"欧几里得分区"的裁决案中也可以看到分区规划管制引发的一些社会问题，例如，政府在落实土地利用分区规划中，并没有充分考虑对因规划而对土地所有权人造成的潜在利益损失进行补偿，这可能会导致贫富差距的加大、城市社会不安定因素的加剧，从而最终成为难以破解的社会问题。

（二）德国空间规划体系

德国是具有最完备的空间规划体系的国家，德国的空间规划体系是经济社会发展到一定阶段后，为解决资源与环境等问题而产生的。德国自上而下的空间规划体系包括联邦、联邦州和地方三个层面；其中，联邦州层面的空间规划包括州域规划和区域规划两个部分（见图4-1）。在联邦层面，空间规划的主要任务是明确全国宏观的空间布局和发展战略，并指引州的空间规划和其他专项规划。在州级层面，州空间规划主要是根据各州的具体条件以及联邦层面的指导思想，制定州的空间布局和发展目标，并负责审查批准地方规划。地方一级的建设规划则是在上级规划目标的基础上，根据市镇（包括乡村）的实际情况将规划内容具体化，并保证采用的具体规划措施具有可操作性。不同层次的空间规划一方面致力于解决城市内部的土地利用问题，如就业、居住、商业以及公益开放用地的安排；另一方面又要保障区域空间的均衡发展，包括协调和维护城市地区、农村以及偏远地区的利益。

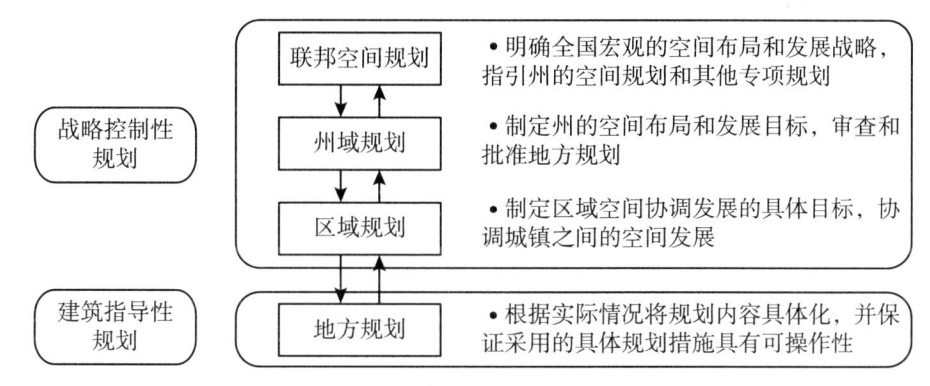

```
战略控制性规划 {
    联邦空间规划 — •明确全国宏观的空间布局和发展战略，指引州的空间规划和其他专项规划
    州域规划 — •制定州的空间布局和发展目标，审查和批准地方规划
    区域规划 — •制定区域空间协调发展的具体目标，协调城镇之间的空间发展
}
建筑指导性规划 {
    地方规划 — •根据实际情况将规划内容具体化，并保证采用的具体规划措施具有可操作性
}
```

图 4 - 1　德国空间规划体系

资料来源：谢敏：《德国空间规划体系概述及其对我国国土规划的借鉴》，载于《国土资源情报》2009 年第 11 期，第 22～26 页。

1. 空间规划及其法律保障

德国不同层次空间规划的编制都是建立在法律基础上的，法律法规体系与空间规划层级设置协调一致。在相关规划法律的支撑下，各部门、各层面的规划责任与目标得以明确，并且在编制和实施过程中得到了强有力的保障（谢敏，2009）。联邦层面的法律主要包含《建设法典》（*Baugesetzbuch*，缩写为 BauGB）、《建设法典实施条例》（*BauGB - MaβnahmenG*）、《规划图例条例》（*PlanzV*90）、《空间规划法》（*Raumordnungsgesetz*）等。在州级层面，各联邦州政府也具有立法权，出台法律的时间和侧重点等各不相同，如北莱茵州于 1994 年颁布的《州规划法》、巴伐利亚州的《巴伐利亚州规划法》、勃兰登堡州在 1993 年出台的《勃兰登堡区域规划、褐煤规划以及改造规划指导法》等（曲卫东，2004）。地方层面编制规划主要为《建设法典》、《建设法典实施法》、《建设利用条例》、《规划图例条例》等（周颖等，2006）。

2. 区域规划

区域规划是介于州域规划和地方规划之间的一项独立性规划，其规划范围超越了一个中心城镇但未覆盖全州区域范围。区域规划的目标是协调城镇之间的空间发展，减少区域内部竞争和摩擦，提高区域间的合作和整体实力。在德国规划体系中，区域规划是最重要的一级规划，按不同性质可以划分为无约束力的非正式规划和有约束力的正式规划两类。其中，无约束力的非正式规划，如大区域（跨州）发展方案和小区域（跨农村城镇）专题解决方案等；有约束力的正式规划，如鲁尔地区的无烟煤和烟煤区域发展规划以及区域规划（李远，2008）。

德国城市建设和发展的结果表明注重区域内部空间布局与结构调整的区域规划在土地规划体系中不可缺少。这种具有跨地方、跨部门和展望性等特征的规划，能够加强不同层面规划的整合以及区域层面规划的编制，破解完全以行政区来划分的规划体系产生的局限性，也为在总量控制下的建设用地区域差别化管理提供了规划依据。

（三）荷兰空间规划体系

荷兰空间规划历史悠久，早在20世纪60年代，荷兰就形成了较为完整的规划体系。荷兰的空间规划既保障经济的健康发展，也十分注重自然资源的保护和人民生活质量的提高。

1. 空间规划体系的发展与变革

1960年，荷兰政府制定了第一个国土空间规划，提出了兼顾公平与效率的目标。1966年，为应对城市居住环境的恶化和迅速蔓延的逆城市化发展趋势，第二次国土空间规划提出了建立交通走廊和保护城市绿心地带的方案。此后，第三次国土空间规划针对城市经济衰退问题，提出把城市区域作为一个重要概念，推进大规模城市更新，逐步开展村镇更新。20世纪80年代后，荷兰新一次的国土空间规划更加注重日常生活环境质量的改善和提高，强调空间结构的优化。进入21世纪后，荷兰国土空间规划确定了重大基础设施的空间布局，构建了省、市当局进行具体空间布局和设计方案决策的政策框架（魏后凯，1994；陈利等，2012）。

2. 空间规划体系的内容与特点

自荷兰政府开始制定实施国土空间规划开始，荷兰就形成了中央政府、省政府和地方政府的三层次规划格局。1965年，荷兰政府颁布实施的《空间规划法》（Spatial Planning Act）第37条款规定，中央政府的空间规划政策应自动指导地方政府的规划，成为地方规划编制的依据。2008年，荷兰政府对《空间规划法》进行了修订，提出要进行权力下放，给予基层部门更大的自由度。在这样的规定下，荷兰不同层级的政府担负不同的规划职责，中央政府主要负责全国层面规划，制定全国结构规划纲要以及指导省级政府和地方政府规划的纲领性政策等；省级政府主要负责编制完成全省或省内部分地区的政策型"结构规划"，衔接全国规划和地方规划；地方政府则负责确定地区内每一块土地的使用，见表4-1（于立，2011）。荷兰空间规划是一个系统的、自上而下的综合规划体系，具有完善的政策协调机制；既有中央、省和地方政府之间垂直协调，也有同级政府部门之间水平协调。

表 4-1　　　　　　　　　　　荷兰空间规划

各级政府	规划职责	规划范围	主要内容
中央政府	全国空间规划，规划核心	全国	全国的规划指导政策
省政府（12 个）	区域结构规划	全省或省内部分地区	全省规划政策导则
地方政府（489 个）	地方结构规划	单个城市或若干城市的组合	城市规划政策导则
	土地利用规划（法定规划）	城市内部分地区	规划条例和规划图纸

资料来源：陈利、毛亚婕：《荷兰空间规划及对我国国土空间规划的启示》，载于《经济师》2012 年第 6 期，第 18~20 页。

3. 分区规划

在荷兰的国土空间规划体系中，分区规划（Zoning Planning）被认为是最重要的规划之一，也是政府进行土地用途管制最为重要的手段。分区规划以 1965 年颁布的《空间规划法》作为法律保障，由中央政府和地方政府负责提供指导意见，由市级政府负责具体制定和修改；是土地利用的详细和明确规划，既适用于农村，也适用于城市（程雪阳，2012）。长期以来，分区规划在荷兰土地管理中发挥着重要的作用，能够合法限制私人土地所有权和使用权，保证各种产业活动的区位选择都必须符合政府实行的较为严格的产业区位政策，特别是符合土地利用规划的要求。除此之外，分区规划也是荷兰土地征收的基础；作为一个实行土地私有制的国家，荷兰政府购买和征收土地作为居住、商业用地的行为必须在完成分区规划变更后进行。

结合空间规划和分区规划的经验来看，荷兰的规划理念是顺应了国家社会经济发展的趋势。既以经济利益为导向，也十分注重平衡不同利益群体的诉求、提升空间环境质量。此外，地方政府在规划中也具有一定的自主性，从而规划能够适应地方发展的现实需求。

（四）新加坡城市发展规划与"白色地段"

新加坡是土地资源匮乏的城市型国家，土地规划以城市发展规划为主。城市发展规划由城市重建局（Urban Redevelopment Authority）负责拟定，包含概念规划（Concept Plan）和开发指导规划（Development Guide Plan）两个层级，用于解决产业布局、公共配套设施、交通网络等城市发展和建设中的不同问题。新加坡城市发展规划强调土地利用宏观长远规划与微观精细管理的协调配合，注重土地规划和供应的灵活性。开发指导规划中保留了一定数量的"白色地段"，对新加坡实现高效城市管理和经济持续发展的进程中发挥了极其重要的作用，对于我国城市土地规划利用具有一定的借鉴意义。

1. 城市发展规划的两级框架体系

概念规划是新加坡长期的发展战略，主要用于解决宏观层面的问题。新加坡的首个概念规划是在 1967～1971 年完成的，是一个环状加卫星城的发展方案（Ring Plan），即《环形概念性规划》。这一规划是着眼于新加坡长期土地利用开发和交通运输发展的概念性规划。此后，在 1991～2005 年之间，为应对城市不同发展阶段产生的新问题，新加坡对概念规划进行了多次修正，从而确保城市发展的可持续性。其中，2001 年的概念规划以预测的 550 万人口为依据，制订了新加坡未来 40～50 年的整体发展宏图（周静等，2012；曹端海，2012）。在具体实践中，新加坡政府对于概念规划蓝图每十年检查复核一次，每年审查一次，以确保土地使用和开发建设符合市场的需求，并能够满足生产和生活的需要。

开发指导规划是在概念规划的指导下，根据不同地区的发展需求编制的详细规划，制定每一地块的发展利用方向、建设控制指标等具体的开发指导细则（吕冬娟，2010）。1993 年，新加坡政府出台了首个开发指导规划，将概念规划划分的 5 个规划区域进一步细分为 55 个分区。城市重建局拟定全国 55 个规划区的发展指导蓝图，提出规划的前景、建筑密度、容积率等控制指标，并最终形成法定文件。至 1997 年，全国 55 个分区的开发指导规划全部编制完成。此后，新加坡政府每 5 年修改一次开发指导规划。从开发指导规划的设置可以看出，其本质是详细的土地利用计划，对城市土地开发建设具有更强的指导意义。

尽管有了开发指导规划，政府可能还需要更详尽的指导方针管理一些特殊地块的开发利用。为此，城市重建局一般会针对特殊地块的开发提出一些强制性的开发技术要求，使其具有较强的确定性；然后，由有意向的投标者提出详细的开发思路，以提高规划的灵活性，更好地适应城市发展的不确定性。

2. "白色地段"

在市场经济条件下，城市发展和土地利用也会受到周边环境变化的影响，具有很大的不确定性。为了更好地适应未来城市发展的不确定性，提高城市建设规划的灵活性，新加坡市区重建局在 1995 年提出"白色地段"（White Site）这一新概念。"白色地段"指的是在规划过程中预留的无法确定用途的土地，这部分土地可能区位条件良好，但因外部环境比较复杂，在未来的发展中具有较大的不确定性，无法在短期内确定用地性质和进入市场运作（孙翔，2003；杨忠伟等，2011）。新加坡在 1997 年底完成的 55 个分区开发指导规划中，有部分开发指导规划预留了一定数量的"白色地段"。租赁"白色地段"的开发商可以在符合开发建设许可的条件下，根据土地开发需求灵活决定经政府许可的土地开发用途以及各类用途用地所占比例等，并且无须交纳"土地溢价"。新加坡"白色地段"的规划设置能够为土地开发商提供更为灵活的建设发展空间，由市场和政府共同决定土地用途有利于充分发挥土地的使用价值；有效地避免当前的规划与未来的实际发展情况脱节，提高规划的有效性、合理性和法律地位。

新加坡城市发展规划的成功主要在于，一是从全局的角度整体布局城市的发展方向，明确长远的城市发展蓝图；二是根据宏观规划的原则和要求，制定短期的、详细的规划细则，确保规划能够根据实际情况灵活修订；三是充分尊重经济规律，设置"白色地段"给予土地开发者弹性的使用空间，同时提高土地利用的效率和政策实施的效率。

三、建设用地节约集约利用管理

（一）美国土地发展权制度

20世纪上半叶，美国经济迅猛发展，政府通过土地用途管制规范土地利用、控制土地利用容积率，但没有起到防止城市建设蚕食农地的作用。为此，美国政府在实行土地用途管制的基础上，设置了土地发展权。美国土地发展权是一项与土地所有权分离而独立处分的财产权，通过1968年建立的土地发展权转移（Transfer of Development Right，简称TDR）制度和1974年建立的土地发展权征购（Purchase of Development Right，简称PDR）制度运行。土地发展权主要指由农用地变更为建设用地，或者由低效粗放利用的建设用地变更为高度集约利用的建设用地的财产权利。美国土地发展权的设置有效保护了农地、控制了城市蔓延，有效解决了城市发展中建设用地开发权供给不足的问题，提高了土地集约利用水平。

1. 土地发展权转移

1968年，美国纽约市颁布的《界标保护法》（Landmark Preservation Law）中，首次对土地发展权转移进行了规定。根据该法案规定，土地发展权转移是土地使用受限制的所有者将其土地发展权让渡给受让人，土地受让人在支付一定地价后取得土地发展权，对受让区土地进行高于原有区划限制的高度和容积率的开发（马韶青，2013）。其中，土地发展权转让区一般是根据规划需要保护的区域或禁止进行商业用途开发的区域，而土地发展权受让区通常是根据规划可以进一步进行土地开发利用的区域，如城市中心地带等。至2003年底，美国共有160个区域建立了土地发展权转移制度（刘国臻，2007）。

为了更好地运行土地发展权转移制度，解决土地发展权的评估和交易问题，美国不少地方设立了土地发展权转移银行。首先，由土地发展权转移银行购买土地发展权转让区内土地所有者的土地发展权；然后，在适当时机将土地发展权卖给土地发展权受让区内需要进行土地集约利用的土地开发商。截至 2007 年，美国至少建立了 12 个土地发展权转移银行。例如，实施 TDR 较为成功的新泽西州，于 1993 年出台了《新泽西州土地发展权转移银行法》，设立了土地发展权转移银行。1981～2010 年间，新泽西州首次出售的发展权共 5 047 个，其中，1 585 个由松林地发展信用银行（Pinelands Development Credit Bank）出资购买，占 31.4%；转售的发展权共 1 106 个，其中，从银行购买的占 39.7%（陈佳骊，2011）。

2. 土地发展权征购

1974 年，纽约州的索霍尔克县（Suffolk County）最先开始推行土地发展权征购制度。此后，马里兰州、马萨诸塞州等地区也相继建立了土地发展权征购制度。至 2003 年底，美国有 23 个州建立了土地发展权征购制度（刘国臻，2007）。

土地发展权征购的运行通常是由地方政府出资购买土地所有者拥有的土地发展权；土地所有者卖出土地发展权后可以继续耕种土地，但不允许改变土地的用途（张良悦，2008；刘明明，2008）。首先，计划出售土地发展权的土地所有者在自愿的基础上，向当地政府农业保护委员会提出申请；其次，当地政府农业保护委员会进行审查和综合评估；最后，完成签约、备案等工作。土地发展权价格通常是在综合评估的基础上确定的，也有部分州的土地发展权价格由土地所有者与地方农业保护委员会协商确定。不同地区土地发展权征购制度运作的资金来源途径也各不相同。比如，加利福尼亚州索诺马县（Sonoma county）的土地发展权资金主要来源于税收和其他公共资金，而马林县（Marin county）的土地发展权资金则主要来源于州政府的拨款、基金会的捐助等，宾夕法尼亚州土地发展权资金来源还包括发行的债券（刘国臻，2007）。

市场机制在美国土地发展权制度的成功运行中发挥了重要作用。土地发展权制度的出让方和受让方均是普通的市场主体，政府也以市场经济的手段给予有力的调控。在土地发展权转移制度中，土地使用者购买取得土地发展权的交易采用了市场机制，土地发展权价格由出让方和受让方协商确定，土地发展权转移银行的运行也采用市场机制；政府则主要负责划定城市、城市郊区等作为土地发展权的受让区，并给予土地使用者一定的政策支持，如增加建筑高度、开发密度等。在土地发展权征购制度中，政府作为主要参与主体，负责筹集资金和购买土地所有者的土地发展权；但申请、审查、评估等各个环节均借助了市场经济的手段。

（二）德国土地重划

土地重划（Land Consolidation）通常是指一个国家或地区开展建设用地整理，将一定范围内零散的小地块进行交换整合，整理形成较大的地块后按照一定比例将部分地块返还给土地所有权人（林坚等，2007）。20 世纪初期，德国开始推行土地重划，成为第一个开展这项工作的国家，其目的在于对地块重新规划，提升单位土地价值（杨红，2006）。

1. 土地重划制度变迁

在德国，任何一种土地重划项目都必须符合规定和程序，政府部门解决争议和纠纷也主要依托完备的法规政策制度做保障（贾文涛等，2005）。1902年，法兰克福市颁布了《法兰克福地产整理法》，这是第一部关于城镇建设用地整理的专门法规，标志着建设用地整理的开始。1918年，颁布了《普鲁士住宅法》，规定《法兰克福地产整理法》适用于所有乡镇，建设用地整理得到了推广。1953年联邦政府颁布了第一部《土地整理法》，并于1976年和1982年进行了两次重新修订，建设用地整理的内容也逐渐扩展到地上建筑物。1987年，《地产整理法》被并入到《建筑法典》。此外，《文物保护法》、《不动产交易税法》、《建筑法典》的相关规定也成为德国开展土地重划、建设用地整理的重要法律依据（Erich Weiβ et al.，1998；丁恩俊等，2006）。

2. 土地重划的基本内容

在德国，各类土地重划、城镇建设用地整理的实施一般都要对规划区域中的土地产权关系进行调整，改变土地的形状、大小和位置等以符合建设规划对用途的具体要求。首先，由管理部门制作参与重划的土地清册，并把所有的土地合为一体进行重划；然后，对公共使用的土地划出来加以保留，并将基础设施用地（道路、停车场、儿童游戏场等）排除在重划土地之外；最后，将剩下的土地进行重划和重分配（韩乾，2013）。根据《建筑法典》的规定，政府提取保留的公共开发用地的比例不得超过整理面积的30%；如果在原有建筑用地范围内进行改造性的整理项目，保留用地所占的比例应控制在整理面积的10%以内。在土地重划后，原土地所有者能够在原有土地位置或新的位置分配到一块新的土地，该土地的价值将与原有土地的价值相当，但土地面积会较小。若土地所有者分配到的土地在价值或面积上小于其原来的土地，则可以得到金钱上的补偿（Erich Weiβ et al.，1998）。

德国联邦政府以《土地整理法》强制实施土地重划，注重保障土地所有者得到重划后土地的价值或金钱至少会与目前的价值相等。相较于土地征收，德国的土地重划是一种比较温和的取得土地的手段，通过为业主保留一定比例地块解决了增值分配的问题，也得到了私人业主的广泛支持。德国的土地重划将规划、不动产估价与土地测量混合在一起，把强制性与自愿性混合在一起，使其成为一项有效果、有效率而且公平的土地开发方法。

（三）法国协议开发区制度

在工业社会向后工业社会的转型发展时期，法国出现了一些因经济结构全面调整而呈现衰败迹象的城市街区，主要表现为国内生产萎缩，失业率上升、社会问题加剧、环境质量下降等等。为此，许多地区实施了规模不等、内容不同的城市更新改造项目，对存量土地资源再次开发，塑造崭新的城市街区。鉴于此，法国政府在1967开始实施协议开发区制度（Zone d'Aménagement Concerté，简称ZAC）。总体上，协议开发区制度在促进地方产业经济发展、整合城市面貌、提高土地利用强度方面具有显著成效。但也存在因规模较大、开发周期较长而难以保证项目开发连续性等弊端。

1. 土地协议开发区的概念内容

1967年12月，法国颁布《土地指导法》，对城市更新改造提出新的要求，并开始实施协议开发区制度。根据法国《城市规划法典》，协议开发区制度是地方政府为了城市的建设发展，与相关土地所有者进行协商、达成共识并签署协议，进而在城市内部进行建设，完成城市更新改造的一种手段。协议开发区的用地范围可以根据城市建设的实际需要或者准备落实的开发计划灵活确定，允许跨越行政边界（刘健，2013）。为了在协议开发区进行复杂的城市综合开发，国家政府、开发商、房地产业主等以合约方式形成稳定的伙伴关系，私营企业分担公共机构全部或局部的公共市政设施建设投入，以换取土地开发权，并在协商的基础上共同制定开发区详细规划作为规划管理文件（黄燕，2008）。

2. 土地协议开发区的运行程序

法国协议开发区的实施运行包括由不同主体承担的三个阶段，分别为正式创建、土地开发和项目建设。

首先，地方政府主要承担正式创建阶段的工作。地方政府确立成立协议开发区，修改颁布相关的地方城市规划文件，制定协议开发区建设的总体目标和原则。

其次，土地开发阶段的工作或者由地方政府承担，或者由地方政府委托拥有土地开发权限的公共机构承担。土地开发的承担者以协议方式获取土地，并根据规划要求完成项目建设前的土地整治、基础设施建设、地块划分等工作，然后将划分后的土地以无偿或有偿的方式转让给原有土地所有者或新的土地所有者。

最后，项目建设阶段的工作依托市场机制运行。原土地所有者或新土地所有者通过市场途径获得已完成一级开发的土地，根据地方政府城市规划要求，自由委托建造商进行项目建设。其中，学校、图书馆等社会服务设施项目的用地可通过无偿转让的方式获得，社会住房项目的用地可以优惠价格有偿获得，但商品住房、办公等商业项目的用地则需要根据市场行情有偿获得（刘健，2013）。

3. 里昂维斯地区协议开发区的实施

里昂维斯地区（Lyon Vaise）是法国城市复兴过程中旧工业区更新的典型案

例之一。20世纪60年代以来,随着纺织、机械以及化工产业的持续衰败,曾经产业繁荣的维斯地区不复存在。20世纪90年代后,维斯地区开始探索城市复兴项目,同时有两个协议规划区,分别为南部的米歇尔·伯特协议开发区（ZAC de Michel Berthet）和北部的工业区协议开发区（ZAC de l'Industrie）。两个协议开发区的实施,有力促进了城市空间的改造和经济产业的发展。

米歇尔·伯特协议开发区是私人主导的协议开发区,主要是将工业废弃地重新开发,用于建设办公或私人住宅,给原来的工业废弃地赋予新的价值。该项目用地面积为14.5公顷,根据1985年签署的开发协议中的预算表,预计资金收益总额为296万欧元；经过20年的发展,项目建成总量达到了原规划建设总量的83%（黄燕,2008）。作为一个非公共项目的协议开发区,米歇尔·伯特协议开发区的建设很大程度上受益于周边大里昂地区和里昂市对重要公共设施建设的投入,完善的公共配套设施提高了项目本身的吸引力和竞争力。

由于该项目主要由私人开发机构控制运行,在建设过程中受到外界房地产市场不景气的影响,曾一度停滞了近十年。因此,由营利性为目标的私人开发机构承担协议开发区项目,受到政府部门的约束较少,但更容易受到外部经济环境的影响,可能会出现项目运行的停滞,成为城市总体发展的阻碍。

法国协议开发区制度采取由政府主导的市场化的运行方式,相关参与主体在实施运行的各个环节充分协商,形成了稳定的合作伙伴关系,有效缓解了制度运行中的利益冲突。实践案例也表明,公共投资对于改善周边环境、完成基础设施建设具有重要的意义。

四、土地征收制度

（一）我国台湾地区"市地重划"与"土地区段征收"

20世纪60年代,台湾地区城市化水平迅速提高,至80年代后期,城市人口占台湾总人口的比重超过70%。伴随着人口膨胀、不动产价格高涨等社会问题,早期传统的城市生活和居住环境无法满足社会经济进一步发展的需求（刘剑锋,2006）。为了更好地节约集约利用土地,推动城市理性成长,台湾地区开始实施"市地重划"和"区段征收"工作,旨在优化居住环境和交通条件、提高社会整体效益和原土地所有者福利水平。同时,这两种政策工具也是政府在充分尊重原土地所有者权益的基础上进行土地征收、有效增加公共设施用地的重要手段。

1. 市地重划

台湾地区"市地重划"是指根据城市发展趋势，将都市规划区域内或都市边缘地区不规则的地形、地界和畸零细碎的、低经济效益的土地，依照实地重划的相关法规，运用科学的方法进行重新整理开发、交换分合，然后将开发后的土地按比例重新分配给原所有权人的综合性土地改良措施，使之形成一个现代都市的格局，如图4-2所示（李志超等，2000；谭峻，2001）。

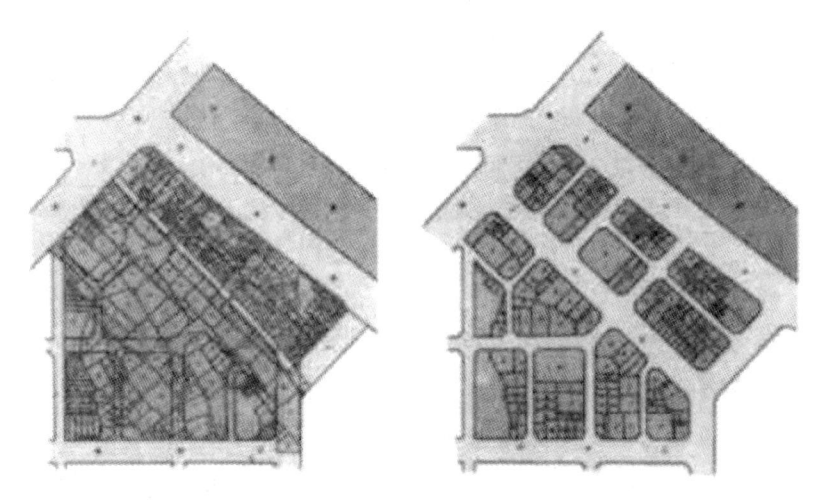

图4-2 市地重划前（左）和市地重划后（右）地籍图

资料来源：谭峻：《台湾地区市地重划与城市土地开发之研究》，载于《城市规划汇刊》，2001年第5期，第58~61页。

1958年，台湾地区修订实施《都市平均地权条例》，高雄市成为第一个试行市地重划的地区。1979年，台湾地区制定《都市土地重划实施条例》和《奖励都市土地所有权人办理重划办法》，成为推进市地重划的主要法律依据。截至2012年12月底，台湾地区（金马地区尚未办理市地重划）市地重划共完成881区，总面积超过14 940公顷，取得道路、沟渠等公共设施用地共5 282多公顷，提供可建筑用地面积9 658多公顷，节省当局建设经费超过7 212亿元（华生，2013）。对参与市地重划的所有权人而言，尽管重新分配的土地面积减少，但由于都市设施更加完善，因而土地总价值得到大幅提升；同时，更加优化的居住环境、交通条件等也使其福利水平得到了很大的提升。对台湾当局而言，通过市地重划建设能够无偿取得公共设施用地，既节省了基础设施建设费用，又能够完善公共基础设施、提升土地使用条件、促进城市面貌更新。

2. 区段征收

"区段征收"是台湾地区另一种土地开发和政府取得土地的方式，是基于新都市开发建设、旧都市更新、农村小区更新等目的的需要而设置的。1977年的

《平均地权条例》规定，原土地所有权人按其原有土地价值比例优先买回区段征收后的土地。1986年修订的《平均地权条例》将现金补偿改为可以用抵价地补偿（黄卓等，2014）。截至2011年12月底，台湾已经完成区段征收地区共93区，总面积约7 650公顷，提供可供建筑用地面积约4 116公顷，取得公共设施用地约3 534公顷，节省台湾当局建设费用约2 754亿元（华生，2013）。

区段征收的具体操作，首先，依法将一定区域内的土地全部予以征收；然后，将土地重新规划整理后重新配置。其中，重新规划后为公共设施用地的部分由当局无偿获取、直接支配；其余的建设用地，一部分作为抵价地返还给原土地所有人，一部分以划拨或公开招标的方式进行配置（张占录，2009）。区段征收进行土地返还时，原土地所有权人可以灵活选择现金补偿或者抵价地补偿；其他进行重新配置的土地获取的收益优先用于负担开发费用。台湾地区的经验表明，区段征收通过土地所有者出让一定的土地换得了城市建设的空间和土地价值的提升，这种用地模式减轻了当局的负担，同时解决了城市建设的土地需求和资金需求（刘守英，2014）。

台湾地区"市地重划"和"区段征收"的基本原理以及利益分配并没有本质区别，两者均是台湾当局改造旧城区、提高城市土地利用效率的有效手段。实施过程中，返还部分土地作为补偿，土地使用强度增加所带来的利益再次回归社会大众，达到了社会公平。这种"涨价归公"的留地安置模式充分体现了政府对私人财产权利的尊重，也有助于解决在征地过程中的诸多矛盾。

（二）日本土地区划整理与"减步法"征收

日本的土地区划整理被誉为"城市规划之母"（The mother of city plan），是政府进行城市开发建设的重要手段，其目的是实现土地节约集约和合理化地利用。在进行土地区划整理时，土地所有者需要拿出一定的土地来满足规划建设所需要的公共道路、绿地公园等公益事业用地，也就是日本的"减步法"征收。

1. 土地区划整理的原理

日本的土地区划整理起源于1910年《耕地整理法》中的农地地权交换制度。耕地整理就是农地的区划和地权交换（徐波，1994）。1954年，日本正式颁布实施《土地区域整理法》，明确规定若原土地所有权人获得土地的价值低于减步征收前的土地及土地附属权利价值，则必须给予土地所有权人同等金额的货币补偿；若原土地所有权人获得的土地价值高于减步征收前的土地及其附属权利价值，这部分土地将按规定征收。为保证土地区划整理工作的顺利进行，《土地区划整理法》附有的《土地区划整理法实施细则》中规定了区划整理的技术标准，即《土地区划整理实施规则》和《土地区划整理注册细则》

（王珺，2009）。

日本土地区划整理的实施主要包括三个环节：土地献出（Contribution）、地块重整（Replotting）和预留地（Reserve Land），如图4-3所示。具体表现为：在城市规划划定实施土地区划整理的地区内，将私有的零散、杂乱的地块进行整理和重新划分；原土地所有者贡献出一定的土地用于公共道路、公园绿地等公共设施用地，实现完善公共设施和提高土地利用率的目的。日本的土地区划整理遵照"对应原则"，即按照土地区划整理前原地块的位置、面积、土质、水利、利用状况、环境条件等因素，决定区划整理后的土地大小、形状和布局，也称为"换地"（徐波，1994）。因此，简单的土地区划整理项目只涉及地块形态的调整，位置移动尽量不改变原土地的相对关系，并尽可能保证土地所有者面积不变，如图4-3所示。

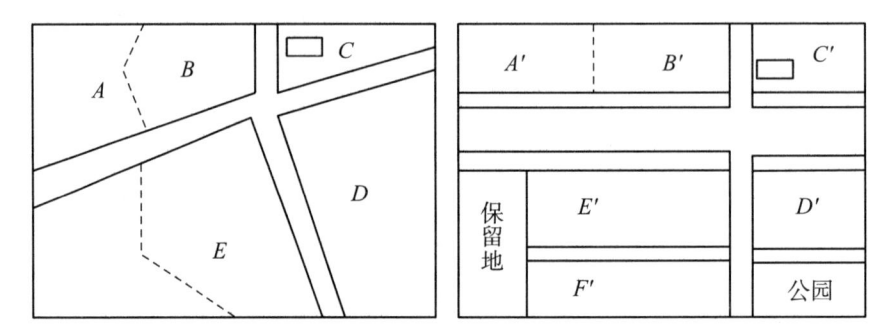

图4-3 土地区划整理实施前（左）和实施后（右）例图

资料来源：徐波：《土地区划整理——日本的城市规划之母》，载于《国外城市规划》1994年第2期，第25~34页。

2. 土地区划整理的实践

截至2004年，日本共完成区划整理项目11 709个（约占所有城市开发项目的一半），提供建设用地面积超过了392 749公顷。日本大约30%的城市用地面积使用了土地整理计划，其中，奈良市有70%的土地开发采用该方法，名古屋市的这一比例高达90%，而东京地区的多摩新城用此方法开发了7 800公顷土地，东京主城范围内也有14 260公顷用于土地重整，约占总面积的23%（王珺，2009；谈明洪等，2005；魏羽力，2003；林坚等，2007）。通过推行城市土地区划整理，根据区域自然环境特点，依托合理规划用地，不仅有效阻止了城市扩张、实现了城市基础设施和居住环境的改善，也实现了日本在城市化、工业化进程中追求土地成本集约的目标（张晓青等，2009）。

日本土地区划整理的顺利实施一方面得益于法律法规的保障，如，日本的《土地区划整理法》对土地整理后土地所有权人保留土地的比率等内容均作出了明确的规定；另一方面得益于对公众意愿的充分尊重，日本的《居民自治法》规定区划整理的开展需要得到居民三分之二和拥有土地权益二分之一以上人的同意，并得到规划部门的批准（华生，2014）。

（三）德国的土地征收补偿制度

在德国，土地征收都是用于公共目的的，包括发展公共福利事业、实现区域详细规划、合理利用空闲地、保护文物用地等。土地征收后，政府可向私人机构转让土地开发项目。

1. 土地征收补偿的原则

德国 2001 年修订的《基本法》（*Grundgesetz für die Bundesrepublik Deutschland*）中第 14 条第 3 款规定了土地征收补偿的原则，"财产之征收，必须为公共福利始得为之。其执行，必须根据法律始得为之，此项法律应规定赔偿之性质与范围。赔偿之决定应公平衡量公共利益与关系人之利益。赔偿范围如有争执，得向普通法院提起诉讼。"该条款限定了国家只有在符合公共利益的条件下才可以征收土地，也确立了利益衡量基础上的"公平补偿"原则（王太高，2004）。

2. 土地征收补偿的范围和类型

德国的《联邦建筑法》界定了土地征收补偿的范围和类型，包括实体损失补偿、其他财产损失补偿与负担损失补偿三大类。实体损失补偿是指对土地或其他标的物损失进行补偿；其他财产损失补偿是指在实体补偿后对土地财产权人仍有的损失进行补偿，包括因土地征收对土地财产权人工作、职业、营业能力等造成的营业损失补偿，因土地征收造成的其他附带价值减损的补偿，以及因移居发生的迁徙费用等；负担损失补偿是指征用标的物上的一切附带损失补偿，如因征收而造成的租赁契约中止或导致的房屋闲置等（陈和午，2004；武光太，2012）。

3. 土地征收补偿的标准

按照不同征收补偿类型分别确定标准，首先，实体损失补偿为官方公布的土地或其他标的物在征用机关裁定征用申请当日的土地移转价值或市场价值（曲福田等，1997）。为避免发生利用公共开发事业的投机行为，政府规定因预测土地将变为公共用地而造成的价格上涨不能计入补偿价格。当补偿金额存在争议时，可以依法向辖区所在法庭提起诉讼，维护被征地所有权人的合法权益。各类征收补偿费由征收受益人直接付给受补偿人，各类补偿必须在征收决议发出之日起一个月内给付，否则将取消征收决议（刘畅，2005）。其次，其他财产损失补偿发生在实体损失补偿之后；其中，营业损失补偿的最高额不得超过在其他土地投资获得同等收益而发生的必要花费，即不可以超过重建费用；而迁徙费用补偿主要为迁徙过程中的必要花费,包括交通运输费、保险费、人员安置费等内容(武光太,2012)。

4. 土地征收补偿的方式

在征收补偿的方式方面,德国《基本法》中规定,立法者可以在权衡公共利益和私人利益之后,决定以现金或是其他方式来支付补偿费。《联邦建筑法》也提到,如果被征收人没有其他要求,补偿应以现金一次给付;如果被征收人需要依靠土地维持营业或其他工作时,也可以通过取得土地或其他权利作为补偿,其他权利包括土地共有权、类似土地权利等。由此可见,在法律明文规定下,德国的土地征用补偿方法包括现金补偿、代偿地补偿、代偿权利地补偿等形式(王太高,2004)。

德国完善的土地征收补偿制度主要体现在以下几点优势:一是充分尊重和保护个人的土地权利,补偿范围包含了直接的经济损失以及相关的间接损失;二是补偿标准按照市场价格进行,有效避免政府滥用征收权;三是针对损失性质、损失程度的不同采取不同的补偿方式,能够提高损失补偿的效用。

(四) 美国的土地征收制度

土地征收在美国被称为"最高土地权"的行使,指的是政府使用公共权力取得私人土地财产作为公共使用。美国进行土地征收主要有两种形式:一是警察权(Police Power),即政府在法律许可下为了保护公众福利、健康、安全等合法权益而对私人财产实行的剥夺行为,而政府不需要为此支付补偿;二是有偿征收权(Eminent Domain),即政府基于国家发展的需要,把私人土地转为公共使用并由政府给予一定的补偿,要求具备正当的法律程序、合理的公平补偿和公共使用目的三个要件(孙永祥,2013;姜平,2008)。

1. 土地征收制度

美国的土地征收制度没有明确界定公共利益的范畴,但法律对政府征收土地的权利进行了严格的限制。如美国联邦宪法第五条修正案规定,"未经正当法律手续,不得剥夺任何人的生命、自由或财产;凡私有财产,非有适当赔偿,不得收为公用"(黄凯松,2005)。美国联邦宪法提出了土地征收的原则:第一,政府只有公共使用目的才能征用私有土地,公共使用的范围包含政府办公用房、公立大学、医院、道路、车站、军用设施等;第二,政府因为进行经济建设或发展公益事业需要土地时,在证据充足的条件下可以通过市场价强制购买私有土地的方式进行;第三,政府征收财产可以给一般公众使用,也可以转让给私人使用;第四,政府征收私有的土地或者房屋必须经过正当的法律程序;第五,公共使用原则,即政府不能在利用行政权力损害某个个体利益的同时使另一个体受益。

2. 土地征收的法律程序

根据美国联邦宪法第五条修正案的规定，有偿征收要遵循正当的法律程序。具体包括：一是预先通告土地所有者和其他利害关系人，由政府对被征收财产开展实地调查和评估；二是召开公开听证会，说明征收的合理性和必要性；三是由政府向被征地的土地所有者提出补偿数额的初次要约，提供评估报告，并允许被征地的土地所有者提出反要约；四是若政府和被征地的土地所有者在补偿数额上无法达成协议，则进入诉讼程序，由政府将案件送交法院处理；五是针对补偿额的争议进行法庭审理，由陪审团、资产评估师等决定征收补偿；六是若双方最后一次进行补偿数额的平等协商仍不能达成一致，则由普通公民组成的民事陪审团决定合理的补偿数额；七是如果法院判决支持政府征收，政府在法院判决生效后30天内支付补偿额，并取得被征收的财产（周大伟，2004；王静，2011）。

3. 土地征收的公平补偿

美国土地征收的公平补偿主要表现为：首先，充分尊重土地所有者的利益，征收补偿既要包括被征收土地的现有价值，也要充分考虑可预期或可预见的未来价值；补偿的对象不仅包括房地产本身，也要包括与房地产相关的附加物和其他无形资产。其次，补偿不仅要充分保障土地所有者的利益，还应当对财产相关的主体进行补偿。最后，对补偿对象价值的评估依据完全的市场评估价，补偿标准的计算也是根据征用前的市场价格为基准，而不存在按照由政府制定的评估规则来进行评估的规定（周大伟，2004）。

美国土地征收制度的有效运行，法律发挥了不可替代的保障作用：一是在宪法层面对征收的范围进行了严格的限定，规定征收过程必须经过正当的法律程序；二是通过法律调节和平衡土地征收中各利益主体的关系，注重土地征收补偿的公平性，有效避免了不同利益需求之间的矛盾。

五、房地产和民生保障用地差别化管理

（一）我国台湾地区社会住宅（"国民"住宅）

为解决房价不断攀升带来的民生问题，20世纪50年代起，我国台湾地区颁布了若干与住房相关的政策法规，并开始规划兴建"社会住宅"（早期称为"'国民'住宅"）。"国民"住宅是台湾当局有计划地直接兴建的，或贷款给人民或奖励民间私人兴建用以出售、出租的，社会中经济弱势群体以低于市场价格住

用的住宅。

1. 社会住宅的发展变革

1954 年，台湾地区成立了"'行政院''国民'住宅兴建委员会"，并在 1957 年制订颁布了《兴建"国民"住宅贷款条例》。至 1975 年，当局贷款给民众自建或代为兴建的"国民"住宅已达 12.5 万多户（占全部住宅供应的 7.2%），一定程度上满足了民众的住房需求（沈惠平，2011）。1975 年公布了《"国民"住宅条例》，明确"国民"住宅是由当局有关部门直接兴建的廉价住宅，用于出售或出租给低收入家庭；这项条例的出台标志着台湾地区开始正式实施"国民"住宅政策。1982 年修订的《"国民"住宅条例》规定"国民"住宅的范围应扩展为"当局直接兴建"、"贷款人民自建"及"奖励投资兴建"三种方式（罗昱，2008）。1976~1999 年期间兴建的"国民"住宅达 14.9 万多户，在很大程度上改善了中低收入群体的居住条件（沈惠平，2011）。

为了更好地实现"居住正义"的目标，台湾地区于 2007 年拟定《住宅法》草案并在 2011 年审查通过，提出了由台湾当局兴办或奖励民间兴办社会住宅，专供弱势者租住。但进入 21 世纪后，由于受到经济长期低迷和房地产激烈竞争的影响，台湾地区"国民"住宅的建设量逐年下降，甚至接近停滞。

2. 社会住宅的现状与问题

目前，台湾地区的住宅呈现出了高自有率、高房价和高空屋率的特色。2010 年，台湾住宅自有率达 83.9%，公有出租住宅只占 0.08%，房屋空置率为 19.3%。从住房价格来看，2011 年台湾六大都会区的平均房屋价格与年收入的比率为 9.2，其中台北市高达 14.3，即台北市新购房者每月工资的 46.6% 要用于负担房贷。2011 年的调查表明，15.8% 购房者购房的目的在于投资。可见，近年来，缺少了当局有关部门的有效干预，台湾的住宅市场出现了较为严重的房地产投机问题（陈怡伶，2013）。

经过半个多世纪的运行，台湾的"社会住宅"政策整体上取得了一定的成效，但并未从根本上解决台湾地区的居民住宅问题。其主要原因，一方面，"社会住宅"主要依赖市场机制运行，当局仅作为住宅供给者或者住宅市场的调节者，导致住宅市场的高度投机；另一方面，公有土地是社会住宅兴建的主要土地来源，但由于土地产权的取得较为困难，"国民"住宅的实际兴建数量无法达到计划兴建数量。

（二）我国香港地区公共租住房屋制度

香港地区高度繁荣的房地产市场和严重的市场投机行为曾经一度造成房价与普通市民收入之间的巨大差距。为解决居民住房问题，香港自 1954 年开始实施公共租住房屋（简称"公屋"）制度。经过半个多世纪的发展，香港为近一半的居民提供了低廉的公营房屋，很大程度上解决了中低收入群体的住房问题。

1. 公共租住房屋制度的发展变革

从香港公共租住房屋制度的历史演进来看，制度政策在不断推进中逐步完善，如图4-4所示。1972年，香港政府公布了"十年建屋计划"；1973年，香港依据《香港房屋条例》正式成立了香港房屋委员会，开始实施公营房屋计划，为不能负担私人房屋的低收入家庭提供公屋（公租房）；并先后推行"居者有其屋计划"（1978）、"私人机构参建居屋计划"（1979）等（冯宜萱，2013）。1987年，房屋委员会制定了长远房屋策略（1987~2011），并先后推出"夹心阶层居屋计划"（1993）、"租者置其屋计划"（1998）、"长者安居乐计划"（1999）等（王坤，2006）。此后，为应对亚洲金融危机对房地产市场的冲击，2002年，房委会调整原有政策，停止了"居者有其屋计划"和"私人机构参建居屋计划"。2007年，房委会推出第一期"出售剩余居屋计划"，同年7月政府重组了相关机构，由运输及房屋局负责房屋政策事务（倪冰等，2012；赵进，2010）。2010年，香港运输及房屋局公布了"置安心资助房屋计划"，旨在帮助中低收入阶层缓解购房压力。此外，2015年，香港政府提出，自2016年开始复建政府资助的"居者有其屋计划"，并增加住宅用地的供给。

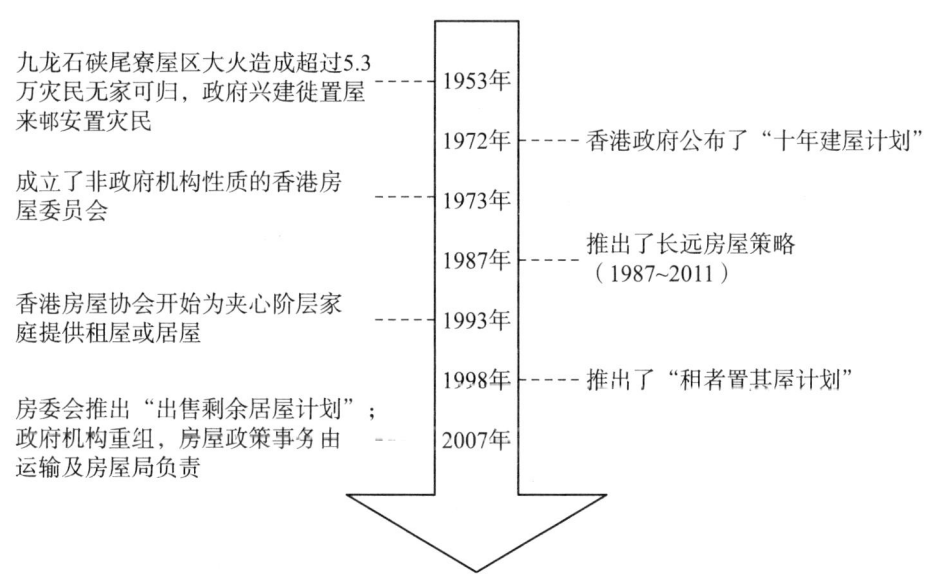

九龙石硖尾寮屋区大火造成超过5.3万灾民无家可归，政府兴建徙置屋来邨安置灾民	1953年	
	1972年	香港政府公布了"十年建屋计划"
成立了非政府机构性质的香港房屋委员会	1973年	
	1987年	推出了长远房屋策略（1987~2011）
香港房屋协会开始为夹心阶层家庭提供租屋或居屋	1993年	
	1998年	推出了"租者置其屋计划"
房委会推出"出售剩余居屋计划"；政府机构重组，房屋政策事务由运输及房屋局负责	2007年	

图4-4 香港公共租住房屋制度的历史演进

资料来源：赵进：《香港公营房屋建设及其启示》，载于《国际城市规划》2010年第3期，第97~104页。

2. 公共租住房屋现状

香港政府在住房政策方面采取明确的双轨制，家庭收入较高的市民主要依靠市场购买或租住私人开发的楼宇，家庭收入属于中下阶层以非常低廉的价格租住或购买政府开发的公屋（姜秀娟等，2011）。2015 年香港房屋委员会公布的住房统计数据显示，香港公营租住房屋共有 78.3 万套，居住人数达 219.2 万人，约占香港总人口的 29.1%；公营资助出售房屋共有 39.6 万套，居住人数达到 122.8 万人，约占香港总人口的 16.5%（香港房屋委员会，2015）。由市场与政府共同运行的公共租住房屋建设基本达到了住房供应总量的半数，很大程度上满足了香港中下层居民的住房需求。

香港公共租住房屋制度的成功离不开政府对公屋建设的土地和财政支持。为降低住房建设成本采取弹性的土地供应方式，政府远低于市价甚至免费提供土地，房委会建成公屋以低价提供给低收入家庭。此外，这一制度的有效运行还得益于严格的公屋申请和退出机制以及政府、非政府组织和住户的协调配合。

（三）新加坡"组屋计划"

1. 公共组屋计划的发展变革

新加坡是国际认可的保障性住房建设最为出色的国家之一。1960 年，政府制定《新加坡建屋与发展法令》，组建建屋发展局（Housing and Development Board，简称 HDB），负责社区和居住区的总体规划、组屋的设计和建造等公共住房建设工作（肖淞元，2012）。1964 年推出了"居者有其屋"的政府组屋（公共组屋）计划，在政府干预和主导下由政府进行投资修建保障性住房。公共组屋建成之后，以低价出售或出租给中低收入阶层使用，产权期限为 99 年。截至 2012 年 2 月，约有 82% 的新加坡居民居住在政府提供的公共组屋中，其中 79% 为购买，3% 为租赁；其余 18% 的居民主要为高收入阶层，居住在市场提供的私人公寓或别墅中（周庆等，2013）。可见，经过 50 多年大规模公共组屋建设，新加坡已经基本实现"居者有其屋"的住房目标。

2. 公共组屋计划的配套政策

新加坡土地资源利用具有明显的公共利益导向。1967 年，新加坡政府颁布《土地征用法令》，规定政府可以因公共目的征用私人土地，法定的非营利机构可以无偿获得划拨土地（周静等，2012）。这一征地政策为政府实施大规模的"组屋计划"提供了土地保障，并且大大降低了公共组屋的成本。从公共组屋的资金来源来看，建屋发展局的资金主要来源于政府的补贴和贷款，组屋的出售收入以及物业租赁和管理服务收入三个部分；此外，1955 年建立的"中央公积金制度"也对组屋建设运营发挥了重要作用，见图 4-5。1981 年，新加坡政府颁布了

《中央公积金法（修正案）》，推出强制性住房保险计划，明确组屋拥有者在丧失还款能力时仍可拥有房屋，中央公积金负责清偿欠款。

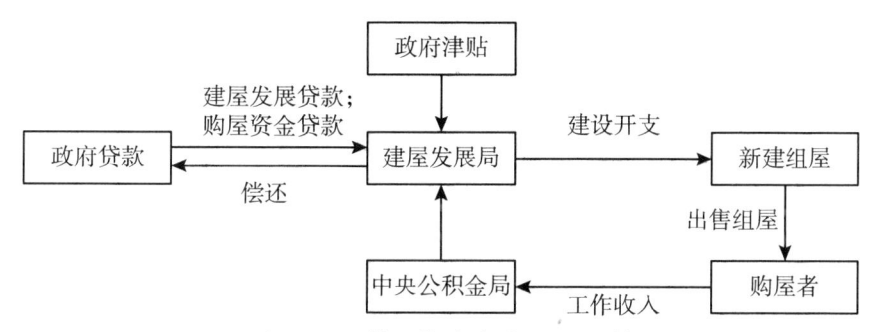

图 4-5　组屋的资金来源与周转

资料来源：陈志刚：《新加坡组屋与中央公积金政策分析》，载于《国土资源情报》2014年第1期，第2~11页。

新加坡"组屋计划"的成功运行主要得益于以下几个方面：一是由政府组建非盈利部门建屋发展局（HDB），可以无偿获得划拨土地，降低了"组屋计划"的实施成本；二是政府实施公共住房补贴计划，向没有能力拥有住房的中低收入者提供租房补贴，帮助公民获得可负担的公共组屋；三是公共组屋分配制度对申请购买或租赁者的条件、租住、转售等做出了严格的规定，保障组屋供给的公平有序、避免炒房行为的发生（刘晨宇等，2013；陈志刚，2014）。这些特征对于完善我国保障性住房体系、解决保障房建设中存在的问题，具有重要的借鉴意义。

（四）英国住房保障制度

英国是最早建立住房保障制度的国家之一。早期的英国住房保障体系主要是政府以低租金供应公共住房，解决低收入群体的住房问题。后期，住房供应逐渐向市场机制转变，弱势群体的住房问题由社会保障部门解决，实现了市场机制与政府干预有效结合，既发挥了市场机制的效率优势，又弥补了市场解决低收入者住房困难的缺陷（唐黎标，2007）。

1. 住房保障制度的发展变革

早在1909年，英国政府就颁布了《住房与城镇规划法》（*Housing and Town Planning Act*），并在1919年进行了修订，明确了政府在建造和提供公共住房方面的责任以及政府承担社会住房发展的义务，标志着英国住房保障制度的建立。主要政策包括租金管制、政府收购住房和政府投资兴建公共住房三项内容。其中，租金管制指的是区议会有权确定租金，房屋出租者无权决定租金，以此降低租赁房屋的成本；政府收购住房指的是政府收购私有住房作为公共住房使用；政府投资兴建公共住房指的是将公共住房以合理的租金租给无房者（肖淞元，2012）。进入20世纪40年代后，为解决第二次世界大战造成的"房荒"，英国政府采取集中建设公共住房的住房政策大量兴建福利性公寓，以满足大量无房户的需要。1964年，英国成立了住房公司（Housing Corporation），进一步完善了政府主导的社会公共住房保障体系。

1979年后，英国政府先后颁布了《住房法》、《住房与建筑控制法》等，将其拥有的公共住房以优惠的条件出售给租赁者、私营机构或住房协会，逐渐减少修建和供应公共住房，将住房建设更多地置于纯粹的市场环境之下（汪建强，2011；朱晨等，2007）。1990年，英国通过《城乡规划法》（Town and Country Planning Act）对保障性住房用地的配置进行了规定，规定取得规划许可的开发商必须承担地方政府规划管理部门赋予的规划责任，要求开发商在其开发项目的周边配建公共事业和基础设施或者提供一定数量的公共住房（梁爽，2014）。与此同时，为更好地修建和供应公共住房，允许开发商将部分土地低价转让给当地的住房协会进行开发建设。2004年之后，英国开始实施"分享式产权购房计划"，即房屋产权由购房申请者和提供贷款的住房协会共同持有，购房申请者也可以在购房后逐渐购买住房协会享有的剩余产权（孙海燕等，2009）。该计划允许私营房地产商介入社会公房建设，旨在帮助低收入家庭实现住房理想。

2. 住房保障制度的实践

经过多年的实践和改革，英国民众的住房问题基本得到了解决。从2004~2011年，英国的住房自有率从71%下降到66%；2011年，17.5%的英国家庭居住在公共住房中，16.5%的家庭居住在私人租房中（王兆宇，2012）。

英国住房保障制度的成功运行主要得益于，首先，英国通过立法支持住房保障制度的运行，同时在规划上给予保障性住房用地支持，保障性住房建设和城市长期发展理念相契合；其次，英国政府以政府主导利用市场手段推进保障性住房建设，要求企业在房地产开发时须配建一定比例的保障性住房，给予住房协会较多的管理和支配公共房屋的权利，但也在住房建设标准和租金价格等方面进行管制。

（五）荷兰社会住房租赁制度

荷兰是社会资本参与公共租赁住房建设、运营与管理实践非常成功的国家。社会住房是指由非营利机构拥有和管理的、租金低于市场租金的、依据需求而不是价格进行分配的住房，它是在政府公共津贴等优惠政策资助下用于满足低收入群体住房需求而提供的住房（胡金星等，2013）。

1. 社会住房租赁制度的发展变革

19世纪50年代开始，荷兰的社会资本就已参与公共租赁住房建设、运营与管理实践。1901年，荷兰通过了第一部《住房法》（Housing Act），此后，成立了住房协会（Housing Association），为改善大众居住条件提供了法律保障和经济支撑。1934年修订的《住房法》中规定住房协会需偿还政府的投资，盈利需放到所在地政府的一项基金里，不得保留盈余收入（周静，2008）。"二战"之后，荷兰面临着更加严峻的住房短缺问题，政府于1947年和1948年出台了新的《住房法》，加强政府对社会住房建设的财政支持。20世纪70年代后，荷兰政府开始鼓励住房自有化，并对部分符合要求的自住房家庭进行各类住房补贴。自此，荷兰的住房需求始终保持上升趋势。进入90年代以后，荷兰住房数量短缺的问题基本解决，但也因此造成住房保障方面的公共财政支出不断飙升。为此，荷兰对国家保障住房进行了市场化改革，地方政府基本退出了住房供应体系。自1995年起，中央政府停止对社会租赁住房供给方（主要是住房合作社）提供财政补贴，大部分住房合作社企业化和部分私有化。同时，政府开始出售部分租赁住房，鼓励住房私有化，并继续加大对住房需求方的财政补贴（景娟等，2010）。

2. 社会住房租赁制度的实践

随着荷兰社会住房租赁制度的不断变革，不同类型的住房数量也随之变化，如表4-2。20世纪70~90年代期间，荷兰政府住房政策相对稳定，社会住房比例始终保持在40%以上。此后，由于住房市场化改革，2010年社会住房比重下降至33.6%，自有住房和商业性租赁住房比重上升至55.3%（胡毅等，2013）。

表4-2　　　　　　　荷兰住房所有权比例的变化

	1947年	1956年	1967年	1975年	1982年	1986年	1990年	2000年	2010年
私人拥有或私人出租（%）	87.4	76.4	65	58.9	51	52	52	52.7	55.3
住房协会（%）	9.3	12.3	21.6	29.2	31	35	37	34.5	33.6
市政府（%）	3.3	11.2	13.4	11.9	8	7	5	—	—
其他（%）	0	0.1	0	0	9	7	6	—	—
总住房套数（万套）	211.7	254.7	345	436.7	495.7	538.4	580.2	659	717.2

资料来源：胡毅、张京祥等：《荷兰住房协会——社会住房建设和管理的非政府模式》，载于《国际城市规划》2013年第3期，第36~42页。

荷兰社会住房租赁管理方式经历了由政府主导向市场主导的转变，之后又演变为政府和市场相结合的社会住房保障体系。荷兰的住房保障体系以住房协会模式运行，由政府提供土地和贷款方面的支持，由非政府组织或私人企业承担保障房的建设和管理；节省了政府大量的管理投入，避免了地方政府因财政压力而导致保障房建设区域过于集中的社会问题。

第三节 典型国家（地区）建设用地管理对我国的启示

基于前两节对典型国家（地区）建设用地管理经验总结和分析，本节将结合我国目前建设用地管理的现实问题以及未来的发展战略目标，从建设用地管理思路和政策两个角度就典型国家（地区）经验对我国建设用地管理的启示进行总结。

一、转变短期阶段性的管理思路，建立长期的全过程型管控机制

建设用地利用管理与经济发展、环境协调是一个长期互动的过程，因而，对规划期内的建设用地规模和布局结构等方面的管理也应该是长期的、全过程型的。目前，我国建设用地管理中尚缺乏"国家中长期空间发展战略"，主要运用土地利用总体规划、土地利用年度计划等强制性管控工具，管控效果的持续性低于预期；并且，由于存在不同部门同时插手、相互掣肘的局面，各部门、各体系的建设用地管理工作存在无法衔接、难以统筹的难题。根据国际经验，未来的改革思路为：建立中长期的土地发展战略并对短期土地调控措施进行引导和约束，进而形成涵盖建设用地管控每一个环节的过程型调控机制，同时，要强化土地管理部门对其他不同行政机构、不同政策措施的统筹协调职能，促进形成一体化的土地管理机制。

在建设用地规划管理方面，应制定全面、均衡、长远的国土开发总目标，借鉴新加坡和荷兰的规划体系，构建三十年至五十年的长期战略型国土开发战略，进而建立多层次空间规划体系负责详细的空间布局和结构调整，避免不同层次规划的重复和冲突，也要保证同一层次规划在不同地区之间的协调。按照优化开发、重点开发、限制开发、禁止开发的主体功能定位，深入改革"三规"分立的现状，逐步建立和完善具有中国特色的"三规合一"的规划制度。进一步整合各

级地方和各个部门关于国土规划的发展意愿，促进多方面相互合作，实现全面、均衡和可持续的国土开发格局。在建设用地开发利用管理中，加强对土地开发强度、投资密度等指标的量化管理，通过监控、评测和调节等方式对建设用地开发利用项目整个周期进行管理，达到提高建设用地功能效益的目标，如法国注重对协议开发区实施运行各个环节的管控和充分协商。建立长期的全过程管控机制还需要尽快制定和完善土地利用管理的法律体系，制定和完善规划、供应、征收、节约集约实施管理的配套法规和规章，保证土地利用管理的权威性、强制性和约束性。法律体系的建立要与建设用地管理的不同层级、不同阶段相匹配，在法律层面上杜绝政出多门、职责不清等问题，如德国空间规划体系中不同层次规划的编制均有相对应的法律支撑。

二、提高建设用地集约利用水平，加强对存量建设用地内部挖潜

我国的城市化水平已超过50%，但要达到70%以上的现代化目标，城市数量的增加和空间规模的扩张将是不可避免的趋势。长期以来，为满足经济发展的用地需求、保持强劲的经济高增长态势，建设用地配置形成了独特的"以土地谋发展"的外延式增长模式，导致大量土地资源，尤其是耕地资源的消耗。从资源承载角度看，在确保我国粮食安全、人们正常生活需求以及生态安全的前提下，可用于建设的土地十分有限。如果继续盲目地供给土地满足地区经济发展，必将使得耕地资源保护任务更加艰巨，甚至阻碍地区社会经济的可持续发展。针对这一发展趋势和潜在压力，需要制定严格的土地规划和供应政策，加快步伐转变外延式的增长模式，提高建设用地集约利用水平，加强对存量建设用地的内部挖潜。

存量建设用地内部挖潜是对存量建设用地进行二次开发利用的过程。按照我国当前的土地管理制度框架，存量用地一般是指在变更调查数据中现状为建设用地或在农转用有效期内完成农转用审批的地块，包括未建设存量用地和已建设存量用地。如果对这部分存量土地进行再次开发利用，则无须占用农用地和新增建设用地指标。但存量建设用地的再次开发利用也存在一定的难度，这部分土地的使用权分散在各土地使用者手中，涉及的权利关系十分复杂，在对土地进行处置、利用以及各项收益的分配等方面均需要兼顾多方利益主体。

为了更好提高建设用地利用效率，政策的制定应考虑以下几方面：第一，根据社会经济发展程度、阶段、趋势和目标，以合理的建设用地总量规划对新增建设用地进行严格控制，借助土地利用规划和土地利用计划管理手段，实现

建设用地利用方式从增量扩张为主向存量挖潜利用为主的转变；如美国通过划定城市增长边界限制城市用地的扩张态势，并设置土地发展权制度提高城市土地的集约利用水平。第二，逐步形成合理的建设用地利用结构和布局，明确建设用地资源在不同产业间的配置比例、供应时序等内容，如荷兰制定了分区规划控制不同产业活动的区位选择。第三，根据不同区域产业用地的特点，制定不同的用地标准，如对土地利用容积率、投资强度、产出强度等进行限制，提高产业用地供地门槛，促进土地使用者提高土地集约利用水平。第四，借鉴新加坡规划中预留"白色地段"的做法，保证土地利用规划和土地用途管制刚性与弹性相结合。

三、统筹城乡统一建设用地管理，推进征地制度改革

在我国特有的国有土地所有制和集体土地所有制的土地产权制度下，土地征收成为国家在必要时将集体土地强制性转为国有土地并给予补偿的一项公共权力。与世界其他国家或地区的政府征收或强制性购买私有财产的公共性目的不同，我国的土地征收还是实现土地资源在城乡之间流动、配置的方式，服务于城市化发展的需要。但我国的土地征收补偿费只包含了土地补偿费、安置补助费、地上附着物补偿费和青苗补偿费四项内容，征地补偿费的内容过于单一，不仅造成对农民权益的损害，也不利于遏制耕地资源的锐减。由此，统筹城乡一体化发展、优化配置城乡建设用地的关键在于推进征地制度改革，保护农民土地权益不受到损害，提高区域土地利用效率。

推进征地制度改革的关键在于保障农民的土地财产权，公平公正地分配土地在征收过程中产生的增值收益，协调不同利益主体之间的利益需求。具体改革思路和做法是：首先，可以借鉴美国土地征收制度的经验，严格明确土地征收的公益性目的，以法律法规界定公共利益的范畴，规范政府的裁量权，缩小土地征收的范围。其次，在保障原土地权益者利益不受损的前提下，尝试借鉴台湾地区土地"区段征收"和德国的土地征收补偿制度，采取灵活的、多样化的征收补偿方式，即土地被征收之后，允许原土地所有者自主选择抵价地补偿、现金补偿以及留地安置配合现金补偿等不同补偿方式；在政府机构负责对土地进行规划、整理后，原土地所有者可优先购买原有部分土地进行开发建设。

四、差别化土地供应管理，强化保障性住房用地优先地位

随着劳动力成本的不断上升，我国若干城市，特别是经济发达地区的城市，

提出了产业发展转型升级的目标。国土资源部也提出，未来要实行土地差别化供应管理，即按照各地区土地规划执行情况、固定资产投资、补充耕地与不同性质用地分配等，综合测算后下达土地计划指标。然而，我国一直实行土地出让招拍挂制度，土地资源的配置、利用决策很大程度上受到价格机制的影响，具有分散性和逐利性的特征，经济主体总会倾向于选择投资收益率较高的土地利用方式。在这种土地制度下，可能会出现因地方政府过于追求土地财政或经济发展目标而导致的生态用地、保障性住房用地供给不足等问题。因此，为加强保障性住房的建设和供给，实行商品性房地产开发用地与民生保障用地差别化供应政策是未来的发展方向。

我国保障性住房用地，一是来源于农村土地征收形成的增量建设用地，二是来源于城市房屋拆迁形成的存量建设用地。现实中，在建设用地规模限制、工业化发展用地需求迫切的影响下，保障性住房的选址空间和供应数量受到挤压，保障性住房的用地布局呈现出明显的郊区化和边缘化趋势，甚至很多规划选址范围已经突破了城市总体规划的建设用地边界。为此，保障性住房用地供应的改革思路如下：一是采取与高档商品住房用地、普通商品等住房用地的差别化供地政策，借鉴香港地区公共房屋用地的弹性供应制度，以政府行政划拨方式供给保障住房用地，降低保障性住房获取土地的成本。二是发挥政府在土地规划和用途管制方面的主导作用，处理好保障性住房用地与产业用地协调发展的关系，提升保障性住房的居住环境。三是建立健全城镇中低收入家庭住房供应体系，确定各类住房用地的合理供应比例，在制度上保证各收入阶层的住房需求。四是借鉴新加坡组屋的分配制度以及香港地区公共房屋的退出制度，完善我国保障性住房的准入机制和退出机制，加强保障住房的供后监管，提高房屋的供给效率和利用效率，引导政府、非政府组织和民众的相互配合。

五、推进土地市场化改革，实现政府调控和市场机制相结合

我国土地资源配置的管理体制是以政府调控为主、市场激励为辅。政府干预的固有缺陷使得在建设用地管理过程中存在着管制失灵的问题，市场工具的不完善也制约着土地资源的高效配置。国际经验表明，对建设用地管理进行市场化改革，能够明显提高建设用地集约度。因而，我国也应适当转变政府职能，充分发挥市场配置资源的优势作用，实现建设用地管理思路由"行政调控"向"市场激励"的转变，构建政府主导下的市场化运作模式。

推进土地资源的市场配置需要做到以下几个方面：首先，要明确土地管理部

门的行政管理职能，将属于市场机制调控的对土地使用、处置和收益等各项权能从土地行政机构中剥离。其次，由政府委派专门的负责机构，或者由政府主导成立专门的土地管理公司等，由这些经济组织以市场运作的方式，负责建设用地的出让、出租、收益分配等。再次，在建设用地收益分配方面，可以建立与政府财政体系相独立的专门账户，避免建设用地供应和使用权交易中出现情况不明、交易不公等问题。以建设用地市场化供应管理为例，具体做法为：运用土地租金和价格杠杆，促进产业发展和升级，提高土地节约集约利用水平；进一步扩大市场化配置土地的范围，除军事、保障性住房及涉及国家安全和公共秩序等的用地以划拨方式供应外，国家机关办公和交通、能源、水利等基础设施及各类社会事业用地中的经营性用地均实行有偿使用。

六、建立公众参与机制，提升公众主体的参与意识

我国现行的建设用地资源管理体系中，土地规划、年度计划、行政审批和供应等均采用行政手段，由各级政府和相关职能部门主要负责。近年来，为了更好地接受公众的监督，我国在建设用地管理过程中引入了公共参与机制，但是实践中公众参与程度仍然偏低。以各类规划编制为例，中央政府以土地利用规划的形式确定未来一段时期内全国建设用地增量的总指标，并将其分配给各省级政府，省级政府也通过相同的形式将指标拆解再分配给下级政府。土地规划的参与者主要是政府工作人员和规划编制专业人员，这种状况下可能会出现因工作人员的片面认知而导致规划编制与实际情况不符等问题，从而影响规划的实施效果。

为了提高建设用地管理的公众参与度和信息透明度，提高管理政策的运行绩效和土地资源的利用效率，在建设用地各项管控政策实施的过程中引入公众参与机制成了一个必然选择。完善公众参与机制要求：第一，要提供公众参与的平台，即由政府部门和土地管理机构为公众提供信息交流的途径或场地，给予公众了解公共管理领域的活动场所，如听证会、讨论会等。第二，健全听政制度，赋予公众参与的合法权利，包括对建设用地管理的监督权、咨询权、参与决策权和知情权等。第三，激发和提升公众参与意识，规范和引导公众参与行为，实现公众参与对提高土地管理效率的目的；如借鉴英国规划编制过程中的公众参与机制，把公众参与作为建设用地管理各个环节中必备的工作内容，结合我国基本国情建立和完善公众参与的原则、程序、参与对象选择、参与方式、组织形式、协调机制、参与效果评价等内容，最大限度地保障和维护公众利益。

本 章 小 结

本章以典型国家（地区）的建设用地管理作为考察对象。首先，梳理和总结了典型国家（地区）建设用地管理的思路；其次，从总量控制和差别化管理的角度，按照优化布局管理、区域协调发展、集约节约利用管理、土地征收、房地产和民生保障用地管理几个方面，分别归纳总结了典型国家（地区）建设用地管理的具体政策和经验教训；最后，借鉴典型国家（地区）建设用地管理的思路、经验和教训，提出了我国未来建设用地管理改革的可行方案。

典型国家（地区）建设用地管理的总体思路主要表现在：一是建设用地管控措施的实施更加注重整体规划和过程管理的共同作用；二是建立严密的建设用地行政管理体系的同时，充分利用市场调控手段调节土地需求、供给等，发挥其在土地资源配置方面的优势；三是建设用地管理的不同方面、各个环节，都倡导社会各方人士积极参与和监督，以保证政府的行政决策具有较高的透明度、公众参与度和社会认可度。

典型国家（地区）建设用地管理的政策主要体现在以下五个方面：一是建设用地优化布局管理和总量控制战略，美国"城市增长边界"的成功运作得益于法律的支持以及公众的积极参与；英国"绿带政策"则由于过于刚性而对社会经济发展产生了一定负面影响；我国台湾地区都市计划体制在变革中更加注重和强调动态管制的积极作用。二是建设用地区域协调发展和差别化管理方面，美国土地分区规划管制在实现城市用地合理利用的同时，也造成了土地所有权人的权益损失；德国空间规划和区域规划在完善的法律体系支撑下，实现了不同层面规划的协调和配合；荷兰空间规划和区域规划顺应了国家和地方经济发展的需求；新加坡城市发展规划与"白色地段"通过给予土地开发者一定的弹性用地空间，实现了用地效率的提升；三是建设用地集约节约利用管理方面，美国土地发展权制度在市场机制的调控作用下实现了对城市蔓延的控制目标；德国土地重划和法国协议开发区制度的顺利运行得益于公众的积极参与以及相关主体的协商配合；四是土地征收制度方面，我国台湾地区"市地重划"与"土地区段征收"、日本土地区划整理与"减步法"征收、德国的土地征收补偿制度以及美国的土地征收制度都十分注重法律的规范作用，强调要充分尊重原土地所有权人的权益、并且实行了多种方式的损失补偿；五是房地产和民生保障用地差别化管理方面，中国台湾地区社会住宅（"国民"住宅）建设中存在住房用地取得较为困难的问题；中国香港地区公共租住房屋制度和新加坡"组屋计划"的顺利运行则得益于政府低价或无偿划拨保障性住房用地的政策支持；英国住房保障制度的运行十分注重政府干预和市场机制的有效配合；荷兰社会住房租赁制度选择以住房协会的模式运行来减轻政府的财政压力。

典型国家（地区）建设用地管理对我国的启示包括以下六个方面：一是要转变短期阶段性的管理思路，建立长期的全过程型管控机制；二是要转变外延式的增长模式，加强对存量建设用地内部挖潜；三是统筹城乡统一建设用地管理，推进征地制度改革；四是差别化土地供应管理，强化保障性住房用地优先地位；五是推进土地市场化改革力度，实现行政调控和市场激励配合运行；六是建立公众参与机制，提升公众主体的参与意识。

第五章

我国建设用地总量控制目标与路径选择

经过三十多年的高速增长,我国经济发展取得了举世瞩目的成就。其中,土地作为最基本的自然资源和生产要素,支撑了我国工业化、城镇化进程的快速推进。但是由于政府管理政策与工具不健全,土地产权体系与市场机制作用发挥不完善,建设用地过度扩张与低效利用问题严重,在很大程度上制约了我国经济发展方式转变和经济发展质量的提升。因此,结合国家经济社会发展阶段与战略目标,预测分析我国建设用地总量未来的供需矛盾,确定合理的建设用地总量控制目标,引入更加先进的建设用地管理理念,从区域协调、城乡统筹、产业优化、民生保障等方面提出优化建设用地总量调控的途径,对于加强和完善我国建设用地总量管理,促进土地节约集约利用和经济方式转变具有重要意义。

第一节 我国经济社会发展阶段与目标

控制建设用地总量的根本目标在于促进经济社会可持续发展。因此,建设用地总量控制既要考虑到我国当前所处的经济发展阶段与土地需求特征,同时也要有一定的前瞻性,与国家经济社会发展战略目标相结合。基于此,本节对我国经济社会发展的阶段进行初步分析,梳理国家工业化与经济增长、新型城镇化建设、生态文明建设、城乡一体化建设、社会治理、政府改革等发展战略及相应的发展目标,为国家建设用地总量控制目标确定提供基础。

一、我国经济社会发展阶段判断

借鉴冯飞（2012）、杨宇（2012）等学者提出的理论与方法，主要通过综合分析人均收入水平、产业结构水平和产业就业结构等指标，来判断中国的工业化进程。首先，以人均收入水平为判断依据，2012年中国人均GDP达到了38 420元人民币，对应钱纳里（1995）划分标准的工业化中期阶段。其次，以产业结构水平为判断依据，2012年中国第一、第二和第三产业的比重分别为10.1%、45.3%、44.6%，工业化水平处于库兹涅茨（1999）所提的工业化中后期阶段。第三，以产业就业结构为判断标准，2012年中国第一产业就业人数为33.6%，比第二产业高出3.3个百分点，比第三产业低2.5个百分点，应处于工业化中期阶段。综合上述分析，可以初步判断中国当前中国的工业化正处于中期到中后期发展阶段。对于中国城镇化所处的阶段，现有研究一般以人口城镇化率为标准，划分出三个发展阶段：城镇化率在30%以下为城镇化初期阶段；城镇化率在30%~70%为城镇化中期阶段；城镇化率在70%以上为城镇化后期阶段。2012年我国城镇化率达到52.57%，可以判断城镇化处于中期阶段。此外，2000~2012年，我国城镇化率年均增幅超过1个百分点，远超过该时期一些发达国家的城镇化速度，可以预见我国未来一段时期内城镇化仍将保持高速发展势头。

但需要注意的是，我国工业化、城镇化以高投入、高消耗、高排放为主要特征，严重削弱了我国经济社会的可持续发展能力。其中，工业化、城镇化进程中的土地资源配置问题具有典型代表性。

一是工业化、城镇化进程中建设用地外延式扩张无序，造成耕地资源大量流失，严重威胁中国粮食安全。由于中国城镇建设与优质耕地分布在空间上高度重合（胡存智，2014），1986~2002年间，中国建设共占用耕地286.25万公顷，年均减少16.83万公顷（邵绘春，2010）；2003~2011年间，中国共依法征收农用地246.82万公顷，其中耕地164.88万公顷，年均被征耕地18.32万公顷[①]，被占用耕地中近1/4是水田，近1/3是水浇地，而且这些土地排灌设施齐全、熟化程度好、生产能力高。虽然有"占补平衡"等政策保证耕地数量，但补充的耕地中水田和水浇地比例较低、质量较差，多分布在生态脆弱区，而且经过多年开发，部分地区的耕地后备资源接近枯竭，耕地保护面临更严峻挑战。

二是工业化、城镇化中土地利用粗放浪费，严重制约我国经济可持续发展。

---

① 根据《中国国土资源年鉴》的统计数据整理。

首先，尽管城镇自身的土地集约利用水平显著提升，但是并未带动农村建设用地利用水平提升。2000～2011年，我国城镇人口增加了50.5%，城镇建成区面积同期增长了76.4%，农村人口减少1.33亿人，农村居民点用地反而增加了203万公顷[①]，人均面积从205m²/人扩大至276m²/人，村庄空置面积预计超过1亿亩（王世元等，2014）。其次，城镇土地的利用水平与效率也亟须提升。从土地利用结构来看，城镇的工业用地比例偏高，地均产出率低。2010年我国工矿仓储用地占比为26.15%，远高于纽约的7.48%，我国香港地区的5.96%、伦敦的2.7%和新加坡的2.4%（朱海明，2007）。但就产出强度而言，即使是土地利用最集约的上海市，其2012年建设用地产出率只有纽约的1/29、我国香港地区的1/14（中国土地勘测规划院，2012）。而且在我国各地大量建设用地闲置，土地供而未用的现象长期存在。据统计，截至2013年5月31日，全国闲置土地3.55万公顷，其中房地产闲置土地1.07万公顷[②]。

三是工业化、城镇化中对区域资源环境承载能力重视不足，部分地区土地过度开发，严重影响生态安全和环境质量。2000～2010年，我国建设用地总量和增量主要集中于东部沿海和中西部几个重点城市群地区，全国20个城市群建设用地增长量占到全国增长量近3/4，约400万公顷，其中城镇工矿用地增长量超过全国增长量的2/3，约240万公顷，20个城市群的建设用地开发强度（8.69%）远高于全国平均水平（3.76%），其中有7个城市群开发强度超过10%，长江三角洲城市群、京津冀城市群开发强度接近20%。这种高投入、高集中的建设用地扩张模式对城市群地区的自然生态空间带来严重影响，大量建设侵占和过度消耗使得河流、湖泊、滩涂等重要自然生态空间出现大幅萎缩。城镇人口生产生活排放的废气、废水、废物造成严重的环境污染，使得局部地区的生态系统越发脆弱，生态保护压力日益加大。

可见，当前我国仍处于工业化、城镇化中期到后期发展的过渡时期。在此背景下，传统的工业化、城镇化模式加剧我国未来经济发展、粮食安全、生态建设的冲突与矛盾，进而影响整体的现代化进程。建设用地扩张及其引发的问题深刻地反映了我国工业化、城镇化过程中的资源问题。随着国内发展水平和国际外部环境发生变化，必须结合工业化、城镇化的一般规律，更加科学地定位中国经济社会的发展战略与目标，同时制定更加高效合理的土地资源管理目标与政策体系。

[①] 国家新型城镇化规划（2014～2020年）[EB/OL]. 2014-3-16. http://news.xinhuanet.com/city/2014-03/17/c_126276532.htm.

[②] 陈仁泽：《全国范围动态巡查防"囤地" 房地产闲置土地下降近五成》，载于《人民日报》，2013年7月12日。

二、我国经济社会发展战略与目标

（一）工业化与经济增长

新中国成立以后，我国开始了以工业化为核心的现代化征程，经济高速增长，经济结构持续优化，已经逐步从农业经济转变为工业经济，工业化水平已步入中后期阶段（中国社会科学院经济学部课题组，2008）。但是，尽管已成为世界制造业第一大国，我国工业大而不强，发展方式粗放，产业布局不合理，核心技术缺乏，企业国际竞争力不强，部分行业产能严重过剩等问题依旧突出（苗圩，2014）。随着要素成本日益加大，资源环境约束日益显著，如果不解决现有发展模式及其带来的弊病，我国未来的城镇化、工业化发展将受到严重影响。对此，党和国家从十六大开始就提出要"走出一条科技含量高、经济效益好、资源消耗低、环境污染少、人力资源优势得到充分发挥的新型工业化路子"，党的十八大再次强调坚持走新型工业化道路。工业化是由农业经济转向工业经济的一个自然历史过程，也是现代化发展的经济支撑和基础。要实现党的十八大提出的"经济持续健康发展，完成国内生产总值和城乡居民人均收入比2010年翻一番，工业化基本实现"宏伟目标，需要我国通过改革开放推进新型工业化战略，切实促进经济增长的转变，采取资源集约节约型的经济增长方式，降低资源环境消耗，提升劳动生产率和企业竞争力，继续保持工业在一定时期内的稳定增速，增强工业发展的平衡性、协调性、可持续性，最终促进经济转型和社会进步。

（二）新型城镇化建设

城镇化可以启动农村市场、扩大内需、拉动经济增长，缩小城乡差别，在更大范围内实现土地、劳动力、资金等生产要素的优化配置，是我国社会经济发展的必然趋势（辜胜阻等，1999）。城镇化也是载体和平台，承载工业化和信息化发展空间，带动农业现代化加快发展，发挥着不可替代的融合作用。从"十五大"开始中国就指明了城镇化作为解决"三农"问题的关键作用、方向及要求；十六大提出全面繁荣农村经济，加快城镇化进程；十七大指出要积极稳妥推进城镇化，走中国特色的城镇化道路。城镇化不仅在改革开放以来的中国经济高速发展中发挥了重要作用，也关系到未来中国经济发展方式的战略转型（辜胜阻等，2010）。

由于我国城镇化是在人口多、资源相对短缺、生态环境比较脆弱、城乡区域发展不平衡的背景下推进的，按照世界城镇化发展普遍规律所示，我国现仍处在城镇化率30%~70%的快速发展阶段。如果延续过去传统粗放的城镇化模式，将必然导致环境资源耗竭、社会矛盾凸显、社会经济发展受阻等问题。因此，中央政府在十八届三中全会《决定》中强调，要坚持走中国特色新型城镇化道路，推进以人为核心的城镇化。2014年3月17日出台的《国家新型城镇化规划（2014~2020年）》要求，我国必须从社会主义初级阶段这个最大实际出发，遵循城镇化发展规律，坚持走以人为本、集约高效、绿色智能、四化同步的新型城镇化道路，从速度型城镇化向质量型城镇化转变。继而提出新型城镇化建设的目标：城镇化水平和质量稳步提升；城镇化格局更加优化；城市发展模式科学合理；城市生活和谐宜人；城镇化体制机制不断完善。

（三）生态文明建设

改革开放以来，我国经济保持快速增长，经济总量得到了长足提高。但是由于高投入、低产出、粗放型的经济增长方式没有得到根本转变，资源约束趋紧、环境污染严重、生态系统退化等资源环境问题愈发严峻，严重阻碍我国经济社会的可持续发展。因此，从"十五大"以来，我国就明确实施可持续发展战略，并相继提出走新型工业化发展道路，发展低碳经济、循环经济，建立资源节约型、环境友好型社会，建设创新型国家，建设生态文明等新的发展理念和战略举措，将"大力推进生态文明建设"作为全面建设小康社会的新要求，十八届三中全会更是将生态文明建设与经济、政治、社会、文化建设作为"五位一体"的战略布局，并把"紧紧围绕建设美丽中国深化生态文明体制改革，加快建立生态文明制度"作为6个"紧紧围绕"之一进行统一部署，确立了生态文明制度建设在全面深化改革总体部署中的地位。

生态文明建设的核心在于着力推进绿色发展、循环发展、低碳发展，要求树立尊重自然、顺应自然、保护自然的生态文明理念，把生态文明建设融入经济建设、政治建设、文化建设、社会建设各方面和全过程，实现人与自然的和谐，进而实现自然、经济与社会的可持续发展（李俊霖等，2005），需要加快实施主体功能区战略，优化国土空间开发格局，全面促进资源节约集约利用，加大自然生态系统和环境保护力度，并加强生态文明制度建设。按照十八大报告要求，到2020年，我国生态文明建设的目标是：主体功能区布局基本形成，资源循环利用体系初步建立；单位国内生产总值能源消耗和二氧化碳排放大幅下降，主要污染物排放总量显著减少；森林覆盖率提高，生态系统稳定性增强，人居环境明显改善。

（四）城乡一体化建设

近年来，中国经济和社会发生巨大变化，取得令人瞩目的成就，但同时也面临着城乡经济差距持续扩大、城乡公共品供给高度失衡、城乡制度创新严重失调等问题（国家发改委产业经济与技术经济研究所课题组，2006），城乡之间呈现严重的不协调状态，成为妨碍经济社会健康持续发展的重要隐患。因此，进行城乡一体化建设，改变城乡分治制度，打破城乡二元结构，缩小城乡差别，妥善解决"三农"问题是我国全面建设小康社会和现代化进程顺利推进的关键所在。从"十二五"规划提出"统筹城乡发展规划，促进城乡基础设施、公共服务、社会管理一体化"，到十八大提出"推动城乡发展一体化，促进城乡共同繁荣"，再到十八届三中全会要求健全城乡发展一体化体制机制，城乡一体化建设逐步成为我国缩小城乡差距、缓解城乡二元结构矛盾的战略举措和重要手段。

城乡一体化建设的核心在于建立起地位平等、开放互通、互补互促、共同进步的城乡社会经济发展格局（顾益康，2006），通过坚持工业反哺农业、城市支持农村和多予少取放活方针，加大强农惠农富农政策力度，深入推进新农村建设和扶贫开发；赋予农民更多财产权利，保障农民土地承包经营权、宅基地使用权、集体收益分配权等基本权益；完善城乡发展一体化体制机制，促进城乡要素平等交换和公共资源均衡配置，最终形成以工促农、以城带乡、工农互惠、城乡一体的新型工农城乡关系，从而激发增强农村发展活力，逐步缩小城乡差距，达到让广大农民平等参与现代化进程、共同分享现代化成果的战略目标。

（五）社会治理

近年来，为形成和发展适应我国国情的社会治理制度，党和政府在改善社会治理方面做了大量工作，取得了重大进展。但需要注意的是，当前我国仍处于快速转型时期，面临着社会环境空前急剧变革所带来的巨大挑战，社会治理面临新情况和新问题，主要表现在人民内部矛盾易发多发、社会组织管理和服务问题突出、公共安全形势严峻三个方面，从总体来看，这些问题是我国经济社会发展水平和阶段性特征的集中反映[①]。改革开放以来，在我国经济体制不断变革，思想观念不断变化，社会活力不断增强的同时，我国社会结构、社会组织形式、社会管理环境也发生了深刻变化。对此，十八届三中全会《决定》要求通过深化改革，创新社会治理体制，实现从社会管理向社会治理的转变，从而建立和发展适

---

① 新华网．为什么要创新社会治理体制［EB/OL］．2014 – 02 – 16. http：//news. xinhuanet. com/politics/2014 – 02/16/c_119352405. html.

应新环境下的社会治理体系。

所谓社会治理,就是政府、社会组织、企事业单位、社区以及个人等诸行为者,通过平等的合作型伙伴关系,依法对社会事务、社会组织和社会生活进行规范和管理,最终实现公共利益最大化的过程(陈家刚,2012)。通过加强党委领导,发挥政府主导作用,鼓励和支持社会方面参与,使得政府治理和社会自我调节、居民自治良性互动;改革社会组织管理制度,鼓励和支持社会力量参加社会治理、公共服务;建立畅通有序的诉求表达、心理干预、矛盾调处、权益保障机制等措施(李立国,2013),从而达到十八届三中全会《决定》中改进社会治理方式、激发社会组织活力、创新有效预防和化解社会矛盾体制、健全公共安全体系等有关社会治理的要求,最终实现增加和谐因素,增强社会发展活力,提高社会治理水平,全面推进平安中国建设,维护国家安全,确保人民安居乐业、社会安定有序的社会治理目标。

(六) 政府改革

改革开放以来,我国围绕经济体制展开了各项改革,取得了丰硕的成果,但是随着改革的深入,逐步发现现有的经济社会发展主要障碍不是来源于经济领域,而是在于政府本身。与经济改革相比,我国政治改革相对滞后,已经开始束缚我国的可持续发展,严重阻碍我国未来经济社会的健康发展。因此,政治领域的改革是当前深化改革的关键问题,我国在接下来的时期,不仅要继续推进经济体制改革,还要推进政治体制改革。没有政治体制改革的保障,经济体制改革的成果就会得而复失,现代化建设的目标就不可能实现①。对此,党的十八届三中全会明确提出,"必须切实转变政府职能,深化行政体制改革,创新行政管理方式,增强政府公信力和执行力,建设法治政府和服务型政府"。

政府改革的核心在于处理好政府与市场的关系,使市场在资源配置中起决定性作用和更好发挥政府作用。按照《决定》要求,政府应克制"管事偏好",减少对资源的直接支配,把市场机制能发挥作用的领域交给市场(秦德君,2014),直接面向基层、量大面广、由地方管理更方便有效的经济社会事项,一律下放地方和基层管理,将政府的职能定位于发展战略、规划、政策、标准等制定和实施,做好市场活动的监督管理,加强各类公共服务提供,并且深化政府组织结构改革、优化政府机构设置、职能配置、工作流程,完善决策权、执行权、监督权既相互制约又相互协调的行政运行机制,更重要的是,建设一个能够为市场机制

---

① 温家宝. 无政改保障,经济改革成果将得而复失 [EB/OL]. http://news.qq.com/a/20100822/000036.htm.

提供支持的法治环境（吴敬琏，2012）。最终开辟和坚持中国特色社会主义政治发展道路，为实现最广泛的人民民主确立正确方向。

第二节 我国建设用地总量情景分析及控制目标选择

从管理的层次与需求来看，建设用地总量控制可以针对国家、区域、省（直辖市、自治区）、市、县、乡（镇）等不同区域范围。我们首先从全国层面与省级层面为切入点，依据全国及各省份人口数量、城镇化率的变化趋势，判断分析不同情形下建设用地总量扩张的趋势及相应的影响，探讨可行的建设用地管理策略。在此基础上，构建建设用地总量控制多情景分析框架，整合土地需求预测方法，以全国层面为例（省级层面的建设用地控制目标将在下一章具体解析），以2020年为目标年，预测分析可能出现的土地利用格局、冲突及影响，以此解析全国层面建设用地总量控制目标与相应的管理政策需求。

一、我国建设用地总量扩张趋势判断

（一）国家层面的建设用地总量扩张趋势分析

人口增长、人口结构变化及人的生产生活方式变化是决定土地需求的根本因素。我国工业化已处于中期后半阶段，城镇化已步入30%～70%的快速发展区间，仍然保持对建设用地强烈的需求。要确定未来的建设用地控制目标，需要根据人口总数、城镇化率的预测结果及建设用地、城镇工矿用地和农村居民点用地的变化趋势与规律，通过预测我国未来人口总数与城镇化率出现拐点的时间节点，以此判断相对应的建设用地、城镇工矿用地和农村居民点用地的变化值。根据《国家人口发展战略研究报告》，我国将在2033年前后达到峰值15亿人，即2033年为我国人口总数出现拐点的时间节点。借鉴高春亮和魏后凯（2013）的研究，采用经验曲线法、经济模型法和联合国城乡人口比增长率法对中国城镇化趋势进行预测，综合考虑三种方法的预测结果显示，2030年中国城镇化率将达到68%，预计到2033年前后达到70%，之后中国将进入城镇化后期阶段。因此，2033年也为我国城镇化出现拐点的时间节点。对此，本部分将以2033年为远期时点，2020年为中期时点，通过2000～2010年十年间建设用地、城镇工矿用地和农村居民点用地的变化趋势与规律，判断不同情形下我国建设用地扩张的

变化趋势。

表 5-1 可以看出，10 年间建设用地总规模和城镇工矿用地规模持续增长。全国建设用地总量从 2000 年的 3 019 万公顷增长到 2010 年的 3 568 万公顷，共增加 549 万公顷，年均增长率达到 1.68%。其中，全国城镇工矿用地从 597 万公顷增长到 943 万公顷，共增加了 346 万公顷，10 年间的年均增速达到 4.68%。需要注意的是，在城镇化率年均增长 1.37 个百分点，大规模农村人口转移进城的情况下，农村居民点用地不但没有减少，反而增加了 203 万公顷，增幅达到 12.3%，说明存在较为显著的农村"空心化"现象，农村建设用地闲置浪费严重。从人均用地方面来看，无论是人均建设用地、人均城镇工矿用地，还是人均农村居民点用地，都出现不同程度的增长，都明显超过国家人均用地标准上限，特别是人均农村居民点用地从 204.86 平方米/人大幅增加至 277.00 平方米/人，增幅超过 72 平方米/人，与国家土地节约集约利用的管理目标与要求存在明显偏差。

根据情形一，如果在人口总数与城镇化率出现拐点之前，一直依照原有模式进行发展（即按照 2000~2010 年的年均增长率变化），继续单纯依赖土地增量扩张满足用地需求。那么，2010~2020 年人口总数与城镇化处于高峰发展阶段，建设用地总量将达到 4 216.83 万公顷，大大突破《全国土地利用规划纲要（2006~2020）年》设定的建设用地总规模（3 724 万公顷），城镇工矿用地达到 1 489.53 万公顷，农村居民点用地达到 2 086.88 万公顷，人均建设用地、人均城镇工矿用地、人均农村居民点用地将分别增加至 290.82 平方米/人、171.21 平方米/人、359.81 平方米/人；2021~2033 年人口总数与城镇化接近拐点发展阶段，建设用地总量、城镇工矿用地、农村居民点用地将分别进一步增加到 4 983.66 万公顷、2 352.81 万公顷、2 342.70 万公顷，人均用地也将达到峰值。可以看出，如果按照原有模式配置和利用建设用地，不仅会造成建设用地总量大大突破国家控制目标，造成更加突出的城镇化和工业化土地供需矛盾，农村建设用地利用也将更加粗放，严重制约我国的可持续发展。

根据情形二，如果以 2010 年为基础，假定每年城镇人口与农村人口的增量所对应的人均城镇工矿用地与人均农村居民点用地都能够满足国家标准上限，可以发现，相对于 2010 年，2020 年的城镇工矿用地增加 200.22 万公顷，达到 1 143.22 万公顷，农村居民点用地因为农村人口转移进城的退出，减少 136.69 万公顷，达到 1 722.31 万公顷，城镇工矿用地与农村居民点用地的面积总和随着总人口的增长而增加。人均城镇工矿用地减少至 131.40 平方米/人，人均农村居民点用地增加至 296.95 平方米/人。在 2021~2033 年人口总数与城镇化接近拐点的发展阶段，城镇工矿用地增速放缓，这一期间共增长 180 万公顷，达到 1 323.22 万公

表 5-1 我国建设用地总量扩张不同情形下的趋势判断

年份	总人口（万人）	城镇化（%）	用地总量（万公顷）					人均用地（平方米/人）		
^	^	^	建设用地总量	城镇工矿用地	农村居民点用地	城镇工矿与农村居民点合计	人均建设用地	人均城镇工矿用地	人均农村居民点用地
2000	126 743	36.22	3 019.00	597.00	1 656.00	2 253.00	238.20	130.05	204.86
2010	134 091	49.95	3 568.00	943.00	1 859.00	2 802.00	266.09	140.79	277.00
年均增长率	0.57%	1.37	1.68%	4.68%	1.16%		1.11%	0.80%	3.06%
依照原有增长率										
2020	145 000①	60②	4 216.83	1 489.53	2 086.88	3 576.41	290.82	171.21	359.81
2033	150 000	70	4 983.66	2 352.81	2 342.70	4 695.51	332.24	224.08	520.60
变化人口按照国家人均用地上限标准③										
2020	145 000	60	—	1 143.22	1 722.31	2 865.53	—	131.40	296.95
2033	150 000	70	—	1 323.22	1 527.31	2 850.53	—	126.02	339.40
所有人口按照国家人均用地上限标准										
2020	145 000	60	—	870.00	870.00	1 740.00	—	100.00	150.00
2033	150 000	70	—	1 050.00	675.00	1 725.00	—	100.00	150.00

注：①根据《国家人口发展战略研究报告》的预测；②根据《国家新型城镇化规划 2014~2020 年》的要求；③根据《城市用地分类与规划建设用地标准》与《村镇规划标准》，确定人均城镇工矿用地标准为 100 平方米/人（上限），人均农村居民点用地为 150 平方米/人（上限）。

顷，农村居民点用地继续减少至 1 527.31 万公顷，城镇工矿用地与农村居民点用地的面积总和，因为城乡建设用地的内部结构调整而降到 2 850.53 万公顷，人均城镇工矿用地更靠近国家标准上限，达到 126.02 平方米/人，人均农村居民点用地则进一步增加至 339.40 平方米/人，说明有更大的挖潜空间。

根据情形三，如果假定按照最集约、最节约和最严格的土地管理制度的要求，强制性要求全国人均城镇工矿用地与人均农村居民点用地都达到国家标准，那么在 2020 年，无论是城镇工矿用地，还是农村居民点用地都会大幅度下降，人均用地都达到国家要求，在 2021～2033 年人口总数与城镇化接近拐点的发展阶段，城镇工矿用地会因为农村人口的转移进城而得到缓慢增长，达到 1 050 万公顷，农村居民点用地将会因为农村人口的转移进一步减少至 675 万公顷。这一情形意味着从 2010 年后，为了满足人均用地的要求，城镇工矿用地与农村居民点用地都会停止扩张进行收缩，虽然可以避免建设用地的快速扩张，但是这种情形下将会背离城镇化高速发展阶段旺盛的用地需求现实，严重影响居民的生产、生活、生存，制约经济的健康发展。

从上述基于人口总数与城镇化的拐点对我国建设用地总量扩张的判断可以发现，如果在拐点出现之前依照原有的模式继续发展，必然造成建设用地总量超出全国土地利用规划纲要制定的控制目标，进一步加剧土地资源供需矛盾，也会加大国家粮食安全、生态环境和社会稳定的压力。但是如果过度强调建设用地利用强度与规模扩张限制，将会严重制约仍处于城镇化快速发展阶段的我国用地需求，影响经济的平稳发展与转型。因此，合理选择建设用地总量控制目标与实现路径需要高度谨慎。

（二）省级层面的建设用地总量扩张趋势分析

我国幅员辽阔，区域差异显著，不同地区拥有不同的资源禀赋条件和经济社会发展水平，各地区之间建设用地扩张也存在巨大差异。因此，本部分将从省级层面为切入点，以东部地区、中部地区、西部地区为主要分类，分析判断各省份建设用地扩张的特征及其可能的变化趋势，从而探讨相应的建设用地管理决策。

按照国家的官方划分标准把我国 31 个省份按照东部、中部、西部三个地区进行划分（见表 5-2）。其中，东部地区包括北京市、天津市、河北省、辽宁省、上海市、江苏省、浙江省、福建省、山东省、广东省、广西壮族自治区、海南省；中部地区包括山西省、内蒙古自治区、吉林省、黑龙江省、安徽省、江西省、河南省、湖北省、湖南省；西部地区包括重庆市、四川省、贵州省、云南省、西藏自治区、陕西省、甘肃省、青海省、宁夏回族自治区、新疆维吾尔自治区。

表 5-2　　省级层面建设用地总量扩张趋势

区域	2008年城镇化率（%）	2008年建设用地总量（万公顷）	2003~2008年建设用地年均增长率（%）	2020年建设用地控制指标（万公顷）	突破年份
东部地区	57.94	1 333.60	1.79	1 464.77	2013
北京	85.96	33.80	1.84	38.17	2015
天津	79.55	36.80	3.22	40.34	2011
河北	44.50	179.40	1.18	191.14	2013
辽宁	62.10	139.90	1.07	155.64	2018
上海	89.30	25.40	2.29	29.81	2015
江苏	60.58	193.40	2.09	206.15	2011
浙江	61.62	104.90	3.71	113.26	2010
福建	57.10	64.70	2.78	74.35	2013
山东	49.70	251.10	1.46	266.99	2012
广东	66.18	179.00	1.61	200.60	2015
广西	40.00	95.40	1.71	112.61	2018
海南	49.80	29.80	0.48	35.71	2046
中部地区	45.89	1 251.10	0.83	1 378.76	2020
山西	48.05	86.90	0.98	98.30	2021
内蒙古	55.50	149.20	1.34	162.28	2014
吉林	53.35	106.50	0.44	117.37	2030
黑龙江	55.66	149.20	0.40	164.78	2033
江西	43.01	95.40	1.42	106.75	2016
安徽	44.06	166.20	0.78	180.26	2018
河南	38.50	218.70	0.58	240.73	2025
湖北	49.70	140.00	0.81	155.71	2021
湖南	43.30	139.00	1.01	152.58	2017
西部地区	37.36	720.90	1.02	843.50	2023
重庆	49.99	59.30	1.89	70.44	2017
四川	37.40	160.30	0.89	181.28	2022
贵州	29.11	55.70	1.19	71.44	2029
云南	33.00	81.60	1.73	94.82	2017

续表

区域	2008年城镇化率（%）	2008年建设用地总量（万公顷）	2003~2008年建设用地年均增长率（%）	2020年建设用地控制指标（万公顷）	突破年份
西藏	21.90	6.70	2.30	9.98	2026
陕西	42.10	81.70	0.72	93.90	2027
甘肃	33.56	97.70	0.35	106.57	2033
青海	40.86	32.70	1.05	39.14	2025
宁夏	44.98	21.20	2.55	26.50	2017
新疆	39.64	124.00	0.66	149.40	2036

资料来源：《全国土地利用总体规划纲要（2006~2020年）》。

从2008年的城镇化率来看，我国不同地区城镇化进程存在明显差异。东部地区资源环境条件较好，交通区位优越，城镇间经济联系紧密，经过改革开放30余年，城镇化水平明显提高，2008年城镇化率已达到57.94%，步入了城镇化中期的后半阶段。中部地区资源环境承载能力较高，农业基础较好，但受区位与耕地保护的政策影响，改革开放以来中部地区城镇化发展始终处于中游水平，20世纪90年代以来与东部地区城镇化发展的差距逐步拉大，2008年城镇化率为45.89%，离城镇化中期的中点还有一段距离。西部地区生态环境较为敏感，适宜城镇发展的空间相对集中，城镇发展的自然、经济基础较差，2008年城镇化率仅为37.36%，刚刚进入城镇化快速发展阶段。在三大地区内部，省域之间的城镇化水平及其所表现的发展阶段差别也较为显著。例如，东部地区的北京市、上海市、天津市的城镇化率远远超过其他省份，已经突破70%，进入了城镇化后期阶段，经济发展更多地强调技术创新与知识创新，通过对工业用地供给及相应产业提出更高要求，通过良性的企业退出机制，提高区域整体的生存、生活、生产环境。与此同时，河北省、广西壮族自治区等的城镇化水平还处于城镇化中期的前半阶段，经济发展与中部地区的大部分省份类似，经济增长需借助外来资本和内需扩张，管理的重点在于如何配置存量建设用地和增量建设用地，如何合理调控建设用地规模和时序，在保障区域的粮食安全与生态安全基础上，实现对东部其他地区产业转移的承接。西部地区的重庆市已经快步入城镇化中期的后半阶段，但是同一地区的贵州省、西藏自治区尚未进入城镇化中期快速发展阶段，这些地区由于地形、交通等限制，使得城镇化发展速率较慢，未来的城镇化建设主要在已有的基础空间上进行进一步拓展。

从建设用地扩张速度可以看出，东部地区在2003~2008年间建设用地扩张非常快,除海南省外,其他省份建设用地的年均增长率都超过了1%,其中,浙江省与天津市建设用地年均增长率甚至超过了3%。其次是西部地区,其建设用地扩张速度也达到了1.02%。可见,处于城镇化快速发展阶段与起步阶段的省份对于建设用地都有着旺盛的需求。中部地区的建设用地扩张速度相对较慢,2003~2008年间建设用地的年均增长率为0.83%,不及东部地区的二分之一。需要注意的是,建设用地扩张速度的快慢可以在一定程度上反映区域经济发展的热烈程度,但是并不意味着扩张速度越快就对区域的综合发展越好。如果以2008年为基期,假定各省份后续的建设用地扩张速度与2003~2008年的速度保持相同,通过与《全国土地利用总体规划纲要(2006~2020年)》中确定的各省份2020年建设用地总量控制指标进行对比可以发现,东部地区的建设用地总量在2013年就突破了2020年的规划要求,其中浙江省、天津市、江苏省等省(直辖市)在更早的年份突破2020年国家控制目标。此外,虽然中部地区的建设用地总量扩张刚好可以满足在2020年达到规划目标,但是其内部的省份之间差别较大,内蒙古自治区、江西省、安徽省、湖南省等都会在2020年前突破相应的规划要求,而黑龙江省、吉林省等省份则有较大的扩张潜力和空间。相对而言,西部地区因为起步较低,基础较弱,其建设用地总量还可以不突破相应规划目标,但是重庆市、云南省、宁夏回族自治区等也将有较大可能突破2020年的规划要求。

可以看出,由于我国地域辽阔,地区间差别显著,各省(直辖市、自治区)所处的城镇化发展阶段不同,其建设用地扩张的趋势也不同,因而在国家层面继续严格控制建设用地扩张,逐步降低建设用地总量增长速度的前提下,不同地区相应的建设用地控制目标与管理重点应该有所差别。

二、我国建设用地总量情景分析框架构建

上文已从全国层面对我国未来建设用地总量扩张的趋势进行了判断,未来20年中国工业化、城镇化仍处于快速发展的中期阶段,既要保障建设用地的合理需求,也需要防止建设用地的无序扩张,未来的发展需要统筹兼顾经济发展、粮食安全、生态安全多重基本需求。土地作为三类基本需求的重要载体,合理的规划目标和管控模式可以促进土地节约集约利用,进而推进经济发展方式转变。因此,本部分通过构建建设用地总量控制多情景分析框架,整合土地需求预测方法,并以2020年为目标年,预测分析可能出现的土地利用格局、冲突及影响,解析我国建设用地总量控制目标与相应的管理政策需求。

科学分析制定国家与区域的建设用地总量目标,首先需要理清经济发展、粮食安全、生态安全三类基本需求对应的土地利用类型以及彼此之间的关系(见图

5-1)。理论上，经济发展、粮食安全、生态安全之间既有矛盾冲突，也存在相互促进的作用。但现实中，不同土地基本需求之间的矛盾冲突更加显著，并集中体现在土地利用的变化过程中。建设用地对经济快速增长具有显著贡献（丰雷等，2008），经济发展也是建设用地扩张的主要驱动力（黄季焜等，2007），建设用地扩张成为快速工业化、城市化时期最显著的土地利用现象。粮食安全的核心是保持适度的粮食自给率，而政策上可控的变量——粮食总产量长期内主要取决于本国的耕地面积、粮食播种面积和单位面积粮食产量。由于建设用地增量来源于农用地占用和未利用地开发，其中农用地占70%，建设用地扩张对耕地面积和粮食安全产生显著影响。生态安全是指生态系统的健康和完整情况，根据康斯坦萨（Costanza）和冉圣宏等研究成果（Costanza R.，1997；冉圣宏，2006），建设用地的生态服务价值小，生态安全主要涉及林地、草地等具有基础性生态服务功能土地的保护。建设用地扩张和粮食安全压力下耕地面积的变化（新垦耕地的增加与农业内部结构调整）都会影响到生态安全的水平，生态安全也会通过禁止限制利用开发、退耕还林、退耕还湖等方式反向作用于经济发展与粮食安全的用地需求。可见，三类基本土地需求之间有着紧密的内在联系，建设用地总量控制目标的选择应该考虑到可能的各种情形。

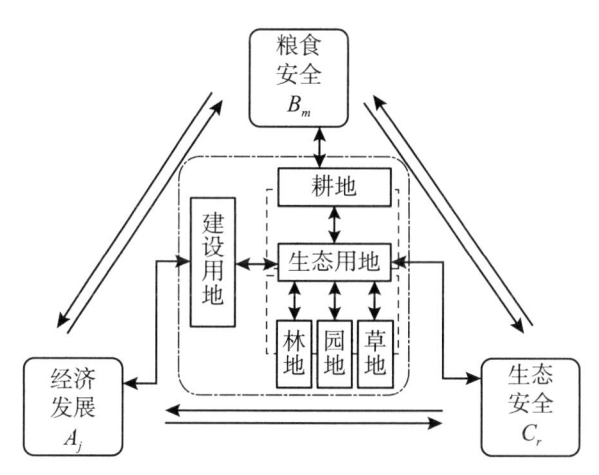

图 5-1 不同土地资源基本需求间的关系

根据三类基本土地资源需求之间的主导关系，构建快速工业化、城镇化阶段建设用地总量控制多情景分析框架及思路：（1）依据经济发展（A）、粮食安全（B）、生态安全（C）土地需求的优先顺序，确定6个基本分析情景（见表5-3）；（2）结合经济发展、粮食安全、生态安全的不同目标参数，扩展分析情景（假如三类基本需求分别对应 $j、m、r$ 三个不同目标，扩展分析情景的个数为 $6*j*m*r$）；（3）应用经济发展、粮食安全、生态安全的土地需求预测模型，依次分析不同情景下高优先级、中优先级需求的用地面积;(4)假设土地总面积不变,采用"剩余法"计算低优先级需求的"可用"土地面积,并与采用需求预测模型估算的"理想"用地面积进行比较;(5)如果低优先级需求的"可用"土地面积超过"理想"用地面积,表明该情景中三类基本需求得到有效协调,情景具有可行性,否则表明有基本需求无法得到满足,需重新调整需求优先顺序或具体的单项目标。在进行实际分析时,可对分析的内容进行简化调整。例如,由于未利用地中湿地、水体具有重要基础性生态功能,且建设开发难度大、成本高(袁春等,2003),借鉴已有研究(梁流涛,2011),假设未利用地面积相对稳定,计算时剔除其生态效用,将分析的重点集中于包括居民点及独立工矿用地、交通运输用地在内的"建设用地"和耕地、林地、园地、草地等构成的"生态用地"。

表 5-3 经济发展、粮食安全和生态安全用地需求协调的基本策略情景

情景编号	目标优先序	特征描述	情景编号	目标优先序	特征描述
I	$A_j \rightarrow B_m \rightarrow C_r$	优先考虑经济发展,首要保证 j 目标下的建设用地面积;其次考虑粮食安全,主要满足 m 目标下的耕地面积;最后考虑生态安全 r 目标下的生态用地面积。	II	$A_j \rightarrow C_r \rightarrow B_m$	优先考虑经济发展,首要保证 j 目标下的建设用地面积;其次考虑生态安全,主要满足 r 目标下的生态用地面积;最后考虑粮食安全 m 目标下的耕地面积。
III	$B_m \rightarrow A_j \rightarrow C_r$	优先考虑粮食安全,首要保证 m 目标下的耕地面积;其次考虑经济发展,主要满足 j 目标下的建设用地面积;最后考虑生态安全 r 目标下的生态用地面积。	IV	$B_m \rightarrow C_r \rightarrow A_j$	优先考虑粮食安全,首要保证 m 目标下的耕地面积;其次考虑生态安全,主要满足 r 目标下的生态用地面积;最后考虑经济发展 j 目标下的建设用地面积。
V	$C_r \rightarrow A_j \rightarrow B_m$	优先考虑生态安全,首要保证 r 目标下的生态用地面积;其次考虑经济发展,主要满足 j 目标下的建设用地面积;最后考虑粮食安全 m 目标下的耕地面积。	VI	$C_r \rightarrow B_m \rightarrow A_j$	优先考虑生态安全,首要保证 r 目标下的生态用地面积;其次考虑粮食安全,主要满足 m 目标下的耕地面积;最后考虑经济发展 j 目标下的建设用地面积。

该多情景分析方法可以直接用于国家或省（直辖市、自治区）层面的建设用地情景分析，探讨经济发展、粮食安全、生态安全不同战略目标下，国家或省（直辖市、自治区）用地需求变化与情景的可行性，为实现土地资源承载能力与区域发展目标、模式和空间格局的协调提供参考。

三、全国层面的建设用地总量情景分析及控制目标选择[①]

（一）数据来源与说明

这里的研究范围包括我国大陆 31 个省（直辖市、自治区）。1990~2008 年分省（直辖市、自治区）GDP、三次产业比例、总人口数根据历年《中国统计年鉴》整理得到，经济数据按 2008 年可比价进行修正。2008 年分省（直辖市、自治区）粮食单产、复种指数、粮食播种面积、耕地面积来自当年《中国统计年鉴 2008》。建设用地面积根据《中国国土资源统计年鉴》、《国土资源综合统计年报》整理得到。2005 年中国二氧化碳排放总量数据来自《国际统计年鉴 2009》。

（二）土地基本需求预测模型与参数设置

1. 经济发展的建设用地需求预测

国内外学者对建设用地扩张进行了大量实证研究，发现经济因素和人口因素是驱动建设用地扩张最主要的动力（Brueckner et al., 1983; Li L et al., 2003; 许婧婧等, 2006; 谈明洪等, 2003），而与经济质量相关的产业结构也是重要因素（赵可, 2011）。建设用地需求模型为：

$$CL = C + a_1 K + a_2 P + a_3 R + \varepsilon \qquad (5-1)$$

式中，C 为常数项，a_1、a_2、a_3 为各变量回归系数，CL 为建设用地规模，K 为地区生产总值（GDP），P 为人口总数，R 为产业结构系数（第三产业与第二产业的比值），ε 表示随机误差向量。为消除异方差，对主要变量进行对数处理，得到：

$$\ln CL = C + a_1 \ln K + a_2 \ln P + a_3 R + \varepsilon \qquad (5-2)$$

为了确定模型参数，应用 1990~2008 年数据进行回归分析。结果显示，模型（式 5-2）的拟合优度较高（R^2 值为 0.9787），主要自变量均通过 t 检验，验证了经济因素和人口因素确实是建设用地扩张最主要的驱动力，而二三产业的

---

① 本章部分内容源于对课题组成员王博、姜海、冯淑怡等发表于《中国人口·资源与环境》2014 年第 3 期的《基于多情景分析的中国建设用地总量控制目标选择》等成果的改动。

结构调整在一定程度上对建设用地扩张起到减缓作用（见表5-4）。在系数估计基础上，2020年全国GDP目标①与人口总数预测规模②采用单一方案，产业结构调整系数（R）选择不同的方案，对建设用地总量变化情景进行细化。

表5-4　　　　　建设用地驱动力回归系数及主要统计量

	回归系数				主要统计量	
	C	lnK	lnP	R	R^2	F
系数估计 （t值）	1.1231 *** （4.9710）	0.0351 *** （2.9166）	0.9368 *** （34.2008）	-0.0883 *** （-2.5751）	0.9787	6 693.0310 ***

注：*** 分别代表1%显著性水平。

2. 粮食安全的耕地需求预测

粮食总产量主要取决于耕地面积、单位面积产量、粮食播种面积等因素。参考相关研究（姚鑫，2010；陈江龙，2006），依据2020年粮食总需求量推算所需耕地规模：

$$S = \frac{G \times P \times \alpha}{d \times q \times k \times \beta} \qquad (5-3)$$

式中，S 为2020年耕地需求量，G 为2020年我国人均粮食需求量，P 为2020年人口数预测规模，α 为2020年粮食自给率，d 为基期（2008年）粮食单位面积产量，q 为基期（2008年）粮食播种面积占农作物播种面积比例，k 为基期（2008年）复种指数，β 为粮食单量增长率。这里，2020年人均粮食需求量、人口总数、粮食自给率均采用单一方案，人均粮食需求为小康生活标准对应值395kg/年③，人口总数取值14.5亿人（张颖等，2007），粮食自给率取值95%（王伟等，2003）。粮食单产增长率选择不同的方案，对耕地需求进行情景细分。

3. 生态安全的用地需求预测

随着经济发展水平上升，生态安全的重要性愈发受到重视。参考相关研究，可以生态用地的气体调节功能为切入点，通过将人类活动引起的释碳量和生态用地的固碳量进行平衡来推算生态用地需求，这样不仅可以解决大多数生态功能难以准确计量的问题，还可以将经济增长方式的转变间接纳入模型中，因为碳排放与经济增长方式有着密切关系，一方面，经济增长需要更多的能源投入，进而造成更多的碳排放，另一方面，经济的增长不仅可以带来更多资金促进环境保护

---

① 《坚定不移沿着中国特色社会主义道路前进为全面建成小康社会而奋斗——在中国共产党第十八次全国代表大会上的报告》，2012年。
② 国家人口发展战略研究课题组：《国家人口发展战略研究报告》，2007年。
③ 中国国家发展和改革委员会：《国家粮食安全中长期规划纲要（2008~2020）》，2008年。

产业的发展，还可以引导产业结构和能源结构的改变，从而减少碳排放的数量（冷雪，2012）。此外，经济发展阶段变化所引起的增长方式转变的内在需要，以及人均收入水平提高所引起的对环境质量的更高要求对碳排放造成显著影响（蔡昉，2008），实证研究也表明经济增长与环境状况之间存在倒"U"形曲线的关系（Panayotou，1993）。因此，采用单位 GDP 碳排量指标可以一定程度反映经济增长方式的转变程度。

以 2008 年我国碳平衡状况为基准，假设保证 2020 年释碳量与固碳量相互平衡，进而推算出生态用地需求。其中，人类活动引起的释碳量（碳排量）借鉴已有研究的计算方法（黄敏，2010）：

$$D_c = K \times L \times (1 - E) \quad (5-4)$$

式中，D_c 为 2020 年我国碳排量，K 为 2020 年 GDP，L 为 2005 年单位 GDP 碳排量，E 为单位 GDP 碳排减少率。单位 GDP 碳排减少率选择不同的方案，对 2020 年我国碳排量及生态用地需求进行情景细分。

碳的固定主要通过生态用地上的植物生态系统进行。以单位生态用地植物净生产量为基础，通过含碳比例折算植物固碳量：

$$S_c = \gamma \sum_{i=1}^{n} A_i \cdot b_i \quad (5-5)$$

式中，S_c 为 2020 年生态用地固碳量，i 为土地类型，A_i 为第 i 种土地类型面积，b_i 为第 i 种土地类型单位面积净生产量（具体取值见表 5-5），γ 为单位净生产量固碳系数（取值 0.45）（Fang J. Y.，2007）。

表 5-5　　　　　不同生态用地单位面积年固碳量　　　　　单位：t/hm²

项目	耕地①	园地②	林地③	草地④	湿地⑤
净生物产量	13.78	9.20	19.15	7.01	10.00
固碳量	6.20	4.14	8.62	3.15	4.50

资料来源：①曲艺、舒帮荣、欧名豪等：《基于生态用地约束的土地利用数量结构优化》，载于《中国人口·资源与环境》，2013 年第 23 卷第 1 期。

②李边疆：《土地利用与生态环境关系研究》，载于南京农业大学学位论文，2007 年。

③方精云、刘国华、徐嵩龄：《我国森林植被的生物量和净生产量》，载于《生态学报》，1996 年第 5 期。

④朴世龙、方精云、贺金生等：《中国草地植被生物量及其空间分布格局》，载于《植物生态学报》，2004 年第 28 卷第 4 期。

⑤刘子刚、张坤民：《湿地生态系统碳储存功能及其价值研究》，载于《环境保护》，2002 年第 9 期。

根据 IPCC 气候变化报告①，每年因人类活动释放的碳有 1/3 进入大气，1/3 进入海洋被吸收固定，1/3 在陆地生态系统中被生物质等固定，即陆地生态系统应至少承担 1/3 固碳任务。基于 2020 年碳平衡的生态用地变化量计算方法如下：

$$EL_c = (D_c/3 - S_{湿} - S_c)/(\gamma b_i) \qquad (5-6)$$

式中，EL_c 为生态用地变化量，$S_{湿}$ 为湿地的固碳量。湿地虽然属于未利用地范畴，但是具有重要的固碳功能，在估算时将湿地的固碳量剔除（假定湿地规模维持在 3 241 万公顷）（牛振国，2012）。

（三）我国建设用地扩张多情景分析结果

选择对经济发展、粮食安全、生态安全的土地需求影响较大的参数，设置不同目标方案（见表 5-6），扩展得到本部分重点分析的 48 个情景。

表 5-6　　经济发展、粮食安全和生态安全的目标要求

需求类型	具体目标方案
经济发展 A_j	A_1. 产业结构调整 R 取值 0.87（第三产业和第二产业比值保持 2008 年水平）
	A_2. 产业结构调整 R 取值 1.00（第三产业和第二产业比值调整至 1∶1）
粮食安全 B_m	B_1. 粮食单产增长率 β 取值 1.00（粮食单产维持 2008 年水平）
	B_2. 粮食单产增长率 β 取值 1.10（粮食单产年均增幅 0.90%①）
生态安全 C_r	C_1. 单位 GDP 碳排减少率 E 取值 0.40（2020 年单位 GDP 碳排放比 2005 年下降下限目标②）
	C_2. 单位 GDP 碳排减少率 E 取值 0.45（2020 年单位 GDP 碳排放比 2005 年下降上限目标）

资料来源：①姜长云、张艳平：《中国粮食生产的现状和中长期潜力》，载于《经济研究参考》，2009 年第 15 期。

②刘小敏：《中国 2020 年碳排放强度目标的情景分析》，载于《中国社会科学院研究生院》2011 年版。

按照不同情景中土地基本需求的优先顺序，选择相应的模型进行模拟分析。其中，基于经济发展用地需求通过建设用地驱动力模型进行模拟，并结合历年预测值与原始值的误差进行修正。基于粮食安全与生态安全的用地规模预测都涉及耕地面积，当两个目标处于不同优先级时，根据不同情况对方法进行改进：当粮

---

① IPCC. Climate Change 1995: The Science of Climate Change (Report of Working Group I) [R]. New York: Cambridge University Press, 1996.

食安全相对生态安全处于较高优先级时,首先计算保障粮食安全的耕地数量,将其代入生态安全模型中,减去其对应的固碳量,再计算满足生态安全需要的其他生态用地规模;当生态安全相对粮食安全处于较高优先级时,由于不同生态用地的固碳能力只与其单位面积净生产量有关,不同生态用地类型单位面积净生产量值一定,根据不同类型生态用地的单位面积净生产量比例将不同类型的生态用地折算成同一种生态用地。为便于测算,在计算生态用地规模时以林地为标准生态用地,将各类用地通过折算系数进行统一(见表5-7)。假定固碳量变化只与耕地和林地相关,通过下述二元方程组(式5-7)进行计算。

表5-7　不同生态用地单位面积净生产量按林地折算系数

项目	耕地	园地	林地	草地	湿地
按林地折算系数	0.85	0.57	1.00	0.43	0.62

$$\begin{cases} 6.2X + 8.62Y_{标} \geq D_c/3 - S_{湿} \\ X + Y = 66\,084.6 - Z \end{cases} \quad (5-7)$$

式中,X为耕地规模,$Y_{标}$为折算后的标准生态用地规模(不包括耕地),6.2、8.62分别为耕地与林地的单位面积年固碳量,$D_c/3 - S_{湿}$为保证生态安全所需固定的碳排量;Y为不包括耕地的生态用地规模,$Y_{标}$与Y可依据2008年各地类相对面积比例与折算系数进行换算,Z为推算的建设用地规模。考虑现实情况,最终结果选择满足条件的X最大值。

2008年,我国耕地、园地、林地、牧草地、居民点及独立工矿用地、交通运输用地的总面积为66 084.60万公顷。按照上述思路与方法,对48种扩展情景进行逐一分析。由于经济发展等目标设定主要依据国家相关规划、政策,土地总规模可以满足大部分目标的用地需求,部分情景的预测结果相同。经整理筛选得到24个可行情景的预测结果(见表5-8)。

表5-8　多情景分析下的2020年建设用地规模预测　　　　单位:万hm²

分组	可行情景	土地需求量(用地空间)		
		建设用地	耕地	生态用地(不含耕地)
1	$C_2 \to B_2 \to A_1$;$C_2 \to B_2 \to A_2$ $B_2 \to C_2 \to A_1$;$B_2 \to C_2 \to A_2$	3 585.22	11 598.33	50 901.05
2	$B_1 \to C_2 \to A_2$;$B_1 \to C_2 \to A_1$ $C_2 \to B_1 \to A_2$;$C_2 \to B_1 \to A_1$	3 325.10	12 526.19	50 233.30
3	$A_1 \to B_1 \to C_2$;$B_1 \to A_1 \to C_2$	3 324.72	12 526.19	50 233.69

续表

分组	可行情景	土地需求量（用地空间）		
		建设用地	耕地	生态用地（不含耕地）
4	$A_1 \to C_2 \to B_1$；$C_2 \to A_1 \to B_1$ $A_1 \to C_2 \to B_2$；$C_2 \to A_1 \to B_2$	3 324.72	12 527.57	50 232.31
5	$A_1 \to B_2 \to C_2$；$B_2 \to A_1 \to C_2$	3 324.72	11 598.33	51 161.56
6	$A_2 \to B_1 \to C_2$；$B_1 \to A_2 \to C_2$	3 305.75	12 526.19	50 252.66
7	$A_2 \to C_2 \to B_2$；$C_2 \to A_2 \to B_2$ $A_2 \to C_2 \to B_1$；$C_2 \to A_2 \to B_1$	3 305.75	12 595.23	50 183.62
8	$A_2 \to B_2 \to C_2$；$B_2 \to A_2 \to C_2$	3 305.75	11 598.33	51 180.52

结果显示：(1) 当单位GDP碳减排的变化率取2020年下限值时，相关情景都不具有可行性，土地资源无法同时满足3类基本需求。这说明我国未来土地资源的供需压力非常紧张，首要的任务是转变发展方式，大幅降低单位GDP的能耗与碳排量，才有可能实现经济发展、粮食安全与生态安全的协调发展。(2) 在优先保障粮食安全、生态安全土地需求，且粮食单产增幅、单位GDP碳排量减幅采用较高水平的情景下（表5-8第1组结果），2020年全国建设用地空间可达到3 585.22万公顷，比国家确定的2020年控制目标（3 319.13万公顷）[①]高出约266.09万公顷。可见，当粮食增产和经济发展方式转变都处于较为理想的状态，土地资源可以充分保障我国的工业化、城市化。(3) 在优先保障粮食安全、生态安全土地需求，且粮食单产维持现有水平、单位GDP碳排量减幅采用较高水平情景下（表5-8第2组结果），2020年全国建设用地空间为3 325.10万公顷，比2020年控制目标仅高出5.97万公顷，说明一旦粮食增产计划遇阻，我国工业化、城市化的用地空间将十分有限，2020年以后建设用地进一步扩张的空间趋近于零。(4) 比较表5-8第3~5组、6~8组分析结果发现，产业结构优化减少了建设用地需求，可以为粮食安全、生态安全提供更大的空间。

综合上述分析可以看出，我国土地供需形势非常严峻。如果经济发展方式转变滞后，到2020年经济发展、粮食安全、生态安全的用地冲突将难以调和。通过转变现有较为粗放的土地利用方式，以总量控制为前提，积极发挥土地市场的配置作用，全面开展集约节约用地工作，优化土地利用结构，提升土地利用效率，从而有效调整社会经济结构，提升社会经济发展的质量和数量，进而促进社

---

① 根据《全国土地利用总体规划纲要（2006~2020年）》计算。2020年"建设用地"控制目标 = 2020年建设用地总规模 - 2005年水利设施用地规模 - 新增水利设施用地规模。

会经济发展方式的转变，我国才能实现可持续的发展。

四、本节小结

本节统筹考虑经济发展、粮食安全、生态安全 3 类基本土地需求，初步构建了可以应用于国家、省级层面与市、县层面的建设用地扩张及管理目标选择多情景分析框架，并模拟预测了 2020 年不同情景下全国层面建设用地扩张的空间与可行性。全国和省级层面的分析结果显示，由于不同地区在城镇化发展阶段存在显著差异，建设用地控制目标与管理重点应该有所差别。为此，不同地区在制定建设用地总量控制目标时，应该以国家主体功能区规划为依据，合理确定粮食安全、经济建设和生态安全等不同土地资源需求的优先顺序，理性选择建设用地扩张（控制）目标。

国家层面的多情景分析结果显示，通过多元回归模型、粮食需求倒算、碳平衡、情景分析等多种方法的综合应用，预测得到可行的 24 个情景及对应建设用地面积。总体上，国家确定的 2020 年建设用地控制目标既能够满足工业化、城市化发展需求，同时也基本保障了粮食安全、生态安全的用地需求。但是，如果经济发展方式转变滞后，经济发展对生态环境的负面影响不能显著降低，单位耕地粮食产量无法进一步大幅提升，2020 年以后我国将面临更加严峻的土地资源供给问题。即使在较为现实的情景中，2020 年以后建设用地进一步扩张的空间也十分有限。中国必须坚持"最严格"的土地保护制度，转变土地利用方式，制定更加有效的基于粮食安全和生态保护的建设用地总量倒逼机制，实现社会经济发展方式的转变，保证国家长期的持续发展能力与活力。该分析框架一方面反向检验不同发展战略设定的合理性，另一方面基于国家或者地区需求更加科学地选择建设用地控制目标。未来还可以结合国内外发展经验，更加科学地选择、设定各类基本土地需求的预测分析模型。建设用地需求量的预测不仅需要重点考虑 GDP、人口数量、产业结构，可能还需要更加充分地反映发展阶段与增长方式的影响，粮食安全用地需求的预测可能还需要考虑更加多样化的粮食单产增长率、耕地复种指数、粮食播种面积比例等情景，生态用地的需求量还应考虑内部之间的结构调整。

根据以上分析，在国家层面建设用地扩张管理的合理目标应该设定为：通过加强国家调控和引导地方转型发展，从经济发展主要依靠城镇、工业用地外延扩张为主，逐步转变为通过对城镇、农村存量建设用地的挖潜盘活，主要依靠城乡建设用地内部结构调整满足城镇化继续发展的建设用地需求，在人口总量与城镇化的拐点到来之际，使得建设用地总量的增幅逐步下降，从而实现保障发展与保护资源环境"双赢"。同时,由于不同地区土地资源禀赋、经济发展阶段与方式存在显著差别,我国建设用地控制目标与管理重点也应该结合不同地区实际具体设定,避免采用"一刀切"的手段,而应立足于国家《主体功能区规划》等国家发展宏观战略规划,结合不同地区的各自特征与条件实行差别化的管理政策。对于已进入城镇化后期阶段的东部地区,建设用地的管理应以推动产业转型升级和提高居民生活水平为核心,以合理限制建设用地扩张总量与盘活存量建设用地为主要手段。对于大部分已进入城镇化中期快速发展阶段的省份,建设用地的管理应在强调合理配置新增建设用地或盘活存量建设用地来保障区域经济发展的用地需求同时,突出建设用地的集约节约利用,做好基本农田等土地的保护。对于处于城镇化起步阶段,需要快速赶超的省份,受区位、自然等外部条件影响,常处于粮食主产区或者生态保护区,适用于城镇建设的土地空间相对有限,建设用地的配置应以盆地平原的中心城市或沿边、沿海的门户城市为主,同时坚持按照主体功能区规划定位地区发展目标,同时通过财政转移支付等手段来提高其保护耕地和生态用地的积极性。

第三节 我国建设用地管控思路创新与路径选择

对国家 2020 年建设用地总量控制目标的分析表明,要想实现我国经济腾飞和可持续发展,必须实行更加科学、高效的建设用地管控。为此,需要在反思现有建设用地管控思路的成效与弊端基础上,明确建设用地管控的新思路和实现路径。本部分首先从地方政府行为出发,分析现行土地产权安排和收益分配格局下,建设用地增量调控失效的原因及其对建设用地配置效率的影响,进而针对中长期建设用地总量控制及具体管理要求,分析由增量管控向总量管控转变的必要性及其创新路径。同时,结合建设用地供需理论分析,从区域土地差别化管理、城乡土地统筹配置、产业优化升级与增长方式转变、商品性与保障性房地产开发用地分类管理等方面,提出落实建设用地总量管控目标的基本路径。

一、我国建设用地管控思路反思与创新

(一)建设用地管理模式反思

我国现行建设用地管控以"增量控制"为特征,实行"统一分配、层层分

解、指令性管理"模式（靳相木，2009），即中央政府通过土地利用总体规划与土地利用年度计划对地方政府的建设用地进行计划控制。它是一种自上而下、高度集权的土地管理制度。

《土地管理法》规定，"下级土地利用总体规划应当依据上一级土地利用总体规划编制。地方各级人民政府编制的土地利用总体规划中的建设用地总量不得超过上一级土地利用总体规划确定的控制指标，耕地保有量不得低于上一级土地利用总体规划确定的控制指标。"土地利用年度计划是指国家对计划年度内新增建设用地量、土地开发整理补充耕地量和耕地保有量的具体安排。根据《土地利用年度计划管理办法》，国家每年下达给地方的土地控制指标包括：新增建设用地计划指标、土地开发整理计划指标、耕地保有量计划指标。土地利用年度计划的编制审批程序与土地利用总体规划的编制审批程序相同，国土资源部每年上报国务院确定土地利用年度计划指标，再层层分解到省（直辖市、自治区）、市、县国土资源部门，并且新增建设用地计划指标实行指令性管理，不得突破。土地利用计划指标可以看作是国家每年采用计划方式预算安排给地方政府用于工业化、城镇化的土地发展权。

在以"增量控制"为特征的建设用地管控模式实施的初期，由于全国土地开发强度普遍较低，后备土地资源相对丰富，加上经济总量较低，每年新增建设用地需求相对有限，该管理模式对统筹安排各业用地、维护粮食安全与生态安全、支撑社会经济快速发展起到了一定作用。但是，随着我国工业化、城镇化进入中期快速发展阶段，社会经济步入以提升质量为主的转型时期，加上部分地区土地开发强度已经很高，建设用地"增量控制"管理模式的弊端开始显现，难以保证我国经济社会的可持续发展。

第一，现有管理模式重增量、轻总量，长期性土地利用目标和要求不明确。"增量控制"管理模式通过制定土地利用年度计划对新增建设用地的规模进行控制，但是由于缺乏依据区域差异进行建设用地"零增长"或"负增长"的调控机制，造成了一些区域即使建设用地总量已经达到或接近理论上的"上限"，但仍沿着长期形成的增长"惯性"不断扩大建设用地规模。此外，土地利用总体规划虽然对于建设用地总量有所规定与控制，但是因为规划权威性、科学性、时效性的缺乏，规划的修改和调整严肃性不足，导致对建设用地扩张的约束力下降。

第二，现有管理模式重数量指标控制，轻执行效果和效益管理。现有管理模式侧重于通过制定计划对新增建设用地等指标的数量规模进行控制，但是对计划执行过程对土地利用、土地资源管理本身的影响及其产生的经济、社会和生态效益重视不够。近年来开发区土地集约利用评价和产业用地投资标准的实施，表明国家高度重视土地利用质量管理。由于计划考核本身难以对其执行"质量"进行评估，土地利用计划管理显然滞后于这一发展趋势，仍然主要侧重于指标数量的控制。

第三，现有管理模式下土地利用年度计划的制定主观影响较强，与地方实际需求不匹配。近年来土地利用年度计划编制方法有所改进，综合考虑了GDP、固定投资、人口、城市化水平等对计划指标的影响，但是主观经验决策的特征仍然十分明显。由于计划编制人员知识与信息的有限性，高度集中的计划编制模式导致计划指标与实际需求存在较大差距，土地利用计划与区域资源禀赋和经济发展水平衔接不够，导致一些地区土地计划与实际用地需求差距过大。

第四，现有管理模式考核——激励机制缺失，计划权威性不够。土地利用计划力图实现国家对地方用地规模的控制，但由于信息不对称、违法违规用地行为难以监督，缺乏正式的计划考核机制，超计划、无计划用地的现象难以遏制。另外，由于土地利用年度计划类似于国家给地方的土地预算，计划经济的棘轮效应和软预算约束问题使地方政府更关注如何增加土地预算，而不是土地节约集约利用，导致用地计划只增不减，加大与经济发展方式转变的矛盾。

（二）建设用地管控思路创新：从增量调控迈向总量控制

对现有建设用地管控模式的反思说明，要适应新时期中国工业化、城镇化发展要求，必须对"增量调控"为核心的建设用地管控思路进行调整，建立更加有效的建设用地"总量控制"管控体系。事实上，从20世纪90年代初开始，国家已经提出合理控制建设用地总量目标。我们认为，管理意义上的"建设用地总量控制"不仅仅是单纯地将"增量调控"中新增建设用地计划指标替换为建设用地总量控制指标，它更是建设用地管控思路的转变：在国家和地区土地资源配置规划阶段，它强调统筹经济发展、粮食安全、生态安全的用地需求，通过主体功能区规划等发挥国家在土地资源宏观配置中的作用，结合不同地区土地资源禀赋与工业化、城镇化发展阶段，科学确定地区建设用地总量扩张的"天花板"；在土地资源开发利用的具体过程中，它强调国家与地方在土地资源配置上的分工合作，国家的职能主要是通过动态监管确保地区土地利用不突破粮食安全与生态安全底线，适度减少直接干预地方土地资源配置过程，地方则在建设用地总量刚性约束下通过存量挖潜、市场竞争等手段自主提高建设用地节约集约利用水平。可见，建设用地总量控制在宏观上要求发挥国家在土地配置宏观决策与管理中的协调人、监督者的角色，同时在微观上给予地方政府更大的自主权，因地制宜地选择建设用地配置策略，从而实现土地资源总体配置效率的提升。"增量管理"向"总量控制"转变，其核心不是简单地将计划控制指标从建设用地占耕、占农数量扩充为新增建设用地总量，而是着力转变过去倚重新增指标数量控制、各级政府角色定位不明、空间规划类型繁多、相互冲突的建设用地管理现状，通过构建一种具有全局理念的"总量控制"管理模式来保证建设用地规范的配置秩序和高效的配置效率。

1. 转换土地资源管理重心

增量管理的重心主要是对建设用地和耕地的新增数量进行控制。在现行管理过程中,一方面对新增建设用地计划指标实行指令性管理,严格要求不得突破计划安排,并要求土地开发整理补充耕地应当不低于土地开发整理计划确定的指标,另一方面,通过实施"占一补一"等措施尽可能确保农地非农化过程中耕地数量上的动态平衡。这些措施的实施主要是防止经济高速发展对耕地的过度占用而可能导致的粮食安全问题。但是,这种忽视质量的数量控制无法达到真正的管控目的,"占优补劣"、"让农田上山下海"成了部分地区惯用的变通手法,局部地区耕地分布和质量状况由集中、连片、优质逐步向破碎、零星、劣质转变,耕地后备资源的不断开发也对生态环境造成了严重破坏。原有的管控模式虽然维持了用地数量上的平衡,但是对质量的忽视造成耕地占补质量的严重不平衡,以及日趋严重的生态环境问题,极大影响我国耕地的生产能力和可持续发展水平,威胁国家粮食安全与生态安全。因此,单纯的数量控制是不够的,要统筹满足经济发展、粮食安全、生态安全三种基本需求,意味着需要协同保障三种基本需求对应的用地规模与用地强度,即"总量控制"的理念之一:划定建设用地、耕地和生态用地的数量红线与质量红线,既从数量方面确定保障经济发展、保证粮食安全、支撑生态建设所需要的最低建设用地、耕地和生态用地规模和用地边界,又从质量方面确定相对应的建设用地效率底线、耕地质量底线以及生态安全保障底线,并通过制定和完善相关的法律法规,明确两条红线的法律地位,配套相关的处罚办法和行政问责制度,使其成为地方土地配置的高压线,从而保障我国未来可持续发展的用地需求。

2. 调整中央政府与地方政府定位

增量管理模式的主要缺陷在于中央政府与地方政府在土地配置中角色定位的混乱。在实际的管理过程中,中央政府将自身角色定位于区域土地的实际配置者,通过年度用地计划与逐步集中用地审批权力等方式直接干涉地方政府的具体配置过程,虽然其最初目的是为了防止地方政府肆意扩张建设用地,保障区域粮食、生态、社会等需求,但是这种定位不仅剥夺了地方政府在微观配置中相对中央政府更了解实际情况的比较优势,而且因为计划时效性和科学性的缺乏,加之没有市场机制进行二次调节[①],造成最终落实到基层的用地指标与地方实际情况

---

① 虽然有些地方政府会在每年年中、年末的时候,将所辖地区的用地指标汇总进行二次分配,但无法应对时刻变化的土地市场需求,缺乏弹性。

有很大出入，导致建设用地配置效率损失。更关键的是，在这种情形下，地方政府的角色不再定位于区域土地的管理者，而是变成建设用地管控的对抗者。因此，要解决这些问题，首先需要重新定位中央政府与地方政府在建设用地配置中的角色。"总量控制"的理念之二就是中央政府将自身角色定位于规则的制定者与监督者，将不必要的用地审批权力进行下放，把区域土地的具体配置权还于地方政府，使其角色回归于区域土地的具体管理者。在此过程中，中央政府从社会大局出发，统筹协调经济发展、粮食安全、生态建设等战略需求，制定完善诸如《土地管理法》、《物权法》等相关法律法规，整合构建统一的空间规划体系，并通过上述的"两条红线"指导和约束地方的土地配置秩序，与此同时，地方政府在国家宏观指导下，依据自身条件确定区域适宜的土地配置策略，落实好中央的战略部署。

3. 构建统一的国土空间规划体系

现行"增量管理"模式中空间规划类型繁多，相互关系复杂，从中央到地方层面，各规划之间在工作目标、空间范畴、技术标准、运作机制等方面都存在交叉和矛盾，缺乏充分的协调和衔接，常常出现重叠、脱节甚至冲突等"规划打架"现象，其结果使得政府难以实施、市场无所适从。另外，虽然我国的规划立法成效显著，但现有法规还远远不能适应规划工作的需要，规划法制化不够完善使得规划编制与实际管控相互脱节，制约了国土空间管控的有效性。此外，现行的部分规划往往是政府有关部门依据主要领导意图"闭门造车"而定，缺乏科学的、民主的决策和制约机制，容易造成资源浪费和权力寻租。"总量控制"的理念之三就是改变现有分散、割裂、低效、弱势的空间规划现状，构建一个完善统一的国土空间规划体系对土地利用进行控制、协调、组织和监督，坚持一本规划一张蓝图持之以恒加以落实，加强规划编制体系、规划标准体系、规划协调机制等方面的制度建设，以主体功能区划为基础，整合国民经济和社会发展规划、城市总体规划、土地利用规划等多种规划，形成统一衔接、功能互补的规划体系，落实好基本需求用地的数量红线与质量红线。与此同时，通过推进相应的法制化进程，加强前述制度建设，提高空间规划的法律效力，保持空间规划的权威性、严肃性和连续性。重视完善空间规划前期研究、规划编制、衔接协调、专家论证、审查审批、实施管理、评估修编等工作程序，加强规划过程中的公众参与，提高规划的民主性与科学性，从而尽可能减少决策失误，化解社会矛盾，实现规划管控意图与市场主体意志最大程度的统一。具体到市、县，应基于自身优势与劣势，根据上级与本级规划定位土地利用策略，区分不同基本需求的优先顺序，依靠区域内部发展首先满足高、中优先级基本需求，同时通过区域外部协同满足低优先级基本需求（见图 5-2）。总而言之，我国地域辽阔，地区间土地资源禀赋与工业化、城镇化发展千差万别，且推进经济发展方式转变和经济发展结构战略性调整又是我国当前资源环境紧约束下经济发展的客观要求和必然趋势。应改变过去"一刀切"的土地管理模式，针对我国现阶段已经形成的区域发展格局和不同地区自然条件、资源禀赋的相似性与差异性，制定与之配套的区域土地利用战略和策略，统筹各业各类用地，对不同产业实行"有保有压、区别对待"的用地管理政策，引导土地利用结构和城乡用地布局优化，促进产业结构优化升级，民生用地保障有力，增强土地资源参与宏观调控的针对性和有效性，并统筹好城乡发展，构建国土空间高效利用、人与自然和谐相处的区域发展格局。

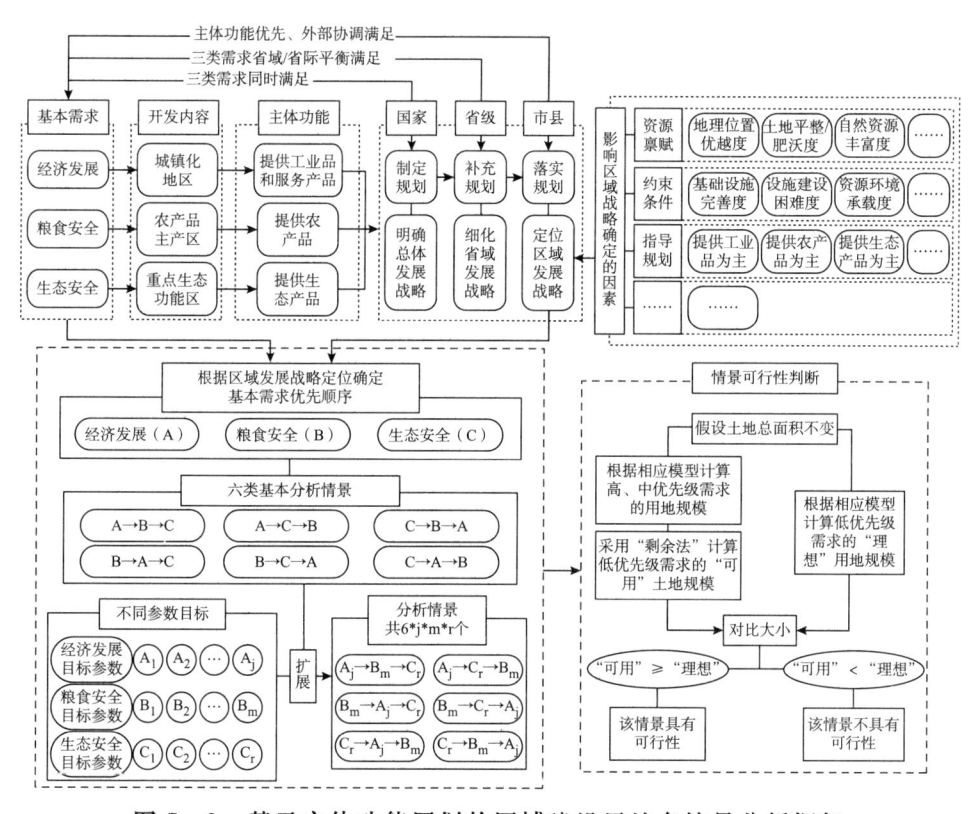

图5-2 基于主体功能区划的区域建设用地多情景分析框架

（三）建设用地管控方式过渡期管理

从我国建设用地管控的长期趋势来看，必须实现从增量调控向总量控制的转变，建立起国家控制更加科学权威、地方配置更加灵活有效的土地管制体系。但是，短期内我国人多地少基本国情、土地产权制度、政府管理体制很难发生根本性变化，经济增长的土地代价水平还未进入自发下降的通道，建设用地增量调控

（土地利用计划管理）在一定时期内仍将扮演重要角色，但必须克服自身存在的效率难题。针对治理结构的内生问题，适应中央—地方关系"权力下放、强化监管"发展趋势，提出过渡期建设用地管理的一些思路（见图5-3）。

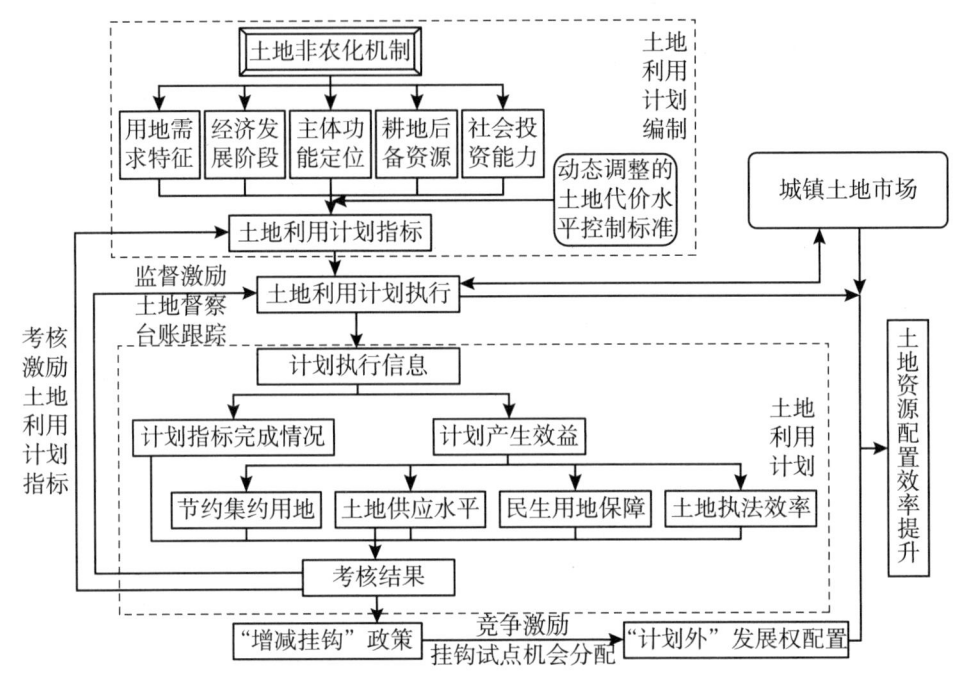

图 5-3 过渡时期建设用地管理体系改革思路

1. 统筹计划内与计划外建设用地指标配置，为实行区域总量控制奠定基础

土地利用计划的本质是国家统一分配一定时期（年度）的土地发展权，但是现实中地方政府往往通过城乡建设用地增减挂钩等获得额外的土地发展权（增量建设用地指标），客观上形成了土地发展权"双轨"配置格局。双轨制的存在一方面严重削弱了计划的"硬约束"功能，但是也有其合理性，即弥补了计划本身科学性不足问题，在不额外增加建设用地规模的原则下，给地方提供了解决用地指标不足的出口，实现中央与地方利益的帕累托改进。对于地方政府而言，计划内用地指标是免费的，计划外用地指标需要通过农村土地整理有偿取得。因此，远期应将土地发展权计划内与计划外配置相融合，并逐步过渡到以计划外土地发展权置换为主，符合我国耕地资源高度稀缺与农村存量建设用地量大粗放的实际，也为在强化国家对土地非农化宏观调控能力的基础上，逐步实现建设用地增量调控手段的缩减与退出提供潜在出路。近期内将计划内指标管理与计划外发展权配置统一考核、统一管理，有利于解决城乡建设用地增减挂钩无序开展导致的土地收益分配及农民权益保护等问题。

2. 增强建设用地指标分配的透明性与可预见性

在增量建设用地计划指标分配上，应简化决策方法，提升其透明性和权威性。远期来看应该根据各个地区的土地资源禀赋与主体功能分区，划定建设用地扩张的"天花板"，实现地区用地指标的一次性、永久性分配。但是由于各地建设用地"天花板"的制定需要综合考虑各类因素，必然是一个长期的过程，短期内可以考虑统一制定不同类型地区差别化的单位经济增长土地代价控制标准，与经济发展方式转变相结合，着重于经济增长土地代价水平控制，强化计划内建设用地指标预算约束。对于城市化水平和土地开发强度较高的东部沿海地区，应大幅削减单位经济增长的新增建设用地指标；对于中部和西部大部分地区，应逐渐降低单位经济增长可用的建设用地指标。其次，国家应明确土地代价控制标准调整的进度表，使地方政府形成计划内用地指标逐年减少、建设用地总量增长率必须逐年降低的预期，克服计划管理的棘轮效应，使计划指标摆脱只增不减的不良循环。此外，建设用地计划指标的分解与计划考核结果紧密结合，充分体现奖优惩劣原则。

3. 强化计划考核约束和国家土地调控权威性

计划管理的一个重要难题是考核奖惩机制缺失，对地方政府行为影响不显著。应在实现计划外与计划内土地发展权统筹管理基础上，建立土地利用计划考核体系，并配套具体的奖惩标准，使地方政府从被动接受指标约束向主动、有序竞争发展用地空间转变。考核体系的设计应追求实现建设用地管理从数量控制向规模—效益双重管理转变，并为相应的激励机制实施提供支撑。我国实行省级以下土地垂直管理，应首先开展国家对省（直辖市、自治区）的土地利用计划执行考核。土地利用计划考核应体现国家实施计划管理的战略目标，综合反映计划执行对经济社会发展、土地利用以及土地行政管理的影响。近期内，可以考虑从土地利用计划指标执行情况及其对土地集约利用、土地供应管理、土地收益分配（民生保障）、土地行政执法的影响等方面，构建考核体系。

4. 完善建设用地指标配置激励机制

从长期来看，建设用地管控应从现有的单纯的指标管理向约束规范地方政府土地行为转变，成为辅助土地市场机制的制度安排。提升建设用地管理绩效关键是融入"市场"因素，使其对地方政府产生足够的吸引与激励。可以考虑建立计划内指标奖惩机制和计划外土地发展权竞争分配的复合激励机制。计划内指标奖惩机制，是指将计划执行考核结果与土地利用计划指标分解相结合，奖优惩劣。为了避免个别地区计划指标过剩，可以通过建立土地发展权市场，允许不同地区有偿转让计划内土地发展权。同时，应适度放松（加强）对考核分值较高（较低）地区土地计划指标使用的时间限制，相应的放松（加强）土地督察力度。

计划外土地发展权竞争分配机制，是指将土地发展权的计划内与计划外配置结合起来，发挥计划管理的规范、导向功能，在全国城乡建设用地增减挂钩总规模基础上，根据不同地区土地利用计划执行情况分配挂钩机会。计划内考核机制与计划外竞争机制的结合，不仅有利于国家全面控制土地非农化规模，同时也更有利于引导、规范地方政府行为。

二、我国建设用地总量管控路径选择

建设用地管控思路从"增量管理"向"总量控制"转变，其核心不是简单地将计划控制指标从新增建设用地数量扩充为建设用地总量，而是着力转变过去注重短期、关注局部、偏重城市、同质化的建设用地管理现状，通过构建一种具有全局理念的"总量控制"管理模式来保证建设用地规范的配置秩序和高效的配置效率。其主要路径：一是国家统筹协调下的区域土地差别化管理；二是通过城乡统筹从根本上提升土地配置效率；三是准入门槛与退出机制共同作用促进产业升级与经济增长方式转变；四是实行商品性与保障性房地产开发用地分类管理。

（一）区域土地差别化管理

我国地域辽阔，区域间资源禀赋千差万别，为了促进区域协调发展，必须发挥土地政策在区际利益协调中的作用。针对我国当前已经形成的区域发展格局和不同地区自然条件、资源禀赋的相似性与差异性，需要制定与之配套的区域土地利用战略和策略，实行差别化的区域土地利用和用地绩效考核政策，引导区域土地开发利用，加强区域发展的协调互动，构建国土空间高效利用、人与自然和谐相处的区域发展格局。

现阶段我国对区域土地管理主要采用土地利用计划管理制度，即中央政府通过制定土地利用年度计划确定每年各区域的新增用地指标（例如新增建设用地量、新增建设占农用地、新增建设占用耕地），将新增用地指标从中央到地方进行层层分解，并进行指令性管理的调控方式。这种调控方式的初衷是希望通过年度计划向地方政府传递土地资源稀缺性压力，用合理的土地资源成本换取经济发展。从地方政府的行动反应来看，地方发改、国土、建设等部门每年都要对建设工程（项目）重要性进行排序以确定供地的优先顺序，土地利用计划确实传递了土地资源稀缺性信号。但是，土地利用年度计划制定的"一刀切"，使得土地利用计划管理表现出普适性过强、差异性不足的特点，制约了整体的调控效果，加上相应的土地利用绩效考核过于趋同，使得区域无法获取适宜的激励效果，反而为迎合绩效考核体系导致建设用地配置的低效。区域差别化管理的关键在于根据区域功能定位、社会经济发展阶段、资源禀赋等确定合理的建设用地总量，实行建设用地总量控制下的用地倒逼机制，同时实行用地绩效考核的差别化管理。

1. 建设用地指标区域差别化管理

实行差别化用地，首先要在安排长期建设用地规模指标和下达建设用地年度计划时，改变原来在土地利用规划和计划指标分配上的"大锅饭"、"一刀切"，或是一边倒的"保重点"、"攀高枝"等简单的保障分配方式，对建设用地指标进行差别化安排。因为我国幅员辽阔，各区域之间差别巨大，不同区域的资源禀赋和经济社会发展阶段不同，因而所对应的土地利用结构、类型、空间分布格局不同，相应的用地冲突矛盾主体以及土地利用转换的主导驱动力也存在不同，如果采用"一刀切"的用地安排，必然使得不同区域的建设用地配额数量与土地资源配置的最佳效益点存在偏差，造成社会总体福利的损失。例如，我国东部地区，由于区位优势较好、经济起步较早，已基本度过经济高速积累阶段，开始进入经济发展方式转型升级的关键阶段，应以减缓甚至减少新增建设用地的供给来倒逼经济发展模式的转型，而中西部地区由于先天优势不足，发展起步较晚，处于工业化、城镇化中期初级阶段，仍需要继续通过承接国际和东部沿海地区产业转移来完成经济的原始积累，因而应加强相应的基础建设用地供给支撑起发展。各区域对土地需求呈现明显的区域化特点，如果采用平均分的"一刀切"模式分配建设用地指标，则必然造成发达地区出现生态资源承载危机，欠发达地区建设用地紧缺的情况。

因此，我国需要通过差别化的建设用地指标分配来调控引导区域的转型与发展，进而充分发挥各地区的比较优势，促进区域合理分工，避免恶性竞争与低水平的重复建设。主体功能区规划根据不同区域的资源禀赋、制约条件、发展潜力等，统筹谋划国土利用格局，以确定不同区域的主体功能，并据此明确区域的发展战略，它作为一种分类指导性政策，可以改变按"历史习惯"分配土地利用指标的方式，适应不同区域和不同层次政府的要求。因此，未来土地利用规划指标和计划指标制定的差别化，应基于主体功能区划，首先通过建立健全规划与计划管理指标体系，将建设用地总量控制目标纳入指标体系，建立和完善增减挂钩指标、工矿废弃地复垦调整利用指标，加强围填海指标的统筹协调。其次，在三大区域层面，应依据东中西部地区各自的资源禀赋与发展阶段调整建设用地指标供给策略，需在考虑人口、GDP、固定资产投资等经济发展水平指标的同时，引入耕地保有量、建设用地可拓展空间等资源禀赋的指标，合理分配新增建设用地指标，使得新增建设用地配置不仅考虑区域经济发展的需求，同时兼顾区域资源禀赋的供给能力。对于东部发达地区，侧重于从严控制新增用地指标，逐步加大存量用地盘活指标规模，对于中西部地区，充分发挥其土地资源丰富的特点，利用工业化、城镇化向中西部地区转移的有利时机，合理安排新增用地指标和倾斜力度。另外，在三大区域内部，改进和加强土地利用指标分类下达、分别考核的有关规定，按照从严控制特大城市和大城市、适度安排中小城市、支持县城和重点镇的原则，分解下达城镇新增建设用地指标；并研制区域差别化的土地调控政策工具，准确把握调控的时机和调控力度，按照相机抉择的原则，对各区域土地供应的总量、增量、置换、集约和时序进行适时适度的调节。

2. 土地利用绩效考核区域差别化管理

土地利用规划与年度计划只是国家在土地供给端的调控，为保证土地利用规划与计划管理的完全落实，当中央政府将建设用地指标分配于地方政府后，应结合我国土地行政体制，构建面向省级以下层面的土地利用绩效考核体系，其目的是发现总量控制下不同地区土地配置存在的问题，通过绩效评价与土地发展权分配、土地督察等挂钩，形成对地方政府的有效激励与约束，引导地方科学管理，全面提升土地管理水平。

由于我国区域差别巨大，对不同地区的定位与发展要求也有所不同，合理的绩效考核评价机制有利于发挥政绩"导向之手"的引领性作用（任理轩，2010），更好地实现国家的资源配置与经济社会发展目标。因此，土地利用绩效考核体系不能"一刀切"，应依据国家整体战略实施差别化管理。首先应与主体功能区规划实施相结合，依据区域的主体功能定位，确定其适宜的用地策略，进而构建相应的评价标准与指标权重，引导地区以主体功能区为目标，调整区域的土地利用结构和布局。其次，科学的土地绩效评价需要全面准确的信息作为支撑，可借助各地土地管理信息化建设契机，完善区域土地相关统计内容与标准，开发应用系统软件，降低绩效管理的成本，增强其可行性与可推广性。另外，尽管土地利用绩效考核是以自上而下的政府内部为主，但不应忽视公众的作用，评价内容和指标的选择、评价过程的开展和评价结果的应用都应充分考虑地方公众利益诉求。最后，土地绩效考核体系应建立相配套的激励—约束机制，强化评价结果的运用，一方面，发挥土地省级以下垂直管理体制优势，将市、县土地行政部门主要领导的考核、选拔等与绩效评价结果挂钩，对地方政府和管理人员形成足够的激励。对于土地行政绩效不够理想的地区，加强土地督察和业务指导，强化绩效管理的约束作用和权威性。另一方面，将土地利用考核结果与土地利用计划指标分解相结合，奖优惩劣，对于考核优秀的地区，适当放松年度计划使用的时间限制，赋予地方政府在建设用地"天花板"范围内更大的自主管理权；对于考核不合格地区，在对土地利用计划执行进行动态跟踪与评价的基础上分街段下达计划指标，以严格计划对地方政府的硬约束功能，使地方政府从被动接受指标约束向主动、有序竞争发展用地空间转变。

(二) 统筹城乡土地配置

目前我国实行的是偏向城市的城乡二元土地制度,城乡土地要素流动游离于市场之外,土地征收成为城乡土地要素流动的唯一途径。按照法律规定,在建设用地扩张配置的过程中,必须先由政府在农地征收市场,作为唯一的需求者对农民集体土地(主要是农地)进行征收,将其转变为国有建设用地,然后政府再进入到城市土地一级市场,作为唯一的供给者,将国有土地使用权通过划拨、协议、招标、拍卖、挂牌等方式转让给城市土地使用者。在此过程中,由于长期的农村产权不清、主体模糊,以及城乡土地产权歧视和不对等,造成了大量农地流失和农民权益损失。现实中,我国当前的农村土地产权是虚位、残缺和模糊的,从另一种意义上讲,它与城市土地产权不对等,存在严重的产权歧视(张合林,2007)。一方面表现为农村土地产权主体缺失,尽管现行法律规定,农村土地归农民集体所有,但是"集体所有制"的特征以及现行关于"集体所有"模糊的规定导致在现行制度安排下,无法找到真正明确规范的集体土地组织载体(付光辉等,2008)。另一方面是农村土地产权缺乏排他性,农民可以不支付任何成本,只基于集体成员的身份就可以依法享有集体土地(钱忠好,2002),带有明显的公共物品属性,缺乏严格意义上的排他性(冀县卿等,2007),造成农民缺乏足够的维权动力(钱忠好,2007)。此外,农村集体土地产权权能残缺,受到过多不当限制。根据《土地管理法》规定,任何单位和个人进行建设,需要使用土地的必须依法申请使用国有土地;农民集体所有的土地使用权不得出让、转让或者出租用于非农业建设。这样的制度安排客观上使得集体土地处分权严重缺失(周其仁,2004),农民难以实现土地资产价值和有效捍卫征地过程中的个人权益。

此外,为了满足城市的经济发展建设用地需求、促进经济增长,作为农地征收市场中唯一的需求者,政府常常有意或无意采取行政手段压低征地所付出的成本,造成农民土地权益受损。在现实的农地征收市场中,无论是补偿标准,还是谈判程序,抑或是安置模式,与征地相关的规则和政策都是由地方政府和用地单位确定(钱忠好等,2004),基于自身利益最大化的考虑,地方政府确定的结果往往倾向于征地补偿标准能低就低、农民征地谈判地位能弱就弱、安置保障模式能简就简,因此,往往造成现实中被征地农民知情权、参与权、申诉权和监督权等权益得不到保障;征地的补偿标准无论是与农民的生产生活保障要求相比,还是与土地供应的市场价格和土地增值相比,都显得很低(王小映等,2006);以及以单一的、一次性的货币补偿为主的安置保障模式。这种征地模式虽然使得地方政府可以通过低廉的成本攫取大量的土地，但与此同时也带来了农地过度性损失，农民总体福利大幅下降等社会问题。

城乡土地统筹配置，关键就是改变城市偏向政策，从制度上建立新型的城乡关系，让农村和城市具有均等的发展机会，土地要素可在城乡之间依照市场机制自由流动，让市场在农村的土地配置及利用上发挥作用。因此，统筹配置城乡土地，需要从产权、市场、法律三个方面进行联动式、配套式改革。

统筹配置城乡土地，首先需要一个"归属清晰、权责明确、保护严格、流转顺畅"的现代土地产权体系作为实施和运行的基础。现阶段"城市偏向"的城乡二元土地结构，使得农村集体土地产权制度建设严重滞后，集体土地产权主体模糊、界定不明晰、关系不清、权责混乱、权能缺失等问题突出，使得农民集体无法在建设用地扩张过程中有效保障个人权益，造成群体事件等社会问题频发。因此，未来的土地产权制度改革，一是全面确保农村集体土地等资源确权、登记、颁证到户，明晰农村集体土地及资产的产权，二是正视各级政府在城市土地产权关系上的存在问题，探索各级政府在土地管理和权益分配上的委托—代理新模式，三是赋予土地权利人在符合相关规划要求下，自由转让土地的权利，特别是要按照"权利平等"的原则，公平对待国家土地所有权和集体土地所有权，有条件地允许集体建设用地使用权进入市场流转，进而推动城乡建设用地配置效率的优化。

统筹配置城乡土地，需要按照十八届三中全会"发挥市场在资源配置中的决定性作用"原则，构建和完善相应的建设用地市场体系，发挥市场机制对建设用地资源的配置作用，一是推进征地制度改革，明确界定公共利益，对农地转为非农用途进行严格的限制，将政府征地权的行使明确严格限定于公共利益的范围，并加强市场化体系建设，确保农民在征地过程中可以通过竞争谈判获取合理的经济权益、政治权益以及社会权益。二是学习诸如重庆的"地票制度"模式，在充分尊重农民意愿的基础上，引入市场机制对农村建设用地整治后结余的指标进行公开竞价，不仅可以保持建设用地总量平衡，还让远离城市的纯农业地区的农民得以分享城镇化成果。通过将政府角色从资源配置者转为管理监督者，并按照"同地、同权、同价"原则，积极培育农村集体建设用地市场，构建城乡统一的建设用地市场，引导推动农村集体建设用地在符合规划的前提下直接入市交易，与国有建设用地享有平等权益，让各利益主体能够通过市场博弈形成合理的利益分配格局，从而有效促进城乡土地资源的合理流动，提高土地资源的利用效率和市场价值。

统筹配置城乡土地，还需要完善现有的土地法律体系。现有的相关土地法律法规，诸如《土地管理法》更侧重于行政管理方面，倾向于削弱农村集体的土地财产权益，缺乏对政府权力和职能的界定与限制。更重要的是，农村集体土地相关法律法规的缺失，使得农民集体在相关土地流转中无法得到与现实需求相适应的法律保障，导致权益严重受损。因此，应充分考虑客观条件和法律环境的新变化，进一步完善土地相关法律法规，抓紧制订相关细则和配套措施。立法重点应由过去偏重行政管理转向土地财产权利的保护，进一步健全土地产权制度，明确相应的法律措施来保障土地产权制度的实施。抓紧制定土地利用规划、基本农田保护、农业生态环境保护等法律，补充农村集体土地相关法律法规，实现集体土地和国有土地法律地位的平等，并通过制定地方性的法律和规章完善我国土地法律体系。

（三）促进产业升级与增长方式转变

改革开放以来我国经济保持了持续高速增长，但其发展呈现出以粗放式增长为主要表征的较低级发展阶段的特点。进行经济发展方式转变和经济发展结构战略性调整是我国资源环境紧约束下经济发展的客观要求和必然趋势。产业发展是国家和区域经济发展的实质内涵和主要体现，加强产业发展调控则成为经济结构调整的重要内容。当前因抵御金融危机而采取的"扩内需"措施而使得这方面需求更为迫切。土地政策作为参与宏观调控的重要手段，必须完善差别化土地管理政策，统筹各业各类用地，对不同产业实行"有保有压、区别对待"的用地管理政策，引导土地利用结构和城乡用地布局优化，促进产业结构优化升级，民生用地保障有力，增强土地资源参与宏观调控的针对性和有效性，并统筹好城乡发展。

由于不同产业土地生产率不同，不同产业发展与其土地占用并不总是呈现同比例变化。一般来说，当经济发展处于起步阶段，即第一产业占最大比重的前工业化时期，农用地的比重往往最大；随着工业化、城镇化的不断推进，农用地将不断向第二、三产业转移，建设用地的比重不断扩大，并且不同产业占用土地比重不同，导致不同产业结构条件下土地利用结构和集约水平各异。因此，区域产业和经济发展程度的不同，导致其对用地的需求是不一致的，难以用统一的标准进行衡量，需要政府对产业用地实行差别化管理，合理地在各种竞争性用途之间分配土地资源。现阶段，产业用地供给以外延扩张为主，市场准入门槛较低，造成产业同构、重复建设。为此，以产业升级、经济转型为中心，我国多个地区出台产业用地新政策，加强产业用地供地管理，促进产业结构优化。例如上海自2014年7月起执行的新版国有建设用地（工业用地产业项目类）使用权出让合同，将一般产业项目内工业用地出让最高年限从50年变为20年，逾期不开工的可收回土地，在开工、竣工、投产三个阶级，引入相应的履约时间保证金；北京市出台的《北京经济技术开发区加强工业用地管理提高土地节约集约利用水平的实施意见》，也缩短了工业用地出让年限，将租赁年限定为10年，期限届满时，用地单位若达到入区时承诺的经济指标，可申请续租；深圳市的《前海深港现代服务业合作区土地管理改革创新要点（2013~2015年）》，实行弹性年期制度，根据产业类型和项目建设情况，约定自用或出售比例，区分自用或出售两种情况，自用部分原则上10年内不得转让，出售部分原则上5年内不得再转让；杭州市的《关于实施"亩产倍增"计划促进土地节约集约利用的若干意见》，规定工业用地可以采取"分期分阶段出让"、"先租后让"等方式出让，采取"分期分阶段出让"方式的，首期出让年限为6年，期满经考核评价达标后可以续签剩余24年出让合同。采取"先租后让"方式的，土地成交后可以签订租赁期为6年的土地租赁合同，期满经考核评价达标后，改签出让年限为24年的土地出让合同。此外，鼓励开发区（园区）建设标准厂房，标准厂房可以分幢、分层转让，中小企业原则上通过标准厂房解决生产用房。

总结这些地方新政可以发现，产业用地新政涉及多项重要土地制度的改变，包括弹性年期制、缩短土地最高出让年限、转售为租、分割销售开闸或者关闭、流转约束等关键问题，从侧面反映了当前产业用地初始供给方式较为粗放，与产业结构调整及升级未能形成良好配套，导致增长方式转变滞后，大量存量建设用地利用空间未能释放。因此，未来的产业升级与增长方式转变需要从产业用地供地门槛、批后监管、低效用地退出机制等方面出发，进行深层次、整体性的改革，以各地区的比较优势为基础，着眼于解决区域发展的突出问题，在保持宏观政策统一性的前提下，通过政府的集中安排，实行"区别对待、分类指导，有扶有控、突出重点"的产业用地供应政策取向。

完善产业供地政策，适应产业发展差异化、多样化的要求，综合运用弹性年期、权利限制、集约奖励等调节工具，增强供地政策针对性，促进产业用地高效利用。在现有产业用地分类的基础上，依据不同产业的发展特点，体现不同用途产业用地的需求，考虑到产业用地政策与产品生命周期，对产业用地类型进行细分。进一步界定和确定各类产业用地的容积率、投资强度、用地规模、产出水平等服务，为产业用地的差别化管理奠定基础。对于值得鼓励发展的产业，即集约度高、市场潜力大、技术含量高，符合国家经济转型战略要求，能够促进产业转型升级的产业，如高新技术产业，可以优先提供土地，保障其用地需求；而对于集约度低、产能明显过剩、低水平重复建设比较严重的，已不符合国家或地区可持续发展战略要求的产业，尤其是高污染高耗能的淘汰类产业，要通过限制或者禁止供地的政策倒逼产业转型或者产业退出。

规范产业用地批后监管，要求企业签订《产业用地协议》，同时试行保证金制度。对地块项目总投资额、固定资产投资强度、土地产出率等指标进行约定，并缴纳一定金额的保证金。评价不合格的项目，由企业承担相应的违约责任。与此同时，对已供的工业项目建立批后联动监管机制，通过多部门的协同配合，落实对产业用地的监管，例如发改、审计部门负责验收投资总额和投资强度；建设、规划部门验收建筑容积率、建筑密度、绿地率、企业办公等用地、建设期限等；财税部门加强对税收、产出等相关指标的考核；国土部门负责出让金缴纳情况审核，并在各相关部门复核验收基础上，对出让合同履行情况进行复核验收。通过相关的监管内容构建绩效评价体系，为低效用地退出提供尺度与建议。

为淘汰落后产能和用地粗放的生产方式，提升产业用地节约集约水平，加快经济增长方式转型，在批后监管绩效评价体系的基础上，推动低效产业用地退出机制设计。一方面可以提高评价标准，倒逼产业进行二次开发，提高用地绩效，例如提高用地容积率，引导企业更新技术等。另一方面，通过政府回购或市场转让的方式，实现低效产业用地的退出，例如苏州市工业园区土地储备中心对园区内低效的产业用地实施回购。在退出过程中，通过实行差别化水、电价格政策，加大环保惩罚力度，考虑建立指标交易机制等措施，实现要素价格的深化改革，充分发挥市场机制的作用；通过税收减免、财政奖励、信贷优惠、退出补偿等措施，发挥经济和行政手段的作用，以弥补市场机制的不足。在"激励与倒逼并行、行政与市场互补"的主线下促进低效产业用地退出，从而推进区域的产业升级和增长方式转变。

（四）商品性与保障性房地产开发用地分类管理

当前我国经济发达地区建设用地过度扩张的一个重要原因是城镇化进程中商品性房地产业的快速发展拉高了城镇土地价格，增加了地方政府财政收入，由此造成部分地区建设用地过度供应，区域房地产用地盲目扩张，形成一座座"鬼城"和"空城"，土地资源受到极大浪费和破坏。如果继续按照当前方式实行城镇房地产用地管理，在加强建设用地总量控制的背景下，由于"土地供给始终稀缺"的预期，将使得商品性房地产的价格继续大幅上升，从而挤压其他房地产用地空间，尤其是中低收入居民的住房用地需求。因此，在实行建设用地总量控制的同时，应针对商品性与保障性房地产用地的需求、属性，实行分类管理。

首先，应从我国国情出发，按照以需定供的房地产宏观调控原则，科学编制房地产用地供应计划，合理确定住房用地供应总量和结构，并建立与人口增长、流动紧密挂钩的供应管理体系。对于商品性住房用地，应根据各地区家庭结构、新增就业人口、迁入人口、居民收入水平等，引导优化大、中、小面积的商品房供给比例，侧重中小套型普通商品住房供给，合理确定城镇片区土地开发强度与建筑密度，适度提高城镇土地的人口承载能力。对于保障性住房用地，在制定相应计划时，应综合考虑区域差异性，对于存量住宅缺乏或者保障房需求强烈的地区，例如"北上广"等供需矛盾突出的一线城市，可以在计划中设定保障性住房用地占全年住房用地供给的比例，加大供给力度，改变房地产供应中保障房不足状况，使更多中低收入家庭享受到保障房福利，更好地推进新型城镇化发展。而对于部分住房存量较多，或者保障房需求不强烈的地区，则可以考虑通过盘活存量建设用地的措施供应保障性住房。在制定完用地计划后，还需要加强对用地计划的规范管理，监督各地区的房地产用地计划落实情况，定期开展检查工作，对于实行效果不佳的地区，要求其寻找原因，给出相应的对策并做出及时的弥补措施。

其次，在制定科学的供地计划和供地策略的基础上，严格规范住宅用地出让行为，并基于商品性与保障性房地产开发用地的不同特性，针对不同地区的房地产具体特征，改革完善相应的招标、拍卖、挂牌（以下简称招拍挂）出让制度。进入21世纪后，我国对商业性房地产开发用地全面推行招拍挂出让制度，其实质是为了优化我国建设用地资源的配置问题，当时主要强调其经济作用，即通过价格机制实现土地资产价值最大化。但是随着国内社会经济发展逐步进入转型和升级的新阶段，要求土地的开发利用不仅需要考虑经济收益，更需要强调社会、民生、资源、环境等多重社会目标，因此需要进一步改革与完善住宅用地的出让制度，不同的用地需要不同的出让方式，例如对于部分保障性住房建设任务较重的区域，可以考虑通过"商品房建设用地配建政策性住房"对土地进行出让，即在比较适宜的出让区域，尤其是公共交通沿线的商品房用地，要求开发商配建一定比例的廉租房、经适房、限价房等保障性住房，并通过土地出让合同明确约定具体的套型面积及比例、开竣工时间及认定标准等，从而保障商品性住房用地的需求，也有利于民生问题的解决。还可以借鉴长沙市经营性土地网上挂牌出让的模式，利用互联网缴纳土地竞买保证金、发布挂牌出让公告、接受竞买报价、确认成交地块，通过"互联网+"的做法提高出让的透明度与公平性，从而进一步避免房地产开发用地出让过程中的寻租现象。

最后，无论是商品性还是保障性房地产开发用地，都应加强对已出让土地的跟踪管理、严格监管土地的开发情况，对于已经施工的地块，监管其是否已按照合同约定的时限进行开工或竣工，以及其相应的施工过程、住房质量、准入机制，是否按照原有的土地用途进行开发销售等等，特别是对于保障性房地产用地的开发使用，要严禁相关房地产开发商将保障性住房土地用于商品性房地产的开发和建设。对于没有按照国家和合同要求实施的企业给出建议，勒令其整改，并对拒绝整改的企业进行相关处理。对于取得房地产用地后闲置未按合同约定开发竣工的，在提醒警告后仍不改正的，政府监管部门要依法依规进行严格惩处，屡次不改的，可限制其参与土地市场的资格，从而避免土地资源的浪费。与此同时，对于房地产开发用地的供后监管，也应注意差别化管理，例如应将由于城市规划调整或者不可抗力因素导致的土地闲置，与开发商囤积土地以获取高额利润的土地闲置分类管理，而且对于闲置土地的处置，需要多元化处置手段，从罚款、回收土地向再开发、盘活土地资源倾斜。此外，尽量公开透明化房地产用地相关信息，例如商品性房地产用地位置、面积、用途、土地价款、开竣工时间等信息可以在网上公布，从而发挥社会各阶层的监督作用，促进房地产用地市场的健康发展。

本 章 小 结

通过分析判断我国经济社会发展阶段及战略目标发现，当前中国仍处于工业化、城镇化中期到后期发展的过渡时期。在此背景下，传统的工业化、城镇化模式加剧我国未来经济发展、粮食安全、生态建设的冲突与矛盾，进而影响整体的现代化进程。建设用地扩张及其引发的问题深刻地反映了我国工业化、城镇化过程中的资源问题。因此，随着国内发展水平和国际外部环境的变化，土地资源管理的目标与政策的制定必须结合工业化、城镇化的一般规律进行调整。

通过对全国与省级层面建设用地总量扩张趋势的分析发现，我国未来应主要依靠城乡建设用地内部结构调整解决建设用地扩张，通过对农村存量建设用地的挖潜盘活，满足城镇化快速发展阶段的建设用地需求，在人口总数与城镇化的拐点到来之际，使得建设用地总量处于一种增幅逐步下降的缓慢上升趋势，达到保障经济发展与保护资源环境的双赢。省级层面的研究发现，由于我国地域辽阔，区域间差别显著，各省（直辖市、自治区）所处的发展阶段不同，建设用地扩张的趋势也不同，建设用地控制目标与管理重点也应存在差别，有效的建设用地控制目标与管理政策不能采用"一刀切"的方式，而应该立足于国家《主体功能区规划》等宏观战略规划，结合不同地区的特征与条件实行差别化的管理政策。

通过统筹考虑经济发展、粮食安全、生态安全3类基本土地需求，本书初步构建了可以应用于国家、省级甚至市（县）层面的建设用地扩张及管理目标选择多情景分析框架，并模拟预测了2020年不同情景下全国建设用地扩张的空间与可行性。国家层面的分析结果显示，国家确定的2020年建设用地控制目标基本满足未来的用地需求，但是如果相应的经济转型升级滞后，2020年以后我国将面临更加严峻的土地资源供给问题。在地区层面，尤其是那些还处在起步追赶阶段的经济欠发达地区，虽然后备资源较为充足，潜力较大，但是由于其同时肩负生态建设、粮食安全的重要任务，应该重视在经济赶超过程中转变经济发展方式，谨防重走经济发达地区"先污染，后治理"高成本高消耗的老路，并通过制定科学的土地利用综合控制目标，引导地区未来快速、健康、可持续发展。

通过对现有建设用地管控思路进行反思发现，在现行土地产权制度安排和收益分配格局下，地方政府土地行为特征导致"增量调控"模式失效，建设用地管控思路应尽快实现从增量调控向总量调控的转变。需要注意的是，建设用地管控从"增量管理"向"总量控制"转变，其核心不是简单地将计划控制指标从新增建设用地数量扩充为建设用地总量，而是着力转变过去注重短期、关注局部、偏重城市的、同质化的建设用地管理现状，通过构建一种具有全局理念的"总量控制"管理模式来保证建设用地规范的配置秩序和较高的配置效率。建设用地总量控制的主要实现路径包括：一是国家统筹协调下的区域土地差别化管理；二是通过城乡统筹从根本上提升土地配置效率；三是进入门槛与退出机制共同作用下促进产业升级与增长方式转变；四是实行商品性与保障性房地产开发用地分类管理。

第六章

区域协调发展的差别化建设用地管理政策研究

我国地域辽阔，区域间经济发展阶段和资源禀赋差异明显，为了促进区域协调发展，应该因地制宜研究差别化的建设用地管理政策。为了实现建设用地总量控制目标，需结合我国现有区域发展格局和不同地区社会经济发展水平、资源禀赋的差异性，制定与之配套的区域建设用地管控战略，实行区域差别化的土地利用和管理绩效考核政策，引导区域建设用地利用与管理，实现国土空间高效利用、人与自然和谐相处。国家主体功能区规划明确提出要对资源实行总量控制、提高资源产出效率、实行供给与需求双向调节、实行差别化管理，考虑到我国的基本国情和建设用地总量控制的现实需求，需改变现有"一刀切"的建设用地管理方式，促进区域协调发展的建设用地区域差别化管控政策建立和完善。

第一节 建设用地区域差别化管理理论与路径选择

制定区域差别化的建设用地管控战略，实行区域差别化的土地利用和管理绩效考核政策，需回顾我国建设用地区域管理政策及变迁路径，诊断我国建设用地利用与管理的存在的问题，并从指标管理方式、区域功能定位等方面剖析其根源；分析总量控制下建设用地指标区域差别化配置的内在需求。

一、我国建设用地区域管理政策现状与问题剖析

（一）我国建设用地区域管理政策演变

1. 无序阶段（1949~1985年）

该阶段是计划经济时期和改革开放的早期，尽管国家有关部门制定了许多加强建设用地管理的措施，主要有《关于国家建设征用土地办法》、《关于纠正与防止国家建设征用土地中浪费现象的通知》、《关于贯彻执行国务院有关在基本建设中节约用地的指示的通知》、《村镇建房用地管理条例》等，但由于土地管理法制不健全、部门分管、职责不清，建设用地管理仍处于一种无序状态。此阶段土地供求矛盾不尖锐，土地利用规划的基础技术薄弱，无土地利用年度计划管理。对新增建设用地实行划拨制度，建设项目的土地供给相对宽松，没有建设用地的总量控制，也没有区域差别化管理。

2. 探索阶段（1986~2002年）

随着我国经济快速发展建设用地规模迅速扩张，并呈现出明显的区域分异。土地利用总体规划和年度计划管理的实施，通过土地利用分区与年度新增建设用地的计划管理，调控不同区域建设用地供需关系。

1986年3月，国务院在《关于加强土地管理制止乱占耕地的通知》中规定：必须严格按照用地规划、用地计划和用地标准审批土地。1998年修订的《中华人民共和国土地管理法》第24条规定：各级人民政府应当加强土地利用计划管理，实施建设用地总量控制。1987年《国务院批准国家土地管理局关于开展土地利用总体规划工作报告的通知》下发后，我国开展了第一轮土地利用总体规划，采取了"用地指标调整与规划分区相结合"的模式，在土地适宜性评价的基础上，根据土地利用方向、利用政策及措施相对一致性划分不同的地域分区，明确各区域土地利用主导的方向和采取的土地利用措施。该轮规划指导思想是"以需定供"，有效地保证了建设用地的需求，但对耕地保护的力度不够，致使耕地大量减少，建设用地大规模增加。

1997年7月，以国家土地管理局《关于认真做好土地利用总体规划编制、修订和实施工作的通知》为标志的第二轮土地利用总体规划修编启动，对建设用地区域差别化管理进行了新的探索。该轮规划的指导思想是"以供给引导需求"，控制建设用地规模，严格保护耕地。主要采取"指标控制和地类分区相结合"的模式，即在用地指标控制下的用地指标调整和地类分区相结合的模式。提出了土地用途管制，在引导和控制区域城乡建设用地集约合理利用和保护耕地等方面发

挥了显著作用。

3. 发展阶段（2003 年至今）

随着城镇化和工业化进程的持续推进，基于区域经济发展、资源禀赋和土地利用特征，响应区域建设用地差别化管理的需求，我国实施了西部大开发、中部崛起、振兴东北老工业基地、生态环境建设等一系列国家重大发展战略，从规划和计划管理等方面开展了一系列区域差别化的建设用地管理政策创新。

完善区域差别化的建设用地规划管控。第三轮土地利用总体规划修编工作于2003 年启动，该轮以土地利用现状和土地资源的适宜性为基础，根据土地利用条件、利用方式、利用方向和管理措施的相似性和差异性，划分土地利用区域，为分区土地利用管理提供了依据。区域差别化的土地利用管控理念融入各级土地利用总体规划，建设用地区域差别化管理理念逐步建立。国家级和省级土地利用总体规划明确土地利用综合区，确定分区土地利用主导方向；地（市）级土地利用总体规划划分土地利用功能分区；县级和乡级土地利用总体规划主要进行土地利用用途分区，并划定建设用地管制区，实施弹性的建设用地空间布局，明确分区建设用地管制规则。《全国土地利总体规划纲要（2006~2020 年）》从土地利用综合区、四大板块、主体功能区三个层面统筹区域土地利用，明确了规划期间分区土地利用方向、政策和指标。土地利用综合分区根据区域资源禀赋、利用现状、发展阶段和战略定位，将全国划分为九个土地利用区，并明确了各区域土地利用管理重点。四大板块基于土地利用综合区按地域重组，西部地区（含西北区、西南区和青藏区）要确保特色优势产业发展和承接其他地区产业转移的理性用地需求；东北地区要适度保障现代装备制造业发展用地，确保资源型城市经济转型和发展接续替代产业用地需求；中部地区（含晋豫区、湘鄂皖赣区）要合理考虑承接东部地区产业转移的用地需求，并确保有竞争力制造业和高新技术产业用地适量供应；东部地区（含京津冀鲁区、苏浙沪区、闽粤琼区）要确保现代制造业和现代服务业必需用地，严格控制传统产业用地扩张。而主体功能区则根据不同主体功能区的功能定位和发展方向，确定了相关"概念区域"用地政策。优化开发区域要大力推进土地利用转型，重点开发区域要有效保障人口与经济集聚用地需求，限制开发区域要切实发挥土地对生态安全的基础屏障作用，而禁止开发区域则严格禁止相关开发建设。

严格区域差别化的建设用地计划管理。2004 年 10 月 22 日，国务院印发了《关于深化改革严格土地管理的决定》，提出"从严从紧控制农用地转为建设用地的总量和速度"的要求。2006 年明确将新增建设用地控制指标（包括占用农用地和未利用地）纳入土地利用年度计划，以实际新增建设用地面积作为土地利用年度计划实施情况的考核依据，并进一步强调要根据经济形势，实行区域差别化的土地计划管理，从严从紧控制区域新增建设用地的总量、结构和时序。2008年3月国土资源部根据《国务院关于加强土地调控有关问题的通知》（国发[2006]31号）的规定，制定了《土地利用年度计划执行情况考核办法》，从完善计划指标体系、优化计划指标配置、改进计划分解方式、落实计划奖惩措施四个方面提出了土地利用计划区域差别管理的初步方案。2012年8月国土资源部审议通过了《关于推进土地利用计划差别化管理的意见》，意见围绕建立健全计划指标体系、加强计划总量结构和布局调控、改进计划编制下达方法、推进计划分类精细化管理、严格监管考核等方面进一步提出了区域差别化管理的措施，实现按照区域土地资源供应现状、规划执行情况、固定资产投资及补充耕地等因素，综合测算、科学分解下达计划指标，提高了计划的针对性和有效性。

区域差别化的建设用地集约利用管控。我国按照"先行先试、由点及面"的渐进改革方式，积极探索区域差别化的建设用地集约管控。2005年国土资源部发布了《关于印发〈关于规范城镇建设用地增加与农村建设用地减少相挂钩试点工作的意见〉的通知》，明确天津、浙江、江苏、安徽、山东、湖北、广东、四川等8省（市）开展试点工作，探索区域差别化的城乡建设用地置换典型模式，既有效控制了城乡建设用地规模，又保障了经济发展的合理建设用地需求。2009年广东省与国土资源部合作并制定《关于推进"三旧"改造促进节约集约用地的若干意见》，广东省在"三旧改造"通过先行先试，探索了节约集约用地的制度创新方式。简化了补办征收手续，允许按现状完善历史用地手续，允许采用协议出让供地，土地纯收益允许返拨支持用地者开展改造，农村集体建设用地改为国有建设用地可简化手续，边角地、插花地、夹心地的处理有优惠。2012年国土资源部下发《关于开展工矿废弃地复垦利用试点工作的通知》，确定在河北、陕西、内蒙古、辽宁、江苏、安徽、河南、湖北、四川、山西十省区开展历史遗留废弃地的复垦利用试点，与新增建设用地相挂钩，合理调整建设用地布局。2012年以来国土资源部在福建、湖北、贵州、云南、山东、宁夏、广西等地部署了鼓励低丘缓坡地综合利用开发缓解建设用地供需矛盾试点，用地计划指标分配中明确未利用地的配额指标。根据《国务院关于加强土地调控有关问题的通知》（国发[2006]31号）要求，国土资源部统一制订了《全国工业用地出让最低价标准》，加强对工业用地的调控和管理，根据土地等级、区域土地利用政策，将全国划分为15个等别，实行区域差别化的供地门槛。此外，从2005年起国土资源部配合国家综合改革试验区实施的一系列建设用地管理政策，也是区域差别化管理的重要实践，如成渝加快推进城乡建设用地增减挂钩试点、深圳市产业用地出让弹性年期政策等。

（二）主要成效

区域差别化的建设用地管理政策的实施，呈现出"有保有控、保促结合"的鲜明特点，在坚守耕地红线和倡导节约集约利用的基础上，基本满足了我国工业化、城镇化加快推进的用地需求，有效控制了建设用地规模，促进了建设用地集约利用和精细化管理，对国民经济持续健康平稳发展发挥了重要支撑保障作用。

1. 适度控制了建设规模

将新增建设用地控制指标纳入土地利用年度计划，以耕地保有量和新增建设用地总量作为土地利用年度计划考核的依据，改变了以往计划注重对农用地转用审批的控制，而缺乏对用地总量进行有效控制的现状。通过加强和改进土地利用计划管理，严格控制新增建设用地总量，实行差别化的计划区域调控等政策，依据国家区域发展战略，严控制东部发达地区新增建设用地计划指标，适度倾斜中部、西部和东北地区新增建设用地计划指标，既有效保障中西部地区经济发展的合理用地需求，又有效地控制了东部地区建设用地规模的过快扩张。

2. 提高了建设用地集约利用水平

城乡建设用地"增减挂钩"、"三旧"改造及工矿废弃地复垦利用等试点，均有效促进了建设用地节约集约利用。按照"严控总量、盘活存量、减少增量"的原则，积极开展建设用地空间置换，促进存量建设用地内涵挖潜，拓展了建设用地可利用空间。通过区域差别化的存量建设用地再开发实践，改变了以往建设用地供应主要依靠新增的局面。这也促进了产业的优化升级和区域良性竞争环境的形成，一批规模小、效益差、能耗大的传统制造业被低能耗、低污染、高附加值的现代制造业所取代。截至 2011 年底，广东已完成"三旧"改造项目 2 443 个，改造项目的平均容积率由 0.66 提高到 1.5，有效提升了建设用地节约集约利用水平。

3. 保障了区域的合理用地需求

新一轮全国土地利用总体规划对规划指标的分解，考虑区域社会经济发展水平差异的现实，既保障东部率先发展的需要，也兼顾了西部开发、东北振兴和中部崛起的要求。土地供应的区域结构呈现出中、西部比重提高，东部比重下降的变化特征，促进了东、中、西及东北的协调发展。同时，我国建设用地管理坚持"控制总量、优化增量、盘活存量、用好流量、提高质量"的原则，结合区域特征探索农村土地综合整治的制度创新，加快闲置空闲地处置，积极稳妥开展城镇低效土地再利用、城乡建设用地增减挂钩、工矿废弃地复垦调整利用、低丘缓坡荒滩开发利用等试点，科学围填海造地，探索区域差异的存量建设用地挖潜、建设用地空间拓展的路径，保障了不同区域经济社会发展合理用地需求。

4. 促进了建设用地的精细化管理

基于不同区域社会经济发展和资源禀赋及土地利用特征，我国开展了建设用地区域差别化管理的多项试点，城乡统筹国家综合改革试验区、城乡建设用地增减挂钩、低丘缓坡地综合利用开发、工矿废弃地复垦利用及"三旧"改造等试点，均具有明显的地域代表性、内容典型性等特征，基本形成了东、中、西和东北的试点格局，兼顾了处于不同发展阶段、不同资源禀赋特征的地区的土地利用管理的实际需求。基于试点国土资源管理部门对试点经验进行了系统的总结和提炼，并在同类地区积极进行先进经验的推广，促进了建设用地的精细化管理。

（三）存在问题

建设用地区域差别化管理有益探索为促进土地节约集约利用，保障社会经济发展发挥了重要作用，但建设用地计划管理的增量管理方式和同质化管理政策等问题仍较为突出，亟须完善。

1. 建设用地总量控制目标未列入计划

随着经济快速发展的土地瓶颈日益显现，土地利用计划的管理逐渐发展成为国家重要的宏观调控工具，更加注重计划管理与宏观经济发展、地方经济发展差异之间的联系。但是从《土地利用年度计划管理办法》和《土地利用年度计划执行情况考核办法》的内容来看，现有计划管理仍然主要侧重于新增建设用地的指标管控，并未涉及总量控制目标，缺乏建设用地总量指标分配与实施管理的政策设计。一些区域即使建设用地总量已经达到或接近理论上的"上限"，但仍按照一定的增量计划不断地增加建设用地面积，建设用地总量的"上限"必然要被突破，耕地保护与生态保护目标也将难以实现。

2. 建设用地增量配置未考虑总量约束

目前，我国新增建设用地指标分配主要考虑区域社会经济发展的需求，根据不同地区人口、固定资产投资、GDP等社会经济发需求来分解下达新增建设用地指标。基于社会经济发展需求的建设用地增量分配方式，使得近年来全国不同区域建设用地都呈现出快速增长趋势，而与之相伴随的是大量农田被占用、粮食安全受到威胁，经济社会可持续发展面临严峻挑战。诚然，作为经济发展的代价性损失，将新增建设用地列入土地利用年度管理十分必要，但忽视耕地保有量、建设用地可拓展空间等区域资源禀赋的差异，分解新增建设用地指标，不利于区域建设用地总量目标的实现。

3. 城乡建设用地置换政策"一刀切"

城乡建设用地置换通过对低效利用的农村建设用地进行整理复垦，置换城镇发展的建设用地空间，最终实现"建设用地总规模不增加、耕地数量和质量不降低"目标,能有效控制区域建设用地总量、提高土地节约集约利用水平。到2011年,全国城乡建设用地置换项目覆盖了27个省(自治区、直辖市),但这种全国统一的城乡建设用地置换政策只能减缓建设用地规模的增长速度,无法实现建设用地的"零增长"甚至"负增长"。在部分发达地区建设用地总量规模逼近增长极限的背景下,"拆一建一"的原有置换模式难以控制建设用地总量的过速增长,亟须调整现有"一刀切"式的城乡建设用地置换政策,综合考虑区域新增建设用地需求、建设用地可拓展空间等特征,探索区域差别化的城乡建设用地置换政策,最终实现建设用地总量的控制。

4. 区域差别化的建设用地集约利用管控不完善

《全国工业用地出让最低价标准》等区域差别化的建设用地集约利用管制标准的制定,为确定不同区域建设用地供地门槛,实现建设用地差别化管理具有重要意义。但是由于现有研究对经济发展阶段与集约利用变化关系的分析不够深入,而基于经济发展集约利用响应和资源禀赋的区域差异开展区域差别化的集约利用管制战略及政策的研究仍亟待开展,从集约用地门槛、存量建设用地挖潜和城乡建设用地置换等方面的区域差别化的集约利用管控政策及制度设计的不完善,导致区域差别化的建设用地集约利用管控措施难以落实,不符合建设用地的精细化管理的要求。

二、我国建设用地区域差别化管理政策需求与目标

区域差别化的建设用地管理政策是政府调控区域经济的重要工具之一,应立足各地区的资源禀赋、社会经济发展水平和建设用地利用现状,着眼于解决区域发展的突出问题,在保持宏观政策统一性的前提下,实行"区别对待、分类指导,有扶有控、突出重点"的政策取向,制定区域差别化的集约利用管控战略;并对不同地区的建设用地总量、增量和置换进行适度的调节,以提高土地政策的空间指向性、针对性和可操作性。通过建设用地的合理分配与管理,建立符合区域社会经济发展和资源禀赋实际的建设用地差别化管理政策体系,从而促进并实现区域协调发展。

第一,应根据区域社会经济发展水平和资源禀赋状况,客观分析区域差别化需求,根据国家发展定位,通过研究现有的主体功能区、政策分区、土地利用综合分区等分区管理体系,建立符合建设用地管理需求的区域差别土地政策体系。

第二,综合考虑资源禀赋、社会经济发展水平等建设用地规模影响因素,借鉴相对资源承载力的研究思路,测算规划目标年区域建设用地合理规模,分析建设用地管控分区的建设用地现状规模与目标年规模的对比关系,并据此制定区域

差别化的建设用地总量控制策略。

第三，在分析影响区域新增建设用地指标分配的区域社会经济发展水平因素的基础上，从区域资源禀赋视角引入耕地保有量、建设用地可拓展空间等建设用地总量约束指标，构建新增建设用地配置指标体系，分解新增建设用地指标，使得新增建设用地指标分配更符合其区域特征。

第四，应依据不同区域建设用地现状规模、新增建设用地指标、规划目标年建设用地总量，从建设用地增加与减少的视角出发，研究实现总量控制的区域差别化的建设用地增减比例，为总量控制下区域差别化的城乡建设用地置换政策制定提供依据。

第二节 区域协调发展的建设用地分区管控策略

我国幅员辽阔、人口众多，不同区域社会经济发展水平和资源禀赋存在着较大差异，统筹协调区域发展是必须面对的一个重大战略问题。《中华人民共和国国民经济和社会发展第十一个五年规划纲要》明确提出："各地区要以资源环境承载能力和区域发展潜力为依据，在明确不同区域功能定位的基础上，制定相应的政策和评价指标，逐步形成各具特色的区域发展格局，以促进区域协调发展。"社会经济发展与资源禀赋的区域差异显著，客观上要求建设用地实施区域差别化的管理，因地制宜明确区域建设用地利用与管理方向。考虑到我国区域间经济发展和资源禀赋差异悬殊，因此需要基于此进行建设用地管控分区，既要反映区域自然条件和资源环境状况的差异，又要体现区域社会经济发展特征和趋势。针对不同地区自然条件、资源禀赋与社会经济发展特征，制定与之相配套的土地利用战略，实施差别化的区域管控政策，对建设用地利用实施政策导向和约束，增强区域之间的协调互动，从而实现国土空间高效利用、人与自然和谐相处的区域协调发展格局。

一、我国现有区域管控分区体系

新中国成立以来，我国相继开展了自然区划、农业区划、经济区划及生态区划等区划工作，目前关于分区的类型和提法很多，区域层面出台的规划和政策也较多。涉及土地利用管控分区而言，最基础及最常见的有主体功能区划、四大板块、土地利用综合分区及行政区划等。

（一）主体功能区划

所谓主体功能区划是在对不同区域的资源环境承载能力、区域现有开发密度和未来发展潜力等要素进行综合分析的基础上，统筹未来我国国土利用、经济格局、人口分布以及城镇化格局，将特定的区域确定为具有某种特定主体功能的地域空间单元（方忠权等，2008）。依据《全国主体功能区规划》，我国国土空间划分为优化开发区、重点开发区、限制开发区和禁止开发区四个类型，并按照区域的主体功能定位调整完善区域政策和绩效评价，规范空间开发秩序，形成合理的空间开发格局。

1. 优化开发区

优化开发区是指国土开发密度已经较高、资源环境承载能力开始减弱的区域。从国家层次上看，长江三角洲地区、珠江三角洲地区和环渤海地区等是我国比较典型的宏观性优化开发区（满强，2011）。此类区域承载了大量的人口和经济活动，是各类区域中发展水平最高、开发适宜度最好、人口密度最大的区域。但是经过长期的粗放式发展，资源环境问题日益突出，受资源环境承载力的约束，区域人地关系日趋紧张。而在未来的发展中，此类区域在经济社会发展和要素集聚等方面仍处于重要地位，且与国外同类区域相比较，其集聚人口和经济的潜力空间仍很大，尚未达到理想的区域开发状态。因此，要改变依靠大量占用土地、大量消耗资源和大量排放污染实现经济较快增长的模式，真正实现经济增长方式由粗放型向集约型的转变，促进产业结构优化升级，通过技术和制度创新等方式，来释放资源环境容量，缓解资源环境压力，改善人地关系。

2. 重点开发区

重点开发区是指资源环境承载能力较强、经济和人口集聚条件较好的区域。从国家层次上看，冀中南地区、太原城市群、呼包鄂榆地区、哈长地区、东陇海地区、江淮地区、海峡西岸经济区、北部湾地区、长江中游地区、成渝地区、中原地区等都是我国未来经济发展的重点区域。此类区域具备一定的经济发展基础，未来发展潜力较大，在区位条件、交通通达性、经济辐射能力、土地资源供给、水资源保障和水土资源匹配等方面都具有一定的优势，适宜进一步集聚经济和人口要素，是未来支撑全国经济增长的重要增长极和落实区域发展总体战略、促进区域协调发展的重要支撑点（陈桂龙，2011）。与优化开发区相比，其社会经济条件不高，基础设施不够完善，产业集群程度不高。在未来的发展中，重点开发区既要承接优化开发区的产业转移，又要承接限制开发区和禁止开发区的人口转移，因此需进一步壮大经济规模，加强基础设施建设，促进产业集群发展，加快新型城镇化和工业化道路。

3. 限制开发区

限制开发区是指资源环境承载能力较弱、大规模集聚经济和人口条件不够好，不适宜进行高强度、大规模工业化和城镇化活动，并关系到全国或较大区域范围生态安全的区域。此类区域类型多样，主要包括森林生态功能区、草原湿地生态功能区、水土流失严重区域、荒漠化防治区域以及某些具有特殊功能的区域（如重要的蓄洪区、水源补给生态功能区、重要的农业功能区）和不适宜开发的区域（如水资源严重缺乏的区域、自然灾害频发区域）（满强，2011）。限制开发区区位条件相对不利，多地处偏远、交通不便的地区，基础设施条件较差，经济社会发展落后，人口密度相对较低；区域资源环境承载能力差，生态系统十分脆弱，一旦遭到破坏，恢复难度大、成本高；区域生态功能重要，具有较好的生态屏障功能，且区域生态具有明显的外部性。由于在以往的发展历程中，采用传统发展方式，对资源过度开发，区域开发强度已经超过区域资源环境承载能力，引起了诸如森林面积减少，森林质量下降、草场退化、沙漠化、水土流失和生物多样性减少等一系列问题，导致区域自然生态系统退化。从全国整体利益出发，此类区域应坚持保护优先、适度开发，因地制宜地发展资源环境可承载的特色产业，同时通过综合整治加强生态修复和环境保护，逐步引导超载人口有序转移，缓解区域人地矛盾。

4. 禁止开发区

禁止开发区是指有代表性的自然生态系统、珍稀濒危野生动植物物种的天然集中分布地、有特殊价值的自然遗迹所在地和文化遗址等，在国土空间开发中禁止进行工业化、城镇化开发的重点生态功能区。此类区域主要包括依法设立的自然保护区、世界文化自然遗产、国家级风景名胜区、国家森林公园、国家地质公园等各类、各级保护区域。禁止开发区具有重要的自然生态和人文价值功能，其生态价值对全国乃至全球都具有重要的意义。目前划定的各类保护区内仍有一定数量的人口，多处于经济落后地区，区域贫困严重且脱贫难度较大，人口发展的需求与生态保护的目标之间矛盾较为尖锐。因此，对禁止开发区必须依据相关规划和国家法律法规实施强制性保护，严格控制人为因素对自然生态系统的干扰，禁止区域内任何不符合主体功能定位的开发活动。

（二）四大板块

改革开放初期，为了促进全国经济快速增长，我国实施沿海地区优先发展战略，有力推动了沿海地区经济的快速增长，同时也造成了地区间差距的进一步扩大。20 世纪 90 年代后期，随着区域差距的日益加大，区域发展战略开始转向协调发展，《中华人民共和国国民经济和社会发展第十个五年计划纲要》提出"实施西部大开发战略，促进区域协调发展"，《中华人民共和国国民经济和社会发展第十一个五年规划纲要》做出更全面的阐述："促进区域协调发展。根据资源环境承载能力、发展基础和潜力，按照发挥比较优势、加强薄弱环节、享受均等化基本公共服务的要求，逐步形成主体功能定位清晰，东中西良性互动，公共服务和人民生活水平差距趋向缩小的区域协调发展格局。"并明确提出要"坚持实施推进西部大开发，振兴东北地区等老工业基地，促进中部地区崛起，鼓励东部地区率先发展的区域发展总体战略"，健全区域协调互动机制，形成四大板块协调发展的格局（吉新峰，2012）。

1. 西部大开发地区

1999年9月中共十五届四中全会正式提出西部大开发战略，2000年10月中共十五届五中全会通过的《中共中央关于制定国民经济和社会发展第十个五年计划的建议》标志着西部大开发战略正式开始实施，"实施西部大开发战略、加快中西部地区发展，关系经济发展、民族团结、社会稳定，关系地区协调发展和最终实现共同富裕，是实现第三步战略目标的重大举措。"西部大开发划定的范围包括四川、重庆、贵州、云南、西藏、陕西、甘肃、青海、宁夏、新疆、内蒙古和广西12个省（市、区）。该战略的实施给我国西部12个省（市、区）带来很好的发展机遇，经济社会取得了长足发展。经济增速显著提高，基础设施建设稳步推进，人民生活水平明显改善，生态环境保护也取得了实质性进展。但是与其他地区相比较，西部地区的社会经济发展仍然很落后且差距还在不断拉大，基础设施建设滞后，水土资源严重不匹配，生态环境建设任务繁重，生态保护补偿机制还不健全。今后的发展中，要把加快基础设施建设作为西部大开发的一个重点，坚持把水土资源的合理开发和有效利用放到突出位置；继续推进退牧还草、天然林保护等生态工程，加大荒漠化、石漠化治理力度和重点区域水污染防治，加强生态环境建设和保护；支持资源优势转化为产业优势，大力发展特色产业，落实和深化西部大开发战略，努力实现可持续发展（胡敬斌，2013）。

2. 东北振兴地区

2002年，中共"十六大"报告中首次明确提出"支持东北地区等老工业基地加快调整和改造"，2003年10月，中共中央、国务院联合发布的《关于实施东北地区等老工业基地振兴战略的若干意见》标志着振兴东北地区等老工业基地战略的全面启动。战略实施的范围包括辽宁省、吉林省、黑龙江省和内蒙古自治区的部分盟市。老工业基地是新中国工业的摇篮，曾为改革开放和现代化建设做出重大贡献；随着改革开放的不断深入，老工业基地的体制性、结构性矛盾日渐显现，产业结构调整缓慢，资源型城市主导产业衰退等问题严重制约其进一步发展。老工业基地尤其是东北地区拥有丰富的自然资源、巨大的存量资产、良好的产业基地、明显的科教优势、众多的技术人才和较为完备的基础条件,是极富后发优势的地区。东北地区等老工业基地要积极探索新型工业化和城镇化道路,全面推进工业结构优化升级;推进规模化、产业化的现代农业发展,强化粮食基地建设;建立资源开发补偿机制和衰退产业援助机制,促进资源枯竭型城市经济转型发展;搞好采煤沉陷区治理和矿区生态修复,切实保护好生态环境。

3. 中部崛起地区

2004年3月,政府工作报告中首次明确提出要促进中部地区崛起。中部地区的范围包括山西、河南、湖北、湖南、安徽和江西6省。中部地区位于我国内陆腹地,具有承东启西、连南通北的区位优势。然而,在国家的东部开放、西部大开发和振兴东北老工业基地等一系列战略措施实施后,中部地区曾在全国经济板块中处于被边缘和忽略的地位,导致其经济发展速度相对比较缓慢,工业化和城镇化水平不高、发展方式粗放、"三农"问题突出、统筹城乡发展任务繁重等问题制约着中部地区的长远发展。随着中部崛起战略的实施,中部地区实现了较快的经济增长,但仍然落后于全国平均水平,发展潜力尚未充分挖掘。未来的发展要依托现有基础,加快产业结构优化调整,推进工业化和城镇化进程;加大农业基础设施建设投入,加强现代农业特别是粮食主产区建设;开展资源节约和综合利用,加大环境污染防治力度,加强生态建设与保护;加强综合交通运输枢纽建设,统筹各种交通方式的协调发展,提高资源配置效率。

4. 东部率先发展地区

东部地区率先发展战略的首次明确提出是在2006年,《中华人民共和国国民经济和社会发展第十一个五年规划纲要》对鼓励东部地区率先发展做出了明确的战略部署。东部地区包括北京、天津、河北、上海、江苏、浙江、福建、山东、广东和海南10个省市。作为我国的率先发展地区,东部地区的经济发展水平和经济增长质量远高于全国的平均水平。自从东部地区率先发展战略明确提出后,其传统的依靠要素和资本投入的经济增长方式有所改变,逐步转向依靠产业结构转换效应与技术创新等内生动力,但这些方面对于经济增长的促进作用还需进一步加强。加强技术创新,提高自主创新能力,在率先发展和改革中带动帮助中西部地区发展;加快产业结构优化升级步伐,提高经济增长质量和效益,积极承接国际产业转移,提高外向型经济水平,带动区域经济发展;适度控制城市规模扩张,提高资源特别是土地资源的利用效率,加强生态环境保护,增强可持续发展能力。

四大板块区域发展战略的实施有效地促进了我国经济增长,并促使区域发展呈现收敛趋势,在全国各地区经济保持快速增长的同时,四大板块间相对差距趋于缩小。但我国整体的发展格局并未发生改变,东部地区经济水平在全国仍占绝对优势。此外，部分区域内部差距逐步扩大，尤其是西部地区内部差距逐渐拉大的趋势尤为明显。东北地区的不同省份之间经济发展阶段的差异也较明显。如何有效地在各板块自身实现健康平稳发展的前提下促进区域间的协调发展将是一项长期而艰巨的任务。

（三）土地利用综合分区

土地利用综合分区是地域区划与类型划分的综合，确定一定区域内土地资源的利用现状、土地适宜性、土地利用潜力及可能的利用方向，从而为全国或区域土地资源的综合性、长远性、战略性开发利用提供依据，以期更加充分合理地、可持续地组织土地资源开发利用（赵言文，2007）。

我国土地利用综合分区采用二级分区：一级区为土地资源利用区，划区依据包括宏观地貌构造与气候差异所形成的地域分异规律以及大尺度的区位因素和土地利用结构的差异，命名采用"区位（含土地类型）+主要利用类型—相应发展产业"的方式；二级区为土地资源利用亚区，即依据土地利用结构、土地利用效率和人地关系等因素将土地资源利用区进行续分，土地资源利用亚区的命名采用"区位（含土地利用类型）+主要利用类型—开发利用方向"的方式。依据我国土地资源宏观分异特征，将全国分为12个土地资源利用区和67个土地资源利用亚区。（谭术魁，2011）。其中12个土地资源利用区分别是：（1）东北山地、平原有林地与旱地—农林用地区；（2）华北平原水浇地、旱地与居民工矿地—农业和建设用地区；（3）黄土高原旱地、牧草地与有林地—农牧林业用地区；（4）长江中下游平原水田、水域与居民工矿地—农渔和建设用地区；（5）川陕盆地有林地、旱地与水田—农林用地区；（6）江南丘陵山地有林地与水田—林农用地区；（7）云贵高原有林地、灌木林地与旱地—林农用地区；（8）东南沿海有林地、水田、园地与居民工矿地—农林渔业和建设用地区；（9）内蒙古高原牧草地与旱地—牧业用地区；（10）西北干旱区牧草地与水浇地—牧业和绿洲农业区；（11）青藏高原牧草地—牧业用地区；（12）藏东南—横断山有林地与牧草地—林牧用地区。

（四）行政区划

行政区划指国家根据政治和行政管理的需要，依据有关法律规定，充分考虑经济联系、地理条件、气候条件、民族分布、历史传统、风俗习惯、地区差异、人口密度等客观因素，将全国划分为若干层次大小不同的行政区域，设置相应的地方国家机关，实施行政管理。特定的国家行政机关依法在特定的区域内履行其职责，推行其政务，这一特定的区域即为该行政机关管辖的区域（张京祥等，2002）。《中华人民共和国宪法》第30条规定了我国行政区域划分的级别和主要区域单位名称：省、直辖市、自治区—市、自治州—县、自治县—镇、乡、民族乡等。依据宪法，这些区域都设有全面治理该区域的地方国家政权机关。因此，宪法所列举的行政区域实为地方政权机关管辖的地域范围。

（五）其他分区

为了更好地促进区域协调发展，除上述分区体系外，我国还有其他一些特殊的区域，在社会经济发展中可以享有更多的政策倾斜，其中以老少边穷地区最为典型，我国社会经济发展"七五"计划首次提出要将扶持老少边穷地区的发展纳入国家发展计划，充分体现了对该类地区发展的政策支持。

老少边穷地区是指革命老区、少数民族自治地区、边区和贫穷（或欠发达）地区，这类地区多位于经济发展落后的中西部山区和丘陵地区，如西藏、新疆、青海、甘肃、宁夏、陕西、四川、贵州、云南、广西、内蒙古等大部分地区，以及中东部的沂蒙山区，太行山区、吕梁山区、大别山区、井冈山地区等。在老少边穷的界定中，是以县（市）作为基本的区域单元，这类地区所覆盖的县数占全国总县数的近二分之一。

革命老区：是指第二次国内革命战争和解放战争时期，在中国共产党的领导下所建立的革命根据地。革命根据地所在的县称为老区县，全国老区县数共计241个，覆盖17个省市，其中绝大部分集中于江西、湖北、湖南、四川、陕西6省。

少数民族自治地区：按行政级别，又可分为自治区、自治州、自治县三级，其中自治县共计120个，分布范围除内蒙古、广西、宁夏、新疆、西藏5个自治区外，较集中分布的地区还包括四川、云南、贵州和甘肃等省。

边区：指沿陆地国境线的县级行政单元，共计134个（新疆建设兵团56个边境团场不在统计范围内），主要集中在吉林、黑龙江、云南等省和内蒙古、西藏、新疆、广西等自治区。

欠发达地区：依据国家统计局相关研究成果，从发展水平、发展活力和发展潜力三个方面计算每个县（未包括西藏自治区）的综合发展指数，并以位列后20%的县级单元作为社会经济发展欠发达地区，即老少边穷地区中的"穷"区，据此确定出全国欠发达县共计400个。

除上述革命老区、少数民族自治地区、边区和欠发达地区覆盖范围以外的其他地区，将其统称为非老少边穷地区。老少边穷地区在地理位置上有大致重合和叠加的特点，与非老少边穷地区相比，经济总量较小、发展速度缓慢、资源利用效率低下等是老少边穷地区的基本特点，其中，少数民族问题尤其不容忽视，我国少数民族聚居地主要集中在西北和西南地区的深山地区，加上语言障碍，缺少与其他地区的联系，给这些地区的发展带来了极大的障碍；而且在少数民族地区进行土地资源开发，不可避免地会涉及民族关系和政治稳定等问题，土地资源开发和保护以及利益分配问题若处理不当，不仅会影响到地区工业化、城镇化发展进程，甚至会影响到国家安全和社会稳定。

近年来，随着西部大开发战略的推进，老少边穷地区的发展已取得了显著的成效，经济实力明显增强，基础设施建设有所改善，为地区进一步发展奠定了较好的基础。

（六）现有分区体系评价

主体功能区划：主体功能区划打破行政区划的界限，首次明确各区域的主体功能，基于区域资源禀赋和经济发展状况进行分工，有利于发挥各区域的禀赋优势，促进资源和要素在空间配置上的帕累托改进。然而，地方政府是我国传统意义上的区域竞争的主体，在进行区域主体协调过程中一旦跨行政区域，利益协调将面临较大的困难。此外，主体功能区划分的依据主要是不同区域的资源环境承载能力、开发强度及其未来发展潜力，对于区域建设用地的利用强度及其发展潜力考虑不足，分区结果更多地服务于加强生态文明建设和优化国土空间开发格局的目标，而对于促进区域建设用地集约管控目标及其实现途径的探索涉及较少。

四大板块：随着四大板块格局的形成，我国的区域协调发展战略和政策已初显成效。促进区域协调发展需要全面考虑资源环境承载能力、发展基础和潜力，以充分发挥各区域的比较优势；而四大板块格局的形成主要是缘于西部大开发、振兴东北地区等老工业基地、促进中部地区崛起和鼓励东部地区率先发展等社会经济发展战略的实施，更多地体现了不同经济发展水平地区之间的良性互动和协调发展，但未能充分考虑不同地区土地等自然资源禀赋的差异。因此，四大板块发展格局虽然对区域建设用地管控可以提供较好的参考，但还须综合考虑区域资源禀赋的差异才能更好地指导建设用地的区域差别化管控。

土地利用综合分区：土地利用综合分区是特征区划与用途区划的综合，既考虑了土地资源自然属性的特征，又考虑了人类活动对土地资源利用的需求，对统筹区域土地利用具有重要的指导意义。从分区结果及分类指导原则看，土地利用综合分区对社会经济发展阶段的区域差异考虑不足；从土地管理实践中的应用看，未能针对不同分区的特征和定位制定切实可行的建设用地管控政策。因此其仍难以满足区域差别化的建设用地管控的需求。

行政区划：我国土地资源管理的方式有法律手段、行政手段、经济手段和技术手段等多种形式，其中行政管理是最根本、最有强制性的一种手段。目前我国土地资源管理体制实行省级以下垂直管理,其中省级国土管理部门的职责主要侧重于宏观管理,具体的土地行政管理职权主要由市、县两级土地行政管理机构和乡(镇)国土资源所履行。各级土地行政管理部门职权履行的范围均为本级行政区域。因此,行政区划是土地资源管理分区的基础,区域协调发展的建设用地差别化管控也应该以行政区域作为最基本的分区单元。

其他分区:为了更好地促进区域协调发展,在建设用地区域差别化管控中需要充分考虑老少边穷等地区特殊的区域特征。但是该分区为非全覆盖区域,除此以外的非老少边穷地区内部在社会经济发展和自然资源条件等方面仍存在较为明显的非均质性,因此难以实施统一的建设用地管控政策,应在区域协调发展的建设用地管控分区中适当考虑其特殊性,并制定相应的管控政策。

如上所述,我国现有的各类区域管控分区体系在促进区域社会经济协调、健康发展方面均起到了较好的积极作用,在资源合理开发利用方面也产生了一定的成效。但是,由于各类分区体系在分区目标、分区指标和分区方法等方面存在较大的差异,并且均未以实现建设用地总量控制的区域差别化管理为目标,其分区结果对区域建设用地管控的适用性都存在不同程度的局限。因此,需要针对建设用地区域管控目标,在充分参考我国现有分区体系的基础上,依据区域经济发展阶段和资源禀赋条件的异同,建立促进区域协调发展的建设用地管控分区体系。

二、区域协调发展的建设用地管控分区体系构建

(一)经济发展和资源禀赋的区域分异

随着城镇化、工业化进程的快速推进,我国建设用地规模呈现快速扩张的趋势,在"保发展、保红线"的目标下,土地资源的相对稀缺性更加凸显,土地集约利用成为必然选择。土地调控政策的功能在于解决市场失灵,提高土地资源配置效率,实现区域经济健康、平稳、持续增长的目标,而不同地区发展阶段和资源禀赋的差异,是制定区域差别化调控政策的缘由(杨刚强等,2012)。因此,根据经济发展和资源禀赋的区域差异,开展差别化的建设用地管控研究成为区域可持续发展亟待解决的命题。

1. 区域经济发展与建设用地集约利用变化经济计量分析

目前关于土地集约利用与经济增长关系的研究主要集中在以下两个方面:一是通过协调度、协调发展度等指标进行经济增长与土地集约利用的协调评价(朱天明等,2009;许艳,2009),二是通过 Granger 检验法进行经济增长与土地集约

利用之间的因果关系检验（翁翎燕等，2010；郑华伟等，2012）。而对于不同经济发展水平下土地集约利用的变化规律，以及在此基础上的区域差别化集约利用管控研究则较少。已有研究主要通过建立指标体系对土地集约利用水平进行综合评价（顾湘 2006；朱红梅，2008；李进涛等，2009），由于采用综合指标，在建设用地管理中难以基于研究结果开展差别化的管控。此处采用建设用地与社会经济面板数据，以建设用地地均固定资本表征的土地集约利用水平，研究不同经济发展水平下集约用地的响应差异。

（1）经济发展阶段与土地集约利用变化关系分析

①理论假说

经济发展是以经济增长为核心的经济、社会和政治结构的全面进步，总是与经济增长、产业结构等紧密联系在一起（陈利根，2007）。在经济发展的不同阶段，经济增长方式和发展水平不同，对土地产品和服务的需求不同，从而建设用地冲突的主要矛盾也不相同。区域经济发展过程中量的变化和质的飞跃使其呈现出不同的阶段性（赵翠薇等，2006）。依据钱纳里发展阶段理论，将经济发展的驱动力划分为要素驱动、资本驱动和创新驱动等。初级阶段的经济发展主要依靠要素驱动，随着经济发展水平的提升逐步转向主要依靠资本驱动；进入中后期发展阶段后，经济增长方式开始转变，逐步放弃要素驱动和资本驱动的增长方式，由主要依靠资本驱动转向主要依靠技术驱动，技术创新逐渐成为经济社会发展的重要驱动力。据此可以提出如下假说：随着初级产品生产阶段向工业化阶段转变，土地集约利用水平呈现加速上升的趋势；由工业化初期阶段进入工业化中期阶段，土地集约利用水平持续加速上升；再由工业化中期阶段进入工业化后期阶段，土地集约利用水平加速上升的趋势逐步减缓，土地利用集约度的增加量呈现先上升后下降的趋势，最终土地集约利用水平将逐渐趋于稳定。

②模型设定

为了更好地验证上述假说，选取全国和江苏省两个尺度的实证区域，分别采用分省（市、区）和分市的面板数据，并根据库兹涅茨曲线理论和相关典型研究（李永乐等，2008；张润森等，2012），建立包括一次项、二次项和三次项的库兹涅茨曲线模型，然后根据拟合结果确定自变量与因变量之间的函数关系。

$$y = \beta_0 + \beta_1 x + \beta_2 x^2 + \varepsilon$$

式中：y 代表土地利用集约度增加量，x 代表经济发展水平，β_0 代表常数项，β_1、β_2 代表自变量的估计系数，ε 为随机误差项。β_1、β_2 的不同取值可以反映土地利用集约度的增加量与经济发展水平之间可能存在的两种曲线关系（见表 6-1）：线性、"U"形或倒"U"形曲线关系（张润森等，2012）。

表6-1　土地利用集约度增加量与经济发展水平之间的两种曲线关系

类型	β_1	β_2	曲线关系
1	>0	=0	正相关线性
	<0	=0	负相关线性
2	≤0	>0	"U"形
	≥0	<0	倒"U"形

为了增强研究结果的可操作性，同时克服指标之间的相关性对模型分析结果的可能影响，在模型估计过程中，此处用单一指标来代表自变量和因变量：反映经济发展水平的自变量 x 以人均 GDP 代表，反映土地利用集约度增加量的因变量 y 则以建设用地地均固定资本增加量代表。

（2）实证分析1——全国分省面板数据

①数据来源与处理

考虑到面板数据的完整性和可获得性，本研究应用2000~2010年全国31省（市、区）（不含港、澳、台地区）面板数据进行实证分析，样本总数为341。各省（市、区）GDP、固定资产投资、总人口等社会经济数据主要来源于历年《中国统计年鉴》，GDP和固定资产投资均按2000年可比价计算。2000~2008年建设用地面积为土地利用变更调查数据，2009~2010年建设用地面积则是根据《国土资源公报》、《国土资源统计年鉴》整理得来。固定资本存量采用戈登史密斯（Goldsmith）在1951年开创的永续盘存法进行估算（张军等，2004；靖学青，2013）。数据处理使用了Stata12.0等软件；相关变量名称及符号见表6-2。

表6-2　变量名称、单位及说明

变量名称	单位	文中符号	变量说明
建设用地地均固定资本增加量	万元/hm²	Kc	反映区域土地集约利用变化情况
人均GDP	元/人	$PGDP$	反映区域经济发展水平

②不同省（市、区）经济发展阶段判断

参照钱纳里经济发展阶段划分方法，以1970年美元为基准通过购买力平价转换因子，结合美元对人民币的汇率中间价推算2010年美元的阶段划分标准，以2010年人均GDP为标准判断，2010年判断我国31个省（市、区）所处发展阶段。2010年我国全面进入工业化发展阶段，其中处于工业化初期阶段的地区包括贵州、云南、甘肃、西藏、广西、安徽、四川和江西 8 省（市、区）；处于工业化中期阶段的包括海南、青海、河南、湖南、新疆、陕西、山西、宁夏、黑龙江、湖北、河北、吉林、重庆、福建、山东、辽宁 16 省（市、区）；已进入工业化后期阶段的包括广东、内蒙古、浙江、江苏、天津、北京、上海 7 省（市、区），其中上海市已接近发达经济阶段。

③不同发展阶段地区建设用地集约利用变化计量分析

通过面板数据分析，可以更好地反映不同个体和不同时点的信息，提供更高的自由度和估计效率。但同时，其模型检验与估计也变得更加复杂。为提高模型估计的有效性，分别利用 Stata12.0 软件中的 LR 检验、Xtcsd 检验和 Wald 检验对原始数据的组内自相关、组间截面相关和组间异方差进行检验，原始假设分别为"不存在一阶组内自相关"、"无截面相关"、"组间同方差"（陈强，2010）。检验结果表明，以上三种检验的 p 值均小于 0.01，故强烈拒绝原假设，即认为同时存在组内自相关、组间截面相关和组间异方差的问题。因此，在进行回归时必须同时考虑，才能有效估计模型参数。

面板数据模型根据参数要求的不同，可以分为变系数模型和变截距模型（陈海燕，2012）。考虑到面板数据样本数量多，采用变系数模型需要估计较多的参数，会损失自由度，本研究模型估计采用变截距模型，变截距模型又可分为固定效应模型和随机效应模型，根据 Hausman 检验结果，工业化初期、中期阶段地区选择固定效应模型更有效，而工业化后期阶段地区则选择随机效应模型更有效。

根据上述分析，运用 Stata12.0 软件采用固定效应模型对模型进行估计（Driscoll J. C. et al.，1998），根据估计系数及其显著性来判断土地利用集约度的增加量与经济发展水平之间的曲线关系。根据上述检验结果，分别对工业化初期阶段地区和工业化中、后期阶段地区回归方程进行估计，结果见表 6 - 3，曲线拟合结果见图 6 - 1 ~ 图 6 - 3。

表 6 - 3   不同发展阶段地区模型估计结果

参数	β_0	β_1	β_2
工业化初期阶段地区	3.398134 （0.249）	-0.0010003 （0.169）	0.000000156 （0.001）*
工业化中期阶段地区	-17.6513 （0.001）*	0.002853 （0.00）*	-0.000000007 （0.373）
工业化后期阶段地区	-17.74474 （0.001）*	0.0024688 （0.00）*	-0.00000002 （0.001）*

注：①括号内为 t 检验值；② * 表示在 1% 的水平上显著。

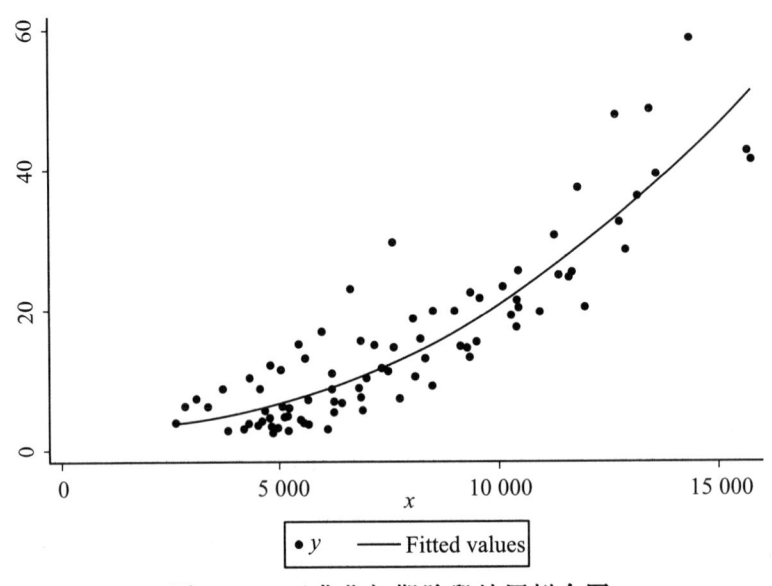

图 6-1　工业化初期阶段地区拟合图

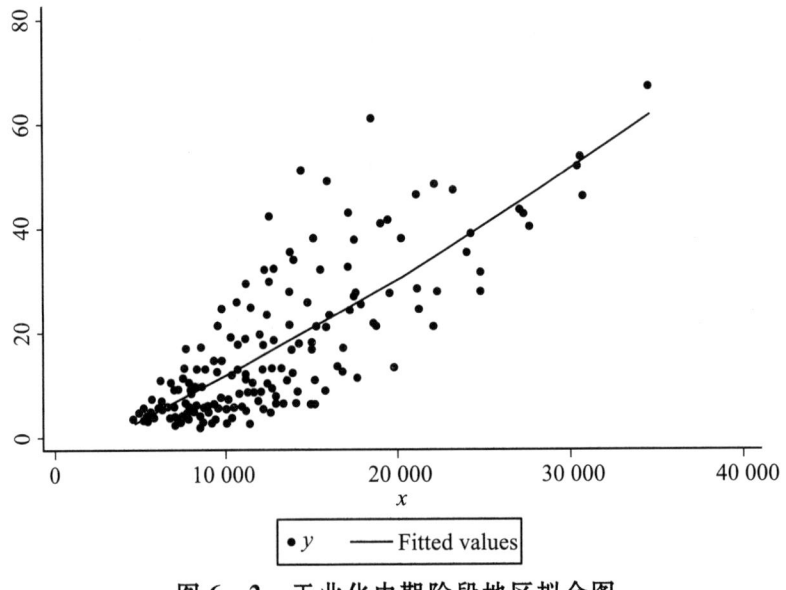

图 6-2　工业化中期阶段地区拟合图

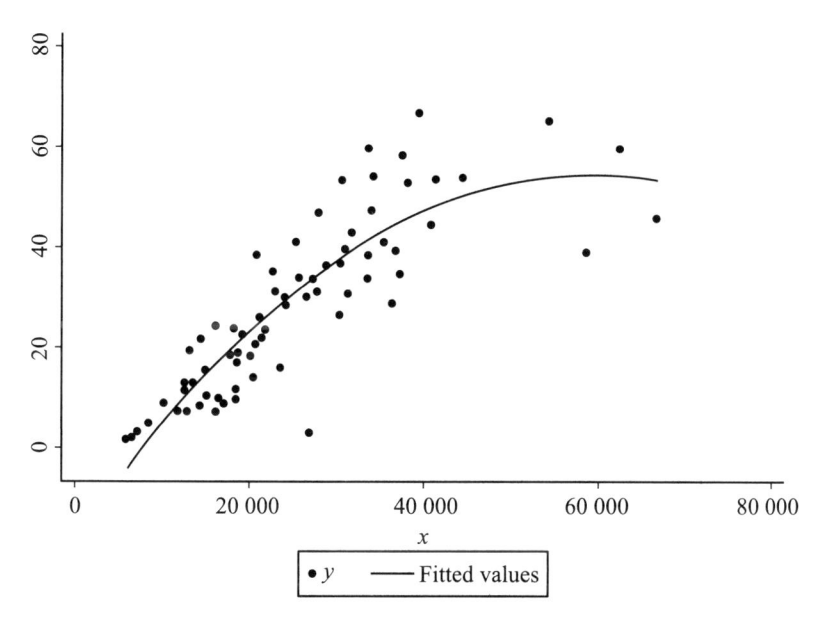

图 6-3 工业化后期阶段地区拟合图

④结果分析

对 2000~2010 年工业化初期、中期、后期阶段地区分别进行估计，模型的拟合优度均在 75% 以上，说明回归方程对各个阶段观测值的拟合程度均较好。由模型系数特征和曲线拟合结果可以看出，随着经济发展水平的不断提高，不同发展阶段地区建设用地集约利用呈现不同的变化趋势：工业化初期阶段地区，建设用地集约利用水平急剧提高，集约度增加量呈加速上升趋势；工业化中期阶段地区，建设用地集约利用水平加速提高，集约度增加量稳步上升；工业化后期阶段地区，建设用地集约利用水平先加速提高后减速提高，集约度增加量随着经济发展水平的提高先呈上升趋势，当人均 GDP 超过 49 888 元/人后转为下降趋势，集约利用水平最终将逐渐趋于稳定。由此可见，前文提出的研究假说成立。

上海市和天津市的人均 GDP 已超过 49 888 元/人的曲线拐点，建设用地集约利用水平已进入减速上升阶段；其他地区集约利用水平虽均处于加速上升阶段，但由于经济发展水平距离拐点远近不同，未来集约利用提升的空间大小不同。全国 31 个省（市、区）的经济发展阶段差别较大，集约利用的变化趋势也不相同，为我国建设用地区域差别化管控提供了依据。

根据相关研究成果（汪晖等，2006；姜海等，2009），随着经济发展水平的不断提升，区域建设用地规模扩张对经济发展的贡献将逐渐减小，资本积累的拉动作用则逐渐增大，经济发展对建设用地扩张的强依赖转为弱依赖，增长方式由粗放型向集约型转变，土地利用集约度呈上升趋势，并最终趋于稳定。本研究结果表明，随着经济发展水平的不断提高，建设用地集约利用水平增加量虽呈先增加后减少的趋势，但集约利用水平整体呈现上升趋势，这与现有研究成果相吻合，也符合经济发展的一般规律。

（3）实证分析2——江苏省分市面板数据

①数据来源与处理

考虑到面板数据的完整性和可获得性，本节选取江苏省13个地级市作为样本，时间序列为1998~2008年。社会经济发展数据主要来源于1999~2009年的《江苏省统计年鉴》以及各地级市统计年鉴，其中人均GDP、固定资产投资额转换为了1998年可比价格；建设用地数据来源于江苏省1998~2008年土地利用变更调查成果。数据处理使用了Stata12.0等软件；相关变量名称及符号同上。

②不同经济发展水平建设用地集约利用变化计量分析

利用Stata12.0软件中的LR检验、Xtcsd检验和Wald检验分别对原始数据的组内自相关、组间截面相关和组间异方差进行检验（陈强，2010），结果表明，同时存在组内自相关、组间截面相关和组间异方差的问题。考虑到面板数据样本数量多，此处采用变截距模型，Hausman检验结果显示选择固定效应模型更为有效。运用Stata12.0软件对模型进行估计，结果见表6-4和图6-4。

表6-4 土地利用集约度增加量与经济发展水平库兹涅茨曲线模型估计结果

参数	β_0	β_1	β_2	β_3
估计结果	-5.912637 (-3.42)*	0.0007445 (5.19)*	-0.00000000759 (-4.38)*	0

注：①括号内为t检验值；② * 表示在1%水平上显著。

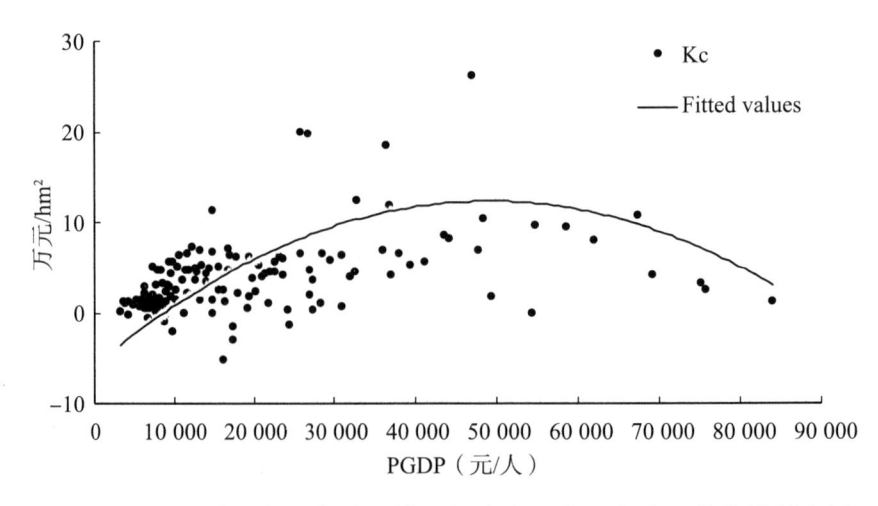

图6-4 土地利用集约度增加量与经济发展水平库兹涅茨曲线拟合图

③结果分析

由图 6-4 和模型系数特征（$\beta_1 > 0$、$\beta_2 < 0$、$\beta_3 = 0$）看出，江苏省土地利用集约度增加量与经济发展水平存在显著的二次曲线关系，即建设用地地均固定资产投资额增加量与人均 GDP 呈现出倒"U"形曲线关系：随着经济发展水平的不断提高，建设用地集约利用水平先呈加速上升趋势，当人均 GDP 超过 49 045 元/人后，集约利用水平继续呈上升趋势，但上升的速度将随着经济发展水平的提高而减慢，最终区域建设用地集约利用水平逐渐趋于稳定，可见前文的研究假说成立。

无锡市和苏州市的人均 GDP 已超过 49 045 元/人的曲线拐点，建设用地集约利用水平已进入减速上升阶段；其他地区集约利用水平虽均处于加速上升阶段，但由于经济发展水平距离拐点远近不同，未来集约利用提升的空间大小不同。江苏省 13 个地级市的经济发展水平差距较大，集约利用的变化趋势也不同，为江苏省建设用地管控分区提供了依据。

根据相关研究成果（狄剑光等，2013），随着经济发展水平的不断提升，区域建设用地规模扩张对经济发展的贡献将逐渐减小，经济增长方式由粗放型向集约型转变，土地利用集约度呈上升趋势，并最终趋于稳定。本研究结果表明，随着经济发展水平的不断提高，建设用地集约利用水平增加量虽呈先增加后减少的趋势，但集约利用水平整体呈现上升趋势，这与现有研究成果相吻合，并符合经济发展的一般规律。同时也与前一部分研究对我国工业化后期阶段地区的拟合结果相吻合。

2. 基于资源禀赋的建设用地可拓展空间测算

区域的资源禀赋对其社会经济发展和土地利用与管理行为有着决定性的影响。本研究以建设用地可拓展空间来表征区域土地资源禀赋状况，具体为土地总面积扣除水域和林草地等生态敏感区、基本农田保护面积以及现状建设用地规模的余额。

建设用地可拓展空间是为评价一个地区剩余或潜在的可利用建设用地对未来人口集聚、工业化和城镇化发展的承载能力而设置的一项空间开发约束性指标（徐勇等，2010）。因此，在指标计算和结果评价时应尽可能多地考虑与人口、产业和城镇发展有关的因素，不仅强调可利用土地资源的数量和质量，也关注其空间分布的集中性和连片性状况，即数量大、质量好且集中连片的土地资源更适合于作为人口集聚、产业布局和城镇发展的可利用建设用地。对区域建设用地可拓展空间进行科学合理评价，对促进区域空间开发与布局，土地资源的节约集约利用，区域协调发展具有非常重要的意义。

（1）建设用地可拓展空间的测算

①指标测算的参考因素

为了保证土地资源合理配置、区域经济社会和资源环境协调发展，建设用地可拓展空间测算应考虑地质地形、水文条件、生态保护、粮食安全等多方面因素的影响。参考徐勇等人研究,结合资源供给约束内涵,明确划定建设用地可拓展空间的标准和参数,具体见表6-5。

表6-5　　　　　　建设用地可拓展空间算法依据及说明

影响因素	宜建地标准和参数	说　　明
地质	距离断层面500m外宜建。	建设用地开发必须考虑地质稳定性。断裂带附近地壳稳定性较差,易发地质灾难,对建筑物造成巨大损失,需对断层进行避让。
地形	高程小于2 000m且坡度小于15°、高程在2 000~3 000m之间且坡度小于8°、高程大于3 000m且坡度小于3°的区域宜建。	海拔越高,宜居性越差;坡度越大,建设成本越高。考虑到我国地形复杂,东西地形差异巨大,选择3套方案作为建设用地开发的合理标准。
水文条件	距离河岸、湖泊和库区边缘100m外宜建,林草地不宜建设。	为了避免洪涝灾害,更好的保护水环境,防止工业废水和生活污水对水资源的直接污染,距离河岸、湖泊和库区100m内应划为保护区。
生态保护	林草地,沙漠不宜建设。	林草地对生态平衡有至关重要的作用,沙漠地区宜居性差,均不宜建设。
粮食安全	基本农田禁止建设。	基本农田是在土地利用总体规划期内未经国务院批准不得占用的耕地,为确保耕地保护底线,保障粮食安全,必须严守基本农田不得占用的准则。

注:宜建地标准和参数结合相关文献确定。

②计算公式

参照《省级主体功能区划分技术规程》中可利用土地资源的评价方法,基于ARCGIS的空间分析模块对建设用地可拓展空间进行测算,公式如下:

$$人均可拓展空间 = 建设用地可拓展空间/常住人口$$
$$建设用地可拓展空间 = 适宜建设用地面积 - 已有建设用地面积 - 基本农田面积$$
$$适宜建设用地面积 = (地形坡度 \cap 海拔高度) - 所含河湖库等水域面积$$
$$- 所含林草地面积 - 所含沙漠戈壁面积$$
$$已有建设用地面积 = 城镇用地面积 + 农村居民点面积 + 独立工矿用地面积$$
$$+ 交通用地面积 + 特殊用地面积 + 水利设施建设用地面积$$
$$基本农田面积 = 适宜建设用地面积内的耕地面积 \times \beta$$
$$\beta 的取值范围为 (0.8, 1)$$

（2）全国分省指标测算

①图件制备和空间分析

准备 2008 年全国 1∶5 万行政区划图、90m 栅格 DEM 图、90m 栅格 Slope 图、100m 栅格土地利用现状图、1∶5 万水体图和 1∶250 万地质图。以 DEM 和 Slope 栅格图为底图，按高程小于 2 000m 且坡度小于 15°、高程在 2 000～3 000m 之间且坡度小于 8°、高程大于 3 000m 且坡度小于 3°三个区间提取生成地形分级图；以土地利用现状图为底图提取生成沙漠戈壁、林草地图；采用水体图按沿河岸 200m 建立缓冲区制作水体分级图；采用地质图按距离断裂带和断裂点 500m 建立缓冲区制作断层分级图。

考虑到多源数据的投影和坐标系统差异，对多源数据按照统一标准进行投影及坐标变换。将地形分级图、沙漠戈壁图、林草地图转换为矢量图；并以全国 1∶5 万行政区划图为基准，将所有矢量图层坐标系转换为 2 000 国家大地坐标系，投影系统转换为 LAMBERT 投影；并对图层进行空间校正和修边，保证多源数据空间范围的一致性。

依据建设用地可拓展空间的测算公式，对以上图层进行空间叠置分析，提取 2008 年分省建设用地可拓展空间，并根据 2009～2010 年建设用地变更数据，将建设用地可拓展空间数据推算至 2010 年。

②测算结果

对全国土地资源禀赋以省级行政区域为基本单元进行评价，通过人均建设用地可拓展空间或建设用地可拓展空间来表征。参考徐勇等人对 2005 年全国 31 个省（市、区）可利用土地资源的测算方法和结果，结合各省（市、区）2005～2010 年间各土地利用类型的变化情况，计算 2010 年的建设用地可拓展空间；然后根据常住人口规模计算人均建设用地可拓展空间，具体结果见表 6-6。

表 6-6　　2010 年我国各省（市、区）建设用地可拓展空间

省（市、区）	面积（km²）	占土地面积比重（%）	人均面积（亩）
北京	283.57	1.73	0.02
天津	750.24	6.50	0.09
河北	11 735.66	6.26	0.24
山西	7 786.31	4.97	0.33
内蒙古	13 843.76	1.21	0.84
辽宁	9 450.52	6.49	0.32
吉林	22 161.02	11.61	1.21
黑龙江	53 967.56	11.92	2.11

续表

省（市、区）	面积（km²）	占土地面积比重（%）	人均面积（亩）
上海	388.66	6.20	0.03
江苏	7 625.19	7.56	0.15
浙江	3 163.87	3.10	0.09
安徽	9 559.50	6.82	0.24
福建	3 014.31	2.48	0.12
江西	6 449.50	3.86	0.22
山东	13 768.01	8.93	0.22
河南	13 144.26	7.94	0.21
湖北	9 074.64	4.88	0.24
湖南	8 500.59	4.01	0.19
广东	5 365.01	3.02	0.08
广西	6 631.16	2.81	0.22
海南	1 267.82	2.52	0.22
重庆	4 746.49	5.76	0.25
四川	15 407.66	3.18	0.31
贵州	6 598.32	3.75	0.30
云南	9 038.48	2.36	0.31
西藏	548.94	0.05	0.27
陕西	8 409.19	4.09	0.34
甘肃	8 974.34	2.11	0.53
青海	813.44	0.12	0.22
宁夏	1 956.81	3.76	0.46
新疆	7 674.21	0.47	0.53

结果显示，我国建设用地可拓展空间省际明显不平衡，整体呈现出东部多于西部、北方多于南方、平原多于山地的特点。相较于建设用地可拓展空间，人建设用地可拓展空间则更能反映未来社会经济发展中土地资源供需的冲突状况。根据上述公式进行测算，2010年全国人均建设用地可拓展空间为0.3亩/人，各省级区际差异悬殊，其中最高的黑龙江省人均值超过2亩/人，最低的北京市人均值仅0.02亩/人。总体上看，人均建设用地可拓展空间较丰厚的省份相对集中于我国的东北和西北地区，相对薄弱的省份则主要集中分布在东部人口较密集的

地区。

(3) 江苏省分地市指标测算

以地级行政区域为基本评价单元,对江苏省2010年建设用地可拓展空间和人均建设用地可拓展空间进行测算(见表6-7)。结果显示,江苏省建设用地可拓展空间地市间存在明显的不平衡,整体上由高到低依次为苏北、苏中、苏南地区。从占土地总面积比重来看,最高的是南通市,建设用地可拓展空间占土地总面积的比重高达1.64%,而最低的苏州市则仅占土地总面积的0.72%,地市间差异较为明显。

表6-7　　　　2010年江苏省各地级市建设用地可拓展空间

地市	面积（公顷）	占土地面积比重（%）	人均面积（亩）
南京	8 388.48	1.27	0.020
无锡	5 164.58	1.08	0.017
徐州	14 834.61	1.33	0.024
常州	6 315.58	1.44	0.026
苏州	6 129.04	0.72	0.015
南通	17 310.99	1.64	0.034
连云港	10 318.18	1.38	0.032
淮安	14 469.17	1.45	0.040
盐城	24 346.43	1.43	0.045
扬州	8 743.16	1.32	0.029
镇江	5 681.56	1.48	0.032
泰州	6 178.15	1.07	0.019
宿迁	11 210.70	1.31	0.031

2010年江苏省人均建设用地可拓展空间为0.028亩/人,各地市间差异悬殊,其中最低的苏州市人均0.015亩,最高的盐城市人均0.045亩,是苏州市的3倍。总体上看,资源禀赋较丰厚的地市集中于苏北地区,相对薄弱的则主要在苏南地区。

资源禀赋的空间分布格局是由地理环境特征、区域开发历史、人口聚集过程以及经济发展状况等长期共同作用的结果。同时,资源禀赋对社会经济发展也有着较大的影响。我国31个省(市、区),乃至江苏省内各地级市土地资源禀赋的区际差异显著,对未来工业化、城镇化发展的保障能力也不相同。这就要求未来工业化、新型城镇化进程中必须因地制宜,针对不同区域社会经济发展和资源禀赋的差异,实施差别化的建设用地调控政策，以增强区域发展活力、促进区域协调发展。

（二） 区域协调发展的建设用地管控分区体系构建

我国地域辽阔，区域间资源禀赋差异悬殊，所处经济发展阶段也各不相同，为了促进区域协调发展，必须发挥土地政策在区际利益协调中的作用。针对不同地区资源禀赋、经济发展阶段的相似性与差异性，结合我国当前已经形成的区域划分体系，构建区域协调发展的建设用地管控分区体系，制定与之配套的区域土地利用战略和策略，实行差别化的土地供应门槛约束和用地绩效考核政策，引导区域土地开发利用，加强区域发展的协调互动，促进国土空间高效利用、人与自然和谐相处的区域协调发展格局。

1. 分区原则

（1） 体现未来社会经济发展战略的相似性与差异性

近年来，我国提出了推进西部大开发、振兴东北地区等老工业基地、促进中部地区崛起、鼓励东部地区率先发展、支持老少边穷地区发展等一系列重大发展战略，全国正在形成新的经济社会发展空间格局。通过建设用地管控分区划分内部具有相似发展阶段特征和经济发展战略目标的区域，基于这些区域在经济社会发展方面的时空差异，在社会经济发展战略的指导下遵循供给约束、需求引导和统筹兼顾的建设用地管控思路，协调解决区域发展和资源环境保护之间的矛盾。

（2） 突出土地供需态势的相似性与差异性

土地资源的各个构成要素因所处的经纬度和海拔高度等条件的不同都存在着地域上的分异。受这种自然地域分异规律的影响，土地资源禀赋也形成了明显的地域差异，这在一定程度上也决定了土地利用的宏观格局，奠定了土地利用地域分异的自然基础。土地利用过程中的问题还与区域社会经济发展特征密切相关。区域经济发展过程中量的变化和质的飞跃使其呈现出不同的阶段性，不同发展阶段对土地产品和服务的需求不同，从而建设用地冲突的主要矛盾也不相同。把土地利用自然属性的地域分异和社会经济发展需求的变化特点作为重要依据，在建设用地管控分区中反映由此产生的城乡发展、工农业建设、生态环境保护等重大问题的宏观差异性。

（3） 保持行政区域的完整性

考虑管理要素的构成，建设用地管控分区要便于建设用地的行政管理。我国土地资源的开发利用与社会经济发展等都是在行政区域范围内决策实施的，行政区划格局下产生的集国家和地方利益于一体的责任政府体系，是执行建设用地利用管理的行为主体。为此，建设用地管控分区的界线应服从行政区域的边界，分区基本单元的地域范围应与行政区域范围保持一致。

2. 分区方法

建设用地管控是我国土地资源管理工作的一项核心任务，需要根据各地自然和社会经济条件以及国民经济发展的要求，协调土地总供给和总需求，合理确定土地利用结构和布局。我国现有的区域管控分区体系大多采用综合因素进行划分，所建立指标体系涵盖自然、社会经济和生态等方面，对土地利用相关因素考虑较为全面，但是也存在对建设用地管控的本质问题针对性不够强等问题。鉴于此，本研究拟采用指标叠加的方法划分建设用地管控区域，即将经济发展水平与人均建设用地可拓展空间进行叠加：基于建设用地集约利用响应的经济发展水平的差异，可以从广度和深度两个角度反映区域社会经济发展中的用地需求；建设用地可拓展空间的差异则能够反映区域土地资源禀赋对于社会经济发展用地需求的供给能力。这两项指标的叠加结果既可以体现区域土地利用供需关系的差异性和相似性，又可以增强分区结果在建设用地管理实践中应用的可操作性。

遵循上述分区原则，采取"自下而上"与"自上而下"相结合的方法，参考我国现有区域管控分区体系，依据不同经济发展阶段建设用地集约利用变化规律及资源禀赋的区域差异，从全国、省、市等多个层面构建我国建设用地管控分区体系，分区结果见图6-5。

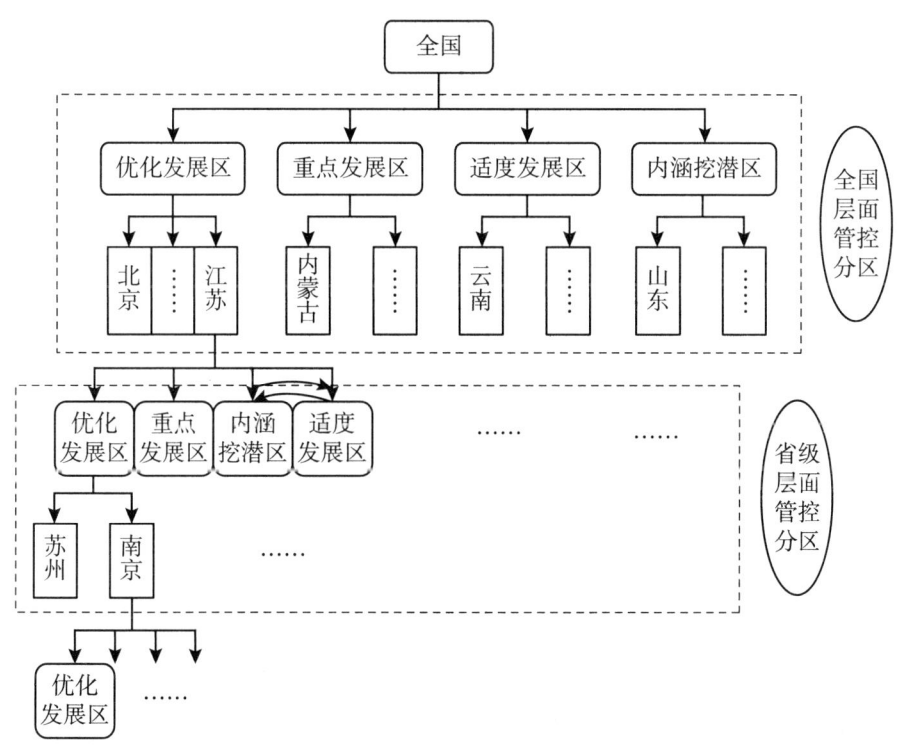

图6-5 区域协调发展的建设用地管控分区体系

全国层面的建设用地管控分区应尽可能保持省级行政区域的完整性。因此，对于区域经济发展与土地利用变化关系、建设用地可拓展空间等方面的研究均以省级行政区域为基本研究单元；然后，基于土地资源禀赋和社会经济发展等核心指标"自下而上"地对省级行政区域进行同质单元归并，并结合主体功能分区、四大板块格局等我国现有区域管控分区体系，形成全国层面的不同类型的建设用地管控区域，并针对区域特点制定差别化的建设用地管控政策。

省级层面的建设用地管控分区应尽可能保持地市级行政区域的完整性。区域经济发展与土地利用变化关系、建设用地可拓展空间等方面的研究均以地市级行政区域为基本研究单元；然后，依据土地资源禀赋和社会经济发展等指标，"自下而上"地对地市级行政区域进行同质单元归并，形成省级层面的建设用地管控区域。差别化建设用地管控政策的制定不仅要针对区域自身的土地资源禀赋和社会经济发展等特点，还要兼顾所属国家层面管控区域的建设用地管控政策"自上而下"的制约。

地市级及以下级别行政单元可根据社会经济发展及建设用地管控情况，确定是否需要划分更低层次的建设用地管控分区，分区方法可沿用上层次的方法。

3. 分区结果

应用上述分区原则和方法，依据不同经济发展阶段建设用地集约利用变化规律及资源禀赋的区域差异，将经济发展水平与资源禀赋指标进行叠加，然后参考我国现有区域管控分区体系进行适当调整，最终将全国31个省（市、区）划分为四类建设用地管控区域。省级层面管控区域划分以江苏省为例，用同样的指标进行叠加，并结合江苏省社会经济发展战略进行调整，将13个地级市划分为四类建设用地管控区域，具体见表6-8。

表6-8　　　　　　全国和江苏省建设用地管控分区

区域类型	全　　国	江苏省
优化发展区	上海、北京、天津、广东、江苏、浙江、福建	苏州、南京
重点发展区	内蒙古、陕西、山西、新疆、湖北、重庆、黑龙江、吉林、辽宁	镇江、常州、南通、无锡
适度发展区	云南、贵州、四川、甘肃、宁夏、西藏	泰州、淮安、盐城、宿迁
内涵挖潜区	河南、河北、山东、安徽、湖南、江西、海南、广西、青海	扬州、徐州、连云港

通过指标叠加并进行适当调整后形成的建设用地管控分区体系，能够体现区域经济发展阶段及资源禀赋的相似性与差异性等分区原则；与主体功能区划、四

大板块等现有管控分区体系相对照，研究结果与我国现有区域发展格局基本吻合，能够体现不同区域未来社会经济发展战略定位的差异，同时适当考虑了老少边穷地区的特殊性。分区结果具有较强的科学性和合理性，可以为我国区域差别化建设用地管控政策的制定提供较好的依据。

三、区域差别化的建设用地管控策略

（一）优化发展区

本区域社会经济发展水平高，建设用地集约度也达到较高水平，已进入减速增长并逐步趋于平稳的阶段，建设用地集约利用水平的提升空间较小，资本对土地替代的边际净效益较低；区域土地开发强度较高，建设用地总量约束大。社会经济快速发展的建设用地需求旺盛，建设用地供需矛盾十分尖锐。

本区域应结合产业发展优化土地供应结构，并加强建设用地立体开发。结合区域发展战略推进产业结构转型升级，优化土地供应结构，实现资源配置的帕累托改进，进一步提高资本对土地的替代效应。供地向战略性新兴产业倾斜，提高建设用地投入产出强度，保证新增建设用地集约高效利用；结合产业结构升级重点开展旧城镇、旧村庄、旧厂房用地（下称"三旧"用地）的二次开发；适度开展城乡建设用地置换，提高城乡建设用地配置效率；加强地下空间的利用，推进建设用地立体开发，充分挖掘存量建设用地潜力。

（二）重点发展区

本区域社会经济发展较快，建设用地集约利用水平正处于加速上升的阶段，与优化发展区相比，土地集约利用水平的提升空间较大；资源禀赋条件较好，人均建设用地可拓展空间较大，为城镇化、工业化进程的推进提供了较好的用地保障。该区是未来重点发展的区域，城镇化、工业化进程的大力推进，需要大量非农土地支撑。

本区域建设用地的需求压力应主要通过强化建设用地供应门槛约束与适度增加新增建设用地指标来缓解。在不突破建设用地总量约束的前提下，适度增加年度新增建设用地计划，满足承接优化发展区产业转移的用地需求，合理扩张建设用地总规模。考虑到短期内建设用地集约利用水平提升的预期，还须提高建设用地供应门槛，提升建设用地投入产出效率，适度开展"三旧"用地改造及城乡建设用地置换，挖掘存量建设用地潜力，促使建设用地集约利用度增量拐点及早实现。

（三）适度发展区

本区域社会经济发展水平较低，建设用地集约利用水平也较低，土地集约利用水平有较大的提升空间；土地开发强度不高，人均建设用地可拓展空间较大，建设用地总量约束不强。资本对土地替代的边际净效益显著，但本区域经济发展所处阶段决定的资金相对短缺也是遏制区域发展的难题之一，应在保证经济平稳增长的前提下，加强建设用地利用效益的提升。

本区域应注重提升建设用地集约利用水平，适度增加新增建设用地指标供给，以保证经济增长目标的实现。重点推进城乡建设用地置换，探索农村建设用地退出的长效机制；按照区域发展定位及承接产业转移等要求，探索合理的新增建设用地供应门槛，保障经济发展的合理用地需求；在严格控制建设用地总量和用地门槛的前提下，可适当给予新增建设用地指标的倾斜，以满足作为代价性损失的城镇化、工业化快速推进的用地需求。

（四）内涵挖潜区

本区域社会经济发展水平不高，建设用地集约利用水平处于加速上升的阶段，土地利用集约度仍有较大的提升空间；而资源禀赋条件则较差，人均建设用地可拓展空间较小，建设用地总量约束大。本区域处于城镇化、工业化快速发展阶段，迫切需要创新集约利用方式，为经济发展提供必要的土地支撑。

本区域建设用地利用应以存量建设用地挖潜为主，适度提高新增建设用地供应门槛。深度挖掘存量建设用地潜力，重点对城市快速扩张过程中形成的"三旧"用地进行改造再利用；加快推进城乡建设用地置换，通过农村建设用地整理为城镇发展提供用地空间，优化城乡建设用地布局和结构，大力提高建设用地集约利用水平。严格控制建设用地总量，研究区域土地开发强度的合理约束，适度减少年度新增建设用地供应量，倒逼土地利用方式转变；提高新增建设用地供应门槛，提升建设用地投入产出效益，促使建设用地集约利用水平加速增长。

第三节 我国建设用地区域差别化配置政策设计

改革开放以来，我国经济保持快速增长，但是由于粗放型经济增长方式没有得到根本转变，导致了我国资源、环境问题日趋严重，保护土地资源与保障经济发展之间的矛盾尤为突出。区域间建设用地蔓延式扩张的雷同与区域间经济平衡发展对各类用地需求、管理的内在差异性之间存在严重不一致。随着经济的快速发展建设用地规模急剧扩张是我国土地资源管理面临的重大问题，总量控制下的区域差别化管理是解决该问题的有效途径。

一、建设用地总量的区域差别化配置政策

（一）区域建设用地总量指标配置

我国工业化、城市化快速推进，经济持续快速增长，但建设用地外延式无序扩张与低效利用，导致建设用地需求的刚性增长与耕地保护红线下的建设用地增量供给接近极限之间的矛盾加剧（李鑫等，2011）。经济社会发展的阶段性特征和特殊的资源国情，决定了过度消耗和低效利用土地资源的粗放型发展方式已难以为继，建设用地的扩张必须设定总量"上限"并实行管理上的"总量控制"。然而，经济发展阶段和资源禀赋存在区域差异，采用同质化的建设用地管理模式，极大影响了区域发展调控的预期效果（杨刚强等，2012）。因此，需要研究区域差别化的建设用地的总量配置方案，并实施"分类指导，有保有压"的差别化土地管理政策。

现有研究多基于社会经济发展趋势预测建设用地合理规模，并受制于增量管理思路，主要关注区域间增量指标的优化配置，而基于资源禀赋和经济发展水平的区域差异，研究建设用地总量及其分配和建设用地区域差别化管制的较少。本研究借鉴相对资源承载力的研究思路，综合考虑资源禀赋、社会经济发展水平等建设用地规模影响因素，构建基于相对资源承载力的建设用地总量测度模型，分别测算全国 31 个省（市、区）及江苏省 62 个县（市、区）规划目标年（2020 年，下同）建设用地合理规模，分析建设用地管控分区的建设用地现状规模与目标年规模的对比关系，并据此制定区域差别化的建设用地总量控制策略。

1. 建设用地总量配置模型构建

基于相对资源承载力的建设用地总量测度模型构建

①相对资源承载力模型

相对资源承载力是以比具体研究区更大的一个或数个区域（参照区）作为对比标准，将研究区的资源存量与参照区的人均资源拥有量或消费量进行对比，计算出研究区的各类相对资源的承载能力，即研究区现存资源量所能供养的人口数

（黄宁生等，2000）。

②基于相对资源承载力的建设用地总量测度指标体系

考虑到建设用地规模受到区域资源、社会经济等因素影响，其实质是区域现有资源或消费所能容纳的建设用地总量。因此，可借鉴相对资源承载力理论，构建基于相对资源承载力的建设用地总量测度模型。

现有研究在分析建设用地影响因素时，多侧重于区域经济和社会指标（陈江龙等，2004；黄季焜等，2007；叶晓雯等，2011），较少涉及资源禀赋等反映生态及资源供给约束的指标。因此，本研究从影响建设用地规模的资源禀赋和社会经济发展两方面因素分析出发，并考虑数据的可获取性，选择耕地保有量、能源消耗和建设用地可拓展空间表征区域资源禀赋的生态供给约束，选择常住人口、二三产业增加值、固定资产投资衡量社会经济发展需求，构建基于相对资源承载力的建设用地规模测度指标体系（见表6-9）。

表6-9 建设用地总量测度指标体系

一级测度指标	二级测度指标	三级测度指标
建设用地合理规模	社会经济发展因素	常住人口
		二三产业增加值
		固定资产投资
	资源禀赋因素	能源消耗
		建设用地可拓展空间
		耕地保有量

③单指标相对建设用地规模

假设影响建设用地规模的主要因素有 n 个，则因素 i 的相对建设用地规模为：

$$C_i = \frac{C_0}{Ri} \times r_i \qquad n = 1, 2, \cdots, n$$

式中 C_i 为因素 i 决定的相对建设用地规模；C_0 为参照区建设用地规模；Ri 为参照区的单项指标值；r_i 为研究区相应的单项指标值。

④基于相对资源承载力的建设用地规模

为了综合考虑不同因素对建设用地合理规模的影响，需确定相应指标的权重。为避免赋权的主观性，根据优势资源牵引效应和劣势资源束缚效应，构建线性规划模型（黄常锋等，2010），从而客观确定不同指标的权重。建设用地合理规模 C' 等于 C_{max} 与 C_{min} 的几何平均值。

Ⅰ. 基于优势资源牵引效应原则下的建设用地规模最大值

$$\max C_{\max} = w_1 C_1 + w_2 C_2 + w_3 C_3 + \cdots + w_n C_n + w_{n+1} \sqrt[n]{C_1 C_2 C_3 \cdots C_n}$$

Ⅱ. 基于劣势资源束缚效应原则下的建设用地规模最小值

$$\min C_{\min} = w_1 C_1 + w_2 C_2 + w_3 C_3 + \cdots + w_n C_n + w_{n+1} \sqrt[n]{C_1 C_2 C_3 \cdots C_n}$$

约束条件

$$\begin{cases} \alpha \leq |w_i - w_j| \leq \beta \\ \gamma < w_i < 1 \\ \sum_{i=1}^{n} w_i = 1 \end{cases} \quad i,j = 1,2,3\cdots n \text{ 且 } i \neq j$$

式中 γ 为各因子权重的下限，β，α 分别为各因子之间权重差异的上下限。

Ⅲ. 建设用地合理规模

$$C' = \sqrt{C_{\min} C_{\max}}$$

2. 实证分析1——全国建设用地总量配置

（1）数据来源及处理

数据来源

以2010年为研究基期年，2020年为研究目标年。采用的建设用地现状规模为居民点及工矿用地、交通运输用地和水利设施用地的合计值；常住人口、二三产业增加值、固定资产投资、能源消耗来自于《中国统计年鉴1980~2012》以及各省地方统计年鉴；建设用地可拓展空间和2010年建设用地现状规模采用上述计算结果。规划目标年的常住人口、二三产业增加值、固定资产投资、能源消耗数据采用趋势预测法，由1980~2012年数据推算规划目标年的预测数据；规划目标年的全国耕地保有量和建设用地总量参照值采用《全国土地利用总体规划纲要（2006~2020年）》数据。

（2）建设用地总量配置结果

本研究选取全国为参照区，以我国31个省（直辖市、自治区）为研究区，用Lingo9.0计算基于相对资源承载力的建设用地规模的最大值 $C_{\max}$ 与最小值 $C_{\min}$，并测算其合理规模 C'。参考相关文献，并结合所选指标数量和特征，经多次尝试，确定总量配置模型中 δ、β、α 的最优解分别为：$\delta = 0.1$，$\beta = 0.2$，$\alpha = 0.01$。计算结果详见表6-10。

我国省域间经济发展水平和资源禀赋差异较大，建设用地承载状态区域间差异明显。我国有19个省（自治区、直辖市）建设用地现状规模大于建设用地合理规模，建设用地利用应立足存量挖潜，严格控制年度新增建设用地指标，防止建设用地低效、粗放式外延扩张。

表 6-10　2010 年全国 31 个省市的建设用地合理规模

单位：km²

行政区域	常住人口	二三产业增加值	固定资产投资	能源消耗	建设用地可拓展总量	耕地保有量	C_{max}	C_{min}	C'	C
北京	5 716.3	10 987	2 927	5 030.6	388.1	664.3	5 785.1	2 987.6	4 157.3	3 560
天津	3 903.9	9 069.8	4 304.3	7 061.4	1 026.8	1 353.4	5 695.3	3 340.6	4 361.9	3 931.7
河北	20 135.6	15 410	11 925.2	22 436.6	16 061.6	19 505.1	18 914.2	16 163.2	17 484.7	18 669.9
山西	9 976.6	14 664.2	12 495.6	16 248.1	10 656.5	12 387.2	13 674.6	11 898.2	12 755.5	8 962.8
内蒙古	6 879.5	9 979.9	6 889	19 381.3	18 946.8	21 593	16 235.8	11 579.5	13 711.4	16 055.5
辽宁	12 126.1	15 516.5	13 755	18 252.2	12 934.2	12 574.9	15 135.7	13 519.9	14 305	14 762.5
吉林	7 597.8	13 835.5	5 288.9	6 697.2	30 330	17 080.9	17 174.4	10 753.9	13 590.1	10 981.7
黑龙江	10 592.7	12 678.9	12 757.6	9 942.9	73 861	35 845.3	36 100.6	20 033.4	26 892.7	15 314
上海	6 575.6	10 866.5	1 841.2	6 860.8	531.9	771.6	6 120.4	3 214.5	4 435.5	2 678.2
江苏	21 881.7	31 156.4	18 444.5	20 970.9	10 436	14 704.1	22 199.1	17 096.7	19 481.6	20 484.3
浙江	15 132.1	20 702.5	19 829.5	12 812.2	4 330.1	5 851.1	15 551.1	10 436.2	12 739.5	11 139.7
安徽	16 543.9	10 552.7	9 265.3	8 663.9	13 083.3	17 619.4	14 109.1	11 346.5	12 652.6	17 129.9
福建	10 355.1	12 029.8	9 128.1	8 623.8	4 125.4	3 940.6	9 163.5	6 730.8	7 853.5	6 896.9
江西	12 443.8	7 258.6	22 860	5 614.9	8 826.9	8 706.5	13 396.7	9 272.4	11 145.4	10 077.9
山东	26 758.1	29 636.1	19 330.3	26 613.3	18 843.2	23 144.5	25 560.5	22 401.6	23 929	25 870.4
河南	25 987.2	17 528.2	13 238.5	17 988.3	17 989.5	24 442.2	21 411.5	17 962.9	19 611.5	22 824.4

续表

行政区域	常住人口	二三产业增加值	固定资产投资	能源消耗	建设用地可拓展总量	耕地保有量	C_{max}	C_{min}	C'	C
湖北	15 966.4	13 585.8	55 496.6	14 053.7	12 419.7	14 332.8	27 268	17 839.4	22 055.5	14 617
湖南	18 342.5	13 239.7	10 321.2	13 606	11 634.1	11 667.2	14 201.3	12 324.9	13 229.9	14 768
广东	29 269.5	32 256.5	9 324.4	20 480	7 342.7	9 001.6	22 207.5	14 478.3	17 931.2	18 733.3
广西	12 935.6	7 705.2	6 494.1	5 334.5	9 075.5	13 022.7	10 363.6	7 974.8	9 091.1	10 274.1
海南	2 450.6	1 563.9	1 701.4	2 068.2	1 735.2	2 222	2 089.1	1 840.7	1 961	3 170.5
重庆	8 136.6	7 812.4	5 219.9	8 448.6	6 496.1	6 717.6	7 545.7	6 675.7	7 097.4	6 284.5
四川	22 312.7	14 484.2	9 990.4	15 340	21 087.2	18 221.8	18 556.7	15 205	16 797.5	16 515
贵州	9 625.7	4 778.8	8 872.6	5 749.1	9 030.6	13 526.1	9 717	7 462	8 515.1	5 860.8
云南	12 872.1	6 495.2	5 111.2	9 111.7	12 370.2	18 506.5	12 568.4	9 027.7	10 651.9	8 910.2
西藏	851	885.2	1 058.6	1 063.5	751.3	1 091.4	995.3	897.9	945.3	701.8
陕西	10 368.9	9 767.4	20 208.1	8 436.7	11 509	12 042.7	13 612.5	10 961.2	12 215.1	8 534.3
甘肃	7 122.6	5 823.9	22 212.1	5 418.3	12 282.5	14 378.1	13 748.3	9 225.8	11 262.3	9 989.3
青海	1 583.1	2 181.5	1 490.8	3 452.8	1 113.3	1 658.8	2 240.2	1 681.8	1 941	3 360.8
宁夏	1 787.6	1 443.5	3 244.3	6 791.7	2 678.1	3 362.9	3 928.7	2 648.6	3 225.8	2 273.9
新疆	6 169.4	8 504	27 374.2	39 847.2	10 503.1	12 463.5	22 957	13 748.7	17 765.9	13 567.1

3. 实证分析2——江苏省建设用地总量配置

（1）研究区域概况

江苏省地处我国东部沿海，位于长江三角洲核心区域，是人口和经济高度密集区。改革开放以来，江苏省经济持续快速增长，用全国1%的土地创造了全国10%的GDP。江苏省经济发展与土地利用呈现出明显的区域差异，苏南地区工业化、城市化推进速度远远快于苏中与苏北地区，其农地非农化过程也快于后者。就江苏省各县（市、区）而言，资源禀赋、社会经济发展水平的差距则更为明显。

（2）数据来源及处理

考虑到资源禀赋、社会经济发展水平的一致性和数据可得性，本研究将地级市的市辖区作为一个研究单元，据此确定江苏省研究单元为62个县（市、区）。建设用地规模的统计口径同全国，数据年份为2010年，采用2008年土地利用变更调查数据和2009~2010年建设用地增量数据的合计值；规划目标年江苏省建设用地规模参照值采用《江苏省土地利用总体规划（2006~2020年）》数据，土地利用规划数据来源于各地级市土地利用总体规划（2006~2020年）文本。社会经济基础数据来源于1997~2011年江苏省及13个地级市的统计年鉴；建设用地可拓展空间来源于上一节计算结果；结合各县（市、区）《国民经济和社会发展第十二个五年发展纲要》，运用趋势预测法得到规划目标年常住人口、地区国内生产总值、固定资产投资、能源数据等社会经济数据。

（3）建设用地总量配置结果

以江苏省作为参照区域，计算出 C_1、C_2、C_3、C_4、C_5、C_6、C_7；参考黄常锋等人研究成果，通过模型参数的试算，取 $\beta = 0.3$，$\alpha = 0.01$，$\gamma = 0.1$，用 Lingo9.0 计算得到基于相对资源承载力的建设用地规模的最大值 C_{max} 与最小值 C_{min}，并测算其合理规模 C'（见表6-11）。

表6-11　　江苏省县（市、区）2010年现状建设用地和规划目标年相对建设用地规模　　单位：$10^3 hm^2$

评价单元	C	C'	C_{max}	C_{min}	评价单元	C	C'	C_{max}	C
南京市区	139.11	157.04	170.24	144.87	灌南县	13.82	12.77	13.54	12.03
溧水县	18.42	18.72	20.56	17.04	淮安市区	61.17	62.32	66.80	58.14
高淳县	12.07	12.80	14.18	11.55	涟水县	23.92	23.73	27.17	20.72
无锡市区	60.20	75.05	86.16	65.37	洪泽县	11.26	11.12	12.55	9.85
江阴市	37.91	50.17	57.72	43.61	盱眙县	35.32	31.71	37.15	27.05
宜兴市	35.51	41.21	43.10	39.40	金湖县	14.80	14.23	16.59	12.21

续表

评价单元	C	C'	C_{max}	C_{min}	评价单元	C	C'	C_{max}	C
徐州市区	70.23	70.59	77.10	64.63	盐城市区	40.12	38.10	40.28	36.04
丰县	25.20	18.17	20.05	16.47	响水县	29.87	19.58	22.42	17.10
沛县	22.19	20.42	21.85	19.08	滨海县	31.35	24.74	27.67	22.13
睢宁县	27.25	23.83	26.91	21.10	阜宁县	19.34	18.47	19.81	17.23
新沂市	30.28	25.54	26.99	24.17	射阳县	32.39	32.74	39.26	27.29
邳州市	38.29	32.55	34.92	30.34	建湖县	17.82	16.43	17.53	15.40
常州市区	67.30	73.43	80.31	67.14	东台市	35.74	34.56	38.34	31.15
溧阳市	24.30	26.49	28.50	24.62	大丰市	30.33	33.83	38.96	29.37
金坛市	17.24	18.73	20.13	17.43	扬州市区	57.66	60.46	63.26	57.79
苏州市区	65.54	70.90	77.43	64.92	宝应县	21.96	19.80	21.95	17.86
常熟市	32.70	37.41	42.25	33.12	仪征市	20.94	21.07	21.78	20.38
张家港市	29.72	40.14	48.40	33.29	高邮市	24.09	23.43	25.18	21.80
昆山市	36.81	43.18	51.19	36.42	镇江市区	31.34	33.64	35.71	31.70
吴江市	24.56	29.60	32.95	26.59	丹阳市	21.70	23.91	25.38	22.54
太仓市	18.55	21.30	23.81	19.05	扬中市	9.64	8.76	9.61	7.99
南通市区	46.88	48.94	50.29	47.62	句容市	26.39	19.79	21.62	18.12
海安县	24.20	23.80	24.98	22.68	泰州市区	16.46	19.07	21.23	17.12
如东县	29.94	28.11	29.95	26.38	兴化市	31.05	29.44	31.32	27.67
启东市	20.64	23.62	25.56	21.82	靖江市	23.27	19.12	19.89	18.37
如皋市	35.69	30.95	32.36	29.60	泰兴市	14.41	21.66	23.16	20.26
海门市	27.50	25.85	28.08	23.81	姜堰市	16.83	17.14	18.01	16.32
连云港市区	42.36	40.81	46.65	35.70	宿迁市区	47.61	46.42	49.80	43.26
赣榆县	32.22	26.12	28.23	24.16	沭阳县	34.54	33.87	36.94	31.04
东海县	39.40	31.67	35.88	27.96	泗阳县	14.78	15.61	17.91	13.61
灌云县	32.14	23.93	26.75	21.41	泗洪县	29.49	25.08	29.12	21.60

苏南县（市、区）地区人口、城镇和工业高度密集，外来人口众多，二、三产业增加值比重大，是全省经济最发达的地区，由于其良好的资源禀赋和高度发达的经济，其所能承载的建设用地规模也较高。苏中、苏北部分县（市、区），

经济发展较为落后,是全省发展相对滞后的区域,未来建设用地增长受到农业生产布局、生态环境保护的约束较大,建设用地规模已经超出了资源承载的能力,集约利用水平亟待提升。

(二) 区域差别化的建设用地总量管控策略

改革开放以来,我国经济保持快速增长,经济总量得到了长足提高。但是由于粗放型经济增长方式没有得到根本转变,导致了我国资源、环境问题越来越严重,保护土地资源与保障经济发展之间的矛盾日益尖锐。现行的建设用地"增量控制"主要依靠新增建设用地计划指标调控区域的建设用地扩展速度,由于计划管理中未根据区域发展功能定位、土地开发强度和生态环境容量等设置建设用地总量指标,造成部分区域即使建设用地总量已经达到或接近理论上的"上限",但仍按照一定的增量计划不断增加建设用地面积,往往建设用地开发强度大的区域增量计划指标也越大。按照这种"增量控制"的管理模式,建设用地总量的"上限"必然要被突破,耕地保护与生态保护也难以实现。

经济社会发展的阶段性特征和特殊的资源国情,决定了过度消耗和低效利用土地资源的粗放型发展方式已难以为继,建设用地的扩张必须设定总量"上限"并实行管理上的"总量控制",以倒逼经济发展方式的转变。建设用地增量管理方式亟待调整,应根据区域功能定位、社会经济发展阶段、资源禀赋等确定合理的建设用地总量,实行建设用地总量控制下的用地倒逼机制。结合建设用地管控分区结果,分析不同区域现状建设用地规模与建设用地合理规模间的对比关系(见表6-12),据此制定区域差别化的建设用地总量管控规则。

表6-12　区域现状建设用地规模和目标年建设用地合理规模对比

区域	江苏省（hm²）				全国（km²）			
	现状规模	合理规模	最大规模	最小规模	现状规模	合理规模	最大规模	最小规模
优化发展区	377.5	431.1	481.0	386.9	67 424.1	70 960.5	86 722.0	58 284.7
重点发展区	516.4	552.5	599.5	509.8	109 079.4	140 388.6	169 704.3	117 009.9
适度发展区	621.7	589.0	651.9	532.9	44 251.0	51 397.9	59 514.9	44 467.0
内涵挖潜区	598.6	451.2	491.0	414.9	126 145.9	111 046.5	122 286.2	100 968.8

优化发展区:该区经济发展重点为产业结构调整,优化现有资源要素的配置,鼓励零增地招商,培养或扶持一批低占地、高收益的科技含量高的现代制造业,从而实现区域建设用地总量控制目标和土地资源的节约集约利用。

重点发展区：该区为未来经济发展的重点区域，应着重优化产业结构、促进产业转换升级。由于其良好的资源禀赋和经济发展的巨大潜力，其所能承载的建设用地规模也较高，是规划期内建设用地规模合理扩张的主要区域。

适度发展区：该区经济发展较快，应合理调整产业布局，促进产业集群发展，承接优化及重点发展区的产业转移。在保证基本农田数量不减少、质量有提高的前提下，可适当扩大建设用地规模，满足其工业化和城市化加速推进的需求。

内涵挖潜区：该区受到农业生产布局、生态环境保护的约束较大，建设用地规模已经超出了资源承载的能力，未来应严格保护生态开敞空间，建设用地需求的满足应立足存量挖潜，防止建设用地低效、粗放式外延扩张。

二、建设用地增量的区域差别化配置政策

（一）区域建设用地增量指标配置

建设用地总量配置为区域建设用地设置了增长的极限约束，而合理分配新增建设用地指标，将为社会经济发展提供直接、必要的用地支撑，也是目前建设用地计划管理的重要内容。

国家级或省市级的土地利用总体规划编制，规划期内新增建设用地的分配是最重要的问题之一（付海英等，2007）。在实际工作中，对新增建设用地指标的区域配置，一般是通过土地利用总体规划和土地利用年度计划来实现，根据当地的经济发展水平、固定资产投资等相关指标进行分解下达（靳相木等，2009）。然而，经济发展阶段和资源禀赋存在明显的区域差异，配置新增建设用地指标时仅仅考虑社会经济发展水平，而不考虑区域资源禀赋差异，必然使得经济发达地区获得的新增建设用地指标过高，并导致建设用地需求的刚性增长与建设用地增量供给接近极限之间的矛盾加剧，最终建设用地总量失控（范祚军等，2008）。基于以上原因，本研究在分析影响区域新增建设用地指标分配的社会经济发展因素的基础上，从区域资源禀赋视角引入耕地保有量、建设用地可拓展空间等建设用地供给约束指标，构建新增建设用地配置指标体系，并采用改进的熵值法确定指标权重，为区域新增建设用地指标配置提供方法支撑。

1. 建设用地增量配置方法

（1）区域新增建设用地配置指标体系

影响区域土地利用、建设用地指标配置的因素有很多，而不同地区资源禀赋和发展阶段的差异（叶剑平，2011），是制定差别化土地调控政策的缘由（杨刚

强，2008）。考虑到数据的可获得性和指标体系的完备性，本研究从社会经济发展水平和资源禀赋两方面，构建区域新增建设用地配置的指标体系。

①社会经济发展指标

随着社会经济快速的发展，人民收入不断增长，生活水平提高，生活、生产等各种活动的增加，以致对各类型建设用地的需求量呈增长趋势。经济发展包括经济规模的扩大和产业结构的变化，前者将引起对建设用地总量的需求，后者则导致对建设用地需求结构的变化。本研究选取常住人口、二三产业增加值、固定资产投资三项指标，衡量区域社会经济发展对建设用地的需求。

②资源禀赋指标

资源禀赋决定区域建设用地供给潜力，本研究选取可拓展空间和耕地保有量两项指标，衡量区域资源禀赋对建设用地的供给约束。

耕地保有量。现行的新增建设用地指标在层层分解中，耕地保有量没有成为指标分解的依据，这种做法固化并加剧了保有保护耕地与农地非农化开发的利益矛盾。实行新增建设用地指标与耕地保有量相挂钩（叶剑平等，2011），即将全国新增建设用地总量控制指标以各地的耕地保有量为依据无偿分配给各地区，有利于建立起保有保护耕地和农地非农化开发的利益平衡和激励约束机制。因此，选取耕地保有量作为反映新增建设用地指标配置的资源禀赋因素之一。

建设用地可拓展空间。是指可被作为人口集聚、产业布局和城镇发展的后备适宜建设用地，由后备适宜建设用地的数量、质量和空间分布状况三个要素构成，具体可通过人均建设用地可拓展空间得到反映。由于建设用地总量客观上存在极限，因此将建设用地可拓展空间纳入区域新增建设用地配置指标体系十分必要，建设用地可拓展空间较大的区域可适当增加新增建设用地指标，而建设用地可拓展空间较小的区域应注重建设用地的内部挖潜，提高集约利用水平。

（2）指标标准化及权重确定

①指标标准化。为消除不同指标单位的影响，需对指标进行无量纲处理，即指标的标准化。本研究采用极差标准化法对指标进行标准化。

②指标权重的确定。多指标综合评价中，确定指标权重的方法有两种：主观赋权法和客观赋权法。本研究选用客观赋权法中的改进熵值法，并针对其在实际应用中遇到的问题对其进行合理改进。用改进的信息熵法确定指标权重（郑华伟，2010），有利于缩小极端值对综合评价的影响，比传统方法更加科学合理。

（3）新增建设用地指标配置

评价指标确定后，应选择适当的方法对新增建设用地进行分配（见表6-13）。参考相关研究成果（殷少美，2007），根据区域新增建设用地配置指标的标准化分值,结合改进熵值法计算的指标权重,运用综合评价法计算研究区域各研究单元综合评分,通过计算其综合分值占研究区的比重,即得各研究单元的新增建设用地的分配比例。

表 6-13　　　　　　新增建设用地合理配置的指标体系

准则层	因素层	指标层	指标正负
区域新增建设用地 A1	社会经济发展水平 B1	常住人口 C1	正指标
		二三产业增加值 C2	正指标
		固定资产投资 C3	正指标
	资源禀赋 B2	耕地保有量 C4	正指标
		建设用地可拓展空间 C5	正指标

2. 实证分析 1——全国建设用地增量配置

（1）研究区域概况

全国土地总面积约 960 万平方千米,我国地势西高东低,其中山地、高原和丘陵约占陆地面积的 67%,盆地和平原约占陆地面积的 33%。改革开放以来,我国经济发展进入了高速增长阶段,建设用地也迅速增加,耕地资源不断损失(1978 年以来,建设用地占用耕地每年平均达 $1.82 \times 10^5 hm^2$)。据统计 1958~1994 年我国耕地面积累计减少 1 691.20 万 hm^2,平均每年减少 46.67 万 hm^2,人均耕地则由 1958 年的 $0.17 hm^2$ 减少到 1994 年的 $0.09 hm^2$,其中多为非农建设用地,城镇建设占 60% 以上。由此可见,城镇建设用地扩张加剧了耕地形势的恶化。同时,全国区域差异和梯度特征明显,建设用地增量配置没能与区域耕地资源禀赋、比较优势及其损失挂钩,供给短缺使市场的有效均衡很难达到。所以,考虑不同区域经济发展水平和资源禀赋的差异,根据区域特征科学客观的配置全国新增建设用地指标,才能既保障经济发展的合理需求,又能促进建设用地集约高效利用,实现区域协调可持续发展。

（2）数据来源与处理

本研究将除中国台湾、香港和澳门地区之外的全国 31 个省（市、自治区）作为研究区域,以 2010 年作为基础数据收集的年份。全国新增建设用地配置指标体系中的社会经济发展水平基础数据来源于 2011 年《中国统计年鉴》。因 2010 年的耕地保有量统计数据的缺失,故采用由《土地利用现状分类统计年报》中 1999~2008 年耕地数据趋势推算的预计值,建设用地可拓建空间数据来源于上节计算结果（见表 6-14）。

表 6-14　　全国 31 个省（市）社会经济发展与资源禀赋情况

区域	常住人口（万人）	二三产业增加值（亿元）	固定资产投资亿元	耕地保有量（千公顷）	建设用地可拓展空间（km²）
北京	1 961.90	1 954.48	5 402.95	230.55	283.57
天津	1 299.29	1 685.88	6 278.09	438.15	750.24
河北	7 193.6	2 803.31	15 083.35	6 255.24	11 735.66
山西	3 574.11	1 765.66	6 063.17	4 038.66	7 786.31
内蒙古	2 472.18	1 766.06	8 926.46	7 178.24	13 843.76
辽宁	4 374.90	3 028.6	16 043.03	4 081.58	9 450.52
吉林	2 746.60	1 319.25	7 870.38	5 533.20	22 161.02
黑龙江	3 833.40	1 633.03	6 812.56	11 937.2	53 967.56
上海	2 302.66	2 119.2	5 108.9	224.56	388.66
江苏	7 869.34	6 689.94	23 184.28	4 738.84	7 625.19
浙江	5 446.51	4 534.48	12 376.04	1 902.98	3 163.87
安徽	5 956.71	2 062.93	11 542.94	5 727.26	9 559.50
福建	3 693.00	2 319.66	8 199.12	1 314.18	3 014.31
江西	4 462.25	1 687.76	8 772.27	2 805.80	6 449.50
山东	9 587.86	4 911.62	23 280.52	7 512.90	13 768.01
河南	9 405.47	3 122.86	16 585.86	7 927.09	13 144.26
湖北	5 727.91	2 655.41	10 262.70	4 656.76	9 074.64
湖南	6 570.1	2 622.46	9 663.58	3 771.64	8 500.59
广东	10 440.96	6 253.79	15 623.70	2 749.39	5 365.01
广西	4 610.00	1 594.12	7 057.56	4 197.79	6 631.16
海南	868.55	332.65	1 317.04	727.48	1 267.82
重庆	2 884.62	1 316.99	6 688.91	2 218.09	4 746.49
四川	8 044.92	2 791.92	13 116.72	5 914.8	15 407.66
贵州	3 478.94	614.72	3 104.92	4 472.17	6 598.32
云南	4 601.60	1 013.65	5 528.71	6 057.16	9 038.48
西藏	300.72	61.26	462.67	362.2	548.94
陕西	3 735.23	1 754.87	7 963.67	4 024.46	8 409.19
甘肃	2 559.98	630.96	3 158.34	4 652.79	8 974.34
青海	563.47	241.64	1 016.87	543.03	813.44
宁夏	632.96	304.30	1 444.16	1 111.85	1 956.81
新疆	2 185.11	841.53	3 423.24	4 165.34	7 674.21

资料来源：常住人口、二三产增加值、固定资产投资来源于 2011 年《中国统计年鉴》耕地保有量为依据《土地利用现状分类统计年报》中 1999~2008 年耕地变化趋势的推算值，建设用地可拓建空间数据来源于上节计算结果。

(3) 结果分析

运用改进熵值法确定各指标权重，将 2011~2020 年调整后的全国新增建设用地指标配置方案与原土地利用总体规划分配结果相比较（见表 6-15）可以看出：计算结果基本上反映了各区域对新增建设用地需求，与实际分配结果相比大致吻合，但存在一定程度的差异。调整后配置方案中江苏、上海等经济发达地区和部分资源禀赋状况优越的北方地区新增建设用地指标明显高于原规划方案，而经济欠发达的西部地区和部分南部地区的新增建设用地指标与原规划方案相比，都有了不同程度的减少，这说明相对于经济发展水平、资源禀赋和土地集约节约利用水平较高的地区来说，其所应获取的新增建设用地可以适当地减少。

表 6-15 基于资源禀赋和经济社会发展区域分异的全国新增
建设用地配置方案与原规划方案对比（2011~2020 年）

区域	调整后配置的新增建设用地指标（千公顷）	原规划新增建设用地指标（千公顷）	增加减少比例
北京	51.82	54.60	-5.10%
天津	49.07	64.00	-23.32%
河北	198.10	146.60	35.13%
山西	105.64	106.60	-0.90%
内蒙古	141.96	166.60	-14.79%
辽宁	164.07	149.40	9.82%
吉林	141.99	93.40	52.02%
黑龙江	263.82	129.40	103.88%
上海	55.52	52.00	6.77%
江苏	258.68	194.60	32.93%
浙江	149.64	173.40	-13.70%
安徽	159.93	150.40	6.20%
福建	91.39	129.40	-29.37%
江西	108.66	122.60	-11.37%
山东	281.61	224.00	25.72%
河南	237.35	208.00	14.11%
湖北	153.06	142.60	7.34%
湖南	149.41	140.00	6.72%
广东	228.11	226.60	0.67%
广西	112.75	190.60	-40.84%
海南	15.86	53.40	-70.31%
重庆	78.11	106.60	-26.72%
四川	203.30	186.60	8.95%

续表

区域	调整后配置的新增建设用地指标（千公顷）	原规划新增建设用地指标（千公顷）	增加减少比例
贵州	81.20	122.60	-33.77%
云南	118.38	118.60	-0.19%
西藏	1.52	21.40	-92.89%
陕西	114.23	106.60	7.16%
甘肃	81.46	81.40	0.08%
青海	9.29	53.40	-82.60%
宁夏	18.37	49.40	-62.81%
新疆	76.09	135.40	-43.80%

资料来源：原规划新增建设用地指标来源于《全国土地利用总体规划纲要（2006~2020）》。

3. 实证分析2——江苏省建设用地增量配置

（1）研究区域概况

改革开放以来，江苏省经济持续快速增长，经济发展水平位于全国前列。江苏省用占全国1%的土地创造了全国10%的GDP。但与此同时，伴随着高速的经济增长，江苏省建设用地总量迅速增加，农用地特别是耕地面积不断减少。1996~2010年，全省建设用地总量累计增加32.3万公顷。从空间分布来看，土地利用变化剧烈地区与经济增长的中心高度重合：1996~2010年苏南地区建设用地增加20.3万公顷，占全省增加建设用地总量的62.8%；苏中地区建设用地增加6.5万公顷，占全省20.2%；苏北地区建设用地增加5.5万公顷，占17.0%。江苏省建设用地利用变化呈现出典型的区域特征，不同区域经济发展水平和资源禀赋的差异，客观上要求根据区域特征科学配置新增建设用地指标，既能保障经济发展的合理需求，又能促进建设用地集约高效利用，实现区域协调可持续发展。

（2）数据来源与处理

考虑到资源禀赋、社会经济发展水平的一致性和数据可得性，本研究将地级市的市辖区作为一个研究单元，据此确定江苏省研究单元为62个县（市、区）（见表6-16）。为进行新增建设用地配置方案与规划方案的对比，选择土地利用总体规划的近期目标年（2010年）作为基础数据收集的年份。所采用的建设用地规模为居民点及工矿用地、交通水利用地及其他建设用地的合计值，采用2007年土地利用变更调查数据和2008~2010年建设用地增量数据的合计值；规划目标年江苏省建设用地规模参照值采用《江苏省土地利用总体规划（2006~2020年）》数据，土地利用规划数据来源于各地级市土地利用总体规划（2006~2020年）文本；社会经济基础数据来源于2011年江苏省及13个地级市的统计年鉴；建设用地可拓展空间数据来源于上节计算结果。

表6-16 江苏省各县（市、区）社会经济发展与资源禀赋情况

区域	社会经济状况 总人口（万人）	二、三产业增加值（亿元）	城镇固定资产投资（亿元）	资源禀赋 耕地保有量（hm²）	建设用地可拓展空间（hm²）	区域	社会经济状况 总人口（万人）	二、三产业增加值（亿元）	城镇固定资产投资（亿元）	资源禀赋 耕地保有量（hm²）	建设用地可拓展空间（hm²）
南京市区	548.4	4 536.8	2 410.3	159 868.5	81 543.5	灌南县	76.2	110.9	141.8	58 862.1	16 966.1
溧水县	41.3	227.8	151.3	43 070.9	25 281.3	淮安市区	278.3	784.4	491.9	181 765.5	85 029.1
高淳县	42.7	223.8	62.4	35 694.1	19 002.4	涟水县	109.4	115.6	101.5	103 132.9	42 802.9
无锡市区	238.6	2 954.2	1 481.9	38 679.7	26 659.9	洪泽县	38.1	86.5	67.9	37 573.0	20 440.4
江阴市	120.7	1 964.7	386.5	33 457.9	18 220.5	盱眙县	77.0	124.0	111.5	112 197.0	43 748.2
宜兴市	107.2	769.5	199.6	53 611.0	32 588.3	金湖县	35.9	81.6	68.4	48 904.2	25 017.1
徐州市区	312.7	1 622.9	966.4	152 966.5	69 270.4	盐城市区	163.3	568.2	393.3	95 676.1	39 914.1
丰县	116.5	116.2	79.9	75 674.4	29 104.3	响水县	61.3	105.8	79.2	68 670.6	37 894.4
沛县	127.9	251.6	165.1	69 385.3	18 747.0	滨海县	117.6	157.1	85.5	96 857.9	34 927.9
睢宁县	133.1	157.7	94.5	99 499.1	40 289.9	阜宁县	109.6	168.4	87.0	90 623.7	27 073.2
新沂市	104.0	205.1	155.9	79 513.0	29 309.6	射阳县	97.5	189.3	77.9	152 627.2	89 953.8
邳州市	178.6	305.8	185.1	112 596.9	35 798.0	建湖县	80.9	210.2	89.9	67 889.4	16 141.7
常州市区	227.8	2 264.3	1 152.5	53 326.4	39 630.2	东台市	113.4	318.2	121.3	152 001.4	55 790.0
溧阳市	78.2	354.5	148.2	55 606.7	38 095.8	大丰市	72.5	241.4	120.8	125 581.1	63 501.4
金坛市	54.9	286.3	119.7	29 317.8	17 007.8	扬州市区	229.2	1 391.5	546.1	103 452.7	49 605.9

第六章 区域协调发展的差别化建设用地管理政策研究

259

续表

区域	社会经济状况 总人口（万人）	社会经济状况 二、三产业增加值（亿元）	社会经济状况 城镇固定资产投资（亿元）	资源禀赋 耕地保有量（hm²）	资源禀赋 建设用地可拓展空间（hm²）	区域	社会经济状况 总人口（万人）	社会经济状况 二、三产业增加值（亿元）	社会经济状况 城镇固定资产投资（亿元）	资源禀赋 耕地保有量（hm²）	资源禀赋 建设用地可拓展空间（hm²）
苏州市区	242.5	2 306.8	1 218.2	45 324.8	35 297.9	宝应县	91.4	199.7	79.1	79 208.9	32 178.4
常熟市	106.7	1 424.2	270.9	55 424.8	16 232.2	仪征市	56.5	265.6	103.7	48 274.3	20 363.0
张家港市	90.5	1 581.6	267.6	31 182.0	6 628.3	高邮市	82.1	211.4	161.7	80 527.9	29 000.2
昆山市	71.1	2 080.9	410.3	16 752.2	6 091.6	镇江市区	103.5	872.1	510.4	36 584.6	24 774.3
吴江市	80.0	976.4	296.1	36 676.1	18 817.9	丹阳市	80.9	575.8	118.5	52 499.8	29 651.1
太仓市	46.9	703.3	242.2	33 283.6	8 867.7	扬中市	27.8	238.8	53.1	9 476.9	3 968.2
南通市区	211.5	1 346.9	643.2	87 220.2	43 470.1	句容市	58.5	219.5	67.3	61 087.9	26 829.9
海安县	93.4	317.3	171.1	54 627.4	26 415.4	泰州市区	82.7	492.5	229.5	29 798.3	6 033.2
如东县	104.8	307.3	110.6	102 484.5	42 187.5	兴化市	156.1	322.6	98.1	130 854.2	28 616.7
启东市	112.1	375.5	116.5	69 071.0	34 331.9	靖江市	66.8	426.2	173.6	29 118.9	28 279.0
如皋市	141.2	389.7	133.8	80 331.2	23 524.3	泰兴市	119.6	373.9	110.6	72 490.0	8 007.8
海门市	99.9	462.8	106.3	54 642.6	12 737.3	姜堰市	79.4	281.9	81.2	51 841.1	21 735.7
连云港市区	93.6	445.2	378.5	33 444.5	7 677.7	宿迁市区	159.8	331.2	238.2	100 966.4	47 852.4
赣榆县	112.6	186.4	134.0	68 536.9	29 003.8	沭阳县	183.1	251.2	141.4	143 546.8	46 976.5
东海县	115.1	159.0	123.8	121 156.2	57 721.3	泗阳县	101.7	155.0	95.7	71 826.7	29 709.9
灌云县	100.3	109.1	142.7	107 468.5	43 403.8	泗洪县	101.7	139.7	79.6	140 790.4	43 621.7

资料来源：社会经济数据来源于 2011 年江苏省统计年鉴；耕地保有量来源于各地级市土地利用总体规划（2006～2020 年）文本。

(3) 结果分析

①新增建设用地指标配置方案市级尺度对比

运用改进熵值法确定各指标权重，将 2011~2020 年耦合资源禀赋的江苏省市级新增建设用地指标配置方案与土地利用总体规划分配结果相比较（见表 6-17）可以看出：计算结果基本上反映了各子区域对新增建设用地需求，与实际分配结果相比大致吻合，但存在一定程度的差异。其中苏南的常州、无锡、南京、苏州的新增建设用地指标与规划方案相比，减少幅度较大，主要原因是由于耕地保有量、建设用地可拓展空间等建设用地供给空间不足，从而拉低了新增建设用地指标的配置；而苏北的盐城、徐州、淮安、南通、连云港、宿迁等市，由于可利用土地资源充足，分配的新增建设用地指标较多，这一趋势也符合苏北土地利用粗放、经济发展水平较低背景下的用地需求，能够满足江苏省沿海开发国家战略和资源型城市转型升级战略的发展需求；苏中的扬州、泰州及镇江，社会经济发展的用地需求和资源禀赋的供给约束始终，计算结果与规划方案相比，指标调整不大。

表 6-17　　耦合资源禀赋的江苏省市级新增建设用地指标配置方案与原规划方案对比（2011~2020 年）

区域	规划新增建设用地指标（hm²）	耦合资源禀赋的新增建设用地指标（hm²）	增加减少比例（%）
南京	15 986.5	10 684.9	-33.2
无锡	14 674.5	8 582.2	-41.5
徐州	12 691.9	18 599.7	46.5
常州	16 362.6	7 831.2	-52.1
苏州	19 573.2	14 342.2	-26.7
南通	13 532.2	16 013.4	18.3
连云港	10 901.9	12 888.0	18.2
淮安	12 094.0	15 228.1	25.9
盐城	14 881.1	25 209.0	69.4
扬州	11 613.9	11 803.9	1.6
镇江	8 288.7	8 087.2	-2.4
泰州	11 474.5	11 111.5	-3.2
宿迁	11 222.5	12 916.2	15.1

资料来源：规划新增建设用地指标来源于各地级市土地利用总体规划（2006~2020 年）。

②新增建设用地指标配置方案县级尺度对比

从表6-17可以看出，计算结果同样与实际分配结果相比大致吻合，但两种方案存在一定程度的差异。调整后配置方案各地级市中心城区新增建设用地指标明显低于原规划方案，而各县（市）新增建设用地指标与原规划方案相比，都有了不同程度的提高，这说明相对于各县（市）的经济发展水平、资源禀赋来说，其所应获取的新增建设用地可以适当的增加。

（二）区域差别化的建设用地增量管制策略

随着经济快速发展、人口增加、城市化进程的推进，土地资源数量的有限性及其经济供给的稀缺性与土地社会需求的增长性之间的不协调，成为区域土地利用的核心问题。新增建设用地的合理配置，直接支撑并影响区域社会经济的发展。目前，我国根据不同地区人口、固定资产投资、GDP等社会经济发展状况，依据区域需求来分解下达新增建设用地指标。近年来，全国各地建设用地都呈现出快速增长趋势，而与之相伴随的是大量农田被占用、粮食安全受到威胁，社会经济可持续发展面临严峻挑战。因此，仅考虑社会经济发展的需求分配新增建设用地指标不符合建设用地总量控制的要求，应兼顾资源禀赋的供给约束，在考虑人口、GDP等经济发展指标的同时，引入耕地保有量、建设用地可拓展空间等资源禀赋指标，合理分配新增建设用地指标。

通过对不同建设用地管制区域的调整后新增建设用地配置方案与原规划方案进行比较，可制定不同区域新增建设用地的管控对策（见表6-18）。

表6-18　　　区域新增建设用地指标配置方案与原规划方案对比

区域类型	研究区域	调整后新增建设用地指标（km²）	原规划新增建设用地指标（km²）	增加减少比例
优化发展区	全国	8 842.3	7 652.0	15.56%
	江苏	250.3	342.5	-26.92%
重点发展区	全国	12 389.7	9 368.0	32.26%
	江苏	405.1	334.4	21.17%
适度发展区	全国	5 042.3	5 092.0	-0.98%
	江苏	644.7	491.0	31.29%
内涵挖潜区	全国	12 729.6	16 892.0	-24.64%
	江苏	432.9	565.2	-23.40%

优化发展区：该区土地开发强度较高，建设用地总量约束大。社会经济快速发展的建设用地需求旺盛，建设用地供需矛盾十分尖锐，应强化存量建设用地利用，确保新增建设用地集约高效利用。

重点发展区：该区资源禀赋条件较好，人均建设用地可拓展空间较大，在不突破建设用地总量约束的前提下，可适度增加年度新增建设用地计划，满足承接优化发展区产业转移的用地需求。

适度发展区：该区土地开发强度不高，人均建设用地可拓展空间较大，建设用地总量约束不强，可适度增加新增建设用地指标的供给，以保证经济增长目标的实现。

内涵挖潜区：该区资源禀赋条件较差，人均建设用地可拓展空间较小，建设用地总量约束大，应适度减少年度新增建设用地供应量，倒逼土地利用方式的转变。

三、区域差别化的城乡建设用地置换

区域建设用地总量控制，是通过新增建设用地的合理配置和建设用地的有效挖潜利用实现的（姚岚，2013）。因此，不仅需要研究与经济发展阶段和资源禀赋相适应的建设用地总量和新增建设用地的区域配置问题，同样需要研究区域差别化的城乡建设用地置换政策，通过存量建设用地挖潜实现建设用地的总量控制（杨永磊，2012）。应依据不同区域建设用地现状规模、新增建设用地指标、规划目标年的合理建设用地总量，从建设用地增加与减少的视角出发，研究实现总量控制的区域差别化的建设用地增减比例，为总量控制下区域差别化的城乡建设用地置换政策制定提供依据（王振波等，2012；陈美球等，2012）。

（一）区域城乡建设用地置换指标配置

改革开放以来，我国城镇化和工业化水平快速提高，建设用地需求急剧上升。区域同质、粗放的土地开发模式导致建设用地供需矛盾突出，建设用地急剧扩张，耕地快速减少。而城乡建设用地配置不尽合理，农村居民点规模低效扩张，城市建设用地需求难以充分保障。为有效解决城乡建设用地供需失衡问题，我国于2004年提出城乡建设用地增减挂钩政策，并于2008年出台《城乡建设用地增减挂钩试点管理办法》，至今已有29个省（市、区）逐步开展城乡建设用地增减挂钩试点，通过农村建设用地的整理复垦，为城镇发展提供有效空间，促进了建设用地总量控制目标的实现（陈春等，2014；孙建伟等，

2013)。

城乡建设用地增减挂钩的实质为土地置换,即城乡建设用地置换,在坚持最严格的耕地保护制度和节约用地制度的前提下,通过优化调整城乡建设用地内部结构,实现耕地总量不减少、建设用地总量不增加,从而保障城市发展用地需求、坚守耕地"红线",解决当前城乡建设用地供需失衡的问题。然而,现行的城乡建设用地置换政策未考虑建设用地总量约束和实际新增建设用地需求的区域差异,采取"一刀切"的城乡置换政策,不利于建设用地总量目标的实现(曲衍波,2013)。应根据经济社会发展水平和资源禀赋的区域差异,合理确定区域建设用地总量控制下的城乡建设用地置换比例,为区域差别化城乡置换政策提供依据,确保建设用地总量控制目标的实现。

1. 城乡建设用地置换指标配置模型构建

为制定实现建设用地总量控制目标的城乡建设用地置换政策,需测算区域建设用地总量控制目标下建设用地置换比例(姜海等,2005)。因此,本研究构建城乡建设用地置换指标配置模型,根据前文不同区域建设用地现状规模、新增建设用地指标、规划目标年建设用地总量控制目标,从建设用地增加与减少的视角出发,测算区域建设用地增加与存量建设用地挖潜的比例,为区域差别化的城乡建设用地置换政策制定提供可靠依据。具体公式如下:

$$S_t = S_0 + A - B$$

式中:S_t 为规划目标年建设用地合理规模;S_0 为基期年建设用地现状规模;A 为建设用地增量规模;B 为建设用地减量规模。

根据上式,可得建设用地挖潜减量与合理增量置换比例 B/A:

$$\frac{B}{A} = 1 + \frac{S_0 - S_t}{A}$$

根据该式,可以得到单个研究单元的城乡建设用地置换比例。当 $B/A \leq 0$ 时,说明在遵循集约利用的基础上,该区域的建设用地可适当扩张;当 $0 < B/A \leq 1$ 时,说明该区域可按照增减挂钩实施 1:1 的城乡建设用地置换;当 $B/A > 1$ 时,该区域的建设用地规模应当缩减,每新增一定量的建设用地必须复垦整理更多的存量建设用地。

2. 实证分析1——全国城乡建设用地置换指标配置

全国尺度的城乡建设用地置换指标配置研究以我国大陆31个省(市、区)为研究单元,基于前文31个省(市、区)的建设用地总量、增量区域差别化配置结果(刘云刚,2011),测算31个省和四大管制区的置换比例,并分析其城乡建设用地置换差异。各省份和区域统计结果如表6-19所示。

表6-19　　　　　　全国建设用地减量/增量对比关系　　　　　　单位：km²

分区	省份	增量	减量	2020年建设用地合理规模	2010年建设用地实际规模	置换比例 省	置换比例 区域
优化发展区	上海	555.2	-1 202.1	4 435.5	2 678.2	-2.17	0.60
	北京	518.2	-79.1	4 157.3	3 560	-0.15	
	天津	490.7	60.5	4 361.9	3 931.7	0.12	
	江苏	2 586.8	3 589.5	19 481.6	20 484.3	1.39	
	广东	2 281.1	3 083.2	17 931.2	18 733.3	1.35	
	浙江	1 496.4	-103.4	12 739.5	11 139.7	-0.07	
	福建	913.9	-38.8	7 853.5	6 896.9	-0.04	
重点发展区	内蒙古	1 419.6	3 763.7	13 711.4	16 055.5	2.65	-1.53
	山西	1 056.4	-2 736.3	12 755.5	8 962.8	-2.59	
	陕西	1 142.3	-2 538.5	12 215.1	8 534.3	-2.22	
	湖北	1 530.6	-5 906.6	22 055.5	14 617	-3.86	
	新疆	760.9	-3 437.9	17 765.9	13 567.1	-4.52	
	黑龙江	2 638.2	-8 940.5	26 892.7	15 314	-3.39	
	吉林	1 419.9	-1 188.5	13 590.1	10 981.7	-0.84	
	辽宁	1 640.7	2 098.2	14 305	14 762.5	1.28	
	重庆	781.1	-30.9	7 097.4	6 284.5	-0.04	
适度发展区	贵州	812.0	-1 842.3	8 515.1	5 860.8	-2.27	-0.42
	云南	1 183.8	-557.9	10 651.9	8 910.2	-0.47	
	四川	2 033.0	1 750.5	16 797.5	16 515	0.86	
	甘肃	814.6	-458.4	11 262.3	9 989.3	-0.56	
	西藏	15.2	-231.2	945.3	701.8	-15.21	
	宁夏	183.7	-770.2	3 225.8	2 273.9	-4.24	
内涵挖潜区	江西	1 086.6	19.1	11 145.4	10 077.9	0.02	1.76
	河北	1 981.0	3 166.2	17 484.7	18 669.9	1.60	
	安徽	1 599.3	6 076.6	12 652.6	17 129.9	3.80	
	山东	2 816.1	4 757.5	23 929	25 870.4	1.69	
	河南	2 373.5	5 586.4	19 611.5	22 824.4	2.35	
	湖南	1 494.1	3 032.2	13 229.9	14 768	2.03	
	广西	1 127.5	2 310.5	9 091.1	10 274.1	2.05	
	海南	158.6	1 368.1	1 961	3 170.5	8.63	
	青海	92.9	1 512.7	1 941	3 360.8	16.28	

分析表6-19，可得分区域的建设用地减/增量置换比例从小到大分别为：重点发展区＜适度发展区＜优化发展区＜内涵挖潜区，分省建设用地减/增量置换比例基本与分区特征一致。研究结果表明，重点发展区和适度发展置换比例小于零，该区域应适当增加新增建设用地指标配置，满足其经济发展的合理需求；优化发展区应有序推进存量建设用地整理，完善现有"拆一建一"的城乡建设用地增减挂钩政策；而内涵挖潜区在获得同等数量的新增建设用地指标时，往往需要整理复垦更多的存量建设用地。

3. 实证分析2——江苏省城乡建设用地置换指标配置

以江苏省13个地级市为研究单元，依据各地级市的新增、总量配置结果，计算江苏省城乡建设用地置换比例，具体结果见表6-20。

表6-20　　　　江苏省建设用地减量/增量对比关系　　　　单位：km²

分区	行政区域	增量	减量	2020年建设用地合理规模	2010年建设用地现状规模	置换比例 市	置换比例 分区
优化发展区	南京	106.8	-82.8	1 885.6	1 696	-0.78	-1.22
	苏州	143.4	-203.1	2 425.3	2 078.8	-1.42	
重点发展区	镇江	80.9	110.6	861.0	890.7	1.37	0.07
	无锡	85.4	-242.3	1 664.3	1 336.2	-2.82	
	南通	160.1	195.9	1 812.7	1 848.5	1.22	
	常州	78.3	-19.8	1 186.5	1 088.4	-0.25	
内涵挖潜区	扬州	118.0	116.83	1 247.6	1 246.43	0.99	2.08
	徐州	186.0	409.4	1 911.0	2 134.4	2.2	
	连云港	128.9	375.3	1 353.0	1 599.4	2.91	
适度发展区	泰州	111.1	67.0	1 064.3	1 020.2	0.6	1.31
	淮安	152.3	185.9	1 431.1	1 464.7	1.22	
	盐城	252.1	535.1	2 184.5	2 467.5	2.12	
	宿迁	129.2	183.6	1 209.8	1 264.2	1.42	

江苏省的建设用地置换比例区域差异明显。分区置换比排序为：优化发展区＜重点发展区＜适度发展区＜内涵挖潜区。同时与全国平均水平相比，江苏省重点发展区、适度发展区和内涵挖潜区的城乡建设用地置换比例明显大于全国同类分区。为满足经济发展的合理新增建设用地需求，考虑其建设用地总量约束的增加配置比例，必须加大存量建设用地挖潜力度，并实施区域差别化的城乡建设

用地置换政策。

（二）区域差别化的城乡建设用地置换管制策略

1. 区域协调发展的差别化置换思路

现行的"城乡建设用地增减挂钩政策"以实现"耕地总量动态平衡和建设用地总量不增加"为目标，实现项目区内农村建设用地整理减少与城镇建设用地增加相挂钩，促进统筹城乡发展。通过开展旧村庄、空心村、废弃建设用地等的整理复垦，并实施田、水、路、林、村的综合整治，优化土地利用结构布局，不仅守住了耕地红线，而且提高了土地节约集约利用水平，拓展了城镇建设空间，缓解了用地供需矛盾（王婧，2011）。截至2010年年底，全国总共下达城乡建设用地周转指标45万亩，旧村庄整治节地率一般在50%以上。

然而，当前的城乡建设用地增减挂钩执行"拆一建一"的置换政策，仅能实现项目区内建设用地的总量不增加，而现行年度新增建设用地指标计划管理，导致的建设用地扩展与蔓延的态势并不能得到根本遏制。因此，需要在区域建设用地总量合理规模控制的前提下，结合其新增建设用地指标需求，测算实现总量控制的区域减量与增量置换比例，据此制定实现建设用地总量控制目标的区域差别化的城乡建设用地增减挂钩政策，促进建设用地的精细化管理。

2. 区域差别化的管制策略

（1）优化发展区

优化发展区的经济规模较大，城镇体系比较成熟健全，经济发展动力依然较为强劲，建设用地供需矛盾较大。该区域应强化城乡建设用地置换工作，扩大置换区域范围，确保必要的新增建设用地指标。

（2）重点发展区

重点发展区作为未来发展的"排头兵"，经济发展和资源禀赋要求更多的新增建设用地。该区域应结合区域建设用地总量控制目标，配置较多的新增建设用地指标，并结合其区位特征开展适量的城乡建设用地置换工作，作为新增建设用地的补充。

（3）适度发展区

适度发展区经济相对落后，建设用地利益效率较低。人均建设用地可拓展空间较大，建设用地总量约束不强。该区域也适当增加其新增建设用地指标配置，同时适度开展城乡建设用地置换，承接优化发展区和重点发展区的梯度转移产业，推动区域经济的适度良性发展。

（4）内涵挖潜区

内涵挖潜区的资源禀赋约束较强，经济社会发展的用地需求应立足于存量建设挖潜。该区域应严控新增建设用地规模，严格划定城乡建设用地增长边界，结合区域建设用地总量控制目标和社会经济发展的合理新增建设用地需求，大力推进城乡建设用地置换工作，实现"拆二建一"甚至更高的置换比例，控制并引导其建设用地实现总量的减量化。

本章小结

经济发展阶段和资源禀赋的区域分异是建设用地区域差别化管理的基础。本研究据此划分建设用地管制区域，结合我国现有管控分区体系，确定了区域协同发展的建设用地管控区域；构建了包含建设用地总量控制目标、建设用地增量配置和城乡建设用地置换等为主要内容的区域差别化建设用地管控体系。管控政策上：①突破建设用地增量管控模式的限制，完善现有土地利用计划指标体系，纳入建设用地总量控制目标；②综合考虑区域社会经济发展的需求和资源禀赋供给约束，合理配置新增建设用地指标；③摒弃"拆一建一"的置换模式，基于区域建设用地总量目标、新增建设用地现实需求，实施区域化的城乡建设用地置换政策，确保建设用地总量控制目标的实现。

第七章

统筹城乡的建设用地优化配置与差别化管理政策研究

我国人地矛盾突出，城市化工业化的快速发展使得城镇建设用地捉襟见肘，而农村集体建设用地数量巨大，且闲置浪费严重。现行城乡土地二元管理体制导致城镇建设用地与农村建设用地仍处于比较割裂的状态。在城乡建设用地总量控制目标下，需要将数量巨大且低效利用的农村建设用地与城镇建设用地置于统一的利用框架，并形成合理的城乡之间的建设用地供需市场。本章将首先分析我国城乡建设用地利用现状及管理制度，提出城乡统筹发展下建设用地配置与管控目标。接着从经济学角度分析城乡建设用地总量控制和结构优化的机理，并对实现总量控制和结构优化的地区实践与探索进行归纳和总结。在此基础上，从政府与农户利益协调的视角来研究以项目为单元的传统城乡建设用地增减挂钩工程的改进方式。最后，针对不同类型建设用地，在总量控制和结构优化的目标下，提出差别化的管控对策。

第一节 我国城乡建设用地利用现状及其管理制度分析

中国工业化水平的快速提升和城镇化的快速发展，需要大量的建设用地作为生产要素投入，全国城乡建设用地总量也因此在几十年内迅速扩张。土地利用过程具有不可逆转性,在缺乏有效管理与控制的土地制度体系下,会导致土地资源的滥用和低效配置。我国城乡建设用地在数量不断扩张过程中,总体呈现出低效无序利用状态。分析我国城乡建设用地利用现状并从挖掘造成这种现状的管理制度层次的原因,是进行城乡建设用地利用管控与改革的第一步。

一、我国城乡建设用地利用现状及其问题分析

(一)城乡建设用地持续同时增长,并与经济发展水平显著相关

从全国和区域角度分别看,城乡各类建设用地总量全部呈持续增长态势,1999~2012年全国城乡各类建设用地总量从3 020.64万公顷持续扩展到3 497.55万公顷[①],平均年增长率1.13%(见图7-1);其中居民点及工矿用地由2 457万公顷扩大到近2 848万公顷,13年间用地总规模增加了近16%。从建设用地的增长速度来看,1999~2002年建设用地增长相对缓慢,平均年增长率0.57%;2003~2006年,建设用地增长幅度较大,平均年增长率达到1.31%,其增速是前一阶段的2倍多;2007~2010年,建设用地增长速度有所减慢,平均年增长率降低到1.07%;2011年以来,建设用地开始新一轮快速增长,年增速在1.70%以上。同一时期,我国人口从12.58亿人增加至13.54亿人,人均建设用地面积则由240.14平方米增加到258.31平方米,年均增长率约0.58%(见图7-1)。

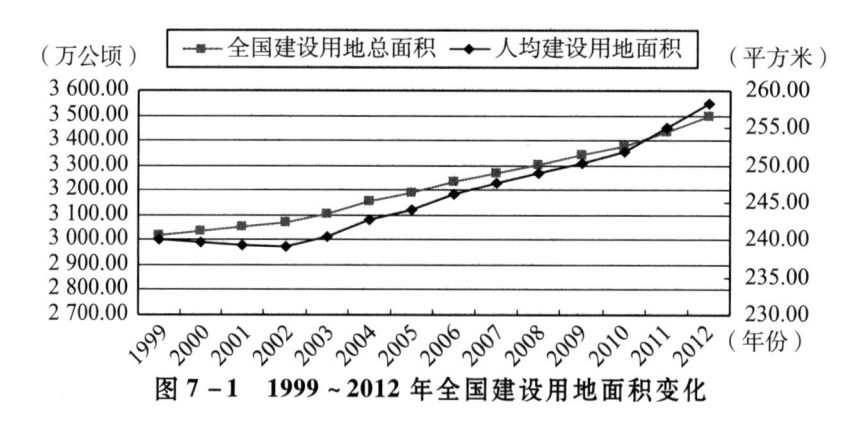

图7-1 1999~2012年全国建设用地面积变化

在城乡建设用地增减过程中,尽管我国的城市化水平也在不断提升,大量农

---

① 2008年以后几年由于国土资源官方统计数据未做更新,此处数据系根据各年国土资源公报推算而来。

村人口进入城市，农村人口的绝对数量和所占比重均持续下降，但在城镇建设用地显著增加的同时，农村建设用地总量并未因此减少，而是同样保持了增长。1996年到2008年，我国农村人口减少1.29亿，但是农村居住用地反而增加了112万亩，农村人均居住用地从193平方米增加到229平方米。与此同时，一部分地区的空心村、空心住宅约占5%～15%，土地利用粗放浪费现象严重（徐绍史，2009）。

建设用地变化和经济社会发展之间存在紧密的关联，但其变化的内在机制则较为复杂。通常认为经济增长和人口发展会促进建设用地总量的增长；但从理论上看，随着经济发展水平的提高，要素之间的相对稀缺性发生变化，将促进建设用地资源的集约利用。事实上这两种情况在不同的经济发展阶段都可能发生。自1999～2012年，我国国内生产总值从89 677.1亿元增长到518 942.1亿元；2012年我国三次产业构成为10.1∶45.3∶44.6，三次产业对GDP增长的贡献率为5.7∶48.7∶45.6。从这里也可以看出，第二产业在我国经济增长中仍占有主导地位。通过对全国1999～2012年建设用地面积与人均GDP的计量分析可以发现，全国层面以及各省区内部经济社会发展与建设用地总量扩展之间都存在高度显著的统计相关性，这充分说明我国目前总体上仍处于一个外延扩张型的发展阶段；但随着人均GDP水平的提高，建设用地的增幅也呈现放缓的趋势，这说明建设用地的利用效率总体上还是在逐步提高。

（二）新增城乡建设用地主要来自于耕地，是我国耕地面积持续下降的重要原因

从新增城乡建设用地的来源看，1999～2012年十余年间，建设用地年均占用耕地21.98万公顷，尤其是在2002年后，随着我国社会经济飞速发展，建设用地面积快速扩张，年度建设占用耕地面积明显上升，2007年、2008年短暂回落后又迅速恢复到一个较高的水平（见图7-2）。尽管在2001～2007年间，生态退耕是我国耕地面积减少的主要原因，其总量远远超过建设占用耕地面积，但二者的性质显然具有明显的区别。同时，自2007年生态退耕政策暂缓安排新的退耕任务以后，建设占用耕地明显成为耕地减少的主因，如2007年、2008年两年建设占用耕地分别占到耕地减少总量的55.27%和68.91%。理论上随着经济发展水平的提高，土地资源的稀缺程度上升，政策管制力度加强，将促进其他要素对土地资源的替代，从而使耕地减少趋缓，通过统计分析也可以发现，随着人均GDP水平的提高，耕地面积尽管仍保持下降趋势，但下降速度则在不断放缓。

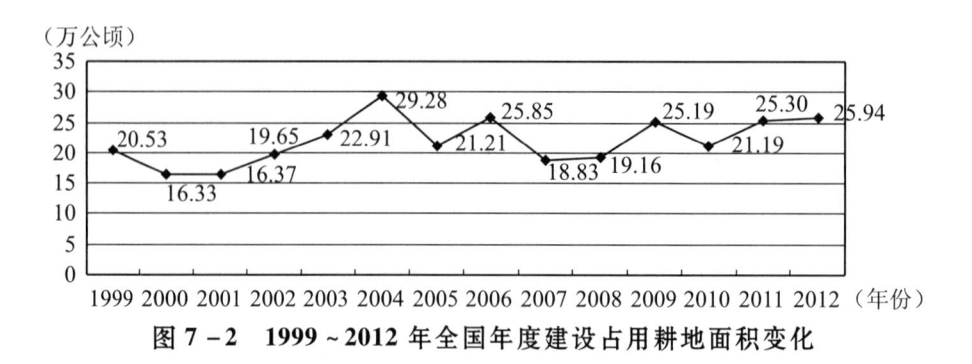

图 7-2 1999~2012 年全国年度建设占用耕地面积变化

（三）城乡建设用地的增长延续着传统的外延扩张模式，缺乏有效的结构优化途径

从全国水平和各省级行政区内部看，城乡建设用地的扩张和经济社会发展水平紧密相关，同时城乡之间并未随着人口、产业结构的变化发生建设用地内部结构的优化。通过对我国各省级行政区之间作一比较可以进一步发现，主要经济、社会指标与建设用地指标之间的这种相关性特征不复存在。以各省级行政区 2001~2008 年的面板数据进行统计检验可以发现，各省只有人口总量变动与建设用地总量间存在较强的线性相关性，相关系数达到 0.7617（见图 7-3）。省际 GDP 总量与建设用地总量之间相关性较弱，人均 GDP 水平和建设用地、人均建设用地的变化则几乎没有相关性。在省级行政区中，人均 GDP 水平最高的上海为 72.54 千元，最低的贵州仅为 8.79 千元，两地人均建设用地则分别为 134.24 平方米和 146.89 平方米；人均建设用地水平最高的内蒙古自治区为 618.31 平方米，最低的同样是上海；全国省级行政区层面人均建设用地面积的统计标准差达到 122.35 平方米。

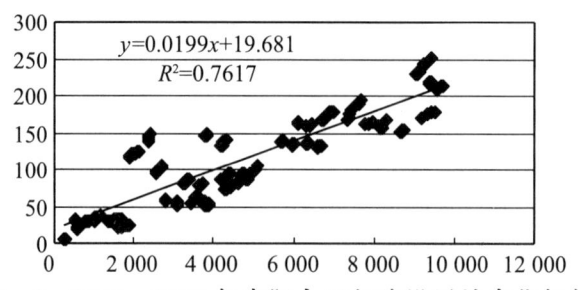

图 7-3 2001~2008 年省际人口与建设用地变化相关性

对省际建设用地变化特征的比较可以进一步说明：第一，现有的社会经济发展对建设用地的使用仍然延续着传统的外延扩展模式，随着经济发展水平的提高

城乡内部缺乏对建设用地结构和利用效率的有效优化。第二，各地城乡建设用地的利用更大程度上受到自然条件、土地资源禀赋和传统的居住习惯等因素的影响，建设用地的利用管理对其约束力不足。第三，由于建设用地的整治复垦相比未利用地的开发可以有效规避生态上的影响，并能改善和优化区域土地利用结构，今后全国层面的整治复垦除各地区内部城乡之间的增减挂钩等举措以外，如何针对区域之间城乡建设用地的差异性通过异地挂钩盘活其中蕴含的空间优化潜力，实现保护耕地、保障发展、优化生态的多重目标，是值得大力探索的一个重要方向。

二、快速工业化、新型城镇化背景下的城乡建设用地供需矛盾

（一）工业化、城镇化发展与城乡建设用地利用变化的一般特征

随着工业化发展阶段的演变，城乡建设用地通常也表现出相应的阶段性变化。对这种变化研究者通常以"S"型曲线（逻辑曲线）或倒"U"型曲线（环境库兹涅茨曲线）加以模拟和描述，并得到了不同程度的验证。一般而言，在前工业化阶段，经济以农业为主，商业也有一定的规模，工业主要以小规模的手工业为主，资源消耗水平很低，且主要受人口规模变化驱动而缓慢增长，农村建设用地总量相对较大而城镇发展缓慢；工业化初期，第二产业的比重开始上升，资源的消耗水平增长速度逐渐加快，由于资源总量相对充裕，资源利用相对粗放，城镇建设加快；进入工业化中期，第二产业特别是工业逐渐成为国民经济的重心，工业主要以重化工业等加工制造业为主，人类开发利用资源的能力也不断增强，资源消耗水平迅速提高，并成为经济增长的主要保障，城镇建设迅速扩张，农村建设停滞甚至萎缩；到工业化中后期，资源稀缺程度不断增加，科技水平不断提高，资本、技术等要素对经济的驱动能力不断增强，产业结构也逐步升级，资源消耗水平变缓甚至下降，城乡建设逐渐稳定。但如同对工业化发展阶段的判断一样，工业化发展阶段和国土资源消耗间的变化特征也会受到一国工业化发展战略、资源环境政策以及资源禀赋等因素的影响而表现出一定的差异性。

随着城镇化的发展，城市规模不断扩大，人们的消费方式也逐渐转变，社会总体的物质消费能力增强，对城乡建设用地的利用也呈现出阶段性的特征。通常城镇化初期，城镇建设规模相对稳定，建设用地的扩张主要受到道路等基础设施建设的影响。城镇化中期，城镇规模迅速扩张，并引致交通等基础设施建设同步增长，建设用地总规模迅速扩大，农用地相应快速减少。城镇化后期，人口的转

移逐渐放缓乃至停滞，人们开始更多关注于自然环境、空气质量、社会和谐等综合生活质量的提升，土地和能源矿产等资源的消耗逐渐稳定，并可能随着国土整治、生活方式的转变等有所降低。

（二）我国工业化、城镇化背景下的城乡建设用地供需矛盾

参照工业化、城镇化阶段划分的经典理论（库兹涅茨，1985版；Syrquin and Chenery，1989；郭克莎，2000；吕政、郭克莎等，2003；R. M. Northam，1979），从我国的人均GDP水平（按不变价换算）、产业、就业结构以及产业特征综合判断，我国目前仍处于工业化中期，并在逐渐向工业化后期阶段演进。从目前我国的城镇化水平来看，仍处于诺瑟姆"三阶段"理论中的城镇化加速发展阶段。但从我国工业化发展特征可以发现，我国三次产业的就业结构明显滞后于工业化的进程，具体表现为第一产业的就业规模下降缓慢，二、三产业对就业的吸纳能力增长不足，城镇化进程明显滞后于工业化过程。这一方面导致了诸如农村人口下降而农村居住用地规模反而增长的"逆城市化"进程、人口"候鸟式"在城乡之间的迁徙所衍生的大量社会问题，同时还意味着我国的城镇化仍有很大的发展潜力，而其中隐含的资源需求如何在未来得到有效保障则会成为今后一个突出的问题。快速工业化、新型城镇化背景下城乡建设用地的供需矛盾主要表现在：

1. 城镇建设用地需求旺盛与利用低效矛盾的尖锐性

我国产业结构相对低端，工业化不断推进的一个结果是大量的土地占用；同时我国城镇化进程方兴未艾，大量人口和其他要素向城镇的集中引致了居住、基础设施建设等各类用地的快速扩张，但随着耕地与生态保护的形势日趋严峻，新增建设用地的供需矛盾也日渐尖锐。目前每年国家重点建设项目所需的土地和地方建设所需用地大约要1 200万亩，实际每年建设用地计划不到600万亩，其中农用地只有400万亩，农用地中耕地不到300万亩，供需缺口很大；到2020年，港口、码头建设用地只能满足1/3，公路和机场、空港建设用地只能满足2/3，铁路建设用地保障程度稍微高一些（徐绍史，2009）。

在城镇建设用地供需紧张的同时，城镇建设用地的利用效率则普遍低下。2008年，我国东、中、西部建设开发强度平均达到11.68%、6.60%和1.40%，其中最高的上海、天津、北京、江苏、山东的开发强度分别达到40.24%、31.47%、20.10%、18.85%和16.32%。而相对来看，日本、韩国的土地开发强度都在10%以下，即使是国土面积较小的荷兰也只有13%（候大伟、杨玉华，2010）；人口产业高度集中的日本三大都市圈土地开发强度仅为15.6%，德国斯图加特为20%，法国巴黎地区为21%（中国社科院，2010）。1999~2008年全国693个城市面积年均增长14.12%，而同期城市人口年均增长7.15%，说明土

地利用效率严重递减；非农业人口人均建成区面积由1981年的80平方米增加到1999年的106.76平方米和2008年的121.05平方米，而世界平均水平为83平方米，首尔为55平方米，东京为66平方米，开罗为31平方米（曲福田、高艳梅、姜海，2005）。

2. 土地集约节约利用与土地资源非市场化配置矛盾的普遍性

我国人多地少，伴随着工业化、城镇化进程的迅速发展，城乡居民对农产品消费、建设发展和生态环境的需求同时增长，导致农用地尤其是耕地保护和建设用地扩展的矛盾日益突出，对土地进行集约和节约利用是缓解这一矛盾的首要途径。但在现有的土地制度下，以低成本的征地为依托的城乡土地资源配置手段反而进一步激化了这一矛盾。由于获得土地的成本较低，无法与土地本身的相对稀缺性适应，难以引导其他要素对土地的替代，结果导致建设用地的利用普遍粗放。2005年，我国城镇居民人均用地达133平方米，远高于一些发达国家人均城市用地82.4平方米的水平；我国城市的容积率仅为0.33，而国外一些城市达到了2.0（蒋省三等，2007）。工业用地的低价出让，也在现实中滋生了各类工业园区的土地投机，造成土地利用效率低下，大量土地闲置。而从另外一个角度，集体土地尤其是宅基地则主要是作为集体成员的一种福利性使用，这使宅基地超标使用等集体建设用地粗放利用成为普遍现象；数据显示，全国城乡建设用地总量为3.41亿亩，其中城镇建成区5 700万亩，承载着5.7亿人，而农村建设用地2.84亿亩，承载着7.4亿人，农村人均建设用地是城市的3.8倍，约256平方米每人。在农村，超标准建房是普遍的现象，近年来还出现了大量的"空心村"等房屋空置问题？在江苏省的2014年农户抽样调查显示，全省户均宅基地面积达到340平方米，空置或长期闲置宅基地占村庄宅基地总面积的全省平均比重达20%左右；在乡村各类工业集中区，闲置、低效用地也较为常见，这导致了一系列资源的浪费，也与经济发达地区城市建设用地紧张的格局形成了鲜明对比。

3. 农村建设用地盘活与其资产属性严重弱化矛盾的突出性

随着工业化、城镇化水平的推进，大量农村人口进入城市，农村建设用地相对过剩的局面更加突出，如果能够盘活农村建设用地，优化农村建设用地布局，有效开展整治复垦，将对缓解城镇建设用地的供需矛盾、解决耕地保护的硬约束起到关键作用。同时，从城乡统筹的角度看，其核心是实现要素在城乡之间的自由流动，发挥市场在资源配置中的基础性作用，进而解决城市、农村各项资源的优化配置问题，促进市场经济向纵深发展。但在现行的农村土地制度下，农村建设用地产权主体不清、权能残缺，被严格限制在自用等有限的范畴中，其收益、处分权利大大弱化，一旦遇到结构调整和流转等问题，其资产属性严重不足和宏观市场经济环境的矛盾就会迅速激化，农户很难有优化盘活农村建设用地的积极性和主动性。据粗略估计，仅 1979~2000 年，国家通过征地在地价上从农民那里就拿走了不低于 20 000 亿元（陈锡文，2004）。在征地过程中，收益分配的比例大概是政府占到 84.4%，而集体和农民仅拿到 15.6%（诸培新等，2013）；土地价格的扭曲度达到 80%（曲福田等，2010）。由于农民的土地资产难以有效盘活，导致城乡差距不断拉大，公开数据显示，我国基尼系数已达到 0.45 以上，2007 年城乡人均收入比达到 3.33∶1，为近 30 年最大，2012 年这一比例仍高达 3.10∶1；2008 年城乡收入差距则首次突破 1 万元，此后则持续扩大①。

由于城乡土地市场分割，一方面直接影响到农村劳动力、土地等要素与城市工商资本、技术和管理等要素的优化配置，导致现代农村经济发展缓慢，同时各种以非正规方式谋求土地财产权益实现的灰色市场在诸如城乡接合部等地区正迅速发展，比如全国各地大量存在的小产权房、城中村等。另一方面，由于城镇新增建设用地的需求依然强劲，在无法通过结构优化和存量盘活保证供给的情况下，仍然主要通过对农地占用满足建设发展的需求，这使得保护资源和保障发展的矛盾始终尖锐，无法从根本上得到缓解。

三、我国城乡建设用地管理制度现状及其二元特点分析

总体上，目前我国城市建设用地市场以"招拍挂"为核心，其市场化程度日益提升，并形成了以征地、拆迁、储备、出让为基本架构的建设用地管理制度，其管理方式则以规划为依据，并以计划指标管理控制用地规模的扩张。在正式制度中，农村建设用地的市场化被局限在兴办乡镇本土企业的狭小空间，征地成为集体建设用地入市的主要途径，各种形式自发、准自发或作为改革试验区的集体建设用地流转则尚未上升为正式制度并面临法律上的风险。这一二元分割的城乡建设用地管理体制目前集中表现出如下几方面的特点：

（一）集体建设用地市场化的法律限制与农民集体发展非农经济动机的冲突

在现行《土地管理法》的制度框架内，"任何单位和个人进行建设，必须依法申请使用国有土地"，集体建设用地仅限于宅基地、乡村公共事业和兴办村镇本土企业的需要，其流转只有在"因破产、兼并导致的使用权移转"中才是被允许的。但由于乡镇企业本身的产权不清、经营能力有限等原因，集体自有企业的

---

① 根据《中国统计年鉴》的相关数据计算。

发展大多并不成功，在这种情况下，将土地出租或转让给企业，从而转移经营风险并获得更加稳定的收益就成为集体的理性选择，而大量中小企业对低成本用地的需求则使双方的利益诉求结合起来；在房地产领域，城市高昂的房价同样促使供需双方在利益上找到了结合点，这是集体建设用地流转的内在动因。但法律上的限制却使现实发生了扭曲：由于法律上的限制，农村区域的规划很少考虑此类经营性用地的实际需求，而这种需求又具有现实的合理性，国家对农民增收、建设新农村等问题的政策性表述增加了这种需求的合理性；而各种形式的农村改革试验区中集体建设用地的流转试点，以及经济发达地区长期存在的自发性流转则进一步产生了示范效应，由此缺乏适应性的规划和现实发展要求的冲突必然催生用地上的违规。应该强调的是，无论属于何种形式，目前绝大多数集体建设用地的流转实际上是违反现行土地管理法律的。

与此同时，由于土地本身的资产属性被法律限制弱化，市场选择的一个结果是以土地替代相对稀缺的资金、技术等其他要素，这恰恰是土地低效利用的根源。严格的管制并未导致农村建设用地的高效利用是集体建设用地利用中政府失灵的集中表现。

（二）地方政府财政对城市土地市场的严重依赖

制约当前集体建设用地规划管理及市场发展的因素当中，政府财政与城市房地产市场的紧密关系是一个重要方面。据不完全统计，当前政府预算内收入中，50%以上来自于农地非农化的相关财税收入，预算外收入则主要依托于低成本的征地制度通过土地出让来实现（刘守英，2005）。在这种情况下，现行的征地制度就成为维系这一制度体系有效性的关键。这也就意味着，农村集体建设用地的市场化、建设用地节约集约利用的自发性在现有的制度框架内很难出现。在我国当前耕地保护的巨大压力下，许多地区的规划发展空间尤其是新增建设用地指标与发展需求的矛盾本就比较突出，加上城市财政对土地市场的依赖，地方政府考虑集体建设用地发展空间的动机之弱就不言而明。即使考虑到"财政分权"制度的改革，加大中央对地方的转移支付力度，但如果这一财政来源结构没有明显的转变，集体建设用地的发展仍难以获得真正有效的政府支持。

也正是因为政府财政和土地市场的这一关系，地方政府都把有限的资金集中在了城市面貌改善和营造城市良好的投资环境之中，导致农村公共配套设施的建设严重滞后于城市，成为城乡失衡的另一重要原因。在农村区域，由于集体本身的公共资金有限，在农业税费取消以后，又缺乏有效的收入来源，而政府的规划建设管理因为上述原因远未深入农村，导致村庄基础设施配置和人居环境状况不能得到有效的改善（刘李峰、牛大刚，2009）。即使在那些依靠土地和物业出租有集体收入的村庄，村集体经济组织在其公共收入用于分红和公共服务性支出以外，对基础设施进行更新改造往往也显得非常困难（魏立华、刘玉亭等，2010）。而公共设施建设的滞后客观上也限制了对农村建设用地布局的优化和利用效率的提高。

中共十八届三中全会明确提出"建立城乡统一的建设用地市场。在符合规划和用途管制前提下，允许农村集体经营性建设用地出让、租赁、入股，实行与国有土地同等入市、同权同价"，并相应提出了征地制度改革的要求。从这一改革的可实施性看，寻求可持续的土地财产税收来源，以及在集体建设用地使用及流转过程中尽快规范使用税、所得税、增值税等税收的征收制度，保障政府在土地增值过程中合理的收益分享权，是弱化政府控制或垄断土地一级市场的动机，使其在一个包容了多元利益的、更加完善的制度框架内支持并着力规范集体建设用地市场的关键。

（三）城乡规划编制体制与实施保障能力滞后于经济社会的发展水平

当前的规划编制体制是自上而下的，下级规划必须以上位规划为依据，在现实博弈中，每个层级都自然地在规划编制中采取挤压下一层级用地指标的方法来获取本级利益的最大化，这必然使处于规划层级最低的农村集体建设用地的空间在规划上被挤占（倪锋、于彤舟等，2009）。另外，当前的规划尤其是具有控制性的土地利用总体规划，主要偏重于用地指标的控制管理，对规划布局上的弹性则考虑不足，致使规划僵硬而缺乏操作性，加上审批程序冗长等行政原因，现实与规划的脱节就几乎是必然了。另外一个典型的问题是规划中重编制而轻实施的倾向，比如许多地区的村镇布局规划，固然在布局上考虑了结构优化、用地集约等诸多政策需求，但集体和农户执行规划的动机缺失，没有有效的保障措施是新农村建设规划成为书面规划的重要原因。

目前在大多数地区，农村集体建设用地的布局都处于自发和无序的状态。比如农民宁愿在河畔建房（而不是在山坡），他们倾向于好的区位，将房子建在靠近道路和其他基础设施的地方（Yang，Li，2000；Xu，2004），而很少考虑是否有规划的限制；同时，各类工业用地的布局也更多关注企业的要求，而很少考虑社会、生态等其他方面的影响。尽管农村经济的特征决定了其建设空间布局有别于城市区域，但过于随意和无序的布局显然不符合我国当前的发展要求，这既加剧了用地矛盾，又不利于充分发挥国家对农村公共投资的效益，客观上也影响现代规模农业的发展。

对违反规划的土地开发，目前的关注点多集中在城市用地当中，但事实上，集体建设用地的违规开发规模更有胜于国有土地，而其监督和查处则更为困难。原因是这种违规规模相对较小，分布零散，且在时间上具有较大的随机性，而基层部门在解决乡村用地违规时往往带有"安抚"性质（赫尔南多·德·索托，2007）。这些违规开发主要包括以下几种情况：宅基地少批多占或未批先占，私自搭建或扩建，拆迁或征地中对此类违法用地的补偿则进一步助长了这种动机；企业经营用地的少批多用或"先上车、后补票"，擅自转变农地用途，且此类用地的执法在基层往往面临巨大的压力。

近年来出现的"建设用地增减挂钩"政策为统筹城乡建设用地配置提供了一个在规划控制、集约用地和集体利益之间进行协调的新的工作思路，但问题是这一政策目前的着眼点集中在"城乡之间"，即重点仍是解决城市发展的空间问题，对农村集体的利益考虑不够，导致实施中农户的积极性往往不高；另外，乡村一级的空间布局规划编制水平仍严重滞后于城镇建设区域，不同规划体系间的协调以及土地利用规划中的弹性对农村经济发展的需要适应性明显不足。

（四）基层职能部门对建设用地合理利用的管制动机不足

从城市建设用地的管理看，尽管相较于农村区域市场化程度较高，但由于地方财政和土地市场的紧密关系，以及政绩考核对于经济目标的偏重，职能部门对各类低效、违法用地的管制并未达到应有的水平。国土部门尽管早就实行了垂直管理，但和地方政府之间的条块关系从未真正理清，这使其一味强调保障发展的功能，而始终无法有效发挥资源保护的关键职能。这是我国城市违法用地普遍存在的重要原因。

在农村，乡镇基层的政府组织在农村集体建设用地的规划管理中处在第一线的位置，但在管理中，它们往往面临规划管理、社会稳定、新农村建设等多样的政策目标，而不同的政策目标显然是轻重有别的，当执行规划和社会稳定或者新农村建设相矛盾时，基层组织的倾向更多地在于选择妥协，这种对当事双方可能构成双赢的选择从社会来看却也可能是失败的选择。但当此类现象出现时，更重要的一个问题是，是什么原因造成了对规划的违背，是规划本身的问题还是集体或农民的问题？如果认为这种违背有其合理性却不能做出积极的制度改变以适应并规范这种合理性，可能使这一问题进一步陷入无序的恶性循环中。

（五）城乡建设用地的二元管理体制蕴含着巨大的社会成本

对于我国当前城乡建设用地二元管理体制的弊端，人们事实上已经有比较清楚的认识，但由于其中复杂的利益纠葛和相关配套制度改革的困难，如何打破这一建设用地城乡二元的配置体制，建立城乡统筹的统一的建设用地市场改革始终举步维艰。在这种情况下，城乡建设用地的利用形成了一种微妙而独特的利益格局。在城乡接合部及乡镇企业相对发达地区，各类中小企业对低成本用地的偏好，进城务工人员以及城市低收入群体对低廉的居住成本的要求与农民集体和农户参与分享城市化、工业化收益的强烈动机一拍即合，各类隐性流转大量出现。由于现有的集体建设用地管理制度既不能对此有效抑止，又没有尽快加以适应和规范，而各类集体建设用地流转的试点改革、对社会稳定和和谐的意识形态要求也使地方政府普遍持观望态度，而无意严格按照现行法律对此加以管理，这不但在现有的流转中隐藏和积聚了大量潜在的纠纷，同时，这对今后的制度改革也将施加巨大的限制（蒋省三等，2003）。今后改或不改都将成为巨大的难题。国内一些地区在清理"小产权房"时所出现的强烈的社会争议就是一个证据。

四、城乡统筹发展下的建设用地配置与管控目标分析

（一）城乡统筹发展下建设用地利用管理的基本框架

统筹城乡的建设用地利用管理，建立一体化的城乡建设用地市场应该基于城乡建设用地之间的内在关联。在我国当前的建设用地利用形势和市场经济条件下，这一改革存在一个基本的逻辑框架（见图7-4）。城镇主要是建设用地的需求方，农村则主要扮演供给者的角色。统筹城乡的关键是形成合理的建设用地供需市场。从需求方看，建设用地主要来自于新增土地和存量用地盘活再开发两条途径；从供给的角度，建设用地主要出自农转用和农村内部建设用地结构优化释放出的指标和空间。对这一市场基本的管理要求是，从需求的角度应该提高利用效率，使建设用地的利用强度与其相对稀缺性相适应，并以此促进经济增长质量的提高；从供给的角度，重点是形成有效的约束机制，避免建设用地的过度供给和粗放利用，以适应耕地保护的要求，并与城镇化和新农村建设的进程相适应，逐渐促进农村居住相对集中和公共配套设施的城乡均等化。而统筹供需、将城乡市场有机联系的关键是构建合理的利益机制，以发挥激励和约束的双向作用，促进建设用地的高效利用和盘活城乡存量建设用地的内在动机，并有效抑制建设用地的低效、粗放和无序利用。

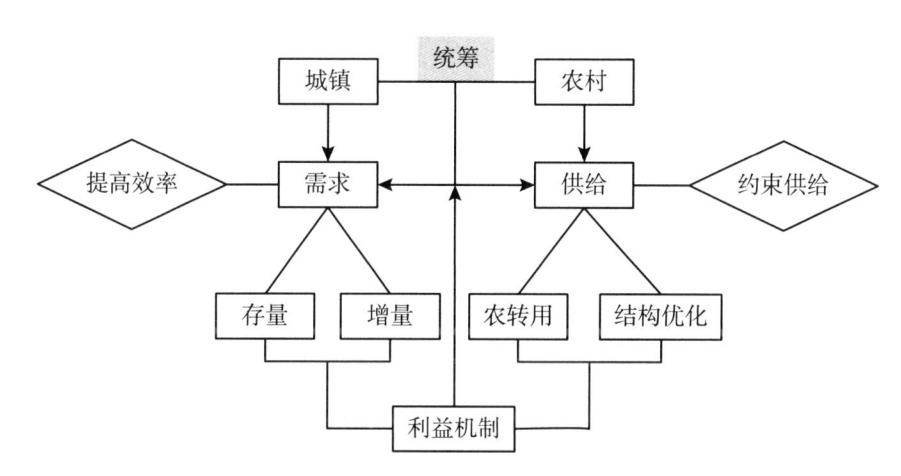

图 7-4 统筹城乡的建设用地利用管理基本框架图

（二）城乡统筹发展下建设用地配置与管控的目标

从上述统筹城乡建设用地利用管理的基本框架可以看出，合理的利益机制是建设用地有效配置与管控的关键。利益的核心是建设用地的价格，而所有定价问题本质上都是产权问题（Alchian，1994）。基于此，城乡统筹发展下建设用地配置与管控的目标应该包括如下几个方面：

1. 还权赋能，形成城乡平等的建设用地产权体系

要建立城乡统一的建设用地市场，充分发挥价格在城乡建设用地配置中的基础性作用，其前提是加快农村产权体系改革，还权赋能，强化农村集体建设用地使用、收益、处分等各项实体性权利，并发展完善集体内农户知情、参与、表达、监督等程序性权利，逐步形成"同地、同权、同价"的城乡平等的建设用地产权体系。在农村建设用地产权改革过程中，与城市土地使用制度改革应秉承同样思路，所有权与使用权相分离，并围绕土地使用权引导农村集体组织的发展。

2. 同步推进征地制度和集体建设用地流转制度改革

在现行制度环境下，征地制度和集体建设用地流转制度是一个问题的两个方面，其改革进程紧密关联，难以分离。在完善产权体系的基础上，应同步推进这两项制度的改革。征地制度今后显然应集中于公共利益目的的土地利用，但其补偿应逐渐与市场接轨。集体建设用地流转相对而言较为复杂，必须解决好其规划限制、规模和指标管理、政府税费征收和集体内部收益分配问题，最终构建城乡一体的建设用地市场。

3. 加强城乡统筹规划，继续发展完善城乡建设用地"增减挂钩"制度

大力推进城乡规划的一体化，加强镇村布局规划，在规划布局中着力体现

"增减挂钩"的建设用地结构优化思路。在不增加耕地保护压力的前提下，通过农村建设用地的结构优化以及具有弹性的可建设区的划定，保障城镇发展空间，为集体建设用地流转解决规划空间和指标的双重需求，并通过集体建设用地的市场化流转显化其资产属性，为解决农村建设布局调整的资金需求和多样化的集体建设用地开发方式提供激励。

新增建设用地的规划布局应统筹考虑农民安置、产业发展和其他公共配套设施的需求，建设用地开发所形成的土地收益应主要留归农民集体，并通过预留集体产业发展用地、留房出租等方式保证农民有可持续的收入来源。鼓励集体产业参与规划实施和土地开发，促进集体非农产业的自我发展。

4. 在村庄自治基础上引导和规范各种新型集体经济组织的发育

充分保障农民在村庄公共事务中的基本权利，有效组织和引导农民参与集体建设用地的规划管理，以降低规划编制和实施中的交易成本；在村庄自治基础上借鉴土地股份合作社等改革经验发展各种农村集体经济组织，以现代经济管理的理念促进集体所有权在经济上的实现和显化，并逐渐建立和完善农户土地产权的退出及流转机制，以财产权逐渐替代传统意义上主要发挥社会保障作用的"成员权"，实现集体成员公民权利和财产权利的分离；集体公有部分的财产提留则主要用于农村社会保障体制的完善和集体经济的发展壮大。

5. 完善集体建设用地及其流转中的权属管理和税收管理

加强集体建设用地的登记发证和权属管理，伴随其市场化改革逐步明确集体建设用地流转的市场管理规则，特别是明确税收征管的内容和方式，使之从根本上与城市土地市场逐渐融合。

6. 改革现行财税体系，促进城乡公共服务的均等化

通过完善土地保有阶段的税收制度，解决政府财政的持续性收入问题，逐渐摆脱对新增土地的依赖，从根本上改变地方政府的管理动机和模式。加大政府对集体建设用地的公共资源投入，通过城乡公共服务的均等化促进城乡土地市场的协调与互补，从根本上保障城乡建设用地的统筹利用与管理。

第二节 城乡建设用地总量控制及结构优化机理分析

土地是一种宝贵的自然资源。建设用地利用过程由于涉及对农地的占用，因而具有较强的外部性，导致建设用地配置中容易产生市场失灵，市场失灵使得政府干预成为必要。政府干预城乡建设用地总量和结构的政策工具有：新增建设用地指标控制、建设用地使用相关税费、建设用地指标交易。本节将理论分析上述三种手段实现城乡建设用地总量控制的机理,并对控制效果进行比较。然后以我国城乡建设用地增减挂钩实践为例,来检验建设用地指标交易手段是否能够实现城乡建设用地总量控制与结构优化。

一、城乡建设用地总量控制的政策工具选择

城乡建设用地包括城镇建设用地和农村集体建设用地,建设用地总量控制可从以下三方面着手:第一,设定新增建设用地上限和农地非农化限制标准,通过强制手段,抑制地方政府的征地激励,减少农转非冲动;第二,通过对新增建设用地和存量建设用地使用行为征税,借助税收调控经济主体行为;第三,构建城市建设用地和农村建设用地之间的转换桥梁,使建设用地资源在总量保持不变的前提下,得到优化配置。本节将针对这三种形式,对控制城乡建设用地总量的作用机制进行深入分析,并从费用有效性、控制手段的可靠性和信息要求三个方面进行评价,由此得出城乡建设用地总量控制相对有效的工具。

(一) 城乡建设用地总量控制的政策工具

在城乡建设用地利用过程中,新增建设用地指标控制、建设用地使用相关税费、建设用地指标交易都是政府为控制城乡建设用地总量的方式与手段。前者属于命令控制型手段,而税费政策和建设用地指标交易都属于基于市场的经济激励手段。

1. 新增建设用地指标控制

我国通过编制土地利用总体规划和按指令性指标分解下达土地利用年度计划来控制各地规划期内和年度新增建设用地规模。新增建设用地指标、新增建设占用农用地指标和新增建设占用耕地指标均不得突破。并且多地区通过将建设用地年度计划工作纳入年度工作目标责任考核体系,实行年度目标考核。法律层面,我国《土地管理法》规定,"国家编制土地利用总体规划,对耕地实行特殊保护,严格限制农用地转为建设用地";"任何单位和个人必须严格按照土地利用总体规划确定的用途使用土地";"地方各级人民政府编制的土地利用总体规划中的建设用地总量不得突破上一级人民政府下达的控制指标,农用地保有量不得低于上一级人民政府下达的控制指标"。这种命令控制的方法其实质就是设立了新增建设用地使用量的最高标准。

占用农地会给全社会带来负外部效应。使用新增建设用地带来的社会成本,就是农地减少所产生的正社会效益损失。农地如耕地、林地等,除了具有一定的

经济价值外，还具有粮食安全、生态安全、自然资源价值等具有显著正外部性的效益。也因此，占用农地进行非农建设时，私人边际社会成本小于社会边际成本。地方政府目标函数是农地非农化所带来的经济效益最大化，因而仅将边际私人成本纳入行为决策中考虑。而中央政府在农地非农化中的目标除了经济增长还包括粮食安全、生态安全等，因而被纳入行为决策的是边际社会成本。那么地方政府与中央政府的建设用地使用数量将由边际私人成本曲线及边际社会成本曲线分别与减少建设用地使用的边际社会成本曲线加以确定，且前者均衡数量高于后者。

假设中央政府以自身的占用农地均衡数量值来限定地方政府的建设用地总量，如果超过这一标准，地方政府将有可能受到行政问责或削减下一年度指标等处罚。这样，由于超过政府规定的控制标准后，地方政府要承受的边际成本超过了消除外部性的边际收益，因而地方政府将重新选择均衡点，从而使中央政府规定的政策目标得以实现。

2. 建设用地使用相关税费调控

通过土地税费的作用，可以使外部性内部化，提高资源的使用成本，降低主体资源使用水平，从而实现政府对资源有效利用的调控目标。建设用地使用税费可分为新增建设用地使用相关税费和存量建设用地使用相关税费。前者包括：新增建设用地有偿使用费、耕地开垦费、耕地占用税。新增建设用地土地有偿使用费是指国务院或省级人民政府在批准农用地转用、征用土地时，向取得出让等有偿使用方式的新增建设用地的县、市人民政府收取的平均土地纯收益；耕地开垦费指的是个人或单位在使用新增建设用地时，没有条件开垦或者开垦的耕地不符合要求的时候，按照省、自治区、直辖市的规定所缴纳的专款用于开垦新的耕地的费用。而耕地占用税是指占用耕地进行非农建设后必须缴纳的税，并且地区人均耕地面积越小，需缴纳耕地占用税标准越高。这些税费增加了单位或个人使用新增建设用地的私人成本。存量建设用地使用相关税费即为土地使用税、土地闲置费。土地使用税是指在城市、县城、建制镇、工矿区范围内使用土地的单位和个人，以实际占用的土地面积为计税依据，依照规定由土地所在地的税务机关征收的一种税赋。由于只在县城以上城市征收，因此也称城镇土地使用税。土地闲置费是指在城市规划区范围内，用地单位以出让方式取得土地使用权后，超过规定年限仍未动工建设而必须缴纳的费用。对存量建设用地征收税费，也将必增加土地使用权人的私人成本，激励使用权人集约利用土地。

使用税费手段控制减少用地总量的原理在于：占用农地产生的社会边际成本超过一定的阈值后就会造成社会损害并呈递增趋势，且减少建设用地使用的边际社会成本会随着减少的建设用地数量的增加而递增。如果中央政府对占用农地进行非农建设出现的外部性效果征收某一税费值,则地方政府会自动将其外部性水平即建设用地使用数量控制在一定水平上。因为,如果建设用地使用数量超过这一水平,意味着地方政府要付出比减少外部性花费更多的税费;如低于这一水平,则因减少外部性的费用超过税费而不经济。因此,只要能够准确的计算出边际损害函数和边际费用函数,就可以使税费值正好处于边际损害与边际费用相等的水平上,使建设用地资源利用水平达到最优。

3. 建设用地指标交易

建设用地指标交易属于基于市场型的激励手段。在我国土地资源配置中,城乡建设用地增减挂钩是对建设用地指标交易的实践。城镇由于建设用地使用效率更高、土地产出效益更好,因此,减少建设用地使用数量的边际成本更高,而农村建设用地产出效益较低,所以减少农村建设用地使用数量的边际成本较低,这为城乡建设用地增减挂钩指标创造了条件。城乡建设用地增减挂钩就是将农村粗放利用的建设用地通过拆旧建新和整理复垦等措施,置换到城镇使用,通过土地区位条件的提升增加用地价值、提高土地利用效率。同时保证各类土地面积平衡,控制城乡建设用地总量。这一手段能够发挥作用在于城市和农村减少建设用地数量时的边际成本不相等。城市由于面临更高的成本,因此愿意花费相对于土地指标之于农村集体土地权利人的价值而言更高的一个价格来购买挂钩指标,使农村集体土地权利人有利可图,从而愿意向城市出售挂钩指标。如果有足够的挂钩指标和城市用地者,那么一个竞争性的挂钩指标市场就会发生作用。

(二) 不同政策工具的比较与选择

选择何种城乡建设用地总量控制手段主要取决于控制费用有效性、控制手段可靠性及信息要求。下面将根据这三个方面的原则分析比较新增建设用地控制指标、建设用地使用相关税费、建设用地指标交易这三种总量控制手段的优劣,目的是为了改进城乡建设用地总量控制方法。

1. 费用有效性

如果一项总量控制手段能以最低的成本达到目标,就可以被认为是费用有效的。以最低成本达到目标要求建设用地数量边际削减成本相同。在命令控制型的建设用地指标控制下,为了使其费用有效,当局必须了解每个省市区县的建设用地数量边际削减成本函数,然后才能计算出每个区域应新增的建设用地数量,使所有地区的边际削减成本相等。这个要求很难做到,因为在土地利用总体规划中,编制一个时期内的土地总体数量时,由于当局对每一个地区土地资源利用状况不够了解、难以准确掌握各地土地数量边际削减成本,因此一个规划期内不同地区所需的建设用地数量需求难以准确有效地被预测。所以,相对于税费手段和建设用地指标交易，命令控制型的数量管制手段是无效率的，实现特定目标的真实成本会相对更高。

2. 控制手段的可靠性

控制手段的可靠性很大程度上依赖于当局所掌握的信息的多少，尤其是总量削减成本函数。在利用建设用地数量控制指标时，要确定最优的指标数量，必须同时满足：控制指标数量为最优使用量；对突破建设用地控制指标的惩罚标准要与最优使用量所对应的惩罚标准相同；惩罚的实施还必须是完全确定的，即违规后被惩罚的概率是100%这三个条件。但在现实生活中，政府很难根据建设用地利用成本—收益分析确定出合理的城乡建设用地控制标准，只有在极特殊的情况下，建设用地使用数量为最优使用量。并且由于监督和计量的困难，使控制标准的执行也存在较大难度。

但根据准确的总量削减成本函数，当局就能够决定为实现给定的总量控制目标应采取何种税率。一旦税率能够确定下来，总量就能够被控制在期望的水平上，换句话说，该手段完全可靠。同样的结论也适用于建设用地指标交易，相似的前提是管理当局在确切了解总量控制成本函数后，确定准确的建设用地指标交易数量及挂钩指标数量。建设用地使用相关税费的制定在实际操作中具有一定的困难，原因是准确地确定占用建设用地所产生的边际外部成本十分困难。因此，即使对占用农地进行非农建设这一行为本身进行征税，试图实现城乡建设用地数量引导与管控，仍会面临着税费标准不易确定的问题。所以相较而言，城乡建设用地增减挂钩政策相对更可靠。

3. 信息要求

在信息要求方面，建设用地使用相关税费和建设用地指标交易这两种经济激励的手段比命令控制性的新增建设用地指标控制具有根本的优势。当缺乏单个区域的建设用地削减成本信息时，命令控制型手段一般都无法做到费用有效。但建设用地使用相关税费和建设用地指标交易都能够在只知道总体削减成本的情况下，以最低总成本实现预定的建设用地总量控制目标。即使当局不知道总体削减成本，采用这些手段也能够以最低成本实现部分目标。

4. 政策工具的选择

以上分析得知，建设用地使用相关税费和建设用地指标交易相对新增建设用地控制指标更具有费用有效性，并且在对信息方面的要求更少。同时建设用地指标交易在控制手段的可靠性方面较新增建设用地使用相关税费这一方法更加可靠。因此，城乡建设用地增减挂钩作为建设用地指标交易的一种形式，在严格控制挂钩指标数量的前提下进行城镇与农村建设用地指标置换的过程中，通过交易，降低了控制成本，同时与土地税费相比，也不需要对税额进行调整，更具有可靠性。为此，对分散、低效利用的农村建设用地整理、复垦，将节约出来的建设用地指标置换到城镇，对于缓解城镇建设用地供给不足具有重要意义。通过城镇用地和农村用地统筹利用，城乡建设用地增减挂钩是控制城乡建设用地总量的较有效工具。

二、城乡建设用地增减挂钩过程分析及其实践绩效分析

（一）城乡建设用地增减挂钩过程分析

城乡建设用地增减挂钩是指依据土地利用总体规划，将若干拟整理复垦为耕地的农村建设用地地块（即拆旧地块）和拟用于城镇建设的地块（即建新地块）等面积共同组成建新拆旧项目区，通过建新拆旧和土地整理复垦等措施，在保证项目区内各类土地面积平衡的基础上，最终实现建设用地总量不增加，耕地面积不减少，耕地质量不降低，城乡用地布局更合理的目标。从前面的讨论中得知，城乡建设用地增减挂钩由于在费用有效性、控制手段的可靠性和信息方面相比其他两种手段更具有优势，是控制城乡建设用地总量较有效的手段。为了对城乡建设用地增减挂钩有更为全面的了解和认识，本部分旨在分析这一政策的实施与管理思路、挂钩指标交易及资金运转与平衡过程。

1. 挂钩政策的实施与管理思路

"增减挂钩"最早出现于2004年国务院发布的28号文，即"鼓励农村建设用地整理，城镇建设用地增加要与农村建设用地减少相挂钩"。经过十余年的发展，该政策的实施与管理已经形成了较完善的一套管理思路。增减挂钩项目首先要遵循"先建后拆、先用后补"的原则。先建后拆是为了保证农民不会因为项目的开展而没有房屋可居住；先用后补是因为拆旧复垦工作非常庞大、耗时久，如果等复垦完毕才能使用指标，会带来指标产生与使用之间的时间跨度问题，造成资金回收滞后，不利于项目的运转。因此中央允许拆旧与建新可同时进行，这就产生了指标"周转"的概念，一般三年为一个周转期，即三年内完成核定的拆旧指标任务即可。挂钩项目按时间流程可分为：筹备和启动、试点单位编制试点计划与规划方案、国土资源部审定各省试点工作总体方案并下达周转指标、项目实施并按季按年逐级报送实施情况报告、省级国土资源部门组织检查验收等五个阶段。其中试点单位所编制试点计划与规划方案内容包括建新安置、建新留用、土地权属调整、资金平衡等方案。方案设计的核心在于挂钩指标平衡及项目资金平衡。

2. 挂钩指标的产生与使用

挂钩政策最显著的逻辑在于增加的建设用地面积与减少的建设用地面积相等，即产生的建设用地指标与使用的建设用地指标平衡。产生的建设用地指标来自对以农村宅基地为主的居民点用地的复垦。指标产生后的使用有两个方向：一是首先用于拆旧区原有农户新的安置房建设，这是因为被拆迁农户的住房权利必须得到首要保障。而为了节省这部分用途所需的建设用地面积，安置房多为楼房。指标使用的第二个方向为建新地块的建设。这部分指标也就是拆旧区复垦面积与安置房建设占用土地面积的结余指标，指标使用在市、县辖区内封闭运行。而为了使这部分建新地块能够尽可能多地发生增值，结余指标往往在土地利用规划允许范围内落入城市区划范围用于城市建设。由于挂钩产生的结余指标不占用当年新增建设用地指标，从而为地方政府开辟了第二个用地来源，因此对于地方政府而言具有很大的吸引力。

3. 项目资金的运转与平衡

资金是项目开展运行必不可少的条件，资金不到位，项目无法进行。项目运转是否能实现资金平衡在于筹措到的资金能否补偿项目投资。城乡建设用地增减挂钩项目投资包括：拆迁安置补偿费、复垦整理费和安置房建设成本。其中，安置房建设成本包括土地使用权取得费、公建配套费、建安成本和不可预见费等费用。实践来看，在挂钩周转指标归还的3年周期内，前期农民房屋拆迁、土地复垦、安置房建设同步进行，启动资金一般较大，随着过程的推进，资金投入也相应减少。资金筹措渠道包括：新增建设用地土地有偿使用费、耕地开垦费、土地出让金纯收益、拆迁农户购房款。虽然当前提倡部门资金、社会资金、个人资金共同参与项目投资，但就各地城乡建设用地增减挂钩实践来看，政府组织资金筹措并主要通过出让纯收益、土地融资来解决资金问题是大部分地区的共同做法。也正因为如此，政府希望建新地块经济区位尽可能好、土地级差地租尽可能高，来保证工程资金运转的平衡。

（二）城乡建设用地增减挂钩的总量控制与结构优化实践绩效分析

从理论层面上看，由于建新指标全部来自以宅基地、工矿废弃地的建设用地的复垦，因此通过建设用地发展权在空间上的置换，尽管城镇建设用地面积增加，但依然能够控制城乡建设用地总量。并且由于农村土地和城市土地得到统筹利用，使得土地从农村利用的低效状态提升到城市利用下的高效状态。置换后的土地用于工业仓储或商业房地产，级差地租显化、带动城市化发展，城乡土地利用结构也因此得到优化。

结余指标是提升土地级差收益的关键和平衡项目收支的主要收入来源，也是土地利用结构优化的重要方面。通过对江苏各地部分增减挂钩项目的调研，发现六合、海门的部分项目区，由于拆旧区仅为工矿废弃地，不涉及农民安置房建设，因此结余面积可达100%；在昆山、张家港、东台、盐城的调研区域，结余指标均占拆旧面积的40%~60%。结余指标将被用于城镇建设，土地用途由粗放利用的宅基地或工矿废弃地向城镇二三产业转变，不仅盘活了农村存量建设用地，拓展了城镇建设用地空间，土地经济效益也会显著增加。江苏省试点实施的"万顷良田建设工程"是组织城乡建设用地增减挂钩的形式之一，本部分将从宜兴万顷良田建设项目为例，对比项目区开展前后土地利用变化情况，包括土地类型的转变、各类型土地数量的变化等情况，以检验城乡建设用地增减挂钩是否能够实现城乡建设用地总量控制和结构优化。

1. 宜兴市万顷良田工程建设概况

宜兴市万顷良田建设工程通过对项目区内的村庄整体搬迁复垦，将农民集中到新建的公寓小区居住，政府将拆旧建新节省下的农村建设用地转变为城镇建设用地，用于城镇化发展，并同时推进农业集中规模经营。万顷良田工程通过建设用地空间整合，优化用地结构和布局，节约集约用地；通过农民向城镇集中居住，促进城乡统筹协调发展。宜兴市万顷良田建设工程规划制定于2012年，工程区涉及11个行政村，搬迁农户462户，共1 555人。工程区建设规模为1 158.35公顷，其中农用地整治面积1 119.63公顷，建设用地复垦面积38.73公顷。表7-1为工程区规划前后土地利用结构的调整表。

表7-1　　　　　　工程区规划前后土地利用结构调整表

地类名称		整治前		整治后		面积增减	
		公顷	%	公顷	%	公顷	%
耕地	水田	360.37	31.11	606.18	52.33	245.81	21.22
	水浇地	75.66	6.53	45.05	3.89	-30.61	-2.64
	旱地	176.38	15.23	64.09	5.53	-112.29	-9.69
园地	果园	82.19	7.10	80.78	6.97	-1.41	-0.12
	其他园地	102.60	8.86	100.82	8.70	-1.78	-0.15
林地	其他林地	0.19	0.02	0.19	0.02	0.0000	0.00
草地	其他草地	2.16	0.19	2.16	0.19	0.0000	0.00
交通运输用地	公路用地	1.01	0.09	1.01	0.09	0.0000	0.00
	农村道路	61.09	5.27	54.02	4.66	-7.07	-0.61

续表

地类名称		整治前		整治后		面积增减	
		公顷	%	公顷	%	公顷	%
水域及水利设施用地	河流水面	68.97	5.95	68.69	5.93	-0.28	-0.02
	坑塘水面	149.13	12.87	87.24	7.53	-61.89	-5.34
	沟渠	21.05	1.82	31.23	2.70	10.18	0.88
	水工建筑用地	0.39	0.03	0.39	0.03	0.0000	0.00
其他土地	设施农用地	16.01	1.38	16.01	1.38	0.0000	0.00
	田坎	1.92	0.17	0.0000	0.00	-1.92	-0.17
城镇村及工矿用地	村庄	38.73	3.34	0.0000	0.00	-38.73	-3.34
	风景名胜及特殊用地	0.52	0.04	0.52	0.04	0.0000	0.00
合计		1 158.35	100.00	1 158.35	100.00	0.0000	0.00

2. 工程区城乡建设用地总量控制与结构优化过程分析

城乡建设用地指标主要由农村向城市转移，减少的农村建设用地数量通过空间置换到城市。在此过程，通过土地区位提升带来级差收益、提高土地用地效益。从城镇村及工矿用地总数量变化情况上看，通过对存量闲置建设用地的有效复垦，城乡建设用地总量也得到有效控制，同时供应了城市二三产业及公益事业的建设用地需求，使城乡土地利用方式朝着更集约、更有效的方式转变。

（1）城乡建设用地总量控制

项目新增建设用地面积包括建新安置区建设8.72公顷和结余留用指标38.52公顷，共47.24公顷。减少的建设用地面积包括搬迁农户宅基地所占村庄用地面积26.02公顷和工程区需搬迁的17家工矿企业所占的村庄用地面积12.71公顷。此外项目实施前工程区尚有约10.12公顷的闲置建设用地，建设安置小区时充分利用了这块闲置地。项目开展前建设用地数量合计为48.85公顷，项目结束后城乡建设用地总量47.24公顷，实现了城乡建设用地总量平衡。

（2）城乡建设用地结构优化

城乡建设用地结构优化首先体现在农村建设用地数量减少、集约化程度提高。工程开展前居民建房共占地26.02公顷，宅基地复垦搬迁至集中小区后，总安置面积为8.72公顷。通过村民集中居住，有效节省居住用地面积66.49%。闲置建设用地中86%用于安置房建设，14%置换到城镇，经济效益明显提升。而原先分散于村庄内部的38.73公顷工矿用地，全部采取货币安置，获得全部用地指标。存在于村庄内的这部分企业，土地较分散，利用效率低下。将这部分建设用地指标用于城市二三产业发展,由于市场环境改善、区位提升、需求增加、基础条件改善,亩均土地利用效益将会得到有效提高。

城乡建设用地结构优化还体现在城镇建设用地数量增加、用地效益提升。扣除安置用地指标外,工程可结余留用指标为38.52公顷。建新留用指标主要用于城镇基础设施用地和民生建设工程用地、工业用地、经营性用地,拟按照20%、30%、50%的比例安排。留用地块的土地利用的产业方向为宜兴市城镇发展及丁蜀镇、周铁镇工业产业等配套项目用地,有效地促进当地经济的发展,提高土地利用率和土地的单位产出率,节约和集约利用土地。

第三节 我国城乡统筹改革试验区的建设用地管控实践

为了达到城乡建设用地总量控制这一总体目标,城乡建设用地管理制度改革主要从三个方面入手,一是加强城镇建设用地的集约利用,减缓对城市新增建设用地的压力;二是推进农村集体建设用地流转、促进农村集体建设用地利用效率,以农村建设用地满足部分企业的用地需求;三是将农村集体建设用地置换到城镇使用,实现土地产权性质的空间变换,即城乡建设用地增减挂钩。针对每一种城乡建设用地管理制度改革方式,各地进行了有意义的实践探索,并产生了系列典型模式和重要的启示意义。

一、城镇建设用地集约利用实践探索

在城市化、工业化不断发展而建设用地日益稀缺的情景下,城市用地必须走集约节约利用之路,来提高土地利用率和土地效益,同时减少农转非的压力。总量控制与结构优化目标下,城市土地管理制度改革主要涉及对城中村的改造升级和工矿用地的集约利用。

(一)深圳城市更新

2009年12月1日,《深圳市城市更新办法》正式施行,成为国内首部系统规范城市更新工作的政府规章,明确了"政府引导、市场运作、规划统筹、节约集约、保障权益、公众参与"的原则。2012年1月,深圳市政府又出台了《深圳市城市更新办法实施细则》,进一步完善了相关操作体系。具体来看,市、区合理分工,市层面负责政策制定和计划、规划;区层面负责项目实施统筹监管;

项目实施以市场力量为主,鼓励权利主体自行或与市场主体合作实施,同时针对不同情况制定不同地价标准;对于市场推进有困难的项目,加大政府组织实施力度,改善无序现象;对于重大基础设施、公共服务设施,由政府主导,如南方科技大学、深圳北站等。2013 年,深圳市城市更新投资占固定资产投资、房地产投资的比重分别为 14.6% 和 41%。通过拆除重建、综合整治、复合式更新等方式,土地利用综合效益大幅提高,土地集约利用水平得到显著提升,例如蛇口网谷等产业升级改造项目,2014 年总产值从 2 亿元跃升到 55 亿元(刘婧,2014)。

深圳城市更新在很大程度上让利于农民,这也使得城市更新项目开展过程中的农民阻力较小,城市更新进展较快。最初的城市更新政策要求项目用地必须全部合法。但是,由于土地合法数量不多,且与"合法外土地"插画交织,导致城市更新项目的推进十分缓慢。针对这个困局,相关部门规定在申报立项时允许"合法土地占 70%,合法外土地占 30%",等到项目完成时,再达到"全部合法土地"。进一步地,深圳又提出"20-15"准则,对更新项目"合法外"用地实行二八分成,当项目申请方同意把 20% 的"合法外"土地无偿交给政府后,这部分土地就获得了参与城市更新的资格。然后,从余下可开发的土地中,再拿出 15% 来作为公共设施的配套用地。新政策规定,只要满足了"20-15",全部项目用地都可以进入城市更新,并在更新后全部可以合法颁证。截止到 2012 年 10 月,纳入城市更新计划的项目共 342 项,总占地面积 30 平方公里。在 2011 年深圳市批准预售的 380 万平方米商品房中,约有 150 万平方米来自于城市更新项目(周其仁,2013)。

(二) 湖北省城市工业用地集约利用

为了提高工业用地集约利用水平、加快经济社会发展方式转变,2014 年 4 月 24 日湖北省制定下发《关于实行最严格节约集约用地制度的通知》。要求优化建设用地空间,积极盘活存量建设用地,鼓励采取协商收回、协议置换、自行开发等多种形式推进城镇低效用地二次开发。为了激励开发区节约集约用地,规定原出让或划拨的存量工业用地,在符合城市规划和不改变用途的前提下,经批准在原用地范围内进行技术改造、建设多层厂房、实施厂房改造加层或开发利用地下空间。而提高容积率的,不再收取土地出让价款。市、县人民政府对节约集约用地成效显著、亩均税收贡献大或安置吸纳就业人数多的企业予以奖励。并定期开展开发区闲置低效用地清理专项行动和集约用地评价,对符合节约集约用地要求的开发区,优先升级、扩区和区位调整,优先安排新增建设用地计划指标。明确工业项目准入门槛,国家级开发区(高新区)、省级开发区、其他工业集中区新建工业项目亩均投资分别不低于 300 万元/亩、200 万元/亩、100 万元/亩;投产后亩均税收分别不低于25万元/亩、15万元/亩、10万元/亩。新建工业项目容积率不低于1.0,建筑系数不低于40%,绿地率不超过15%,工业项目所需行政办公和生活服务设施用地面积不得超过总用地面积的7%。严格控制开发区房地产开发,开发区生产和基础设施用地比例不低于70%。

(三) 对比与小结

深圳城市更新和湖北省加强城市土地集约节约利用都源于城市新增建设用地供地压力。前者侧重旧城改造,后者更侧重于工业园区的二次开发即工业用地内涵挖潜。它们虽然都能够提升城市形象、集约利用土地、扩大城市发展空间,但由于综合整治、功能改变或者拆除重建等工程涉及历史遗留问题众多、"既得利益主体"复杂,所以往往会陷入改造缓慢的困境。产权和经济激励是让原土地权利人配合城市用地改造必不可少的条件。深圳城市更新和湖北工业用地集约利用政策都贯彻了这一点。以土地利用方式转变促进经济转型的过程更侧重政府管控。深圳城市更新覆盖范围相对更广,涉及用地类型更多样,牵涉利益关系也更复杂。随着土地价值的彰显和土地权利人权利意识的提高,在保证公共利益需求的基础上,使原土地使用权人分享更多收益是今后城市土地改造的原则之一。对比可以看出,深圳城市更新相关政策对原权利人的保护更加明确,"20-15"准则既增加了原权利人参与改造的热情,又形成了扩大城市更新范围的新思路。将政府在土地市场中的职能适时转变,把适合市场的活动交给市场,是深圳城市更新带来的土地管理体制上非常重要的启示。今后的城市土地改造利用过程中,政府应改变原有思路,只需负责确保项目开发中的公共用地,对土地确权设置必要的门槛条件,其余事情可以交给市场的相关各方按契约原则决定。

二、集体建设用地流转地方实践探索

集体建设用地流转是指农村集体经济组织或其他集体建设用地使用者通过转让、出租、转租、作价入股等形式,将集体建设用地使用权有偿让与其他经济主体使用的行为。我国集体建设用地进入市场的渠道单一,公开流转市场尚未形成,引致集体建设用地隐性入市在全国各地迅速公然展开。为此国家在权衡各方利益得失基础上,近年对农村集体建设用地使用权流转的立法控制在逐步放开,并在全国典型地区设立流转试点,集体建设用地使用权的主体范围有所扩大。从1999年开始,国土资源部开始在江苏苏州、安徽芜湖、浙江湖州等地进行集体建设用地流转试点,之后各地集体建设用地流转试点文件纷纷出台。本部分重点介绍安徽与广东的集体建设用地流转制度改革措施。

（一）安徽集体建设用地流转——从芜湖试点到农村综合改革

1999年年底，安徽省芜湖市被国土资源部确定为全国唯一的一个农村集体建设用地流转的试点市，2000年3月，芜湖市开始农村集体建设用地流转试点。规定流转土地的村集体所有权不发生变化，允许发生转让、租赁、作价入股等形式的流转行为，流转后用途可用于乡（镇）村办企业、公共设施、公益事业、个体工商业户、私营或者联户办企业以及农村村民建住宅。期限结束后，土地仍然是农民集体所有。土地收益由县、乡、村集体按照1∶4∶5三级分成。2013年11月12日，安徽省发布《关于深化农村综合改革示范试点工作的指导意见》，决定在20个县（区）开展农村综合改革示范试点工作，对集体建设用地流转方式、用途等作了最新规定，允许集体建设用地通过出让、租赁、作价出资、转让、出租等方式依法进行流转，用于工业、商业、旅游和农民住宅小区建设等。

（二）广东集体建设用地流转入市

2003年广东省政府发出《关于试行农村集体建设用地使用权流转的通知》，规定符合土地利用总体规划并经批准的农村集体建设用地可通过出让、转让、出租和抵押进入土地市场，农村集体土地将与国有土地一样，按"同地、同价、同权"的原则，纳入统一的土地市场，这是广东农村集体用地管理制度的重大创新突破。按自愿、公开、公平、等价有偿和用途管制等原则，农村集体建设用地要进入市场，必须符合四个条件：一是经批准使用或取得的建设用地；二是符合土地利用总体规划和城市、镇建设规划；三是依法办理土地登记，领取土地权属证书；四是界限清楚，没有权属纠纷。流转过程中，其地上建筑物、其他附着物所有权也随之流转。为进一步加大农村社会保障体系建立的力度，农村集体建设用地使用权流转的收益约50%用于农民的社会保障安排；剩余的50%左右，一部分留于集体发展村集体经济，剩余大部分仍应分配给农民，并鼓励农民将这部分收益以股份方式，投入发展股份制集体经济。

（三）对比与小结

城乡差距拉大的根本原因是城乡二元制度的隔阂下城市对农村资源要素流动的"剪刀差"剥夺的结果。其中二元的土地制度是城乡土地要素流动"剪刀差"的根本原因。城乡统筹需要改变这种城乡割裂的土地市场，让农村土地要素能够以平等的产权进入统一的土地市场。广东省在集体建设用地流转入市方面可谓先驱，相比1999年芜湖集体建设用地流转中规定的土地用途，2013年安徽农村综合改革允许集体建设用地还可用于商业、旅游和农民住宅小区建设，集体建设用地也被赋予了更多的土地权能。这在一定程度上反映出，城市化发展过程中随着土地稀缺性日益加剧、集体建设用地重要性日益凸显，集体建设用地可利用空间也从工业走向多元化，与国有土地权能之间的差距逐渐缩小。在这一趋势下，允许集体建设用地入市将是最终之路，如广东集体建设用地流转入市。后者在很大程度上提高了集体建设用地的权能及村集体和农民的收益权，极大地激励了原所有权人积极推进流转的发生，提高了农村集体建设用地的利用效率。

三、城乡建设用地增减挂钩地方实践探索

城乡建设用地增减挂钩的实践操作始于2004年国务院年下发的《国务院关于深化改革严格土地管理的决定》，当中提出"鼓励农村建设用地整理，城镇建设用地增加要与农村建设用地减少相挂钩"。该文件的出台使"挂钩"开始由理论探索阶段转向实践操作阶段。2005年10月，国土资源部下发了《关于规范城镇建设用地增加与农村建设用地减少相挂钩试点工作的意见》，对试点工作的内容提出了明确要求。随后各地相继出台了城乡建设用地增减挂钩的管理办法，以推进和不断规范"挂钩"工作。2008年6月，《城乡建设用地增减挂钩试点管理办法》，标志着我国城乡建设用地增减挂钩试点工作正式纳入依法管理的轨道。近年来，嘉兴"两分两换"、重庆"地票"都是城乡建设用地增减挂钩的实践探索，它们均表现出集体建设用地使用权空间上的转移和产权内容的变换。集体建设用地指标供给方一般以拥有复垦后的耕地所有权与承包经营权替代原有的建设用地所有权与使用权，置换后的指标由原先的集体产权变成了国有产权以满足城镇建设需求。

（一）嘉兴宅基地置换

2008年4月，嘉兴被批准为浙江省统筹城乡发展综合配套改革试点区，同年5月，嘉兴市推行了"两分两换"工程，包括"承包地换社保"和"宅基地置换城镇房产"。宅基地置换具体有三种方式：一是农户将原宅基地作价领取货币补偿后，到城镇购置商品房；二是搬迁到安置区置换搬迁安置房，对有产业用房的农户，可部分或全部到产业功能区置换标准产业用房；三是宅基地异地置换，对于距离城镇较远的农户，可选择在规划的农村新社区或中心村范围内，由政府统一规划、统一提供标准图纸，由农民自建联排房。按照农村建设用地减少与城

镇建设用地增加相挂钩的原则，节约的宅基地复垦为农用地和耕地，新增的部分建设用地指标，用于非农产业项目的发展。从农民宅基地复垦以后挂钩指标用途的比例来看，换取的用地指标三分之一用于农民拆迁安置房的建设；三分之一用于工业开发区建设，解决农民搬迁以后的就业问题；三分之一用于房地产开发，房地产的开发所得用于公共服务配套和农民拆迁安置房的建设成本支出，以减小政府置换工程的财政压力。

（二）重庆地票交易

2008年12月，为充分利用农村闲置建设用地的价值，促进城乡统筹发展，重庆市成立了农村土地交易所，开始推行农村集体建设用地地票交易。所谓地票，就是指包括农村宅基地及其附属设施用地、乡镇企业用地、农村公共设施等农村集体建设用地，在留足农村发展空间后，经过复垦并经过土地管理部门严格验收后所产生的建设用地指标。企业购得的地票，可以纳入新增建设用地计划，增加相同数量的城镇建设用地。这样，地票交易其实通过宅基地置换建设用地指标方式，在农村空置等低效率使用的建设用地与紧缺的城镇建设用地之间搭建了供需平台，可以使农村多余的建设用地，通过复垦形成指标，进入土地交易中心进行交易，使土地资源物尽其用。重庆农村土地交易所提供的数据显示，截至2015年2月底，重庆农村土地交易所共交易地票15.19万亩，成交额306.42亿元，成交均价20.11万元/亩，而重庆地票刚试行的2008年，亩均成交价为8.09万元/亩。几年来，随着地票交易价格稳定的上升，县（区）提供地票的积极性也在提高。

（三）对比与小结

从各地城乡建设用地增减挂钩实践中可以看出，推进农民进城、进镇及集中居住，包括集体建设用地的整理复垦等都是以土地区位变化的级差收益来作为支撑才得以实现。价格信号推动着要素向着利用率高、价格高的区域集聚，因而形成了集体建设用地的空间位置的移动，同时也推进了农民向城、镇和集中居住区的流动。我国城镇化进程明显落后于工业化进程，已经进城工作但不愿放弃原有宅基地的农民占很大部分。通过宅基地的空间区位的级差地租来推进农民进城、进镇和集中居住，根本原因在于农民享有的"无偿、无限期、无流动"的宅基地获得了原先没有的财产权益，农民享受到了因城镇化、工业化带来的土地增值收益。只有农民退出宅基地，宅基地才可能在城乡区域间进行空间上的重组和配置。集体工矿用地及公共事业设施用地、公益事业用地也会随着市场价格信号不断向城镇集中。嘉兴两分两换和重庆地票都是在空置等低效率使用的农村建设用地与紧缺的城镇建设用地之间搭建了供需平台，使农村多余的建设用地，通过复垦形成指标，用于工业发展和城镇建设。不同的是，前者以政府主导、整村推进的方式进行大规模的复垦、拆迁、建新工作，复垦结余指标由政府统筹支配，村民获得拆迁补偿后与集约指标的收益再无关联。后者通过建立地票交易所这一中介机构，以市场化的方式来达成交易，原集体建设用地权利人通过持有的地票获得等面积的建设用地指标，进而获得在国有土地市场上的土地收益权。相比嘉兴两分两换，重庆地票的指标市场化交易模式既能避免土地市场不景气带来的政府增减挂钩财政支付风险，又能在充分尊重农民意愿的基础上推行土地置换，是未来我国城乡建设用地增减挂钩方式的改革方向所在。

第四节　城乡建设用地增减挂钩完善——基于政府与农户利益协调视角

城乡建设用地增减挂钩对于提高土地利用效率，缓解建设用地供需矛盾，实现城乡建设用地总量控制具有重要的现实意义（刘彦随，2012；郧文聚，2011；张勇包，2013；陈秧分，2011；Rafael Crecente，2002）。已有的增减挂钩工程以项目形式开展，单个项目所覆盖村庄人口众多，故而增减挂钩工程浩大、涉及政府、村集体、农民、企业之间复杂的利益关系。协调各主体间的利益关系是决定挂钩工作顺利开展的关键因素。其中，政府和农户是最主要的两类利益主体。这是因为增减挂钩涉及复垦、拆迁、建新等系列活动，需要充足的资金投入为基础，在目前政府主导增减挂钩的模式下，政府需要大量的人力与财力的投入。因此政府在开展项目过程中，需要评估项目风险，根据土地市场状况估算投入与回报。农户作为宅基地和承包地的物权人，是城乡建设用地增减挂钩的微观基础，其参与意愿将直接决定挂钩工作能否顺利开展（刘旦，2010；龙开胜等，2011）。政府和农户在争取自身利益最大化过程中，将会对双方的收益格局产生交互的影响，进而影响各自行为选择。当在以项目为单元开展挂钩工程时，一旦政府利益与众多农户利益之间产生严重的不可兼容，那么将会由于所涉及农户数目之多而产生广泛的社会不良影响，此时如何改进城乡建设用地增减挂钩方式，来协调政府与农民之间的利益矛盾成为我们需要重点思考与解决的问题。为此，本节将选择南京市栖霞区和江宁区万顷良田建设工程作为城乡建设用地增减挂钩的案例，分析政府和农户二者之间的利益关系与相互影响过程，考察这一过程对创新城乡建设用地增加挂钩方式所带来的启示意义，为探索城乡建设用地增减挂钩新方式提供理论依据和案例基础。

一、传统增减挂钩方式下的政府与农户利益关系及相互影响

政府和农民是影响城乡建设用地增减挂钩的最重要主体，且两者间又有较强的利益冲突与相互制约关系（见图7-5）。由于地方政府在增减挂钩中的经济利益追求主要是置换出来的城镇建设用地指标出让收益减去土地复垦、拆迁安置等工程费用支出后的净收益。因此，政府利益主要取决于一级土地市场的出让价格和项目开展成本，其中土地出让价格虽然是"政府—农民"格局之外的影响因素，但很大程度决定着政府是否有动力推行挂钩工程；农民主要追求住房条件改善、宅基地及承包地补偿标准及社会保障等物质及非物质利益提高，并且追求利益的过程往往通过参与项目的意愿程度来表达。具体看来，在政府主导工程实施的情景下，微观层面农户被动地参与到项目之中，要提高农户的参与意愿，配合政府进行房屋拆迁和农地流转，就需要增加农民的利益，需要政府提高农户的拆迁补偿标准、农地流转价格以及农户集中居住后的社会保障水平，而这些标准的提高将直接导致城乡建设用地增减挂钩成本的提高，减少政府在既定一级用地市场环境下的项目净收益，同时也意味着地方政府要有更大的财政支撑力才能实施项目。因此，城乡建设用地增减挂钩中单纯提高农户的各类补偿标准虽然可以获得农户更多支持，但是会对政府的财政支撑能力产生较大压力，一旦超出政府的

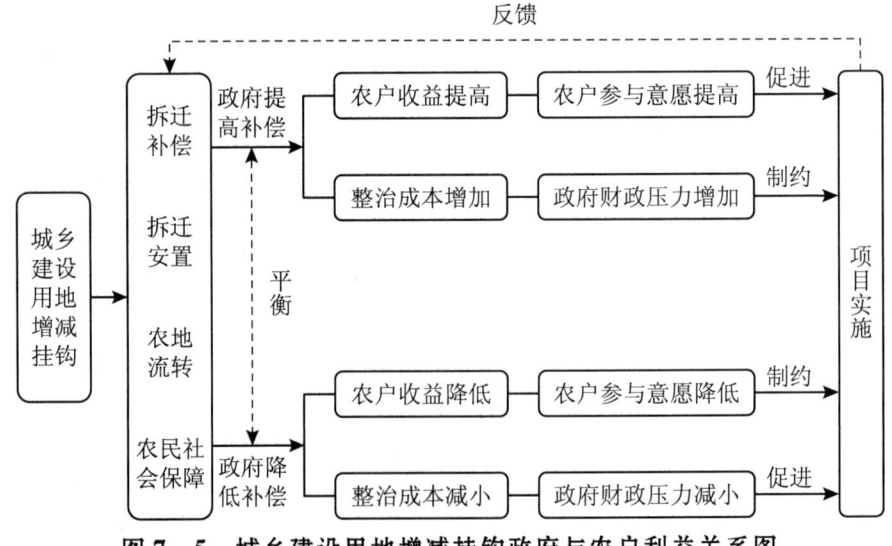

图7-5 城乡建设用地增减挂钩政府与农户利益关系图

承受能力，项目实施可持续性必将受到影响。如果政府压低农户的各类补偿，能减轻地方政府财政压力，但是压低补偿又会降低农民收益，从而影响农户对项目的参与和支持，使得项目实施缺乏微观基础，同样难以可持续地实施。

所以，政府在主导增减挂钩项目实施中，农民与政府相互影响、彼此制约。提高农户的补偿标准能提高农民收益、增加农户的参与意愿，但可能导致地方政府在现有一级土地市场环境下难以承受高成本；降低农户补偿标准能有效降低整治成本，容易达到政府可承受水平，但是农户利益就会降低，参与的意愿就会显著下降，甚至引发农户的强烈反对。各地在选择城乡建设用地置换政策时，需要权衡政府和农户双方的利益，因地制宜地选择有利于城乡建设用地指标顺利置换的挂钩政策。本部分在研究政府项目财政支出及由此带来的财政压力之后，还将从影响农民参与意愿的角度出发，分析其影响因素，进而得出农民在城乡建设用地增减挂钩过程中所追求的利益涵盖哪些内容。最后，由于政府在挂钩中的利益与城市土地市场价格息息相关，所以本部分还将分析现行国有土地市场特别是房地产市场环境对政府挂钩行为与方式选择的影响。

二、传统增减挂钩方式下的农户利益协调——以南京市万顷良田工程为例

2008年9月，江苏省试点组织开展"万顷良田建设工程"，现已在全省13个市全面实施，但是各地实施的进展和效果有较大差异，农民参与意愿差距较明显，为本部分研究提供了良好的案例基础。为此，在微观层面，于2013年1月和2014年1月分别在栖霞区龙潭街道和江宁区横溪街道的项目区内各随机选择100个农户进行问卷调查，其中，栖霞调研村庄属于城市化边缘地区，江宁调研村庄仍属于传统的农村地区。进行农户调研是为了研究农户微观层面的参与意愿及其影响因素，以研究项目实施中的农民利益诉求及其实现程度。

万顷良田建设工程能缓解建设用地供需矛盾，但涉及土地复垦、房屋拆迁、安置房建设等对资金需求量巨大，同时会显著改变农户的生产生活方式和土地权属关系，因此整治工程的顺利推进主要取决于地方政府的财政支撑能力和农户意愿。为了提高农户对万顷良田工程的参与意愿和配合度，就需要足够高的房屋和耕地安置补偿标准，但这无疑会加大地方政府推行万顷良田工程的财政支出和财政压力。反过来，当农户补偿较低时，将降低地方政府财政支出，但农户参与意愿的降低同样会阻碍工程的顺利开展。因此地方政府在主导万顷良田中常常处于一种两难选择的境地，必须在农户意愿和地方政府财政实力之间进行合理权衡，找到农户、政府都可以接受的平衡点才能启动项目的实施；

或者地方政府从项目的全程主导中部分退出，主要主导项目的规划、政策和资金扶持、实施监管等，让农户成为项目实施的主体。但是无论何种情景，万顷良田项目实施前既要评估区域地方政府财政实力，也要评价区域微观层面的农户参与意愿及其影响因素。

（一）南京市万顷良田工程建设的政府支出与财政压力分析

万顷良田作为一项综合性工程，巨大的工程量需要庞大的资金支持。房屋及其设施拆迁补偿费、土地及农业人员安置补偿费和土地整理复垦工程费用等构成了政府建设费用主要支出。

1. 万顷良田工程建设费用测算

根据南京市栖霞区和江宁区的万顷良田建设工程规划，参照《南京市征地房屋拆迁补偿安置办法》（宁政发〔2007〕61号）、《江苏省土地开发整理工程预算定额标准》、《土地开发整理工程规划设计规范》等，栖霞和江宁万顷良田工程所需资金投入总额分别高达176 881.65万元和453 146.7万元，主要由房屋及其设施拆迁补偿费、土地及农业人员安置补偿费和土地整理复垦工程费用三大部分构成。栖霞区万顷良田建设工程涉及农民1 889户，6 809人，拆旧面积165.25hm^2，户均工程费用93.64万元，每公顷1 070.4万元；江宁万顷良田工程区涉及农民5 887户，16 978人，拆旧面积384.52hm^2，户均工程费用为76.97万元，每公顷1 178.4万元。两地万顷良田工程都是以政府主导投资、市场运作的形式完成，即由区级政府负责全部工程投资，项目形成的建设用地指标在区内调剂使用获得指标费用于弥补项目成本支出。由此，项目实施对地方政府财政实力和土地市场的地价支付能力产生压力，也成为对地方经济水平的依赖和压力。

2. 万顷良田工程对地方政府财政实力的需求

2012年栖霞地方财政收入87.42亿元，而仅仅完成3个行政村的万顷良田工程建设就需要超过17.69亿元的工程费；江宁区地方财政收入为216.4亿元，而横溪镇片区的万顷良田工程需投入资金超过45.31亿元，因此万顷良田工程实施将给地方政府财政带来巨大压力。为了平衡资金缺口，两地都是采取将工程结余的建设用地指标在土地市场上有偿出让的方式来获得指标费用，由此又将工程成本转嫁到土地市场上的建设用地使用者头上。土地市场地价支付能力能否承受土地整治的成本成为整个资金链的关键。本研究中，栖霞和江宁工程区土地整治成本分别达1 070.4万元/hm^{2}和1 178.4万元/hm^2。如果按整治指标1/3用于安置区建设，其余2/3用于工业用地或经营性用地开发，折算可知农村土地整治获得的建设用地的指标成本为栖霞区1 605.6万元/hm^2，江宁区1 767.6万元/hm^2。如果将指标落地需要的土地征收补偿纳入计算，政府通过万顷良田工程获得的城镇建设用地成本将会更大。但是 2012 年栖霞区与江宁区工业用地出让地价分别为 600 万元/hm^2 和 570 万元/hm^2，结余的建设用地指标如果用于工业用地开发，地方政府都无法平衡工程成本，所以指标只能尽量用于商品房开发才能实现成本与收益的平衡。2012 年栖霞区和江宁区二类居住用地挂牌出让均价分别达到 10 200 万元/hm^2 和 6 375 万元/hm^2，远高于土地整理成本和建设用地指标成本。从这一点看，万顷良田工程似乎从土地市场上获得了资金的来源，但由此也带来了万顷良田对房地产市场的依赖。在目前整个房地产市场价格高位运行，房地产市场调控并没有放松的情况下，房地产市场风险日趋加大，一旦房地产市场出现波动，严重依赖房地产市场的万顷良田工程就会陷入资金链断裂的困境和工程风险之中。

(二) 南京市万顷良田工程实施农户利益需求分析

农户的利益诉求如果都得到满足，那么就会积极支持工程建设，如果农户觉得利益受到侵犯，那么就很可能出现抵制情绪。因此，农户利益需求及其满足程度可以通过参与意愿表达。农户对村庄拆迁与集中安置的意愿、对承包地被征收或流转的意愿及其影响因素成为微观层面影响农户参与万顷良田的重要方面，将直接关系到农村土地整治工作是否能顺利开展。对栖霞龙潭街道和江宁西岗社区农户进行工程参与意愿调研，分别获得有效问卷 99 份和 95 份，统计得到两地样本农户对工程参与意愿率 87.1%。栖霞区样本农户家庭年平均纯收入 4.47 万元，人均耕地面积约 0.78 亩，在农户可参照的搬迁补偿标准下，100% 的农户都愿意放弃现有宅基地及承包地。江宁区样本农户家庭年平均纯收入 4.03 万元，人均耕地面积约 1.6 亩，在现有承包地补偿和住宅置换标准下，26% 农户不愿意搬迁，希望可以维持现有的村落及住房，同时约 1/3 农户希望可以继续耕种承包地。两地农户万顷良田工程参与意愿相差甚大，导致这一结果差异的原因是什么？为此，本部分拟从栖霞和江宁区调研农户的住房条件、村庄居住条件、安置房补偿情况、搬迁后长期生活顾虑、承包地现状及处置情况 5 个方面进行对比分析，以揭示栖霞和江宁两地农户参与意愿出现差异的原因，并进一步探索农户参与万顷良田建设工程的决定性因素。

1. 农户住房条件与农民搬迁意愿

农户已有的住房条件好坏直接影响到农民搬迁的积极性。如果农民现有的住房条件很好，农民一般不愿意搬迁或者要求得到很高的拆迁补偿才愿意搬走；反之，如果农民的住居条件较差，农民会期望通过政府的搬迁来改善现有的居住条件。为此，笔者对样本村的农民住宅状况及农民对现有住房满意度进行了调查。在 194 个农户有效样本中，2001 年以前建造的房屋数量占比 65.98%，对现有的住宅条件满意的农户有 39.69%。具体来看,栖霞龙潭街道样本农户的人均住房面积都普遍较大,人均约 60m²,再加上生产、生活的辅助用房则面积更大。但建造年份较久,2001 年以前建造的房子的比例为 66.67%,导致住房的结构和功能落后,不能满足农民更高的生活要求。仅有 23.23% 的农民对自己现有的住宅条件满意。农民普遍反映其现有的居住条件并不理想,特别是和周边已经搬迁到居民小区内的公寓房相比,他们认为自己的住宅条件落后,期望能住到功能和设施齐全的小区内。从这一点看,栖霞区农民对现有住房条件的不满意是农户参与万顷良田工程的潜在动力,有利于政府对土地整治的推进。

在江宁西岗社区,农民人均住房面积 55m²,2001 年以前建造的房子占 65.26%,这两项与栖霞区调研村庄相差无几。但是,农户对自己现有的住宅条件满意的比例约为 56.84%,远远高出栖霞龙潭街道,这主要是因为江宁西岗社区约 30% 农户在最近 10 年间对房屋进行了重新装修,并且以房屋建造成本折合成的现值来看,栖霞区农户的房屋平均建造成本约为 10.3 万元,而这一数据在江宁西岗社区则为 19.7 万元。江宁区农户对现有住宅条件的满意相对较高,在一定程度上是该地区农户对项目参与意愿相对较低的原因。

2. 村庄条件与农户搬迁意愿

农民对村庄居住条件的评价也是影响农民搬迁意愿的重要因素。在栖霞,农户对村庄的建筑布局和建筑物之间的间距等普遍不太满意。由于村庄布局混乱、拥挤,使得公共设施如文体健身、环境卫生、消防等在村庄内配置不足,农民对此的满意度仅为 16.16%。76% ~78% 的村民认为的周边小区内的商业设施、文教设施以及医疗设施配套都很好,而自己所在村庄这些设施配置缺乏,自己的需求满足只能依赖周边小区和街道。对基本的基础设施配置则评价相对较高,如有 44% 以上的村民认为村庄对外交通条件很好,水、电供应设施齐全。从农民对村庄的评价则反映出农民对村庄现有居住条件并不满意,也会使农户产生一种潜在的动力,参与土地整治,搬迁至配套设施更加齐全的小区居住。

相似的情况也出现在江宁西岗社区,村民对基本的基础设施评价相对较高,表示水、电供应齐全,对外交通条件较好。但村庄内部的商业设施、文体设施、医疗卫生设施都没有配套。村民一般都要去距离村庄 3 公里左右的集镇购买基本生活用品。两个区域的村民对村庄的整体居住条件评价基本一致,但是搬迁意愿却差别较大,只能说明村庄居住条件较差只是农民愿意参与整治项目的潜在动力,并不能起最终的决定性作用。

3. 房屋拆迁补偿安置标准与农户搬迁意愿

房屋补偿与安置标准直接关系到农户集中居住后的面积、房屋的价值,直接决定农户的参与意愿。两地工程区内房屋搬迁均采用货币补偿、产权调换的模式进行。调研发现，全部 194 个有效样本中，83.5% 的农户倾向于按房屋面积进行产权置换。栖霞和江宁分别为 82.8% 和 84.2%。栖霞工程区住宅房屋搬迁补偿价格在 2 400 ~ 2 500 元/m² 之间，而农户的安置房购买基价 2 420 元/m²。横溪片属于江宁《产权调换房价格标准》中的三级，安置房购买价格是 2 700 元/m²，原有住房是楼房的，补偿标准是 2 650 元/m²，原有住房为平房的，补偿标准是 2 500 元/m²。通过对比可以看出，两地农户一般通过自筹少量资金加上搬迁补偿款就可以 1:1 的比例购置安置房，两地农民均可以在取得房屋拆迁补偿后再购买相应面积的安置房，自筹资金差异并不明显，两地间拆迁补偿标准差异不大。但两地安置小区的住宅价值差异较大，成为两地区农户搬迁意愿差别较大的最重要因素。据调查，栖霞区的农户将被集中安置到配套成熟、已经完全城市化的各街道区内，区位条件优越使安置小区房屋价值能得到很大提升。而江宁西岗社区居民搬迁后的安置点距离集镇尚有约 2 公里，距南京市区约 50 公里，虽然相比原来村庄，区位价值有所提升，但安置点商业服务设施匮乏，道路网密度低，基础设施也不尽完善，安置小区的住宅商业价值仍然不高。所以，与栖霞区相比，江宁区农户搬迁后的房屋价值相对较低，升值空间小，这是栖霞 100% 农户参与意愿而江宁区只有 74% 的农户愿意参与搬迁的根本原因。

4. 承包地现状、处置方式与农民搬迁意愿

在万顷良田开展过程中，两地的承包地现状与处置方式差异较大。栖霞龙潭街道调查的 99 位农户家庭收入主要来源不再是农业，农户在耕种的同时也进厂务工，或者从事非农生产经营等。家庭收入的非农化为脱离传统的农村生活方式奠定了很好的物质基础。79.8% 的被调查农户期望在村庄搬迁的同时，政府也将其所承包的土地同时征收并补偿。按照当地规定，土地被征收，一次性青苗补偿 1 800 元/亩，土地补偿费和安置补助费纳入被征地农民的社会保障账户中，年满 60 之后，即可享受 720 元/月的养老补助。从调研结果来看，承包地经营收入在家庭收入中的比例不足 10%，绝大部分农户对现有的承包地征收补偿标准表示满意，大多数农民并无恋土情节存在。由此也导致 80% 的农户愿意在土地整治中将其承包地被政府征收。

江宁西岗社区所有农户的承包地已经在政府主导下统一流转，流转价格为每年 500 元/亩，样本区户均承包地面积 6.5 亩，则户均年承包地流转收益为 3 250 元。另外，江宁区规定，年满 60 岁以上的农民，每月享受 200 元养老补贴。问卷统计显示，超过一半的农户认为这两项收入相对较低，难以保障老年人的生活质量。由此也说明了 1/4 以上农户不愿意搬迁，1/3 农户希望可以继续耕种自己的承包地的原因。

5. 村民对搬迁后长期生活的顾虑与农民搬迁意愿

农民集中居住公寓式小区后基本无法再经营原有的承包土地，会导致其长期生活成本增加，从而影响到长期生活质量。集中居住之后，传统的农业生产和生活方式也将随之改变，家庭畜牧业以及蔬菜种植等庭院经济消失，加上水、电以及物业管理费等支出增加，农民的生活成本会显著提高，由此会影响到农户对项目的参与意愿。从农户调研结果来看，73.71%的被调查农户对搬迁后的长期的生活保障存有担忧，同时，58.76%的被调查农户担心在居民小区内生活成本较高，影响到他们的生活质量。在栖霞区，担忧长期的生活保障与居民小区内生活成本的农户比例64.65%和40.4%；而在江宁区，这两项比例则更高，分别是83.16%和77.89%。对于长期生活的担忧问题是影响两地农户工程参与意愿以及工程能否持续推进的关键性因素。江宁区农户对搬迁后的长期生活保障及生活成本有着更高的担忧也使得他们对于万顷良田建设工程的参与意愿相对较低。

总之，工程区域的农户住房条件、村庄居住条件、安置房补偿情况、村民对搬迁后长期生活的顾虑以及承包地处置情况都会对农户的搬迁及承包地征收或转出意愿产生影响。与栖霞区相比，江宁区调研农户的现有住房满意度更高，村民长期生活顾虑更大，安置房价值较小，承包地流转收益相对较低，这一系列因素的综合作用使得江宁西岗社区村民对万顷良田参与意愿低于栖霞龙潭街道村民。此外，两地农户对于村庄内基础设施和公共服务配套的满意程度相当，总体都不高，但两地农户对项目参与的意愿有较大差异，说明相对于其他因素，村庄居住条件的好坏对农户参与意愿的影响程度相对较小。综合而言，房屋补偿方式，包括安置房价值，以及承包地处置情况、农户长期生活保障是影响农户参与万顷良田建设工程的决定性因素。

（三）传统增减挂钩方式下政府与农户利益协调及市场风险

通过上文分析发现，政府和农户在项目推进过程中存在经济上的利益冲突。此外，政府需要通过国有一级土地市场上的土地收益来平衡增减挂钩项目财政压力，但由此产生了对房地产市场的依赖及这种依赖所带来的财政风险，并反过来制约了政府可获收益，最终成为改革城乡建设用地增减挂钩方式的重要原因。

1. 政府与农户利益协调

通过对南京市万顷良田工程项目的实证分析可以看出，按照现有的拆迁补偿政策和工程预算，栖霞区和江宁区工程实施成本达到1 070.4 万元/hm^2和1 178.4 万元/hm^2，单纯的政府财政支付难以支撑。微观层面上，农户对现有农村住房及村庄公共服务配套不太满意，有通过万顷良田工程改善居住条件的潜在愿望，但是这种愿望能否转化为对万顷良田工程的支持或积极参与主要取决于万顷良田工程中对农户住宅搬迁补偿与安置的标准高低及承包地处置情况。在政府主导一切的土地整治模式下，农户获得的拆迁补偿高，安置房市场价值大，承包地征收标准或流转收益高，那么农户愿意积极配合政府的万项良田工程。但提高搬迁补偿标准势必带来项目成本的增高，政府项目支出就会大大增加，给地方政府的财政增加压力，进而影响项目的顺利开展。

2. 土地市场风险对政府可获收益的制约

由于项目实施后结余的建设用地指标由地方政府通过市场交易的方式配置给城镇土地使用者，地方政府因此能获得一定的指标交易收益来分摊其项目实施成本，即将一定的挂钩成本通过土地市场转嫁给城镇土地使用者。栖霞区和江宁区高额的工程实施成本要求政府必须将建设用地结余指标尽量有偿用于房地产市场开发，才能平衡农村土地整治的成本支出。但是，成本转移量的大小取决于结余指标量的多少以及土地市场对地价的支付能力。结余的建设用地指标越多，指标交易后政府获得的收益越高，可转移的成本越大；指标交易的价格越高，可转移的成本越多。但是一方面项目结余指标的比例受到农户房屋安置占地、经济发展对建设用地的有效需求强度等客观限制，非地方政府的主观意愿能完全决定的。另一方面，尽管栖霞区和江宁区现有房地产用地的出让地价远高于工程成本，但是现有的高地价、高房价的房地产市场已对社会经济发展越来越明显的负效应，市场本身正处于政府的调控之中，因此在此情景下过度依赖土地市场具有较大的风险——土地高价出让的不可持续性，土地市场风险进而成为制约政府可获收益及政府推行挂钩项目能力的重要阻碍因素。因此，在客观存在的土地市场风险之下，改革现有的城乡建设用地挂钩方式是有效协调政府与村民利益关系的需要。

三、基于政府与农户利益协调的城乡建设用地增减挂钩方式完善

前面对政府与农户利益关系及其对项目开展的影响进行了详细分析，结果显示在以项目为单元推进城乡建设用地增减挂钩时，政府推进项目的资金压力很大，很大一部分压力来自于补偿与安置农户所需资金。传统的城乡建设用地挂钩方式在平衡政府财政与满足农户补偿需求两个方面已经渐渐显示出两难之处。为了保证项目的顺利开展，首先政府在实施增减挂钩工程时，应根据建设用地的需求强度，明确资金预算与筹措途径。在项目实施前，充分做好对农户意愿调研，了解农民利益需求，并进行科学规划，需谨慎对待大规模成片推进的挂钩项目。当农户利益需求与政府财政能估算项目潜在的成本与收益进行项目可行性分析，进行市场风险评估力、地价支付能力之间难以达到平衡时，应探索挂钩新方式、提升城乡建设用地综合利用方式。城乡建设用地增减挂钩不应拘泥于以项目为单位的大规模推进模式，只要能够实现城乡建设用地总量平衡与结构优化均可尝

试。尝试挂钩新方式时，目标应包括减轻政府财政压力、减少农户对挂钩项目的阻力。此时改变整村推进模式，寻求"退一户、拆一户"的城乡建设用地置换方式不失为一条可能的途径。建议各地应积极探索以单个农户为单元的宅基地退出与整治机制，做到退出一户即整治一户，降低以整村或多村为单元进行宅基地退出与整治所导致巨大财务压力，同时减少部分不愿意退出宅基地的农户的反对；或者可以考虑由政府提供农村土地整治规划与相应的激励政策，由农村集体自主进行土地整治，使农户成为土地整治的主动参与者和长期获利者，既可以减少地方政府的财政压力，也能降低农户对政府主导项目的抵触情绪。

第五节 城乡建设用地总量控制与结构优化下的用地差别化管理

市场是资源配置的基础，改革开放30多年，市场化观念已深入人心。土地是珍贵的资源，加强城市与农村的建设用地市场一体化程度、促进土地在城乡之间自由流动对于土地资源的市场化建设、提高资源利用效率具有重要意义。十八届三中全会提出：建立城乡统一的建设用地市场。然而，入市并不能笼统的一概而论。集体建设用地有宅基地、经营性建设用地、农村公益用地之分，城市建设用地也有商住、工业、仓储、交通等类型，用途管制下，国有工业用地要变更用途来入房地产的市尚且困难，让农村建设用地不加区分的入房地产的市显然不合适，那么我们提城乡建设用地一体化，呼吁集体土地入市到底该如何执行并加以区分？这必然要求在城乡土地市场一体化建设过程中，对不用类型土地实行差别化的管理政策。首先需要界定"同地"的概念，并不能笼统的说土地性质一样，都是建设用途就应该"同价、同权"。而应该是区位条件相当且用途与规划条件相同的两块地应该"同价、同权"，不应该因土地所有权性质的差别而在价格、权利主体、权利内容上所有差别，这就需要区别对待城市规划区内的土地和规划区外的土地。

此外，根据土地的来源，建设用地又可分为存量建设用地和增量建设用地。存量建设用地有国有和集体之分，总量控制目标下的城市存量建设用地，应着力于内涵挖潜、集约利用等，以减少新增建设用地的扩张。对农村存量建设利用的开发形式分为集体建设用地直接流转和间接流转，后者是形成城市增量建设用地的途径之一。至于增量建设用地，我国实行年度计划式的政府垄断土地供应制度，城市增量建设用地，无论是新增建设用地指标还是通过增减挂钩获得的增量建设用地指标，都是通过征收获得的，无一不来自于农村土地；由于新增建设用地指标往往优先用于城镇建设，并且通过增减挂钩形成的结余指标也通常被置换到城镇，农村增量建设用地形成困难。存量建设用地和增量建设用地为城市更新、产业发展提供最基础的物质基础。在市场化的改革方向下，对存量建设用地和增量建设用地的管理、使用以及二者在收益上的分配需要一个合理化的设计，使城乡建设用地一体化不仅仅停留于口号。宅基地是存量建设用地的主要构成部分，关系到农户的生存空间问题，此外建立在郊区宅基地上的小产权房合法性及入市问题一直是学术界关注的焦点，至今没有定论。农村宅基地应如何提高用地效率？小产权房是否应该合法化？与城市房产建立一体化市场，还是应该坚决取缔？毫无疑问，不同的宅基地管理与小产权房政策将给现行土地管理制度、城市土地市场带来很大的影响。

一、城市规划区内土地和规划区外土地的差别化管理

我国本轮土地利用总体规划在行政区划范围内划定了建设用地管制边界和建设用地管制区，加强对建设用地的空间管制，并要求建设用地管制分区与土地用途分区紧密衔接。建设用地管制区分为允许建设区、有条件建设区、限制建设区以及禁止建设区，其中允许建设区涵盖规划期内将保留的现状建设用地与规划新增的建设用地，布局在规模边界范围内；有条件建设区在规模边界外、扩展边界内，是规划中确定的在满足特定条件后方可进行城乡建设的空间区域，可作为挂钩实施的新增建设用地区；禁止建设区主要包括自然保护区核心区、地质灾害高危区等区域；区域内剩下的土地即划入限制建设区，该区禁止城镇建设，限制村镇建设，是以农业生产为主的空间区域。而土地用途分区是为控制土地用途转变，一般包括基本农田保护区、一般农地区、城镇建设用地区、村镇建设控制区等类型，用途区可分别纳入相应的建设用地管制区中，如一般农地区与村镇建设控制区属于建设用地管制区中的限制建设区。这里所讲的城市规划区内指的是允许建设区内和有条件建设区内，也就是说目前新增建设用地落地区域和增减挂钩结余指标落地区域，其余为规划区外土地。规划区内土地和规划区外土地的区位、供需都要很大差别，利用形态不可能一样，宜加以区分。

（一）城市规划区范围内土地——两种土地，一个市场

城市规划区内土地包括规划区内的存量建设用地和增量建设用地，国有农场不在我们的讨论范围之内。政府通过征地形成国有新增建设用地，并通过土地储备、统一出让垄断国有土地一级市场，集体土地要进入市场必须先征为国有，形

成了城乡土地二元利用的局面，农民的土地权益大大折损。农村土地纳入城市规划区后，要融入已有的城市土地市场，就必须首先改革征地制度，缩小征地范围。缩小征地范围的首要任务是要分清"哪些该征哪些不该征"，又要回答"不该征但又必须用的该怎么办"。从国际经验来看，经济社会发展过程中农地转非农建设用地在所难免，在符合规划条件的前提下，除了公益用地走征收程序之外，非公益用地一律交给市场来解决，也就是说，"不该征但又必须使用的土地"由市场交易的方式来获取使用。鉴于目前公益性目的内涵争议较大，难以达成一致，作为过渡性方案，可以先制定非公益性目的征地的否定性目录，赢利性目的的用地，一律不允许征地。

除了公共目的使用实行征收外，纳入城市规划区范围内的农村集体土地，允许其不经过征地，保留集体土地所有权性质，由农村集体经济组织进入非农用地市场进行交易，但是村集体经济组织必须无偿提供1/3的面积用于公共设施和基础设施建设。赋予农村土地同等权利，相同区位下的同种用途土地应该是同价的。但如果因为拥有土地开发权，使城郊或城中村农民获得了巨额的土地增值收益而"一夜暴富"，对于社会其他群体尤其是未纳入城市规划区范围内的农民是不公平的，因此，有必要收取较高比例的土地增值税，并将这部分资金专项用于远郊农村建设。同时，为了防止寻租，对于农村集体资产的管理变得更加重要，建议在组建合作社基础上使集体土地产权股权化，按照《物权法》按份共有原则根据一定比例在合作社和社员即农户中进行分配和持有。

(二) 城市规划区范围外土地——用途管制，经济补偿

为了国家保障粮食安全与生态安全，城市规划区范围外的集体农用地，应继续严格执行用途管制制度，严禁农民或村集体擅自农转非。设立耕地保护基金，对农民耕地生产进行补偿，减少农民擅自非农化的比较利益。探索设置农地发展权，激励农民保护耕地，同时加大监管与惩罚机制来增加农民擅自农地非农化的成本。"以租代征"形成集体建设用地属于违法行为，客观上违背了用途管制和占补平衡，不可再继续。对农村存量建设用地的管理，以及是否应该允许农村形成增量建设用地，怎样形成，将在下一节具体阐述。

二、城乡存量建设用地的差别化管理

城市存量建设用地的利用、流转等在国有建设用地"招拍挂"制度下已经建立起了较成熟的一套市场化机制。相反，农村集体存量建设用地市场机制很不健全，是存量土地市场一体化建设的重点。城市增量建设用地，一种源自于新增建

设用地指标，另一种是通过增减挂钩项目对农村建设用地拆迁复垦而置换出的新增建设用地，此处成为挂钩建设用地指标（扣除安置房建设指标后的可用于二三产业发展的留用指标）。针对增量建设用地的管理，我们在前一节已经提出建立"两种土地、一个市场"机制，不再赘述。农村建设用地相比农用地的经济价值更高，但如同以往一样大量增加农村建设用地显然不可能。农村建设用地管理的主要着眼点是如何有效的盘活数量巨大、利用效率低下的农村存量建设用地，以创造更多的经济价值。

（一）城市存量建设用地——内涵挖潜，集约利用

对城市存量的建设用地，要十分珍惜、合理利用，更加注重市场运作，明晰政府与市场的关系，充分发挥市场配置资源的决定性作用，鼓励土地权利人和各类市场主体积极参与改造，集约节约利用土地。通过土地价格机制与行政手段引导产业升级。实行用地倒逼机制，对于高土地利用强度的地区逐年减少土地利用年度计划指标分配。各地新增建设用地指标主要用于保障基础设施项目、民生工程、现代产业项目建设，商业、旅游、娱乐和商品住宅经营性建设用地更多地使用存量建设用地，有效减少建设项目对农村集体土地的征收和转用。

（二）农村存量建设用地——产权建设，整合利用

农村存量建设用地，多出租、转让给工业企业，使用成本一般低于国有出让工业用地价格，但同时因为产权的先天弱势，农村集体建设用地安全性不足。并且在调研中发现，集体建设用地不能抵押贷款或者抵押后可贷款的资金较少，制约了企业资本、资产的投入和规模的扩大。农村集体建设用地流转可以在不改变农村土地产权性质、保护集体权益的前提下，增加二三产业用地来源，因此值得鼓励。只是在流转过程中，应赋予农村土地产权与国有土地相等的权能，尤其是处分权。农村建设用地流转价格，应依照土地区位、土地等级定价，即使土地价格有所上升，但由于农村劳动力便宜，对中小企业或劳动密集型企业仍有相当大的吸引力。

用途管制和耕地保护政策下，通过农转非形成增量建设用地十分困难，因此只有将原本属于建设用地性质的宅基地置换成经营性的建设用地。一般地，农村宅基地数量很大，随着人口城市化，闲置宅基地也日益增多。宜将农村建设用地整合利用，鼓励村集体将闲置宅基地拆除，拆除一户复垦一户，然后划定一块区域，供村集体自主流转给工业企业。当然，这也只能在经济较发达、工业用地需求较旺盛的地区才能在农村集体建设用地上产生较高的经济价值，对于那些偏远的农村地区，即使用宅基地置换出了经营性建设用地，也可能只能闲置无法有效

利用。对于这些地区，宜通过增减挂钩的方式将置换出来的指标用于城镇建设，避免土地利用的低效率与低效益。

三、小产权房与传统宅基地的差别化管理

新型城镇化被赋予扩大内需、经济抓手的重要地位，成为中国经济长期发展的最大潜力。我国正处于城镇化加速发展阶段，随着农村人口的大量迁移，宅基地闲置的问题也随之凸显。我国法律规定，只允许农户在本集体经济组织内部通过转让房屋这种方式流转宅基地，禁止或者说是严格限制农村宅基地流转。但农村宅基地私下流转的现象已经存在多年，如在北京、重庆、成都等大城市的城乡接合部曾出现利用农村宅基地建设商品房对社会公开销售的情况（即小产权房买卖）。在我国城市化进程中，将城市化了的"农民"宅基地从闲置、低效利用中释放出来，既可以减少集体建设用地资源浪费，又可以增加农民土地财产性收入。出于盘活农村存量宅基地、提高宅基地利用效率、增加农民资产性收入等目的，各地开始积极探索农村宅基地流转与退出。此外，小产权房是在农村集体土地上所建造的房屋，它在现行法律法规体系下不合法，但大面积的存在已成事实。从不同时期看，"十五"时期小产权房竣工规模为2.4亿平方米，相当于同期城镇住宅竣工面积的8.1%。"十一五"时期小产权房竣工规模达到2.83亿平方米，比"十五"时期增长17.8%，相当于同期城镇住宅竣工面积的7.5%。在城乡市场一体化的趋势下，农村宅基地与小产权房的占地管理应该有明显的差别。农村宅基地应该以激励退出、节约集约利用为主。而对小产权房的用地应以土地利用总体规划为依据，符合规划的通过完善补办手续，给予合法化的出路；对不符合土地利用规划且规划无法调整的以管控为主，不能给予合法化的出路。

（一）传统宅基地退出与流转——设立标准、经济激励

在我国，宅基地被赋予了福利属性，实际上是把本应由政府承担的农村社会保障问题强行添加到了宅基地上。随着经济的不断发展，国家应该不断加强完善农村社会保障体系的建设，打破城乡二元限制，使农民也享有城市居民的社会福利。到时就算农民的宅基地在特殊情况下被无奈流转出去，也可以通过社保体系获取住处，不至于无家可归。此外，农村宅基地流转符合帕累托改进。所谓帕累托改进是指：一项政策能够至少有利于一个人，而不会对任何其他人造成损害。农村宅基地的流转可以显著增加农民的财产性收入，提高农村集体建设用地利用效率，缓解城市供地紧张等，而不损害其他利益集团的利益。所以，其重要性不

言而喻，从整个社会福利角度出发，应该将该项工作从试点开展，逐步推广到更多地区。在我国农村福利体系尚不完善的情况下，建议从以下几个方面谨慎推行和完善宅基地流转与退出政策：

第一，将农户家庭成员工作类型、家庭结构、家庭年收入、家庭城镇住房数量等农户家庭特征变量作为农户是否可以退出宅基地的评判标准，严格审查有流转与退出宅基地意愿的农户，避免出现农民失去宅基地后无处安身的情况。对主动退出宅基地的农民，在合理补偿农户退出宅基地的基础上，在城镇住房租赁或购买方面政府也应给予适当补偿。例如，对主动放弃已有宅基地给村集体经济组织的农民，可参照城镇居民给予相同标准的经济适用住房货币补贴。

第二，为了及时有效利用退出后的宅基地，在村民内部进行宅基地及地上房屋的流转之后，对于闲置的村民宅基地，鼓励村集体自行复垦。对于经济条件较好、工业较发达的地区，可以允许宅基地复垦后由村集体流转给工业企业，既不占用国家增建设用地指标，又可以带动村镇经济发展、增加村民就业机会。或者鼓励村集体利用复垦后的宅基地盖"打工楼"，这样不但可以提高外来打工者的居住环境，还将成为集体经济新的持续性的增长点。

第三，随着城市化的不断提升，许多村庄在未来的几十年甚至更长的时间内将会消失，因此，在城市化加速转型期的宅基地及地上房屋的转让就不能像传统农业社会那样自由，而要有所规划和限制。当整个村庄或该村庄中绝大部分宅基地应当复垦时，宅基地的自由转让与新房的再建就是不经济的行为，需要用规划手段限制、经济手段引导，在保护农民宅基地及地上房屋合法财产权利的同时避免再建后不久又要拆除和补偿的折腾与浪费。

（二）小产权房的管理——按类型改造、有条件入市

小产权房数量巨大，牵涉主体广泛。目前小产权房需求旺盛，这是因为相对低廉的小产权房价格使村集体、开发商、购房者有激励承担风险。政府限制小产权房开发也是因为在现行土地利用二元体制下，政府通过垄断形成巨大的级差收益；而这级差收益很大程度上来自于商业地产的高地价，从而推动高房价。如果允许小产权房继续开发，会冲击城市房地产市场，城市土地市场受波及，政府从土地中获得收益包括出让金、税收和融资金额都会减少。这样来说，小产权房产生是因为城市房价的高位运作，政府限制小产权房的原因也在于此，而高房价的背后原因在于我国地方政府沉重的基础建设负担，解决小产权房问题，应立足于降低城市房价和缓解地方政府压力。小产权房一般建造在城市郊区，这样才有住房需求市场，其大量存在已成客观事实，全面强拆造成资源浪费，既不经济也不现实。所以，对现已存在的小产权房的解决办法是通过经济手段，降低村集体和

开发商开发小产权房的经济利益驱动力。并将小产权房与城市保障房体系衔接，增减城市住房供应量，以期降低城市住房价格。

对于已经存在的小产权房，在符合城乡建设规划和土地利用规划的前提下，宜通过补缴相关税收后取得房屋产权证，但对房屋的转让、买卖必须严格限制；对已经存在的占用耕地的小产权房，对村集体或开发商必须进行非常严厉的处罚，才能杜绝违法占用耕地进行非农开发的行为。对于新开发的小产权房，即在集体土地上开发的房屋，建议政府将房屋开发类型规定为城市廉租房或经济适用房，前提是必须实现耕地占补平衡。这样做的好处是既缓解了城市中低收入群体的住房压力，又通过增加保障性住房供应量逐步降低城市房价，还能防止出现郊区农民及农民集体通过房产开发获得巨额增值收益的不公平现象。如果允许近郊村集体不通过征收在集体土地上开发商品住房，村集体及开发商必须给予政府相当数额的收益返还，足以完成开发区片内的基础社会建设。这样的话，基础投资建设的资金得到保障，政府就减少了垄断国有一级市场的激励，小产权房入房地产的市成为可能，这又与我们前文所讲的"两种土地、一个市场"衔接了起来。但是对于不符合土地利用总体规划和城乡建设规划且无法通过调整规划使其符合规划的小产权房项目，则不能给予合法的土地使用权证书，同时严格限制其在市场上的交易流通。

本 章 小 结

本章研究如何通过统筹城乡的建设用地优化配置与差别化管理政策，实现城乡建设用地总量控制这一目标。首先分析了我国城乡建设用地利用现状及其问题，揭示了城镇建设用地需求旺盛与利用低效矛盾尖锐、土地集约节约利用与土地资源非市场化配置矛盾普遍、农村建设用地盘活与其资产属性严重弱化矛盾突出等问题。从控制与激励角度看，城乡建设用地总量控制手段包括新增建设用地指标控制、征收建设用地使用相关税费、建设用地指标交易。而城乡建设用地增减挂钩在费用有效性、控制手段的可靠性、信息要求上更有优势、更有容易实现城乡建设用地总量控制目标。从用地类型出发，必须从加强城镇建设用地的集约利用、推进农村集体建设用地流转、将农村集体建设用地置换到城镇使用三个方面入手实现城乡建设用地总量控制目标。

而后针对城乡建设用地总量控制的三种途径，选取涵盖东中西部的深圳、湖北、安徽、广东、嘉兴、重庆等地的建设用地改革措施为典型案例，总结并对比了它们在城镇土地集约利用、集体建设用地流转和城乡建设用地增减挂钩中的做法,并对每种途径的两种实践分别进行了简要的对比与总结。在此基础上,本章进一步研究了如何在政府财政压力与农户补偿需求的矛盾之下完善城乡建设用地增减挂钩政策运行机制,改变目前以项目为单元推进挂钩工作开展的单一模式。这一研究主要通过对南京万顷良田工程中的政府支出及由此带来的财政压力和农户利益诉求之间的相互影响关系进行分析,并在考察了我国房地产市场风险对政府主导、项目为单元的挂钩模式的财政压力影响的基础之上,认为城乡建设用地增减挂钩方式需要改革,目标是减少政府财政支出压力及政府与农户之间的利益冲突。据此研究的政策建议是:各地应积极探索以单个农户为单元的宅基地退出与整治机制,或由政府提供农村土地整治规划与相应的激励政策,鼓励农村集体自主进行土地整治,使农户成为土地整治的主动参与者和长期获利者,从而减少农户与政府之间的利益冲突。

最后在城乡建设用地总量控制与机构优化目标下,由于城市控制规划区内外的建设用地之间、存量与增量建设用地之间、小产权房与传统的宅基地之间在土地利用方式与形态等方面存在客观差异,因此必须针对每一种土地利用类型,应有针对性地进行差别化管理。具体来说,对城市规划区范围内土地,应构建城市土地与农村土地之间的统一市场,对于城市规划区范围外土地,应严格执行用途管制,并通过设立耕地保护基金等方式对农民耕地生产进行经济补偿;对城市存量建设用地,当前应该着重于内涵挖潜与集约利用,提高用地效率,对于农村存量建设用地,需提高集体土地的产权强度,除了通过增减挂钩置换到城市利用外,还可在农村内部整合利用,提高利用效率;对于传统宅基地流转与退出,应设立退出标准并给农户以经济激励,鼓励符合退出条件的农户退出宅基地,对于城市郊区的小产权房,应按不同的形成类型进行不同方式改造,并通过税收调节等手段使其有条件入市。

第八章

产业转型与建设用地差别化管理政策研究

随着我国城镇化和工业化的不断发展，建设用地快速扩张，其中，工业用地扩张最为显著。据统计，新增建设用地中的工业用地比重，全国平均在40%左右，部分沿海省份更是达到60%（王国强等，2009）。事实上，在18亿亩耕地红线面前，我国城镇建设用地早已捉襟见肘。尽管如此，我国土地资源的稀缺性并没有在利用过程中显现出来，由于巨额土地资源开发成本在经济决策中被低估，导致产业进入门槛过低，出现过度重复建设，产业结构低水平雷同（曲福田等，2005），且由于缺乏适当的产业规划和政策导向，土地利用过程中存在着不同程度的闲置、生态环境质量下降等问题（蔡运龙，2000），产业用地低效利用情况较为严重。《"十二五"规划纲要》提出"加强农业基础地位，提升制造业核心竞争力，发展战略性新兴产业，加快发展服务业，促进经济增长向依靠第一、第二、第三产业协同带动转变"的新目标，开启了产业结构优化调整的新序幕。十八大报告明确提出坚持走中国特色新型工业化、城镇化道路，并提出包括生态文明在内的"五位一体"发展战略，使得产业转型这一问题显得更加紧迫和重要。

一定的经济结构和产业结构必须通过相应的用地结构来得到映射（张颖等，2007），反过来说，土地的利用状态实质上是各种要素集聚与配置的空间表现，反映了区域经济发展的空间结构、集聚特征和内在机理（邵晓梅等，2006）。所以，通过实行差别化的建设用地管理政策加速产业转型升级进程是可能的。并且，与传统财政政策（如，财政补贴、税收优惠等）和货币政策（如，政策性信贷支持等）相比，通过差别化的建设用地管理政策来调控产业结构具有强制性、高效性等优势,尤其是在促进劣势企业淘汰上,比其他两种政策更具有效率(彭快先,2009)。因此,根据产业结构升级优化的要求和不同产业的用地特征,分析产业转型升级与建设用地差别化管理之间的关系,深入研究产业用地供应环节和供后环节的差别化管理政策,对节约集约用地、优化产业结构、提高经济增长质量具有重要的理论价值和现实意义。

第一节 产业转型与建设用地管理的关系分析

产业转型升级是资源配置的最优化和宏观经济效益最大化的动态过程。任何产业的发展和存在,都必须要落实到产业用地这个具体的载体上。所以,区域产业的发展及其组合类型、数量比例的变迁,必然会对与之相对应的建设用地数量、结构布局等产生相应的影响。因此,本节内容首先从经济增长方式与建设用地利用管理的关系、不同经济发展阶段建设用地利用管理规律等方面,展开转变经济增长方式背景下的产业转型特征分析;其次,通过产业转型升级带来的建设用地经济效益、社会效益、生态效益等方面的变化,分析产业转型升级对建设用地管理的影响;最后,从建设用地数量、结构及区位等角度研究建设用地管理对产业转型升级的影响。

一、转变经济增长方式与产业转型升级的理论分析

(一) 经济增长方式与建设用地利用管理的关系分析

经济增长方式是指一个国家或地区经济增长的实现模式,它可分为两种形式:粗放型和集约型。一般可以将一个时期的经济增长量分解为生产要素投入量增加而导致的经济增长和要素生产率提高而导致的经济增长。如果要素投入量增加引起的经济增长比重大,则为粗放型增长方式;如果要素生产率提高引起的经济增长比重大,则为集约型增长方式。经济增长与土地资源具有密切联系,一方面土地利用对经济增长做出贡献,另一方面经济增长对土地利用产生深刻的影响。中国是最大的发展中国家,人口众多,人地矛盾非常突出,土地作为经济增长的物质载体,经济增长必须以一定的土地为支撑,没有足够的土地资源,经济增长将无法实现。经济增长方式与建设用地利用管理的关系主要体现在以下三个方面:

1. 建设用地集约利用是转变经济增长方式的重要内容

随着经济总量扩大，人类对土地资源与环境的压力不断加大，从而推动经济增长方式转变，减小对稀缺资源的需求和压力。建设用地的集约利用可以实现单位用地"投入—产出"效益的最大化，对建设用地进行严格控制，在客观上可以促进经济增长方式的转变。建设用地的集约利用是转变经济增长方式的具体体现，主要是指在优化土地利用结构的条件下，通过增加单位面积土地的资本和劳动力投入量，实现单位面积土地上投入产出效益的最大化，达到提高土地经济效益的目的，促使经济增长更好更快地发展。

2. 建设用地集约利用，有助于实现土地利用结构优化，是实现集约型经济增长方式的重要保障

土地集约利用不是对土地进行高强度的投入，而是要使土地的利用到达一种最有效状态，通过优化土地利用结构配置使得土地利用达到一种紧凑、组织有序、可持续发展的模式。在长期内，经济增长方式转变表现为技术进步，即生产可能性边界（前沿面）向外迁移。在用地面积受到控制的情况下，企业只能从科技创新、技术进步以及管理完善等方面求新的经济增长点，这对实现经济增长方式的转变起到积极的推动作用，增长方式越集约，所付出的资源代价就越低，这就推动了经济增长方式的转变。同时，土地资源的集约利用可有效节约土地，为城乡建设提供一定量的建设用地，有利于促进新兴产业的发展、产业结构的调整和实现经济增长方式的转变。经济发展是建立在经济协调发展的基础之上的，建设用地集约利用的过程也推动其他资源集约利用，并推进城市经济增长方式由粗放型经济增长向集约型经济增长转变。

3. 经济增长方式转变与建设用地集约利用协调发展

转变经济增长方式和实现建设用地的集约利用是相辅相成的，经济增长方式的转变会带动土地资源的集约利用，从而节约土地；土地资源的集约利用又能积极促进经济增长方式的转变，为实现经济增长方式由粗放型向集约型的转变起到积极的推动作用。两者是相辅相成、互为前提条件的，不能把两者割裂开来，也不能单独强调某一方面。经济发展是以经济增长为核心的经济、社会和政治结构的全面进步，总是与经济增长、产业结构等紧密联系在一起。经济增长方式转变的关键就在于生产结构的优化升级，土地资源的集约利用要与产业结构调整相符合，通过控制土地供应来实现不同产业的发展。严格控制粗放型产业的用地，加大对服务业等集约用地产业的支持，利用土地资源参与国民经济的宏观调控，促进产业结构的优化调整，实现经济增长方式的转变。推进增量用地为主的粗放用地方式向以存量用地为主的集约用地方式转变，可以降低经济发展对土地资源的过度消耗，减少土地资源绝对使用量，增强劳动力、资本等对土地要素的替代作用，促进单位土地资源的产出效率得到不断提升，进而实现土地资源集约利用。

（二）不同经济发展阶段建设用地利用管理的规律研究

区域经济发展过程中量的变化和质的飞跃使区域经济发展历程呈现显著的阶段性特征。区域所处的经济发展阶段与其产业结构之间联系密切，经济发展水平的高低关键在于产业结构是否合理，产业结构指标是判断经济发展阶段的核心指标。而对产业结构演进的分析又可从工业化发展阶段的角度来进行分析。各国学者从不同的角度对工业化发展阶段进行了划分，H.钱纳里在《工业化与经济增长的比较研究》中，按人均国内生产总值把工业化阶段划分为3个阶段，即初级经济阶段、工业化阶段和发达经济阶段，这种划分标准对我国也较为合理，并且，根据有关研究得出我国1995年进入工业化阶段，2005年进入工业化中期（陈海燕，2011）。

1. 初级经济阶段

新中国成立初期，我国实行的是土地私有制，由于长期战争的摧残，工业基础非常薄弱，在过渡时期总路线和第一个五年计划的指导下，开始了有计划、大规模的工业建设，这一生产关系的大变革，引起了土地利用深刻的变化。工业发展和城市建设导致建设用地的增长，在此期间，在建设用地中普遍存在用地规模大而且有严重的多征少用、早征迟用甚至征而不用的浪费现象，这一方面是因为建设单位用地计划不当，导致建筑物布置分散、占地过多，或者盲目多要地；另一方面是因为征地管理不严，往往建设单位要多少给多少，要哪里给哪里，征地后又缺乏检查。但是更重要的深层次原因是当时实行的低补偿费的征地制度、无偿使用的土地使用制度和统收统支的财政制度，造成用地单位多占地、占好地，而缺乏节约集约用地的主动性。在这一阶段，我国土地利用以行政计划管理划拨为主，建设用地利用基本上实行无偿、无限期和无流动的三无政策。在初级经济阶段，由于资本短缺和技术水平低下，市场发育欠缺，主要通过大量投入土地资源和廉价劳动力来实现经济的起步，经济发展方式是低效维持模式，与此特征相对应的是，土地资源以非市场方式进行配置，带来的结果是土地资源的粗放利用。

2. 工业化初期

1995年十四届五中全会明确提出"经济体制要从传统的计划经济体制向社会主义市场经济体制转变，经济增长方式由粗放型向集约型转变"。随着市场经济体制改革的深入，土地出让的市场化比例逐步提高，但在土地出让的初期，出让方式以协议为主，而且各地为了招商引资，往往压低地价，甚至采取零地价，过低的土地价格造成低水平盲目、重复投资与建设，浪费了大量宝贵的土地资源。与初级经济阶段相比，这时期土地集约利用水平有所上升，但集约程度还需要进一步提高。在此期间，我国土地供应实行的是行政划拨和市场出让并存的模式。随着工业化和城市化的加速发展，工业用地和城市建设用地快速增加，建设用地占用耕地的年均数量呈增加的趋势，各级政府提出要改变经济增长的方式，土地供给中市场出让的比例逐渐增大，在工业用地供给中，行政划拨的比例也在逐步降低。总之，进入工业化初期阶段后，经济数量上的增长是经济发展的主要目标，虽然资本短缺现象有所缓解，但是资金短缺依然是很多地区面临的难题，使得政府选择用土地替代资本的策略。在土地资源配置中，市场和非市场两种方式并存，土地利用集约水平有所提高，但总体上还处于较为粗放状态。

3. 工业化中期阶段

进入工业化中期以后，随着资本投入水平的大幅度提高，资本短缺问题已经得到缓解，以技术密集为特征的尖端工业兴起带来工业化水平快速提高，投资过热也带来了建设用地快速增长趋势，引致人地矛盾越发紧张，土地资源逐渐成为各地经济发展的制约瓶颈。国家开始制定相关政策利用土地进行宏观调控，将节约集约用地的要求落实在政府决策中，落实到各项建设中，国家明确要求经营性土地实行"招拍挂"方式出让。经济增长方式由"粗放型"向"集约型"转变，各地在经济发展、招商引资方面的土地利用门槛也逐步提高。土地资源配置方式也逐步过渡到市场供地方式为主，经济发展倾向于以资本替代土地，土地被高度集约利用，土地资源以市场化的方式进行配置，土地利用的结构与布局也更加合理，在价格和效率的引导下，土地资源向利用效率较高的技术含量高、经济效益好、资源消耗低的产业转换，土地集约利用初步形成。

由此，就形成了不同经济发展阶段土地利用集约度和土地资源配置方式的规律性变化。经济发展的不同阶段，土地利用集约水平也不同，在经济发展早期阶段，经济发展属于低效粗放方式，随着工业化阶段的不断发展，经济发展方式也逐渐由粗放型逐渐将集约型转变，到了工业化后期阶段，集约水平进一步提升，达到高度集约。

（三）转变经济增长方式背景下的产业转型特征分析

经济增长的阶段不同，转变经济增长方式的内涵就不同。比如在"八五"时期，商品短缺，转变经济增长方式的重点是解决供求矛盾问题，经济增长更多的是外延型增长；"九五"时期，我国提出转变经济增长方式，更多的是着眼于由粗放型增长向集约型增长转变；而目前我国提出经济增长方式转变，不仅指提高效率，还有结构升级、环境保护、技术进步等内容。具体来说在新形势下提出经济增长方式转变的新含义不仅包含了经济增长方式要由高投入、低效率的模式，转向低投入、高效率的增长模式；还包括了产业结构由低层次的结构，转向附加价值高、技术含量高、轻型化的结构；由不计增长对环境的影响，转到向减少环境污染、发展循环经济、实现可持续发展的方向转变；使经济增长由大起大落的"雷电型"，转向缓起缓落的"流线型"等四个方面。

当前，转变经济发展方式的关键体现在促进经济增长三个方面的转变：（1）由主要依靠投资、出口拉动向依靠消费、投资、出口协调拉动转变；（2）由主要依靠第二产业带动向依靠第一、第二、第三产业协同带动转变；（3）由主要依靠增加物质资源消耗向主要依靠科技进步、劳动者素质提高、管理创新转变。经济发展方式转变的核心和基础是摒弃靠自然资源和资本投入支撑的传统经济发展模式，采用靠效率提高驱动的发展模式。这也意味着在资源的开发利用中要充分发挥科学技术、劳动者素质、管理与制度创新等条件的作用，通过生产要素的优化配置使资源利用达到一种紧凑、组织有序、可持续的发展模式。转变经济增长方式中的产业转型升级特征包括以下三个方面：

1. 产业结构处于趋于合理，不断升级的动态过程

产业升级主要是指产业结构的改善和利用效率的提高（黄茂兴等，2009），其基本内容包括产业结构合理化和产业结构高度化两个方面。产业结构优化的实质就是合理化基础上的高级化。随着社会生产力的发展，产业系统中的部分产业不断采用新的技术，扩大生产规模和生产领域，从而促进整个产业结构的重新分工与专业化生产，由低水平均衡向高水平均衡逐渐过渡，这是产业结构不断优化升级的主要环节和关键内容。目前，在我国急需转变经济增长方式的大背景下，随着社会生产力的发展，产业结构升级的核心是要推进产业结构的调整和优化，使其趋于合理化，从而提高经济增长的质量和可持续性，实现产业结构高度化。产业结构的优化升级，一方面取决于市场机制作用下经济资源的配置效率，另一方面取决于政府制定的产业政策弥补市场机制不足的作用效果。中国实行的是渐进式的市场化改革，由于目前市场发育仍不完善，实现产业结构的优化升级会需要一个相当漫长的过程。当社会资源、经济发展程度等一系列外在条件发生变化时，以往合理的产业结构变得不适应当前的情况，由此要作出新的调整和改变，直到其布局再次变得合理有效。由于不同时期的外在条件不同，不同时期产业结构调整和优化的方向和重点也是各不相同的。产业结构升级是一个不断调整、逐渐趋于合理的动态过程。

2. 遵循产业间协调发展和最高效率原则

产业结构协调问题是国家经济发展过程中的主要矛盾之一（姜泽华等，

2006)。社会劳动的按比例分配客观上是存在于任何国家任何社会的社会化大生产之中的。产业结构的协调发展不仅要求自身结构的协调和优化，同时要求各个区域之间产业结构发展上的合理分工。整个国民经济对于一个国家而言就好比是以一个相当复杂的有机整体，各部分虽相互区别，但有密切联系，并且维持着一定的比例关系。由此，国民经济的快速稳步发展和产业与产业之间的和谐发展是密不可分的，即社会生产过程中，应当时刻保持各个部门、各个环节之间内在联系和比例关系的和谐。并且，这种和谐表现在多个方面，各个部门之间、各个行业之间以及各个地方之间。只有做到了这些内在联系和比例关系之间的和谐才能说明产业结构之间的协调，实现产业布局之间的相对均衡和互补，由此提高效率，实现"1+1>2"的成效。

3. 目标是资源配置最优化和宏观经济效益最大化

产业转型是实现社会资源优化配置、形成良好的产业格局的最终目标和客观要求（杜传忠等，2011）。我国自然资源人均拥有量较少的现状要求我国要保持经济的快速稳定发展就必须走资源节约型路线，极力提高资源的利用率。产业结构的转型、实现产业结构的优化和升级对于这一现状具有重大的意义。各地区应当充分了解自身特点和优劣势，制定合理的产业发展规划，选择适合自身发展的产业，转移遏制不适宜的产业，使不同区域之间能够在产业结构上实现均衡和互补，由此充分发挥自身优势，实现资源的最佳配置。这不仅可以促进本地区经济的快速增长，还可以做到"高增长、低能耗、低物耗、少污染"的状态，从而实现宏观效益最大化的最终目标（范方志等，2003）。

二、产业转型升级对建设用地管理的影响研究

产业结构转型升级的过程，伴随着科技创新投入的增加、传统产业的改造升级、现代产业的发展以及战略性新兴产业和服务业的加快发展，顺应经济全球化、知识化、循环化的趋势和产业演变规律，以创新为主要发展动力，致力于实现农业现代化、工业信息化、服务业主体化，强调资源消耗低、环境污染少，追求经济效益与社会效益、生态效益兼顾的可持续发展的产业体系，必然会对建设用地产生积极、深远的影响。本研究从经济效益、社会效益、生态效益的角度分析产业转型升级对建设用地管理的影响。

（一）产业转型升级对建设用地经济效益的影响

产业转型升级可以通过改变工业用地的投入和产出，在一定程度上影响建设用地经济效益变化。因此，可以从土地投入和土地产出两个方面分析产业转型升

级对建设用地经济效益的影响。

1. 对土地投入的影响

土地投入包括企业的资产投入和基础设施建设投入。企业的资产投入包括固定资产投入和流动资产投入，其中废水、废气以及固体废弃物等排污设施的投入，包括在固定资产投入之中。

在国民经济发展中，随着产业结构的优化调整，第一产业用地面积会逐渐减少，而第二和第三产业用地面积会增加。由于第一产业用地的投资强度相对于第二、三产业用地要小得多，而第二产业用地的投资强度又小于第三产业用地，第一、第二、第三产业的产值比重和劳动力比重的地位不断变化，顺次呈现出"一二三""二一三""二三一"的特点，进入所谓的"高服务化"阶段，同时在第二产业内部一般也要经历轻工业化、重化工业化、高加工度化和知识技术集约化等四个阶段，从产业生产要素构成上看，则体现为"劳动密集—资本密集—技术（知识）密集"的顺次演变过程（宁岗，2008）。

因此，在产业结构转型升级过程中，单位土地面积的投资强度，土地利用的建筑密度和容积率会逐步上升，从而提高土地集约利用水平。同时，产业转型升级将加大对工业用地的科技、创新以及管理投入，推动企业引进先进的科学技术，提高自身的工业生产力，克服土地天然条件的不足，提高其集约利用水平，加快工业和当地的经济发展，最终增加建设用地利用经济效益。

2. 对土地产出的影响

工业用地的经济效益主要有三个指标：地均工业总产值，它是反映工业生产总规模和总水平的重要指标；地均利税，它反映的是企业的经济效益和对国家税收方面的贡献（王国强等，2009）；地价实现水平，它是取得土地使用权的价格与土地所在级别基准地价的比值。产业转型升级能够提高土地利用效率，提高技术含量和高附加值产品在工业产出额中的比重，带动国民经济的发展。

产业结构转型升级过程中，采用高新技术和先进适用技术改造传统资源主导型产业，淘汰落后工艺、技术和设备的力度，提高了科技贡献率、产品科技含量以及产业效率，加速传统主导产业节能改造以及高技术化，资本密集型产业和技术密集型产业逐步取代资源密集型的产业，成为产业发展的主导，主导产业的扩散效应和带动效应作用增大，使得区域经济增长逐步从外延扩张型转向内涵发展型，土地资源得到更充分的利用，单位土地的产出效率势必得到提高。在产业结构转型升级的过程中，由于比较利益的存在，部分第一产业用地会转入第二、第三产业，使第一产业用地数量下降，土地利用类型也会出现农用地向建设用地的转换，单位土地面积的经济效益也会增加。

（二）产业转型升级对建设用地社会效益的影响

随着经济发展，我国产业结构将会逐步建立起功能齐全、高效畅通的第三产业体系，促使原有产业结构的"二、三、一"模式转向"三、二、一"模式（徐萍，2004）。在此过程中，通过引起土地利用结构和布局的相应调整，改善了建设用地社会效益。

1. 对土地利用结构的影响

土地利用结构是产业结构的物质基础，产业结构的调整引起土地资源在不同产业部门间的重新分配，从而导致土地利用结构的变化。不同的产业对区位的选址不同，不同的产业结构决定不同的土地利用结构。随着产业结构由低级向高级演化，土地资源在产业间重新分配。产业结构转型升级的过程，实质上就是较低层次的产业形态经历了繁荣之后逐渐走向衰落，较高层次的产业形态在新生的基础上不断成长的过程（王信东，2011）。在这一过程中，伴随着飞跃式的技术变动，大量新兴产业发展，各类产业选址的区位也不断变化。成熟的产业，具有相对成熟的生产技术和组织结构、较为稳定的交易网络，以及聚集经济的其他方面的需求；而较高层次的产业，新生阶段在生产技术和交易网络等方面的不成熟性和不稳定性，对聚集经济的要求较高。因此，就会出现新生产业驱逐成熟产业的现象，造成成熟产业的空间转移。把成熟的产业从城市中心区迁移出去，为新生产业和经济效益高的产业腾出发展空间。在此过程中，企业厂房及配套用地面积比例、企业内部行政办公及生活服务设施用地面积比例、绿地面积比例等都得到了合理的控制，生产性用地比例和高新技术产业用地比例得到了提升，从而导致了土地利用结构的优化。与此同时，产业结构转型升级还驱动着土地利用布局的优化调整。由于传统工业对原料、市场、交通运输等有较强的依赖性，因而在区位竞争中已不具有竞争力，郊区聚集点相对而言更加有利；而高新技术产业具有科技含量高、资源消耗少、物质形态小等特点，其区位选择更具灵活性和便利性；服务业的变化也很明显，一些传统服务业日益萎缩，而一些新兴服务业如医疗保健、教育培训则蓬勃发展。在表8-1中，随着产业结构的转型升级，旧制造业在郊区更为有利，而新服务业、新制造业则在市中心选址更为有利，传统服务业和部分新制造业则可能根据需要在中间地带、外部地带布局。随着产业结构的转型升级，同时也是遵循土地优化配置理论的要求，很多化工、机械、钢铁等重工业行业逐步退出城市中心区，向城郊转移，电子信息、生物医药等高科技产业以及其他行业的研发部门以及第三产业中的金融、商场、餐饮等商业和服务业逐渐占据地租、地价最高昂的市中心地段。

表 8-1　　　　　　　　　产业类别及其区位选择差异

区位	区位因素	旧制造业	新制造业	传统服务业	新服务业
核心地带	交通	-	O	-	+
	地租	-	-	-	O
	人口	O	O	+	+
	通信设施	O	+	O	+
	聚集经济	O	+	+	+
中间地带	交通	O	O	+	+
	人口	+	O	+	+
	地租	+	+	+	+
	聚集经济	O	+	+	+
外部地带	交通	+	O	+	O
	地租	+	+	+	O
	人口	O	O	-	O
	生产规模经济	+	O	O	O

注："+"具有正面的重要影响，"-"具有负面的重要影响，"O"作用不明显。
资料来源：吕玉印著：《城市发展的经济学分析》，上海三联书店 2000 年版。

2. 对土地利用布局的影响

产业转型升级，一是促进城市功能的变化，二是引起用地布局的调整。三次产业结构演变实质上是资源由低效率生产部门向高效率生产部门流动，而资源的流动引发了工业用地的诸多变化（熊国平等，2009）。首先，土地作为重要的生产要素在从低效率生产部门流向高效率生产部门的过程中，导致了城市用地功能结构的调整。其次，资源流动引发了城市主导产业的转换，改变了产业获取利润和支付地租的能力，迫使部分工业重新选址，造成城市用地布局的重组；由地租理论可知，距离城市中心越近，所要支付的地租水平越高，各产业用地的地租水平随着距离市中心的距离不同其支付地租的能力也有明显差异。在图 8-1 中，横轴表示产业离市中心 O 的距离，纵轴表示产业支付地租的高低。从市中心 O 至 D_1 地段发展的产业 I 在城市中支付地租的能力是最强的，可能是金融、保险、事务所、商场等商业和服务业；在 D_1 和 D_2 之间发展的产业 II（如高新技术产业、先进制造业）的付租能力要比产业 I 小一些；D_2 和 D_3 之间可能是住宅用地的理想场所；D_3 和 D_4 之间会分布一些传统的制造业；D_4 以外地区则可能是支付地租能力很弱的农业用地。再次，在资源流动的过程中城市会不断孕育出新功能、新产业，产生新的城市空间需求和用地组合类型，推动工业用地性质的变化；最后，资源流动使城市原有部分功能逐步衰退并退出城市，为新增功能提供部分发展空间，产业结构调整引起用地结构的调整。在产业转型升级后应从制造业发展上寻求新的发展动力，这不仅满足工业本身的发展要求，又有利于城市的健康发展，使城市不断发展壮大，并富于生气。

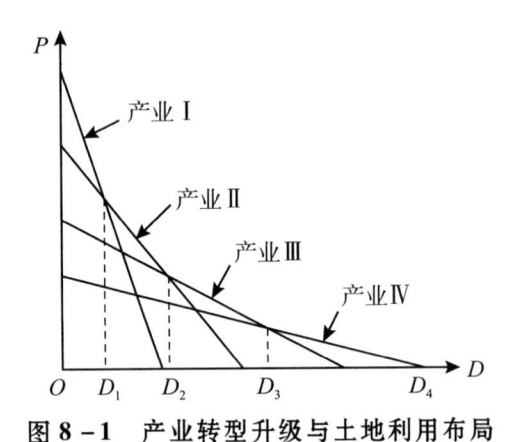

图 8-1 产业转型升级与土地利用布局

（三）产业转型升级对建设用地生态效益的影响

区域产业结构作为联系区域经济活动与土地生态环境之间的重要纽带，不仅是一个"资源配置器"，更是环境资源的消耗和污染产生的质和量的"控制体"（赵雪雁，2007）。区域产业的发展及其组合类型和数量比例的变化必然会极大的影响土地的生态环境。

1. 对资源的影响

资源的储存状况和一国产业结构息息相关，是影响产业结构的重要因素（方甲，1996），在人类社会经济发展过程中可以用来创造财富。产业转型升级对土地资源的影响方式和程度是多样化的。传统工业产业的发展如矿产资源的开采业、原材料工业等都要消耗大量的森林、矿产、能源等可再生或不可再生资源。产业转型升级摒弃了传统的工业化模式，探索出新型工业化道路。特别对于我国这样一个人均资源短缺的国家，有利于从根本上改变高耗能、高物耗的工业化模式，有利于解决经济增长与环境质量及经济增长与资源供应的矛盾，从而逐步形成资源节约型的、可持续的工业化模式，处理好发展、资源、环境之间的关系。

2. 对能耗的影响

我国是一个人口大国，同时是一个能源生产和消耗大国。但是在相当长的时期内，我国的能源利用效率并不很高，据有关方面的资料，我国每生产亿吨钢的能耗为 1 034 千克标准煤/吨,而国际先进水平只有 629 千克标准煤/吨,我国每炼一吨油的单位能耗为 22 千克标准煤/吨,国际先进水平为 19 千克标准煤/吨。如何以较少的能源消耗取得较快的经济增长,一直是政府与企业关注的问题。因此通过产业转型升级实现对能源的永续利用是我国经济发展所面临的一个迫切的问题,对于提升整个产业的生产率和运行效率,降低能源消耗以及减少工业生产过程中的排物量,对改善整个城市的环境质量具有重要的意义。

3. 对环境保护的影响

由于不同产业的污染排放强度不同,在相同的经济总量下不同的产业结构造成不同的经济后果,产业结构对一国的环境质量产生巨大的影响(候伟丽,2005)。传统的产业结构不仅消耗大量的资源并且排放大量二氧化碳、有毒化学品、重金属等,造成大气污染、水污染及土地污染等众多环境问题,对人类健康和舒适造成了严重损失。产业转型升级依靠技术进步,提升环境保护的可持续发展能力,发展高附加值、高科技产业,提高产业集聚程度,实现产业规模发展,打造具有先导性和创造性的高科技产业群,并且提高工业废弃物的处理率和利用率,降低环境污染,发展循环经济。随着高耗能、高污染的传统行业在整个产业中比重相对下降,低能耗、低污染的技术附加值高的新兴产业不断大幅上升,产业结构得以不断优化,我国经济朝着可持续发展的方向转变。

综上所述,产业结构会对能源和环境产生明显影响,带来建设用地生态效益变化。因此要通过产业转型升级,使经济同资源、环境协调发展,从而实现可持续发展之路。

三、建设用地管理对产业转型升级的影响研究

任何产业的发展和存在,都必须要落实到产业用地这个具体的载体上。建设用地的数量、结构、区位等特征在一定程度上能够决定相关产业的生产成本、结构和布局等,从而影响产业发展。因此,本研究将从建设用地数量、结构及区位3 个角度分析建设用地管理对产业转型升级的影响。

(一)建设用地数量对产业转型升级的影响

任何产业的发展壮大需要土地为其提供空间和场所。建设用地供给数量包括存量的供给和增量的供应,它是土地宏观调控的主要内容也是政府引导产业转型升级的主要行政手段。在我国现阶段土地一级市场垄断还是主要模式,政府成为土地最主要的供给方并直接参与土地市场行为,因此政府对土地供给量的调控直接影响到用地的供给,通过供求机制和价格机制对产业转型升级产生

影响（谢戈力，2011）。比如为了促使企业积极主动地调整产业结构，政府可以通过资源约束的倒逼机制，以及资源交易中的价格机制和竞争机制来引导企业行为，在改进生产工艺、提升技术水平上下工夫，从而促进那些高消耗、低效益的产业向低消耗、高技术和高效益的产业转型升级；同时还可以在建设用地数量控制中配合使用财政、货币等金融政策，比如在实际中为了鼓励高技术企业可以奖励一部分免费土地或降低地价，从而降低这一产业的成本，促进其更有利的发展。

(二) 建设用地结构对产业转型升级的影响

由于土地资源具有不可再生性，土地资源的供给具有稀缺性以及土地资源的利用具有多种适宜性，这决定了土地资源的配置格局必须优化。土地资源的优化配置应更多的体现地尽其用，在各个产业中土地资源要合理分配并使土地利用效率尽量符合最高标准，从而推动产业的结构调整和产业的转型升级。建设用地结构的演变分为外延扩张和内部重组的特征（杨于成，2012）：在外部空间上表现为建设用地规模的外延扩张；在内部则表现为各用地类型的重组。不同产业用地效益由于建设用地结构的外延扩张和内部重组必然受其影响而不同，当这种结构改变使得产业的集聚效应和规模效应有所下降，并突破该区域内的环境容量与资源的承载力时，则表明建设用地利用结构已不再合理，此时各产业主体在以利益最大化为原则的驱动下，会重新选择区位条件好的地块进行产业布局，并最终导致产业结构的改变。

(三) 建设用地区位对产业转型升级的影响

各地区在经济发展水平、自然资源禀赋等方面存在一定的差异，且这种差异会随着时间的推移，不断演变强化，进而形成区域发展失衡。而且从现实中来看，地区差异的客观存在决定了这种区域发展失衡是各国和各地区在发展地区经济时所不能避免的。具体到我国而言，这种区域失衡更为明显。我国各区域经济发展很不平衡，所以土地调控的方式应有所区别，土地政策的实施上也应区别对待，不能实行"一刀切"，合理有效利用建设用地区域内的区位优势，合理引导不同产业在各区域内合理布局和协调发展，促进产业的转型升级。此外应坚持差异化发展原则，立足区位优势和产业特色，加快发展与建设用地规划相符合的产业，对低效利用土地的企业实行退出机制，鼓励企业根据自身优势和区位优势进行产业转型升级。

四、小结

产业转型升级是各产业之间在最高效率原则的指导下，遵循协调发展，产业结构逐步趋于合理，不断升级，从而实现区域内资源配置的最优化和宏观经济效益最大化的动态过程。而任何产业的发展和存在，都必须要落实到产业用地这个具体的载体上。所以，区域产业的发展及其组合类型、数量比例的变迁，必然会对与之相对应的建设用地数量、结构布局等产生相应的影响，使得建设用地布局更加合理，用地结构更加优化，用地效益能够有所提升。从另一个角度来看，其实这也就说明了，对建设用地实行差别化的管理政策，是产业转型升级过程的需要，更是实现产业用地产业转型升级目标的必然要求。

与此同时，土地的利用状态实质上是各种要素集聚与配置的空间表现，反映的是整个区域经济发展的空间结构、集聚特征和内在机理（邵晓梅等，2006）。也就是说，通过对建设用地实行差别化的用地管理政策，来倒逼和加速产业转型升级的过程是可行的。例如，通过编制土地利用规划，划分土地利用区，实行土地用地管制。从而通过规划引导，明确有限制供给用地的产业、限制供地的产业和禁止供给用地的产业。对于鼓励类的产业项目，可以通过制定优先供地等支持政策；对于限制类或淘汰类的产业项目，可以通过提高供地门槛或不供地等手段进行限制。通过对不同产业类型的建设用地数量和位置等实行差别化供应方式，来实现区域产业结构调整和布局优化的目标，增强社会经济可持续发展程度。此外，还可以通过加强建设用地集约利用管理等，来提高行业管理水平、技术水平、产品质量等，从而实现产业用地经济效益、环境效益等用地效率的提升。

第二节　产业用地差别化供应政策研究

通过差别化的建设用地管理政策和措施的实施，可以促进产业结构和效率的改善，加速倒逼产业转型升级的进程。本节从供应环节研究产业用地差别化管理政策，主要研究基于节地、节能、减排、高效为约束的产业供地门槛控制指标体系及其产业用地供应准入政策、规划管制政策、弹性出让和租赁政策、供应价格政策等内容，探讨在产业用地供应环节，如何对新增产业用地实行差别化管理，以实现产业转型升级目标。

一、产业用地供应准入政策

（一）产业用地供应准入门槛主要控制指标体系研究

指标体系是正确认识与科学评价工业企业能否入驻的重要工具，构建合理与否，直接影响到评价结果的科学性和有效性，与此同时，指标的设置、指标体系结构、指标权重的确定以及评价技术方法等都对指标体系构建的科学性与合理性具有极其重要的影响。目前工业企业准入指标体系的研究存在构建方法不够系统、指标设置不够合理等问题。因此，本部分内容将通过查阅相关文献与政策措施，并结合实地调研，探讨指标体系构建的原则和框架结构的设计等。

1. 产业用地供应指标体系构建原则

产业用地供应指标体系构建涉及管理学、经济学、生态学、环境学等多门学科，其影响因素众多且复杂，所以构建指标体系必须遵循以下5个原则：

（1）系统性原则

工业企业的引入不能像以往只关注其经济效益，在倡导资源节约型、环境友好型社会，注重产业的优化升级的背景下，对于产业供地的影响因素的筛选，就需要综合考虑经济、资源与环境及社会等因素。

（2）可操作性原则

指标体系构建的目的是为了指导工业企业入驻，所以构成指标体系的各指标不仅要有确切的内涵，还得充分考虑数据的可获取性以及指标量化的难易程度，同时应该注意指标与国家和地方相关标准有效衔接。

（3）精简性原则

决定企业入驻的因素有很多，但是，不同指标的重要性程度有差异，同时由于某些指标具有强相关性，导致一些指标是另一些指标的原因或结果。因此，必须统筹兼顾，合理设置指标，争取通过最少的指标准确而全面地反映出总目标的本质特征。

（4）继承性原则

在用地准入措施完备的地方需要对现有的指标进行有益的取舍，不能盲目推倒重来，更不是重头做起，需要借鉴以前有益的方面。在用地准入措施不完备的地方，在引入企业的时候其实是有一套不成文的规定，也有一定体系值得我们科学合理的利用。

（5）前瞻性原则

指标体系的构建不能仅仅是作为临时性的体系，甚至是不合时宜的体系，在指标体系构建中需要注意立足现实，着眼长远。前瞻性原则即要求指标体系的构建符合国家大政方针，符合经济发展方向，符合产业转型升级要求等。

2. 指标体系框架结构设计

指标体系框架是指标体系组织在概念上的模式，它通过一定的逻辑关系，将若干个指标组织起来，搭建成指标结构的骨骼。指标体系框架结构设计需要注意框架模式的设计以及层次数的确定。框架模式是指按照何种方式方法分解总目标，而指标的层次数取决于框架模式和总目标的内在含义。所以，有些文献、课题针对虽是同一研究对象，但框架模式和总目标不尽相同，构建的指标体系的差异也会很大。建立产业用地供地门槛指标体系框架结构的具体步骤如下：

（1）确定并分析分解总目标的内涵

针对产业自身的特点，确定项目准入的总目标，并分析其内涵和可分解性。

（2）分析已有指标体系框架模式的适用性

针对可持续发展指标体系提出的5种框架模式也是构建其他指标体系常用的结构设计模式，这5种框架模式是：压力—响应指标体系框架模式、基于经济的指标体系框架模式、社会—经济—环境三分量模式或主题框架模式、人类—生态系统福利指标体系框架模式和多种资本指标体系框架模式。应根据总目标的内涵和可分解性，分析5种框架模式的适用性（朱丽，2011）。

（3）确定指标体系框架结构

通过以上5种框架模式与自身研究目标及内涵的适用性分析，最终借鉴几种模式的思路，形成产业用地供地门槛指标体系的框架结构。

（4）分解总目标，形成指标层级结构

根据以上确定的指标体系框架结构，将总目标进行细分，分解的方法决定了指标层次数。文献研究结果表明（张丽娜，2006；陈习连，2007；高研，2007）：指标体系层次数在3~6层是比较合理的。这样总目标与具体指标之间需要通过中间层建立联系，中间层一般称为"准则层"。如果中间层级数大于1，可按照由高到低的顺序称为准则层、次准则层，或准则层1、准则层2等。最低一层称为变量层或要素层，由不可再分解的指标构成。根据萨蒂（Satty）以及心理学研究结论的论述，每一层指标的数量不宜多于9个。

根据以上的步骤和方法，并在大量的实地调查资料基础上，同时考虑指标系统评价的可行性，课题组认为对产业用地准入门槛指标体系应从土地投入程度、土地利用效益、土地利用程度、土地坏境效益等四方面构建指标体系。课题组按照这四个方面结合实际调研情况筛选了最适宜的指标，构建了产业用地供应门槛的指标体系（见表8-2）。

表 8-2　　产业用地供地门槛主要控制指标体系

因素	控制指标	指标测算方法
土地投入程度	单位面积固定资产投资强度 地均能耗系数	企业固定资产投资除以用地总面积 企业年能源消耗量除以企业用地总面积
土地利用效益	单位面积土地产出率 单位面积土地利税总额	企业年产值除以用地总面积 企业年利税总额除以用地总面积
土地利用程度	容积率 建筑系数	企业建筑面积除以用地总面积 企业建筑物基地面积除以用地总面积
土地环境效益	地均 COD 排放量 地均 SO_2 排放量	企业 COD 排放量除以用地总面积 企业 SO_2 排放量除以用地总面积

(二) 产业用地供应准入门槛主要控制指标的控制标准研究

1. 工业用地准入门槛标准确定原则

(1) 合法性原则

控制指标体系研究必须符合国家有关法律、法规和产业政策，保持控制指标体系与国家有关法律、法规和产业政策的衔接。

(2) 针对性原则

控制指标研究一方面要从建设用地利用现状及存在问题出发，确定的控制指标充分体现地区特色，与控制指标编制的目的一致，有利于提高工业建设项目用地水平；另一方面要根据不同行业及产品特征确定控制指标值，充分反映行业土地利用条件的差异。

(3) 可操作性原则

一是要求行业分类必须与国民经济行业分类相对应，项目规类简易明了，操作简便；二是指标值要求与所在地区工业建设项目土地集约利用现状相衔接，能够满足建设项目日常管理、审批和集约利用考核的需要。

(4) 引导性原则

控制指标值应尽可能反映不同行业建设用地今后的发展趋势，对促进产业结构升级、技术层次提高以及土地集约、高效利用发展，具备一定的引导性和超前性。

2. 控制指标取值方法

在实际评价过程中，针对不同指标特征和区域自身特征，可以采用以下的方法进行不同区域评价标准值的确定：采用国家或地方制定的规范标准；采用国内邻近区域内同规模、同类型区域的最高水平值；采用该区域的历史发展趋势确定的合理水平值；参照发达国家相关标准；向各方面专家咨询；对区域内企业进行问卷调查。

（1）德尔斐法

德尔斐法也称专家咨询法，是将专家设定为参与者，利用其知识、经验和分析判断能力对目标进行鉴证的一种方法。主要特点是：一是简便，根据具体评价对象，确定恰当的评价项目，并制订评价等级和标准。二是直观性强，每个等级标准用打分的形式体现。三是计算方法简单，且选择余地比较大。四是将能够进行定量计算的评价项目和无法进行计算的评价项目都加以考虑。

（2）目标值法

美国食品药物管理局对目标值（Objective performance criteria，OPC，或Performance Goals）的定义为：从大量历史数据库（如，文献资料或历史记录）的数据中得到的一系列可被广泛认可的性能标准通常目标值由靶值（target）和单侧可信区间界限（通常95%单侧可信区间界限）组成，其中，单侧可信区间界限最为重要，近些年来，有时仅用单侧可信区间界限表示。单侧可信区间界限确定了单侧可信区间的最低或最高可接受的目标值，此值往往需要由各方面专家组成的研究小组共同讨论决定，且需要通过相关官方审评机构的认可。有些目标值则可从官方文件中获得。

（3）问卷调查法

问卷调查法也称"书面调查法"，或称"填表法"。用书面形式间接搜集研究材料的一种调查手段。通过向被调查者发出简明扼要的征询单（表），请被调查者填写对有关问题的意见和建议来间接获得材料和信息的一种方法。按照问卷填答者的不同，可分为自填式问卷调查和代填式问卷调查。

3. 产业用地准入门槛标准案例研究

由于产业本身性质以及其产品类型千差万别，产业中不同门类各个指标之间差异很大，不同产业对土地投入强度、利用效益、利用程度和环境效益方面都有不同的要求，同时，精确确定控制指标值的范围难度比较大，因此，本研究控制指标控制方式总的思路是设置两个临界值和一个均值，正向指标是将最低临界值作为控制值，将最高临界值作为理想值。负向指标是较高的值作为控制值，将最低临界值作为理想值。控制值表示产业用地准入门槛必须达到的目标，在此基础上越靠近理想值越好。

本研究以常州市为例，开展产业用地准入门槛标准案例分析。常州市主要产业构成中，化工、冶金、机械行业占工业行业总产值比重分别达到12.9%、21.5%和38.6%；2011年完成规模以上工业产值8 270.8亿元，轻工业占18.71%，重工业达81.29%。2012年,课题组走访了常州市11个开发区,调查了来自23个行业400多家规模以上工业企业,发现行业之间单位土地产出率、单位土地固定资产投资以及单位土地利税总额的差距较大,走访的各个企业容积率和建筑系数并没有太大的差异,容积率普遍能达到0.7,建筑系数普遍达到0.5;现有常州市重化工业占有较大比重,可能会对生态环境造成负面影响,需要协调经济发展与环境保护的关系。到目前为止,常州市还没有制定一个系统的产业用地指标体系来约束工业企业入驻园区,地方政府招商引资随意性较强,且大多只看重经济效益,环境方面的约束条件不够完善。鉴于此,亟须针对产业用地准入门槛进行科学的指标体系构建,约束企业入驻园区的随意性,为工业转型升级加码。

算术平均值

工业行业均值是在调查地区该行业2011年规模以上工业企业用地统计数据基础上,采取加权法计算得出。均值反映了本市规模以上工业行业(类别)平均用地水平(见表8-3)。

表8-3 产业用地门槛标准划分及确定方法

	正向指标	负向指标
算术平均值	调查收集的调研区域2011年规模以上工业企业的固定资产投资强度、土地产出率、单位利税,容积率、建筑系数等指标进行加权平均。	调查收集的调研区域2011年规模以上工业企业的地均COD、地均SO_2排放等指标进行加权平均。
控制值	容积率、投资强度和建筑系数的控制值依据《江苏省建设用地指标(2010年版)》确定的相关要求。土地产出率、单位利税在算术平均值的基础上上浮10%。	地均COD、地均SO_2排放等指标在算术平均值的基础上下调10%。
理想值	主要依据20世纪90年代后期日本等工业发达国家的产业水平标准。若无相关数据则取控制值的1.3倍。	主要依据20世纪90年代后期日本等工业发达国家的产业水平标准。若无相关数据则在控制值的基础上下调30%。

控制值

行业(类别)控制值是按照适度提高和合理控制的原则,运用概率统计分析方法分析不同等级的工业园区各行业(类别)用地数据的分布,综合考虑城市总体规划、产业导向和布局、区域间产业发展水平差异等因素进行设定,体现政府在对不同产业类型土地利用效率的最低要求,指标中的容积率、投资强度和建筑系数的控制值依据《江苏省建设用地指标（2010年版）》确定的相关要求；正向指标的控制值，在常州均值基础上上浮10%。负向指标的控制值，在均值的基础上下调10%取得。

理想值

评价指标的理想值是对工业用地评判的目标值，理想值的确定是技术方案中的一个关键，也是一个难点。理想值确定得不合理，将会影响整个评价的真实性和科学性，就不能准确反映土地利用状况，也就失去了工业用地门槛设置的目的和意义。由于各园区发展背景、现状条件的迥异，地区传统文化、思想意识的差别，以及政府决策倾向、发展重点的不同，决定了开发区土地利用评价指标理想值不具有普遍性，所以开发区土地利用评价指标理想值目前缺少一个统一的标准。这要求我们在确定理想值时，要从自身特点和区位条件出发，同时还要考虑开发区自身发展情况和发展目标，综合确定。本研究主要是以目标值法、专家咨询法、问卷调查法等多种方法，以及国家、省市等权威部门的一系列技术标准、文件、规定中所罗列的与园区用地评价指标的数据口径一致的相关内容，按照常州市产业布局和发展要求，设置了理想值。行业（类别）理想值代表世界发达国家先进水准，本研究中，正向指标的理想值的确定主要依据20世纪90年代后期日本等工业发达国家的产业用地水平，当20世纪90年代后期日本等工业发达国家的产业用地水平低于控制值的1.3倍或无相关数据时，取控制值的1.3倍作为理想值，负向指标在控制值的基础上统一下调30%取得。

二、规划管制政策

（一）制定产业发展规划，引导市场投资预期

制定产业发展规划，明确本地区产业类型中鼓励类、限制类、禁止类产业目录，引导市场投资预期，预防产业结构低水平雷同（高敬峰，2008）。对于值得鼓励发展的产业，即市场潜力大、技术含量高，符合国家或地区可持续发展战略要求，能够促进产业转型升级，如高新技术产业，优先提供土地供应，保障其用地要求；对于需要限制发展的产业，即产能明显过剩，低水平重复建设比较严重的，不符合国家或地区可持续发展战略要求，尤其是高污染高耗能的淘汰类产业，要限制其供地或者不予供地，从而使该产业逐步退出。由于不同行业利润率不同，不同产业用地的集约水平也存在着不均衡性，如建筑容积率、投资密度和地均销售额最高的是电子行业，利税最高的是医药业，地均吸纳劳动力最多的是纺织业。同时，不同区域间同行业也存在着集约水平的明显差异，这也为产业的

梯度转移提供可靠参考。因此，各个地区在制定本地区的产业发展规划时，应当立足该地区具体情况，如建设用地、地区经济发展水平、劳动力资源等要素禀赋的具体情况，统筹考虑，充分发挥该地区的比较优势，充分避免相对劣势，制定适合的产业发展规划。例如，在经济发达地区应当充分发挥其经济优势，吸纳高新技术产业，以此为着力点做大做强，逐步形成其支柱产业，并逐步将传统产业淘汰转移出去。对于经济欠发达的地区而言，在制定自身的产业发展规划时，应当充分考虑产业转移的承接准备工作。此外，各地在制定产业发展规划时，还要对潜力型、保护型、激励型产业加强关注，对这些产业给予一定的用地扶持和发展空间。通过对产业发展规划的合理编排和实施，实现地区自身和整个区域产业布局的协调均衡发展，从而摆脱粗放式的发展路径，提高产业用地的效率，最终实现产业结构优化升级这一宏观政策目标。

（二）编制土地利用规划，发挥规划的先导作用

一方面，通过对土地利用总体规划的编制和实施，划分土地利用区域，实行有效的土地利用管制，统筹安排各项建设用地尤其是优势产业结构调整项目的区域布局和用地指标，充分发挥引导和调控作用。通过规划编制，明确禁止、限制、重点和优化等多个类型开发区的范围。并且科学合理的确定各种类型内部生态用地公共设施和基础设施用地、工业用地等的规模。通过编制土地利用规划，能够有效对各类型用地的供给数量和布局进行时间和空间上的调控，从而引导区域产业结构的合理化。差别化管理工业用地对于增强企业用地的协调、促进地区经济社会、资源环境的和谐发展具有重要的引导意义。另一方面，通过土地利用规划能够对土地资源合理有效利用起到引导、调控作用，这对于产业结构的调整、社会经济的稳步发展具有重大意义。新一轮的土地利用总体规划需要着眼于当前经济结构调整的要求，使其符合土地利用的总体规划以及各地区城镇总体规划，与地方经济社会的长期发展相辅相成，合理的布局能够保障未来很长一段时间内的用地需求。

三、弹性出让和租赁政策

（一）研究不同企业生命周期特点，掌握行业生命周期规律

学者们的研究表明，每个企业在发展过程中大致会经历相同的过程，即初创期、发展期、成熟期和衰退期等四个时期。由此，我们可以将企业生命周期定义为每个企业都要经历的一个由成长到衰退的演变过程，一般分为初创、成长、成

熟和衰退四个阶段（鲁良栋等，2009）。且企业生命周期的长短则受到企业家个人因素（包括企业家的性别、年龄、职业背景、教育程度等）、企业因素（如企业年龄、原始规模和所有制类型等）和环境因素（如行业、地域、经济周期等）等三个方面的影响（J Brüderl et al.，1992）。通常情况下，处于产业链上游的基本产业，如石油、水泥、玻璃、钢铁等行业，其生命周期相对较长。而处于产业链下游的产业，即与最终消费者接近的产品，如家电、计算机、手提电话等，对于企业外在环境的变化和消费者偏好变化更为敏感，其生命周期相对较短。根据国家统计局的初步调查，我国电力、热力的生产和供应业规模以下企业平均生命周期约12年，而纺织业规模以下企业的平均生命周期仅为7.54年。首次经济普查资料显示，我国规模以下工业企业大多年幼，平均存活时间仅有6年，东部地区规模以下工业企业平均为5.6年，小于中部地区的企业平均7年和西部地区的企业平均7.5年（杨玉民等，2006）。这些数据表明，不同行业和企业生存周期存在着较为显著的差异，但与当前工业用地出让最高年限50年的标准相比较，要低很多。这就造成了企业生存周期与土地出让年期不匹配的矛盾，使得多数企业处于生命周期完结后仍能够继续拥有土地使用权并享受由土地增值而带来的资产性收益，从而强化了土地要素资源短缺和产业用地低效利用的矛盾，不利于土地资源稀缺背景下的社会经济可持续发展。由此，应结合本地区实际情况，对企业生命周期特点进行深入分析研究，把握不同行业生命周期规律，为生命周期理论应用到土地宏观调控实践，特别是产业用地差别化调控中奠定基础。

（二）推行工业用地弹性出让和租赁政策，针对不同行业采用不同出让年期

我国当前工业用地出让时间与产业生命周期（企业存活时间）之间的匹配性较差，反映的实质是土地市场中供给和需求之间的不合理匹配，其背后的问题根源在于现行工业用地出让制度存在明显的不完善性。这种不完善突出体现企业（土地使用者）基本可以将土地的闲置和土地增值收益占为己有。在地价预期不断上涨的背景下，使得土地更多地被当做是一项拥有较好投资价值潜力的资产，而并未被当作稀缺性的生产要素使用。一旦土地的巨大升值空间开始逐渐显化，那么土地使用者就会更加倾向于占用更多的土地，从而获取土地市场转让价格与土地取得时的成本价格之间的差额（即增值收益），由此会使得投资投机性土地需求的加速膨胀。所以，我们应该从完善工业用地出让制度入手，对各行业的企业生命周期特点进行研究，把握企业生命周期规律，根据企业生命周期的长短，采用产业用地弹性出让和租赁政策，按年缴纳租金、定期调整租金标准。待土地租赁到期，可采用续租的方式延长使用年限或是根据评估价格，按评估市场价格

收回厂房等地上附着物,从而提高产业用地的利用效率,促进产业用地的循环使用,进一步弱化产业用地作为投资投机时的资产属性,使其回归作为稀缺性生产要素的资源属性,从根本上治理企业的低效用地。

在具体实施弹性出让和租赁政策时,课题组认为,这种租赁类型在形式上应当是一种多元化的租赁,根据具体情况来确定具体的租赁形式,至少应该包括以下三类:第一,政府将国有土地以租赁的方式直接提供给土地使用者使用,并签订国有土地使用权租赁合同,在合同中明确各自的权利和义务。租赁年期的长短,则根据拟申请用地企业所处具体产业类别及对应的行业生命周期长短来初步确定,再结合企业的初始投资规模,申请用地所处的区域等具体情况进行调整。第二,对于原来属于划拨性质的用地,若其发生了转让、企业改制以及用途改变等情况,应该以有偿方式使用的,则可以采用土地使用权租赁的方式用地。此类型用地租赁时间长短的确定办法与第一类相同。第三,对于用地面积较小,不宜单独供地的,可以向其提供标准(或多层)厂房租赁。其中,前两种租赁模式,可降低企业一次性缴纳大量土地出让金而带来的经济压力,减小拟申请用地企业的前期投资,同时也有利于进一步发挥土地政策在宏观调控中的作用,加速推进产业结构调整和产业的转型升级,有效地防止和减少产业用地低效利用,特别是闲置土地的出现;第三种(标准厂房)租赁模式,不仅具有提高产业用地的周转效率,减少建设用地供应规模的效用,而且还可以起到支持中小企业发展的重要作用。从国外的经验做法来看,当前欧美国家的产业用地中有一半以上是通过标准化工业厂房租赁的方式来供应市场的。

此外,对于租赁模式中土地年租金标准确定,课题组认为可以通过以下四种典型的方法来测算:第一,土地资产总额比例法。以土地资产为基准,按比例收取,从而确定土地年租金的标准。土地资产总额则由土地管理部门每三年按基准地价评定一次。第二,基准地价法。运用此方法时,既可以按照基准地价的百分比来确定土地年租金标准,也可以直接根据基准地价来确定具体的标准。第三,征地成本法。按照当地征地成本价的百分比来计算租金。第四,分等定级法。根据土地的不同地段和用途,分别制定土地年租金标准(姜爱林,1998)。

四、供应价格政策

(一)构建差别化的《工业用地出让最低价标准》,促进产业结构优化升级

2006年国务院出台31号令《国务院关于加强土地调控有关问题的通知》

（国发［2006］31号），要求"根据土地等级、区域土地利用政策等，统一制订并公布各地工业用地出让最低价标准。工业用地出让最低价标准不得低于土地取得成本、土地前期开发成本和按规定收取的相关费用之和。工业用地必须采用招标拍卖挂牌方式出让，其出让价格不得低于公布的最低价标准"。这标志着我国工业用地告别以政府为主导的资源配置方式，走进了市场化的时代。这也势必促成我国的工业用地价格和真实价值的不断逼近。但是工业用地走向市场并不仅仅如此，统一制定工业用地最低出让价格标准并不能完全充分有效发挥转变经济增长模式、促进产业升级方面的作用。

课题组认为，构建起差别化的工业用地出让最低标准，在价值评估和用地细分的基础上，对企业用地的出让起价管理实行差别化。首先，我们应当对行业类型进行细分和评估，据此体现不同行业所用土地具有不同的产出价值。其次，制定不同行业类型工业用地的差别化供地价格政策。倘若该产业符合该地区的产业用地转型升级目标，则应当按照地块所在地理位置所公布的工业用地价格来设定具体价格。对于那些可能不符合该地区产业升级目标但是仍然在一定范围内进行投资的产业用地，按照该地区的市场竞争价格设定具体价格。具体而言，对于新兴产业，包括新材料新能源以及各类高端顶尖设备制造业应当按照该地区工业用地出让最低标准来制定价格，以此彰显对该产业的扶持，尤其是一些节能减排行业。对于一些落后的夕阳行业，则应该完全按照所处地区的市场价格进行出让起价，由此进行一定的限制，如水泥、钢铁等行业。我们试图通过差别化的企业用地价格的管理来实现该地区产业结构的合理优化。

（二）构建差别化的《工业用地出让最低价标准修正幅度》，进一步促进地价政策与产业政策协调配合，发挥地价政策在工业用地差别化管理中的作用

各个地区可以根据自身的经济社会发展情况和对于自身产业的定位修改工业用地出让最低价，并且规定一定的修改幅度，以此支持优先发展类产业，遏制限制发展类产业。如根据房屋容积率、固定资产投资强度、建筑密度、技术条件、环保指数等对高新技术产业和重化工产业制定不同的修改标准和幅度，对前者给予地价优惠，适当降低最低标准，对后者提高最低出让价格。例如，江苏省金坛市则把最低出让价格及优惠幅度与土地投资强度、建筑密度、建筑容积率等指标进行挂钩，对三项指标超过当地平均水平50％、30％、10％的产业用地分别给予地价优惠30％、20％、10％的鼓励。再如，广东省佛山市将当地的企业划分为高新产业和一般产业。若某企业通过市科委认定为高新技术产业或产品项目用地，则对该企业进行一定地价上的优惠，由主管国土和工业的市领导统一审批，土地使用权出让手续则由市国土局办理，而对于不享受优惠的一般产业则直接由国土局审查审批即可。同时，对于高新产业的新菜地开发基金实施免除或减半的优惠。对于享受土地优惠价格的公司，其用地项目建成后必须进行验收，倘若不符合高新技术产业分类标准的，则用地企业必须补交高新产业地价和一般产业地价之间的差额，对于未建成的项目同样要补交差额。

《工业用地出让最低价标准修正幅度》差别化的构建，能够逐步建立起"有保有压、区别对待"、因地制宜、因企业制宜的灵活工业用地地价管理政策，更好落实国家对于扩大内需促进经济快速稳健发展的重要决策，有助于实现"调结构、上水平、保增长、扩内需"的宏观调控目标，通过改变产业用地利用方式促进政府调控目标的实现。

五、小结

差别化建设用地供应政策是政府对地区经济社会发展进行调控的重要工具，它以各地区的比较优势为基础，着眼于解决区域发展的突出问题，在保持宏观政策统一性的前提下，通过政府的集中安排，实行"区别对待、分类指导，有扶有控、突出重点"的建设用地供应政策取向。产业用地差别化供应政策主要体现在针对不同类型产业（先进制造、新兴产业、传统产业等），实行侧重点不同的供地管理方式。土地调控部门通过相应的传导机制，对不同地区的产业用地的供应总量、布局、结构、价格和时序进行适时适度的调节，以提高产业用地政策的空间指向性、针对性和可操作性，实现经济活动更有效、更公平的区际分布，有效缩小地区发展差距和促进基本公共服务均等化，努力优化土地利用结构布局，从而促进产业布局的优化和效率的改善，实现产业转型升级和区域协调发展的宏观目标。

第三节 产业用地供后政策研究

产业用地供应以后，还应当加强供后监管。本研究主要是从产业用地的绩效评估、低效退出机制和供后监管机制三个角度出发，研究产业用地供后差别化管理的路径。首先，在产业用地绩效评价理论阐述的基础上构建指标体系选取模型对各行业用地绩效进行评价。其次，深入阐述产业用地低效退出内涵，并根据不同产业绩效评价的结果，结合产业供地差别化的供地门槛，制定产业用地退出的标准及其退出方式，从低效退出目的（即提高产业用地绩效）的角度出发，将其划分为低效产业用地概念性退出和实体性退出两类。退出机制的建立则按照"激励与倒逼并行，行政与市场互补"为主线，差别化地构建了低效产业用地概念性退出激励与倒逼机制及实体性有偿退出机制。最后提出：通过构建低效产业退出过程中监管机制、实体性退出再配置监管机制及组织协调机制，实现低效产业用地退出监管机制的完善。

一、产业用地供后政策研究流程

如图8-2所示，课题组认为，以低效退出为主线，可以将完整的产业用地供后政策流程划分为三个环节：退出前的绩效评价，退出中的具体退出行为（包括概念性退出和实体性退出），实体退出后的监管机制。

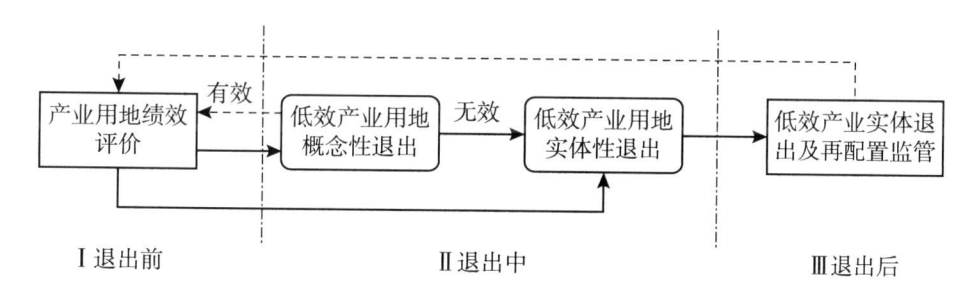

图 8-2 产业用地供后政策研究流程图

第Ⅰ阶段，评价当前产业用地利用绩效水平，确定退出对象。应通过构建指标体系对产业用地绩效进行合理评价，同时选取合理的参照标准，作为衡量产业用地利用绩效高低的尺度。需要提出的是，这种评价具有经常性的特点，而非一次性的评价，需要由专门的部门对产业用地进行动态监管，通过定期评价，来保证产业用地利用绩效始终处在较高的水平。

第Ⅱ阶段，判断低效产业用地退出类型并开展相应的退出行为。若评价结果显示，当前产业用地处于低效利用状态，那么则应该判断低效用地退出类型。如果是由于当前产业不符合区域整体产业布局和发展战略，而导致了低效利用，则应该直接进入低效产业用地实体性退出环节；如果是由于企业自身的原因，导致用地绩效不高，如，地均投入产出较低，地均能耗较高等，则应该实行低效产业用地概念性退出。若概念性退出完成，则应该进入下一轮用地绩效评价和低效退出；若概念性退出无法完成，则说明企业在用地绩效方面无提升挖掘的可能，应该进入低效产业用地实体性退出阶段。

第Ⅲ阶段,对低效产业退出过程的监管以及对低效产业用地实体性退出后的再配置的监管。这部分主要通过制定相应的准入企业类型、门槛标准等,对新入驻的企业形成导向和约束,以确保低效产业用地实体退出后再次投入使用时,能够保持较高的用地绩效。

二、产业用地利用绩效评价

(一)产业用地利用绩效评价的理论阐释

绩效这个概念首先在西方新制度经济学中被引入,诺思在《制度、制度变迁与经济绩效》一书中认为"绩效"是"Performance",即制度的表现。波曼等(Borman et al.,1993)提出了绩效二维模型,将绩效分为任务绩效(作业绩效)和周边绩效(关系绩效)。彭剑锋(2003)将绩效定义为"人们从事某一种活动所产生的成绩和成果"。

产业用地利用绩效评价是指从产业用地利用过程中的资源利用、能源消耗、财富创造、环境保护等多角度和综合利用结果出发,综合评价产业用地的利用水平,评价产业用地利用的综合效益。进行不同工业行业用地绩效比较的前提必然是构建一个合理的绩效评价指标体系。通过该指标体系能够全面地评价产业用地利用的综合效益,而不仅仅是经济效益。传统土地集约利用评价更多是从产业用地利用的经济效益(如容积率、固定资产投资强度、单位面积利税等)出发进行评价,而并未过多关注产业用地利用的其他结果,如产业用地利用的环境效益等。这就有可能造成一个问题,对不同行业之间的产业用地利用效率所做出的评价不够客观,甚至有可能会将不同行业之间的用地绩效水平高低颠倒。例如,对于诸如钢铁、石油化工类行业,可能在地均经济效益方面要优于电气制造业,进而我们得出前者的土地利用效率要高于后者的评价结果。但由于不同行业自身的特征,包括生产工艺、生产流程等,这些钢铁、石油化工等行业在生产过程中,会消耗大量的标准煤,排放大量的污水,产生大量的污染气体等。但电气制造业的地均能耗水平和地均污染排放水平则相对要小很多。若在产业用地利用绩效评价时将这些与产业用地利用紧密相关的因素进行综合考虑,而不仅仅是考虑产业用地利用的经济效益,则电气制造业的用地在综合绩效方面甚至会超过钢铁、石油化工等行业。

（二）产业用地利用绩效评价

1. 指标体系构建

土地利用是一个复杂的过程，从投入产出角度仅可以衡量产业用地的经济效率，但除此之外，产业用地利用带来的环境污染等负外部性问题明显。所以，课题组认为在对产业用地利用绩效进行评价时，应该从产业用地的利用过程和综合利用结果出发，多角度考虑产业用利用绩效。从行业层面来对产业用地利用绩效进行综合评价，要求在指标体系构建时，着重从与行业用地最相关的因素来进行评价。

考虑到与产业用地供应门槛指标体系相呼应，本研究秉承"节地、节能、环保、高效"的原则，从资源利用、能源消耗、环境保护、财富增长4个角度出发选择了8个评价指标因子构建了产业用地利用绩效指标评价体系。资源利用主要考虑土地资源投入程度以及土地资源利用强度。投入程度方面包括资金投入和劳动力投入。资源利用强度通过容积率和建筑系数来表示，分别反映的是产业用地空间利用程度和平面利用程度。一般而言，投入程度越高，利用强度越大，产业用地绩效越高。能源消耗是衡量土地利用能耗是否可持续的重要尺度，地均能耗系数属于负向指标。环境保护从产业用地利用的环境外部性来考虑用地绩效，选取的指标是地均 COD 和 SO_2 排放量。二者均属于负向指标，衡量土地利用污染物排放强度。排放强度越低，用地绩效越高。财富增长体现的是产业用地利用的经济效益，包括地均工业总产值和地均利税。其中，前者反映了工业生产总规模和总水平，是衡量土地产出水平的重要尺度。后者反映的是单位产业用地上项目的经济效益及对国家税收方面的贡献，是衡量土地利用在经济上可持续发展能力及促进地方经济发展水平的重要尺度。二者均为正向指标，即产业用地的经济效益越大，其利用绩效越高。在上述总体指标建构的基础上，课题组研究的是产业用地不同行业的用地绩效，但如果将上述投入产出量直接拿来作比较，会存在缺乏可比性的问题，产业用地中一些规模较小的行业虽然能耗和污染较少，但其经济总量也很小，对于这样的小规模行业，它们产生的能耗和污染在总数上可能比大规模行业稍小，但这并不能说明其绩效就一定是好的；一些规模行业虽有较大的能耗和污染，但这可能是其庞大的经济规模所造成的必然结果，对于这样的经济规模行业，如此多的能耗和污染可能还并不一定证明其绩效差。因此，直接用能耗和排污量等数量进行比较是不合适的，并不能反映出各行业真实的绩效。这也正是目前绩效评价尚未解决又迫切需要解决的主要问题，基于上述分析，同时考虑指标选取的合理性和评价可操作性，本研究将上述投入量和产出量均除以其相应行业的用地总面积，这样就能剔除行业规模因素对评价结果的不利影响。具体指标的构建和计算式如表 8-4 所示。

表 8-4　　　　产业用地利用绩效评价主要控制指标体系

评价因素 （准则层）	控制指标（指标层）	指标测算公式
资源利用	固定资产投资强度（+）	行业固定资产投资总额/行业用地面积
	容积率（+）	行业总建筑面积/行业用地总面积
	建筑系数（+）	（行业建筑物占地面积 + 行业构筑物占地面积 + 堆场用地面积）/行业总用地面积
能源消耗	地均能耗系数（-）	行业年能源消耗量/行业用地总面积
环境保护	地均 COD 排放量（-）	行业 COD 排放量/行业用地总面积
	地均 SO_2 排放量	行业 SO_2 排放量/行业用地总面积
财富创造	土地产出率（+）	工业总产值/行业用地面积
	地均利税（+）	上缴税收/行业用地面积

2. 指标权重的确立

为了保证评价结果的客观性，本研究采用熵权法确立指标权重。熵权法主要根据指标数值分布的无序程度来确定该指标在评价体系中提供信息的多少，进而确定权重大小。整个过程完全根据数据自身特征，无主观成分。当各评价对象的某一指标值相同时，熵值为 1，说明该指标为评价体系未提供有价值的信息，其权重则为 0，可以考虑取消该指标。反之，若各评价对象某项指标值相差较大时，则熵值较小，说明它提供的有用信息量很大，故而其权重应该越大，应重点考察。由于各评价指标有不同的量纲，所以我们需要对其进行标准化处理，使之界定在一个小的特定区间，如 [-1,1]、[0,1] 等。不同的数据标准化方法，对评价结果影响较大，在具体选择时，应根据评价目的来进行。对于需要进行分析评价对象差距以及评价对象进行分级的评价，适宜采用线性标准化方法（俞立平等，2009），本研究采用如下线性标准化方法：

正指标：
$$U_{ij} = \frac{R_{ij}}{\max(R_j)} \quad (8-1)$$

负指标：
$$U_{ij} = 1 - \frac{R_{ij}}{\max(R_j)} + \left\{1 - \max\left[1 - \frac{R_{ij}}{\max(R_j)}\right]\right\} \quad (8-2)$$

式中：U_{ij} 为单项指标，R_{ij} 为各指标原始值，$\max(R_j)$ 为某准则层中指标的最大值。

3. 产业用地绩效测算

在数据标准化处理基础上，通过指标权重与标准化值相乘求和的方法来评价资源利用、能源消耗、环境保护、财富创造等四个子系统的值，进而测算各产业整体用地的绩效水平，具体评价方法如下：

$$F_j = \sum_{i=1}^{n} (U_i \cdot w_i) \tag{8-3}$$

式中：F_j 是第 j 个子目标评价指数；U_i 是该评价因素中第 i 个指标标准化之后的值；W_i 是该评价因素中第 i 个指标权重。n 为该评价因素中所包含的评价因子的个数。

（三）实证分析

本研究以常州市为例开展实证分析。常州市处于我国经济发达、发展活力强劲的长三角经济腹地，北携长江，南衔太湖，与上海、南京等距相望，水、陆、空交通十分便捷，目前已成为"大上海"经济都市圈的中心城市之一，是该地区重要的制造业基地和物流集散地。目前全市建有3个国家级开发区：常州出口加工区、常州高新技术产业开发区、武进进出口加工区；8个省级开发区：金坛经济开发区、溧阳经济开发区、新北工业园区、武进高新技术产业园、武进经济开发区戚墅堰经济开发区、钟楼经济开发区、天宁经济开发区。2008 年，常州市各级各类开发区以全市2%的土地面积，创造了全市43%的地区生产总值、50%的地方一般预算收入、52%的进出口总额和46%的税收，成为常州经济重要的增长极。从工业行业角度看，2011 年，全市完成规模以上工业产值 8 270.8 亿元，其中，轻工业占 18.71%，重工业达 81.29%；从各行业企业数量看，纺织、电子、化工分别占企业总数的 10.3%、11.1%、12.6%；从各行业产值的比值看，化工、冶金、机械行业占工业行业总产值比重分别达到 12.9%、21.5% 和 38.6%。

作为"苏南模式"的典型代表地区之一，常州市的乡镇企业在改革开放的大潮中迅速发展壮大，乡镇工业产值一度占到全市总量的 40% 左右。在 90 年代初期的"开发区热"中，常州市大力推进开发区建设。

1. 数据处理说明

本研究所采用的调研数据为常州市 11 个开发区，17 个行业，400 多家规模以上工业企业 2011 年末的数据。并对同一行业内各调研企业数据进行加总，作为该行业各指标的原始数值。

2. 绩效评价

为了保证评价结果的客观性，本研究采用熵权法确立指标权重，根据指标数值分布的无序程度来确定该指标在评价体系中提供信息的多少，进而确定权重大小，再采用公式（8-3）计算各行业用地利用绩效的总得分，以得到各行业整体性的评价，然后分别计算资源利用、能源消耗、环境保护、财富创造四个一级指标绩效的得分,计算公式与上式相同。

首先,确定各指标权重。采用熵权法确立指标权重的具体过程如下:

采用线性标准化法对原始数值进行标准化处理。

正指标:
$$U_{ij} = \frac{R_{ij}}{\max(R_j)}$$

负指标:
$$U_{ij} = 1 - \frac{R_{ij}}{\max(R_j)} + \left\{1 - \max\left[1 - \frac{R_{ij}}{\max(R_j)}\right]\right\}$$

式中:U_{ij}为i行业j项指标标准化后的标准值,R_{ij}为i行业j项指标的原始值。$\max(R_j)$为j项指标处理前的最大值。

对统计数据进行标准化后就可计算各指标的信息熵。第j个指标的熵H_j可定义为:

$$H_j = -k \sum_{i=1}^{n} f_{ij} \ln f_{ij} \qquad (8-4)$$

式中,

$$f_{ij} = \frac{u_{ij}}{\sum_{i=1}^{n} u_{ij}}, \quad k = \frac{1}{\ln n} \quad (假定,当 f_{ij} = 0 \text{ 时}, f_{ij} \ln f_{ij} = 0)$$

在指标熵值确定后就可根据下式来确定第j个指标的熵权W_j:

$$W_j = \frac{1 - H_j}{m - \sum_{j=1}^{m} H_j} \qquad (8-5)$$

处理结果如表8-5所示。

表8-5　　　　　产业用地利用绩效评价指标权重

评价指标	权重	排名
容积率(+)	0.002	8
建筑系数(+)	0.008	7
固定资产投资强度(+)	0.143	3
土地产出率(+)	0.226	2
单位面积利税总额(+)	0.233	1
地均能耗(-)	0.130	5
地均COD排放量(-)	0.127	6
地均SO₂排放量(-)	0.131	4

然后,进行绩效测算。根据权重计算出2011年度所有行业整体性的评价,

及资源利用、能源消耗、环境保护、财富创造四个指标绩效的得分，并对计算得到的总体绩效和各一级指标绩效分别进行排名，绩效及排名结果如表8-6所示。

表8-6　　　　　　　常州市产业用地利用绩效及排名

行　业	综合绩效	综合排名	资源利用绩效	排名	财富创造绩效	排名	能源消耗绩效	排名	环境保护绩效	排名
通信设备、计算机及其他电子设备制造业	0.891	1	0.116	6	0.4100	1	0.120	6	0.245	6
有色金属冶炼及延压加工业	0.842	2	0.143	3	0.3747	2	0.093	12	0.230	10
电气机械及器材制造业	0.813	3	0.146	2	0.3504	3	0.072	13	0.245	7
通用设备制造业	0.773	4	0.110	7	0.2962	6	0.13	1	0.237	9
金属制品业	0.770	5	0.117	4	0.2912	7	0.118	8	0.244	8
交通运输设备制造业	0.758	6	0.105	9	0.2781	8	0.12	5	0.255	4
化学纤维制造业	0.737	7	0.153	1	0.2971	5	0.126	3	0.161	16
专用设备制造业	0.688	8	0.109	8	0.2080	10	0.114	9	0.257	3
印刷业和记录媒介的复制	0.645	9	0.093	11	0.1656	14	0.128	2	0.258	1
医药制造业	0.641	10	0.096	10	0.1729	13	0.122	4	0.251	5
非金属矿物制品业	0.591	11	0.066	14	0.2243	9	0.104	11	0.197	15
造纸及纸制品业	0.549	12	0.071	13	0.1859	11	0.063	15	0.229	11
塑料制品业	0.525	13	0.074	12	0.1804	12	0.069	14	0.201	14
纺织服装、鞋、帽制造业	0.499	14	0.049	15	0.107	15	0.119	7	0.224	12
食品制造业	0.475	15	0.043	16	0.0643	16	0.111	10	0.257	2
化学原料及化学制品制造业	0.436	16	0.117	5	0.3133	4	0.006	17	0.001	17
纺织业	0.378	17	0.037	17	0.0622	17	0.061	16	0.217	13

3. 结果分析

由分析结果可知，通信设备、计算机及其他电子设备制造业、有色金属冶炼及延压加工业、电气机械及器材制造业、通用设备制造业等产业的综合排名比较靠前。金属制品业、交通运输设备制造业、化学纤维制造业、专用设备制造业、印刷业和记录媒介的复制、医药制造业等产业的综合排名居中。非金属矿物制品业、造纸及纸制品业、塑料制品业、纺织服装、鞋、帽制造业、食品制造业、化学原料及化学制品制造业、纺织业等行业的综合排名靠后，这也在一定程度上反映了常州市目前产业的结构发展状况。

在资源利用绩效方面，化学纤维制造业、电气机械及器材制造业、有色金属冶炼及延压加工业处于较高的水平。化学原料及化学制品制造业、化学纤维制造业、通用设备制造业等处于居中的水平。纺织业、食品制造业、纺织服装、鞋、帽制造业、非金属矿物制品业、造纸及纸制品业、塑料制品业处于较低的水平。

在财富创造绩效方面，通信设备、计算机及其他电子设备制造业、有色金属冶炼及延压加工业、电气机械及器材制造业、化学原料及化学制品制造业的创造绩效比较高。而纺织业、食品制造业、纺织服装、鞋、帽制造业、印刷业和记录媒介的复制业都处于较低的水平。

在能耗方面，化学原料及化学制品制造业、纺织业、造纸及纸制品业、塑料制品业的绩效比较低。而通用设备制造业、印刷业和记录媒介的复制绩效比较高。

在环境保护方面，化学原料及化学制品制造业、化学纤维制造业、非金属矿物制品业、塑料制品业、纺织业的绩效比较低。

三、低效产业用地退出机制分析

（一）概念界定和解释

在对产业用地低效退出进行理论分析和机制设计之前，需要对几个相关概念进行解释。文中产业用地低效利用是指产业用地当前在资源利用充分程度、能源消耗强度、污染排放强度、财富创造能力等方面达不到既定的行业最低标准的一种利用状态（汪勋杰等，2013）。

产业用地低效退出的概念有广义和狭义之分。广义的概念从退出的目的出发进行解释，即产业用地低效退出，是为了实现绩效状态的改变，将产业用地利用绩效各项指标值提高至能够符合既定的绩效标准要求。如图 8-3 所示，当产业用地绩效从低效的状态 I，通过各种效率改进途径，使绩效水平提升至不低于标准绩效的状态 II，我们就可以认为，当前产业用地低效退出已经完成。其主要特征是，产业用地低效退出的焦点不在于绩效改进的过程，而在于绩效改进的结果，即不论通过何种途径实现绩效改进，只要改进后的绩效不低于标准水平即可视为产业用地低效退出已经完成。狭义的概念如图 8-4 所示，从退出的对象出发进行理解，特指产业用地从当前低效利用企业中退出使用，重新安排给新的土地使用者。退出的对象是产业用地。实质是土地使用权的转移，从当前产业用地使用者手中转移出去，即可认为产业用地低效退出行为的结束。

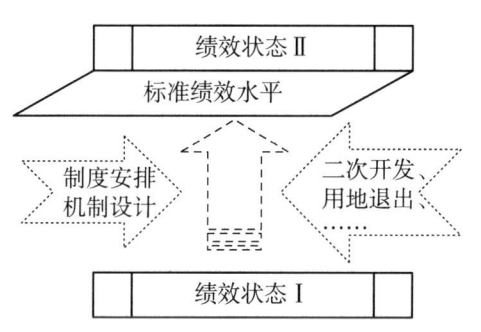

图 8-3 广义产业用地低效退出

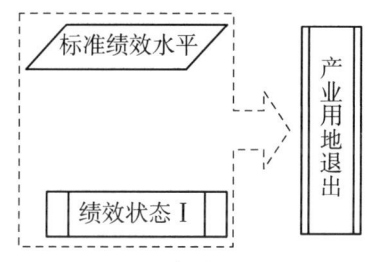

图 8-4 狭义产业用地低效退出

此外，课题组还认为，广义的产业用地低效退出又可以根据产业用地使用权是否发生转移，将其分为概念性退出和实体性退出两种类型。概念性退出是指在产业用地使用权不发生转移的情况下，改变企业生产行为，如，通过指导企业进行技术革新、提高建筑密度、降低单位用地面积能耗和污染排放等方式，将当前产业用地利用绩效水平低下的状态Ⅰ，提升至不低于标准绩效水平状态Ⅱ。绩效状态Ⅰ和Ⅱ均由当前企业创造。实体性退出是指在土地使用权发生转移的情况下，通过引进新的企业入驻，并依据行业分类，对新企业在各项绩效考核指标上设置"入驻门槛"值，以实现绩效改进，将当前企业在产业用地利用过程中的低效状态Ⅰ，提升至新入驻企业的产业用地利用绩效不低于标准绩效的绩效状态Ⅱ，进而完成产业用地低效退出整个过程。从概念内涵中可以看出，这两种产业用地低效退出类型殊途同归：尽管所采用的途径不同，但最终的目的均是实现绩效状态的提升，完成低效退出。在实践中，从退出流程来看，概念性退出一般先于实体性退出。即，先进行低效产业用地概念性退出，当概念性退出无法完成绩效状态Ⅰ到Ⅱ的改善时，则进入实体性退出。

（二）低效产业用地退出的认定

雷达图分析法（radar chart）亦称综合财务比率分析图法，是对企业综合实力进行评估采用的一种财务状况综合评价方法。本研究将财务管理中的雷达图分析法的形式和原理与低效工业用地绩效综合评价分析相结合，旨在为进行低效工业退出认定评估提供一个简单实用的判别标准。

在进行低效工业退出认定评估时，根据低效工业用地绩效评价理论模型，可通过产业用地的综合绩效、资源利用绩效、财富创造绩效、能源消耗绩效、环境保护绩效五个识别因素来综合判断产业是否属于低效产业用地，其属性根据距离雷达图中心的远近来划分高、低程度，越靠近中心，绩效越低，越靠近边缘顶点，绩效越高。

若雷达分析图中的五项指标均高于工业用地绩效平均值，表明考核对象各方面均处于较高水平，不仅行业经济收益和用地效益较高，而且注重管理和发展，其各方面工作水平均高于均值，是行业的理想发展状态。针对这种类型，上级领导部门应在政策上加以引导，使其进一步扩大规模、提高效益。以常州为例从雷达分析图8-5~图8-8来看，目前通用设备制造业、交通运输设备制造业、通信设备、计算机及其他电子设备制造业、金属制品业这4种行业属于上述类型特征的行业，说明这四种行业通过长时间的发展、积累，许多方面都达到了较高的水平，各部门应加以引导、发展，从而求得进一步的发展空间。

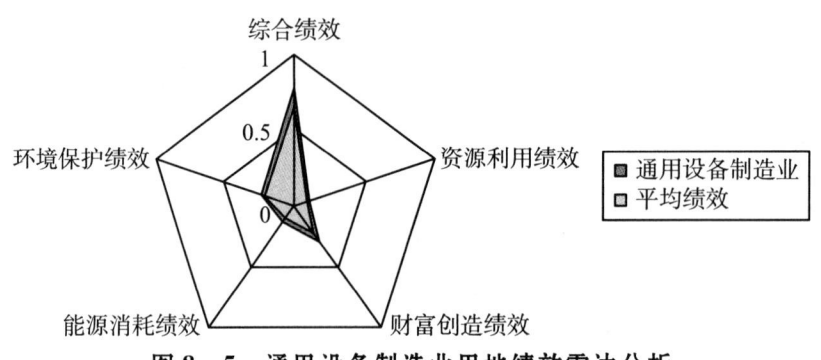

图8-5 通用设备制造业用地绩效雷达分析

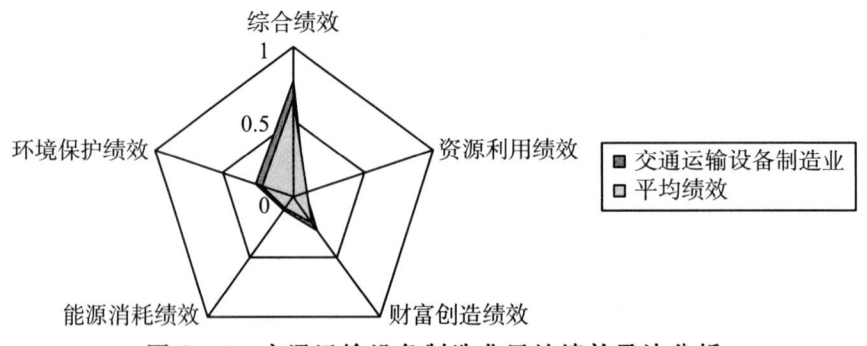

图8-6 交通运输设备制造业用地绩效雷达分析

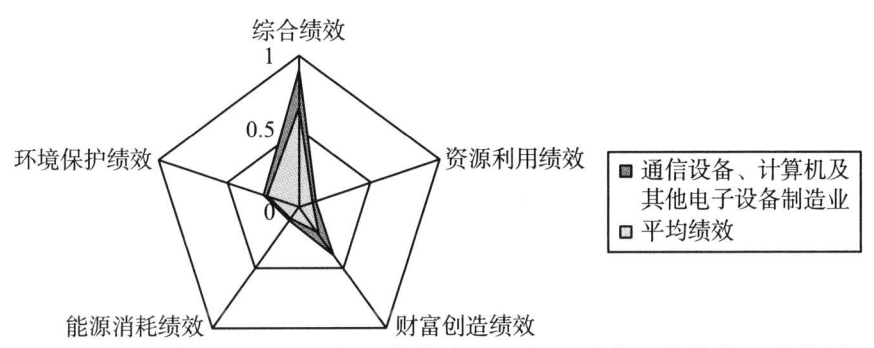

图 8-7 通信设备、计算机及其他电子设备制造业用地绩效雷达分析

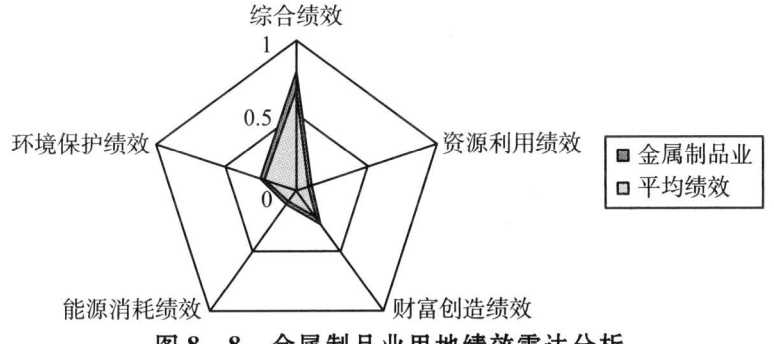

图 8-8 金属制品业用地绩效雷达分析

若雷达分析图中的三项或四项指标都高于工业用地绩效平均值,只有一项或两项低于工业用地绩效平均值,说明考核对象在许多方面都达到了较高的水平,只是在某个方面有待加强改进,因此需要保持现有稳健发展的基础上,加强政策导向,针对薄弱环节采取有效措施,从而求得进一步发展的空间。从雷达分析图 8-9~图 8-12 看目前化学原料及化学制品制造业、食品制造业、医药制造业、纺织服装、鞋、帽制造业属于这类型的行业,导致工业用地结构合理性和工业用地生态安全性欠佳。因此,应从整体上提高其管理水平和运行效率,提升行业的发展潜力,使其将来的发展能步入稳定发展的轨道。

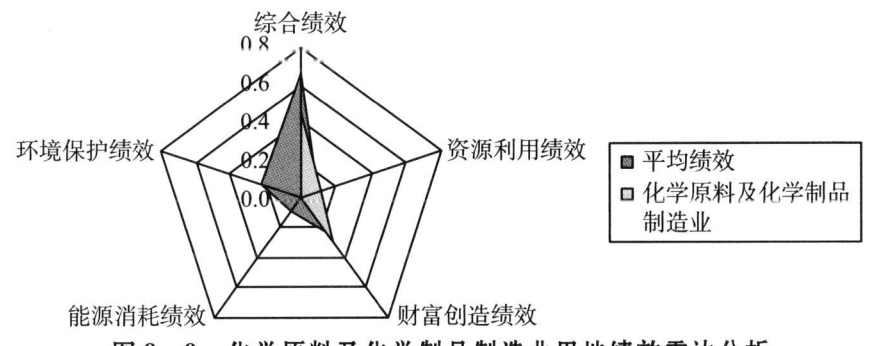

图 8-9 化学原料及化学制品制造业用地绩效雷达分析

图 8-10 食品制造业用地绩效雷达分析

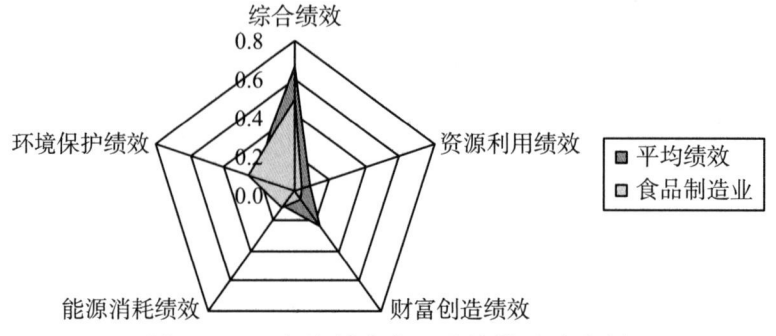

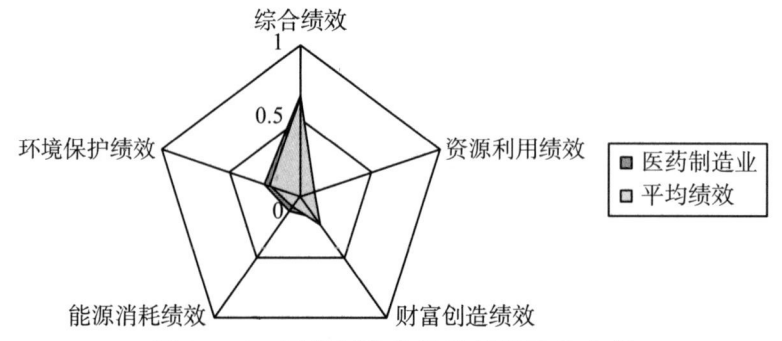

图 8-11 医药制造业用地绩效雷达分析

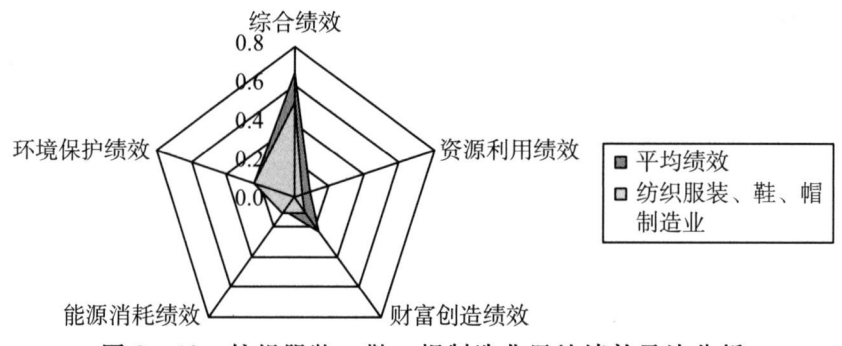

图 8-12 纺织服装、鞋、帽制造业用地绩效雷达分析

若雷达分析图中只有一项或两项高于工业用地绩效平均值，说明这类型行业的经济、生态效益都比较差，属于高能耗、高污染、低效益行业，难以投入大量的精力实现产业升级和技术提升，应被评定为低效工业用地，实行退出机制。从雷达分析图 8-13～图 8-16 中可以看出造纸及纸制品业、非金属矿物制品业、塑料制品业、纺织业为低效工业用地行业，要实行退出机制。

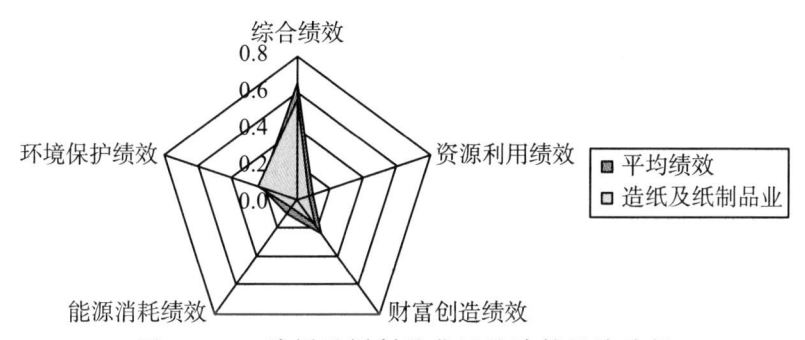

图 8-13　造纸及纸制品业用地绩效雷达分析

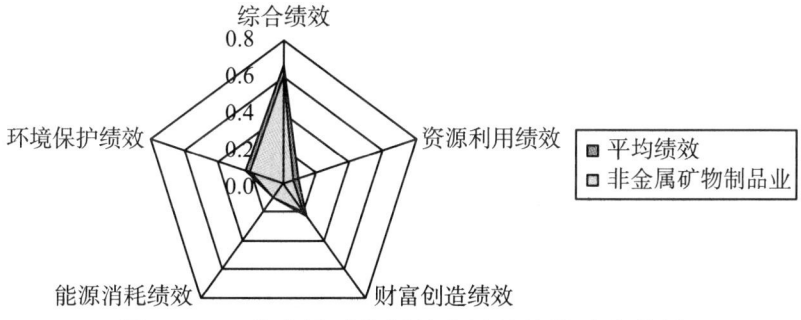

图 8-14　非金属矿物制品业用地绩效雷达分析

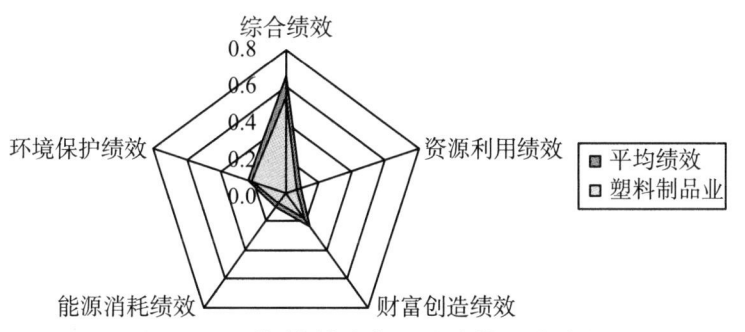

图 8-15　塑料制品业用地绩效雷达分析

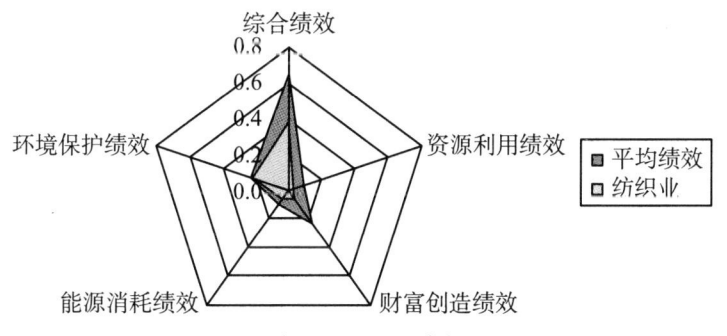

图 8-16　纺织业用地绩效雷达分析

（三）当前产业用地低效退出障碍性分析

1. 经济性障碍

企业是产业用地低效退出中必不可少的一个主体，而地方政府也或多或少地参与了退出的过程。课题组从经济学角度出发，将地方政府和企业视作理性"经济人"，并运用公共选择理论和古典经济学中的边际成本理论分别分析地方政府和企业在产业用地低效退出过程中存在的经济类障碍。

（1）地方政府的地方保护主义

其一，分税制和行政考核机制的影响。公共选择理论将"经济人"假设拓展到政治领域，建立了政府失效理论，提出政治过程中的官僚、官僚组织、政治行为都为了追求个人利益最大化（Tullock et al.，2000）。这可以被用来很好地分析我国分税制改革和当前行政考核机制对地方政府在产业用地低效退出意愿方面的影响。中国式财政分权的特点是经济分权同垂直的政治管理体制紧密结合（傅勇等，2007），导致地方政府之间的竞争不仅仅体现为财政竞争，还包括政治晋升，这两者都具体体现为GDP增长的竞争。这种"扭曲"的地方政府竞争成为了产业结构转型升级重大障碍（张平等，2007）。一方面，为了保证地方财政收入，支持地方基础设施建设，地方政府将大量工业用地通过协议等方式低价出让给企业，以期待企业投产后获取营业税等各项税收收入。实际上，这种只注重企业数量，不注重用地质量的行为，客观上造成了大批工业用地处于低效闲置利用状态。另外，现行行政绩效考核内容则以GDP、基础设施建设等为主。作为理性"经济人"，地方政府不希望那些税收创造能力强、GDP贡献度大的低效用地企业（如，部分钢铁企业）退出而造成当地税收收入和GDP规模下降，进而影响到自身仕途升迁。所以，总体上来看，分税制的不足以及现行行政考核机制给产业用地低效退出构筑了一道经济壁垒。

其二，地方就业和社会稳定等问题。低效产业用地在利用绩效方面虽然低下，但对解决当地就业等问题上却发挥了一定的作用。譬如，一些低效用的造纸厂，尽管其单位面积能耗较大、污染排放较高，但却着实吸收了较多的当地劳动力就业。如果这些企业在短期内全部退出产业用地，那么将造成大量的员工下岗，这对地方政府来说将是一个沉重的包袱。如果无法妥善对这些下岗待就业的员工进行合理安置，甚至可能会对社会稳定产生一定的威胁。所以，地方政府并不希望在短期内有大量的低效用地企业退出用地。

（2）产业用地低效利用企业面临的问题

其一，企业的边际私人成本低于边际社会成本。产业用地的利用，除了能够产生经济效益外，也会带来诸如污染排放等负外部性明显的问题（徐慧等，

2010）。现实中，这些负外部性未能被有效地内部化给企业，而是由全社会来共同承担。这就造成企业在产业用地利用过程中的边际私人成本 MC 小于社会的边际成本 MC'。如图 8-17 所示，当企业选择生产的量在 Q_1 和 Q_2 之间时，因为 $MR < MC'$，所以此时的产业用地利用行为对于社会来说已经处于绩效低下状态。但此时，$MR > MC$，即对于企业来说由于其边际利润大于边际私人成本，所以此时的产业用地利用行为依然是有效率的。从社会的角度看，企业用地绩效低下，应该退出当前产业用地；但从企业自身看，继续使用当前产业用地依然是有效益的，所以企业不愿意退出。

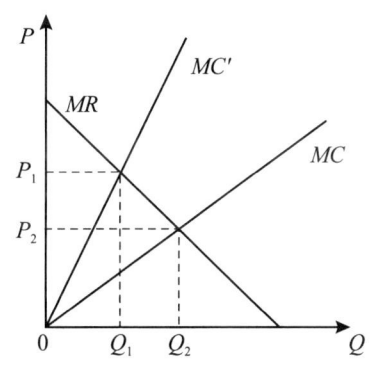

图 8-17　企业边际成本与社会边际成本比较

其二，市场效益好，增加了产业用地低效退出的难度。如图 8-18 所示，若同行业中其他企业使用节能减排等新技术以提高产业用地利用绩效，那么其生产成本必然会增加至 MC''，此时它能接受的最低价格为 P_3。与采用新技术的企业相比，由于 $MC < MC''$，当前企业最低能接受的价格为 P_2。也就是说，由于成本较低，所以当前企业在价格和供给量的选取上将更加自由灵活：相同的供给量能以更具竞争性的价格提供，或是同样的价格水平下可以提供更多的产品。这种灵活的定价定量策略能够使当前企业获得更多的市场份额，进而使其具有更高的总效益（总利润）空间。因此，这种相对更优的市场效益，进一步加大了产业用地低效退出的难度。

其三，实物资产专用性较高，交易费用较大。资产专用性（Asset Specificity）是指在不牺牲生产价值的条件下，资产可用于不同用途和由不同使用者利用的程度（Williamson O. E.，1979）。可以理解为，为支持某项特殊交易而进行的耐久性投资所形成的资产，一旦形成便难转移到其他用途上。一般包括：实物资产专用性、人力资本专用性、地理区位专用性等。对于拟退出企业来说，更多考虑的是实物资产专业性。实物资产专用程度越高，资产要素的流动性就越差，转让时的价格就会偏低，对于拟退出的产业用地的企业来说则损失越大。即，低效拟退出企业实物资产专用性越高,退出时的沉淀成本越高(郭砚莉等,2009),障碍越大,企业在产业用地低效时退出的积极性将越低。譬如,钢铁类行业的炼炉等生产设备,在企业退出用地时,设备转做其他用处的可能性较低。即使企业退出用地时,并不退出该行业,采用搬迁的办法用原设备进行异地生产,这过程中机械设备因拆迁、运输、再安装等而产生的各种交易费用也将是一笔不小的开支。因此,低效用地企业在面临退出还是继续维持原状的选择时,就轻避重,最终往往不愿意退出。

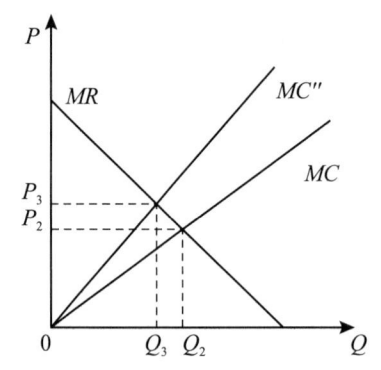

图 8–18 不同企业边际成本比较

2. 制度性障碍

各地在实践中也出现了一些关于产业用地低效退出的做法:如上海市的"腾笼换鸟"政策、浙江宁波的产业用地回购政策等。但这些做法的背后存在着一个共同点就是:尚未构建系统的完整的产业用地低效退出机制。从交易费用理论来看,一定的制度设计应该起到减少交易费用的作用,使交易顺利完成,提高经济效率(埃里克·弗鲁博顿等,2006)。当前这种系统机制的缺失,无形之中增加了产业用地低效退出治理的交易费用,形成了制度性障碍,加大了产业用地低效退出的难度。

具体来说,主要包括以下几个方面:

一是相关激励约束机制的缺失,企业动力不足。对于企业来说,产业用地的低效退出过程中的技术更新、设备搬迁等,均存在一定的成本(即交易费用)。但当前在产业用地低效退出的过程中,由于政府未能从财政、税收、金融等角度构建有效机制对企业进行激励和约束,进而导致企业的退出动力不足。

二是配套机制不健全,退出阻力较大。主要体现在退出前的合理绩效评价以及退出后用地的再配置等相关配套机制的不完善上。目前对产业用地利用绩效的考核更多是从土地集约利用的角度进行考察(石忆邵等,2010;陈伟等,2012),而并未过多关注产业用地利用的综合结果。如产业用地利用的环境负效益问题往往被忽视，致使现行评价机制并不能完整地反映产业用地利用绩效水平。产业用地退出后再配置时，尽管各地积极引入有关行业标准、资源能源消耗、污染排放等方面的管制，但企业准入标准依然缺乏科学性和系统性。这些配套机制的不到位，共同造成了产业用地低效利用状态继续延续的结果。

三是监督问责以及部门间协调等机制的缺位。分税制财政体制和行政考核体系存在不足，致使地方政府在贯彻落实产业用地低效退出相关政策机制的积极性不高。再加上监督问责等机制缺位，部门间协调配合机制的不到位，导致相关机制政策得不到有效执行。这些都成了产业用地低效退出的阻力。

（四）退出方式安排

基于前文对产业用地低效退出的概念界定和低效产业用地退出的认定以及退出障碍的分析，课题组认为应该根据不同退出类型的特点，采用不同的退出方式来实现具体的退出行为。具体分为低效产业用地的实体性退出和概念性退出。目前我国现有低效工业用地主要分为两大类：国家产业目录规定的禁止类、淘汰类产业使用的工业用地；土地利用和产出效率低下且不符合环保要求的高能耗、高污染、低效益工业用地。国家产业目录规定的禁止类、淘汰类产业使用的工业用地，这类产业的企业要依法实施关停，实施实体性退出机制。土地利用和产出效率低下且不符合环保要求的高能耗、高污染、低效益工业用地，这类产业要组织实施整改或淘汰。对因历史原因土地粗放利用，投资强度、容积率和产出水平较低，污染水平较高，但市场前景较好且具有较大发展潜力的低效工业，要实施概念性退出机制，强化政策引导和行政推动，督促指导企业进行厂房改建，鼓励引导企业实施工艺技术装备改造提升，通过加强项目投资合同管理、土地出让合同履约管理、严格工业建设项目竣工验收制度，着力提高土地集约节约利用水平。此类低效工业用地，在规定期限内经整改仍未达标者，可转为实体性退出对象，腾出空间发展高效行业。

低效产业用地实体性退出，按照政府参与程度，课题组将退出方式划分为两大类：政府回购、市场转让。前者政府参与程度较高，在退出过程中作为一个交易主体独立参与。后者政府参与程度较低，仅作为中介或是以服务者的身份参与低效产业用地的退出的具体过程。政府回购按照土地是否需要重新出让，可细分为两种。一种是在待回购地块上没有建筑物的情况下，即由于闲置而导致低效利用的地块，由国土部门通过土地储备中心等机构将低效产业用地以征地等形式收购储备后，再通过出让的方式供应市场。另一种是地块上有厂房等建筑物的情况下，由管委会直属控股公司与拟退出企业签订回购协议，将土地使用权和建筑物等所有权转让给管委会后，由管委会统一安排，再转让给新引进的项目。市场转让是指在市场机制条件下，以企业间的兼并重组等形式，由低效用地单位与新的项目单位通过协商等方式达成一致，将产业用地使用权直接转让给新项目单位。具体实施过程中，可由土地部门会同招商部门协助其完成转让。

低效产业用地概念性退出，主要通过产业用地"二次开发"的方式来实现，如，指导企业原地扩建提高建筑容积率，加大地均投入，革新生产技术提高地均产出、降低单位面积能耗、减少单位面积污染排放等。例如，上海市朱泾工业园区通过"二次开发"，有效地实现了产业用地利用绩效的提高。目前，已盘活产业用地497亩，签约落户项目5个，盘活闲置厂房10家，总面积5.12万平方米，投产后可望实现产值23亿元。再如，青浦区上海蒙迪日化有限公司通过改建旧厂房，使建筑容积率从0.4提高到1.26，新增工业产值600万元，极大地提升了产业用地的经济效益水平。

（五）退出机制建立

在产业用地低效退出具体机制设计中，本研究按照"激励与倒逼并行、行政与市场互补"的主线，差别化地构建了低效产业用地概念性退出激励与倒逼机制、实体性有偿退出机制。通过二者协同作用，促进产业用地低效退出行为的顺利完成。

1. 低效产业用地概念性退出的激励与倒逼机制建立

首先，深化能源资源价格改革，充分发挥市场机制作用。通过深化能源资源价格，将企业用地过程中的环境污染、能源过度消耗等负外部性内部化成企业的生产成本，进而提高企业用地成本，对低效产业用地的退出形成倒逼。当企业生产成本增加到能够使其企业利润低于行业平均利润，则企业必然会通过各种途径来提高产业用地利用绩效。具体可通过执行差别化水、电使用价格，加大地均环保指标监测强度并提高惩罚力度等政策来深化要素价格改革，形成低效用地概念性退出倒逼机制。

同时，可以考虑建立指标交易机制，允许连续多次绩效评价优异的企业，对诸如地均能耗、地均污染排放指标等绩效评价指标优于标准值的部分在企业间进行交易，以进一步发挥市场机制的作用，鼓励企业革新生产技术，提高土地利用绩效，形成低效产业用地概念性退出的激励机制。当然，指标交易机制在理论层面上可行，但在实践中该如何确定指标交易价格、如何开展实施等仍有待进一步的研究。

其次，发挥经济和行政手段的作用，弥补市场机制的不足。课题组认为可以从税收、财政、信贷三个角度出发安排相应的激励约束机制，诱逼企业转型升级，提高用地绩效。其一，税收政策。税收在低效用地退出中可发挥两个方面的作用。一方面可以通过税收优惠政策来鼓励企业积极通过提高容积率、加大单位面积土地投入等方式，提高企业用地效益；另一方面可以通过提高税率等方式来提高企业低效用地的成本，进而影响低效用地企业的生产行为，激发企业采用先进工艺，降低单位用地能耗，减少单位用地污染排放，提高其提升用地绩效的积极性。其二，财政奖励。通过对用地绩效评价优异的企业负责人给予一定的财政奖励，以鼓励其保持并尽可能提高当前产业用地利用绩效水平。这一措施可避免产业用地低效利用情况的出现，等同于变相使低效用地退出。其三，信贷措施。信贷措施可从正反两个方向对低效产业用地退出产生作用力。一是通过优惠利率、提高担保和贴息等手段产生正向力作用，引导企业淘汰落后技术，激发企业提高土地等资源的利用效率，降低产业用地带来的负外部性。二是可以通过严格信贷资格审批条件等途径产生负向力作用，对多次用地绩效评价均不合格的企业实行信贷管制。例如，可以通过提高利率等方式，倒逼企业降低单位用地能耗，减少单位用地污染排放。

从实践效果来看，以绍兴市为例，2010年绍兴市对亩均税收、亩均产值和亩均销售均达到县统一标准或超10％、20％、30％的工业企业及商贸三产企业，对2009年税额标准提高而增加的城镇土地使用税（县留成部分），分别按30％、40％、50％、60％奖给企业所在镇街，用于扶持企业进一步发展壮大。这一措施，有效地促进了产业用地绩效的提升。据不完全统计，绍兴市工业用地的亩均税收从6.2万元提高到7.6万元，亩均投资强度由200万元增加到240万元，增幅超过20％。

2. 低效产业用地实体性有偿退出机制建立

第一，补偿标准的确立。建立低效产业用地实体有偿退出制度，依据不同的情况，分别为未利用的产业用地和已利用但绩效低下的产业用地执行不同的补偿标准。其一，对于未利用的产业用地，即由于闲置未投资而造成低效的情况，认定标准可参照《闲置土地处理办法》，补偿标准按已收出让金加人民银行公布的同期贷款利率确定。对于地上建筑物、构筑物等按照《国有土地上房屋征收与补偿条例》确定补偿价格。其二，已利用但绩效低下的产业用地，应该按照公开、公平、公正的办法对企业用地进行回购，并进行补偿。具体补偿方式可以分为货币补偿和实物补偿。货币补偿标准为：在城镇规划区外的按回购时点的工业用地市场价格加地面建筑物的市场评估价确定，在城镇规划区内的按《国有土地上房屋征收与补偿条例》政策确定。实物补偿的标准为：需要异地搬迁的符合国家产业政策的工业项目，经市县政府依法批准收回原国有土地使用权的，可以协议方式为原土地使用权人按城市规划异地置换安排工业用地。

第二，补偿资金的来源。由国土部门会同财政部门负责筹措和安排补偿资金，原则上应开设专户，设立明细台账，专款专用、专项核算，并纳入同级财政部门管理。用于支付低效产业用地实体退出补偿所需资金应全部缴入该专户，回购业务实际发生需要支付时，凭用地退出回购合同按规定拨付。从实践效果来看，以苏州市为例，苏州市2011年制定了《苏州工业园区企业用地回购实施办法》，明确了产业用地有偿退出的标准、流程等，并于当年启动了首批24家企业的用地回购程序，有效提高了各园区节约集约用地水平。

四、低效产业用地退出监管机制研究

（一）低效产业退出过程中监管机制构建

低效产业退出，意味着地区产业结构、就业结构等的均衡将被打破，甚至因此可能影响社会稳定和经济的正常运行。因此，必须统揽全局，除了制定详尽的退出规划、实施强有力的引导和监管政策外，还必须建立援助机制，将低效产业的退出成本降到最低。

第一，制定和完善低效产业退出的法律法规。低效产业的退出不仅涉及资本、技术、地方利益等，更涉及职工的失业和再就业、社会保障体系以及低效产业资产处理和退出过程中的社会公平问题等方面。加快制定低效产业退出方面的专门法律，明确低效产业退出的行政或执法主体、退出程序和退出办法，规定低效产业退出工作各相对方的权利、义务和程序。强调依法行政，规范各相关方行为，加强行政监督，避免低效产业在退出时资产处理和购并过程中容易出现内外串通、压价抛售或处置资产现象，导致集体、国有资产流失等问题，加剧社会不公。

第二，设立专项扶植资金，适当补助，完善社会保障制度。在低效产业退出过程中政府要通过财政、金融、价格等手段促进劣势产业生产要素的合理流动，包括：加速设备折旧、促进转产，通过政府采购、价格补贴等手段对劣势产业进行援助，实施生产、技术改造方面的补助。由国土部门会同财政部门负责筹措和安排补偿资金，原则上应开设专户，设立明细台账，专款专用，专项核算，并纳入同级财政部门管理。从实践效果看，苏州市2011年制定了《苏州工业园区企业用地回购实施办法》，明确了产业用地有偿退出的标准、流程等，并于当年便启动了首批24家企业的用地回购程序，有效地提高了各园区节约集约用地水平。同时要采取多种形式和有效的社会保险措施，切实保障失业员工的基本生活。确保社会保障体系政策统一、制度规范、政企分开、监督有力。

第三，进一步加强对劣势产业的疏导工作。低效产业的成因有很多种，可以分为不同的种类。有的低效产业，对于另外一个区域来说，也许正是需要大力发展的产业。因此，应该贯彻区别对待、分类指导的原则，进一步加强对劣势产业的疏导工作。对于需要实行实体性退出的低效产业用地，应根据国家有关政策和地区实际情况采用淘汰、清理、转移、转产、集中管理等方式，来提高产业用地利用绩效。①根据国家《淘汰落后生产能力、工艺和产品的目录》及其他相关政策，将国家规定淘汰的高能耗、高污染、低效益产业予以坚决淘汰。②对于资产负债率过大的低效产业，若该产业的退出与否对当地的影响又不大的产业进行清理，可以通过立法形式或行政手段使其停产、减产，或限制与停止某些产品的生产。而对于影响较大、暂不能全行业退出的低效产业，应采取分步退出战略，尽量减轻由于其退出而引发的社会震荡。③根据梯度转移理论和边际产业转移理论，对于受土地、能源、原材料供给、生态环境等因素制约，不适合在当地发展，但仍具有一定市场需求，尚有发展空间的产业，可以考虑向其他具有比较优势的区域转移。

第四，鼓励处于低效产业但具有转产条件的行业，通过并购、延伸产业链、能力再造、业务创新等措施，向发展潜力较大的其他产业转移，并给予适当的扶持政策，包括减免税收、财政贴息或低息等措施，以减缓该产业的突然退出而引发的一系列社会问题。

第五，有些低效行业虽然属于高消耗、高污染、高危险、低效益，但却是产业配套中不可或缺的环节，对这种类型的行业、企业，可以在减少数量后，集中到特定区域，形成载体，政府帮助进行技术改造与重组，加强管理域控制。

（二）低效产业用地实体性退出再配置监管机制构建

第一，制定产业布局及结构调整指导目录，引导市场投资预期。制定产业布局与结构调整目录，明确本地区产业类型中鼓励类、限制类、禁止类产业目录，引导市场投资预期，预防产业结构低水平雷同。

第二，构建"门槛入驻"机制。在产业用地供地时，应该实行"门槛入驻"原则，保障高科技、低能耗、低污染的企业优先进驻。课题组认为，可以根据"节地、节能、环保、高效"原则，综合考虑绩效评价中的各项因子，来构建"入驻门槛"。为形成参考，对绩效因子设置相应的行业控制值和理想值作为评价标准和目标水准。其中，行业控制值体现的是各指标应达到的最低水平，行业理想值反映的是世界发达国家先进水准。同时，随着经济发展水平的不断提升，"门槛标准"应该达时更新提高，以实现更高的产业用地利用绩效水平。如，昆山市2002年，在全国首次提出土地投资强度标准，大力推行"5432"集约用地新机制。2004年将标准调整为"6543"。2010年，再次提高到"7654"：综合保税区每亩70万美元及以上，三个开发区每亩60万美元及以上，各镇配套项目每亩50万美元及以上，内资为每亩人民币400万元。内资项目投资总额低于4000万元、外资项目低于1000万美元的工业项目鼓励租赁标准厂房，原则上不单独供地。新标准实施后，2010年全市产业用地内资投资强度达亩均458万元，外资达亩均87万美元，分别是2004年的3倍和3.6倍。通过不断提高投资强度标准，实现了产业用地利用效率的有效提高。

第三，实行用地绩效保证金制度。对低效退出后再配置使用的产业用地，国土部门在受让人取得土地使用权时，与受让人签订《产业用地利用绩效履约保证金协议》。在协议中对产业用地投资强度、容积率、地均能耗、地均污染排放、开竣工情况等一律实施用地绩效保证金制度，并在合同中予以明确，以确保低效退出后再配置使用的产业用地在用地绩效上能达到相应的标准。在实际操作中，用地绩效保证金可根据各地实际情况来确定金额，并视合同履行情况分期返还本金与利息。如，浙江宁波履约保证金按不低于该地块出让金总额的10%收取；江苏江阴，按照实际成交价款的20%向企业收取履约保证金（其中：10%考核按时开工，10%考核集约用地）。若产业用地使用者未能够按时按质履行协议内容，则将用地绩效保证金抵作违约金。

（三）低效产业用地退出组织、协调配套机制构建

首先，加强组织领导，建立组织协调机制。低效产业用地退出工作涉及的部门多，利益关系复杂，应建立组织协调机制。工作协调小组可由国土部门、发改委、经信委、财政局、地税局、环保局、物价部门、银行、水力公司、电力公司等参加，重点研究协调低效产业用地退出工作的重大事宜。各参与部门负责相应配套政策的制定、落实，形成工作合力，充分发挥政策效力。如，国土部门制定产业用地绩效评价体系，发改委、经信委研究制定产业布局及结构调整指导目录等政策，财政局、地税局研究制定差别化税收政策、财政奖励补贴等政策，水利电力公司制定差别化水电政策，环保局研究制定排污指标优化配置等政策。

其次，实行问责制，深化考核体制改革。实行问责制，明确各部门、地方各级政府和企业的责任，以保证各项机制政策的顺利执行；深化地方政府考核体制改革，变革以往"唯GDP"的考核体系，将产业用地利用绩效水平纳入到地方政府考核体系中，加强监督检查机制。对产业用地利用绩效较低的地区予以通报，限期整改，并追究相关责任人的责任；对于用地绩效较高的地区实行奖励，如在安排下一年度产业用地计划时，可适当向其倾斜，对申请农转非、土地征用审批手续等也可给予优先办理。

本 章 小 结

转变经济增长方式和实现建设用地的集约利用是相辅相成的，经济增长方式

的转变会带动土地资源的集约利用,从而节约土地;土地资源的集约利用又能积极促进经济增长方式的转变,为实现经济增长方式由粗放型向集约型的转变起到积极的推动作用。经济增长方式转变的关键就在于生产结构的优化升级,土地资源的集约利用要与产业结构调整相符合,通过控制土地供应来实现不同产业的发展。产业转型升级是各产业之间在最高效率原则的指导下,遵循协调发展,产业结构逐步趋于合理,不断升级,从而实现区域内资源配置的最优化和宏观经济效益最大化的动态过程。而任何产业的发展和存在,都必须要落实到产业用地这个具体的载体上。所以,区域产业的发展及其组合类型、数量比例的变迁,必然会对与之相对应的建设用地数量、结构布局等产生相应的影响,使得建设用地布局更加合理,用地结构更加优化,用地效益能够有所提升。通过对不同产业类型的建设用地数量和位置等实行差别化供应方式,可以实现区域产业结构调整和布局优化的目标,增强社会经济可持续发展程度。

差别化建设用地供应政策是政府对地区经济社会发展进行调控的重要工具,它实行"区别对待、分类指导,有扶有控、突出重点"的建设用地供应政策取向。产业用地差别化供应政策主要体现在针对不同类型产业(先进制造、新兴产业、传统产业等),实行侧重点不同的供地管理方式。土地调控部门通过相应的传导机制,对不同地区的产业用地供应总量、布局、结构、价格和时序进行适时适度的调节,以提高产业用地政策的空间指向性、针对性和可操作性,实现经济活动更有效、更公平的区际分布,有效缩小地区发展差距和促进基本公共服务均等化,努力优化土地利用结构布局,从而促进产业布局的优化和效率的提高,实现产业转型升级和区域协调发展的宏观目标。

在产业用地供后监管研究部分,本研究以低效退出为主线,将完整的产业用地供后政策流程划分为三个环节:退出前的绩效评价,退出中的具体退出行为(包括概念性退出和实体性退出),实体退出后的监管机制。本研究认为系统的产业用地低效退出机制缺位是导致目前我国产业用地低效利用状况的主要原因。为此建议:系统的产业用地低效退出机制的建立应该以"激励与倒逼并行,市场与行政互补"为主线,核心是构建低效产业用地概念性退出激励与倒逼机制、实体性有偿退出机制,配套实行定期绩效评价机制、实体退出再配置机制以及组织协调机制。

第九章

商品性与保障性房地产开发用地分类供应差别化管理政策研究

住房是人们不可或缺的最基本生活必需品之一。早在《汉书·货殖列传》中就已提出"各安其居而乐其业"。可见安居乐业之关联与重要性。进入21世纪以来，城市房价不断高升，民生压力不断加剧。在近几年"两会"召开之前的民意调查的热点问题中，房价问题更是名列前茅，可见房价问题已经严重危及到了民生保障，能否实现广大人民群众"住有所居"的基本保障，已经成为考量我国发展公平与正义的准绳。因此，房地产开发用地供应结构需要优化，改变在商品房领域过度配置的现状，实行保障性与商品性住房用地分类供应的差别化政策，均衡公平与效率尤为重要。

第一节 商品性房地产与保障性房地产的关系

住房具有商品的一般属性，通过住房市场人们可以解决自己对住房需求。但是住房同时又具有价格的昂贵性，在房价上涨的时候，并不是社会上的每一个家庭或人都可以通过住房市场来解决自身的住房问题（王旺平，2013）。城镇住房问题是关系民生的大问题，而有效的住房供应体系，则是解决住房问题的关键。我国建国至今，一直都在探索有效的适合我国国情的住房政策。至今，已形成了包括公租房、廉租房、经济适用房、限价房在内的保障性房地产和商品性房地产供应体系。

一、我国住房政策发展历程

住房政策作为解决住房问题的方式和手段，不同国家因其社会经济发展水平的不同有一定的差异。新中国成立至今，我国的住房政策经历了计划化、商品化和快速市场化三个阶段：

（一）以计划化为主的住房政策阶段（1949~1978年）

新中国成立后，我国开始进入社会主义制度的建设时期。在这一计划经济高度集中的时期，我国实行的住房政策主要是实物分配和低租金租赁住房。由政府部门统一控制城镇住房建设，然后以实物的形式分配给城镇居民，而城镇居民只需要支付少量租金即可。在这一时期我国的住房制度实行的是以行政手段为主的体制（曹振良等，2002），国家对住房实行完全的控制。1949~1978年，超过90%的城镇住房投资都是由政府提供的，在当时的住房体系中占据支配地位的是公有住房（王旺平，2013）。持续到1978年，城市住房体系中公有住房比例仍高达74.8%，且这些公有住房的管理仍旧由市政当局或者工作单位来控制。在政府对住房市场实行完全控制的背景下，城镇居民可以无偿的从政府手中分配到实物住房。根据职工的职级、工龄、家庭人口等获取不同等级住房，而职工的劳动贡献对住房的获取并无影响。而分配到单位住房或者政府住房的居民在居住过程中仅仅只需缴纳少量的房租。通过住房分配依据可以看到，这个时期住房政策过度地关注了住房的公平而忽视了住房的效率。这一时期由于实行福利性、计划性的住房供给政策，缺乏激励机制，导致住房资源匮乏，城镇居民普遍存在住房难的问题。

（二）以商品化为主的住房政策探索阶段（1979~1998年）

我国对住房商品化政策的探索始于1978年。针对当时严峻的城镇居民住房问题，邓小平同志给出了商品化的建议。他认为"允许私人建房或者由政府私助公建，分期付款，把个人手中的资金动员起来，国家解决材料，这方面的潜力不小"。两年后，他又提出："关于住房问题，要考虑城市建筑住宅、分配房屋等一系列政策。城镇居民可以购买房屋，当然也可以自己盖房。并且，不但新房子可以出售，老房子也可以进行买卖。不仅可以一次性付款，也可以进行分期付款：10年、甚至15年付清。住宅出售以后，房租恐怕要整。要联系房价调整房租，使人们考虑到买房合算，因此要研究逐步提高房租。因为房租太低，人们就不愿意买房子了。在繁华的市中心和偏僻地方的房屋，交通方便地区和不方便地区的房子，城区和郊区的房子，租金应该有所不同。将来房租提高了，对低工资的职工要给予补贴，这些政策要联系起来考虑。建房还可以鼓励公私合营或民建公助，也可以私人自己想办法。"由邓小平同志提出的住房商品化政策的设想，为我国城镇住房制度改革指明了方向（刘志峰，2010）。自 1978 年以后，我国城镇住房开始进入改革阶段，根据不同时期的发展目标，我国的住房制度改革可以划分为以下几个阶段：

1. 早期试点探索阶段

自 1979 年始，我国开始进行城镇住房制度改革探索。在探索的过程中相继采取了多种新措施用于探索合适的住房政策。包括成本价出售新建住房、补贴出售公房、鼓励个人建房、超标加租、增量房产实行新租制等。随着进一步的探索，在 1982 年我国开始针对城市进行试点。首批入选的城市包括常州、郑州、沙市、四平。在试点城市实行"三三制"补贴公售住房，即由政府、单位、个人各承担三分之一的住房费用的办法出售住房。两年后，国务院又批准新增北京、上海、天津为试点城市。截止到 1985 年底，我国有 160 个城市和 300 个县镇的住房出售采取补贴售房政策，共出售公共住房达到 1 093 万平方米。在这一时期，虽然国家采取了补贴政策促进住房的出售，但是由于存在租售价格比不合理等原因，部分地区出现了随意压低价格、贱价出售现象，严重影响了补贴出售的改革的效果，致使该政策于 1986 年终止。

2. 全面推进阶段

1985~1993 年，这段时间是我国住房制度改革的全面推进阶段。在这一阶段我国进入了改革低租金、提租补贴、租赁结合、以租促售和配套改革实验时期。1986 年，国务院成立了"住房制度改革领导小组"和"领导小组办公室"，并于 7 月 25 日召开第一次会议讨论住房改革方案，确立了我国住房改革的重点是逐步提高房租，先把房租提高到成本租金水平，然后再把其提高到商品房租金水平。并在 1987 年，以烟台、常州、蚌埠、唐山四个城市为新的试点城市，进行房租改革的尝试。城镇住房试点的成功，使中央政府在 1988 年 8 月召开了第一次全国住房制度改革工作会议，并在此次会议上印发了《关于全国城镇分期批租推行住房制度改革的实施方案》，提出了全国住房改革分两步实施的目标。第一步目标是对全国所有公共住房均按照折旧费、管理费、投资利息、维修费、房产税五项因素的成本计算租金，抑制不合理的住房需求，促进个人买房，以达到初步实现住房商品化的目的。第二步目标是调整工资并逐步把住房消费纳入工作当中，并使其进入企业的成本，在逐步增加职工工资与房租由成本租金提高到商品租金的基础上，进一步实现住房商品化，推动住房社会化、专业化、企业化经营管理。随后1990年，北京、上海等市在已有住房改革措施上，进行实施方案的完善后也加入了试点行列。在全国各城镇住房改革实践的基础上，国务院于1991年6月出台了《关于继续积极稳妥地推进城镇住房制度改革的通知》，我国进入以分步提高租金、出售公房、缴纳租赁保证金、集资合作建房、新房新制度等多种形式改革措施以推进住房制度的改革。

3. 制度创新阶段

自1992年党的十四大会议上确立我国建立社会主义市场经济体制起，就决定了我国未来住房制度改革的根本方向，即建立与社会主义市场经济相适应的城镇住房制度。1994年国务院颁布的《关于深化城镇住房制度改革的决定》对此作了很好的解释：新的城镇住房制度要实现住房商品化、社会化。为此，中央还提出了一个全面性的住房改革方案。此后，国家更是实施多种政策以促进住房建设，改善民生。如1995年，中央政府启动安居房计划，主要目的是向中低收入家庭供房。1996年，住建部更是提出"把住宅建设培育成国民经济新的增长点"，采取多种举措促进我国房地产产业的发展。

（三）以市场化为主的住房政策阶段（1998年至今）

1998年7月，国务院颁布了《关于进一步深化城镇住房制度改革加快住房建设的通知》，提出从1998年下半年起开始在全国范围内深化城镇住房制度改革。1998年7月至今，我国在全国范围内实行停止住房实物分配的制度，开始推行住房分配货币化；建立住房公积金、个人住房贷款及住房补贴制度；建立和完善以经济适用房为主的多层次城镇住房供应体系；发展住房金融，培育和规范住房交易市场，促使住宅业成为新的经济增长点。住房货币化改革在一定程度上转变了单位职工"等、靠、要"的住房消费观念，提升了我国城镇单位职工购买商品房的积极性，同时在住房货币化改革过程中对住房实行货币化补贴并对个人购房抵押贷款提供支持，提高了城镇居民购房的支付能力，由此扩大了城镇住房市场的需求，带动了我国住房建设与社会经济的发展（王旺平，2013）。目前，我国的住房政策转变为房地产产业政策，市场成为国民住房的主导供给机制，住房供给资源短缺局面根本性的改观，房地产业成为拉动我国经济增长的重要力量。

二、当前我国住房供应体系

在2013年11月的十八届三中全会通过的《中共中央关于全面深化改革若干重大问题的决定》中，肯定了市场在我国资源配置中的决定性作用。在大多数实行市场经济的国家,住房政策既是一种经济政策,又是一种社会政策(郭巍青等,2010)。作为经济政策,即住房作为一种私人商品,对其管理的主要目的是维护房地产市场运行秩序并推动其发展,进而拉动国民经济的增长,注重资源的配置效率。作为社会政策,即住宅作为一种公共商品,对其管理的主要目标则是利用公共财政及现有的社会资源,扩大住房供应方式和供应量,增进社会的整体福利,以保障全体社会成员的住房权利,保障社会财富的公平分配,维护社会公平。因此,在发挥住房市场对住房资源配置决定性作用的同时,应该充分运用政府的干预之长来弥补市场存在失灵的短处,并以市场的长处来弥补政府对住房市场干预所产生的不利影响,从而实现市场与政府的最优搭配(王旺平,2013)。

目前,我国的住房供应体系也充分体现了政府和市场对住房市场的干预。对此我国形成了以商品性房地产和保障性房地产为核心的住房政策体系。我国主要住房供应政策设计是:对中高收入家庭提供商品房,以市场价为准;对中低收入家庭提供经济适用房、限价房,以政府指导价为准;对最低收入家庭提供公租房、廉租房,以政府定价为准。第一种住房供应政策主要涉及我国的商品性房地产供应体系,而后两种住房供应政策则涵盖了我国保障性房地产供应体系。由于供应体系的差别性,我国这三种住房供应政策在供给对象、供给方式、供给主体、优惠政策、价格机制和产权性质等都有各自的特征(见表9-1)。

表9-1　　　　　　　　我国住房供应政策的特征

种类	商品性住房	保障性住房	
住房类型	别墅、高档商品房等	经济适用房、限价房	廉租房、公租房
供给对象	所有人	中低收入者	最低收入者
供给方式	租、售	租、售	租
供给主体	房地产开发商	房地产开发商、政府等	以政府为主
优惠政策	无	划拨土地,减免税费,提供优惠建房贷款等	划拨土地,减免税费,提供建房或租房补贴
价格机制	市场机制	政府指导价	政府定价
产权性质	完全产权	不完全产权	只享有占有、使用权

资料来源:整理自相关政策文件,如《国家安居工程实施方案》、《国务院关于解决城市低收入家庭住房困难的若干意见》、《城镇廉租房管理办法》、《关于公共租赁住房和廉租房并轨运行的通知》、《公共租赁房管理办法》,等等。

三、商品性房地产与保障性房地产的关系

综观世界各个国家的住房政策发现,任一国家的政府都必然会对本国一部分

中低收入者提供福利性质的住房，所不同的只是所占比例的高低而已（马建平，2011）。因为目标人群不同，商品性房地产与保障性房地产之间不存在竞争关系，二者间应该是互补的关系。商品性住宅以盈利为导向，主要面对购买力较强的中等收入及以上人群。中低收入人群的住房保障问题主要是依靠政府的提供的保障性住房解决，市场机制下的开发商是不会去主动提供获利较低的保障性住房。

我国保障性住房建设一直相对滞后且问题层出不穷。虽然早在1990年出台的《解决城镇居住特别困难户住房问题的若干意见》一文中，就已经提出了"解困房"的概念，标志着我国保障性住房政策开始萌芽。但是，直到2000年，全国绝大部分城镇没有建立廉租住房市场，至2006年4月，全国仍有70个地级以上城市没有建立廉租住房制度（李洪侠，2011）。各地方的保障性住房的建设也一直处于滞后状态，据全国人大常委会的一调研报告显示，按照国家下达的保障性住房建设计划，2009年全国需投入资金1 676亿元，但截至8月底仅完成投资394.9亿元，完成率仅为23.6%（邓卫华等，2009）。而且，在保障性住房的建设中由于监管不力，多次曝出经济适用房要么质量低下，要么超出规格、超过一般居民购买力、异化成为机关单位的福利房的新闻[①]。同时，许多地区的经济适用房规格都已经超过了2007年出台的《经济适用住房管理办法》中所要求的标准，即经济适用住房的单套建筑面积明确在60平方米左右。虽然住建部提出"十二五"规划中要建3 600万套保障性住房，但是面对每年新增的大学毕业生为主的新增就业人群以及农民工，难以覆盖和惠及。

保障性住房的不足，会导致部分人群被逼向商品房市场，而以利润为导向的市场中，开发商天然的倾向于高盈利率的高端户型，不会主动自发地去提供适应中低收入人群的低端住房，从而导致了购房者困难增加。而且地方政府出于对房地产业的依赖，对于政策的执行力度也存在问题。2006年，《国务院办公厅转发建设部等部门关于调整住房供应结构稳定住房价格意见的通知》（国办发〔2006〕37号）中提出的"自2006年6月1日起，凡新审批、新开工的商品住房建设，套型建筑面积90平方米以下住房（含经济适用住房）面积所占比重，必须达到开发建设总面积的70%以上"。但根据国家发改委公布发布的数据，

---

① 2013年6月京城媒体报道，在北京东四环大郊亭东南角一个名为"广华新城"的在建经济适用房项目，被曝定向销售给中央部委和中石化等央企，而未来其售价可能只在1万元/平方米左右，但这一区域商品房价已经达到5万元/平方米。事实上，不止是在北京，全国多地均有政府机关、事业单位、包括一些特权企业存在着面向他们销售的"定向经适房"项目。郑州市房管局提供的数字显示，2005～2009年，开发商上交到郑州市经适房管理中心供市民公开选购的经适房房源，仅占总房源的1/3，其余的都流入"暗渠"。青岛市长沙小区，本是经济适用房项目，但入住者多为公务员，当地人都称之为"公务员小区"。深圳海馨苑被媒体曝光，海关以保障性住房为名给员工分特权福利房，海关员工只需要20万～60万不等的价格，就可以买到过百平方米的福利房，转手以450万元的价格叫卖。

2007年90平方米以下住房完成投资仅占住宅投资的19.5%，与往年基本持平，这可能表明地方政府没有落实这一政策（杨帆等，2010）。

总的来说，我国目前商品性房地产与保障性房地产互补性严重不足。由于保障性住房建设与监管制度的滞后，大量本应该通过保障性住房解决住房需要的人群被挤入了商品性房地产市场。商品房地产的盈利性则导致了开发商会开发出利润较高的户型，导致购房者在住房这一刚性需求上"被迫"进行"过度消费"。而且地方政府与房地产业之间往往存在很深的利益共生关系，在调控地方房地产市场上不会全力以赴，甚至在地方保护主义的驱使下对调控采取曲解规则、托市、软抵制等多种手段对抗国家调控政策（么英莹等，2007；赵晓等，2006）。在这种情况下，保障性房地产的短缺与商品性房地产的营利导向加剧了严重的民生问题，整个社会大量的财富被房地产吞噬。根据杨帆、卢周来（2010）通过计算全国住宅销售额的计算得出，自1998年房改之后到2009年，11年里政府和企业通过住房从居民手里拿走了10万亿元，如果把这10万亿元在经过处理再还原到居民储蓄里去，可以发现修正后的居民储蓄占总储蓄的比例在1999年前后几乎完全相等。

第二节　基于健康城镇化的房地产开发结构优化

房地产业与城镇化建设密切相关。城镇化作为经济发展的必然结果，为房地产市场提供了巨大的需求。而房地产业同时为城镇化进提供了重要推动力。但是不可否认的是，现阶段的我国房地产市场在供给结构和供给内容上还存在一些问题，造成了城镇化健康发展的障碍。

一、城镇化进程与房地产业发展的相互关系

城镇化是房地产业发展的核心动力之一，健康活跃的房地产市场也为促进中国城镇化进程和中国经济的整体发展发挥着重要作用。

（一）城镇化为房地产市场提供了巨大的需求

改革开放以来，伴随着工业化进程加速，我国城镇化经历了一个起点低、速度快的发展过程。根据我国《新型城镇化规划》显示的数据：1978~2013年，城镇常住人口从1.7亿人增加到7.3亿人，城镇化率从17.9%提升到53.7%，年均提高1.02个百分点；城市数量从193个增加到658个，建制镇数量从2 173个

增加到 20 113 个。城镇化的过程是农村人口向中小城镇转移、中小城镇人口向城市转移、全国各城市的人口向核心城市转移的过程，城镇人口增加使得城镇的规模不断扩大，而住房作为生存和生活必需品，是外来务工人口在城市定居下来首要解决的问题。因此，城镇化进程必然带来巨大的住房需求。丁祖昱（2013）通过弧弹性方法计算出：1998~2012年，随着城镇化率的上升，住宅投资额整体也是逐步上升的，城镇化率每提升1%，住宅投资额增长7%；随着投资额的加大，城镇住宅竣工面积整体上也呈现曲折向上的不规则走势，1996~2011年，城镇化率每提升1%，城镇住宅竣工面积增长2.7%；城镇居民住宅消费需求和能力不断提升，推动了住宅市场的发展，1998~2012年，城镇化率每提升1%，商品住宅销售面积增长5.7%；1987~2011年，人均住宅建筑面积呈阶梯形的逐步上行态势，城镇化率每提升1%，人均住宅建筑面积增长1.4%；相较于前几者来看，商品住宅销售均价则呈波动性的上升态势，1996~2012年，城镇化率每提升1%，商品住宅销售均价增长2.4%。

（二）房地产业的发展是城镇化进程的重要推动力

我国从1998年深化城镇住房制度改革以来，房地产业取得了长足进展。在此过程中，计划经济体制下被"隐藏"的住宅需求被释放出来，房地产的需求规模不断扩大，同时由于房地产市场化程度的逐步提高，房地产的开发和供应能力得到了显著的提高。在供给和需求的相互作用下，我国的房地产价格持续稳定上升，房地产企业经营效益稳步提升。同时，除了房地产的开发者收益外，房地产的消费者在计划经济体制下被隐藏的需求也得到了满足，并且逐渐扩大到多种类型、多种层次的需求。城镇居民的总体居住状况不断改善，社会总体福利水平也有所提高。在房地产开发者和消费者得到双重满足的情况下，我国房地产产业得以繁荣发展。房地产市场的快速繁荣发展为我国经济发展和产业结构调整起到了重要的推动作用。在我国的国内生产总值中，房地产产业的增加值所占比例稳定且逐渐上升。房地产的投资的增加，不仅促进了我国的就业率，还拉动了我国国民经济中的投资需求，带动其他与之相关行业发展。此外，由于与房地产密切相关的产业主要集中在第二和第三产业，房地产产业的发展促进了二、三产业的较快发展，对我国的产业结构的优化也发挥了重要作用（刘卫卫等，2013）。

二、当前房地产开发利用结构存在的问题

进入21世纪以来，我国房地产行业进入了一个快速发展的繁荣时期，从

2000~2010年，我国房地产年施工面积从65 896.92平方米（约为6.59公顷）增加到405 356.4平方米（40.54公顷），利润额更是从103.53亿元激增到6 235.77亿元[①]。房地产业的发展一直是我国经济发展的重要组成部分，是我国国民经济发展的支柱产业，是衡量我国国民经济发展的重要指标。房地产产业的高速发展，为我国的经济增长做出了巨大贡献的同时，也带来房价上涨过快等一系列问题。一线城市频出"天价地"和"地王"的现象，相反的，在一些二、三线城市却出现"空城""鬼城"，这也为房地产地域分布不均且盲目发展敲响警钟。为了保障民生，国家不断加大房地产市场调控力度，特别是2010年以来，更是进入了一个政策密集调控的阶段，新国八条、新国五条、新国六条连续出台，政策调控的力度前所未有。但是房价调控效果仍是欠佳。房地产市场究竟存在怎样的问题，使得房价上涨如此的"势不可挡"。2000年我国人均住房面积仅为19平方米，在2010年时已经增加到27平方米，其中城镇居民的人均住房面积更是增加到了31.6平方米[②]。同时，根据国家统计局的报告《全国房地产开发和销售情况》数据进行一个统计，全国商品房待售面积从2008年的18 626万平方米增加到2012年的36 460万平方米，截止到2013年5月，商品房待售面积再次增加到了42 924万平方米。虽然商品待售面积不等同于空置率，但是从数据中也可以看出每年处于待售状态的住房面积在不断地增加，越来越多的商品房并没有形成有效的供给。从数据分析中可知，供不应求的情况显然不成立，已经有学者（李增福等，2012）指出，2007年之后我国房地产市场已经进入过剩的状态。李洪侠（2010）也指出，我国住房供给总体充足，只有一线城市房价存在供给不足的问题。根据最基本的经济学原理，价格是稀缺程度的反应，而我国如今房地产市场供应充足乃至于过剩的情况下，价格却仍然不断高升，成了一个不合逻辑的现象，这说明住房的供给与需求之间存在了扭曲。供给没有转变为"有效"供给，商品的供给结构与需求之间出现了裂缝。相应的研究应该以房地产开发结构为目标，从结构优化的角度出发，探究如何才能将供给转变成符合人民购买力、购买期望的有效供给。

本章将以35个大中城市为研究区域，通过过滤模型将住房市场细分为低档住房市场、中档住房市场与高档住房市场，测度居民在各个市场上的实际支付能力，分析各市场之间的差距以及过滤可能。从而对房地产用地开发存在的问题给出解释与相应的政策建议。

---

① 数据来源：《中国房地产统计年鉴》。
② 数据来源于《中国全面建设小康社会进程统计监测报告（2011）》（国家统计局科研所，2011）和《中国统计年鉴（2011）》，其中人均住房使用面积指城镇人均住房使用面积和农村人均钢筋砖木结构住房面积的加权平均。

(一) 住房市场"过滤"理论简介

由于住房商品存在与其他商品不同的两个重要特征：耐久性和异质性，使住房在动态市场中形成过滤。在任何市场经济国家，住房过滤现象都是住房市场中的常见现象（刘友平等，2008）。过滤理论这一概念出现在19世纪中叶的英国（Baer & Williamson，1988），来源于对工业革命和大量移民涌入城市后产生的住房问题的关注（Baer，1991），时代背景上与现阶段我国快速城市化的背景存在诸多相似之处。过滤模型是用于描述家庭式如何根据住宅质量和收入水平的变化来选择自己的住宅的（阿瑟·奥沙利文，2008），这个过程称为"向下过滤"，简单的描述为：由于一个房客使用后住房市场价格降低，而被下一个低收入群体使用的过程（Sweeney，1974）。与传统的住房供求理论相比，住房过滤模型有以下优点：一是把新旧住宅数量作为一个整体来考虑，从新旧住宅的联动来预测供求；二是充分认识到住宅的"持久性"，比较真实地反映了住宅的生命周期和市场运行机理；三是"过滤"的方法根据不同的收入阶层来考虑其对住宅的需求，因此该方法为解决住宅供求的结构性问题即为不同收入阶层提供不同结构的住房提供了理论依据（张翼，2009）。国内对于住房过滤的研究起步较晚（塔娜，2011），应用在住房问题领域的研究不多，主要集中在住房保障政策分析方面，比如宋博通（2002）运用"三市场过滤"模型论述公房建设、私营开发商新建补贴、租金优惠券和租金补贴计划这三种策略对住房保障与房地产的影响；张翼（2009）通过过滤模型论述了"补砖头"、"补人头"这二者的优劣。

(二) 基于"过滤"理论的市场划分：低、中、高三级市场

过滤模型分析中，一般将住房分为低档住房市场、中档住房市场、高档住房市场，住房档次与居民收入相挂钩。住宅由于折旧等原因其价值会减少，当减少到一定程度时，其所有者会选择不再继续维修、保有，而是选择将其"过滤"到下一级市场，当新建高档住宅增加时，其过滤速度会加快。而下级市场的居民接受"过滤"下来的住房之后，会将其原有的住房"过滤"到下一级市场，从而在这个连续的"过滤"过程中，下级市场的居民可以改善其居住环境，同时住房市场不断的循环更新。而且过滤的速度越快，幅度越大，低档的住房会越快被过滤出市场。相反情况下，当下级市场供给增加或需求降低，价格降低，部分消费者从上级市场中吸引到下级市场，上级市场的价格也会降低，则部分原本应该在上级市场淘汰并"过滤"到下级市场的住宅，由于下级市场的价格下降，这些本应该淘汰的住宅价格相对于下级市场的住宅价格偏高，无法实现"过滤"，继续留在本级市场内，从而使得本级市场供给维持在较高水平上，房价下降，且"过

滤"减缓的反应会进一步向上传达。阿瑟·奥沙利文（2008）将过滤模型归纳为图9-1。

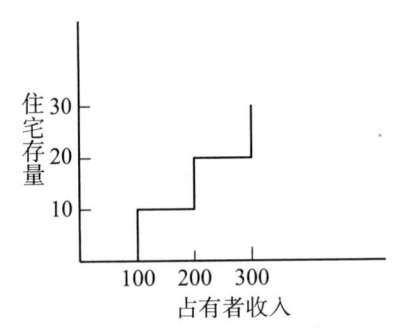

图9-1 购买力与质量的过滤阶梯

资料来源：阿瑟·奥沙利（2008）著：《城市经济学》（第六版），第286页。

根据"过滤"理论，住房供给应该是梯度的、有层次，这样各个收入水平的居民才能实现住房，且通过自身努力不断地向上攀爬，将自己的旧有住房"过滤"到下一级，自己争取在上一级市场解决住房问题。因此，本章以过滤的视角来分析当下的住宅市场结构，本章对"过滤"理论应用主要在于市场划分与居民改善其住宅的能力与可能，即居民对市场的选择与向上"过滤"的分析。在下文的分析中将按照居民收入与住房档次把住宅市场划分为低档、中档、高档三个住房市场，分析各个市场上居民的支付能力与市场间过滤可能性分析，重点考虑家庭在各个市场上实现购房的能力与向上攀爬的能力。

（三）分市场的住房供给结构分析：以35个大中城市为例

选取的数据统一为2012年数据。所用的数据中，关于35个大中城市年度各类住宅竣工数量、竣工套数、投资比重的数据均来源于《中国房地产统计年鉴》。35个大中城市城镇居民年均可支配收入数据基本上来源自中国指数研究院数据库，其中部分通过CNKI中国经济社会发展统计数据库补全。

在住房供给类型上，分别用户均90平方米、户均144平方米、高档住宅别墅代表低档住宅、中档住宅、高档住宅。三类住宅的年竣工套数与面积可以查到，进而可求出平均单套该类住宅的面积。而单套住宅的价格求出如下所示：当年户均90平方米销售单价×单套面积＝户均90平方米单套售价，当年户均144平方米销售单价×单套面积＝户均144平方米单套售价，当年高档别墅住宅销售单价×单套面积＝高档别墅住宅单套售价。在房价收入比的计算上，在家庭购买力测算方面，家庭收入按照每户中两人有收入，以当年度城镇居民人均可支配收入乘以2。然后，将所求的单套住房价格除以家庭收入，得出35个大中城市中，三类住宅的房价收入比。计算的结果如表 9-2 所示。

表 9-2　　　　2012 年 35 个大中城市的三类住宅市场分析

地区	竣工住宅单套面积			套数比重			房价收入比				
	户均90平方米	户均144平方米	别墅高档公寓	户均90平方米	户均144平方米	别墅高档公寓	户均90平方米	过滤时间	户均144平方米	过滤时间	别墅高档公寓
北京	90	144	234.17	66.23	3.68	20.43	12.26	32.68	55.02	87.70
天津	90	144	207.62	35.35	2.91	—		—		—
石家庄	90	144	181.11	39.25	2.70	7.16	4.30	11.46	3.01	14.46
太原	90	144	0.00	37.89	0.00	12.55	7.53	20.08	-20.08	0.00
呼和浩特	90	144	195.28	47.46	7.19	5.30	3.18	8.48	7.69	16.16
沈阳	90	144	185.84	66.52	1.37	7.08	4.25	11.33	12.59	23.92
大连	90	144	231.18	73.66	1.71	9.10	5.46	14.56	28.60	43.16
长春	90	144	105.68	68.70	9.27	6.53	3.92	10.45	2.14	12.59
哈尔滨	90	144	242.50	53.45	0.01	—		—		—
上海	90	144	162.55	59.33	10.47	22.95	13.77	36.72	47.55	84.27
南京	90	144	248.65	67.41	2.03	15.81	9.49	25.30	42.45	67.75
杭州	90	144	524.16	58.92	0.71	15.92	9.55	25.47	139.13	164.60
宁波	90	144	372.42	40.35	2.60	17.09	10.25	27.34	101.24	128.58
合肥	90	144	211.21	32.09	0.83	8.55	5.13	13.68	21.93	35.61
福州	90	144	367.40	31.99	0.75	12.64	7.58	20.22	46.66	66.88
厦门	90	144	234.71	24.90	5.48	19.83	11.90	31.72	64.49	96.21
南昌	90	144	309.24	50.19	2.50	10.01	6.01	16.02	46.01	62.03
济南	90	144	366.69	21.33	0.46	9.31	5.59	14.90	62.00	76.90
青岛	90	144	222.46	47.47	2.57	10.48	6.29	16.76	30.42	47.18
郑州	90	144	80.47	54.58	3.56	—		—		—
武汉	90	144	215.00	50.75	1.37	12.20	7.32	19.52	41.22	60.74
长沙	90	144	240.06	27.77	2.10		0.00		0.00	
广州	90	144	230.43	37.90	4.10	23.91	14.35	38.26	30.73	68.98
深圳	90	144	171.68	81.59	2.11	—		—		—
南宁	90	144	258.95	45.53	1.90	11.01	6.60	17.61	58.93	76.54
海口	90	144	178.55	35.91	8.00	13.02	7.81	20.84	17.33	38.16
重庆	90	144	208.70	63.36	1.25	6.62	3.97	10.60	15.85	26.44
成都	90	144	280.77	46.55	1.38	13.46	8.07	21.53	44.23	65.76

续表

地区	竣工住宅单套面积 户均90平方米	竣工住宅单套面积 户均144平方米	竣工住宅单套面积 别墅高档公寓	套数比重 户均90平方米	套数比重 别墅高档公寓	房价收入比 户均90平方米	过滤时间	房价收入比 户均144平方米	过滤时间	别墅高档公寓
贵阳	90	144	217.61	38.50	1.07	8.92	5.35	14.27	48.64	62.91
昆明	90	144	211.24	41.40	8.34	—	0.00	—	0.00	—
西安	90	144	129.10	49.72	1.27	—	0.00	—	0.00	—
兰州	90	144	0.00	49.90	0.00	11.19	6.72	17.91	-17.91	-0.00
西宁	90	144	279.05	9.01	0.08	10.98	6.59	17.57	39.01	56.58
银川	90	144	407.54	36.76	0.07	—	0.00	—	0.00	—
乌鲁木齐	90	144	169.62	53.55	3.28	—	0.00	—	0.00	—

资料来源：《中国房地产统计年鉴》，中国指数研究院，中国社会经济发展统计数据库。35个大中城市的名单查询自国家统计局。

由表9-2可以看出，35个大中城市中，从低端市场来看，房价收入比普遍处于可接受的范围之内。少数的几个房价收入比偏高的城市如北京、上海、广州、南京、杭州、宁波、厦门，在这几个城市中最高的是北京、上海、广州三市，房价收入比超过20，这与三市经济发展过快，消费水平过高是分不开的。从中端住宅市场来看，直接在市场购买户型较大的商品房，即进入中等住宅市场的门槛较高，房价收入比普遍在10以上，房价收入比最低的城市为呼和浩特，该市房价收入比为8.48，最高的城市为广州市，高达38.26，其他城市房价收入比在30以上有北京、上海、厦门，房价收入比在20以上的有太原、南京、杭州、宁波、福州、海口、程度。同时，从低级市场过滤到中级市场的时间也普遍较短，最短的是呼和浩特市，仅有3.18年，最长的时间为广州，14.35年。过滤时间在10年以上的城市有北京、宁波、厦门、上海、广州，共5个城市。可见正常情况下，从低级市场向中级市场过滤还是比较容易的。从高端市场上来看，除了少数几个城市之外，大部分城市的高端住宅、别墅的房价收入都处于非常高的水平上。个别城市如杭州、宁波甚至在100以上。从中端住宅市场过滤到高端住宅市场的过滤时间普遍较大，许多家庭穷其一生也无法实现向高端住宅市场的过滤。但是也有些城市从中端住宅市场过滤到高端住宅市场的过滤时间偏短，如长春只有2.14年，石家庄只有3.01年，比从低端住房市场过渡到中端住房市场所需的时间还要短。

从分析可知，目前低中高三级住宅市场中，除了低级市场比较能够符合一般家庭的购买力之外，中高端市场的进入成本门槛非常高，普通家庭难以负担。同时，低端住宅市场到中端住宅市场，中端住宅市场到高端住宅市场，过滤难度较大。但是总体上,近年来为了使我国的住宅供给内容与居民实际购买力相匹配,我国的住房结构在逐步完善,并取得了一定的效果。从表9-2中的第五列和第六列可以看出,户均90平方米商品房的供给比重非常之高,大部分城市超过一半的比例。即意味着近年来为了满足占人口比重最大的中低收入人群的购房需要,我国低端住房市场在逐步完善当中。中档住宅难以负担的原因很大一部分来源于户型过大,居民购买能力不足,高档公寓和别墅更是如此。因此,应充分发展低端住房市场,住房供给偏向于低档住房,让大多人买得起房。不过值得注意的是,我国的部分城市,如北京、上海、广州,虽然提高了低档住房的供应量,但是城市的房价收入比依旧很高,而且各市场之间支付差距较大,难以出现"过滤"的现象,这一结构扭曲是造成这些城市广大居民住房困难的根本原因。而在这种情况下,广大低收入群体仍旧不能够进入低端市场购房,解决住房难的问题。因此,住房调控政策除了从宏观上控制房价回归理性价位,还应该因地制宜的针对各个城市加大对房地产市场供给内容的调控,通过提供保障性住房、政策调控户型、规范二手房市场等方式增加低端住房的供给。并且更应该根据城市的情况,有所侧重,才能够真正解决我国房地产市场存在的问题。

三、新型城镇化中房地产合理开发与结构优化的总体路径

根据李克强总理的解读,新型城镇化的核心在于以人为本,不仅仅是城镇已有居民能够住得起房,以农民工群体为代表的城市新融入居民的住房问题更要得到妥善的解决。优化房地产开发结构,增加针对中低收入人群的保障性住房供应,调节商品性房地产结构,是新型城镇化的应有之义。同时,在政策调控上,针对部分地区房地产市场过热导致的"鬼城"[1]现象,还应采取相应的措施压制房地产过热现象,让各个城市的房地产开发"量体裁衣",避免重蹈过度投资的覆辙。

(一) 坚持保障民生的房地产宏观调控原则

继续加大对保障性住房的供给力度,扭转房地产供应中保障房不足的结构,完善保障性住房的管理制度,最终构建出满足大多数人的低端住房市场,使其避免过早进入中高端房地产市场。扩大保障性住房的受益人群,积极探索将农民工群体纳入当地保障房体系的办法。完善监督管理制度,避免出现管理不善导致的应保不能进保、不保反而保了的管理弊端。

---

[1] 截止到2013年,国内目前诸多城市已经爆发出严重的楼市泡沫,除了早期的海南,近年来有鄂尔多斯、营口、常州、惠州、贵阳等城市出现了大面积的楼盘严重滞销现象。

（二）坚持以需定供的房地产宏观调控原则

针对不同地区的房地产市场采取不同的调控政策，而差别化的调控政策的建立应在该地区实际住房需求的了解之上。根据各地区家庭结构、新增就业人口、迁入人口、外来务工者等各类潜在住房需求人群的收入水平与购房需求，确定保障房供应计划以及商品房供给的户型结构。对于已经出现房地产过热，甚至出现房地产泡沫的地方，要采取有效措施进行调控，防止地方性的局部问题演化为系统性的全局问题。

（三）坚持梯度供给的房地产宏观调控原则

无论是保障房，还是商品房，都应该具有一定梯度。通过梯度的供给制度，促使被保障人群具有向上发展的意愿，避免悬崖效应，使被保障人群不会堕入"福利陷阱"而缺乏改善自身境遇的动力，形成一个"廉租房"、"经适房"（或补贴购房）及"自主购买商品房"的良性上升渠道。具体操作上，在保障性住房上，应根据家庭的经济收入、人口规模，给予不同程度的补贴，配租不同户型的住房。另一方面，应依据居民实际购买力水平，对房地产市场进行适度调控，采取税收手段、出让环节约定等方式调整房地产开发结构，避免开发商过分扎堆于高档住宅开发，而对中小户型的普通住宅弃之不顾，导致房地产市场与居民购买力脱节，住宅市场缺乏合理的梯度。

第三节　基于民生改善的房地产用地供应多元化与差别化

房地产作为一种特殊的商品，商品本身具有唯一性。由于房地产地理位置、地形、地势、周边环境的差异性，房地产市场具有区域性，即不同区域的房地产在供给总量和供给结构上都有的一定的差距，而不同区域的房地产发展共同组成了我国多元化的房地产市场。正确认识我国多元化的房地产市场在供给结构和供给总量上存在的差异性，对于我国制定差别化的房地产供应政策，改善民生，促进房地产市场的健康发展具有重要的意义。

一、房地产用地划拨出让分类供应的多元化供地体系

改革开放以来，随着我国计划经济向市场经济的转变和土地制度的改革，土

地供应开始走上了市场化的轨道，政府在保留通过国家行政划拨来无偿取得城市国有土地的方式基础上增加了有偿使用方式，形成了我国城市土地供给制度的"双轨制"。根据新《土地管理法》第54条规定"建设单位使用国有土地，应当通过有偿的方式取得，但是国家机关和军事用地、城市基础设施用地、公益事业用地以及法律、行政法规规定的其他用地，经县以上人民政府批准，可以通过行政划拨的手段来获取土地"。

（一）土地划拨的供地体系

1. 土地划拨制度概述

我国的土地划拨制度自计划经济时代就已经存在，但是法律文本中对于土地划拨制度的概念一直没有一个比较清晰的表述，直至改革开放以后，颁布的《城市房地产管理法》对划拨土地使用权有了较明确的阐述（赵海龙，2012）。根据《城市房地产管理法》第22条规定，国有土地使用权划拨的法律定义是指"县级以上人民政府依法批准，在土地使用者缴纳补偿、安置等费用后将该幅土地交付其使用，或者将土地使用权无偿交付给土地使用者使用的行为"（崔建远，2009）。

2. 土地划拨制度的原则

（1）公益性目的原则。由于我国特殊的土地权属关系，国有土地划拨要建立在满足公共利益的基础上，因此要遵循公益性目的的原则。肖顺武（2010）关于"公共利益"的定义能够比较贴切的解释土地使用权划拨的公益性原则。他认为"所谓公共利益，是指由不特定多数主体所享有的、具有整体性、层次性和发展性的重大利益"，只要土地划拨的用途能够满足和实现这些重大利益，那么划拨的土地就具有公益性。

（2）禁止权利滥用的原则。在公益性原则的前提条件下，土地使用权的拥有者经过国家授权得到划拨的土地，并得到国家行政权力的保护。因此，公益性用途应该是以划拨方式获得土地使用权的权利人行使权利的范围，如果其行为超出公益性目的的范围，则违背了土地划拨制度是为满足公共利益需要而存在的根本准则，其权利的正当性即不存在（赵海龙，2012）。

3. 土地划拨体系的特征

首先，国有土地划拨使用权必须具有公益性，即只适用于公益性事业或国家重点工程项目。其次，国有土地使用权划拨是一种行政行为，带有行政强制性。再次，国有土地划拨使用权的取得与其他土地使用权出让方式的重要区别在于其具有无偿性或低偿性。最后，划拨土地使用权的无限期性。根据《城市房地产管理法》第3条规定，"国家依法实行土地有偿、有限期使用制度。但是，国家在本法规定的范围内划拨国有土地使用权的除外"。

4. 国有土地划拨的适用范围

根据《城市房地产管理法》第 23 条规定"下列建设用地的土地使用权，确属必需的，可以由县级以上人民政府依法批准划拨：第一，国家机关用地和军事用地；第二，城市基础设施用地和公益事业用地；第三，国家重点扶持的能源、交通、水利等项目用地；第四，法律、行政法规规定的其他用地。"

2001 年，国土资源部发布了《划拨用地目录》，进一步明确了划拨用地的范围。该目录中明确了公益性的原则，对供地项目进行了细化，"按用地功能、性质把属于经营用地及其他应推向市场的用地剥离出来"，而"凡属于公益性的项目用地可纳入《划拨用地目录》"。

（二）土地出让的供地体系

1. 土地出让制度概述

土地出让是指国家以土地所有者的身份将一定年限的国有土地使用权让与土地需求者，并由土地需求者向国家支付一定的土地出让金，并签订土地出让合同的行为。

2. 土地出让制度的原则

城市土地使用权出让应当遵循公开、公平、公正和诚实信用的原则（王斌俊，2005）。

（1）公开原则。土地的招拍挂活动必须公开进行；必须在规定的时期内通过允许的形式如广告媒体、法律法规，提前公开发布公告。同时，土地招拍挂活动的标的和参与者资格也应该公开。

（2）公平原则。土地招拍挂期间，当事人的民事权利义务平等、民事法律地位平等。为了保障其他当事人的合法权益，主办者在三项活动中更要求公平。

（3）公正原则。在土地招拍挂过程中，所有符合资格的竞投人、竞买人都应该具有平等、公平的竞争机会。

（4）诚实信用原则。各参与方应自觉履行相关合同、成交确认书所确定的各自义务，以确保招拍挂活动的顺利进行。

3. 土地出让体系的特征

第一，土地使用的有偿性。除公益性用地外，我国均实行有偿的土地出让制度，即土地使用者必须缴纳一定年限的土地出让金。

第二，土地出让的期限性。在我国，居住用地的使用期限为 70 年，工业用地的使用期限为 50 年，教育、科技、文化、卫生、体育用地的使用期限为 50 年；商业、旅游、娱乐用地的使用期限为 40 年；综合或者其他用地的使用期限为50年。

第三，土地出让形式的多样性。目前，我国国有土地使用权的主要出让方式包括协议出让、招标出让、拍卖出让和挂牌出让。

4. 土地出让的适用范围

我国商业、旅游、娱乐和商品住宅等各类经营性用地，必须以招标、拍卖或挂牌方式获得。其他用途的土地，同一宗地有两个以上意向用地者的，也应当采用招标、拍卖或挂牌方式出让。

（1）协议。适用对象为某些需要加以扶持的部门或单位的用地，如市政工程、公益事业、非营利单位（如机关、部队、科教等）用地和需要优先发展的基础产业、短线项目等。

（2）拍卖。适用对象为商业用地、娱乐用地，主要目标是获取最高出让金，价高者得；对土地使用者资格没有特别限制，一般单位或个人均可能有受让意向的；对土地用途无特别限制及要求等情况，则必须以拍卖方式出让国有土地使用权。

（3）招标。适用对象为商品住宅、部分商办等经营性用地。一般来说招标不是以获取最高出让金为主要目的，对土地使用者有较高的限制，要求具备良好开发业绩、较高的银行信用等级等限制要求。

（4）挂牌。此方式具备了拍卖和招标的两种优点，对参加挂牌出让的受训一人提出较高的限制条件，在期限截止时，土地受让者为价高的候选人。

二、基于地价和房价的相互关系及传导机制的商品性房地产用地供应

房价与地价是反映房地产市场发展状况的两个关键指标，构成了房地产价格体系的主体。房地产价格更是房地产业发展衡量的重要指标，其不仅可以反映房地产业的发展情况，而且可以很好地呈现出房地产市场的供需情况。因此，准确把握房价与地价关系是政府制定合理的房地产用地政策、进行房地产市场宏观调控的基础。

（一）地价与房价的相互关系及传导机制

关于房价与地价的关系，国内外学者都进行了相关的研究。有学者将土地作为住房的生产要素（投入）分析了城市住房的供给，探讨了房价与地价之间的比例关系（Smith，1876）；不少学者从土地利用规划和土地供给约束的角度研究分析房价与地价关系（Evans，1987；Dicks，1990；Pollakowski et al.，1990）。也

有学者对土地供给约束的溢出效应进行了经济计量分析,认为土地供给不足使住宅供给总量下降,再加上消费者预期未来土地更加稀缺和住宅租金上涨,土地供给变化对地价、住宅价格和住宅供给都有较大影响(Peng et al., 1994)。总结已有研究我们发现:有研究认为地价上涨是房价上涨的重要因素,也有研究认为商品住宅价格上涨导致住宅用地价格上涨,但更多的研究认为房价和地价是相互影响的。因此,本章将通过实证研究房价与地价的相互关系,并通过35个大中城市区域房价与地价的关系研究住宅用地总量供给及其区域差别化控制。

1998年7月国务院颁发《关于进一步深化城镇住房制度改革加快住房建设的通知》(国发[1998]23号),标志着我国房地产市场的改革进入一个新的阶段。因为普通住宅关系到民生,为充分反映这个时期以来我国房地产市场运行情况,本节通过选取1998年第一季度至2010年第四季度间的普通住宅房屋销售价格指数和普通住宅用地土地交易价格指数(以下简称房价指数和地价指数)进行实证分析。在分析当中土地价格和房地产价格分别用地价指数 LP 和房价指数 HP 表示。

由图9-2可以看出,房价指数与地价指数变动的总体趋势在不同阶段表现出不同的互动关系,但是即期的房价指数与地价指数的变化趋势相同。下面将以 Granger 因果关系检验两者之间的关系。

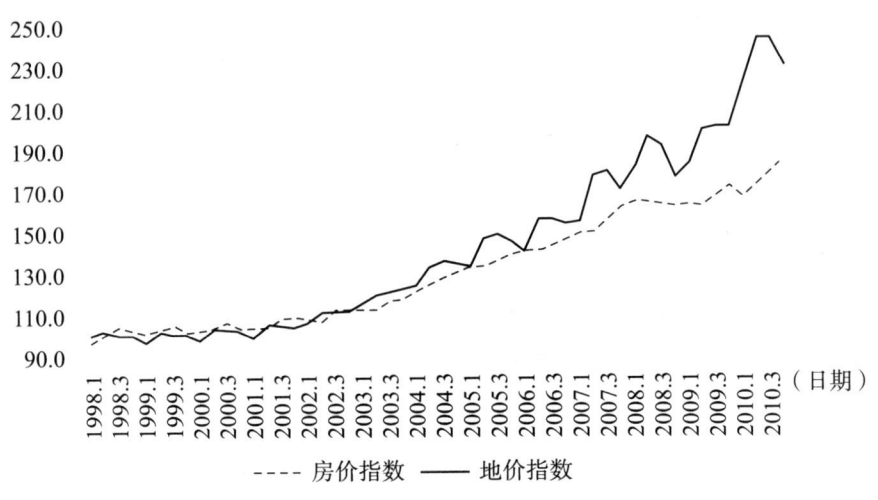

图9-2 房价指数与地价指数变化折线图

资料来源:根据国家统计局各期《中国经济景气月报》以及国研网上的数据计算而得。

1. 单位根检验

为了避免虚假回归问题,首先应对各指标时间序列的平稳性进行单位根检验(unit root test)。常用的方法是 Augmented Dickey – Fuller 检验(ADF 检验)。运用Stata12.0运算得到如表9-3所示的检验结果。LP和HP的ADF检验值均大于1%显著水平下的临界值，未能通过检验，表明序列是非平稳的。各序列一节差分后，LP和HP的ADF检验值在1%的显著水平下通过检验，说明房价指数与地价指数序列已经平稳，因此地价序列和房价同是一阶单整的，即LP~I(1)、HP~I(1)。

表9-3　　　　　　地价指数与房价指数ADF检验

变量序列	ADF检验值	麦金农近似值	1%临界值	结论
LP	0.569	0.9868	-3.579	接受H_0，非平稳
ΔLP	-6.988	0.0000	-3.580	拒绝H_0，平稳
HP	1.585	0.9978	-3.579	接受H_0，非平稳
ΔHP	-6.611	0.0000	-3.580	拒绝H_0，平稳

资料来源：整理自Stata 12的估计结果。

2. 协整检验分析

尽管在单位根检验中LP和HP指数是非平稳的，但仍然可能是协整的，具有长期稳定的关系。在上文的单位根检验中，结果表明LP和HP是一阶单整的，符合协整分析前提条件。因此本研究采用EG方法（即Engle和Granger于1987年提出的两步检验法）进行检验（王俊斌，2005）。运用Stata12.0软件操作得到结果如表9-4所示。由于-3.852小于显著性水平1%时的-3.579，可以认为e_1是平稳序列，表明LP与HP之间存在协整关系，即两者之间存在长期均衡关系。

表9-4　　　　　　残差序列e_1的ADF检验结果

变量序列	ADF检验值	显著水平（%）	临界值
e_1	-3.852	1%	-3.579
		5%	-2.929
		10%	-2.600

资料来源：整理自Stata 12的估计结果。

3. Granger因果检验结果

运用Stata12.0软件进行Granger因果关系检验，不断地调整滞后阶，得到表9-5的检验结果。

表9-5 房价与地价 Granger 因果关系检验结果

原假设 滞后阶	LP 不是 HP 变化的 Granger 原因		HP 不是 LP 变化的 Granger 原因	
	Chi2	Pro.	Chi2	Pro.
1	8.4457	0.015	11.089	0.004
2	0.23917	0.887	5.9304	0.052
3	3.9173	0.141	15.45	0.000
4	4.0332	0.133	11.819	0.003
5	0.45256	0.797	10.962	0.004
6	1.2553	0.534	17.228	0.000
7	9.4395	0.009	25.803	0.000
8	7.9303	0.019	25.101	0.000
9	2.8947	0.235	19.317	0.000
10	3.1154	0.211	4.9356	0.085

资料来源：整理自 Stata 12 的估计结果。

Granger 因果关系检测结果表明，在5%的置信水平下，当滞后时间为一期时，地价指数与房价指数变化有双向的因果关系，且房价对地价的影响相对于地价对房价的影响比较强；长期表现为房价是地价的 Granger 因：在1%的置信水平下，当滞后时间为三到九期时，房价是地价的 Granger 因。在5%的置信水平下，滞后二期的时候，房价是地价的 Granger 因。在10%的置信水平下，滞后十期时候，房价是地价的 Granger 因。

4. 结论

本节利用1998年房改至2010年实施房地产行业监测新规则之前32年104个数据对房价与地价关系进行重新检验，计量分析的结果表明：(1) 房价与地价的相互影响在短期内较为显著。在不完全竞争的市场中，地价是房价上涨的一个重要但非决定性的因素，土地需求作为引致需求受即期房价影响较大。(2) 长期内房价水平决定地价水平，地价对房价无显著影响。事实上，土地需求是经由开发商对房价的预期引致的，此时在土地供给一定情况下形成的土地均衡价格是不考虑消费者的购买力和心理承受力的，开发商即使天价竞得土地也可以转嫁给消费者而从住宅市场中退出。因而，长期均衡的结果就是房价决定地价。

（二）住宅用地供应的总量控制与区域差别化控制

不动产市场具有区域性，不同区域的房地产市场也具有较大的差距。典型的例子就是北京地区的房价节节攀升，远高于相邻的河北地区，导致部分人群到相邻的河北省购房。国内目前在房地产调控领域常用的区域划分有一线城市、二线城市、三线城市的分级方法。在这里本章将沿用这一理念进行分区域的不动产市场分析。分析结果见表9-6。

表9-6　　　　　按一二三线城市分类的35个大中城市

城市分类	城 市	普通住宅房价收入比均值（2012）
一线城市	北京、上海、广州、深圳	26.13
二线强城市	天津、大连、杭州、宁波、厦门、济南、青岛、重庆	15.33
二线中城市	石家庄、沈阳、长春、哈尔滨、南京、郑州、武汉、福州、长沙、成都、西安	11.379
二线弱城市	太原、合肥、南昌、南宁、昆明	13.23
准二线城市	呼和浩特、贵阳、兰州、乌鲁木齐	10.04
三线城市	海口、西宁、银川	7.98

资料来源：35个大中城市的名单查询自国家统计局。一二三线城市的名单历年均有变动，在表9-6中以2010年时的名单为准。数据来源同表9-2。

一二三线城市的划分取决于政治地位、经济实力、城市规模及区域辐射力，因此相应的住宅价格也应该呈现从高到低的排列顺序，房价收入比的均值已经验证了这一点。接下来，将继续采用Granger因果检验的方式对35个大中城市进行分析。因此，从2002年第1季度到2010年第4季度的全国及35个大中城市的土地交易价格指数和房屋销售价格指数中，2002年的数据来源于国研网，2003~2010年数据来源于国家统计局官方网站。在这里仅列出房价与地价之间的长期因果关系，35个大中城市的检验结果如表9-7所示。

通过表9-7可以看出，不同级别的城市在房价地价关系上出现了显著的差异性。一线城市和二线强城市当中，大多数城市的房价地价关系表现为地价决定房价，而二线中城市、二线弱城市、准二线城市的房价地价关系多为房价决定地价。可能的解释在于，经济发达的大城市地区，城市规模大，人口集聚度高而可利用的土地资源较少，土地资源的稀缺程度较为显著，因此地价对房价的影响较大。而二线中城市、二线弱城市、准二线城市这些城市一方面处于经济快速发展的过程中，另一方面可开发的土地资源也较多，土地资源的稀缺性尚不突出，对土地的需求多由于房地产市场发展带来的引致需求。而三线城市，一方面可能是样本较少无法观察出规律，也有可能是三线城市的经济水平较低、房地产市场处于发育中且不稳定，所以才没有表现出一定的规律性。

表9-7　　　　　　　按一二三线城市分类的城市房价地价关系

城市分类	长期影响				无影响	不能确定
	有影响					
	房对地		地对房			
	单向	双向	单向	双向		
一线城市			深圳	上海		北京、广州
二线强城市	宁波		天津、大连	厦门、青岛	杭州、济南、重庆	
二线中城市	哈尔滨、长沙、成都	福州	南京、长春	沈阳	石家庄、郑州、武汉、西安	
二线弱城市	合肥、南昌、南宁、昆明	太原				
准二线城市	乌鲁木齐	呼和浩特、贵阳				兰州
三线城市	西宁				海口	银川

资料来源：整理自Granger因果检验的估计结果。

虽然近年来我国房地产价格涨幅过快，地区差异较大，一些富人拥有多套住房而中低收入者却买不起住房，贫富差距越来越大，从而形成一连串不良反应。但正如前面所提到的房地产业的发展一直是我国经济发展的重要组成部分，是我国国民经济发展的支柱产业。因此，在制定房地产用地供给政策时，既要控制房地产用地供应总量，同时又要保证房地产用地的有效供给。从上面的分析可知，不同级别的城市在房价地价关系上出现了显著的差异性。因此，在制定住宅用地供给的政策时，应充分认识到各地方的房价地价关系，采取针对性的供地模式。

1. 对于地价带动房价的地区，保障一定规模的住宅用地，增加一定规模的民生保障用地

在一线城市和二线城市，由于其经济发达，城市产业、人口集聚，造成土地的稀缺性比较显著，因此大多数城市的房价地价关系表现为地价决定房价。对于这些土地稀缺性较为突出的地区，首先应保障其一定规模的住宅用地供给，避免"饥饿供地"导致的房价持续非理性上涨，同时还应该增加一定的民生保障用地，使占城市人口多数的中低收入家庭和进城务工的农业转移人口得到基本的居住保障。

2. 对于房价带动地价的地区，应在判明其实际房地产需求的前提拟定供地政策

二线中城市、二线弱城市、准二线城市由于处于经济快速发展的过程中，对土地的需求多是由于房地产市场发展带来的引致需求，同时可开发的土地资源也较多，土地资源的稀缺性尚不突出，因此这些城市的房价地价关系多为房价决定地价。在对这些城市制定房地产用地供应政策时，应在判明其实际房地产需求的前提下拟定供地政策。在编制土地供应计划时应充分调查，加强土地市场分析，把握市场动态，尽可能展现市场的真实需求，对于发展过快、存在过热可能的地区，则应考虑收紧地根，抑制房地产市场的过快发展。

3. 对于经济不发达地区，有步骤增加房地产用地的供应计划

对于经济水平较低、房地产市场处于发育中且不稳定的三线城市，应增加房地产用地供应量，以发挥房地产业对经济的带动作用。但是也不能盲目地发展房地产业，避免出现"空城"、"鬼城"等资源浪费现象。要有步骤增加房地产用地的供应计划，确保每一步房地产用地资源得到有效利用，同时配合其他政策，达到促进经济大战的目的。

三、商品性房地产与保障性房地产用地供应差别化政策

我国通过土地年度土地供应计划调整土地供应结构。在土地供应年度计划中要求要严控高档公寓、低密度、大套型等高档住宅用地，增加民生用地。要保证包括低价位的中小套型普通商品住房、廉租房和经济适用房等保障住房用地的年度供应量不低于居住用地供应总量的70%。而后，国土资源部部长徐绍史在第20个全国"土地日"主题纪念活动上指出，我国要实行差别化的土地供应政策，优先保障基础设施项目和民生项目用地[1]。所谓民生用地就是指满足民众基本生存和生活的用地，主要包括保障性住房、棚改房和自住性中小套型普通商品房用地，其中保障性住房是指政府为中低收入住房困难家庭所提供的限定标准、限定价格或租金的住房，一般由廉租住房、经济适用住房和政策性租赁住房构成。

近年来，我国土地调控政策呈现出"收"、"放"结合的特征："收"，是进一步规范秩序、强化监管，加强处置力度；"放"，是指增加土地供应，完善供应方式，进一步激活房地产开发的"源头"[2]。无论是针对住房供应总量还是房价的调控政策都有一定的效果。2012年，房地产用地为16万公顷，超过前5年年均水平；全国105个监测城市住宅地价同比涨幅为2.3%，维持在历史低位

---

[1] 中国证券报：《2010国土部：探索差别化土地供应管理政策》，载于 http://news.dichan.sina.com.cn/2010/06/22/175523.html，2010年6月22日。

[2] 国土资源政策法律网：《70城市住宅用地放量供应：土地均价出现阶段性回落》，载于 http://www.gtzyzcfl.com.cn/News.asp?ID=8164，2010年3月22日。

水平。同时，住房调控政策注重提高保障性住房用地的供应，加大土地开发利用监管力度。

实行民生用地与房地产开发用地供应差别化政策具有较高的理论和现实意义。根据买房人的需求不同可以分为刚性需求者、改善型需求者、投资型需求者和投机购房者。根据城市区分可以分为北京、上海、深圳等一线特大型城市，杭州、广州、成都、南京、大连等省会城市或沿海开放城市，房价不高、人口较少的地区级和县级城市。针对需求不同的购房人，税收、信贷政策要区别化对待。对不同城市市场，也要采取差别化措施。"坚决遏制住房价格过快上涨，各城市政府要切实担负起维护房地产市场健康发展的责任，加强住房保障工作，增加住房建设用地有效供应，实行更加严格的差别化住房信贷政策，抑制投机性购房。加快研究制定合理引导个人住房消费的税收政策，加快推进各类保障性住房建设和棚户区改造"是我国土地供应差别化的基本方向。

第四节　土地招拍挂出让制度改革

自1998年结束福利分房制度以来，我国住房市场已进入了快速市场化阶段。居住性房地产用地的取得也由计划经济时期的非市场配置进入以招标、拍卖、挂牌为主的市场化配置阶段。进入市场化阶段以后，我国房地产市场取得了飞速发展，为经济发展做出了巨大的贡献，但同时房价也在节节攀升。在房价居高不下的背景下，国家制定了一系列宏观调控政策来调控房地产市场，这一时期国家将增加以改善民生为重点的保障性住房供应作为房地产调控政策的重点。房地产用地的供应也存多元化的方式，不同的城市在不同的时期，根据实际情况积极探索房地产用地出让方式的创新。

一、房地产用地出让模式的经验

我国的土地资源市场化配置经历了一个十分漫长曲折的过程，从新中国成立初的计划经济体制下的计划配置，没有市场机制，到改革开放时的土地市场萌芽、形成，再到持续到今天的土地市场建设和逐渐完善。具体的时间阶段划分及各阶段特点如下所示：

（一）计划经济时期的非市场配置阶段：1949~1978 年

我国是社会主义公有制国家，城市土地归国家所有，农村土地归集体所有。在这种制度背景下，土地资源完全由国家通过行政手段实行计划配置。土地资源在计划经济的行政配置条件下，土地的使用"无价格、无限期、无流动"，不存在土地资源的市场化配置。直到改革开放，随着社会主义市场经济制度的确定，我国土地资源的价值开始凸现出来，土地资源配置方式开始出现了变化。

（二）土地资源的市场机制配置萌芽阶段：1979~1986 年

随着改革开放，土地资源的经济价值日渐突出，土地资源配置方式开始出现了变化。1980 年，中国政府开始向进入大陆地区的外资企业收取场地使用费，我国土地资源开始进入土地有偿使用阶段。1982 年深圳特区开始征收城市土地使用费，1984 年又于广州、抚顺开始推广实行。1986 年，国家土地管理局成立，土地资源管理成为了政府重要的工作内容之一。在这一阶段，虽然土地资源配置已经转向有偿使用，但是土地资源的市场化配置机制仍然没有建立起来。

（三）土地市场形成阶段：1987~1999 年

在 1987 年，深圳作为首个试点城市在全国率先进行土地有偿使用。在深圳进行积极的尝试以后，全国土地市场发展得到了极大的推动。1988 年后，福州、海口、广州、厦门、上海等城市也开始积极的探索土地有偿使用的试点（刘书楷等，2008）。1990 年国务院颁布了《中华人民共和国城镇国有土地使用权出让转让规定暂行条例》和《外商投资成片开发经营土地暂行管理办法》，标示着我国开始进入土地市场阶段。1994 年《房地产管理法》明确提出："土地使用权出让，可以采取拍卖、招标或者双方协议的方式"，使土地市场化配置资源的方式开始有了制度的保障。1998 年，由地质矿产部、国家土地管理局、国家海洋局和国家测绘局共同组建国土资源部，统一管理国土资源。1999 年，国务院《关于进一步推行招标拍卖出让国有土地使用权的通知》要求进一步推广土地出让中招拍挂的方式，自此，我国的土地市场正式形成。

（四）土地市场的完善阶段：2000~2007 年

根据 2000 年全国首次土地证书检查结果的初步统计，截止到 2000 年，城镇国有土地中 80% 的宗地是通过划拨的方式获得，所占面积在 98% 以上（石晓平，

2001）。可见，虽然我国土地市场逐步建立起来了，但是土地资源的市场化配置仍然存在很大的不足。地方政府更多的还是依赖土地的协议出让和划拨。为此，国家开始积极采取各种政策加快招拍挂制度的推广，促进土地市场的建设。2000年，国土资源部《关于建设土地有形市场促进土地使用权规范交易的通知》后，土地资源配置开始真正的进入市场化阶段。2011年，国务院下发《关于加强国有土地资产管理的通知》，要求"商业性房地产开发用地和其他土地供应计划公布后，同一地块有两个以上意向用地者的，都必须由市、县人民政府土地行政主管部门依法以招标、拍卖方式提供"。进一步推广了土地招拍挂制度。2002年，土地协议出让方式被叫停，从2002年7月1日起，所有商业、旅游、娱乐和商品住宅等经营性开发的项目用地都必须通过招标、拍卖或挂牌方式进行公开交易。规范了招标拍卖挂牌出让的程序，为全面推行招标拍卖挂牌出让提供了制度保障。2003年，在国土资源部出台《关于清理各类园区用地加强土地供应调控的紧急通知》等政策性文件进行规范后，各省、区、市普遍制订了国有土地招标拍卖挂牌出让管理办法。2004年，国土资源部与监察部联合下发71号文件严格要求各地处理协议出让土地中的历史遗留问题，标志着协议出让方式的终止。2007年，国土部39号令规定："工业、商业、旅游、娱乐和商品住宅等经营性用地以及同一宗地有两个以上意向用地者的，应当以招标、拍卖或者挂牌方式出让。"工业领域开始纳入到土地招拍挂的范围，我国土地市场开始进入更完善的阶段。

通过我国土地市场的历史回顾可以发现，我国土地市场从无到有的过程中，土地资源配置的方式从最初的"无偿、无期限、无流动"的三无状态变为了协议出让这一半市场化方式为主，到如今全面推广完善市场化的招拍挂制度。土地资源的配置向着市场化为主体的方式不断迈进。

二、房地产用地出让方式创新

自我国的土地出让招拍挂政策实施十余年以来，既保证了国有土地市场化配置的有效性，又最大限度地显化了国有资产的价值，为我国的经济发展做出了巨大的贡献。但是随着社会的发展，也产生了一系列严重的社会问题。例如，地方政府过度依赖土地出让金、房地产市场屡次出现"地王"、房价居高不下、底层人民住房难以保障等现象较为突出。现行的制度和招拍挂方式显然在稳定市场、保障民生等方面存在不足，需要再审视，探索其他更有效的方式。为此，国土资源部和地方政府都进行了一些探索，见表9-8。

表9-8　　　　　　　　　　房地产用地出让模式创新

土地出让方式	典型城市	主要内容	主要特点
控制商品住房用地单宗出让面积		合理控制出让土地的宗地规模，限制大中小城市的商品住宅用地的出让面积，严格控制商品房用地单宗出让面积，严格执行商品住房用地单宗出让面积规定，不得将两宗以上地块捆绑出让。	限制单宗商品住房出让面积，增加宗地供应数目
限房价、竞地价	北京、天津	在土地出让前政府就已经定了今后在这块土地上建成出售的房屋价格，开发商根据自己的成本和合理利润竞争土地价格，价高者得地。	土地交由市场配置
限地价、竞政策性住房面积	北京	设定合理土地上限价格，当竞买报价达到合理土地上限价格时，则不再接受更高报价，而转为在此价格基础上通过现场投报配建租赁房面积的方式确定竞得人。	增加政策性住房供应量
限地价、竞房价	深圳、北京	在确定地价的情况下，以"价低者得"的原则，由竞买人竞报未来在该宗地上建设的商品住房的销售价格，承诺房屋销售价格最低者为竞得人。	减少了政府的土地收益；开发商有房价选择权。
综合条件最优者得	北京	采取综合评标方式。在综合评标方式中，评标因素包括土地价款、付款进度、开发建设周期、企业资质、业绩、财务情况等。同时，投标人以往出让合同履约情况、参与建设政策性住房情况，以及投标人近期拿地情况和对未来商品住宅销售价格的承诺等因素，也首次纳入评标条件。	投标地价款的因素被弱化
商品房用地配建政策性住房	青岛	明确了各类住宅建设用地上政策性住房的配建比例，给各类用地划定了"硬杠杠"：新增建设用地，配建保障性住房和限价商品住房比例不低于20%，其中保障性住房配建比例不得低于10%；"两改"项目（旧城区和城中村改造）用地，配建保障性住房比例不低于5%；一般企事业单位用地，配建保障性住房比例不低于45%（或限价商品住房70%）；政府推进的老企业搬迁项目用地，配建保障性住房比例不低于25%（或限价商品住房50%）。	落实保障性住房的建设任务

续表

土地出让方式	典型城市	主要内容	主要特点
招标筛资格拍卖竞地价	上海	通过预申请后筛选招标入选人，入选人要承诺愿意支付的土地价格。市、县国土资源管理部门认为其承诺的土地价格和条件可以接受的，应当根据土地出让计划和土地市场情况，适时组织实施招标拍卖挂牌出让活动，并通知提出该宗地用地预申请的单位或个人参加。提出用地预申请的单位、个人，应当参加该宗地竞投或竞买，且报价不得低于其承诺的土地价格。	把市场需求反应前置；增加土地出让的透明度增强参与竞价的理性
全部经营性土地实行网上挂牌出让	长沙	网上挂牌出让国有建设用地使用权（以下简称网上挂牌出让），是指市国土资源管理部门通过市国土资源网上交易系统（以下简称网挂系统）发布挂牌出让公告和拟出让宗地的交易条件，通过互联网利用网挂系统接受竞买人的竞买申请、报价并更新挂牌价格，根据挂牌期限截止时的网上报价结果或者网上竞价结果确定国有建设用地使用权人的行为。	简化竞买程序；地块信息更加公开；竞买人身份更加保密。

资料来源：整理自各地方的相关政策文件。

（一）"控制商品住房用地单宗出让面积"

2009年，国土资源部和发改委共同发布文件规定，商品住宅用地的出让面积，小城市不超过7万平方米，中等城市不超过14万平方米，大城市不能超过20万平方米。将商品住宅用地的面积进行"合理"的细化。2010年国土资源部下发的《国土资源部关于加强房地产用地供应和监管有关问题的通知》（国土资发〔2010〕34号）明确要求："各地要按照《限制用地项目目录（2006年增补本）》要求，严格控制商品房用地单宗出让面积。"随后，国土资源部与住房和城乡建设部两部联合下发的《国土资源部住房和城乡建设部关于进一步加强房地产用地和建设管理调控的通知》（国土资发〔2010〕151号文）也明确要求："土地出让必须以宗地为单位提供规划条件、建设条件和土地使用标准，严格执行商品住房用地单宗出让面积规定，不得将两宗以上地块捆绑出让。"在"限大令"的背景下，将对土地供应规模要求具体控制到单宗土地，可以增加土地供应宗数，吸引更多中小开发商参与竞争，防止部分房地产开发企业凭借其资金实力"圈占"大面积土地，形成"垄断"。进而遏制房价过快上涨，促进民生改善和经济发展。

(二)"限房价、竞地价"

"限房价、竞地价"是指在土地出让前政府就已经确定了今后在这块土地上建成出售的房屋价格,开发商根据自己的成本和合理利润竞争土地价格,价高者得地。早在 2007 年底,结合新家园建设,天津市开始推行了"限房价、竞地价"政策,并在 2008 年出台了《限价商品住房管理办法》。天津市的做法是,先由市发改委、市国土房管局、市建设交通委、市规划局等四委局限定拟出让地块商品房销售价格,并经过房地产开发成本测算的方式,推算出土地出让价格,市国土房管局据此确定土地出让挂牌初始价,组织土地出让,最终以"价高者得"的原则确定土地竞得人。此后,2011 年初出台的国八条就曾提出推广限房价、竞地价方式供应中低价位普通商品住房用地。2013 年京版国五条细则中指出,将继续完善土地出让方式,通过限房价、竞地价等方式增加自住型、改善型住房的土地供应。在国八条出台以后,北京也曾试点过限房价、竞地价的出让模式。

与其他土地出让方式相比,这种方式不仅可以限制房价,土地出现高溢价的可能性也大大降低,对商品房住宅销售市场以及土地市场都有明显的调控作用。单就北京地区来说,2013 年下半年拟对 300 多公顷住宅用地试行此土地出让模式,约占全年商品房用地供应总量的 45%。应该注意的是,由于土地出让时限制了房价,开发商又必须通过竞价的方式取得土地,大大压缩了开发商的利润,在售价被限定的情况下,开发商要么压缩开发成本,要么变相涨价,起不到真正限房价的作用。为了顺利推行"限房价、竞地价"出让,引导房地产市场的健康发展,可以借鉴天津市的做法。2008 年天津市出台了《限价商品住房管理办法》,全面、系统地规定了限价房的概念、价格制定和管理、购房申请审核程序、销售管理及监督管理等内容。为了防止开发企业擅自涨价,天津市制定措施严把销售许可关。为了加强质量监管,天津市专门成立了社会保障用房质量监督管理办公室。

(三)"限地价、竞政策性住房面积"

"限地价、竞政策性租赁房"的出让方式实际指的是:设定合理土地上限价格,当竞买报价达到合理土地上限价格时,则不再接受更高报价,而转为在此价格基础上通过现场投报配建租赁房面积的方式确定竞得人。早在 2011 年,广州市就首创了这种"限地价、竞配建"的土地出让方式,并已制定好了关于出让普通商品住宅用地配建保障性住房的工作方案,要求开发商在开发建设商品性住房的同时配建一定比例的保障性住房。这种"限地价、竞配建"的土地出让方式,在当时既符合了国土资源部不允许地价再创新高的规定,又将保障房建设有效整合在土地出让过程中。但是由于开发商存在多方面的顾虑，实行之初并没有得到很好的效果。随着住宅用地配建保障房的常态化，北京市在继"限房价、竞地价"方式之后，也采用"限地价、竞政策性住房面积"挂牌出让方式。

采用该种出让方式一方面可有效抑制地价快速上涨，另一方面还可增加政策性住房供应量。"限地价、竞政策性住房面积"要求在商品房用地出让过程中，加入更多的民生考量，要求开发商必须按承诺建设保障房，增加保障房的供应量，增强民众的购买能力。同时，为了保吸引开发商参与保障房建设，严格控制地价，既保障了开发商的开发利润，又为民众提供了保障性住房。但是同"限房价、竞地价"政策中提供的限价房一样，在保障房建设用中，一定要保障房屋的质量。

（四）"限地价、竞房价"

"限地价、竞房价"的挂牌交易方式具体指的是：在确定地价的情况下，以"价低者得"的原则，由竞买人竞报未来在该宗地上建设的商品住房的销售价格，只能竞报一次价格，且竞报的价格不得高于房屋挂牌起始价。承诺房屋销售价格最低者为竞得人。在这种新的土地出让方式中，地价的确定主要是通过调查对比研究待出让商品性住宅用地周边商品性住宅的价格，再拟定合理的最高房价。用已经确定的最高房价减去建筑成本、专业费用、管理费用、销售费用、财务费用、企业利润和相关税费后确定地价。北京和深圳都是通过这种确定地价，并且鼓励售价低者获得土地使用权供应商品性住宅用地的。而且北京市规定未来的售价只能降、不能涨的方式，客观上的确稳定了房价。深圳市还规定此类房屋只能现售，不能采取期房的形式预售。

"限地价、竞房价"的土地出让方式，一方面减少了地方政府的土地收益，另一方面开发商在房价上拥有一定的自主权。同时，使房价明显低于市场价格，具有明显的优势。虽然两地都对通过"限地价、竞房价"的土地出让方式取得商品性住宅用地的开发商在住房建设中的户型大小作了详细的规定，项目各功能区、房屋装修标准都有非常详细的要求，甚至明确了相关材料的品牌。但在商品房总体供应仍然偏少的情况下，一旦限定了开发商的售价，开发商为了保证利润，也势必难以避免其在房屋建筑质量通过各种手段偷工减料。因此，为了确保"限地价，竞房价"真正能够起到遏制高房价的政策目的，使民众能够在得到实惠的同时，还能对房屋的品质放心，对这种通过"限地价，竞房价"方式获得土地的开发商，必须严把建筑质量关，并且通过在出让合同上额外增加"房屋质量额外担保"条款，或者通过提前收取房屋质量风险抵押金的方式，以避免开发商偷工减料，确保工程质量。

（五）"综合条件最优者得"

为了完善商品房住宅用地"招拍挂"出让方式，北京市曾采用过"限地价、竞房价"、"限房价、竞地价"、"限地价、竞保障性住房面积"等多种土地出让创新方式，但北京市更多采用综合评标的方式，即"综合条件最优者得"。在综合评标方式中，评标因素包括土地价款、付款进度、开发建设周期、企业资质、业绩、财务情况等。同时，投标人以往出让合同履约情况、参与建设政策性住房情况，以及投标人近期拿地情况和对未来商品住宅销售价格的承诺等因素，也被纳入评标条件。其中，投标地价款的因素被弱化，由以往在总分中占 50 分下降为 25 分，开发商的报价在评标中的比重只占 25%，重点考察投标企业的财务和资信能力，更加注重开发企业的资质和业绩。并且，评标中还将设定地价的合理区间，由社会中介机构和专家对于目前的地价进行评估，设定一个该地块地价的区间，如果超过了这个区间，即使开发商的报价很高，也无法获得加分。这种"综合条件最优者得"方式将会避免挂牌出让中的疯狂竞价和屡次出现"地王"的现象。而且，为了抑制非理性竞价，北京住宅用地出让中，还要求开发商须一次性付清地价款。

（六）"商品房用地配建政策性住房"

早在 2005 年，在房价居高不下的情况下，青岛市国土资源管理部门探索实行了"限房价、竞地价"的土地出让模式。政策实施之初作用明显，但是后来由于各自原因，这种作用越来越弱化。2007 年，青岛又推出了"商品房用地中捆绑限价商品住房用地"新的供地模式。新的供地模式要求在建普通商品房必须要配建 50% 的限价商品房。为了保证新的供地政策的顺利进行，青岛于 2010 年下发了《关于加强保障性住房和限价商品住房建筹工作的通知》（青政办字 [2010] 165 号），更是进一步统一和明确了各类住宅建设用地上政策性住房的配建比例。"商品房用地配建限价商品住房用地"的出让方式进一步延伸成为"商品房用地配建政策性住房用地"，这里的政策性住房包括廉租住房、公共租赁住房、经济适用住房和限价商品住房。

在"商品房用地配建政策性住房"的土地供应模式，对于一部分已经定性为要建设保障性住房的土地，政府通过一些优惠政策，来鼓励开发商通过市场竞争取得进行保障性住房建设，而这些保障性住房的产权则是归开发商所有的。"商品房用地配建政策性住房"政策也是为了保障民生住房，但产权归开发商所有，在一定程度上加大了开发商的利润空间，也调动了开发商参与建设的积极性。这种方式不仅仅盘活了青岛市的土地，还稳定了房价，促进房地产市场健康发展。

(七)"招标筛资格拍卖竞地价"

"招标筛资格拍卖竞地价"这种土地出让创新方式的主要做法是通过预申请后筛选招标入选人再进行拍卖,入选人要承诺愿意支付的土地价格。市、县国土资源管理部门认为其承诺的土地价格和条件可以接受的,应当根据土地出让计划和土地市场情况,适时组织实施招标拍卖挂牌出让活动,并通知提出该宗地用地预申请的单位或个人参加。提出用地预申请的单位和个人,应当参加该宗地竞投或竞买,且报价不得低于其承诺的土地价格。上海市采用了这种"招标筛资格拍卖竞地价"土地出让方式,在政府对未来市场信息掌握不充分的情况下,通过用地预申请程序,把市场需求反应前置,增加土地出让的透明度。一方面可以保证土地不被贱卖或流拍,另一方面可以了解竞买人的需求和出价意向。并且对于竞买人来说,通过预申请不仅能在后面的评标过程中加分,而且能了解标的物的整体情况和土地出让人对该地区规划发展的特殊诉求,最后再反过来对照自身的实力与开发特点,增强了参与竞价的理性。上海市这种通过招标预申请来筛选竞标人资格的做法,使出让方和有意向受让方在项目出让之前已经对双方有了相互的了解。出让方在考虑地价之外,能够更好地考虑招商项目对布局、产业格局的影响,有意向受让方也能够就开发要求权衡自身的条件,不盲目竞标。因此,公开透明的信息和公正、公平的操作程序以及与开发商的互动,在竞地价的时候,使供需双方都变得理性,能够根据双方的条件做出对自身最有利的判断,使双方达到互利,从而产生更大的经济效益。在这种良性竞争的情况下,市场也变得稳定。

(八)全部经营性土地实行网上挂牌出让

采取"全部经营性土地实行网上挂牌出让"这种做法的代表城市是长沙市。长沙市还为此出台了《长沙市网上挂牌出让国有建设用地使用权规则》。根据《长沙市网上挂牌出让国有建设用地使用权规则》规定:网上挂牌出让国有建设用地使用权(以下简称网上挂牌出让),是指市国土资源管理部门通过市国土资源网上交易系统(以下简称网挂系统)发布挂牌出让公告和拟出让宗地的交易条件,通过互联网利用网挂系统接受竞买人的竞买申请、报价并更新挂牌价格,根据挂牌期限截止时的网上报价结果或者网上竞价结果确定国有建设用地使用权人的行为。网上挂牌出让系统的成功尝试,不仅提高了国有土地出让管理工作的科技含量,而且对运用现代手段推动国土资源系统政务信息公开,加大电子政务建设力度,提高国土资源管理网络化、信息化、科技化、现代化水平,具有重要的示范作用。

与以往的挂牌方式相比,通过网上挂牌方式,用地者在网上就可办理参加竞买的所有手续,不用到现场参与竞价,在网上报价期限内进行限时竞价,降低了土地的交易成本。更重要的是,这种出让方式能够使出让地块信息更加公开,竞买人身份更加保密。但已开展网上挂牌出让的城市,要结合落实国家房地产用地供应政策,改进和完善系统,确保实用性。要做好与相关法律的衔接,改进确认成交程序,防范法律风险。

通过比较各地创新的土地出让方式取得效果我们可以看出,新的土地出让方式对稳定房价、促进楼市的健康发展具有重要的意义。"限房价,竞地价"方式,有效控制了房价的上涨。"商品房用地配建政策性住房"制度,在合适的出让区域,配建一定比例的廉租房、经适房、限价房等,既落实了保障性住房的建设任务,又对稳定房价起到了积极的作用。"招标筛资格拍卖竞地价"方式,先招标筛选土地竞买人,再采取拍卖的方式竞地价,既减少了恶性竞争,也体现了市场的公开公正原则,实现了政府目标与市场配置的有效结合。"全部经营性土地实行网上挂牌出让"制度,利用互联网缴纳土地竞买保证金、发布挂牌出让公告、接受竞买报价及确认成交地块,有效避免了交易过程中的人为干扰因素和"围标"、"串标"现象发生。

三、土地招拍挂出让制度改革思路

近年来,我国国土资源部一直在推进土地出让招拍挂制度的改革和完善。土地出让招拍挂制度作为土地出让的基本制度将不会改变,其最大的好处就是防止暗箱操作,以及由此导致的腐败和国有资产流失。但是土地市场仍存在垄断性的土地供给制度和稀缺资源下的招拍挂,都在增加土地的成本、推高土地的价格,使得房价愈涨愈厉。对于这种现象,国土资源部对土地出让招拍挂制度的修改完善工作要尽快提上日程。广泛听取社会各界的意见和建议,对制度的执行情况和实施效果进行了定性分析与定量研究,在肯定招拍挂制度的同时,找出了存在的问题,为制度的进一步完善奠定了良好基础。

(一)制定完善的土地供应计划和预申请制度,定期发布土地供应信息

在新的土地出让机制下,政府应加紧前期土地储备与整理的力度,定期向市场公开未来的土地供应计划。市、县在向社会公布年度住房用地出让计划的基础

上，进一步细化拟出让地块、地段的规划和土地使用条件，完善商品住房用地出让预申请制度。在公示保障性安居工程项目划拨用地时，一并向社会公示申请用地的单位，接受社会监督。

（二）探索土地出让的创新方式，有选择性地使用交易方式

各地因地制宜，积极探索包括"限房价、竞地价"、"限地价、竞房价"、"商品住房用地中配建保障性住房"和"土地利用综合条件最佳"等方式在内的招拍挂创新做法。选择恰当的土地出让方式和政策，落实政府促进土地合理布局、节约集约利用，有效合理调整房价地价，保障民生，稳定市场预期的目标。

（三）完善土地交易平台，制定合理的标底价格

积极推行国有经营性建设用地网上挂牌出让方式。市、县国土资源主管部门可以通过网上发布出让公告信息，明确土地开发利用、竞买人资格和违约处罚等条件，组织网上报价竞价并确定竞得人。在土地招拍挂交易的实施中注重控制地价的大幅度波动是十分必要的，政府在取得较好的地价收益的同时，也需考虑对当地的土地价格市场的稳定作用。

（四）完善政策体系，形成正常的地价体系，建立土地管理信息系统，完善配套跟踪体系

政府要进一步加大政策支持力度，通过微观管理的改革，培育和建立规范、高效和完善的土地市场体系，并形成竞争、活跃而健康的市场。科学制定招拍挂出让底价，同时推行基准地价和标定地价定期公布制度，及时建立城市地价动态监测体系。通过全方位的地价管理手段，防止地价不合理的涨跌，预防土地投机行为。完善的土地供应信息系统既是政府掌握市场的准确信息来源，也是制定土地供应计划不可或缺的助手。要建立符合地区发展的土地供应模型，必须要有长期的市场信息来源和历史资料的积累来支持。因此，需要建立一套先进的土地信息系统，运用现代的方法对土地使用情况进行及时监控。

（五）发动群众，强化社会及舆论监督

社会中存在着不同的利益主体，其在决策博弈中的地位也是不尽相同的，有高有低，有强有弱，倘若就这样没有任何改进地进入到决策博弈中，显然就会导致所作出的决议不能够真正地体现公平与公正。而"社会力量"的出现，使弱者能够得到公共的力量，使之能够与强者抗衡，从而对整个博弈的格局进行修正，

使社会各方面的力量达到均衡。通过扩大公民参与，提高政府与公民的互动，达到对政府有效监督的目的。将土地出让的监管权力放到社会，任何人都可以参与到土地市场的监督工作中来，强化了社会和舆论监督的力度和幅度，避免了现行建设用地供应和使用权交易中存在的情况不明、交易不公问题。

第五节 促进健康城镇化的房地产开发用地供后监管

健康的城镇化发展机制体制的形成需要加强制度顶层设计，尊重市场规律，重点做到推进人口、土地、财税金融、城市住房、行政等方面的管理、增加生态环境等一系列重点领域以及关键环节的体制和机制改革，以便形成促进城乡统筹发现的政策制度环境。我国 2014～2020 年的《国家新型城镇化规划》对我国建立完善的城镇住房制度的总体要求是：要建立政府政策保障和市场自由配置相结合的房地产市场政策环境，形成保障性住房和商品性住房总量相互协调、住房结构相对合理、达到房价与居民消费能力基本相适应的住房供需平衡，能够有效满足城镇人口合理的住房需求。

一、商品性房地产用地的供后监管

改革开放之前，我国的住房分配制度长期以来采取住房福利分配模式。伴随着改革开放的步伐，我国的住房分配制度也开始了变革。以 1998 年国务院发布的 23 号文《国务院关于进一步深化城镇住房制度改革加快住房建设的通知》为标志，我国住房制度改革进入了新阶段，旧有的福利分房制度被彻底的废止，住房分配以商品化、市场化的方式为主导。根据 1998 年的国务院 23 号文，其中明确提出"1998 年下半年开始停止住房实物分配，逐步实行住房分配货币化，具体时间、步骤由各省、自治区、直辖市人民政府根据本地实际确定"，并且为了配合住房分配的市场化、商品化并保障城市居民的基本居住权利，再提出了"全面推行和不断完善住房公积金制度"、"培育和规范住房交易市场"、"所有商业银行在所有城镇均可发放个人住房贷款"、"取消对个人住房贷款的规模限制，适当放宽个人住房贷款的贷款期限"等完善市场的政策同时，还提出了"对无房和住房面积未达到规定标准的职工实行住房补贴"、"对不同收入家庭实行不同的住房供应政策"、"调整住房投资结构，重点发展经济适用住房（安居工程），加快解决城镇住房困难居民的住房问题"等和民生相关的住房保障政策。并且随着国家和社会各界人士对我国住房困难群体越来越多的重视，住房保障也纳入到社会保障体系当中。国家也逐渐加大了包括公租房、廉租房、经济适用房、限价商品房等保障性住房的建设力度和规模。为了增强土地政策参与房地产市场宏观调控的针对性和灵活性，2010年国土资源部发布的《国土资源部关于加强房地产用地供应和监管有关问题的通知》重点强调了要依法加强房地产用地供应与监管，切实落实房地产土地管理的各项规定，增加保障性住房为重点的住房建设用地有效供应，提高土地供应和开发利用效率，促进地产市场健康平稳有序运行。在政府政策越来越注重民生建设，保障性住房用地逐渐成为重点供应和监管对象，满足住房困难群体需求的同时，商品性住房作为我国房地产市场的重要组成部分，仍旧是多数人主要的住房选择。因此，在保障性房地产成为重点供后监管对象的同时，对商品性房地产用地的供后监管仍旧至关重要。

（一）科学编制商品性房地产用地供应计划，协调推进供应计划的实施

现阶段，我国政府对土地财政有着深度的依赖性，住宅用地出让制度更是使地方政府形成土地利用上的激励机制，它促使地方政府尽可能少地建经济适用房和尽可能多地开发商品房（程大涛，2010），导致很多地方出现土地供应过量，房地产开发规模过大等现象，造成了资源浪费，甚至形成了很多无人居住的"鬼城"或"空城"。因此，科学的编制商品性房地产用地供应计划，协调推进供应计划的实施是形成合理的房地产用地供应体系的基础。市、县国土资源管理部门要依据土地利用总体规划和年度计划、住房建设规划，结合本地区已供土地开发利用情况和闲置土地处置情况，科学编制住房用地供应计划，合理确定住房用地供应总量和结构。要严格控制大套型住房建设用地，严禁向别墅供地。在制定科学的房地产用地供应计划以后，市、县国土资源管理部门应按照经政府批准的供地计划实施，结合政府收购储备地块开发和房地产市场土地供需的情况，确定年度计划中拟供应的地块，合理安排供地时序。通过税收和行政监督调节开发商囤地、捂盘惜售的行为，城镇土地使用税、房产税或城市房地产税都能减少利用房地产的收益，从而会起到一定的调控作用（陈会广等，2011）。

（二）严格规范商品房地出让行为，坚持和完善土地招拍挂制度

在我国土地出让一级市场上，政府是土地出让的唯一主体。因为政府的供地计划，容易给出明确的投机信号，在一些经济相对发达、自然条件优越而用地相对紧张的地区，一定程度上会引发房地产价格的非理性上涨（李倩，2005）。因

此，在制定科学的供地计划和供地策略的基础上，要严格规范商品房用地出让行为，进一步落实和完善招标拍卖挂牌出让制度时，引导市场公开、安全和稳定运行，避免房地产市场的大幅波动。严格控制土地出让条件，构建科学的准入门槛。准入门槛包括住房销售价位、套数、套型面积等控制性要求，并写入出让合同，约定违约处罚条款。进一步可以考虑其可能带来的社会经济效益，综合条件最优者得。还要按照《限制用地项目目录（2006年增补本）》要求，严格控制商品房用地单宗出让面积。依据土地估价结果、供地政策和土地市场行情等，科学合理制定土地出让底价。严格筛选竞买人资格，对于存在不良记录的竞买人，如欠缴土地出让价款、闲置土地、囤地炒地、土地开发规模超过实际开发能力以及不履行土地使用合同的，禁止其参与竞买。土地出让合同必须明确约定土地面积、用途、容积率、建筑密度、套型面积及比例、定金、交地时间及方式、价款缴纳时间及方式、开竣工时间及具体认定标准及违约责任处理等内容。对于不按照合同形式的行为，可以按照相关规定进行处置。

（三）动态监管房地产用地的开发利用，严格处置闲置房地产用地

即各地要综合考虑土地价格、价款缴纳、合同约定开发时限及企业闲置地情况等因素，合理确定土地供应方式和内容，并严格按照合同内容进行开发并实行信息公开。对拖欠土地价款、违反合同约定的单位和个人，要限制其参与土地出让活动。动态监管房地产用地开发利用的前提是房地产用地相关信息要公开透明化，商品性房地产用地位置、面积、用途、土地价款、开竣工时间等信息要实行网上公布，如广州市的"阳光用地"做法。在房地产用地进行开发申请后，对开发建设进度和强度进行实地巡查，即时更新房地产用地信息，要严格按照合同约定内容，坚决制止擅自调整容积率的行为。在房地产用地开发竣工申请以后，核对合同中土地价款缴纳、开竣工时间、面积、容积率等信息，未按约定进行的，依法依规处理，向社会公示，作为土地竞买人资格审查的依据。对于取得房地产用地后闲置未按合同约定开发竣工的，政府监管部门要依法依规严格惩处这种行为，更要记入诚信档案，公示社会，杜绝产生新的闲置土地。

（四）建立健全信息公开制度，实施透明化管理制度

商品性住房是市场进行资源配置的产物，政府对商品性住房用地的供后监管，对其发挥社会公共职能有着重要的作用。政府通过组建监管部门，实行开发利用申报、动态巡查、诚信档案等政策来规范房地产用地的开发。然而在参与房地产市场的除了政府和开发商以外，还有购买者。社会各界人士都是住房的需求者，因此房地产用地的供后监管需要社会各阶层的共同监督，建立健全信息公开

制度，实施透明化管理制度，才能促进房地产市场的健康发展。供地计划、土地出让公告、土地出让结果、土地的开发利用信息及违规违法用地信息都需要实行公开制度。建立便捷的信息门户网站，及时更新土地的位置、面积、用途、土地价款、容积率及开竣工时间等信息，全程公开土地的出让、开发、利用的内容，接受全社会成员的监督，更要及时处理群众反映的问题，着重处置违反法律法规闲置土地、囤地炒地等行为，并将处置结果公示，警示众人。

二、保障性房地产用地的供后监管

近年来，随着我国经济进步和社会发展，政府对于城市低收入群体的保障问题极为重视。作为至关重要的住房问题，各地全面推进保障性住房建设，保障性房地产用地制度日益完善，住房供应政策体系逐步健全，城市低收入群体的住房和生活水平得到了较大的改善。完善保障性房地产用地的供后监管，是保障性住房建设得以顺利进行的基础，而且是保障我国民生工作的重点。为切实保障民生用地的供应和管理，国土资源部先后出台了《关于认真贯彻〈国务院关于解决城市低收入家庭住房困难的若干意见〉进一步加强土地供应调控的通知》（国土资发〔2007〕236号）、《关于为扩大内需促进经济增长做好保障和服务的通知》（国土资发〔2008〕237号）及《关于切实落实保障性安居工程用地的通知》（国土资发〔2009〕58号）等一系列相关文件，不仅明确了保障性住房建设用地政策，而且规范了保障性房地产用地的供后监管措施，重点强调对纳入计划的保障性房地产用地要应保尽保。具体看来主要有以下几点：

（一）对保障性房地产用地采取计划管理模式

首先，对于列入保障性房地产用地计划的土地，要科学合理地编制供应计划。对于城市的土地应根据土地利用总体规划、城市规划、土地利用年度计划、保障性住房建设规划、棚户区改造规划等，对于农村危旧房改造，还应该符合乡镇土地利用总体规划和村庄规划，科学地编制市、县乡保障性房地产用地供应计划。其次，在市、县总体的土地供应计划中，应该把保障性住房用地的规划放在重要的地位，实现经济适用房、廉租房、公租房、两限房等保障性住房的建设用地不低于住宅建设用地总规模的70%。最后，要对保障性房地产用地计划实行公开、公正和公平，接受社会的监督。保障性房地产开发用地经审批后，各市、县国土资源相关管理部门要把结果向社会公布，同时要将保障性房地产开发用地的供应计划报省级国土资源管理部门进行备案和管理，以便对保障性房地产开发用地计划的落实和执行情况进行实时监督。除此之外，各市、县相关管理部门要充分利用土地市场动态监管系统进行全程监管，确保计划的有效实施。

（二）对保障性房地产用地审批程序进行改进和加强

近年来，我国对保障性房地产用地审批程序进行了一系列的改进和加强，不仅把保障性房地产开发准入作为工作落实的重点，而且要求城市建设用地中的保障性房地产用地应单独列出，总量不能达到城市住宅用地总量70%的，不予审查通过。与此同时，由于城市的新增建设用地审批程序改革，多次审批改为一次性审批，其中所占比例较大的保障性房地产用地审批效率也大大提高。然而，保障性房地产用地仍存在信息不公开、住房建筑质量差等问题，保障性房地产准入和建设工作也需要严格的审批和监督。为了提升保障性房地产的建设质量，从审批程序就应该进行严格改进和加强，这是对接下来设计、招标、施工、验收等环节的把关，是保障性房地产得以实现民生保障的根本。

（三）对保障性房地产用地政策予以规范并加强实施管理

近年来，关于保障性住房的相关政策逐渐增多，城市低收入群体的住房问题越来越受到政府的重视。首先，要规范落实我国出台的对保障性房地产用地供应政策。国土资源部《关于切实落实保障性安居工程用地的通知》（国土资发〔2009〕58号）中指出，保障性住房中的廉租房和经济适用房用地实行划拨供应，并按规定减免相关费用，但对于配套建设的商业、服务业等经营性设施用地，必须实行有偿使用，严格坚持以招标，拍卖和挂牌出让方式供地。其次，要对保障性房地产用地合同予以规范。在用地审批后，应及时颁发《国有建设用地划拨决定书》，并在《国有建设用地划拨决定书》中明确建设的标准、总面积、套数、套型面积标准等详细内容。对普通商品住房项目中配套建设廉租房、经济适用房的，必须将保障性住房的总面积、套数、套型面积以及政府收回、回购的条件和交房时间等写入《国有土地使用权出让合同》。再次，对保障性房地产用地规模予以控制。原则上每宗地的开发建设时间不应超过三年，从而确保土地能够尽快地投入使用。最后，要加强林区、垦区和矿区棚户区改造用地管理。城市规划区范围外的林区、垦区和矿区棚户区改造等保障性安居工程，原则上实行原地改建，不扩大占地规模，人均建设用地标准不得突破国家及地方规定；异地改建必须符合土地利用总体规划，涉及占用耕地的要依法履行补充耕地义务。

（四）对保障性房地产用地加强监督管理

对保障性房地产用地的监督管理应该从用地的划拨一直持续到用地的供后监

管,期间要保持信息的公开和透明。首先,对保障性房地产用地实行计划管理,规范监管。不仅市、县级相关部门本身要根据自身情况进行用地计划的规范管理,省级国土资源相关部门也要建立各市的保障性房地产用地情况的统计规划,并且定期进行公开公正的监督和检查,对于相对较差的市,寻找原因,给出相应的对策并做出及时的弥补措施。其次,要加强对保障性房地产用地的供后监管,包括是否按照合同约定的时间开工和竣工,整个的施工过程、住房质量、准入机制的限定和监督等等,对于没有按照国家和合同要求实施的企业给出建议,勒令其整改,并对拒绝整改的企业进行相关处理。目前,通过土地市场动态检测与监管系统可以对保障性房地产用地进行有力的供后监管。其中,尤为注意的是土地用途的确定性。由于保障性房地产用地是通过划拨的方式取得的,相关开发商不能把土地用于商品性房地产的开发和建设。为了确保城市低收入群体的住房权益,政府和国土资源相关管理部门应该承担起土地供后监管的责任和义务,保证土地充分发挥其保障作用,防止开发商把保障性住房当做商品房进行销售。

国土资源部强调,国家土地督察机构将加强对保障性住房用地政策的重点督察[1],要合理制定保障性房地产用地计划,及时公示,规范保障性房地产用地管理,落实保障性房地产用地住房支持政策,加强保障性房地产用地供后监管,对保障性房地产用地审批、计划落实、建筑实施、准入分配等情况进行实时监督,确保保障性房地产用地相关工作落实到位,保障我国城市中低收入群体的基本住房问题得以缓解。

本 章 小 结

本章主要是从物品的基本概念出发,以市场与政府的关系为核心,通过对我国住房政策的梳理,将房地产按物品属性分为商品性房地产和保障性房地产。通过住房政策的发展历程可以看出,住房政策的制定要充分发挥市场配置资源的决定性作用,但政府应运用干预之长来弥补市场存在失灵的短处。因此,本章主要是基于房价收入比、房地产市场房价和地价的波动关系,探究商品性房地产和保障性房地产用地供应结构差别化管理和供应量区域差别化管理;通过总结房地产用地出让方式的经验与创新,探索出让方式的多元化,最后对房地产用地的供后

---

[1] 中国经济时报:《将加大保障性住房用地供应和监管力度 (2010)》,载于 http://finance.sina.com.cn/roll/20100203/09137358996.shtml, 2010 年 2 月 3 日。

监管给出政策建议。

从房地产用地的供应结构来看：虽然我国土地资源的配置向着市场化为主体的方式不断迈进，但是土地市场仍存在垄断性的土地供给制度，稀缺资源的招拍挂存在增加土地的成本、推高土地的价格问题。并且通过对2012年全国35个大中城市房地产行业数据进行"过滤"分析我们可以看出，虽然我国现阶段住房政策注重完善低端市场住房建设，满足中低收入者的需求，但是不同城市间仍旧存在很大的差距，有些城市低端住房虽然供应量增加了，但是由于房价收入比高，普通人群仍旧买不起房。因此，各个城市也要因地制宜的差别化制定低端、中端、高端房地产市场的房地产用地供应政策。增加低端市场房地产用地的供应，满足中低收入者的需求，严格控制高端市场房地产用地量的供应。

从房地产用地供应量来看：35个大中城市中的一线城市、二线城市、三线城市在房价地价关系上出现了显著的差异性，一线城市和二线强城市当中，大多数城市的房价地价关系表现为地价决定房价，而二线中城市、二线弱城市、准二线城市的房价地价关系多为房价决定地价。因此，在制定住宅用地供给政策时，应充分认识到各地方的房价地价关系，采取针对性的供地模式。对于地价带动房价的地区，既要控制由于"饥饿供地"导致的非理性上涨，又要保障城市中低收入者和进城务工的农业转移人口的住房需求，因此应保障一定规模的住宅用地，增加一定规模的民生保障用地；对于房价带动地价的地区，经济发展迅速，土地稀缺性约束力小，因此应注意避免土地的盲目供应，在判明其实际房地产需求的前提下拟定供地政策；对于经济不发达地区，要有步骤增加房地产用地的供应计划，避免房地产用地的过度开发，造成资源浪费。

从房地产用地的供应方式来看：自我国的房地产市场进入市场化阶段以来，我国确定以招拍挂为主的土地出让方式。但是现行的制度和招拍挂方式在稳定市场、保障民生等方面存在不足，需要再审视，探索其他更有效的方式。借鉴已有经验，可以采取限房价、竞地价；限地价、竞房价；限地价、竞政策性住房；商品性住房配建保障性住房；招标筛资格拍卖竞地价；采取网上挂牌；综合条件最优者的等房地产用地供应方式。此外还需要制定完善的土地供应计划和预申请制度；完善土地交易平台，制定合理的标底价格；完善政策体系，形成正常的地价体系；建立土地管理信息系统，完善配套跟踪体系。

从房地产用地供后监管来看：在保障性住房用地成为重点供应和监管对象的今天，商品性住房作为我国房地产市场的重要组成部分，仍旧是多数人主要的住房选择。因此，对商品性房地产用地和保障性房地产用地的供后监管同样至关重要。只有两者并重，切实贯彻落实相关政策，才能促进房地产行业的健康发展。

第十章

建设用地总量控制与差别化管理政策建议及保障体系研究

随着我国工业化、城市化水平的不断提高，建设用地规模扩张具有必然性。但长期以来我国建设用地无序扩张与低效利用，导致建设用地需求的刚性增长与耕地保护红线下的建设用地增量供应接近极限之间的矛盾加剧。特别是区域间建设用地千篇一律的蔓延式扩张，与区域经济发展对各类用地管理的内在差异性需求更是严重不一致。因此，需要转变建设用地利用与管理方式，改变原有以新增建设用地指标调控建设用地供给的思路，构建建设用地优化配置的政策调控机制，一方面坚持通过总量控制的方式调控建设用地供给，另一方面需要针对各地发展阶段、不同资源禀赋以及不同行业的用地特点，制定实施有差别的利用和管理政策，引导土地资源实现更合理利用。

建设用地总量控制与差别化管理可理解为一个目标，两种途径方法的集合。一个目标是促进稀缺建设用地资源的合理利用，两种途径方法其一是在控制建设用地总量上内涵挖潜，提高建设用地利用效率，其二是对建设用地差别化供给与管理，合理配置建设用地资源。虽然实践中，建设用地总量控制之下差别化管理措施早有涉及，如国家产业用地目录的制定，主体功能区的划分，基本农田的划定、异地代保等等，但实施效果并不理想，甚至存在相互冲突（张素兰等，2009）。因此，建设用地总量控制与差别化管理需要一个更为系统和全面的阐释，而不是单一政策的实施。特别是，任何制度安排均镶嵌在整个制度结构中，其适应性效率取决于其他制度安排实现它们功能的完善程度（Lin J., 1989），土地政策能否真正实现总量控制和差别化的目标，对土地的配置方式能否完全切合实际需求，仍然在很大程度上依赖于相关宏观配套制度的保障。本章从政策体系的角度出发，在关注建设用地管理政策改革所处外部环境及其面临障碍的基础上，提出政策改革的基本框架、工具组合和具体建议，进而在宏观政策和配套政策层面提出相应的保障措施。

第一节 政策改革的体系框架

由于建设用地利用具有稳定性、非生态性的特点，意味着农地非农化带来的生态破坏后果难以逆转，严格规范管理与控制建设用地扩张尤为必要。为确保建设用地总量控制目标以及差别化管理目标的实现，本部分将通过科学把握相关政策实施的外部环境，构建总量控制与差别化管理政策体系的总体框架，加强保障既有管理政策顺利实施的顶层制度设计，为提出具体的政策建议提供依据。

一、外部环境及其障碍

外部环境是土地制度建设的重要基础，影响到土地政策的制定出台与实施效果，也深刻地影响当前土地制度改革的成败。因此，建设用地总量控制与差别化政策实施需要关注我国基本的土地制度及制度实施所处的外部环境和面临的障碍。

首先，我国已经实施了促进建设用地控制的一系列政策，但效果不甚理想。这一判断的现实含义是，政策体系的构建并非没有基础也不是从头再来，而是需要在认清问题的基础上加以改进。应该认识到，当前土地管理制度存在的问题不仅仅是其自身法律法规等制度上的问题，还包括土地管理制度所在的大环境也存在诸多问题，与土地管理制度相配套的制度安排也并不完善。在论及土地政策改革时，应当将其置于整个人的制度环境中，考虑土地政策与其他政策以及经济社会发展总体状况的关系，使其他政策的改革能够与土地政策改革相衔接，形成相辅相成、共同促进的政策集合。

其次，维护土地公有制以及发挥土地资源市场配置是建设用地管理的基本前提。任何违背土地公有制的改革措施都与我国基本国情相悖，难以推行。全面深化市场经济改革的大环境，使得土地制度改革烙上市场化的印记。然而，土地市场建设即使相较于改革开放也仍然较晚，土地制度改革与其他方面的市场化改革相对落后，至今依旧带着浓厚的计划经济气息。一方面，不可否认，土地资源由于其独特的属性，要实现完全的市场化是不可能的，土地资源离不开规划管控和用途管制；另一方面，我国的土地制度改革也并不是要完全的市场化。现今，我国土地制度与市场的关系还存在诸多矛盾和冲突，我国较低的土地资源市场化配置程度对经济发展的制约日益凸显，土地制度改革仍然要朝着市场化的方向继续发展，才能与大环境中的其他制度相配套，共同促进经济社会的发展。

最后，建设用地总量控制与差别化管理的政策目标与政策工具存在冲突。土地本身作为资源、资产、资本三重属性的集合体，应该完善土地要素供给、土地资产价格、土地金融等作为差别化土地政策传导机制的重要作用。区域协调、城乡统筹、产业优化、民生保障的建设用地总量控制和差别化管理政策，需要规划管控、财政税收、户籍与社会保障、政府绩效考核以及产权、市场等基础制度的支持。但我国经济体制处于从计划到市场转型的事实，使得新时期建设用地政策的保障政策体系存在两大不足或者是缺陷，一是配套政策的现状与总量控制和差别化的核心目标存在不相协调，产业政策、货币政策、财税政策、户籍制度改革、绩效改革等配套的不协调导致政策的合力没有得到充分发挥；二是我国体制深化转型中，市场配置资源的作用未能得到充分体现，在推进土地利用计划差别化管理的基础上，也应该更多地运用市场化手段提高配置土地效率。

二、政策建议与保障体系的基本框架

围绕建设用地总量控制和差别化管理的目标，以土地政策与其他政策的协调融合为基础，针对上述政策改革的外部环境和障碍，提出保障政策目标实现的政策体系框架。框架体系构建的基本思路和主要内容如下：

第一，形成政策体系框架的基本逻辑是妥善处理各政策间的协调度，提高政策相容性。政策相容性直接影响到政策目标的实现进程，总量控制与差别化管理政策应结合规划管制政策，与金融、财税、产业政策相协调，共同服务于区域发展战略。具体可从以下方面理解：（1）差别化土地政策需考虑规划管制政策的可行性与可操作性，规划管制政策依据差别化土地政策进行规划管制方式、范围、内容的调整，差别化土地政策依据规划管制政策的实施难易程度、实施效果进行选择性的弹性调整。（2）总量控制与差别化管理政策与金融、财税、产业政策相协调，一方面，差别化土地政策与金融、财税、产业政策互为补充或替代，另一方面，土地差别化政策与金融、财税、产业政策互为激励，共同促进有效的政策供给。（3）差别化土地政策与规划管制政策、金融、财税、产业政策共同服务于区域发展战略设定的最高目标，区域发展战略依据区域功能定位、资源禀赋、利用现状与经济发展阶段制定符合自身发展要求的政策，区域发展战略按照政策制定的方向，逐步实现其设定的最高目标，共同促进区域经济社会的发展。

第二，市场和政府机制的共同运用是政策体系创新的基本工具选择。市场和政府机制是资源配置的两大基本手段，政策体系构建需要两者的配合：（1）为推进建设用地总量控制与差别化管理，差别化土地政策应结合规划管制政策针对不同土地资源用途，明确差别化管理的政策导向，配合申请、审批、考核、评价、监督等制度完善，在高效、健康的制度执行环境下逐步向市场化手段过渡，强调更多地运用市场化手段提高土地资源配置效率。（2）金融、财税与产业政策与差别化土地政策的协调，也必须强调市场的资源配置作用，金融、财税与产业政策一方面应把重点放在规范市场，提高市场活力，确保企业的公平竞争，促进企业的优胜劣汰；另一方面应注意防范市场失灵，在市场失灵时国家行政力及时介入，进行规制，将市场引导到有序发展的轨道上来，提高市场配置资源的效率，促进建设用地总量控制与差别化管理。（3）区域发展战略的制定应注重市场的资源配置作用，以建设健康有序的市场为前提，以市场化改革为契机实现区域的发展目标。

第三，不同政策组合以及相关基础和配套制度建设是政策体系框架的基本内容。政策体系建立的目的是为了促进建设用地总量控制与差别化政策的顺利施行，体现出政策配套、政策促进的作用以及与土地政策相协调的互补作用。构建完整的政策保障体系，不仅仅需要相应的宏观政策予以配套、协调，还应体现出制度政策的连贯性、继承性，形成政策体系所应有的长效机制。基本土地制度及相关制度的构建与完善是建设用地总量控制与差别化管理目标成立的前提，没有完善的制度基础予以支撑，再宏远的政策目标也只能是无本之木。此外，建设用地总量控制与差别化管理是一个动态渐进的过程，为了促进目标的实现，相应的政策措施同样需要不断修正调整，调整修正的过程需要政策信息的反馈以及相应的评估处理。

综上所述，从基本制度的完善，辅以相应宏观政策的配套组合，再到建设用地管理的政策监测评估，三者共同构成了建设用地总量控制与差别化管理政策体系的基本框架（见图10-1）。这一框架的关键点是宏观政策与土地政策的协调兼容，应建立互相配合、协同作用的政策协调机制，在此基础上提出政策措施，具体包括：第一层面，政策组合的可行性与途径，提出具体的政策建议；第二层面，宏观政策与基础、配套政策的具体内容，构建完整的政策体系；第三层面，保障政策实施的技术性保障，即建设用地管理政策施行的过程监测、政策效果评估是保障体系构建的必要环节，并且应贯穿土地政策实施的全过程，及时反馈信息，促进政策的施行及政策间的协调。

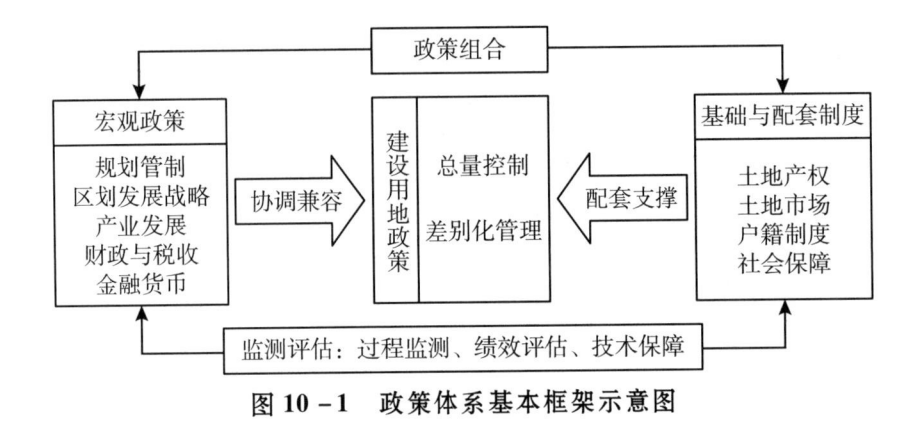

图 10-1 政策体系基本框架示意图

第二节 促进建设用地总量控制与差别化管理的政策组合

区域协调、城乡统筹、产业优化、民生保障的建设用地政策目标决定了政策体系构成要素的多维性，也要求在建设用地管理控制过程中采用不同的政策工具组合。本部分基于可供采用的产权、管制、市场、规划、税收等政策工具，按照工具兼容与效率提升的原则，分析不同工具运用的外部条件并提出具体的政策建议组合，保障总量控制与差别化管理的实现。

一、"产权—管制"政策组合

清晰界定的产权有利于降低交易成本，是市场得以发展的要件。一方面，明晰的产权能够建立所有权、激励与经济行为的内在联系，降低由产权模糊带来的风险，促进交易合约的达成，提高了资源的配置效率。但另一方面，对某些领域及相关资源的产权界定与维护需要昂贵的成本，因此不得不采用模糊的产权。还有一些资源的产权即使是能够得以清晰界定的，然而由于"市场失灵"的存在，资源配置仍然会出现较大的效率损失。针对后面两种情况的发生，就需要国家管制等宏观调控政策的介入。产权清晰界定的土地权利体系与行政力构成的国家管控都是资源配置的手段，需要配合使用。

首先，土地政策调整变革的重点是建立一个与市场经济发展要求相符的土地产权政策。长期以来，我国土地产权政策存在诸多问题，特别是集体土地存在的产权界定模糊的问题，土地确权登记构成了建立完善的土地产权政策的逻辑起点

（陈小君，2012）。因此，以促进土地产权明晰为目的的土地登记政策是当前土地政策完善的首要任务，是建立完善的土地产权体系的必然要求。具体建议如下：

（1）确保农村集体土地等资源确权、登记、颁证到户，明晰农村集体土地及资产的产权，赋予土地权利人在符合相关规划要求下，自由转让土地的权利，使农民能够自主流通和抵押土地使用权。

（2）强化农村集体建设用地使用、收益、处分等各项实体性权利，发展完善集体内农户知情、参与、表达、监督等程序性权利，逐步形成城乡平等的建设用地产权体系。

（3）在村庄自治基础上借鉴土地股份合作社等改革经验发展各种农村集体经济组织，以现代经济管理的理念促进集体所有权在经济上的实现和显化，并逐渐建立和完善农户土地产权的退出及流转机制，以财产权逐渐替代传统意义上主要发挥社会保障作用的"成员权"，实现集体成员公民权利和财产权利的分离。

其次，土地用途管制等相应的宏观调控政策非常有必要。在建立完善的土地市场以促进土地要素自由流动的同时，应当注意到，土地功能的不可逆性决定了完全依靠市场来配置土地资源，依靠市场决定土地资源的流向与用途，并不能保障土地资源配置的最优化。土地要素需要在市场化取向的自由流动和国家规划管制的宏观配置下取得平衡，土地产权政策与土地用途管制政策缺一不可。土地产权政策与土地用途管制政策能否相互衔接、互相配合直接影响土地政策的整体成效，从而影响建设用地总量控制与差别化管理目标的实现。因此，土地产权政策与土地用途管制政策是一个整体性的、互相配套的政策组合，二者不可分离。用途管制政策建议如下：

（1）进一步完善规划和用途管制、土地利用年度计划、建设项目审批、建设用地供应、集约利用等管控方式，利用3S技术、开发监测应用系统软件，加强土地督察技术支撑，提高强制性管控工具成效，降低管控成本。

（2）建立与绩效考核相配套的激励机制，引入自愿性管控工具，简化计划指标分配方式，选择试点区域签订协议，建立计划内指标奖惩机制和计划外土地发展权竞争分配的复合激励机制，促进建设用地管控工具多元化发展。

（3）制定土地利用规划、基本农田保护、农业生态环境保护等法律，补充农村集体土地相关法律法规，实现集体土地和国有土地法律地位的平等，并通过制定地方性的法律和规章完善我国土地法律体系。

二、"规划—市场"政策组合

土地利用规划从全局角度确定了土地市场中的"交易物"，土地市场则运用价格机制将"交易物"从利用效率低的一方流向利用效率高的一方,促进土地资源的高效配置。只有规划而没有市场,土地利用就会是缺乏效率的,土地的综合效益得不到体现;只有市场而没有规划,土地利用就会是混乱无序的,土地的综合效益同样得不到体现。因此,土地利用规划作为土地利用的基础不可背离,政策建议如下:

(1)综合考虑区域社会经济发展的需求和资源禀赋供给约束,在考虑人口、GDP等经济发展指标的同时,引入耕地保有量、建设用地可拓展空间等资源禀赋指标,使得新增建设用地指标分配更符合其区域特征。同时加强土地利用规划与村镇规划的衔接,避免挂钩指标分配下来却无法落地的情况。

(2)把土地供需结构作为优化城市用地规模、结构和空间分布的重要参考,积极开展土地经营中的规划管理机制创新,实现从全过程管理转向重点管理,从被动管理转向主动管理。

(3)积极探索以单个农户为单元的宅基地退出与整治机制,或由政府提供农村土地整治规划与相应的激励政策,鼓励农村集体自主进行土地整治,使农户成为土地整治的主动参与者和长期获利者,从而减少农户与政府之间的利益冲突。

(4)充分保障农民在村庄公共事务中的基本权利,有效组织和引导农民参与集体建设用地的规划管理,运用行政手段划定公共设施用地和推行留地安置,确保了建设用地获取和再次开发利用过程中公共利益的最大化。各类城镇建设用地整理的实施要对规划区域中的土地产权关系进行调整,改变地产的形状、大小和位置等以符合建设规划对用途的具体要求。

土地市场是土地交易的场所和资源配置手段,在规划确定的用途之下,能够提高土地利用的效益水平,也能对刚性的土地利用规划、计划形成信息反馈,促进土地利用规划完善。通过土地利用规划政策与土地市场政策之间相互作用,共同促进土地资源的高效配置,提高土地利用的综合效益,土地市场政策建议如下:

(1)充分发挥市场配置资源的决定性作用,拓展存量集体建设用地流转范围,允许包含农民宅基地在内的各类合法的集体建设用地在规划的规模和用途控制下以市场交易方式流转,鼓励农民用闲置的宅基地参与集体建设用地的流转与再开发利用。

(2)建立规划区内国有土地和集体土地统一的市场,尽快出台城乡建设用地市场管理办法,培育和建立规范、高效和完善的土地市场体系,完善土地市场交易方式,形成竞争、活跃又健康的市场。

(3)以城乡建设用地增减挂钩为突破点,通过农村土地整理和农村建设,减少闲置低效土地规模,构建建设用地指标交易平台,促进土地要素在城乡间的自由配置、优化城乡土地利用结构、提升建设用地利用效率，实现了建设用地总量和增量、数量和集约水平管控的平衡。

三、"产业—税收"政策组合

产业结构决定了土地的利用结构，不同的产业发展政策对应不同的土地供应政策。导向正确的产业发展政策，是集约节约利用土地，充分发挥土地利用效能的前导。税收政策既与土地政策相结合促进产业发展，又与产业政策共同作用促进建设用地总量控制与差别化管理。首先，税收政策对土地政策具有一定程度的替代功能，从而在土地政策收紧之时，避免挫伤产业发展的积极性；其次，税收政策能够反映产业政策的作用方向，引导建设用地的流向及对其进行差别化管理。

具体说来，产业发展政策应从依赖资源消耗转向依靠科技创新为主、结构优化、布局合理的可持续发展政策上来。第一，通过税收减免、土地优惠、财政支持大力发展高新技术产业；第二，逐步限制、禁止资源消耗高、经济效益低、环境污染严重的企业；第三，制定合理的产业转移政策，以产业类型划分，将分散的企业转移到相应的园区，实现产业链条的串并联，促进产业规模效应的提升；第四，将不符合本地发展战略目标或地方特色的产业向外转移，建立沟通顺畅的跨区域产业转移协调机制，促进多方共赢局面的产生；第五，制定具有地方特色的产业发展政策，依托地方自然禀赋、社会风俗、文化传统等资源要素重点打造、扶持具有地方特色的产业。

在既定的产业发展政策之下，为了实现建设用地的总量控制与差别化管理目标，需要辅以税收政策予以协调。第一，运用税收工具对产业结构进行调整优化，通过对新兴技术产业予以税收减免，对产能落后产业课以重税，加速产业的优胜劣汰；第二，加强对不同建设用地需求主体的征税工作，促进用地主体提升建设用地的利用效能；第三，新增土地利用相关的税种如土地闲置税等，以更科学规范的形式促进闲置土地的利用；第四，合理运用税收等财政收入，加强税收收入运用的监管与审核工作，严格控制形象工程、重复建设等浪费土地、财政收入的行为。

四、"准入—退出"政策组合

准入与退出是促进建设用地总量控制与差别化管理目标实现的重要政策机制。土地资源的稀缺性决定了土地集约利用的必要性，这也要求耗地量高、产出效益低、污染严重的用地类型适时退出生产生活领域，代之以高效节约、生态环保的用地产业。然而，当前我国土地使用中，土地准入与退出还存在一定程度的脱节，一是过分强调农村土地的退出，忽视城市低效用地的退出；二是过分强调产业用地投入的准入门槛，忽视产出效益低的用地的退出。土地准入与退出作为相互配合的政策组合，尚需要进一步强化。

第一，正确认识土地准入与退出的关系。准入与退出是一个相辅相成的过程，一部分土地的退出实际上意味着另一土地类型的准入，具体可从以下方面理解：（1）产业用地的退出与准入，这是当前土地管理非常重视的领域，现有政策对产业用地的规模、资金投入、利税水平均有规定，达不到标准的产业不能供给土地；（2）农村土地退出与城市用地的准入，这是城乡统筹土地管理改革试验的重点，城乡建设用地增减挂钩即是以农村建设用地退出为城市建设用地规模扩张的条件，农业转移人口原承包地和宅基地的退出也是某些地方推动城市化发展的重要途径；（3）区域间用地的准入与退出，主要存在于产业的区域转移过程中，某些地区淘汰的产业会成为另外一些地区重点的承接的产业，从而导致区域间用地效率的不协调与落后产业用地不能真正退出。因此，准入与退出政策的配合需要在产业、区域和城乡间全面协调。

第二，进一步完善土地准入政策。从产业用地的角度看，经过多年的制度与政策完善，产业准入政策在科学性、操作性层面上达到了较高水平。如依据社会经济发展现状、未来发展目标，《产业结构调整指导目录》（2013年修订本）将不同的产业类型划分为鼓励类、限制类以及淘汰类三种，对其中的产业类别作出的详细的规定，这使得产业准入政策的执行具有可靠的依据与指导。但城乡和区域间用地的准入则不尽如人意，下一步的政策改革重点是严格控制农村土地的退出，这部分土地的退出必须尊重农民意愿；同时严格落实经济发展方式转变的政策，规范产业承接区用地准入标准，防止落后产能的区域转移。土地准入还包括农村集体非农建设用地进入市场的问题，即哪些领域可以使用农村集体建设用地，这方面需要严格试点，总结经验才能推行。

第三，强化低效用地退出政策的执行。目前，国家层面出台了《国务院关于促进集约用地的通知》、《闲置土地处理办法》等以促进低效、闲置土地退出，但相关政策执行的积极性、力度、效果并不理想，导致了土地低效利用得不到改善，制约了建设用地总量控制与差别化管理目标的实现。强化低效用地退出，重点在于政策落实，关键在于改善当前土地收益实现的格局，协调土地使用权、土地抵押权以及土地所有权主体之间的利益关系，完善土地收益分配的法制途径，避免债权主体对低效、闲置土地处置干扰。

第三节 建设用地总量控制与差别化管理的宏观政策

区域、产业、城乡以及民生用地的差别化配置,并非仅仅是土地政策的问题,与其外部环境如规划管制、产业结构、区域发展战略、财政税收体制、金融货币平台等等紧密相关。一定程度上而言,如果没有宏观政策的完善和改革配合,单纯从土地制度上加以改革很难取得预期效果。本部分将从宏观政策的角度,提出保障建设用地总量控制与差别化管理的政策建议。

一、规划管制政策

规划管制是政府机制的重要实施手段,放松或者强化管制影响着资源配置的具体策略。建设用地总量控制与差别化管理的现实需求决定了资源配置不可放任自流,而是需要规划管控,这也是土地制度改革中用途管制原则的具体体现。基于区域、产业、城乡以及民生用地的视角,为保障总量控制与差别化管理的实现,规划管理政策应进行如下建构与改善:

第一,土地利用规划、城乡规划与主体功能区规划的协调融合。首先,以土地利用规划控制城乡建设用地的规模和布局,科学确定各类建设用地总量,落实土地利用总体规划确定的建设用地结构和布局安排。应该围绕建立健全计划指标体系、加强计划总量结构和布局调控、改进计划编制下达方法、推进计划分类精细化管理、严格监管考核等方面措施,加强和改进土地利用规划管理,增强规划的针对性和有效性,更好地发挥计划的调控和引导作用。其次,城市规划、主体功能区规划以空间管制为主要目标、促进城市与区域发展的空间规划,对促进我国国土有效、有序开发利用均发挥重要作用(韩青,2011)。坚持需求引导与供给调节,从严控制建设用地总规模,加强建设用地空间管制,严格划定城乡建设用地扩展边界,控制建设用地无序扩张;积极盘活存量建设用地,鼓励深度开发地上地下空间,充分利用未利用地和工矿废弃地拓展建设用地空间(李辉山,2004)。最后,针对区域开发强度等级确定的主体功能类型,需要通过城乡规划和土地利用规划等空间逐一落实。

第二,强化规划管制政策的全程引导和管控。一方面,管制政策应重视对土地利用的全程管控。长期以来,规划管制作为政府管理手段,往往比较重视数量的外延管制以及事后的惩罚,忽略了事前监管以及合理引导。因此,规划管制政策应重视对土地的社会、经济、生态效益进行综合分析、评价与管制,实现土地利用综合效益最大化;通过土地利用规划许可证、建筑许可证、农地转用许可证等限制土地用途的转用;通过建筑密度、容积率、建筑物结构等管制实现土地利用内部结构的优化,强化规划管制的方向和针对性。另一方面,规划管制政策在内容上应着重突出产业规划、区域规划、城乡规划发展的重点,提高管制的综合性和多维性,形成规划管制的立体结构,即以规划管制为手段,以既有产业规划、土地规划以及区域规划为基础,以效率与效益管制、用途管制、行政许可为内容,保障建设用地总量控制和差别化管理目标实现。此外,强化管制并不意味着规划没有灵活性,在规划编制、实施手段采用上,规划管理政策可以引入公众监督等具体机制,避免规划管制的僵化。

第三,完善区域、产业、城乡以及民生用地的管制机制和策略。以人均建设用地为基本标准的城镇工矿用地规模控制,严格控制规划期内城镇工矿用地规模,与此同时还要控制农村建设用地的规模,以土地利用总体规划统筹各区域、各业发展用地,强化产业在城乡之间的布局建设,衔接基础设施布局与生态环境建设等在用地需求方面与土地利用总体规划和年度土地利用计划之间的衔接;实行耕地和基本农田总量及空间(布局)控制,依据土地利用规划划定基本农田保护区并实行永久保护;实行建设用地功能区控制和空间管制,按照土地利用总体规划划定城乡建设用地规模边界、扩展边界和禁止建设边界,划定允许建设区、有条件建设区、限制建设区和禁止建设区,落实建设用地管制边界和管制区域;实行土地利用总体规划自上而下逐级控制,下一级规划不得突破上一级规划确定的约束性指标和分区管制规定(曲福田等,2004)。按照区域协调、产业优化、城乡统筹和民生保障的原则,制定不同区域、不同类型、不同目的用地的管制规则,防止建设用地总量失控和布局失调。

二、区域发展战略

区域发展战略是顺应经济社会发展的客观规律,使不同区域按照各自特点进行资源配置和路径选择,实现区域经济社会的协调、共同、全面发展和资源可持续利用的战略性措施。区域发展战略的重点是明确各区域发展的重点,建立起以开发强度等级差别控制的空间开发管制方案,促进形成有序有度、整体协调的空间开发格局,提高土地资源空间配置效率、调整区域土地收益、引导跨区域产业梯度转移、推进各区域产业结构调整以及区域间要素流动,促进区域产业结构、城乡结构、民生结构、生态结构的协调以及区域、城乡经济协调发展。

按照我国传统东、中、西部地区的划分,各区域需结合区域发展实际和用地特点，统筹安排区域用地计划。具体而言，东部发达地区按照率先实现现代化的目标，转变经济增长与发展方式，调整经济结构，提高经济发展质量，严格控制新增建设用地计划指标，逐步加大增减挂钩指标，合理安排围填海用地指标；中部和东北地区，与产业转移和基础设施建设相适应，合理安排新增建设用地计划指标，适当加大增减挂钩指标，支持开展工矿废弃地复垦和低丘缓坡开发试点；西部欠发达地区，与西部大开发政策与生态保护战略相适应，强化生态环境保护，减少生态用地占用，重点发展节水高效农业，控制工业用地指标的投放，在有条件的地方支持开展增减挂钩试点。

按照区域经济发展阶段和资源禀赋的区域差异，对不同区域建设用地供给进行调控时，除了要考虑区域的功能定位外，还要兼顾区域建设用地的自然禀赋，以及现有的利用状态和经济所处的发展阶段。在优化发展区，由于经济规模较大，城镇体系比较成熟健全，区域发展战略应注重区域一体化发展，适度整合资源形成经济发展带，农村社区、城镇集中度可进一步提高，生态环境保护投入也需加大，即实施全方位的综合发展战略；而重点发展区作为未来优先发展的领域，新增建设用地规模会出现扩张，因此需要实施节约集约用地和高效节能发展战略，应注重引进占地少、效益高的用地，同时引导农村人口自愿退出多占、闲置的宅基地，释放建设用地潜力；适度发展区则相对落后，建设用地利益效率较低，推动经济发展、优化产业布局和类型是今后发展的重要战略；内涵挖潜区则资源禀赋约束较强，区域亦需以内涵发展为主，资源利用需充分提高效率，避免进一步扩张带来生态破坏。

按照区域土地开发强度水平的划分，对于建设用地比重依然很好的区域，应严格控制建设用地新增，要进一步控制建设用地的供给结构，防止土地开发单一的强度过大，土地供应以民生用地和生态用地供给为主，以促使地方政府加大存量土地内涵挖潜来满足区域发展需求，通过准入与退出机制的实施，推动区域城镇化、工业化发展，优化城乡产业和人口布局，提升区域综合发展水平。

二、产业发展政策

近年来，随着我国经济继续快速发展，各行业对建设用地的需求也呈逐年上升的趋势。国土资源部的统计资料显示，2012年全年批准建设用地61.52公顷，其中产业用地总面积为26.82公顷，占全年批准城镇建设用地面积的43.5%。而全年国有建设用地供应量为69.04公顷，其中工矿仓储用地、商服用地供应面积分别为20.35万公顷、4.94万公顷。由2008~2012年的统计数据来看，工矿仓储用地、商服用地面积仍然呈现逐年递增的趋势。不难预见，随着我国经济的快速发展和城市化进程的不断加快,我国产业用地面积将继续扩张。为了促进我国建设用地的总量控制与差别化管理,加强产业用地集约节约利用势在必行。无疑,良好的产业政策应当体现产业的发展同时,也应注重产业用地的有效配置及集约利用。

第一,明确产业发展的优先领域和重要次序。产业发展政策要为产业发展提供目标导向功能,规范产业的发展方向,避免产业发展偏离既定的轨道。受资源禀赋和经济发展阶段的约束,我国产业发展的总体水平和质量还不算高,但目前发展节能高效环保的产业已有共识。因此,进一步明确不同区域产业发展重点领域,是产业发展政策的首要内容。具体而言,对于土地开发强度高、资源禀赋不足、产业结构比较单一的地区,应将产业替代和升级作为重点,产业政策以促进可持续发展能力为主;对于土地开发强度低、资源禀赋高、经济发展水平一般的地区,产业政策需以产业引进和规模扩张为重点,产业选择上以环保绿色产业为主。并且在产业发展过程中,还要因时因地合理调整产业发展的质量与速度间的优先次序,避免城乡与区域发展的同质化。

第二,合理设置产业发展边界和可行的政策机制。一方面,基于共同促进区域发展战略目标的实现,产业发展政策与差别化土地政策互为服务对象,二者之间要建立有效衔接,产业发展政策要能够满足土地集约节约利用、土地利用效率有效提高的要求,体现建设用地总量控制与差别化管理的实质内涵,而差别化土地政策要能够满足产业发展的要求,结合产业发展对用地的有效需求,制定合理的供地方式、供地规模、供地次序,同时要对产业发展的用地行为进行规范管理,防止土地的粗放及不合理利用,产业发展政策与差别化土地政策互相配合,互为要求,达成目标一致的协调统一的政策体系;另一方面,产业发展政策要以市场化为导向,体现政策的开放性与约束性相容的原则,产业发展政策以指导产业发展方向和对产业发展规范化管理为首要目标,但不宜对产业发展制定过多的约束条件或规划路线,以防矫枉过正,应把重点放在发展边界的有效引导和规范管理,在产业发展的内容上应主要发挥市场的资源配置作用,以市场化的方式促进资源要素的自由流动,从而提高产业发展的效率,政策与市场的相互补充,处理好局部的脱节或相互冲突问题,共同促进产业的发展。

第三,促进产业转型并优化产业布局。一是通过政府引导、合理补偿等途径,建立废旧、低效利用土地的改造和退出机制,制定规范的规划、收储、搬迁、安置、改造、监管等系列政策,实现落后产业的退出。二是促进使用闲置土地。产业建设项目确已落实且承诺一年内动工建设的,属使用闲置未满两年的土地,土地闲置费减半收取;属使用闲置满两年以上的土地,可暂不作收回土地使用权处理且土地闲置费减半收取，对确实未能落实项目的闲置土地，建立通过退出土地机制的实现，引导新兴产业的及时进入。三是鼓励使用原集体建设用地，促进农村产业发展。项目原合法使用集体建设用地且项目已建成投产的，经土地所有权的集体经济组织同意，可由企业申请将集体建设用地依法征收为国有建设用地，并补办供地手续，按规定缴纳相关税费，支付集体经济组织安置补助费和土地补偿费等。四是加大对现代服务业发展的培育力度，鼓励利用工业和仓储用房等存量土地资源兴办信息服务、研发设计等之类的现代服务业，同时还要进一步围绕传统优势产业的转型升级，鼓励企业通过已有的固定资本淘汰落后生产产业腾出空间开展技术改造。

第四，强化产业政策重点和综合实施。重点实施即为保障重点产业用地得到贯彻，综合实施则是统筹安排各类用地的需要。一方面，通过土地集约利用考核办法及相关的评价标准，制定各产业类型门槛，并编制工业项目的用地标准，扶持重点产业、民生产业及现代产业，在安排建设用地供地时，向产业优化升级和促进扩大内需倾斜，优先保障现代产业项目以及中央和省财政新增投资计划项目用地需求，主动高效做好项目用地预审、农用地转用、土地征收、建设用地供应等有关服务工作。另一方面，通过编制产业调整目录，构建良好的市场优胜劣汰的竞争机制，促进低产能、低效益、高消耗的企业的退出。再者，根据地方特点，发挥地方的资源优势，因势利导，适度倾斜相应土地政策，积极促进地区特色产业的发展。此外，还要做好产业用地的统筹安排，省、市在统筹安排年度土地利用计划指标时，应适时合理增加重点产业、民生产业及现代产业项目的用地指标，优先满足重点产业、民生产业及现代产业项目的用地需求，对其他传统产业，特别是高污染、高消耗、低效能的产业就要相应缩减土地利用计划指标。做好土地利用计划指标的统筹安排工作，应保证土地利用计划的可持续性，既要防止因为前期大规模粗放供地，导致后期供地能力不能满足发展需求的情况发生，又要严防不按规划执行，无序供地导致的土地利用计划超支现象。

第五，改革土地利用的过程管理与内涵挖潜。首先，为了应对当前我国工业用地产出水平参差不齐的现象，要健全此类用地项目的事后监管。约定项目用地投资总额和固定资产投资强度，以及土地产出率等指标，同时实行保证金制度。相关职能部门要有效负责，建设和规划部门验收建筑容积率、建筑密度、绿地率、建设期限等；财税部门加强对税收、产出等相关指标的考核；国土部门主要负责审核土地出让金缴纳，并在各相关部门复核验收的基础上，对出让合同履行情况进行复核验收。评价不合格的项目，由企业承担相应的违约责任。

四、财政与税收政策

财政与税收政策是促进建设用地总量控制和差别化管理的重要经济手段，主要是通过利益调整实现资源的合理配置。一般而言，财政制度决定了政府对建设用地管理的积极性和责任感，税收负担影响着土地使用权交易发生的可能性。因此，在建设用地配置过程中，需要完善财政转移支付制度，建立与土地利用效率挂钩、分级递增的税收制度，构建符合社会利益的公共财政和税收体系。为保障建设用地总量控制和差别化管理的目标实现，财政、税收方面应做如下完善：

首先，在完善土地税收和土地出让金制度的基础上，逐步实现土地税对土地出让金在总量规模上的替代和土地税对土地出让金的实质性取代，即将一次性收取的土地出让金按照分期、可持续的税收方式收取，土地出让金收入最终转化为土地税收入。加快建立针对性的税收政策，规范土地出让金收支管理，完善城乡建设用地增减挂钩制度，合理配置地方土地收益，调整耕地占用税和土地增值税征收水平的财税管理政策，完善地方土地利益分配机制，为实现土地要素供给宏观层面的调控建立必要的支撑、积极维持资本市场的繁荣与发展，为激活区域土地金融市场提供重要的平台。同时，根据各区域经济发展形势，通过土地税费合理调控土地收益，增强区域土地利用的协调性：

第一，强化已有土地税种的征收，这一途径是增加土地税收规模的要求。首先，要强化土地税征收的基础性工作，完善土地登记制度，明晰土地产权，建立完整的土地税收档案，构建高效的信息网络，为土地税征收提供依据；其次，要加强土地税征收监管，坚决查处偷税逃税漏税行为，做到耕地占用税、土地增值税、契税、城镇土地使用税、房产税等已有土地税种的及时足额征收；三是要理顺现行土地税收制度，撤并性质相同重复征收的土地税种，合理设定税率，保证纳税人的积极性，从而达到增加土地税收规模的目的。

第二，改革纯粹价高者得的土地招拍挂制度。纯粹价高者得的土地招拍挂制度有利于土地出让金规模增长，但驱动了土地违法的增长。改革纯粹价高者得是通过减少土地出让金规模实现土地违法治理目标的体现，未来土地招拍挂制度的改革方向是变纯粹价高者得为综合最优者得，即不以土地出让金最高为唯一标准，而是综合考虑土地用途、土地出让金和土地使用者实力确定土地使用者，避免土地价格畸高，从而改善土地财政的形成机制，减弱地方政府卖地生财的冲动。

第三，增加土地保有环节。税收在土地出让金规模减小情形下，要保证土地财政收入有持续稳定的来源，途径之一就是设置新的土地税种。目前，我国土地出让金耕地占用税属于土地取得环节的财政收入，土地增值税、契税则属于交易环节的税收，土地保有环节的税收很少。因此，通过完善房产税、城镇土地使用税或者增设新的物业税种，从而将一次性收取的若干年地租总和分解为长期的土地保有环节税收，实现对土地出让金这一地租收入调节方式的改变，转变土地财政收入性质，既有利于减少短期内的土地出让金总规模，也有利于增加长期的土地税收总规模。

其次，适应主体功能区要求，以实现基本公共服务均等化为目标，深化财政体制改革，加大均衡性转移支付力度，完善中央和省以下财政转移支付制度，中央财政继续完善激励约束机制，加大奖补力度，引导并帮助地方建立基层政府基本财力保障制度，增强限制开发区域基层政府实施公共管理、提供基本公共服务和落实各项民生政策的能力。省级财政要完善对省以下转移支付体制，建立省级生态环境补偿机制，加大对重点生态功能区的支持力度。

最后，在财政投资政策方面，逐步实行按主体功能区与领域相结合的投资政策，政府投资重点支持限制开发、禁止开发区域公共服务设施建设、生态建设和环境保护，支持重点开发区域基础设施建设，制定支柱产业发展规划，明确产业发展重点，引导社会各类资金投向；落实企业技术改造项目引进设备减免关税和进口环节增值税、资源综合利用项目免征所得税和增值税等税收优惠政策；鼓励企业加大技术开发投入，落实企业技术开发费用的优惠税收政策；指导企业规范财务管理，积极争取中央各项政策性财政资金支持。

五、金融货币政策

目前我国地方经济的发展严重依赖土地财政和土地金融（黄小虎，2012）。东部城市建设的资金构成，土地出让收入约占 30%，土地抵押融资约占 60%，中西部的城市建设资金，土地出让收入约占 20%，土地收益权质押融资约占 70%（蒋省三，2010）。城市建设资金中土地金融所占比重越来越高，已经远远超过了土地财政。为了保证建设用地总量控制与差别化管理政策的有效实现，需要改革完善现今的金融货币政策。

2014 年 8 月，十二届全国人大常委会第十次会议表决通过了修改后的《中华人民共和国预算法》。新的预算法规定"经国务院批准的省、自治区、直辖市的预算中必需的建设投资的部分资金，可以在国务院确定的限额内，通过发行地方政府债券举借债务的方式筹措。"该法赋予了地方政府适度的举债权，然而现有的条款依然显得过于保守，与地方政府真正意义上的自主发债依然存在不小距离。因此，在规范透明的地方债未能完全建立起来之前，地方政府融资平台作为当前地方政府融资的主要载体，将继续为满足地方经济发展的融资需求发挥重要作用。地方政府融资平台是指通过成立城市投资公司等作为融资平台，来代替政府进行直接与间接融资，实现了地方政府市场化融资的目的。具体来说，地方融资平台，就是指地方政府发起设立，通过划拨土地、股权、税费、国债等资产，迅速包装出一个资产和现金流均可达融资标准的公司，必要时再辅之以财政补贴作为还款承诺，以实现承接各路资金的目的，进而将资金运用于市政建设、公用事业等肥瘠不一的项目。

地方融资平台在解决社会经济转型中的地方基础设施建设和公共服务资金短缺问题等方面起到了重要的作用，地方融资平台更多都是将资金投资基础设施，对于其他经营性建设用地基本上不参与投资，地方政府融资平台通过公共基础设施项目建设推动了我国城市化进程，为公共建设用地提供了资金保障，但对于一般企业公司，营利性事业不提供资金支持，体现了差别化的管理，帮助公共基础设施用地开发利用。另外，地方政府融资平台凭借强势的政府背景，能够较为快捷地实现信贷资金流入政府所扶持的项目，从而迅速贯彻落实中央和地方政府决策意图，促进各级政府在组织实施重大投资项目、国家重点项目、优先开发项目的投资建设中扮演重要角色，进而促进建设用地总量控制和差别化管理的目的。但随着改革的深化和经济的发展，融资平台的固有弊端开始显现，尤其是平台功能定位不够规范，这一方面导致其盲目大举借债，忽视长期的经济利益，容易造成债务违约的风险，另一方面也不利于政府对平台的科学管理，同时不利于建设用地总理总量控制和差别化管理。伴随着地方银行债务的规范化与透明化，对地方政府融资平台的有效转型也提出了相应的要求。

中央政府应该定位地方政府在我国基础设施建设中的职能，改革基础建设项目投融资体制，规范运作地方基础设施建设项目以及有效化解地方基础设施建设项目的融资难等一系列问题，主要从以下方面改善：

一是要完善我国目前的财税体制，打破目前地方土地财政的困局，建立起科学的政府债务管理机制，实现政府在地方发展中的合理定位，平衡地方政府事权和财权，改变地方政府的发展模式和融资机制。同时还需要有效化解和规避政府过高负债的风险，实现政府性投资项目融资方式的多样化和高效化，改善基于债务结构的融资构成，缓解银行信贷本身的投放压力，基于地方政府投融资平台的改革，使其规范化、市场化、透明化、引入市场约束，鼓励平台通过资本市场进行融资，以此来减少银行系统风险的积聚。

二是针对目前地方融资平台定位不明确的现状，政府应当明确地方融资平台的宗旨和职能范围，并对不同性质的融资平台的功能定位进行改革。地方融资平台规范化的前提是要明确地方融资平台的宗旨和定位，鼓励地方政府量力而行，根据自己的财力来进行重点的民生工程建设。首先，要确定地方融资平台的功能定位，就要明确地方融资平台的不同机构属性。我国在规范化治理地方融资平台的过程中出现的一个重要问题就是对地方融资平台划分标准不够统一。其次，地方融资平台不能单对基础建设用地投资，同时要向高新技术产业，国家重点学科项目，中小企业提供资金帮助，帮助他们快速发展，提高土地集约利用，提高土地利用效率，开展更广泛的建设用地差别化管理。对高新技术产业等具有高附加值的产业采取鼓励支持的金融货币政策，提供低息贷款或者直接投资，提高土地利用效率。

三是努力减少土地融资信贷风险，大力宣传对平台公司贷款的监管政策，尽快建立起国土、发改委、金融监管、财政银行等部门互相沟通的联系机制，改变在此问题相关各方态度冷热不均的现状。继续督促银行齐步做好平台的解包工作，采取切实有效的方法在规定时间内做实抵押缓释风险。各银行业金融机构应及时了解掌握土地管理方面的重要政策，加强对土地市场风险的分析研究，为土地信贷决策提供依据（成式、李炯磊，2012）。

第四节　建设用地总量控制与差别化管理的基础及配套制度

除了宏观政策的支持，土地产权、土地市场、社会保障、户籍等也是建设用地管理必须重视的基础性制度，没有这些制度的配套改革，土地要素流动以及城乡人口转移难以有效实现，土地配置机制不会有根本性转变，建设用地扩张的趋势也就难以遏制。因此，本节将从基础及配套制度改革的角度，同时也是我国城乡统筹发展过程中的重点和难点问题出发，提出促进建设用地总量控制和差别化管理目标实现的相关建议。

一、土地产权制度

中国的土地产权制度无疑对维护中国社会的稳定和谐、促进发展初期经济的繁荣起到了至关重要的作用，然而僵化的土地产权制度同样也产生了危及中国社会稳定的不利因素及对中国经济进一步发展的桎梏。随着中国市场经济的发展和市场的不断完善，现行的土地产权制度与市场的不协调日益凸显，这也就要求对现行的土地产权制度进行较大的调整与改进以适应中国市场经济发展的需要。

长期以来，中国土地产权制度的安排主要基于以下三点进行的：第一，中国土地产权制度的安排需要满足经济社会发展的要求，即在改革开放以来为城市化发展的需要提供建设用地及城市建设资金，着重强调国家对集体土地的配置作用，具体形式表现在国家根据公共利益的需要对集体土地的征收制度上，国家的地位凌驾于集体土地的所有者之上，造成了农民集体对集体土地所有权主体的缺位，集体土地的权能更多的是以农民拥有的集体土地使用权为体现形式，进而在面对国家拥有强力征地权，农户处于严重的弱势地位，缺失话语权，最终形成了国家征地对农民权益的侵害；第二，中国土地产权制度的安排需要考虑中国的具体国情，中国是一个人多地少，土地资源相对较为匮乏的发展中国家，粮食安全对于中国的稳定和发展至为关键，由此，中国制定了最为严格的耕地保护制度，采取了偏紧的建设用地的供给政策和用途管制政策，最终形成了对集体土地所有者与使用者各自拥有的土地权能的强而有力的制约，具体体现在国家对农转用进行严格的限制；第三，中国土地产权制度的安排需要考虑保障农民的居住权和稳定城市土地市场两方面，首先是保障城乡分化格局下中国农村特有的"蓄水池"作用，促使农民能够拥有"进城务工，退守务农，食有所依，居有其所"的环境，其次是防止大量建设用地无序进场，冲击城市的房地产市场，具体表现在《土地管理法》第43条规定的："任何单位和个人进行建设，需要使用土地的，必须依法申请国有土地"，由此，对集体建设用地流转进行严格限制，从产权角度而言隐含着农民拥有的集体建设用地流转权的缺失。

在中国从计划经济到市场经济的体制转型中，产权改革是突破口，需要先培育标准意义上的市场主体（厉以宁，2013），目前城市土地和农村土地产权还有很大差异，城市的建设用地产权建立了一个类似于西方的土地批租制度，与其相呼应的是一个相对完善的土地确权和土地登记制度以及公开的土地交易市场，相比之下农村建设用地产权却存在很大的产权残缺（Wu Jian, 2009）。保障建设用地总量控制与差别化政策的有效实施，需要完善相关的土地产权制度，这可以从以下三个方面内容展开：一是土地初始产权界定政策，解决土地产权初始归属问题，明晰土地产权，赋予集体土地和国有土地平等的权能；二是产权调整政策，完善集体建设用地使用权权能，以此解决城乡建设用地增减挂钩、土地置换、农村宅基地退出中的土地归属问题，关键要从国家法律层面确认农村建设用地使用权流转的合法性，采取自上而下的制度设计，规范集体建设用地入市流转问题。集体建设用地使用权制度的改革重点是打破禁止流转的禁锢，方式是流转过程对市场机制的引入，目标是增加存量建设用地的有效供应，优化资源配置的效率，保障农民的权益，提高土地资源供给效率；三是优化产权结构，强化产权权能，完善土地登记制度，强化土地承包经营权、建设用地使用权和宅基地使用权的物权属性，保证农村集体土地产权经济利益的实现，为国土资源产权市场交易提供依据，以土地产权流动激活土地财产功能，从而达到土地资源配置效率改善的目的，以产权调节土地资源配置为核心途径，从而提高资源配置效率（陈利根、龙开胜，2012）。

二、土地市场制度

在建设用地方面，《土地管理法》第 10 条规定："国家为了公共利益的需要，可以依照法律规定对土地实行征收或者征用并给与补偿"，第 43 条规定："任何单位和个人进行建设，需要使用土地的，必须依法申请国有土地"，由此推及农村集体土地只有转变权属即通过国家征地的形式转化为国有土地才能进入市场交易。因此，中国只有国有城市建设用地市场，而没有农村集体建设用地市场。农村集体建设用地市场的缺失，不利于农村集体建设用地资源的有效配置。首先，集体建设用地无成本、低效和粗放的利用方式导致了宝贵的土地资源的浪费，禁止集体建设用地入市交易的规定，无法让土地资源自发地从利用效率较低的方式向利用效率较高的方式流动。其次，由于集体建设用地市场缺失，加之偏紧的城市建设用地供应政策，催生了农村集体建设用地的地下市场，一方面隐性的地下市场无法保证交易双方的合法利益，地下市场发生的交易并不是基于公平原则展开的，特别是由于农民很难获取到较为客观合理的价格信号，容易造成交易主体信息不对称，农民权益受到损害的事例发生；另一方面，隐性地下市场频繁的土地交易对中国的土地利用规划及土地用途管制政策形成了严峻的挑战，一般而言，地下市场形成的土地交易之后的土地开发并没有按照土地利用规划和土地用途管制来进行，不仅严重冲击了正常的房地产市场，而且在有违规划的前提下土地利用效率并不能得到有效提升，同样造成土地浪费。

城乡土地市场割裂、传统产业用地方式粗放、农地过度非农化导致城市无序蔓延以及土地利用低效、农村建设用地难以盘活、耕地资源难以保障都与市场政策不完善有关（陈利根等，2012）。完善土地市场建设、通过市场机制提高土地资源要素流动是保障国土建设用地资源供给能力、促进经济发展方式转变、提高资源配置水平过程中市场政策的两个主要目标。在土地市场机制逐步完善过程中，首先需要通过建立城乡统一的非农建设用地市场，破除城市的土地属于国有的有关规定以及集体土地所有制的限制，允许农村集体建设用地依法进入土地市场自由流转，制定平等竞争的市场规则，必须将征地范围严格界定在公共利益范围之内，明确非公共利益用地由城市土地存量市场和农村集体建设用地使用权市场供给，实现国家、集体、个人供给主体的多元化，实现同地同权同价，建立新增建设用地指标交易市场，建立区域性合作组织，协调地区利益，依托公共财政，建立区域性土地合作开发机制和收益共享机制，形成有效的土地流转收益分配机制，进而增加建设用地有效供给。其次，健全城乡地价评估体系和基准地价制度，完善城乡土地市场中介服务体系和交易平台建设，土地价格是土地市场的核心内容，健全城乡地价评估体系和基准地价制度是政府管理和调控土地市场的有力杠杆，城乡土地市场中介服务体系和交易平台等配套设施建设则有助于土地交易成本的降低。

此外，应充分发挥土地市场的资源配置功能，形成建设用地利用结构的市场调整机制，促进建设用地总量控制与差别化管理。土地利用规划及土地用途管制是规范城市建设用地利用最直接的工具，然而土地利用规划受诸多方面的影响，容易造成规划理性与市场效率的矛盾及刚性与弹性的矛盾（田莉，2007）。因此对于建设用地利用结构的调整首先是应充分发挥规划的作用，构筑合理的土地利用结构，其次，应结合土地市场需求的导向功能，利用规划的弹性空间，进一步优化土地利用结构，形成建设用地利用结构的市场调整机制。

三、户籍制度

户籍制度作为我国计划体制的历史产物，在特定阶段曾经发挥过独有的历史功效，其中最重要的作用体现在计划经济时期能够将农村劳动力固化到农业上，形成工业和农业的剪刀差，支持以重工业为重点发展对象的发展路径获得持续稳定的资本、资源输入。随着改革开放的持续深化，以及"工业反哺农业"的提出，户籍制度设计的初衷已不适应时代发展的需求，然而户籍制度却并没有因此废除和消失，原因在于中国目前所处的发展阶段还不能完全满足进城农民的就业需求，农村积累的大量剩余劳动力全部涌入城市势必影响社会稳定，有可能形成如中南美洲、印度等发展中国家城市化进程中产生的城市贫民窟现象，因此户籍制度能够延续至今有其特定的社会背景及发展考量。

当然，所有的问题归结到底还是选择问题。允许户籍制度继续存在或者废除户籍制度应该从成本效益进行分析。首先，支持户籍制度继续存在的立意点在于维护社会的稳定，而社会的稳定是经济发展的前提条件，因此户籍制度的存续与废除应就影响社会稳定方面进行分析。户籍制度的存在，减少了城乡人口的流动，在一定程度上确实抑制了由人口流动带来的不稳定因素如许多发展中国家贫民窟中存在的治安问题，但户籍制度的存在却也进一步加剧了城乡的发展差距，从而引发了城乡矛盾的恶化，进而影响到了社会的稳定，总体而言后者带来的城乡矛盾更为突出，而鉴于我国与其他发展中国家国情的差异，户籍制度的取消并不一定会产生城市贫民窟现象，但这一点是需要慎重看待和处理的。其次，户籍制度事关发展大局及我国能否保证自给自足的粮食安全问题。当前的户籍制度阻碍了农村劳动力的自由流动，对于我国劳动力资源的有效配置产生不利的影响，另一方面，户籍制度将农村劳动力固化在农村土地和农业上却能够对我国的粮食安全产生积极的作用，比较由于户籍制度废除与存续各自产生的积极影响，可以说前者对经济发展的促进作用远胜于后者对于粮食安全间接的保障作用所带来的效益。最后，户籍制度的废除需要成本，而维持其运行也需要成本。应该清楚地认识到，户籍制度废除要付出巨大的社会成本，但是随着户籍制度越来越不适应市场经济发展的要求所产生的维持成本的累进终将超过废除户籍制度付出的社会成本。总体而言，对户籍制度的变革直至废除势在必行。

在目前新的形势下，户籍制度阻碍城乡一体化的问题愈发凸显。从根本上来说，改革户籍制度的困难并不在户籍制度本身，而在于如何处理附着在户籍制度上的各类社会政策和公共服务的差异（张车伟，2012），而这些困难则主要来自于我国城乡和地区发展水平上的巨大差异，这些差异不消除，户籍制度就很难被完全废除，所以目前各地的试点探索中都未简单式采取取消户籍制度的办法，而是采用了差别化的管理人口政策，但从经济的长远发展而言，户籍制度的取消是必然趋势，只是在这不断缩小城乡和区域差距的过程中，需要采取循序渐进的方式，服务于经济社会发展的整体。首先，用法律保障公民迁徙自由的权利，同时，在户籍制度改革具体的政策中，放宽迁徙落户的条件，逐渐赋予户籍制度纯粹的人口登记、管理职能，而且必须通过差异化的人口管理政策不断向前推进。其次，增加政府的财政投入力度，完善农村基础设施和公共服务建设，推进城乡统筹发展。最后，在推进户籍改革的背景下，必须先处理好农户的非农转移问题，使农民转户的土地权益得到保障，并且建立城乡一体的劳动就业制度、医疗保险制度、教育制度、土地征用制度等，消除城乡福利保障不平等的因素。但另一方面，值得注意的是，不能以退出土地承包经营权、宅基地使用权、集体收益分配权作为农民进城落户的条件。因为社会保障是国家通过以税赋方式回应社会公共物品需求而建立起来的，应体现出公平性。以牺牲农民现有的利益为代价换取社会保障对农民群体的覆盖，隐含着对农民的歧视，实质上违反了社会公平原则。

四、社会保障制度

建设用地总量控制与差别化管理离不开完善的社会保障制度。建设用地总量控制要求减少新增建设用地，在现有的建设用地上进行内涵挖潜，因此建设用地总量控制的一个目标是保持现有的城乡建设用地总量上的动态平衡。为维持城乡建设用地总量的动态平衡，在城市化发展过程中，一方面土地利用应走集约节约利用道路，另一方面应大力挖掘农村和城中村等闲置浪费的建设用地利用潜能，通过增减挂钩、土地整理、置换等形式在减少农村建设用地的同时增加城市建设用地。这是一个农村土地转变为城市土地的过程，也是一个农民逐渐失去土地的过程。然而，当前我国的社会保障制度存在的最大问题在于城乡社会保障体系的差别过大，农村农民与城市居民的差别也主要体现在这一方面上。农民未能享受到城市居民所享有的由国家提供的社会保障和福利，而农民能够忍受这种不平等待遇的原因在于农民拥有土地。长期以来，农民的社会保障功能基本上由农村土地来承担，农村土地对农民而言是关乎其生死存续的宝贵财产。农民失去了土地就连带失去了土地中所蕴含的社会保障，因此建立完善的农村社会保障制度是维护农民合法权益不受侵犯的必然要求。

此外，农村特有的"蓄水池"功能恰恰是由农村土地所提供的，农村土地解决了农民进城务工可能存在的后顾之忧，同时为我国经受全球经济形势波动的影响提供了一条可靠的缓冲带。因此，建设用地总量控制与差别化管理在将农村建设用地转变为城市建设用地的同时，需要完善的社会保障制度来承担以往农村土地提供的社会保障功能，解决农民进城的隐忧和维护经济发展的稳定性与可持续性。而且，随着经济社会的发展和社会公平正义的需要，完善的社会保障制度，不仅应保障农民的生活水平不至于下降，而且应在原有的基础之上有所提高，保障农民能够分享到社会经济发展的红利，维护社会公平。

首先，实现金融资本对以农地为核心实物保障的有效替代，完善失地农民社会保障。

（1）完善失地农民的再就业制度是建立失地农民社会保障制度的首要前提。长期以来，对于失地农民的补偿仍然主要停留在货币补偿或实物补偿，而失地农民能否实现再就业却一再地受到忽视。农民缺乏再就业的机会和技能致使农村缺乏相应的"造血功能"，无法通过自身的努力实现自我保障，仅仅依靠国家补助补贴的"输血"面临难以为继及覆盖面狭窄的局面。因此，首先应建立农民的技能和再教育培训的长效机制，提高其素质和就业竞争力；其次，应从法律和政策角度出发给与失地农民援助和鼓励，促进失地农民充分发挥自身的聪明才智和技能特长实现再就业，支持农民个体私营经济的发展，政府在税收、信贷等方面给予一定倾斜，让失地农民能够在较短时间内办厂招工，实现更高水平的再就业；最后，通过税收减免、土地供应等方式鼓励用地单位将失地农民纳入其岗位安排，促进用地单位在确保其自身发展的前提之下承担起其应负有的社会责任。

（2）完善失地农民社会保险体系是建立失地农民社会保障制度的另一个重点目标。从以养老保险、失业保险和医疗保险为核心的保险体系入手，经过自愿基础上的被征地农户同意，从土地补偿款项中予以适当比例的扣除代缴，此外，还要保证失地农民最低的基本生活保障。

（3）完善农民的法律援助机制，拓宽农民表达其合理诉求的正当渠道，确保农民的合法权益受到侵害时有法可理、有所可依。长期以来，我国的社会保障制度与法律保障制度的交集并不明显，农民由于缺乏相应的法律保障制度，在其面临着由失地引致的社会保障缺失时容易手足无措，采取了一些极端甚至不合法的举措来表达其诉求。因此，及时完善的法律援助应成为常态化、普遍化的长效机制，保障农民的生产生活不受影响。

其次，完善住房保障政策，保障农民居有其所。施行差别化住房信贷保障，增加保障性住房比例，鉴于我国房屋销售价格快速上涨，并始终处于高位的现状，应该规范房地产信贷政策，对自住性和非自住性的住房信贷实行差别化信贷政策（周京奎，2005），调整房地产税收政策，抑制投机性需求，加强征信系统和评级系统建设，抑制投机性购房需求，同时需要拓宽社会的投资渠道，合理的引导投资行为（李宁，2014）。

（1）拓展保障房用地供给来源。拓展保障房用地供给来源既要充分挖掘存量建设用地的潜力，还要积极探索现有制度框架之外的土地用于保障房建设的可能性和可行性，挖掘存量建设用地的潜力主要方法有改造城市棚户区来提高土地利用效率，加强对闲置土地的查处严禁圈地囤地行为，一方面要建立将查处的闲置土地用于保障房建设的机制，促使闲置土地得到有效及时利用，另一方面加强统筹规划建立保障房用地的储备制度，并将已经纳入储备范围的土地优先用于保障房建设，从源头上保证土地供给避免保障房建设过程中临时找地的尴尬局面，此外要积极探索企事业单位自用土地用于保障房建设的途径。目前国土资源部《关于加强保障性安居工程用地管理有关问题的通知》已明确规定距离城区较远、住房困难职工较多的独立工矿企业为解决内部员工住房困难，在符合城市规划前提下可以按照规定利用自有土地建设保障性住房，但当前利用农村集体建设用地建设公共租赁住房却被严格禁止，这方面应当逐步改革。利用农村集体建设用地建设公共租赁房既有利于发展集体经济，也有利于提高农村土地利用效率。只要这些住房限于租赁而不是出售且符合土地用途管制规定履行房屋建设手续就应当允许，另外可按照"严格审批、局部试点、封闭运行、风险可控"的原则视存量小产权房占用土地性质、是否符合规划以及小产权房屋的现实占有和使用状况，对小产权房进行分类处理，以试点形式将小产权房变为保障性房（苏勇等，2011）。

（2）调整保障房用地供给结构。按照"十二五"规划的要求，我国对城镇低收入和中等偏下收入住房困难家庭，分别实行廉租住房和公共租赁住房保障制度。因此保障房用地供给应当在廉租房用地、公共租赁住房用地、经济适用房用地以及限价房用地之间保持平衡，在以政府为主提供基本保障的土地供应领域有必要使各类土地供给保持适当的比例，保障房用地供应结构应当在充分考虑不同收入水平家庭的比例、城市功能的定位以及土地资源稀缺程度的基础上综合确定，并优化用地空间布局，如低收入人口较多的地区，廉租房用地的供给比例应适当提高；大城市外来人口多、人口流动快，公共租赁房的比例可以高一些；中西部地区县城人口相对稳定，经济适用房的比例可以高一些；房价高的城市，公共租赁住房和中小套型限价普通商品房用地供给比例应适当增加；大户型和高档商品房供地应当减少并严格控制。保障房用地不能集中在偏远地区，并且应配置适当比例的基础设施用地和用于商场、生活服务设施等建设的商业用地以保证保障房社区功能齐全和生活便利，另外在平衡保障房用地供应内部结构的同时，还需要调整保障房用地和商品房用地的供给结构，保证保障房用地供给数量占全国住房用地供应计划的比例不低于国家规定。

（3）积极探索市场化的保障用地供给方式。一是明确可以适用市场化方式的保障房用地的范围，除廉租房用地外，其他用地均可引入市场方式。二是按照国土资源部的规定适时适地推行"限房价、竞地价"、"限地价、竞房价"、"商品住房用地中配建保障性住房和土地利用综合条件最佳"等土地招拍挂的创新做法减少无偿划拨的土地数量。三是完善保障房用地供给中配套的商业和其他经营性用地的供应方式，保证同一宗土地中保障房用途和商业用途土地供给的同步性。四是明确以市场化方式取得的保障房用地能否转让。以市场方式取得的保障房用地有其特殊性，不能完全参照现行土地转让制度，应当建立保障房用地转让的专门制度。五是对于符合条件的企事业单位，可利用自用土地建设保障房，土地用途改变后也应当采取出让、入股等市场化方式，以避免土地增值收益的流失。通过市场化的保障用地供给方式，辅之以价格税收财政等手段将土地增值收益用于保障房建设和基础设施建设。

（4）实行差别化的保障房用地供给政策。一是对保障房用地供应实行分类管理，对廉租房、公共租赁房、经济适用房以及限价房等用地的供应来源和结构、供应时序和方式、空间布局等采取差别化政策。二是建立区别于商品性住宅用地的保障房用地供应管理政策，实现土地供应由价高者得的单一目标向完善市场保障民生等多目标管理转变，房地产用地供应向民生保障领域倾斜，三是考虑保障房用地内部之间的差异以及保障房用地与其他类型用地的差别形成集价格、税收、财政和差别化管理政策为一体的土地供应调控体系。

五、土地增值收益分配制度

土地利用的社会性与外部性表明，土地市场与一般的商品市场不同，受国家规制程度更深，土地的开发方式、利用强度受到土地制度政策的严格制约。土地增值收益分配应在现有的土地制度政策框架内进行。特别是我国实行土地的社会主义公有制，土地增值收益分配更应体现这一特征。其次，土地规划决定了土地用途，从而决定了土地开发的可能性及开发程度。不同用途土地的增值情况不同，建设用地土地增值远远高于农用地。原因在于，建设用地市场的供需情况异于农用地市场，建设用地市场一般为需求大于供给，体现出较大的溢价空间，而农用地市场的滞后则导致农用地交易的稀缺，土地价格稳定，难以获得土地增值。因此，为体现土地规划的公平性，土地增值收益应当在不同用途土地上合理分配。最后，土地所有者或使用者具有相应的土地收益权。土地收益权的指向不仅包括在土地上投入资源要素的产出所得，还包括土地交易所得。因此，土地所有者或使用者应获得部分土地增值收益。

一方面，土地增值收益分配的主体应当为国家、土地所有者、土地使用者，按照要素贡献进行分配。国家通过土地规划确定土地用途，并进行相应的基础设施建设，产生不同的用途土地的级差地租，带来土地价值的提升，国家取得相应比例的土地增值收益，以进行基础设施建设，并通过转移支付的形式，对土地规划用途管制形成的土地价差进行补偿、调整。土地所有者、土地使用者则以包括土地要素在内的资源投入进行开发生产获得相应的土地增值收益。

另一方面，土地增值收益分配方式、比例划分应因地制宜。经济发达或用地紧张地区，土地增值空间较大，同时也是城市化程度较高、速度较快的地区。城市化并不只是土地的城市化，更重要的是人的城市化。土地增值收益的分配应有利于人的城市化，为具有城市化潜在倾向的人群提供社会住房保障。同时严格控制原有居民对由于城市化带来的土地增值收益的攫取，应利用规划进行严格的管控，并以税费的方式调节土地增值收益分配。在经济较为落后地区，在符合规划的前提下，进一步拓展土地利用方式，采用多种形式开发土地，显化土地财产价值，取得土地增值收益，分配上向增加农民财产收入的方向倾斜。

第五节 建设用地总量控制与差别化管理的监测评估

建设用地总量控制和差别化管理政策目标的实现，不仅依赖于政策保障体系的建立，同时还要保证这些政策得到切实有效的执行，完善政策监测评估体系尤为必要。本节结合建设用地利用和管理的制度和技术手段，以促进已出台政策的科学有效实施，并通过政策评估结果适时调整不合适的政策为目标，围绕政策实施中人力、制度和技术等因素，从过程检测、绩效评估和技术保障等方面提出相关建议。

一、过程监测

建设用地总量控制与差别化管理的全过程监测主要包括两个相继阶段的监测，一是建设用地的供地环节的监测，二是供后利用的监测。完善供地过程的监测管理是建设用地总量控制与差别化管理的基础，而对建设用地的供后监测则是进一步促进建设用地节约集约利用，实现建设用地总量控制与差别化管理目标的关键。

依据供地流程，可以将供地环节的监测细分为三个阶段。第一阶段，审查包括建设项目建议书、可行性研究报告、规划选址和初步设计在内的内容；第二阶段，对土地管理部门代表政府按照法律法规权限批准的建设用地，通过现场踏勘、条件审核，对工程建设是否合法取得土地进一步审查监测；第三阶段，监察督促土地管理部门是否在严格核发建设用地批准书、建设项目用地年检和参与项目竣工复核验收后，才准许核发房地产权证，促使建设单位合理规范用地（顾林土，2005）。

在对供后建设用地的监测时，应对不同利用状况的建设用地采取不同的处置方式。首先，对以往由于供地程序不完善，监测管理力度不强而造成的"历史遗留问题"，如闲置、空闲地进行排查、监测，敦促土地权人按照开发合同履约开发；对由于资金短缺等原因未能及时开发的，可以以一定折扣价赎回或帮助企业寻找合作单位联合开发；而对以"囤地"为目的开发商则通过重罚或无条件收回建设用地。其次，严格监测产能低下、污染严重或不符合地区产业发展战略的企业的低效用地行为，一方面通过技术指导、行政规劝促进企业提升建设用地集约度，另一方面，运用税收手段、提高水电价等方式倒逼难以改造的企业退出，腾出原有建设用地，进而实现建设用地的集约利用与总量控制。最后，对集约节约用地的企业进行监测评价，并给予适当物质奖励或政策扶持，通过树立集约节约用地的典型，推广集约节约用地经验，促进建设用地总量控制与差别化管理目标的实现。

二、绩效评估

建设用地总量控制与差别化管理的绩效评估包括两个方向的绩效评估：一是

建设用地的总量控制与差别化利用的绩效评估，即对建设用地利用本身的水平评估；二是对政府部门管理建用地过程中的管理绩效的评估。政府绩效评估是指根据效率、能力、服务质量、公共责任和公众满意程度等方面的分析与判断，对政府公共部门管理过程中投入、产出、中期成果和最终成果所反映的绩效进行评定和划分等级（高建华，2005）。政府管理绩效评估是指根据效率、能力、服务质量、公共责任和公众满意程度等方面的分析与判断，对政府公共部门管理过程中投入、产出、中期成果和最终成果所反映的绩效进行评定和划分等级（蔡立辉，2002）。政府管理绩效评估内涵更为丰富，涵盖面更广，因此建设用地总量控制与差别化管理的绩效评估以建设用地管理绩效评估为核心，既是对建设用地的控制与节约利用水平的评估，而且还包括其他方面的评估，如行政成本、公众满意度等内容的评估。依据绩效评估的理论，建设用地总量控制与差别化管理绩效评估包含以下关键环节：

第一，确定绩效评估的方法。常用的绩效评估方法有基于战略的平衡计分卡、基于"最优示范"的标杆管理法、基于设定管理目标的目标管理法、基于整体性与全方面考量的多因素综合评价法、基于核心关键环节的关键绩效指标法、基于指标权重的层次分析法等。鉴于建设用地总量控制与差别化管理绩效评估的考核层次较深、指标针对性较强，适宜以关键绩效指标法予以考核。即根据建设用地利用绩效基本上能够反映政府部门建设用地管理绩效的特点，以建设用地的利用绩效为关键要素来衡量政府部门的建设用地管理水平。

第二，考核指标的选取。依据地方政府的土地管理职能及相关事项，构建地方政府在建设用地管理方面的绩效评价指标体系。建设用地总量控制与差别化管理的绩效评估指标可以从土地利用符合规划程度、建设用地指标节约度、土地集约利用度、土地执法及监督检查力度等四个方面构建核心指标体系。然后在此基础上，一方面对核心指标进行细化分解，得到二级、三级指标；另一方面，是对指标体系进行扩充，对影响建设用地总量控制与差别化管理绩效的其他因素进行筛选、选择，以全面反映建设用地管理的绩效水平。

第三，完善政府绩效考核制度，理顺政府及相关部门间的利益关系。绩效评估指标通过指出评估对象的工作和努力要点，可以引导被评估对象的行为。以往对GDP为主要衡量标准的单一经济指标的政府绩效评估，已经不符合当前经济社会发展的需要，完善政府绩效评估考核制度的重点是改变唯GDP的考核方式，将保红线、惠民生、绿色GDP等指标作为政府官员政绩考核的内容，促使地方政府积极推动国土资源配置效率改善。对于未能达到考核指标的责任人，则应启动问责程序，依法严肃处理。处理好中央和地方的关系，在粮食安全、生态保护、民生保障等目标上，地方应该严格执行中央政策，还要处理好地方土地行政管理部门与地方政府的关系,进一步完善国土资源部门的垂直管理体制,使地方土地行政管理部门能够公正有效地执行相关政策,处理好不同部门之间的利益关系,对涉及较广的国土资源政策建立多部门联合执行机制,防止部门之间在执行上的推诿和不配合。

第四,建立国土资源管理的共同责任机制,强化建设用地政策实施的监管。对于耕地保护、土地征收、城市拆迁和违法用地治理、矿产开采等责任重大,利益复杂的管理领域,需要在明确各管理部门职责的基础上,建立土地、监察、公安、农业、司法、建设和规划等多部门参与的建设用地政策共同责任制,形成责任共同体,及时化解纠纷和矛盾,保障建设用地政策得到顺利执行。定期评估建设用地政策实施绩效,查找政策实施有效或者无效的原因,明确不同部门对政策执行不力应负的责任,并对相关部门和人员问责,在政策继续实施和动态调整间取得平衡。加强和改进土地执法监察手段,壮大执法监察队伍。要使土地执法监察工作顺利进行,必须加强和改进土地执法监察手段,完善动态巡查网络系统,运用高科技手段开展执法监察工作,建立动态卫星遥感监测系统,对土地利用情况实行全面监控,引进人才,壮大土地执法队伍,配备先进的执法设备及一定装备,确保执法人员的安全,使土地执法巡查工作顺利进行。

第五,政府绩效评估考核体系能否取得显著的成效,还需要全社会多方参与、积极配合。首先,政府是人民的政府,政府的一切行为都应当是以为人民大众服务为基本宗旨和原则,因此,政府应当尽力做到取信于民,接受社会大众的监督。政务公开使得公民可以能有效、及时的获取政府的公务信息,一来可以有效监督政府职能的履行,二来可以增进政府与公民之间的联系与互动。公众监督政府的行政行为并参与政府的绩效评估考核过程。因此,政府绩效评估应当把公众参与纳入评估过程中来,按照公众对政府部门满意度的测评,将测评结果按比例计入厅部门、厅属事业单位年度考核总成绩,而针对特定的政府公务人员的测评结果则按比例计入市局年度考核总成绩。今后的绩效考核还应当在完善公民参政议政的同时,建立社会第三方组织对政府绩效考核评估的制度。

三、技术保障

建设用地总量控制与差别化管理政策的施行及政策效果的反馈离不开相应的调查监测、评价分析技术。首先,"3S"技术是当前土地利用调查与监测主要采取的技术手段。"3S"技术是指将全球定位系统 GPS(Global Positioning System)、遥感技术 RS(Remote System)以及地理信息系统 GIS(Geographic Information System)及其他相关技术有机集成的土地管理技术。土地利用管理涉及的信息丰富、繁杂、量大，而且几乎全为地理信息，具有很强的地域性、空间性、时序性和动态性（王振中，2005）。"3S"技术在土地利用管理方面体现出了其优势所在，它能够完成土地的地理信息的收集、管理、处理等一系列综合工作。利用GPS技术对土地的空间数据进行坐标定位；利用RS采集卫片、航拍照片等影像资料，并通过专业的遥感图片判读技术，完成对土地及其相关地理信息的整理；将GPS、RS获取的空间定位信息、地理数据信息以及利用实地勘察、采样等收集到的各种信息输入GIS，建立相应的空间地理信息数据库，运用GIS提供的强大数据管理与分析功能够为建设用地总量控制与差别化管理政策的施行提供基础数据，并在空间和时间尺度上对政策的实行效果进行反映，有利于信息的收集，进而促进政策的调整。而随着卫星技术、遥感技术等科学技术的发展，GPS以及RS所能提供的信息精度也必然得到提升，而GIS软件的开发应用也呈现出蓬勃发展的姿态，GIS的数据信息管理与处理功能也将愈发强大。未来，"3S"技术在土地建设用地总量控制与差别化管理中运用将更为广发，这也是对传统土地管理方式革命性开拓，将有力促进土地管理向更为科学、精确、高效的管理方式转变。

其次，随着跨学科的思想、方法、技术的融合，在传统的定性分析和简单的定量分析评价技术之上，基于GIS技术、系统动力学模型、人工神经网络等现代方法、模型和技术的融合和应用研究，促进了土地利用评价技术的发展。当前，土地利用评价不仅具有动态的空间表达和仿真模拟，也有时间序列的预测分析，为建设用地总量控制与差别化管理绩效的评估提供了相应的技术支撑。如系统动力学模型（System Dynamics Model，SDM）、人工神经网络（Artificial Neural Network，ANN）、遗传算法（Genetic Algorithm，GA）等一些新的方法、模型和技术已在建设用地集约利用评价研究中得到应用和发展，特别是计算机技术和应用软件的发展，为建设用地总量控制与差别化管理绩效评估的定量化研究提供了极好的应用平台，使建设用地总量控制与差别化管理绩效的评估进入了一个新的发展阶段。

本 章 小 结

土地的配置方式能否完全切合实际需求，很大程度上依赖于相关宏观配套制度的保障。建设用地总量控制和差别化管理目标的实现，除了政策本身的有效性考量之外，确保既定政策能够得到有效实施和适时调整尤为重要。为确保既定政策得到有效实施,本章既提出了具体的土地管理政策建议,同时也致力于建立政策实施的保障体系。围绕区域协调、城乡统筹、产业优化、民生保障的建设用地政策目标,从基本制度的完善,辅以相应宏观政策的配套组合,以及建设用地管理的政策监测评估,构建了建设用地总量控制与差别化管理政策体系的基本框架。按照这一框架,阐释了保障体系三个层面的内容:第一层面是政策组合的可行性与途径,总结了建设用地管理控制过程中可供采用的产权、管制、市场、规划、税收等政策工具,以及"产权—管制"、"规划—市场"、"产业—税收"与"准入—退出"等政策组合;第二层面是宏观政策与基础、配套政策的具体设计,包括规划管制、产业结构、区域发展战略、财政税收体制、金融货币平台以及土地产权、市场、户籍和社会保障等的改革路径;第三层面是政策实施的技术性保障,即建设用地管理政策施行的过程监测、政策效果评估以及技术保障。总之,建设用地管理政策本身的科学性和合理性,以及政策实施外部环境的改善,宏观政策与土地政策的协调兼容、互相配合,将有助于建设用地总量控制和差别化管理目标的最终实现。

附录

常州市工业用地准入门槛

1. 容积率

代码	行业名称	均值	控制值	理想值
14	食品制造业	0.7	1	1.3
17	纺织业	0.7	0.8	1.04
18	纺织服装、鞋、帽制造业	0.7	1	1.3
22	造纸及纸制品业	0.7	0.8	1.04
23	印刷业和记录媒介的复制	0.71	0.8	1.04
26	化学原料及化学制品制造业	0.69	0.7	0.91
27	医药制造业	0.6	0.9	1.17
28	化学纤维制造业	0.7	0.9	1.17
30	塑料制品业	0.7	1	1.3
31	非金属矿物制品业	0.7	0.7	0.92
33	有色金属冶炼及延压加工业	0.69	0.69	0.9
34	金属制品业	0.7	0.7	0.91
35	通用设备制造业	0.7	0.7	0.91
36	专用设备制造业	0.7	0.7	0.91
37	交通运输设备制造业	0.7	0.7	0.91
39	电气机械及器材制造业	0.62	0.7	0.91
40	通信设备、计算机及其他电子设备制造业	0.66	1.1	1.43

2. 固定资产投资强度

单位：亿元/平方千米

代码	行业名称	均值	控制值	理想值
14	食品制造业	89.05	37.95	49.34
17	纺织业	86.36	37.95	49.34
18	纺织服装、鞋、帽制造业	83	37.95	49.34
22	造纸及纸制品业	67.86	39	50.7
23	印刷业和记录媒介的复制	67.58	51.97	67.56
26	化学原料及化学制品制造业	67.12	67.86	88.22
27	医药制造业	63.21	55.95	72.74
28	化学纤维制造业	62.37	89.05	115.77
30	塑料制品业	60.12	41.1	53.43
31	非金属矿物制品业	54.64	37.95	49.34
33	有色金属冶炼及延压加工业	51.97	83	107.9
34	金属制品业	41.1	67.58	87.85
35	通用设备制造业	39	63.21	82.18
36	专用设备制造业	34.79	62.37	81.08
37	交通运输设备制造业	25.55	60.12	78.16
39	电气机械及器材制造业	20.94	86.36	112.27
40	通信设备、计算机及其他电子设备制造业	18.09	67.5	87.75

3. 土地产出率

单位：亿元/平方千米

代码	行业名称	均值	控制值	理想值
14	食品制造业	22.26	28.93	37.61
17	纺织业	27.55	35.81	46.56
18	纺织服装、鞋、帽制造业	41	53.3	69.29
22	造纸及纸制品业	45	58.5	76.05
23	印刷业和记录媒介的复制	98	127.4	165.62
26	化学原料及化学制品制造业	141.36	183.77	238.9
27	医药制造业	68.47	89.01	115.71

续表

代码	行业名称	均值	控制值	理想值
28	化学纤维制造业	177.18	230.34	299.44
30	塑料制品业	62.65	81.44	105.88
31	非金属矿物制品业	79.33	103.13	134.06
33	有色金属冶炼及延压加工业	111	144.3	187.59
34	金属制品业	136.49	177.43	230.66
35	通用设备制造业	81.88	106.44	138.38
36	专用设备制造业	85.12	110.66	143.85
37	交通运输设备制造业	88.09	114.52	148.88
39	电气机械及器材制造业	151.65	197.15	256.29
40	通信设备、计算机及其他电子设备制造业	167.57	217.84	283.19

4. 地均利税

单位：亿元/平方千米

代码	行业名称	均值	控制值	理想值
14	食品制造业	1.06	1.38	1.79
17	纺织业	0.8	1.04	1.36
18	纺织服装、鞋、帽制造业	1.61	2.1	2.73
22	造纸及纸制品业	3.8	4.94	6.43
23	印刷业和记录媒介的复制	1.2	1.56	2.03
26	化学原料及化学制品制造业	3.93	5.11	6.64
27	医药制造业	2.53	3.29	4.27
28	化学纤维制造业	2.1	2.73	3.55
30	塑料制品业	2.97	3.86	5.02
31	非金属矿物制品业	3.64	4.73	6.15
33	有色金属冶炼及延压加工业	6.89	8.95	11.64
34	金属制品业	3.46	4.5	5.85
35	通用设备制造业	5.67	7.37	9.58
36	专用设备制造业	2.94	3.82	4.97
37	交通运输设备制造业	4.9	6.37	8.28
39	电气机械及器材制造业	4.64	6.03	7.84
40	通信设备、计算机及其他电子设备制造业	5.8	7.54	9.8

5. 地均 SO₂ 排放量

单位：万吨/平方千米

代码	行业名称	均值	控制值	理想值
14	食品制造业	12.24	8.57	6
17	纺织业	425.07	297.55	208.28
18	纺织服装、鞋、帽制造业	2.82	1.98	1.38
22	造纸及纸制品业	1 264.46	885.12	619.58
23	印刷业和记录媒介的复制	4.4	3.08	2.15
26	化学原料及化学制品制造业	70 285.55	49 199.89	34 439.92
27	医药制造业	261.39	182.97	128.08
28	化学纤维制造业	17 718.11	12 402.68	8 681.87
30	塑料制品业	29 751.08	20 825.75	14 578.03
31	非金属矿物制品业	31 805.1	22 263.57	15 584.5
33	有色金属冶炼及延压加工业	39	27.3	19.11
34	金属制品业	38.15	26.71	18.69
35	通用设备制造业	1 691.75	1 184.22	828.96
36	专用设备制造业	11.89	8.33	5.83
37	交通运输设备制造业	14.88	10.41	7.29
39	电气机械及器材制造业	5 012.11	3 508.48	2 455.93
40	通信设备、计算机及其他电子设备制造业	4.73	3.31	2.32

6. 地均 COD 排放量

单位：万吨/平方千米

代码	行业名称	均值	控制值	理想值
14	食品制造业	70.36	49.25	34.48
17	纺织业	3 254.14	2 277.9	1 594.53
18	纺织服装、鞋、帽制造业	2 732.56	1 912.79	1 338.96
22	造纸及纸制品业	2 100.24	1 470.16	1 029.12
23	印刷业和记录媒介的复制	26.04	18.23	12.76
26	化学原料及化学制品制造业	10 132.83	7 092.98	4 965.09
27	医药制造业	558.08	390.65	273.46

续表

代码	行业名称	均值	控制值	理想值
28	化学纤维制造业	5 138.25	3 596.78	2 517.74
30	塑料制品业	113.27	79.29	55.5
31	非金属矿物制品业	180.17	126.12	88.28
33	有色金属冶炼及延压加工业	2 210	1 547	1 082.9
34	金属制品业	1 118.73	783.11	548.18
35	通用设备制造业	1 471.09	1 029.76	720.83
36	专用设备制造业	107.27	75.09	52.56
37	交通运输设备制造业	281.2	196.84	137.79
39	电气机械及器材制造业	300.12	210.09	147.06
40	通信设备、计算机及其他电子设备制造业	1 021.12	714.79	500.35

7. 建筑系数

代码	行业名称	均值	控制值	理想值
14	食品制造业	0.54	0.54	0.6
17	纺织业	0.45	0.45	0.49
18	纺织服装、鞋、帽制造业	0.45	0.45	0.5
22	造纸及纸制品业	0.45	0.5	0.55
23	印刷业和记录媒介的复制	0.54	0.54	0.59
26	化学原料及化学制品制造业	0.42	0.42	0.46
27	医药制造业	0.45	0.45	0.49
28	化学纤维制造业	0.54	0.54	0.6
30	塑料制品业	0.45	0.45	0.49
31	非金属矿物制品业	0.55	0.55	0.6
33	有色金属冶炼及延压加工业	0.54	0.54	0.59
34	金属制品业	0.45	0.45	0.5
35	通用设备制造业	0.45	0.45	0.49
36	专用设备制造业	0.45	0.45	0.5
37	交通运输设备制造业	0.45	0.45	0.49
39	电气机械及器材制造业	0.41	0.41	0.45
40	通信设备、计算机及其他电子设备制造业	0.45	0.45	0.49

8. 地均能耗

单位：万吨/平方千米

代码	行业名称	均值	控制值	理想值
14	食品制造业	35 811.78	25 068.25	17 547.77
17	纺织业	105 457.49	73 820.24	51 674.17
18	纺织服装、鞋、帽制造业	24 571.07	17 199.75	12 039.82
22	造纸及纸制品业	103 128.04	72 189.63	50 532.74
23	印刷业和记录媒介的复制	10 710.95	7 497.66	5 248.36
26	化学原料及化学制品制造业	184 759.88	129 331.92	90 532.34
27	医药制造业	19 159.38	13 411.57	9 388.1
28	化学纤维制造业	13 642.94	9 550.06	6 685.04
30	塑料制品业	94 574.35	66 202.05	46 341.43
31	非金属矿物制品业	44 647.21	31 253.05	21 877.13
33	有色金属冶炼及延压加工业	60 102	42 071.4	29 449.98
34	金属制品业	24 976.77	17 483.74	12 238.62
35	通用设备制造业	7 837.57	5 486.3	3 840.41
36	专用设备制造业	30 664.87	21 465.41	15 025.79
37	交通运输设备制造业	22 570.24	15 799.17	11 059.42
39	电气机械及器材制造业	90 112	63 078.4	44 154.88
40	通信设备、计算机及其他电子设备制造业	23 028	16 119.6	11 283.72

参考文献

第一章

［1］北京大学国家发展研究院综合课题组：《还权赋能——成都土地制度改革探索的调查研究》，载于《国际经济评论》2010年第2期，第54~92页。

［2］陈江龙、曲福田、陈雯：《农地非农化效率的空间差异及其对土地利用政策调整的启示》，载于《管理世界》2004年第8期，第37~42页。

［3］崔云、程晓云、国晓丽：《土地资源与城市房地产研究》，经济科学出版社2009年版。

［4］段小梅：《城市规模与"城市病"——对我国城市发展方针的反思》，载于《中国人口·资源与环境》2001年第4期，第133~135页。

［5］冯雨峰、陈玮：《关于"非城市建设用地"强制性管理的思考》，载于《城市规划》2003年第8期，第68~71页。

［6］甘藏春：《构建中国特色的土地政策参与宏观调控体系》，载于《中国土地》2008年第1期，第31~33页。

［7］高波：《房价波动、住房保障与消费扩张》，载于《理论月刊》2010年第7期，第5~9页。

［8］宫龙：《建设用地总量控制制度研究》，中国海洋大学2009年版。

［9］顾国兴、张洁：《对建立社会保障性住房建设、供应机制的研究》，载于《中国房地产》1999年第1期，第47~50页。

［10］顾湘：《区域产业结构调整与土地集约利用研究》，南京农业大学，2007年。

［11］顾益、康邵峰：《全面推进城乡一体化改革——新时期解决"三农"问题的根本出路》，载于《中国农村经济》2003年第1期，第20~25页。

［12］洪建国、杨钢桥、苗欣等：《增量城镇用地区域配置研究——以湖北省为例》，载于《中国土地科学》2008年第12期，第39~45页。

［13］胡存智：《差别化土地政策助推主体功能区建设》，载于《行政管理改

441

革》2011年第4期，第32~35页。

[14] 胡健、王雷、欧名豪：《城市发展概念规划对中国土地利用战略研究的启示和借鉴》，载于《中国土地科学》2008年第9期，第14~19页。

[15] JamesBrown：《城市土地管理的国际经验和教训》，载于《国外城市规划》，2005年第1期，第21~23页。

[16] 蒋省三、刘守英：《土地资本化与农村工业化——广东省佛山市南海经济发展调查》，载于《经济学（季刊）》2004年第1期，第211~228页。

[17] 康健森：《增城市城镇低收入家庭保障性住房供给中的问题与对策研究》，华南理工大学，2010年。

[18] 李景刚、欧名豪、张全景、张效军：《城市理性发展理念对中国土地利用规划的启示》，载于《中国土地科学》2005年第4期，第56~60页。

[19] 龙瀛、何永、刘欣：《北京市限建区规划：制订城市扩展的边界》，载于《城市规划》2006年第12期，第20~26页。

[20] 龙瀛：《城市空间理性增长研究：以北京亦庄新城为例》，2007年中国城市规划年会论文集，2007年，第413~424页。

[21] 陆张维、吴次芳、岳文泽：《土地利用总体规划建设用地指标区域动态分配问题研究》，载于《中国土地科学》2010年第8期，第59~65页。

[22] 马凯、钱忠好：《中国农村集体非农建设用地市场长期动态均衡分析》，载于《中国土地科学》2009年第3期，第66~71页。

[23] 孟祥旭、梅昀：《基于耦合关系原理的土地利用功能分区》，载于《中国土地科学》2010年第6期，第26~31页。

[24] 欧名豪：《土地利用总量规划控制中的城乡建设用地规模问题》，载于《华中农业大学学报（社会科学版）》2000年第4期，第51~54页。

[25] 欧名豪：《整理居民点建设新农村》，载于《江苏农村经济》2007年第4期，第25~27页。

[26] 钱忠好、马凯：《我国城乡非农建设用地市场：垄断、分割与整合》，载于《管理世界》2007年第6期，第38~44页。

[27] 曲福田等：《经济发展与土地可持续利用》，人民出版社2001年版。

[28] 苏建忠、魏清泉、郭恒亮：《广州市的蔓延激励与调控》，载于《地理学报》2005年第4期，第626~636页。

[29] 谭荣、曲福田：《中国农地非农化与农地资源保护：从两难到双赢》，载于《管理世界》2006年第12期，第50~59页。

[30] 谭术魁：《耕地甸题动态平衡目标下的城市土地利用策略》，载于《资源科学》1999年第2期，第24~29页。

[31] 王朝晖：《"精明累进"的概念及其讨论》，载于《城市规划研究》2000 年第 3 期，第 33～36 页。

[32] 王君、朱玉碧、郑财贵：《对城乡建设用地增减挂钩运作模式的探讨》，载于《农村经济》2007 年第 8 期，第 29～31 页。

[33] 王万茂：《市场经济条件下土地资源配置的目标、原则和评价标准》，载于《资源科学》1996 年第 1 期，第 24～28 页。

[34] 王万茂：《土地利用规划学》，中国大地出版社 2000 年版。

[35] 吴次芳、韩昊英、赖世刚：《城市空间增长管理：工具与策略》，载于《规划师》2009 年第 8 期，第 17～19 页。

[36] 吴群、石弘：《政府在房地产调控中的角色错位与失位研究》，载于《财会月刊（综合）》2007 年第 2 期，第 74～76 页。

[37] 夏显力：《我国城市土地集约化利用问题研究》，西北农林科技大学，2001。

[38] 许根林、施祖麟：《主体功能区差别化土地政策建设的思考与建议》，载于《改革与战略》2008 年第 12 期，第 105～108 页。

[39] 严金明：《土地利用与城乡发展》，载于《中国土地科学》2000 年第 6 期，第 25～27 页。

[40] 杨雪锋、史晋川：《地根经济视角下土地政策反周期调节的机理分析》，载于《经济理论与经济管理》2010 年第 6 期，第 5～11 页。

[41] 叶剑平：《城乡统筹发展与土地利用》，载于《现代城市研究》2009 年第 2 期，第 17～19 页。

[42] 游细斌：《长株潭城市群城市建设用地规模与结构优化研究》，湖南师范大学，2004。

[43] 张波：《中国城市成长管理研究》，新华出版社 2004 年版。

[44] 张定宇：《用好增减挂钩政策服务城乡统筹发展》，载于《中国土地》2010 年第 7 期，第 13 页。

[45] 张合林、郝寿义：《城乡统一土地市场制度创新及政策建议》，载于《中国软科学》2007 年第 2 期，第 28～40 页。

[46] 张洪：《我国城市土地供应政策的经济分析——以云南为例》，载于《财贸经济》2007 年第 6 期，第 91～97 页。

[47] 张庭伟：《控制城市用地蔓延：一个全球的问题》，载于《城市规划》1999 年第 8 期，第 44～48 页。

[48] 张文龙：《浅谈廉租房住房制度的自己筹措》，载于《上海房地》2007 年第 10 期，第 22～25 页。

[49] 张雯：《美国的"精明增长"发展计划》，载于《现代城市研究》2001年第5期，第19~22页。

[50] 张颖：《经济增长中土地利用结构研究》，南京农业大学，2005年。

[51] 张宇、欧名豪、张全景：《钩，该怎么挂——对城镇建设用地增加与农村建设用地减少相挂钩政策的思考》，载于《中国土地》2006年第3期，第23~24页。

[52] 朱红波：《建设用地指标分配的博弈分析》，载于《广东土地科学》2005年第6期，第20~22页。

[53] 朱林兴：《遏止地价飘升关键在改革用地制度》，载于《文汇报》2010年3月25日。

[54] Arnott, R. 1980. Optimal City Size in a Spatial Economy [J]. Journal of Urban Economics, vol. 6, No. 1, 65–89.

[55] Douglas P. 1997. Managing Growth in America's Communities [M]. Island Press.

[56] F. S. Chapin. 1965. Urban Land Use Planning [M]. University of Illinois Press.

[57] Henderson, J. V. 1974. The Sizes and Types of Cities [J]. American Economic Review, Vol. 64, No. 4, 640–656.

[58] J. L. Berry. etc. 1977. Geographic Perspectives on Urban System [M]. Priceton Press.

[59] Kolakowski K., Patricial, Machemer, et al. 2000. Urban Growth Boundaries: A Policy Brief for the Michigan Legislature [M]. Urban and Regional Planning Program.

[60] Legislature [R]. Michigan State University Applied Public Policy Research Grant, 2000.

[61] M. Einsele. 1995. The Town of the Future in Developing Countrives [J]. Applied Geography and Development, No. 2.

[62] Myrdal, Gunnar. 1957. Economic and Theory under developed regions [M]. duckworth.

[63] Peng R., Wheaton W. C. 1994. Effects of restrictive Land supply on housing in HongKong: an econometric analysis [J]. Journal of Housing Research, Vol 5, No. 2, 262–291.

[64] Pollakowski H. O., S. M. W. Wachter. 1990. The Effect of Land–Use Constraints on Housing prices [J]. Land Economies, Vol. 66, No. 3, 315–324.

[65] R. Colenutt. 1970. Building Models of Urban Growth and Spatial Structure [J]. Progress in Geography. No. 2.

[66] Schuettemayer, A. 2006. Central Places and development axes as concepts of regional planning in Bavaria [M]. Seminar material for introduction into the cultural geography.

[67] Sybert R. 1991. Urban Growth Boundaries [R]. Governor's Office of Planning and Research (California) and Governor's Interagency Council on Growth Management.

[68] Troeger – Weiss, G. 1987. Denzentralisierung und Landesentwicklungspolitik in Bayern [D]. Bayreuth Universitaet, 45 – 55.

[69] WinkyK. O. H., Sivaguru Ganesan. l998. Study on Land Supply and the Price of Residential Housing [J]. Neth. J. of Housing and the Built Environment, Vol. 13, No. 4, 439 – 452.

第二章

[70] 邓华、段宁：《"脱钩"评价模式及其对循环经济的影响》，载于《中国人口·资源与环境》2004年第6期，第44~47页。

[71] 郭瑞敏、千怀遂、李明霞等：《广州市城市扩张和经济发展之间的关系》，载于《资源科学》2013年年第2期，第447~454页。

[72] 侯兰功、乔标：《北京市城市扩张及其生态效应研究》，载于《水土保持研究》2012年第6期，第193~196页。

[73] 黄季焜等：《中国建设用地扩张的区域差异及其影响因素》，载于《中国科学D辑：地球科学》2007年第9期，第1235~1241页。

[74] 姜海等：《建设用地扩张对经济增长的贡献及其区域差异研究》，载于《中国土地科学》2009年第8期，第4~8页。

[75] 李晓文：《近10年来长江下游土地利用变化及其生态环境效应》，载于《地理学报》2003年第5期，第659~667页。

[76] 陆钟武、王鹤鸣、岳强：《脱钩指数·资源消耗、废物排放、与经济增长的定量表达》，载于《资源科学》2011年第1期，第2~9页。

[77] 陆钟武、毛建素：《穿越"环境高山"：论经济增长过程中环境负荷的上升与下降》，载于《中国工程科学》2003年第12期，第36~42页。

[78] 毛振强、左玉强：《土地投入对中国二三产业发展贡献的定量研究》，载于《中国土地科学》2007年第3期，第59~63页。

[79] 谭术魁：《中国频繁暴发征地冲突的原因分析》，载于《中国土地科学》2008年第6期，第44~50页。

[80] 田光进、刘纪远、方大庄等：《基于遥感与 GIS 的 20 世纪 90 年代中国城镇用地时空特征》，载于《第四纪研究》2003 年第 4 期，第 421～427 页。

[81] 童鹏飞、赵小汎：《辽宁省城市建设用地扩张与经济增长脱钩分析》，载于《广东土地科学》2012 年第 5 期，第 39～44 页。

[82] 闫梅等：《中部地区建设用地扩张对耕地及粮食生产的影响》，载于《经济地理》2011 年第 7 期，第 1157～1164 页。

[83] 张占录、李永梁：《开发区土地扩张与经济增长关系研究：以国家级经济技术开发区为例》，载于《中国土地科学》2007 年第 6 期，第 4～10 页。

[84] 赵可、李平、张安录：《经济增长质量对城市建设用地扩张的影响分析：基于全要素生产率视角》，载于《华中农业大学学报（社会科学版）》2012 年第 2 期，第 53～57 页．

[85] 郑易生：《环境与经济双赢乌托邦的误区与现实选择》，载于《中国人口·资源与环境》2000 年第 3 期，第 112～114 页。

[86] 钟太洋、黄贤金、韩立等：《资源环境领域脱钩分析研究进展》，载于《自然资源学报》2010 年第 8 期，第 1400～1412 页。

[87] 诸大建、邱寿丰：《城市循环经济规划的分析工具及其应用：以上海市为例》，载于《城市规划》2007 年第 3 期，第 64～69 页。

[88] Arrow, Kenneth J. 1962. The Economic Implication of Learning by Doing [J]. Review of Economic Study, Vol. 29, 155 – 173.

[89] Beckerman, W. Economic Growth and the Environment: Whose Growth! Whose Environment? [J]. World Development, Vol. 20, 481 – 496.

[90] Bernardini O. and Galli R. 1993. Dematerialization: long – term trends in the intensity of use of materials and energy. Futures, 413 – 448.

[91] Cleveland C. J., Ruth M. 1998. Indicators of Dematerialization and the Materials Intensity of Use [J]. Journal of Industrial Ecology, Vol. 2, No. 3, 15 – 50.

[92] Colombo U. 1988. The technology revolution and the restructuring of the global economy. Globalization of Technology: International Perspectives J. H. Muroyama and H. G. Stever eds. National Academy Press.

[93] De Bruyn S. M., Opschoor J. B. 1997. Developments in the throughput-income relationship: Theoretical and empirical observations [J]. Ecological Economics, Vol. 20, No. 3, 255 – 268.

[94] D. G. Environment. 2005. Policy Review and Decoupling: Development of Indicators to Assess Decoupling of Economic Development and Environmental Pressure in the EU – 25and AC – 3 Countries [R]. Leiden: European Commission, DG Envi-

ronment.

[95] Galeotti M. 2003. Environment and Economic Growth: Is Technical Change the Key to Decoupling? [Z]. FEEM Working Paper.

[96] Gene M. Grossman, Alan B. Krueger. Economic Growth and the Environment. [J]. Quarterly Journal of Economics, Vol. 112, 353 – 378.

[97] Gene M. Grossman, Alan B. Krueger. 1991. Environmental Impacts of a North American Free Trade Agreement [Z]. National Bureau of Economic Research Working Paper.

[98] Hansen U. 1990. Delinking of Energy Consumption and Economic Growth: the German Experience [J]. Energy Policy, Vol. 18, No. 7, 631 – 640.

[99] James A. N. 1999. Agricultural land Use and Economic Growth: Environmental Implications of the Kuznets Curve [J]. International Journal of Sustainable Development, Vol. 2, No. 4, 530 – 553.

[100] Kumar P., Aggarwal S. C. 2003. Does an environmental Kuznets curve exist for changing land use? Empirical evidence from major states of India [J]. International Journal of Sustainable Development, Vol. 6, No. 2, 231 – 245.

[101] Labys W. C. and Waddell L. M. 1989. Commodity lifecycles in US materials demand. Resources Policy, Vol. 15, 8 – 251.

[102] Michael Harrison Smith, Karlson James Hargroves, Cheryl Desha. 2010. Cents and Sustainability: Securing Our Common Future by Decoupling Economic Growth from Environmental Pressures [M]. Earth-scan Ltd.

[103] OECD. 2003. Environmental indicators Development, measurement and use [R]. OECD.

[104] OECD. 2002. Indicators to Measure Decoupling of Environmental Pressures for Economic Growth [R].

[105] Panayoto T. 1993. Empirical Tests and Policy Analysis of Environmental Degradation at Different Stages of Economic Development [R]. Technology and Employment Program.

[106] Porter, M. E. 1991. Americas Green Strategy [J]. Scientific American, No. 4, 1 – 5.

[107] S. M. de Bruyn, J. B. 1997. Opschoor. Developments in the Throughput-income Relationship: Theoretical and Empirical Observations [J]. Ecological Economics, Vol. 20, No. 3.

[108] Schultz, Theodore W. 1961. Investment in Human Capital [J]. The Amer-

ican Economic Review, Vol. 51, No. 1, 1 – 17.

［109］Sigrid Stagl. 1999. Delinking Economic Growth from Environmental Degradation? A Literature Survey on the Environmental Kuznets Curve Hypothesis［Z］. Working Paper Series of the Research Focus Growth and Employment in Europe: Sustainability and Competitiveness.

［110］Streutker D. R. 2002. A remote sensing study of the urban heat island of Houston, Texas［J］. International journal of remote sensing, Vol. 23, No. 13, 2595 – 2608.

［111］Tapio P. 2005. Towards A Theory of Decoupling: Degrees of Decoupling in the EU and the Case of Road Traffic in Finland between1970 and 2001［J］. Transport Policy, Vol. 12, No. 2, 137 – 151.

［112］UNEP. 2011. Decoupling Natural Resource Use and Environmental Impacts from Economic Growth［M］. United Nations Environment Programme.

［113］Wernick I. and J. H. 1995. Ausbel. National materials and metrics for industrial ecology. Resources Policy, Vol. 21, No. 3, 189 – 198.

［114］World Bank. 1992. World Development Report: Development and the Environment［M］. Oxford University Press.

第三章

［115］陈百明、张风荣：《中国土地可持续利用指标体系的理论与方法》，载于《自然资源学报》2001年第3期，第197~203页。

［116］范柏乃、朱华：《我国地方政府绩效评价体系的构建和实际测度》，载于《政治学研究》2005年第1期，第84~95页。

［117］弗里德里希·冯·哈耶克、冯克利译：《哈耶克文选》，江苏人民出版社2007年版。

［118］黄奕龙：《突变级数法在水资源持续利用评价中的应用》，载于《干旱环境监测》2001年第3期，第167~170页。

［119］金晓斌、黄玮、易理强等：《土地整理项目绩效评价初探》，载于《中国土地科学》2008年第6期，第57~62页。

［120］李艳、陈晓宏、张鹏飞：《突变级数法在区域生态系统健康评价中的应用》，载于《中国人口·资源与环境》2007年第3期，第50~54页。

［121］李鑫、欧名豪：《江苏省耕地空间分布与变化研究》，载于《农业现代化研究》2011年第6期，第730~734页。

［122］刘琼、吴斌、欧名豪等：《扬州市土地利用与经济系统的协调发展评价》，载于《中国土地科学》2013年第6期，第28~34页。

[123] 刘书楷、曲福田：《土地经济学》，中国农业出版社2006年版。

[124] 龙开胜、陈利根：《中国土地违法现象的影响因素分析——基于1999年~2008年省际面板数据》，载于《资源科学》2011年第6期，第1171~1177页。

[125] 孟斌、王劲峰、张文忠等：《基于空间分析方法的中国区域差异研究》，载于《地理科学》2005年第4期，第393~400页。

[126] 倪星、余琴：《地方政府绩效指标体系构建研究——基于BSC、KPI与绩效棱柱模型的综合应用》，载于《武汉大学学报（哲学社会科学版）》2009年第5期，第702~710页。

[127] 钱穆：《国史新论》，三联书店2005年版。

[128] 钱忠好：《土地征用：均衡与非均衡——对现行中国土地征用制度的经济分析》，载于《管理世界》2004年第12期，第50~59页。

[129] 强真、杜舰、吴尚昆：《我国城市建设用地利用效益评价》，载于《中国人口·资源与环境》2007年第1期，第92~95页。

[130] 瞿忠琼、濮励杰、黄贤金：《中国城市土地供给制度绩效评价指标体系的建立及其应用研究》，载于《中国人口·资源与环境》2006年第2期，第51~56页。

[131] 任理轩：《把握经济发展方式转变的战略重点——论经济结构调整》，载于《人民日报》2010年4月7日。

[132] 尚虎平、李逸舒：《我国地方政府"一票否决"式绩效评价的泛滥与治理》，载于《四川大学学报（哲学社会科学版）》2011年第4期，第113~123页。

[133] 沈守愚、钟甫宁：《国有土地产权中央与地方分享刍议》，载于《中国土地科学》1996年第3期，第6~10页。

[134] 孙陶生、王耀：《土地资产管理导论》，经济管理出版社1997年版。

[135] 谭术魁、张红霞：《城市土地市场调控的实证分析——以武汉市为例》，载于《资源科学》2011年第3期，第549~555页。

[136] 王成新、张本丽、姚士谋：《山东省城市土地集约利用评价及其时空差异研究》，载于《中国人口·资源与环境》2012年第7期，第109~113页。

[137] 王鲁捷、陈龙：《市级政府绩效评价研究》，载于《中国行政管理》2005年第8期，第44~47页。

[138] 吴泽斌、刘卫东、罗文斌等：《我国耕地保护的绩效评价及其省际差异分析》，载于《自然资源学报》2009年第10期，第1786~1793页。

[139] 徐绍刚：《建立健全政府绩效评价体系的构想》，载于《政治学研究》2004年第3期，第76~82页。

[140] 亚诺什·科尔内、张晓光等译：《短缺经济学（下卷）》，经济科学出

版社 1986 年版。

［141］杨杰、王印传、许皞等：《河北省土地利用结构的计量地理分析》，载于《中国农学通报》2008 年第 6 期，第 429～435 页。

［142］易晓峰、魏宗财：《经济发展、城市化和城市扩张——我国城市用地规模预测的规划逻辑反思》，载于《规划师》2012 年第 28 期，第 115～118 页。

［143］张俊凤、刘友兆：《城市建成区扩张与经济增长间的关系——以长三角地区为例》，载于《城市问题》2013 年第 2 期，第 11～15 页。

［144］张健、高中贵、濮励杰等：《经济快速增长区城市用地空间扩展对生态安全的影响》，载于《生态学报》2008 年第 6 期，第 2799～2810 页。

［145］曾令会、郑石桥：《零基预算对预算棘轮效应的影响》，载于《会计之友（中旬刊）》2010 年第 11 期，第 17～21 页。

［146］George J. Stigler. 1971. Theory of Economic Regulation［J］. Bell Journal of Economics and Management Science，Vol. 2，No. 1，3 - 21.

［147］Landy F. J.，Farr J. 1980. Performance rating［J］. Psychological Bulletin，No. 87，72 - 107.

［148］Lynch，T. D. and Day，S. E. 1996. Public sector performance measurement［J］. Public Administration Quarterly，Vol. 19，No. 4，404 - 419.

［149］Premchand，A. 1993. Public Expenditure Management［M］. International Monetary Fund.

［150］Williamson O. E. 2000. The new institutional economics：taking stock，looking ahead［J］. Journal of Economic Literature，No. 38，595 - 613.

［151］曲福田、高艳梅、姜海：《我国土地管理政策：理论命题与机制转变》，载于《管理世界》2005 年第 4 期，第 40～47 页。

［152］李平、徐孝白：《征地制度改革：实地调查与改革建议》，载于《中国农村观察》，2004 年第 6 期，第 40～45 页。

［153］赵力：《土地财政压力下的城市规划思考》，载于《城市规划》，2013 年第 12 期，第 83～87 页。

［154］程雪阳：《中国现行土地管理制度的反思与重构》，载于《中国土地科学》2013 年第 7 期，第 15～20 页。

［155］Qian，Y. and C. Xu. 1993. Why China's Economic Reforms Differ：The M - Form Hierarchy and Entry/ Expansion of the NonState Sector［J］. Economics of Transition，Vol. 1，No. 2，135 - 170.

［156］何智美、王敬云：《地方保护主义探源——一个政治晋升博弈模型》，载于《山西财经大学学报》2007 年第 5 期，第 1～6 页。

[157] 蒋震、邢军：《地方政府"土地财政"是如何产生的》，载于《宏观经济研究》2011年第1期，第20~24页。

[158] 王永钦、张晏、章元等：《十字路口的中国经济：基于经济学文献的分析》，载于《世界经济》2006年第10期，第3~20页。

[159] 娄成武、王玉波：《中国土地财政中的地方政府行为与负效应研究》，载于《中国软科学》2013年第6期，第1~11页。

[160] 骆祖春：《中国土地财政问题研究》，南京大学，2012年。

[161] 程瑶：《制度经济学视角下的土地财政》，载于《经济体制改革》2009年第1期，第31~34页。

[162] 袁冰：《水环境治理：中央政府与地方政府的博弈分析》，陕西师范大学，2007年。

第四章

[163] 曹端海：《从新加坡土地管理经验谈土地可持续利用》，载于《中国国土资源资源》2012年第6期，第20~24页。

[164] 陈和午：《土地征用补偿制度的国际比较及借鉴》，载于《世界农业》2004年第8期，第13~15页。

[165] 陈佳骊：《美国新泽西州土地发展权转移银行的运作模式及其启示》，载于《中国土地科学》2011年第5期，第85~90页。

[166] 陈利、毛亚婕：《荷兰空间规划及对我国国土空间规划的启示》，载于《经济师》2012年第6期，第18~20页。

[167] 陈美球、魏晓华、刘桃菊：《加拿大BC省土地利用规划及其启示》，载于《中国土地科学》2007年第5期，第36~41页。

[168] 陈晓东：《城市设计与规划体系的整合运作——新加坡实践与借鉴》，载于《规划师》2010年第2期，第16~21页。

[169] 陈雅薇、杰勒德·维格曼斯：《荷兰城市开发过程管理及其对中国的启示》，载于《国际城市规划》2011年第3期，第1~8页。

[170] 陈怡伶：《台湾的住宅体系：自由市场和住宅商品化下的居住危机》，载于《国际城市规划》2013年第4期，第10~18页。

[171] 陈志刚：《新加坡组屋与中央公积金政策分析》，载于《国土资源情报》2014年第1期，第2~11页。

[172] 程雪阳：《荷兰的分区规划、土地征收与房地产管理》，载于《行政法学研究》2012年第2期，第124~130页。

[173] 戴雄赐：《台湾城市化进程中的紧凑发展及其政策引导》，载于《国际城市规划》2013年第5期，第71~77页。

[174] 丁恩俊、周维禄、谢德体:《国外土地整理实践对我国土地整理的启示》,载于《西南农业大学学报(社会科学版)》2006年第2期,第11~15页。

[175] Erich Weib、贾生华:《德国城镇建设用地整理》,载于《中国土地》1998年第9期,第35~36页。

[176] 冯科、吴次芳、韦壮川、刘勇:《城市增长边界的理论探讨与应用》,载于《经济地理》2008年第3期,第425~429页。

[177] 冯宜萱:《以可持续规划缔造公营房屋优质居住环境:香港房屋委员会的经验》,载于《国际城市规划》2013年第1期,第30~36页。

[178] 高新军:《美国地方治理和对土地的管理》,载于《学习与探索》2012年第6期,第73~78页。

[179] 郭湘闽:《美国都市增长管理的政策实践及其启示》,载于《规划师》2009年第8期,第20~25页。

[180] 韩乾:《台湾的市地重划、区段征收与城市理性成长》,南京农业大学学术报告,2013年。

[181] 赫尔曼·德沃尔夫:《荷兰土地政策解析》,载于《国际城市规划》2011年第3期,第9~15页。

[182] 胡金星、汪建强:《社会资本参与公共租赁住房建设、运营与管理:荷兰模式与启示》,载于《城市发展研究》2013年第4期,第60~65页。

[183] 胡毅、张京祥等:《荷兰住房协会——社会住房建设和管理的非政府模式》,载于《国际城市规划》2013年第3期,第36~42页。

[184] 华生:《城市化转型与土地陷阱》,东方出版社2014年版。

[185] 黄凯松:《中美两国土地征用与房屋拆迁立法比较研究》,载于《中共福建省委党校学报》2005年第2期,第77~81页。

[186] 黄燕:《法国城市复兴过程中旧工业区更新的公共政策研究》,同济大学,2008年。

[187] 黄燕:《法国城市旧工业区更新的公共政策研究——以里昂维斯地区为例》,载于《现代城市研究》2008年第6期,第29~34页。

[188] 黄雨薇:《英国绿带政策形成、发展及其启示》,华中科技大学,2012年。

[189] 黄卓、蒙达、张占录:《基于"涨价归公"思想的大陆征地补偿模式改革——借鉴台湾市地重划与区段征收经验》,载于《台湾农业探索》2014年第3期,第14~19页。

[190] 贾文涛、张中帆:《德国土地整理借鉴》,载于《资源·产业》2005年第2期,第77~79页。

［191］姜平：《中美土地征用制度比较研究》，载于《华商》2008 年第 7 期，第 65～66 页。

［192］姜秀娟、郑伯红：《谈国外及香港地区保障性住房对我国的启示》，载于《城市发展研究》2011 年第 3 期，第 20～22 页。

［193］景娟、钱云：《荷兰住房保障体系的发展及对中国的启示》，载于《现代城市研究》2010 年第 10 期，第 27～32 页。

［194］李鸿有：《当代美国大都市区分区规划制的实施及影响》，东北师范大学硕士论文，2009 年。

［195］李乐、张新花：《美国加利福尼亚州土地利用分区管制政策研究》，载于《国土资源科技管理》2011 年第 3 期，第 84～90 页。

［196］李远：《联邦德国区域规划的协调机制》，载于《城市问题》2008 年第 3 期，第 92～96 页。

［197］李志超、周世烨：《市地重划模式与借鉴》，载于《中国土地》2000 年第 7 期，第 23～24 页。

［198］梁爽：《英国共有产权住房制度及对我国的启示》，载于《中国房地产》2014 年，第 31～38 页。

［199］林坚、李刚：《从海外经验看我国建设用地整理开展的思路与途径》，载于《城市发展研究》2007 年第 4 期，第 19～23 页。

［200］刘畅：《中外土地征用补偿标准比较》，载于《中国房地产》2005 年第 6 期，第 61～63 页。

［201］刘晨宇、罗萌：《新加坡组屋的建设发展及启示》，载于《现代城市研究》2013 年第 10 期，第 54～59 页。

［202］刘国臻：《论美国的土地发展权制度及其对我国的启示》，载于《法学评论》2007 年第 3 期，第 140～146 页。

［203］刘剑锋：《城市改造中的土地产权问题探讨——德国和中国台湾、香港地区经验借鉴》，载于《国外城市规划》2006 年第 2 期，第 48～50 页。

［204］刘健：《法国国土开发政策框架及其空间规划体系——特点与启发》，载于《城市规划》第 2011 年第 8 期，第 60～65 页。

［205］刘健：《注重整体协调的城市更新改造：法国协议开发区制度在巴黎的实践》，载于《国际城市规划》2013 年第 6 期，第 57～66 页。

［206］刘明明：《土地发展权的域外考察及其带来的启示》，载于《行政与法》2008 年第 10 期，第 25～28 页。

［207］刘守英：《土地改革可学台湾区段征收制度》，载于《农村工作通讯》2013 年第 21 期，第 41 页。

[208] 刘祖云、吴开泽:《住房保障准入与退出的香港模式及其对内地的启示》,载于《中南民族大学学报人文社会科学版》2014年第2期,第83~87页。

[209] 陆冠尧、朱玉碧、潘科:《国外及中国台湾地区土地用途管制制度研究比较》,载于《中国农学通报》2005年第8期,第452~455页。

[210] 罗思东:《美国城市分区规划的社会排斥》,载于《城市问题》2007年第8期,第75~79页。

[211] 罗昱:《从台湾国民住宅建设看我国的经济适用房制度》,天津大学,2008年。

[212] 吕斌、张忠国:《美国城市成长管理政策研究及其借鉴》,载于《城市规划》2005年第3期,第44~48页。

[213] 吕冬娟:《新加坡:规划造就的宜居城市》,载于《中国土地》2010年第7期,第57~58页。

[214] 马韶青:《土地发展权的国际实践及其启示》,载于《河北法学》2013年第7期,第77~84页。

[215] 倪冰、于红琴:《香港公租房建设和管理的实践及启示》,载于《价格理论与实践》2012年第9期,第45~46页。

[216] 彭飞飞:《美国的城市区划法》,载于《国际城市规划》2009年第S1期,第69~72页。

[217] 戚本超、周达:《美国城市土地管理及对北京的借鉴》,载于《城市发展研究》2009年第12期,第114~117页。

[218] 曲福田、陈江龙:《两岸经济成长阶段农地非农化的比较研究》,载于《中国土地科学》2001年第5期,第5~9页。

[219] 曲福田、黄贤金、王同顺等:《中国土地制度研究——土地制度改革的产权经济分析》,中国矿业大学出版社1997年版,第213~215页。

[220] 曲卫东:《联邦德国空间规划研究》,载于《中国土地科学》2004年第2期,第58~64页。

[221] 沈惠平:《台湾社会住宅政策分析》,载于《台湾研究》2011年第5期,第39~43页。

[222] 孙海燕、宋学锋:《英国住房制度对我国城市住房产业发展的启示》,载于《徐州师范大学学报(哲学社会科学版)》2009年第3期,第116~120页。

[223] 孙骅声、蔡建辉:《美国纽约市区划决议(1993年修订本)的几个特点》,载于《国外城市规划》1998年第4期,第41~42页。

[224] 孙群郎、孙金龙:《当代波特兰大都市区的增长管理及其启示》,载于《郑州大学学报(哲学社会科学版)》2013年第6期,第153~158页。

[225] 孙翔:《新加坡"白色地段"概念解析》,载于《国外规划研究》2003,27(7):51~56.

[226] 孙永祥:《国外土地征用补偿特点及启示》,载于《世界农业》2013年第2期,第57~60页。

[227] 谈明红、吕昌河:《国外城市土地整理及对中国合理用地的启示》,载于《农业工程学报》2005年第2期,第154~158页。

[228] 谈明洪、李秀彬、辛良杰、陈瑜琦、张雷娜:《英国城市绿化带土地利用及其对中国的启示——以斯佩尔索恩(Spelthorne)区为例》,载于《地理科学进展》2012年第1期,第20~25页。

[229] 谭峻:《台湾地区市地重划与城市土地开发之研究》,载于《城市规划汇刊》2001年第5期,第58~61页。

[230] 唐黎标:《英国住房保障制度的启示》,载于《中国房地产金融》2007年第7期,第46~48页。

[231] 汪建强:《二战后英国住房保障政策的变化及其启示》,载于《四川理工学院学报(社会科学版)》2011年第3期,第17~21页。

[232] 王海卉、宋彦:《控制蔓延的美国经验研究》,载于《国际城市规划》2013年第4期,第66~75页。

[233] 王静:《美国土地征收程序研究》,载于《公法研究》2011年第2期,第227~246页。

[234] 王珺:《纽约区划的发展研究及借鉴》,载于《广东土地科学》2009年第3期,第40~44页。

[235] 王珺:《日本的土地区画整理及对中国合理用地的启示》,载于《国土资源情报》2009年第9期,第25~29页。

[236] 王坤、王泽森:《香港公共房屋制度的成功经验及其启示》,载于《城市发展研究》2006年第1期,第40~45页。

[237] 王太高:《土地征收制度比较研究》,载于《国土资源情报》2004年第1期,第1~5页。

[238] 王兆宇:《英国住房保障政策的历史、体系与借鉴》,载于《城市发展研究》2012年第12期,第134~139页。

[239] 魏后凯:《荷兰国土规划与规划政策》,载于《地理学与国土研究》1994年第3期,第54~60页。

[240] 魏羽力:《一种积极的土地重整手段——谈日本的"土地区画整理"方法》,载于《现代城市研究》2003年第2期,第28~33页。

[241] 吴冬青、冯长春、党宁:《美国城市增长管理的方法与启示》,载于

《城市问题》2007年第5期，第86~91页。

[242] 武光太：《德国土地征收补偿制度及启示》，载于《广东农业科学》2012年第6期，第234~236页。

[243] 香港房屋委员会：《2015房屋统计数字》，2015年。

[244] 肖淞元：《英国、美国、新加坡住房保障制度的产生、演变及启示》，载于《中国房地产》2012年第5期，第76~79页。

[245] 谢敏：《德国空间规划体系概述及其对我国国土规划的借鉴》，载于《国土资源情报》2009年第11期，第22~26页。

[246] 谢欣梅、丁成日：《伦敦绿化带政策实施评价及其对北京的启示和建议》，载于《城市发展研究》2012年第6期，第46~53页。

[247] 辛晚教、廖淑容：《台湾地区都市计划体制的发展变迁与展望》，载于《城市发展研究》2000年第6期，第5~14, 78页。

[248] 徐波：《土地区划整理——日本的城市规划之母》，载于《国外城市规划》1994年第2期，第25~34页。

[249] 徐旭：《美国区划的制度设计》，清华大学硕士学位论文，2009。

[250] 许坚：《台湾的地政管理——台湾地政学术报告会综述》，载于《中国土地科学》2006年第1期，第62~64页。

[251] 杨红：《德国是如何做好城市建设用地整理的》，载于《河南国土资源》2006年第12期，第42~43页。

[252] 杨小鹏：《英国的绿带政策及对我国城市绿带建设的启示》，载于《国际城市规划》2010年第1期，第100~106页。

[253] 杨雁、邓猛：《美国城市分区规划及借鉴》，载于《牡丹江大学学报》2009年第1期，第95~97页。

[254] 杨一帆、爱德华·J·沙利文：《美国俄勒冈州"资源用地"保护简介：土地利用法与规划程序》，载于《国际城市规划》2013年第6期，第46~50页。

[255] 杨忠伟、王震：《城市白色用地与灰色用地规划比较研究》，载于《现代城市研究》2011年第12期，第28~32页。

[256] 于立：《控制型规划和指导型规划及未来规划体系的发展趋势——以荷兰与英国为例》，载于《国际城市规划》2011年第5期，第56~65页。

[257] 张良悦：《美国的土地发展权与农地保护——城市化进程中农地保护的一种借鉴》，载于《经济问题探索》2008年第7期，第170~174页。

[258] 张润朋、周春山：《美国城市增长边界研究进展与述评》，载于《规划师》2010年第11期，第89~96页。

[259] 张晓青、郑小平：《日本城市蔓延及治理》，载于《城市发展研究》

2009 年第 2 期，第 24~30 页。

[260] 张占录：《征地补偿留用地模式探索——台湾市地重划与区段征收模式借鉴》，载于《经济与管理研究》2009 年第 9 期，第 71~76 页。

[261] 赵进：《香港公营房屋建设及其启示》，载于《国际城市规划》2010 年第 3 期，第 97~104 页。

[262] 赵伟：《土地用途管制的国际经验与借鉴》，载于《中国房地产》2009 年第 11 期，第 55~57 页。

[263] 周静、朱天明：《新加坡城市土地资源高效利用的经验借鉴》，载于《国土与自然资源研究》2012 年第 1 期，第 39~42 页。

[264] 周静：《借鉴荷兰经验构建我国大城市社会住房体系》，载于《城市环境设计》2008 年第 6 期，第 81~84 页。

[265] 周庆、杨瑞、韦祉含：《新加坡私人组屋计划对深圳企业参建保障性住房的启示》，载于《国际城市规划》2013 年第 6 期，第 97~104 页。

[266] 周颖、濮励杰、张芳怡：《德国空间规划研究及其对我国的启示》，载于《长江流域资源与环境》2006 年第 4 期，第 409~414 页。

[267] 朱晨、岳岚、陈小华：《英国住房规划调控研究及对我国的启示》，载于《城市问题》2007 年第 11 期，第 91~96 页。

[268] David N. Bengston, Jennifer O. Fletcher, Kristen C. Nelson. 2004. Public policies for managing urban growth and protecting open space: policy instruments and lessons learned in the United States [J]. Landscape and Urban Planning, No. 69, 271-286.

[269] Edward H. Ziegler, Jr.：《城市分区与土地规划：打造美国的大型都市》，载于《国外城市规划》2005 年第 3 期，第 60~62 页。

[270] Marco Amati, Makoto Yokohari. 2006. Temporal changes and local variations in the functions of London's green belt [J]. Landscape and Urban Planning, No. 75, 125-142.

[271] Mark Baker, Jon Coaffee, Graeme Sherriff. 2007. Achieving successful participation in the new UK spatial planning system [J]. Planning Practice & Research, Vol. 22, No. 1, 79-93.

[272] Myung-Jin Jun. 2004. The Effects of Portland's Urban Growth Boundary on Urban Development Patterns and Commuting [J]. Urban Studies, Vol. 41, No. 7, 1333-1348.

[273] Robert L. Gant, Guy M. Robinson, 2011. Shahab Fazal. Land-use change in the 'edgelands': Policies and pressures in London's rural-urban fringe [J]. Land

Use Policy, Vol. 28, No. 1, 266 – 279.

第五章

[274] 蔡昉、都阳、王美艳：《经济发展方式转变与节能减排内在动力》，载于《经济研究》2008 年第 6 期，第 4~11 + 36 页。

[275] 陈家刚：《从社会管理走向社会治理》，载于《学习时报》2012 年 10 月 22 日。

[276] 陈江龙、曲福田：《农地非农化与粮食安全：理论与实证分析》，载于《南京农业大学学报》2006 年第 2 期，第 103~107 页。

[277] 陈仁泽：《全国范围动态巡查防"囤地" 房地产闲置土地下降近五成》，载于《人民日报》2013 年 7 月 12 日。

[278] 程雪阳：《中国现行土地管理制度的反思与重构》，载于《中国土地科学》2013 年第 7 期，第 15~20 页。

[279] 方精云、刘国华、徐嵩龄：《我国森林植被的生物量和净生产量》，载于《生态学报》1996 年第 5 期，第 497~508 页。

[280] 丰雷、魏丽、蒋妍：《论土地要素对中国经济增长的贡献》，载于《中国土地科学》2008 年第 12 期，第 4~10 页。

[281] 付光辉、刘友兆、吴冠岑：《论城乡统筹发展背景下城乡统一土地市场构建》，载于《中国土地科学》2008 年第 2 期，第 36~41 页。

[282] 辜胜阻、成德宁：《农村城镇化的战略意义与战略选择》，载于《中国人口科学》1999 年第 3 期，第 32~37 页。

[283] 辜胜阻、刘江日：《城镇化要从"要素驱动"走向"创新驱动"》，载于《人口研究》2012 年第 6 期，第 3~12 页。

[284] 顾益康：《统筹城乡发展，全面推进社会主义新农村建设》，载于《中国农村经济》2006 年第 1 期，第 18~22 页。

[285] 国家发改委产业经济与技术经济研究所课题组：《关于我国社会主义新农村建设若干问题的研究（主报告）》，载于《经济研究参考》2006 年第 50 期，第 2~27 页。

[286] 国家人口发展战略研究课题组：《国家人口发展战略研究报告》，载于《人口研究》2007 年第 1 期，第 1~10 页。

[287] 国家新型城镇化规划（2014~2020 年）[EB/OL]. 2014 - 3 - 16. http://news.xinhuanet.com/city/2014 - 03/17/c126276532.htm

[288] 胡存智：城镇化可持续发展面临挑战 [EB/OL]. 2014 - 03 - 22. http://finance.people.com.cn/n/2014/0322/c1004 - 24708709.html

[289] 黄季焜、朱莉芬、邓祥征：《中国建设用地扩张的区域差异及其影响因

素》，载于《中国科学（D辑：地球科学）》2007年第9期，第1235~1241页。

[290] 黄敏、廖为明、王立国等：《基于KAYA公式的低碳经济模型构建与运用——以江西省为例》，载于《生态经济》2010年第12期，第51~55页。

[291] 冀县卿、钱忠好：《论我国征地制度改革与农地产权制度重构》，载于《农业经济问题》2007年第12期，第79~83页。

[292] 姜长云、张艳平：《中国粮食生产的现状和中长期潜力》，载于《经济研究参考》2009年第15期，第16~30页。

[293] 靳相木：《新增建设用地指令性配额管理的市场取向改进》，载于《中国土地科学》2009年第3期，第19~23页。

[294] 冷雪：《碳排放与我国经济发展关系研究》，复旦大学，2012年。

[295] 李边疆：《土地利用与生态环境关系研究》，南京农业大学，2007年。

[296] 李俊霞、谢国旗：《生态文明建设的思路与对策》，载于《人民论坛》2010年第35期，第36~37页。

[297] 李立国：《创新社会治理体制》，载于《求是》2013年第24期，第14~18页。

[298] 李效顺、姜海、曲福田、蒋冬梅：《南京市建设用地理性目标计量研究》，载于《中国土地科学》2009年第10期，第31~35页。

[299] 梁流涛、曲福田、冯淑怡：《农村生态资源的生态服务价值评估及时空特征分析》，载于《中国人口·资源与环境》2011年第7期，第133~139页。

[300] 刘传明、李红、贺巧宁：《湖南省土地利用效率空间差异及优化对策》，载于《经济地理》2010年第11期，第1890~1896页。

[301] 刘小敏：《中国2020年碳排放强度目标的情景分析》，中国社会科学院研究生院，2011年。

[302] 刘子刚、张坤民：《湿地生态系统碳储存功能及其价值研究》，载于《环境保护》2002年第9期，第31~33页。

[303] 卢安烈：《中央政府与地方政府在土地利用中的利益博弈研究》，南京农业大学，2011年。

[304] 苗圩：《改革开放是走新型工业化道路的强大动力》，载于《人民日报》2014年3月11日。

[305] 牛振国、张海英、王显威等：《1978~2008年中国湿地类型变化》，载于《科学通报》2012年第16期，第1400~1411页。

[306] 朴世龙、方精云、贺金生等：《中国草地植被生物量及其空间分布格局》，载于《植物生态学报》2004年第4期，第491~498页。

[307] 钱忠好、曲福田：《规范政府土地征用行为 切实保障农民土地权

益》，载于《中国农村经济》2004 年第 12 期，第 4~9 页。

[308] 钱忠好、肖屹、曲福田：《农民土地产权认知、土地征用意愿与征地制度改革——基于江西省鹰潭市的实证研究》，载于《中国农村经济》2007 年第 1 期，第 28~35 页。

[309] 钱忠好：《农村土地承包经营权产权残缺与市场流转困境：理论与政策分析》，载于《管理世界》2002 年第 6 期，第 35~45 页。

[310] 秦德君：《实现治理能力现代化最紧迫的议题》，载于《学习时报》2014 年 9 月 8 日。

[311] 曲艺、舒帮荣、欧名豪等：《基于生态用地约束的土地利用数量结构优化》，载于《中国人口·资源与环境》2013 年第 1 期，第 155~161 页。

[312] 冉圣宏、吕昌河、贾克敬等：《基于生态服务价值的全国土地利用变化环境影响评价》，载于《环境科学》2006 年第 10 期，第 2139~2144 页。

[313] 任理轩：《把握经济发展方式转变的战略重点——论经济结构调整》，载于《人民日报》2010 年 4 年 7 日。

[314] 邵绘春：《城市化进程中农民土地权益变化研究》，南京农业大学，2010 年。

[315] 谈明洪、李秀彬、吕昌河：《我国城市用地扩张的驱动力分析》，载于《经济地理》2003 年第 5 期，第 635~639 页。

[316] 王世磊、张军：《中国地方官员为什么要改善基础设施？——一个关于官员激励机制的模型》，载于《经济学（季刊）》2008 年第 2 期，第 383~398 页。

[317] 王世元：《新型城镇化之土地制度改革路径》，中国土地出版社 2014 年版。

[318] 王天生、王瑶：《贵州粮食生产发展 60 年回顾与展望》，载于《贵州农业科学》2009 年第 9 期，第 1~9 页。

[319] 王万茂：《中国土地管理制度：现状、问题及改革》，载于《南京农业大学学报（社会科学版）》2013 年第 4 期，第 76~82 页。

[320] 王伟、陆健健：《生态系统服务功能分类与价值评估探讨》，载于《生态学杂志》2005 年第 11 期，第 1314~1316 页。

[321] 王小映、贺明玉、高永：《我国农地转用中的土地收益分配实证研究——基于昆山、桐城、新都三地的抽样调查分析》，载于《管理世界》2006 年第 5 期，第 62~68 页。

[322] 王永钦、张晏、章元等：《十字路口的中国经济：基于经济学文献的分析》，载于《世界经济》2006 年第 10 期，第 3~20 页。

[323] 温家宝：无政改保障，经济改革成果将得而复失［EB/OL］. http：//news.qq.com/a/20100822/000036.htm

[324] 吴敬琏：《中国的发展方式转型与改革的顶层设计》，载于《北京师范大学学报（社会科学版）》2012年第5期，第5~13页。

[325] 新华网. 为什么要创新社会治理体制［EB/OL］. 2014-02-16. http：//news.xinhuanet.com/politics/2014-02/16/c119352405.html

[326] 许婧婧、陶文星、包广静等：《我国特大城市建设用地影响因素的地区差异》，载于《经济地理》2006年第S1期，第152~156页。

[327] 姚鑫、杨桂山、万荣荣：《昆山市耕地变化和粮食安全研究》，载于《中国人口·资源与环境》2010年第4期，第148~152页。

[328] 袁春、姚林君：《中国未利用土地资源的可持续开发利用研究》，载于《国土资源科技管理》2003年第6期，第20~23页。

[329] 张合林：《城市化进程中土地征用制度的经济学分析》，载于《上海经济研究》2006年第2期，第9~10页。

[330] 张丽凤、吕赞：《中国农地非农化中的中央与地方政府博弈行为分析》，载于《农业经济问题》2012年第10期，第51~56页。

[331] 张颖、王群、李边疆等：《应用碳氧平衡法测算生态用地需求量实证研究》，载于《中国土地科学》2007年第6期，第23~28页。

[332] 赵可、张安录、李平：《城市建设用地扩张的驱动力——基于省际面板数据的分析》，载于《自然资源学报》2011年第8期，第1323~1332页。

[333] 中国国家发展和改革委员会：《国家粮食安全中长期规划纲要（2008~2020）》，2008年。

[334] 中国社会科学院经济学部课题组、陈佳贵、黄群慧：《对我国工业化进程的基本认识》，载于《中国党政干部论坛》2008年第2期，第35~37页。

[335] 中国土地勘测规划院：《"十二五"土地重大问题研究》，中国土地出版社2009年版。

[336] 周其仁：《农地产权与征地制度——中国城市化面临的重大选择》，载于《经济学（季刊）》，2004年第4期，第193~210页。

[337] 朱海明：《城市工业用地节约利用及其评价研究》，华中科技大学，2007年。

[338] Brueckner, J. K., D. A. 1983. Fansler. The economics of urban sprawl: theory and evidence on the spatial sizes of cities [J]. Review of Economics and Statistics, Vol. 65, 479-482.

[339] Costanza R., Arge R., Groot R. et al. 1997. The Value of the World's

Ecosystem Services and Natural Capital [J]. Nature, Vol. 386, 253 – 260.

[340] Fang J. Y., Guo Z. D., Piao S. L. et al. 2007. Terrestrial Vegetation Carbon Sinks in China, 1981 – 2000 [J]. Science in China Series D: Earth Sciences, Vol. 50, No. 9, 1341 – 1350.

[341] IPCC. 1996. Climate Change 1995: The Science of Climate Change (Report of Working Group I) [R]. New York: Cambridge University Press.

[342] Li. L., Sato Y., Zhu H. H. 2003. Simulating spatial urban expansion based on a physical process [J]. Landscape and urban planning, Vol. 64, No. 1 – 2, 67 – 76.

[343] Panayotou, T. 1993. Empirical tests and policy analysis of environmental degradation at different stages of economic development, ILO [M]. Technology and Employment Programme.

第六章

[344] 曹银贵、袁春、王静等:《1997~2005年区域城市土地集约度变化与影响因子分析》,载于《地理科学进展》2008年第3期,第86~93页。

[345] 陈春、张维、冯长春:《城乡建设用地置换研究进展及展望》,载于《中国农业资源与区划》2014年第1期,第61~66页。

[346] 陈凤、张安明、邹小红:《基于主成分分析法的建设用地需求优先度研究——以重庆市渝东南和渝东北两翼为例》,载于《西南大学学报(自然科学版)》2012年第8期,第158~162页。

[347] 陈海燕:《面板数据模型的检验方法》,经济科学出版社2012年版。

[348] 陈江龙、曲福田、陈雯:《农地非农化效率的空间差异及其对土地利用政策调整的启示》,载于《管理世界》2004年第8期,第37~42页。

[349] 陈利根、龙开胜:《耕地资源数量与经济发展关系的计量分析》,载于《中国土地科学》2007年第4期,第4~10页。

[350] 陈龙桂:《区域发展评价方法研究》,中国市场出版社2011年版。

[351] 陈美球、马文娜:《城乡建设用地增减挂钩中农民利益保障对策研究——基于江西省〈"增减挂钩"试点农民利益保障〉专题调研》,载于《中国土地科学》2012年第10期,第9~14页。

[352] 陈强:《高级计量经济学及Stata应用》,高等教育出版社2010年版。

[353] 狄剑光、武康平:《建设用地的扩张对我国非农经济增长贡献研究》,载于《数理统计与管理》2013年第3期,第414~424页。

[354] 范祚军、关伟:《差别化区域金融调控的一个分区方法——基于系统聚类分析方法的应用》,载于《管理世界》2008年第4期,第36~47页。

[355] 方忠权、丁四保:《主体功能区划与中国区域规划创新》,载于《地

理科学》2008 年第 4 期，第 483~487 页。

［356］傅鼎、宋世杰：《相对资源承载力的青岛市主体功能区区划》，载于《中国人口·资源与环境》2011 年第 4 期，第 148~151 页。

［357］付海英、郝晋珉、朱德举等：《耕地适宜性评价及其在新增其他用地配置中的应用》，载于《农业工程学报》2007 年第 1 期，第 60~65 页。

［358］顾湘、姜海、曲福田：《区域建设用地集约利用综合评价——以江苏省为例》，载于《资源科学》2006 第 6 期，第 112~119 页。

［359］H·钱纳里等：《工业化和经济增长的比较研究》，上海三联书店 1995 年版。

［360］洪建国、杨钢桥、苗欣等：《增量城镇用地区域配置研究——以湖北省为例》，载于《中国土地科学》2008 年第 12 期，第 39~45 页。

［361］洪源源、邱菀华：《AHP、GEM 及其综合算法》，载于《中国管理科学》2000 年第 4 期，第 36~42 页。

［362］胡敬斌：《我国西部地区可持续发展的制度安排——以毕节试验区为例》，吉林大学博士论文，2013 年。

［363］黄常锋、何伦志、刘凌：《基于相对资源承载力模型的研究》，载于《经济地理》2010 年第 10 期，第 1612~1618 页。

［364］黄季焜、朱莉芬、邓祥征：《中国建设用地扩张的区域差异及其影响因素》，载于《中国科学》2007 年第 9 期，第 1235~1241 页。

［365］黄宁生、匡耀求：《广东相对资源承载力与可持续发展问题》，载于《经济地理》2000 年第 2 期，第 52~56 页。

［366］吉新峰：《中国区域协调发展战略效应评价——基于区域差距的分析》，经济管理出版社 2012 年版。

［367］姜海、曲福田：《不同发展阶段建设用地扩张对经济增长的贡献与响应》，载于《中国人口·资源与环境》2009 年第 1 期，第 86~91 页。

［368］姜海、曲福田：《建设用地需求预测的理论与方法——以江苏省为例》，载于《中国土地科学》2005 年第 2 期，第 44~51 页。

［369］姜海、夏燕榕、曲福田：《建设用地扩张对经济增长的贡献及其区域差异研究》，载于《中国土地科学》2009 年第 8 期，第 4~8 页。

［370］姜志法、刘双良：《土地规划中新增建设用地指标分解》，载于《资源与资产》2009 年第 344 期，第 54~56 页。

［371］靳相木、沈子龙：《新增建设用地管理的"配额－交易"模型——与排污权交易制度的对比研究》，载于《中国人口·资源与环境》2010 年第 7 期，第 86~91 页。

[372] 靳相木：《新增建设用地指令性配额管理的市场取向改进》，载于《中国土地科学》2009年第3期，第19~23页。

[373] 靖学青：《中国省际物质资本存量估计：1952~2010》，载于《广东社会科学》2013年第2期，第46~55页。

[374] 孔伟、郭杰、欧名豪：《不同经济发展水平下的建设用地集约利用及区域差别化管控》，载于《中国人口·资源与环境》2014年第4期，第100~106页。

[375] 李进涛、谭术魁、汪文雄：《基于DPSIR模型的城市土地集约利用时空差异的实证研究——以湖北省为例》，载于《中国土地科学》2009年第3期，第49~54、65页。

[376] 李效顺、曲福田、郧文聚：《中国建设用地增量时空配置分析——基于耕地资源损失计量反演下的考察》，载于《中国农村经济》2009年第4期，第4~16页。

[377] 李效顺、张绍良、汪应宏：《中国经济转型阶段建设用地增长极限计量研究》，载于《自然资源学报》2011年第26卷第7期，第1085~1095页。

[378] 李鑫、欧名豪：《建设用地供给创新：总量控制+差别化调控》，载于《中国土地》2011年第8期，第47页。

[379] 李永乐、吴群：《经济增长与耕地非农化的Kuznets曲线验证——来自中国省际面板数据的证据》，载于《资源科学》2008年第5期，第667~672页。

[380] 刘瑞卿、朱伟亚、许皞：《基于主体功能区的土地规划新增建设用地指标调控研究——以河北省卢龙县》，载于《中国农业生态学报》2012年第4期，第507~512页。

[381] 刘云刚、王丰龙：《快速城市化过程中的城市建设用地规模预测方法》，载于《地理研究》2011年第7期，第1187~1197页。

[382] 刘云刚、王丰龙：《快速城市化过程中的城市建设用地规模预测方法》，载于《地理研究》2011年第7期，第1187~1197页。

[383] 刘兆德、虞孝感：《长江流域相对资源承载力与可持续发展研究》，载于《长江流域资源与环境》2002年第1期，第10~15页。

[384] 满强：《基于主体功能区划的区域协调发展研究——以辽宁省为例》，东北师范大学博士论文，2011年。

[385] 齐元静、杨宇、金凤君：《中国经济发展阶段及其时空格局演变特征》，载于《地理学报》2013年第4期，第87~101页。

[386] 邱菀华：《群组决策特征根法》，载于《应用数学和力学》1997年第11期，第1027~1031页。

[387] 曲福田、陈江龙、陈会广：《经济发展与中国土地非农化》，商务印

书馆 2007 年版。

[388] 曲衍波、姜广辉、张凤荣等：《城乡建设用地增减挂钩项目区的时空联建》，载于《农业工程学报》2013 年第 6 期，第 232~244 页。

[389] 曲衍波、张凤荣、姜广辉等：《农村居民点用地整理潜力与"挂钩"分区研究》，载于《资源科学》2011 年第 1 期，第 134~142 页。

[390] 任建军、阳国梁：《中国区域经济发展差异及其成因分析》，载于《经济地理》2009 年第 5 期，第 784~789 页。

[391] 舒帮荣、刘友兆、李彦等：《城市用地规模扩张合理性研究——以江苏太仓市区为例》，载于《南京农业大学学报（社会科学版）》2011 年第 4 期，第 88~94 页。

[392] 孙慧：《基于相对资源承载力新疆可持续发展研究》，载于《中国人口·资源与环境》2009 年第 5 期，第 53~57 页。

[393] 孙建伟：《城乡建设用地置换中的"自愿"原则及其悖论》，载于《苏州大学学报：哲学社会科学版》2013 年第 6 期，第 43~54 页。

[394] 谭荣、曲福田：《自然资源合理利用与经济可持续发展》，载于《自然资源学报》2005 年第 6 期，第 797~805 页。

[395] 谭术魁：《土地资源学》，复旦大学出版社 2011 年版。

[396] 汪晖、童菊儿：《经济发展阶段与土地集约利用水平演变趋势——来自台湾的证据》，见《2005 年中国科协学术年会论文集（中）》，中国科学技术出版社 2006 年版。

[397] 王婧、方创琳、王振波：《我国当前城乡建设用地置换的实践探索及问题剖析》，载于《自然资源学报》2011 年第 9 期，第 1453~1466 页。

[398] 王琪：《实施差别化财政政策推进主体功能区建设》，载于《宏观经济管理》2008 年第 7 期，第 42~43 页。

[399] 王振波、方创琳、王婧：《城乡建设用地增减挂钩政策观察与思考》，载于《中国人口·资源与环境》2012 年第 1 期，第 96~102 页。

[400] 翁翎燕、濮励杰、文继群等：《城市土地集约利用与经济增长的协整分析及因果关系检验——以江苏省无锡市为例》，载于《地理与地理信息科学》2010 年第 2 期，第 72~75 页。

[401] 吴玲珉：《浙江省建设用地扩展与经济发展的关系研究》，浙江大学硕士毕业论文，2013 年。

[402] 吴建寨、彭涛、徐海燕等：《山东省建设用地扩展时空动态及驱动力分析》，载于《中国人口·资源与环境》2012 年第 8 期，第 164~169 页。

[403] 夏燕榕：《基于建设用地扩张经济效率的土地利用计划差别化管理研

究》，南京农业大学硕士毕业论文，2009年。

[404] 徐理、周勇、许倍慎：《基于土地生态环境质量的建设用地空间管制分区评价》，载于《水土保持通报》2012年第1期，第222~226页。

[405] 徐勇、汤青、樊杰等：《主体功能区划可利用土地资源指标项及其算法》，载于《地理研究》2010年第7期，第1223~1232页。

[406] 许根林、施祖麟：《主体功能区差别化土地政策建设的思考与建议》，载于《改革与战略》2008年第24卷第12期，第105~108页。

[407] 许艳、濮励杰、张丽芳等：《土地集约利用与经济发展时空差异研究——以江苏省为例》，载于《南京大学学报（自然科学版）》2009年第6期，第810~820页。

[408] 杨刚强、张建清、江洪：《差别化土地政策促进区域协调发展的机制与对策研究》，载于《中国软科学》2008年第10期，第185~192页。

[409] 杨刚强、张建清、江洪：《差别化土地政策促进区域协调发展的机制与对策研究》，载于《中国软科学》2012年第10期，第185~192页。

[410] 杨永磊：《城乡建设用地增减挂钩机制研究》，中国地质大学（北京）博士毕业论文，2012年。

[411] 姚岚：《城乡建设用地增减挂钩规划选址问题研究》，四川农业大学硕士毕业论文，2013年。

[412] 叶剑平、马长发、张庆红：《土地要素对中国经济增长贡献分析——基于空间面板模型》，载于《财贸经济》2011年第4期，第111~124页。

[413] 叶晓雯、陈逸、张琳等：《我国建设用地开发度及其合理性分析》，载于《经济地理》2011年第12期，第2094~2099页。

[414] 叶玉瑶、李小彬、张虹鸥：《珠江三角洲建设用地开发利用极限研究》，载于《资源科学》2008年第5期，第683~687页。

[415] 叶宗裕：《中国省际资本存量估算》，载于《统计研究》2010年第12期，第65~71页。

[416] 殷少美、金晓斌、周寅康等：《基于主成分分析法和AHP-GEM模型的区域新增建设用地指标合理配置——以江苏省为例》，载于《自然资源学报》2007年第3期，第372~379页。

[417] 张京祥、范朝礼、沈建法：《试论行政区划调整与推进城市化》，载于《城市规划汇刊》2002年第5期，第25~28页。

[418] 张军、吴桂英、张吉鹏：《中国省际物质资本存量估算：1952—2000》，载于《经济研究》2004年第10期，第35~44页。

[419] 张军：《中国省际物质资本存量估算：1952—2000》，载于《经济研

究》2004年第10期,第35~44页。

[420] 张润森、濮励杰、文继群等:《建设用地扩张与碳排放效应的库兹涅茨曲线假说及验证》,载于《自然资源学报》2012年第5期,第723~733页。

[421] 赵翠薇、濮励杰、孟爱云等:《基于经济发展阶段理论的土地利用变化研究——以广西江州区为例》,载于《自然资源学报》2006年第2期,第172~179页。

[422] 赵言文:《区域土地利用规划方法与实践》,中国农业科学出版社2007年版。

[423] 郑华伟、张锐、张俊凤等:《土地集约利用与经济发展关系的动态计量分析——以江苏省为例》,载于《长江流域资源与环境》2012年第4期,第412~418页。

[424] 郑新奇、王筱明、王爱萍等:《城市宗地集约利用潜力评价方法研究——以济南市城区为例》,载于《资源科学》2005年第6期,第71~75页。

[425] 朱红梅、王小伟、谭洁:《长沙市城市土地集约利用评价》,载于《经济地理》2008年第3期,第442~444页。

[426] 朱天明、杨桂山、苏伟忠等:《长三角地区城市土地集约利用与经济社会发展协调评价》,载于《资源科学》2009年第7期,第1109~1116页。

[427] Driscoll J. C., Kraay A. C. Consistent covariance matrix estimation with spatially dependent panel data [J]. Review of Economics and Statistics, 80: 49–56.

[428] Long Hualou, Tang Guoping, Li Xiubin et al. 2007. Socio-economic Driving Forces of Land-use Change in Kunshan, the Yangtze River Delta Economic Area of China [J]. Journal of Environmental Management, Vol. 83, 351–364.

第七章

[429] 陈利根、卢吉勇:《农村集体非农建设用地为什么会发生流转》,载于《南京农业大学学报(社会科学版)》2002年第3期,第14~19页。

[430] 陈秋分、刘彦随:《农村土地整治的观点辨析与路径选择》,载于《中国土地科学》2011年第8期,第93~96页。

[431] 郭克莎:《中国工业化的进程、问题与出路》,载于《中国社会科学》2000年第3期,第60~71页。

[432] 赫尔南多·德·索托:《另一条道路》(于海生译),华夏出版社2007年版。

[433] 侯大伟、杨玉华:《土地过度开发挑战承载极限成各级城市普遍现象》,经济参考报2010年1月11日。

[434] 黄庆杰、王新:《农村集体建设用地流转的现状、问题与对策——以北京市为例》,载于《中国农村经济》第2007年第1期,第58~64页。

[435] 蒋省三、刘守英等：《土地制度改革与国民经济成长》，载于《管理世界》2007 年第 9 期，第 1~9 页。

[436] 蒋省三、刘守英：《土地资本化与农村工业化——广东省佛山市南海经济发展调查》，载于《管理世界》2003 年第 11 期，第 87~97 页。

[437] 刘旦：《基于 Logistic 模型的农民宅基地置换意愿分析——基于江西的调查和农户视角》，载于《首都经济贸易大学学报》2010 年第 6 期，第 43~48 页。

[438] 刘李峰、牛大刚：《加强农民住房建设管理与服务的几点思考》，载于《城市规划》2009 年第 6 期，第 41~44 页。

[439] 刘守英、蒋省三：《土地融资与财政和金融风险——来自东部一个发达地区的个案》，载于《中国土地科学》2005 年第 5 期，第 3~9 页。

[440] 刘彦随、朱琳、李玉恒：《转型期农村土地整治的基础理论与模式探析》，载于《地理科学进展》第 2012 年第 6 期，第 777~782 页。

[441] 吕政、郭克莎、张其仔：《论我国传统工业化道路的经验与教训》，载于《中国工业经济》2003 年第 1 期，第 48~55 页。

[442] 龙开胜、陈利根：《基于农民土地处置意愿的农村土地配置机制分析》，载于《南京农业大学学报：社会科学版》2011 年第 4 期，第 80~87 页。

[443] 倪锋、于彤舟、张悦：《加强农村集体建设用地规划管理初探——以北京地区为例》，载于《城市发展研究》2009 年第 1 期，第 64~69 页。

[444] 曲福田等：《中国工业化、城镇化进程中的农村土地问题研究》，经济科学出版社 2010 年版。

[445] 曲福田、高艳梅、姜海：《我国土地管理政策：理论命题与机制转变》，载于《管理世界》2005 年第 4 期，第 40~47 页。

[446] 唐健、谭荣：《农村集体建设用地价值"释放"的新思路——基于成都和无锡农村集体建设用地流转模式的比较》，载于《华中农业大学学报（社会科学版）》2013 年第 3 期，第 10~15 页。

[447] 唐晓莲、魏清泉：《集体建设用地使用权流转实施后对城市土地管理的影响及对策——以广东省为例》，载于《中国土地科学》2006 年第 3 期，第 19~23 页。

[448] 魏立华、刘玉亭、黎斌：《珠江三角洲新农村建设的路径辨析——渐次性改良还是彻底的重构》，载于《城市规划》2010 年第 2 期，第 36~40 页。

[449] 西蒙·库兹涅茨：《各国的经济增长》，商务印书馆 1985 年版。

[450] 徐绍史：《积极稳妥推进国土资源管理制度改革，提高统筹保障发展保护资源能力》，载于《国土资源通讯》2009 年第 17 期，第 14~21 页。

[451] 郧文聚、宇振荣：《中国农村土地整治生态景观建设策略》，载于《农业工程学报》2011年第4期，第1~6页。

[452] 叶艳妹、彭群、吴旭生：《农村城镇化、工业化驱动下的集体建设用地流转问题探讨——以浙江省湖州市建德市为例》，载于《中国农村经济》2002年第9期，第36~42页。

[453] 张勇包、包婷婷：《我国农村土地整治中农民土地财产权保护探讨》，载于《经济问题探索》2013年第2期，第136~141页。

[454] 中国社会科学院：《城市蓝皮书：中国城市发展报告》，社会科学文献出版社2010年版。

[455] 周其仁：《深圳土地产权制度改革与二次土地开发利用机制创新研究报告》，北京大学国家发展研究院综合课题组，2013年。

[456] 诸培新、唐鹏：《农地征收与供应中的土地增值收益分配机制创新——基于江苏省的实证分析》，载于《南京农业大学学报（社会科学版）》2013年第1期，第66~72页。

[457] 诸培新、王敏、胡军：《农村土地整治的区域条件与微观农户意愿研究——以南京市万顷良田工程为例》，载于《南京农业大学学报（社会科学版）》2015年第1期，第61~67页。

[458] Northam R. M. Urban Geography [M]. New York: John Wiley & Sons, 1979.

[459] Syrquin, M., H. B. Chenery: Three Decades of Industrialization [R]. The World Bank Economic Review, 1989, Vol. 3: 145-81.

[460] Rafael Crecente, Carlos Alvarez, Urbano Fra. Economic. Social and Environmental Impact of Land Consolidation in Galicia [J]. Land Use Policy, 2002, (19): 135-147.

[461] Wei Xu, K. C. Tan. Impact of Reform and Economic Restructuring on Rural Systems in China: A Case Study of Yuhang, Zhejiang [J]. Journal of Rural Studies, 2002, (18): 65-81.

[462] Xu, W. The Changing Dynamics of Land-Use Change in Rural China: a Case Study of Yuhang, Zhejiang Province [J]. Environment and Planning, 2004, 36 (9): 1595-1615.

[463] Yang, H., Li, X. B. Cultivated Land and Food Supply in China [J]. Land Use Policy, 2000, 17: 73-88.

第八章

[464] 埃里克·弗鲁博顿、鲁道夫·芮切特：《新制度经济学：一个交易费

用分析范式》，上海人民出版社 2006 年版。

[465] 蔡运龙：《中国经济高速发展中的耕地问题》，载于《资源科学》2000 第 3 期，第 24~28 页。

[466] 陈海燕：《转变经济发展方式背景下土地集约利用机理研究》，南京农业大学，2011 年。

[467] 陈伟、李阳、吴群等：《基于产业差异修正的工业行业土地集约利用评价研究——以江苏省为例》，载于《资源科学》2012 年第 12 期，第 2256~2264 页。

[468] 陈习连：《生态工业园评价体系及实证研究》，广西师范大学，2007 年。

[469] 陈昱、陈银蓉、马文博：《湖北省工业用地集约利用综合评价——基于 365 家典型工业企业的问卷调查》，载于《自然资源学报》2013 年第 1 期，第 73~80 页。

[470] 杜传忠、郭树龙：《中国产业结构升级的影响因素分析——兼论后金融危机时代中国产业结构升级的思路》，载于《广东社会科学》2011 年第 4 期，第 60~66 页。

[471] 范方志、张立军：《中国地区金融结构转变与产业结构升级研究》，载于《金融研究》2003 年第 11 期，第 36~48 页。

[472] 方甲：《产业结构问题研究》，中国人民大学出版社 1996 年版。

[473] 傅勇、张晏：《中国式分权与财政支出结构偏向：为增长而竞争的代价》，载于《管理世界》2007 年第 3 期，第 12~22 页。

[474] 高敬峰：《中国制造业比较优势与产业结构升级研究》，山东大学，2008 年。

[475] 高研：《生态工业园区评价指标体系与评价方法研究》，哈尔滨工程大学，2007 年。

[476] 郭砚莉、汤吉军：《东北地区产业结构调整退出障碍与产业政策》，载于《长白学刊》2009 年第 2 期，第 97~100 页。

[477] 候伟丽：《中国经济增长与环境质量》，科学出版社 2005 年版。

[478] 黄茂兴、李军军：《技术选择、产业结构升级与经济增长》，载于《经济研究》2009 年第 7 期，第 143~151 页。

[479] 姜爱林：《土地年租制初探——近几年土地年租制研究综述》，载于《土地管理》1998 年第 23 期，第 20~22 页。

[480] 姜泽华、白艳：《产业结构升级的内涵与影响因素分析》，载于《当代经济研究》2006 年第 10 期，第 53~56 页。

[481] 鲁良栋、赵嵩正：《论工业用地资源集约利用策略研究——基于产业

生命周期的研究》,载于《生产力研究》2009 年第 4 期,第 78~80 页。

[482] 宁岗:《陕西产业结构分析及优化调整研究》,西北大学,2008 年。

[483] 彭快先:《土地资源调控与产业结构优化——以浙江省为例》,载于《浙江经济》2009 年第 20 期,第 44~45 页。

[484] 曲福田、高艳梅、姜海:《我国土地管理政策:理论命题与机制转变》,载于《管理世界》2005 年第 4 期,第 40~47 页。

[485] 邵晓梅、刘庆、张衍毓:《土地集约利用的研究进展及展望》,载于《地理科学进展》2006 年第 2 期,第 85~95 页。

[486] 石忆邵、樊文平、蒲晟:《我国大都市产业用地规模、结构与效益的比较分析》,载于《同济大学学报(社会科学版)》2010 年第 4 期,第 25~31 页。

[487] 汪勋杰、郭贯成:《产业用地低效退出理论分析与机制设计》,载于《财贸研究》2013 年第 5 期,第 9~17 页。

[488] 王国强、王慧娜:《城市工业用地集约利用的微观评价——以郑州市为例》,载于《郑州航空工业管理学院学报》2009 年第 2 期,第 37~40 页。

[489] 王信东:《文化创意产业促进中心城市产业结构优化升级路径分析——以北京为例》,载于《工业技术经济》2011 年第 1 期,第 90~96 页。

[490] 谢戈力:《土地参与宏观经济调控的理论与实践》,武汉理工大学,2011 年。

[491] 熊国平、杨东峰:《20 世纪 90 年代以来长三角城市形态演变的机制分析》,载于《华中建筑》2009 年第 11 期,第 78~80 页。

[492] 徐慧、黄贤金等:《江阴市电力行业用地集约利用评价》,载于《中国土地科学》2010 年第 1 期,第 43~49 页。

[493] 徐萍:《城市产业结构与土地利用结构优化研究——以南京为例》,南京农业大学,2004 年。

[494] 杨于成:《城市土地利用结构与产业结构关系研究——以柳州市为例》,华中农业大学,2012 年。

[495] 杨玉民、刘瑛:《规模以下工业企业年龄状况及相关分析》,载于《统计研究》2006 年第 6 期,第 52~55 页。

[496] 俞立平、潘云涛、武夷山:《学术期刊综合评价数据标准化方法研究》,载于《图书情报工作》2009 年第 12 期,第 136~139 页。

[497] 张丹萍:《无锡市产业结构调整与土地集约利用研》,南京农业大学,2011 年。

[498] 张丽娜:《AHP - 模糊综合评价法在生态工业园区评价中的应用》,大连理工大学,2006 年。

[499] 张平、李世祥：《中国区域产业结构调整中的障碍及对策》，载于《中国软科学》2007年第7期，第7~14页。

[500] 张颖、王群、王万茂：《中国产业结构与用地结构相互关系的实证研究》，载于《中国土地科学》2007年第2期，第4~11页。

[501] 赵小风、黄贤金、严长清等：《基于RAGA-AHP的工业用地集约利用评价——以江苏省开发区为例》，载于《长江流域资源与环境》2011年第11期，第1315~1320页。

[502] 赵雪雁：《甘肃省产业转型及其生态环境效应研究》，载于《地域研究与开发》2007年第2期，第103~106页。

[503] 朱丽：《综合类生态工业园区指标体系及稳定机制研究》，山东大学，2011年。

[504] J. Brüderl, P. Preisendörfer, R. Ziegler. 1992. Survival Chances of Newly Founded Business Organizations [J]. American Sociological Review, Vol. 57, 227-242.

[505] Tullock G., Seldon A., Bradygl G. L. 2000. Government Failure: A Primer in Public Choice [M]. Cato Institute.

[506] Williamson O. E. 1979. Transaction cost economics: the governance of contractual relations [J]. Journal of Law and Economics, Vol. 22, No. 2, 233-261.

第九章

[507] 阿瑟·奥沙利文：《城市经济学（第6版）》，北京大学出版社2008年版。

[508] 曹丽娟：《关于完善我国城镇保障性住房政策的思考——基于保障性住房政策研究和"重庆模式"的启示》，载于《价格理论与实践》2011年第1期，第42~43页。

[509] 曹振良、高晓慧：《中国房地产业发展与管理研究》，北京大学出版社2002年版。

[510] 陈伯庚、顾志敏：《城镇住房制度改革的理论与实践》，上海人民出版社2000年版。

[511] 陈会广、刘忠原：《普通住宅房价与地价因果关系的检验及其政策含义》，载于《产经评论》，2011年第1期，第57~64页。

[512] 陈会广、刘忠原：《中国普通住宅房价与地价关系的理论及实证研究》，载于《资源科学》2011年第5期，第856~862页。

[513] 程大涛：《中国住房政策社会目标及其供应体系重构的设想》，载于《经济学家》2010年第12期，第50~57页。

[514] 崔建远：《房屋拆迁法律问题研究》，北京大学出版社2009年版。

[515] 崔雪飞：《城市保障性住房政策优化研究》，青岛大学，2012年。

[516] 邓卫华、任会斌：《2009年12月3日．保障性住房建设不能再"慢吞吞"》，新华网，http：//news.xinhuanet.com/fortune/2009-12/03/content_12581914.htm。

[517] 丁祖昱：《中国城市化进程中住房市场发展研究》，华东师范大学，2013年。

[518] 法规应用研究中心：《中华人民共和国土地管理法一本通》，中国法制出版社2011年第一版。

[519] 郭其林：《公租房是解决我国住房问题的最佳途径》，载于《消费导刊》，2010年第三期，第80页。

[520] 郭巍青、江绍文：《混合福利视角下的住房政策分析》，载于《吉林大学社会科学学报》，2010年第2期，第128~134页。

[521] 李春蓉：《广州市执行国家保障性住房政策研究》，广州大学，2013年。

[522] 李洪侠：《中国住房供给短缺与否的一个判断——兼评当前房地产调控政策》，载于《财政研究》2010年第1期，第7~11页。

[523] 李倩：《土地招拍挂：直面流言蜚语——兼谈房价与地价的关系》，载于《中国土地》2005年第1期，第13~21页。

[524] 李一戈：《限价房没有特权》，载于《21世纪经济报道》2012年第2期。

[525] 李允：《中国大都市保障性住房政策实施的困境与出路分析》，吉林大学，2012年。

[526] 李增福、黄倩烁：《我国房地产市场供给过剩了吗？——基于供给—有效需求比（S/ED）的测度》，载于《经济问题》2012年第11期，第17~22页。

[527] 刘群、韩锋：《住房保障政策的多元化选择——兼论我国住房保障政策体系的建构》，载于《经济师》2008年第17期，第66~67页。

[528] 刘卫卫、朱光：《新型城镇化的住房发展》，载于《上海房地》2013年第7期，第13~16页。

[529] 刘颖：《中国廉租住房制度创新的经济学分析》，四川大学，2006年。

[530] 刘友平、张丽娟：《住房过滤理论对建立中低收入住房保障制度的借鉴》，载于《经济体制改革》2008年第4期，第154~158页。

[531] 刘志峰：《继承和发扬小平同志改革思想，努力实现住有所居目标——纪念邓小平同志关于住宅问题谈话30周年》，载于《住宅产业》2010年第4期，第16~20页。

[532] 卢嘉、董征：《我国保障性住房政策演变与构建》，载于《中国房地产》2012年第2期，第50~55页。

[533] 马建平:《中国保障性住房制度建设研究》,吉林大学,2011年。

[534] 么英莹、李志丹:《中央与地方之间的博弈分析》,载于《法制与社会》2007年第3期,第393~394页。

[535] 王斌俊:《城市土地出让制度及其运行方式研究》,华东师范大学,2005年。

[536] 王旺平:《中国城镇住房政策体系研究》,南开大学,2013年。

[537] 肖顺武:《公共利益研究》,法律出版社2010年版。

[538] 徐锋:《愿房政阳光也温暖"夹心层"》,载于《广州日报》2007年9月16日。

[539] 杨帆、卢周来:《中国的"特殊利益集团"如何影响地方政府决策——以房地产利益集团为例》,载于《管理世界》2010年第6期,第65~73+108页。

[540] 张翼:《低收入群体的住房保障与信贷支持——基于住房过滤理论的分析》,载于《城市发展研究》2009年第5期,第108~112页。

[541] 赵晓、谭国荣:《看不见的手打败了多只看得见的手》,载于《开放导报》,2006年第3期,第5~10页。

[542] Baer W. C. 1991. Filtering and Third World Housing Policy [J]. Third World Planning Review, Vol. 13, No. 1, 69-82.

[543] Baer W. C., Williamson C. B. 1988. The Filtering of Households and Housing Units [J]. Journal of Planning Literature, Vol. 3, No. 2, 127-152.

[544] Dicks M. J. 1990. A Simple Model of the Housing Market [R]. Bank of England.

[545] Evans A. 1987. Housing Prices and Land Prices in the South East – A Review [M]. The House Builders Federation.

[546] Peng R., Wheaton W. C. 1994. Effects of restrictive land supply on housing in Hong Kong: and econometric analysis [J]. Journal of Housing Research, Vol. 5, No2, 262-291.

[547] Pollakowski H. O., Susan M. 1990. The effects of land-use constraints on housing prices [J]. Land Economics, Vol. 66, No. 3, 315-324.

[548] Smith Barton A. 1976. The supply of urban housing [J]. The Quarterly Journal of Economics, Vol. 90, No. 3, 389-405.

[549] Sweeney, J. L. 1974. A Commodity Hierarchy Model of the Rental Housing Market [J]. Journal of Urban Economics, Vol. 1, No. 3, 288-323.

第十章

[550] 蔡立辉:《政府绩效评估的理念与方法分析》,载于《中国人民大学

学报》2002 年第 5 期,第 93~100 页。

[551] 陈利根、龙开胜:《我国土地资源高效配置的政策阻碍及改革建议》,载于《南京农业大学学报(社会科学版)》2012 年第 3 期,第 60~66 页。

[552] 陈小君:《我国〈土地管理法〉修订:历史、原则与制度——以该法第四次修订中的土地权利制度为重点》,载于《政治与法律》2012 年第 5 期,第 2~12 页。

[553] 韩青:《城市总体规划与主体功能区规划空间协调研究》,2011 年清华大学博士学位论文。

[554] 顾林土:《建立土地供应全过程管理运行机制》,载于《上海房地》2005 年第 5 期,第 43~46 页。

[555] 黄小虎:《从土地财政与土地金融分析中国土地制度走向》,载于《上海国土资源》2012 年第 2 期,第 5~10 页。

[556] 蒋省三、刘守英、李青:《中国土地政策改革——政策演进与地方实施》,上海三联书店 2010 年版。

[557] 厉以宁:《中国经济双重转型之路》,中国人民大学出版社 2013 年版。

[558] 田莉:《我国控制性详细规划的困惑与出路——一个新制度经济学的产权分析视角》,载于《城市规划》2007 年第 1 期,第 16~20 页。

[559] 苏勇、黄志勇:《小产权房转化为保障性住房的路径选择》,载于《现代经济探讨》2011 年第 2 期,第 29~33 页。

[560] 王振中:《"3S"技术集成及其在土地管理中的应用》,载于《测绘科学》2005 年第 4 期,第 62~64 页。

[561] 张车伟:《户籍制度改革需要差别化的政策》,载于《人口与发展》2012 年第 2 期,第 20~22 页。

[562] 张素兰、严金明:《土地利用规划视角下土地政策参与宏观调控的作用机制》,载于《经济体制改革》2009 年第 4 期,第 56~59 页。

[563] 周京奎:《金融支持过度与房地产泡沫》,北京大学出版社 2005 年版。

[564] Lin Justin Yifu. 1989. An economic theory of institutional change: induced and imposed change [J]. Cato Journal, Vol. 9, 1 – 33.

[565] Wu Jian. 2009. From a legal perspective to see the evolution and transformation of land tenure institutions in China [J]. Frontiers of Law in China, Vol. 4, No. 4, 568 – 600.

教育部哲学社会科学研究重大课题攻关项目成果出版列表

书　名	首席专家
《马克思主义基础理论若干重大问题研究》	陈先达
《马克思主义理论学科体系建构与建设研究》	张雷声
《马克思主义整体性研究》	逄锦聚
《改革开放以来马克思主义在中国的发展》	顾钰民
《新时期　新探索　新征程 ——当代资本主义国家共产党的理论与实践研究》	聂运麟
《坚持马克思主义在意识形态领域指导地位研究》	陈先达
《当代资本主义新变化的批判性解读》	唐正东
《当代中国人精神生活研究》	童世骏
《弘扬与培育民族精神研究》	杨叔子
《当代科学哲学的发展趋势》	郭贵春
《服务型政府建设规律研究》	朱光磊
《地方政府改革与深化行政管理体制改革研究》	沈荣华
《面向知识表示与推理的自然语言逻辑》	鞠实儿
《当代宗教冲突与对话研究》	张志刚
《马克思主义文艺理论中国化研究》	朱立元
《历史题材文学创作重大问题研究》	童庆炳
《现代中西高校公共艺术教育比较研究》	曾繁仁
《西方文论中国化与中国文论建设》	王一川
《中华民族音乐文化的国际传播与推广》	王耀华
《楚地出土戰國簡册〔十四種〕》	陳　偉
《近代中国的知识与制度转型》	桑　兵
《中国抗战在世界反法西斯战争中的历史地位》	胡德坤
《近代以来日本对华认识及其行动选择研究》	杨栋梁
《京津冀都市圈的崛起与中国经济发展》	周立群
《金融市场全球化下的中国监管体系研究》	曹凤岐
《中国市场经济发展研究》	刘　伟
《全球经济调整中的中国经济增长与宏观调控体系研究》	黄　达
《中国特大都市圈与世界制造业中心研究》	李廉水
《中国产业竞争力研究》	赵彦云

书　名	首席专家
《东北老工业基地资源型城市发展可持续产业问题研究》	宋冬林
《转型时期消费需求升级与产业发展研究》	臧旭恒
《中国金融国际化中的风险防范与金融安全研究》	刘锡良
《全球新型金融危机与中国的外汇储备战略》	陈雨露
《全球金融危机与新常态下的中国产业发展》	段文斌
《中国民营经济制度创新与发展》	李维安
《中国现代服务经济理论与发展战略研究》	陈　宪
《中国转型期的社会风险及公共危机管理研究》	丁烈云
《人文社会科学研究成果评价体系研究》	刘大椿
《中国工业化、城镇化进程中的农村土地问题研究》	曲福田
《中国农村社区建设研究》	项继权
《东北老工业基地改造与振兴研究》	程　伟
《全面建设小康社会进程中的我国就业发展战略研究》	曾湘泉
《自主创新战略与国际竞争力研究》	吴贵生
《转轨经济中的反行政性垄断与促进竞争政策研究》	于良春
《面向公共服务的电子政务管理体系研究》	孙宝文
《产权理论比较与中国产权制度变革》	黄少安
《中国企业集团成长与重组研究》	蓝海林
《我国资源、环境、人口与经济承载能力研究》	邱　东
《"病有所医"——目标、路径与战略选择》	高建民
《税收对国民收入分配调控作用研究》	郭庆旺
《多党合作与中国共产党执政能力建设研究》	周淑真
《规范收入分配秩序研究》	杨灿明
《中国社会转型中的政府治理模式研究》	娄成武
《中国加入区域经济一体化研究》	黄卫平
《金融体制改革和货币问题研究》	王广谦
《人民币均衡汇率问题研究》	姜波克
《我国土地制度与社会经济协调发展研究》	黄祖辉
《南水北调工程与中部地区经济社会可持续发展研究》	杨云彦
《产业集聚与区域经济协调发展研究》	王　珺
《我国货币政策体系与传导机制研究》	刘　伟
《我国民法典体系问题研究》	王利明
《中国司法制度的基础理论问题研究》	陈光中
《多元化纠纷解决机制与和谐社会的构建》	范　愉
《中国和平发展的重大前沿国际法律问题研究》	曾令良
《中国法制现代化的理论与实践》	徐显明

书　名	首席专家
《农村土地问题立法研究》	陈小君
《知识产权制度变革与发展研究》	吴汉东
《中国能源安全若干法律与政策问题研究》	黄　进
《城乡统筹视角下我国城乡双向商贸流通体系研究》	任保平
《产权强度、土地流转与农民权益保护》	罗必良
《我国建设用地总量控制与差别化管理政策研究》	欧名豪
《矿产资源有偿使用制度与生态补偿机制》	李国平
《巨灾风险管理制度创新研究》	卓　志
《国有资产法律保护机制研究》	李曙光
《中国与全球油气资源重点区域合作研究》	王　震
《可持续发展的中国新型农村社会养老保险制度研究》	邓大松
《农民工权益保护理论与实践研究》	刘林平
《大学生就业创业教育研究》	杨晓慧
《新能源与可再生能源法律与政策研究》	李艳芳
《中国海外投资的风险防范与管控体系研究》	陈菲琼
《生活质量的指标构建与现状评价》	周长城
《中国公民人文素质研究》	石亚军
《城市化进程中的重大社会问题及其对策研究》	李　强
《中国农村与农民问题前沿研究》	徐　勇
《西部开发中的人口流动与族际交往研究》	马　戎
《现代农业发展战略研究》	周应恒
《综合交通运输体系研究——认知与建构》	荣朝和
《中国独生子女问题研究》	风笑天
《我国粮食安全保障体系研究》	胡小平
《我国食品安全风险防控研究》	王　硕
《城市新移民问题及其对策研究》	周大鸣
《新农村建设与城镇化推进中农村教育布局调整研究》	史宁中
《农村公共产品供给与农村和谐社会建设》	王国华
《中国大城市户籍制度改革研究》	彭希哲
《国家惠农政策的成效评价与完善研究》	邓大才
《以民主促进和谐——和谐社会构建中的基层民主政治建设研究》	徐　勇
《城市文化与国家治理——当代中国城市建设理论内涵与发展模式建构》	皇甫晓涛
《中国边疆治理研究》	周　平
《边疆多民族地区构建社会主义和谐社会研究》	张先亮
《新疆民族文化、民族心理与社会长治久安》	高静文
《中国大众媒介的传播效果与公信力研究》	喻国明
《媒介素养：理念、认知、参与》	陆　晔

书　名	首席专家
《创新型国家的知识信息服务体系研究》	胡昌平
《数字信息资源规划、管理与利用研究》	马费成
《新闻传媒发展与建构和谐社会关系研究》	罗以澄
《数字传播技术与媒体产业发展研究》	黄升民
《互联网等新媒体对社会舆论影响与利用研究》	谢新洲
《网络舆论监测与安全研究》	黄永林
《中国文化产业发展战略论》	胡惠林
《20世纪中国古代文化经典在域外的传播与影响研究》	张西平
《教育投入、资源配置与人力资本收益》	闵维方
《创新人才与教育创新研究》	林崇德
《中国农村教育发展指标体系研究》	袁桂林
《高校思想政治理论课程建设研究》	顾海良
《网络思想政治教育研究》	张再兴
《高校招生考试制度改革研究》	刘海峰
《基础教育改革与中国教育学理论重建研究》	叶　澜
《我国研究生教育结构调整问题研究》	袁本涛　王传毅
《公共财政框架下公共教育财政制度研究》	王善迈
《农民工子女问题研究》	袁振国
《当代大学生诚信制度建设及加强大学生思想政治工作研究》	黄蓉生
《从失衡走向平衡：素质教育课程评价体系研究》	钟启泉　崔允漷
《构建城乡一体化的教育体制机制研究》	李　玲
《高校思想政治理论课教育教学质量监测体系研究》	张耀灿
《处境不利儿童的心理发展现状与教育对策研究》	申继亮
《学习过程与机制研究》	莫　雷
《青少年心理健康素质调查研究》	沈德立
《灾后中小学生心理疏导研究》	林崇德
《民族地区教育优先发展研究》	张诗亚
《WTO主要成员贸易政策体系与对策研究》	张汉林
《中国和平发展的国际环境分析》	叶自成
《冷战时期美国重大外交政策案例研究》	沈志华
《新时期中非合作关系研究》	刘鸿武
《我国的地缘政治及其战略研究》	倪世雄
《中国海洋发展战略研究》	徐祥民
*《中国政治文明与宪法建设》	谢庆奎
*《非传统安全合作与中俄关系》	冯绍雷
*《中国的中亚区域经济与能源合作战略研究》	安尼瓦尔·阿木提
……	

* 为即将出版图书